네이버 카페 최대 회원수! 김기범의 일본어 능력시험

JPT
독해

| 김기범 지음 |

KING

NAVER 카페 http://cafe.naver.com/kingjpt

- 만점 비법 대공개
- 모든 출제 유형을 한권에 총정리
- 독해문제 정복을 위한 표현 총정리
- MP3 무료 다운로드

Nihongo
Factory

JPT
독해
KING

| 김기범 지음 |

JPT 독해 KING

2009. 6. 29. 초   판 1쇄 발행
2011. 3. 29. 초   판 2쇄 발행
2016. 7. 12. 장정개정 1판 1쇄 발행

지은이 | 김기범
펴낸이 | 이종춘
펴낸곳 | 주식회사 **성안당**
주소 | 04032 서울시 마포구 양화로 127 첨단빌딩 5층(출판기획 R&D 센터)
　　　 10881 경기도 파주시 문발로 112(제작 및 물류)
전화 | 02) 3142-0036
　　　 031) 950-6300
팩스 | 031) 955-0510
등록 | 1973. 2. 1. 제406-2005-000046호
출판사 홈페이지 | www.cyber.co.kr
ISBN | 978-89-315-7945-1 (03730)
정가 | 22,000원

이 책을 만든 사람들
기획 | 최옥현
진행 | 김해영
표지 디자인 | 박현정
홍보 | 박연주
국제부 | 이선민, 조혜란, 김해영, 김필호
마케팅 | 구본철, 차정욱, 나진호, 이동후, 강호묵
제작 | 김유석

www.cyber.co.kr
★★★
성안당 Web 사이트

머·리·말

시험이란 것이 평소 실력의 100% 반영이라고 보기에는 다소 어려운 면도 없지 않아 있습니다. 평소 실력은 좋은데, 시험에 유난히 약한 사람들이 바로 그런 경우입니다.

필자는 이런 점에 착안해, 평소 실력이 좋은 사람이 실제 시험에서도 결코 손해를 보지 않도록, 또는 가진 실력 이상의 점수를 획득할 수 있도록 돕는 일에 매진해 왔습니다. 그리고 소기의 성과를 꾸준히 거두며, 나름대로의 노하우를 축적해 왔습니다.

JPT 시험은 그동안 많은 변화를 거쳐서 이제는 일정한 경향이 틀로 정해진 것 같습니다. 가장 큰 변화라고 하면 PART8의 장문독해가 쉽게 출제되고 있다는 점입니다. 일본어능력시험(JLPT)2급 수준의 실력이라면 누구나 어렵지 않게 풀 수 있는 정도의 난이도로 문제가 출제되고 있습니다. 반면에 청해 시험은 예전보다도 스피드하며 난이도는 한층 더 향상된 느낌입니다.

시중에 JPT 시험 관련 교재들이 많이 나와 있지만, 실제 시험의 난이도와 출제 경향과 많은 차이점이 있는 것 같습니다. 본 교재는 가능한 한 실제시험과 유사하게 그리고 가장 최신의 난이도와 출제 경향을 바탕으로 다음과 같은 사항을 중심으로 구성하였습니다.

문법 공부를 제대로 할 수 있도록, 비슷한 문법 표현의 비교 설명을 통해 확실하게 문법을 마스터할 수 있게 하였습니다.

500점대 이상을 목표로 하는 수험생을 대상으로 집필하였기 때문에 중급뿐만 아니라 고득점을 목표로 하는 수험자들에게도 도움이 될 수 있도록 하였습니다.

실전 대비 모의고사 문제는 가장 최신의 출제 경향과 난이도를 고려해서 만들었기 때문에 실제 JPT 시험에서 당황하는 일이 없도록 하였습니다.

모르는 문제와 이해할 수 없는 내용은 인터넷 '김기범의 일본어능력시험(JPT&JLPT) : http://cafe.naver.com/kingjpt'에서 저자에게 직접 질문하여 문제점을 해결할 수 있도록 하였다.

실제 JPT 시험을 보기 전에 되도록 많은 문제를 풀어보는 것이 좋습니다.

끝으로 본 교재를 통하여 JPT 일본어 능력시험에서 좋은 성적을 거두시길 바라며, 여러분의 고득점을 기원합니다.

저자 **김기범**

이 책의 구성과 특징

1. 완벽한 독해 공략 비법

이 책에 소개된 독해 공략 비법을 알기 쉽게 정리하면 다음과 같다.

▶ 金센세, 최종분석! JPT 독해 최신 출제 경향 분석
▶ 金센세, 최종분석! 시험장 문제 풀기 요령
▶ 金센세, 감춰 둔 비밀 병기를 공개하다!
▶ 金센세 추천! 우선순위 출제 항목
▶ 저자의 비밀 병기 공개

이상과 같이 지금까지의 교재에서는 볼 수 없었던 저자 특유의 독해 관련 비법을 대대적으로 공개함으로써, 완전히 다른 차원의 독해 학습이 가능하도록 했다. 특히 〈비밀 병기〉와 〈우선순위 출제 항목〉은 기존의 JPT 대비서가 결코 쉽게 따라올 수 없는 방대하고 핵심을 찌르는 내용으로 가득해 JPT 고득점을 대비한 학습자에게는 더할 나위 없는 교재가 될 것이다. 또한 실제 시험을 치를 때 주의해야 할 사항들을 꼼꼼하게 체크해 줌으로써 실제 실력 이상의 점수를 획득하는 데에 많은 도움이 될 것이다.

2. 실제 시험과 가장 비슷한 모의테스트

매번 시험을 볼 때마다 모의테스트 하나쯤은 풀어 보고 가야 직성이 풀리는 수험자들. 하지만 그 모의테스트들이 과연 얼마나 실제 시험과 비슷할까? 이 책에 실린 총5회분의 모의테스트는 문제은행식의 무작위로 추출한 것이 아니라, 다 년 간에 걸쳐 매회매회, 한문제 한문제 정성스럽게 만들었다. 따라서 이 책에 실린 문제와 독해 공략 비법만 완벽하게 숙지한다면 JPT 독해에서의 고득점은 그리 어려운 일이 아니다.

3. 독해 문장을 소리로 듣는다!

　　JPT 독해 교재에 음성 자료가 딸려 있다는 말은 들어 본 적이 없을 것이다. 하지만 본 교재에서는 저자의 강력한 요청에 의해 PART8의 독해문 지문을 모두 녹음했다. 그리고 독자 여러분은 홈페이지를 통해 무료로 다운로드 받으실 수 있다.

　　이것은 독해문 자체를 귀로 들음으로써 귀에도 익숙하게 한다는 취지는 물론이려니와 자연스럽게 JPT 청해의 학습 훈련도 된다는 의미가 있다.

　　각 지문의 녹음은 빠르기와 읽는 방법을 다양하게 설정해, 듣기 학습 효과를 배가시켜 줄 것이다. 다른 교재에서는 맛볼 수 없는 〈JPT 독해 KING〉만의 서비스를 충분히 활용하시기 바란다.

4. 일본어 시험의 최고 맨토 김기범 선생님!

　　네이버에서 일본어능력시험 관련 카페 중 가장 많은 회원수를 유지하고 있는 저자 김기범 선생님!

　　그 비결의 첫 번째는 확실한 실력이다. 십수 년 동안 지도하고 연구해 온 노하우를 바탕으로 국내 JPT 교육의 선두를 달리고 있다.

　　그리고 그 두 번째 비결은 꼼꼼한 학습 지도에 있다. 학습자들의 궁금증을 확실하게 해결해 주는 저자 선생님의 배려를 통해, 이 책으로 공부하시는 여러분도 차근차근 실력을 쌓아갈 수 있다. 일본어 학습과 시험의 확실한 멘토를 여러분은 이 책을 통해 얻을 수 있는 것이다.

　　부디 좋은 성과가 있기를 기대한다.

목차 Contents

JPT에 대해

JPT는 하나의 Test에 각 Part별 측정 영역을 설정하고, 초급부터 고급까지의 난이도를 일정 비율로 배분하여 출제함으로써 모든 수험자가 자신의 정확한 일본어 능력을 측정할 수 있게 한 일본어 능력 평가 시험이다.

JPT의 주요 목적은 학문적인 일본어 지식을 측정하는 것이 아니라, 순수하게 일본어 커뮤니케이션 능력의 측정을 목적으로 개발되었다. 따라서 부득이한 경우를 제외하고는 지엽적이거나 학문적, 관용적인 어휘가 배제되고 사용 언어 또한 도쿄를 중심으로 한 표준어 중심으로 문제가 출제된다.

한편, 출제 형태는 '청해'와 '독해'로 나뉘어 실시되는데, 두 가지 영역의 시험만으로 말하기 및 쓰기 능력을 간접적으로 측정할 수 있도록 구성되었으며, 문제의 난이도 또한 골고루 분포되도록 했다.

JPT 문제의 구성과 점수 및 시험 시간

구분	유형	문항수	시간	배점
청해	Part 1 사진묘사	20문항	45분	495점
	Part 2 질의 응답	30문항		
	Part 3 회화문	30문항		
	Part 4 설명문	20문항		
독해	Part 5 정답찾기	20문항	50분	495점
	Part 6 오문정정	20문항		
	Part 7 공란 메우기	30문항		
	Part 8 독해	30문항		
합계		200문항	95분	990점

각 Part에 대해

Part 1 사진묘사(20문항)
청해의 첫 번째 시험으로, 사진이라는 시각적인 요소와 음성 요소를 통해 응시자의 청취에 대한 심적 부담을 덜어줌과 동시에 음성이 귀에 익숙해지도록 하기 위한 것이다. 청취력 및 순간적인 판단력을 평가한다.

Part 2 질의응답(30문항)
간단한 회화 문장을 구성해, 문장의 의미 파악 및 순간적인 판단 능력을 요구한다. 시험 대상자가 직접 대화에 참여하여 상대방의 말이나 물음에 적절한 대답을 하거나 긍정 또는 부정을 나타내어 자신의 생각을 상대방에게 전달할 수 있는 능력까지 평가한다.

Part 3 회화문(30문항)
회화문을 들으며 동시에 그 회화가 진행되는 장면 및 주요 내용 등의 개괄적 혹은 구체적인 정보나 사실을 짧은 대화 안에서 정확하게 청취하는 능력과 대화에서 결론을 추론해 내는 능력을 평가한다.

Part 4 설명문(20문항)
청해에서 가장 어려운 부분이다. 회화가 아니라 비교적 긴 설명문을 읽어 주고, 그 내용에 대한 이해 능력을 평가하는 세 개 내지 네 개의 문제가 주어진다. 따라서 상당한 수준의 종합적인 일본어 청취 능력을 평가한다.

Part 5 정답찾기(20문항)
일본어의 기본이 되는 한자의 자체와 음, 훈에 관한 올바른 이해, 그리고 전반적인 문법, 어휘를 통한 일본어 문장 작성의 기초적인 능력을 평가한다. 일본어 전반에 걸친 지식이 골고루 학습되어 있는지를 평가한다.

Part 6 오문정정(20문항)
주어진 문장에서 틀린 곳이나 부적절한 부분을 찾아내는 문제이다. 단순한 독해력 테스트가 아닌 표현 능력, 즉 간접적인 작문 능력을 평가한다.

Part 7 공란메우기(30문항)
문장 안에 공란을 비워 두고, 그 문장의 전후 관계를 정확히 파악해 완전한 문장으로 완성시킬 수 있는지를 평가하는 문제이다. 표현력과 문법 그리고 간접적인 작문 능력을 평가한다.

Part 8 독해(30문항)
표면적인 이해력보다는 일상생활 속에서 문자 매체의 정보를 얼마나 빠르고 정확하게 파악하는지를 평가하는 문제이다. 또한 주어진 내용에서 결론 및 지향하는 바를 파악케 함으로써 사고력, 판단력, 분석력을 종합적으로 평가한다.

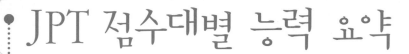

JPT 점수대별 능력 요약

수준	점수	평 가	
		청해	**독해**
A	880 이상	• 표현의 미묘한 차이를 간파할 수 있으며 정확한 의사 전달과 이해가 가능하다. • 회의, 교섭, 전화 응대 등 상대방이 말하는 내용을 정확히 이해할 수 있다. • 대인 관계에 어울리는 유창하고 적절한 언어 표현이 가능하다. • 어휘와 대화 내용에 정확성이 있다.	• 일본어에 대한 정확한 지식과 운용 능력이 있다. • 어떠한 비즈니스 문서라도 정확한 이해가 가능하다. • 문법, 어휘에 관한 지식이 풍부하다. • 문법상 오류는 거의 없다.
		청해	**독해**
B	740 이상	• 다수의 사람들이 최근의 시사 문제에 대해 토론하는 것을 듣고 이해할 수 있다. • 관심 있는 주제에 관해 미리 준비된 원고를 여러 사람 앞에서 발표할 수 있다. • 회의, 교섭, 전화 응대 등 상대방이 말하는 내용을 거의 이해하고 답할 수 있다.	• 어휘와 문법에 대한 지식은 풍부하지만 약간의 오류는 있다. • 최근에 참석했던 회의의 주요 내용을 요약하여 적을 수 있다. • 상반되는 의견이나 견해 차이를 파악하고 이해할 수 있다.
		청해	**독해**
C	610 이상	• 일상 회화를 대강 이해할 수 있다. • 회의 진행이나 교섭 등 복잡한 문제에 대해 곤란을 겪을 수 있다. • 상황에 어울리지 않는 부적절한 표현을 사용하는 경우가 있을 수 있다.	• 지시문이나 문서 이해 시, 정확한 해석에 곤란을 겪을 수 있다. • 부분적으로 일본어다운 표현과 어휘 선택에 미숙함이 있을 수 있다. • 문법 지식이 다소 부족하다.
		청해	**독해**
D	460 이상	• 일상회화를 할 때에는 간단한 내용만 이해할 수 있다. • 취미, 가족, 날씨 등 일반적인 화제에 대해서 쉬운 일본어로 표현할 수 있다. • 자신과 관련된 분야에 대해 간략한 소개 정도는 가능하다.	• 쉽고 간단하게 작성된 지시문이나 문서 등을 읽고 이해할 수 있다. • 자신에게 필요한 자료를 찾거나 문서를 작성하기에는 무리가 있다. • 어휘, 문법, 한자 등의 학습을 좀 더 필요로 한다.
		청해	**독해**
E	220 이상	• 취미, 가족 등에 대한 상대방이 배려하여 천천히 말하면 이해할 수 있다. • 만날 때나 헤어질 때 사용하는 기본적인 인사말을 할 수 있다. • 자신의 일상 생활을 간단히 이야기할 수 있다	• 기본적인 단어와 구문에 대해서만 인지하고 있다. • 단편적인 일본어 지식밖에 없다. • 간단한 메모 등의 이해만 가능하다.
F	220 미만	의사소통 및 독해는 불가능한 수준이다.	

제 1 부

金선생, JPT 독해 학습 비법을 공개하다!

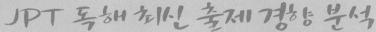
JPT 독해 최신 출제 경향 분석

PART5 정답 찾기(20문항)

1. 한자 읽기 및 한자 고르기 문제가 10개 정도 출제된다.

    ★ JLPT 3, 4급 수준의 문제가 4~5개
    ★ JLPT 2급 수준의 문제가 3~4개
    ★ JLPT 1급 수준의 문제가 1~2개
    ★ JLPT 1급 이상 수준의 문제가 0~1개

2. 같은 의미를 묻는 문제가 6개 정도 출제된다.

    ★ 어휘와 관련된 문제 4~5문제
    ★ 문법과 관련된 문제 1~2문제

3. 동일한 용법의 문법 표현 문제가 4개 정도 출제된다.

    ★ 조사, 동사, 부사, 명사 등의 순으로 자주 나옴

PART6 오문정정(20문항)

1. 문법과 관련된 문제가 70~80% 출제된다.

    ★ 자동사 · 타동사 구분, 시제, 수수(授受), 활용, 의미 등 동사와 관련된 문제
    ★ 기초 문법의 조사, 의미 파악의 명사와 관련된 문제
    ★ 수동형 · 사역형, 추량 등의 조동사와 관련된 문제
    ★ 부사, 형용사와 관련된 문제
    ★ 기능어구(문형)과 관련된 문제

2. 어휘와 관련된 문제가 20~30% 출제된다.

    ★ 관용구와 관련된 문제
    ★ 숙어, 의성어 · 의태어와 관련된 문제

PART7 공란 메우기(30문항)

1. 문법과 관련된 문제가 50~60% 출제된다.

   ★ 자동사·타동사 구분, 시제, 수수(授受), 활용, 의미 등 동사와 관련된 문제
   ★ 기초 문법의 조사, 명사의 의미 파악과 관련된 문제
   ★ 수동형·사역형, 추량 등 조동사와 관련된 문제
   ★ 부사, 형용사, 접속사와 관련된 문제
   ★ 기능어구(문형)와 관련된 문제

2. 어휘와 관련된 문제가 30~40% 출제된다.

   ★ 품사별로 다양한 의미의 단어 및 시사 관련 단어와 관련된 문제
   ★ 관용구와 관련된 문제
   ★ 숙어, 의성어·의태어와 관련된 문제

3. 문법과 어휘의 복합적인 문제가 10~20% 출제된다.

   ★ 품사별 단어의 의미 및 문법적인 연결 형태와 관련된 문제

PART8 장문 독해(30문항)

1. 일기, 수필 형식의 지문이 3~4개 출제된다.

   ★ 이사, 여행 등의 일상적인 내용

2. 사회, 문화, 경제, 복지, 환경 등과 관련된 내용의 지문이 3~4개 출제된다.

   ★ 분야별로 다양하지만, 경제와 관련된 내용은 반드시 나옴

3. 최근 일본에서 화제가 되고 있는 내용의 지문이 1~2개 출제된다.

   ★ 사건 또는 현재 일본에서 유행하는 내용

4. 전문적인 내용의 지문이 1~2개 출제된다.

   ★ 심리학, 의학, 기업 경영 등 전문적인 내용

"JPT 시험은 시간과의 전쟁이다."

　수험생들이 이구동성으로 하는 말이다. 공부를 게을리 하거나 실력이 부족한 탓도 있지만, 아무리 열심히 공부하고 실력이 있다고 자부하는 수험생들도 이 말에는 모두 동감한다. 필자 또한 무수히 많은 시험을 치르면서 시간을 얼마나 잘 활용하고, 각 파트별 문제 풀이를 어떻게 하느냐에 따라 점수에 상당한 차이가 난다는 사실을 실감하지 않을 수 없었다.

　따라서 필자는 JPT 실제 시험에서 어떻게 해야 고득점을 받을 수 있는 시간 관리를 할 수 있는지 매번 고민하곤 했다. 이 문제에 대해 나름대로 궁리를 하고 연구를 거듭하여, 다음과 같은 방법을 고안해냈다. 한번쯤은 시도해 보기를 바란다. 그리고 자기 나름대로의 문제 풀기 요령을 세워 두기 바란다.

　청해 시간을 철저히 이용하여, 독해 문제를 푼다. 그리고 파본 검사 시간을 유용하게 이용하자. 즉 청해 문제에 자신이 있는 수험자는 청해 시간을 보다 효율적으로 활용할 수 있다. 자신의 레벨과 취향에 맞는 방법을 찾아야 한다.

PART5 정답 찾기 (20문항)

최종 지침
4~5분 안에 문제 풀이 및 마킹을 마쳐라!

행동 지침
1. 매번 시간이 모자라는 수험생은 동일한 용법의 문법 표현 4문제는 나중에 풀도록 할 것.
2. 한자와 관련된 문제는 문장 전체를 읽을 필요가 없으므로 한자만 볼 것.
3. 가능한 한 파본검사 시간을 최대한 활용하여 미리 풀어 둘 것.
4. 다의어 문제에서 많은 시간이 소모되지 않도록 주의할 것.

점수대별 목표
★ 600점대를 목표로 하는 수험자 : 4문항 이상을 틀리지 않도록 할 것.
★ 700점대를 목표로 하는 수험자 : 2~3문항 이상을 틀리지 않도록 할 것.

★ 800점대를 목표로 하는 수험자 : 1~2문항 이상을 틀리지 않도록 할 것.
★ 900점대를 목표로 하는 수험자 : 1문제도 틀리지 않도록 할 것.

마지막 한 마디
PART5(정답 찾기)에서 틀리면 고득점을 얻을 수 없다.

PART6 오문정정(20문항)

최종 지침
8~10분 안에 문제풀기 및 마킹을 마쳐라!

행동 지침
1. JPT시험에 익숙하지 않은 수험자는 되도록 다른 독해 PART를 모두 풀고, 마지막에 푸는 것이 득이 된다.
2. 최근에는 기능어구(문형)의 연결 형태, 올바른 사용법과 관련된 문제가 자주 출제된다.
3. 50% 이상이 연결 형태와 관련된 문제가 출제되므로 주의해야 한다.
4. 각 품사별 연결 형태와 기능어구(문형)의 연결 형태에 각별히 유의해야 한다.

점수대별 목표
★ 600점대를 목표로 하는 수험자 : 6문항 이상을 틀리지 않도록 할 것.
★ 700점대를 목표로 하는 수험자 : 4~5문항 이상을 틀리지 않도록 할 것.
★ 800점대를 목표로 하는 수험자 : 3~4문항 이상을 틀리지 않도록 할 것.
★ 900점대를 목표로 하는 수험자 : 2문항 이상을 틀리지 않도록 할 것.

주의 사항
전반부는 대부분이 기본적인 문법과 관련된 문제가 많다. 기본적인 문법 문제는 조사와의 연결(접속) 형태에 주의하고, 도저히 모르겠다 싶으면 조사나 연결 형태가 있는 부분을 고른다.
후반부로 갈수록 어려운 문제가 나온다. 주로 기능어구 및 어휘와 관련된 문제가 출제되는데 도저히 모르겠다고 생각되면 단어(어휘)나 동사가 있는 부분을 고른다. 되도록이면 한국어로 번역을 하지 않는 것이 좋다. 실수를 방지해 주고, 시간을 절약할 수 있다.

마지막 한 마디
문항 수에 비해 시간이 많이 소요되며 정답률도 비교적 낮게 나오는 PART이다. PART6(오문정정)을 잘 공략해야 고득점을 얻을 수 있다.

PART7 공란 메우기(30문항)

최종 지침
12~15분 안에 문제 풀이 및 마킹을 마쳐라!

행동 지침
1. 기본적인 문법 문제로 이루어진 전반부에서 점수를 확보하도록 노력할 것.
2. 비교적 쉬운 조사 및 동사의 활용 형태를 묻는 문제에서도 실수하는 일이 없도록 주의할 것.
3. 후반부에서는 가장 알맞은 답을 고르는 것에 주의할 것.

점수대별 목표
★ 600점대를 목표로 하는 수험자 : 7~8문항 이상을 틀리지 않도록 할 것.
★ 700점대를 목표로 하는 수험자 : 5~6문항 이상을 틀리지 않도록 할 것.
★ 800점대를 목표로 하는 수험자 : 3~4문항 이상을 틀리지 않도록 할 것.
★ 900점대를 목표로 하는 수험자 : 2문항 이상을 틀리지 않도록 할 것.

주의 사항
문항 수에 비해 시간이 적게 소요되며 정답률도 비교적 높게 나오는 PART이다. 최대한 빠른 시간 내에 풀고 여유를 갖고 PART8(장문 독해)을 풀 수 있도록 하자.

마지막 한 마디
PART7(공란 메우기)에서는 최대한 빠른 시간 안에 문제를 풀 수 있도록 하자.

PART8 순수 독해(30문항)

최종 지침
25~30분 안에 문제 풀이 및 마킹을 마쳐라!

행동 지침
1. 반드시 충분한 시간적 여유를 갖고 문제를 풀어야 한다.
2. 지문을 읽기 전에 문제를 먼저 읽어 두자.
3. 뒤로 갈수록 내용이 어렵고 딱딱한 지문이 나오기 때문에 될 수 있는 한 순서대로 푼다.
4. 지문 내용이 쉬울수록 함정이 많다는 것을 항상 명심해야 한다.

점수대별 목표

★ 700점대를 목표로 하는 수험자 : 5~6문항 이상을 틀리지 않도록 할 것.

★ 고득점을 목표로 하는 수험자 : 1문제도 틀리지 않도록 할 것.

주의 사항

지문은 총 8개가 출제되는데, 3문제가 출제되는 지문이 2개, 4문제가 출제되는 지문이 6개이다.

한 개의 지문에 딸려 있는 문제를 모두 풀기 위해서는 반드시 지문 전체를 읽어 보아야 풀 수 있다.

괄호 넣기의 문제를 앞뒤 문맥만 보고 풀면 틀리기 쉽거나 풀 수 없는 문제가 나오고 설령 앞뒤 문맥만으로 풀 수 있는 문제가 출제되었다 하더라도 나머지 문제를 모두 풀기 위해서는 결국, 지문 내용 전체를 적어도 1~2번은 읽어야만 풀 수 있는 문제가 출제된다. 이 점을 꼭 유념하기 바란다.

한편, 문제를 풀 때는 지문 내용을 읽기 전에 문제를 먼저 보고 지문 안에서 파악해야 하는 내용이 무엇인지를 미리 숙지하고 읽는 것이 좋다. 또한 지문의 난이도는 거의 뒤로 갈수록 어려운 것으로 구성되어 있다는 점도 알아 두자.

최근의 출제 경향을 보면, 아주 어려운 문제는 출제되지 않고 있다. 일본어능력시험(JLPT) 2급 수준이면 풀 수 있는 문제가 출제되기 때문에 충분한 시간을 갖고 문제를 풀면 어렵지 않게 풀 수 있다.

반드시 충분한 시간적인 여유를 갖고 문제를 풀어야 한다. 최근 출제 경향을 보면, 앞뒤의 문맥만 가지고 풀 수 있는 문제는 거의 찾아 볼 수가 없다.

JPT 독해 문제 푸는 순서

시간에 구애받지 않는 수험자는 그대로 순서대로 풀면 되지만, 시간이 부족한 수험자의 경우는 다음과 같은 방법으로 문제를 푸는 것이 좋다.

> PART5 → PART6(121~130번) → PART7 → PART8(지문 6개) → 나머지
>
> * 나머지 : PART6의 131번~140번과 PART8의 마지막 지문 2개

1년 전까지는 PART8의 마지막 지문1~2개가 지문이 길고 어려운 내용의 지문이 출제되는 경우가 많았지만, 최근에는 지문의 길이도 예전에 비해서 많이 짧아졌고, 난이도가 많이 낮아졌기 때문에 충분한 시간을 가지고 문제를 푼다면 어렵지 않게 풀 수 있는 문제가 출제되고 있다.

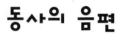

동사의 음편

음이 발음하기 편한 상태로 바뀌는 것을 말한다.

い음편(い音便)

어미가 「～く, ～ぐ」로 끝나는 1그룹 동사에 「～た, ～て, ～たり」가 접속되면, 어미가 「い」으로 변한다.

書く + ～た・～て・～たり → 書いた(썼다), 書いて(쓰고), 書いたり(쓰기도 하고)

泳ぐ + ～た・～て・～たり → 泳いだ(헤엄쳤다), 泳いで(헤엄치고), 泳いだり(헤엄치기도 하고)

＊「～ぐ」로 끝나는 단어는 「～た, ～て, ～たり」가 「～だ, ～で, ～だり」가 된다.

촉음편(つまる音便)

어미 「～う, ～つ, ～る」끝나는 1그룹 동사에 「～た, ～て, ～たり」가 접속되면, 어미가 「っ」으로 변한다.

言う + ～た, ～て, ～たり → 言った(말했다), 言って(말하고), 言ったり(말하기도 하고)

待つ + ～た, ～て, ～たり → 待った(기다렸다), 待って(기다리고), 待ったり(기다리기도 하고)

売る + ～た, ～て, ～たり → 売った(팔았다), 売って(팔고), 売ったり(팔기도 하고)

발음편(はねる音便)

어미 「～ぬ, ～む, ～ぶ」끝나는 1그룹 동사에 「～た, ～て, ～たり」가 접속되면, 어미가 「～ん」으로 변한다.
「～た, ～て, ～たり」는 「～だ, ～で, ～だり」가 된다.

死ぬ + ～た, ～て, ～たり → 死んだ(죽었다), 死んで(죽고), 死んだり(죽기도 하고)

読む + ～た, ～て, ～たり → 読んだ(읽었다), 読んで(읽고), 読んだり(읽기도 하고)

飛ぶ + ～た, ～て, ～たり → 飛んだ(날았다), 飛んで(날고), 飛んだり(날기도 하고)

예외 行く + ～た, ～て, ～たり → 行った(갔다), 行って(가고), 行ったり(가기도 하고)

＊「行く」는 원칙대로라면 い음편을 해야 하지만, 예외적으로 촉음편을 한다.

3그룹 동사

来る + ～た, ～て, ～たり → 来た(왔다), 来て(오고, 와서), 来たり(오기도 하고)

する + ～た, ～て, ～たり → した(했다), して(하고), したり(하기도 하고)

동사·형용사 활용표

	1그룹동사	2그룹동사	3그룹동사		い형용사	な형용사
기본형	書く (쓰다)	見る (보다)	来る (오다)	する (하다)	安い (싸다)	元気だ (건강하다)
ます형	書きます (씁니다)	見ます (봅니다)	きます (옵니다)	します (합니다)	安いです (쌉니다)	元気です (건강합니다)
부정형	書かない (쓰지 않다)	見ない (보지 않다)	こない (오지 않다)	しない (하지 않다)	安くない (싸지 않다)	元気ではない (건강하지 않다)
명령형	書け (써, 써라)	見ろ (봐, 봐라)	こい (와, 와라)	しろ (해, 해라)	*	*
가정형	書けば (쓰면)	見れば (보면)	くれば (오면)	すれば (하면)	安ければ (싸면)	元気であれば (건강하면)
가능형	書ける (쓸 수 있다)	見られる (볼 수 있다)	こられる (올 수 있다)	できる (할 수 있다)	*	*
의지형 (의도형)	書こう (쓰자, 써야지)	見よう (보자, 봐야지)	こよう (오자, 와야지)	しよう (하자, 해야지)	*	*
사역형	書かせる (쓰게 하다)	見させる (보게 하다)	こさせる (오게 하다)	させる (하게 하다)	*	*
수동형	書かれる (쓰게 되다)	見られる (보게 되다)	こられる (오게 되다)	される (하게 되다)	*	*
사역 수동형	書かせられる (억지로 쓰다, 어쩔 수 없이 쓰다)	見させられる (억지로 보다, 어쩔 수 없이 보다)	こさせられる (억지로 오다, 어쩔 수 없이 오다)	させられる (억지로 하다, 어쩔 수 없이 하다)	*	*

수동태

직접 수동

능동문의 を격(格)과 に격(格)의 명사구를 수동문의 주어로 하는 형태

(능동) 父が　子供を　しかる。아버지가 아이를 꾸짖다.
(수동) 子供が　父に　しかられる。아이가 아버지에게 야단맞다.

(능동) 兄が　弟を　殴った。형이 동생을 때렸다.
(수동) 弟が　兄に　殴られた。동생이 형에게 맞았다.

간접 수동(피해 수동)

간접 수동은 직접 수동과는 달리 문법적으로 대응하는 능동문이 존재하지 않으며, 주어에 대한 동작주나 원인의 관여가 간접적이라는 특징을 가진다.
자동사문에서 파생된 '제 3자 수동'과 타동사문에서 파생된 '소유 수동'이 있다.

1. 제 3자 수동(자동사문 수동)

　능동문에 없는 명사구가 수동문의 주어가 되는 형태.

(능동) 隣の人が　騒ぐ。옆집 사람이 떠들다.
(수동) (私は)　隣の人に　騒がれる。(나는) 옆집 사람이 떠들다(피해를 입다).

(능동) 雨が　降った。비가 내렸다.
(수동) (私は)　雨に　降られた。(나는) 비를 맞았다.

2. 소유 수동

수동문에서 주어의 신체 부위와 소유물 또는 관계자인 경우.

(능동) 泥棒が　私の財布を　取った。 도둑이 내 지갑을 가져갔다.

(수동) 私は　泥棒に　財布を　取られた。 나는 도둑에게 지갑을 도둑맞았다.

(능동) 犬が　私の手を　噛んだ。 개가 내 손을 물었다.

(수동) 私は　犬に　手を　噛まれた。 나는 개에게 손을 물렸다.

※ '소유 수동'은 대부분 '피해 수동'을 나타내는데, 상황에 따라서는 동작주로부터 어떤 은혜나 이익을 받았다는 의미를 나타내는 경우도 있다.

(능동) 先生が　私の息子を　ほめた。 선생님이 내 아들을 칭찬했다.

(수동) 私は　先生に　息子を　ほめられた。 나는 선생님에게 아들을 칭찬받았다.

(능동) 文壇は　彼の作品を　認めた。 문단은 그의 작품을 인정했다.

(수동) 彼の作品は　文壇に　認められた。 그의 작품은 문단에 인정받았다.

직접 수동과 간접 수동

동일한 동사를 사용한 타동사문 「X が Y を ～する」에서 목적어(Y)의 구조에 따라 직접 수동이 되기도 하고 간접 수동이 되기도 한다.

※같은 동사의 능동문에서 파생된 직접 수동과 간접 수동의 예문

[직접] 台風で家が倒された。 태풍으로 집이 쓰러졌다.

(간접) 台風に家を倒された。 태풍에 집이 쓰러지고 말았다.

[직접] 多くの家が土砂崩れでつぶされた。 많은 집이 산사태로 무너졌다.

(간접) (私は)家を地震でつぶされた。 (나는) 지진으로 집이 무너지고 말았다.

[직접] 花壇が誰かに壊された。 화단이 누군가에 의해 파괴되었다.

(간접) きれいな花壇を誰かに壊されてしまった。 누군가 예쁜 화단을 망쳐버렸다.

[직접] 引越しで家具が傷つけられた。 이사로 가구가 손상되었다.

(간접) 引越しセンターに大事な家具を傷つけられた。 이삿짐센터가 내 소중한 가구를 손상 입혔다.

[직접] 関税の引き下げが強く主張された。 관세 인하가 강력하게 주장되었다.

(간접) 韓国はアメリカに関税の引き下げを強く主張された。
한국은 미국으로부터 관세 인하를 강력하게 요구받았다.

[직접] 隣には大きな犬が飼われている。 옆집에는 큰 개가 사육되고 있다.

(간접) アパートで犬を飼われると、近所迷惑だ。 아파트에서 개를 키우면 이웃집에 폐가 된다.

직접 수동문의 동작주를 나타내는 격(格)

수동문에서 동작주는 일반적으로 「に」격(格)으로 나타내지만, 그 밖에 「から」격(格)과 「によって」격(格)으로 나타낼 수 있다.

1. 「から」격(格)으로 나타내는 경우

무엇인가를 받는 사람을 「に」격(格)으로 나타내는 동사의 경우, 수동문의 동작주를 「に」격(格)으로 나타내면 혼란이 생기기 때문에 동작주는 「から」격(格)으로 나타낸다. 주로 쓰이는 동사는 다음과 같다.

渡す(건네다) · 送る(보내다) · 与える(주다, 제공하다)

権利は国 (○ から / × に) 与えられるものではなく獲得するものだ。
권리는 나라로부터 주어지는 것이 아니라 획득하는 것이다.

大学生 (○ から / × に) メールで送られたアンケートに怒る。
대학생으로부터 메일로 보내온 앙케트에 화나다.

大会委員長 (○ から / × に) 参加者全員に記念品が渡された。
대회위원장으로부터 참가자 전원에게 기념품이 건네졌다.

2.「によって」격(格)으로 나타내는 경우

창조행위를 나타내는 동사가 술어로 쓰인 수동문은 동작주가 막연하거나 불분명한 경우가 많아서 행위자를 표면에 나타내지 않는 경우가 많지만, 군이 동작주나 원인 등을 명시하고자 할 경우,「によって」격(格)으로 나타낸다. 주로 쓰이는 동사는 다음과 같다.

> 編む(뜨다, 짜다)・書く(쓰다)・確認する(확인하다)・設計する(설계하다)
>
> 建てる(세우다)・作る(만들다)・伝える(전하다)・発明する(발명하다)

この建物は有名な建築家 (○ によって / × に) 設計された。
이 건물은 유명한 건축가에 의해 설계되었다.

フランス人 (○ によって / × に) 書かれた原作小説。 프랑스인에 의해 쓰인 원작 소설

要するに現在の最高裁は小泉内閣人事 (○ によって / × に) 作られたのである。
결국 현재의 최고재판소는 고이즈미 내각 인사에 의해 만들어진 것이다.

眼鏡は13世紀の中頃イタリア人 (○ によって / × に) 発明されたと言われている。
안경은 13세기 중엽 이탈리아인에 의해 발명되었다고 일컬어지고 있다.

수수 표현

[문형] は(が) ～に ～を やる/あげる/くれる/さしあげる/くださる
　　　　は(が) ～に(から) ～を くれる/くださる

□ **やる** 주다 ☞ 동식물이나 손아랫사람에게 줄 때 사용.

鳥に餌をやりました。 새에게 모이를 주었습니다.

□ **あげる** 주다 ☞ 대등한 관계에 있는 사람에게 줄 때 사용.

友達にプレゼントをあげました。 친구에게 선물을 주었습니다.

□ **くれる** (상대방이 나에게) 주다 ☞ 대등하거나 손아랫사람이 나에게 줄 때 사용.

友達が私に本をくれました。 친구가 나에게 책을 주었습니다.

□ **もらう** 받다 ☞ 대등하거나 손아랫사람에게서 받을 때 사용.

私は友達から花をもらいました。 나는 친구로부터 꽃을 받았습니다.

□ **さしあげる** 드리다 ☞ 손아랫사람이 손윗사람인 상대방에게 드릴 때 사용.

私は先生に花束をさしあげました。 나는 선생님께 꽃다발을 드렸습니다.

□ **くださる** 주시다 ☞ 손아랫사람에게 손윗사람인 상대방이 주실 때 사용.

社長は私にボーナスをくださいました。 사장님은 나에게 보너스를 주셨습니다.

□ **いただく** (손윗사람에게서) 받다 ☞ 손아랫사람이 손윗사람인 상대방에게 받을 때 사용.

私は先生にネクタイをいただきました。 나는 선생님으로부터 넥타이를 받았습니다.

※ 「もらう」 받다

주는 사람을 나타내는 조사는 「に」와 「から」 두 가지를 쓸 수 있는데, 주는 사람이 단체(회사, 학교 등)일 때는 「から」 밖에 쓸 수 없다.

専門学校 (○ から / × に) ポスターをもらいました。 전문학교로부터 포스터를 받았습니다.

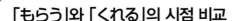

「もらう」와 「くれる」의 시점 비교

友達 　　本 →　　私

私は友達に本をもらいました。 나는 친구에게 책을 받았습니다.

⇒ 나는 그 책을 갖고 싶어서 친구에게 책을 달라고 했다. 시점은 받는 사람이고, 자신이 원한 것이므로 기대감이 있음.

友達は私に本をくれました。 친구는 나에게 책을 주었습니다.

⇒ 나는 친구에게 그 책을 달라고 하지 않았다. 시점은 주는 사람이고, 상대가 일방적으로 준 것이기 때문에 기대감이 없음.

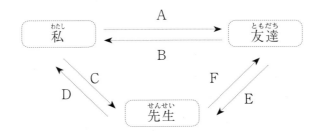

주다(あげる, くれる), 받다(もらう, いただく), 드리다(さしあげる), 주시다(くださる)

A → ① 私は 友達に Aを あげました。 나는 친구에게 A를 주었습니다.
　　② 友達は 私に Aを もらいました。 친구는 나에게 A를 받았습니다.

B → ① 友達が 私に Bを くれました。 친구는 나에게 B를 주었습니다.
　　② 私は 友達から Bを もらいました。 나는 친구에게 B를 받았습니다.

C → ① 私は 先生に Cを さしあげました。 나는 선생님에게 C를 드렸습니다.
　　② 先生は 私から Cを もらいました。 선생님은 나에게 C를 받았습니다.

D → ① 先生は 私に Dを くださいました。 선생님은 나에게 D를 주셨습니다.
　　② 私は 先生から Dを いただきました。 나는 선생님에게 D를 받았습니다.

E → ① 友達は 先生に Eを さしあげました。 친구는 선생님에게 E를 드렸습니다.
　　② 先生は 友達から Eを もらいました。 선생님은 친구에게 E를 받았습니다.

F → ① 先生は 友達に Fを くださいました。 선생님은 친구에게 F를 주셨습니다.
　　② 友達は 先生から Fを いただきました。 친구는 선생님에게 F를 받았습니다.

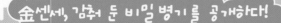

격조사

주로 체언(명사, 대명사, 수사)에 붙어 문장 안에서 다른 말에 대해 어떤 관계에 있는 것인지를 나타냄.

が

① 주어를 나타냄(동작, 상태의 주체)

- 花が咲く。 꽃이 피다.
- 子供が遊んでいる。 어린이가 놀고 있다.

② 대상어를 나타냄(감정의 대상)

- バナナが好きだ。 바나나를 좋아한다.

※ 희망, 좋고 싫음, 가능, 능력 등을 나타내는 표현에는 조사 「が」를 사용한다.

- ~が好きだ。 ~을(를) 좋아하다.
- ~が嫌いだ。 ~을(를) 싫어하다.
- ~がほしい。 ~을(를) 원하다, 갖고 싶다. ☞ 3인칭의 경우는 「~をほしがる」
- ~が~たい。 ~을(를) ~하고 싶다.
- ~が上手だ。 ~을(를) 잘하다.
- ~が下手だ。 ~을(를) 못하다.
- ~ができる。 ~을(를) 할 줄 알다.
- ~がわかる。 ~을(를) 알다.
- *~が + 가능동사 ~을(를) ~할 수 있다.

※ ~がする

- 味がする。 맛이 나다.
- においがする。 냄새가 나다.
- 香がする。 향기가 나다.
- 音がする。 소리가 나다.
- 寒気がする。 오한이 나다, 한기가 들다.
- 吐気がする。 구역질이 나다.
- 目眩がする。 현기증이 나다.
- 気がする。 기분이 들다.
- 感じがする。 느낌이 들다.
- 傷がする。 상처가 나다.

の

① 연체수식어(명사와 명사를 연결)
- 来年の夏。 내년 여름.
- 革のかばん。 가죽 가방.

② 주어
- 雨の降る日。 비가 오는 날.
- ぼくの読んだ本はこれだ。 내가 읽은 책은 이것이다.

③ 병립(열거)
- 行くの行かないのと悩んでいる。 가느니 안 가느니 하며 고민하고 있다.
- 死ぬの生きるのと騒いでいる。 죽느니 사느니 하며 소란을 피우고 있다.
- 狭いの汚いのと文句ばかり言う。 좁다느니 더럽다느니 투정만 한다.

④ 체언화(~것)
- 来るのが遅い。 오는 것이 느리다.
- 安いのがいい。 싼 것이 좋다.
- 出るのはまだ早い。 나가는 것은 아직 이르다.

⑤ 동격(~인)
- 社長の山田です。 사장인 야마다입니다.
- 友達の星野から連絡があった。 친구인 호시노에게서 연락이 있었다.

を

① 대상(목적)
- 本を読む。 책을 읽다.
- 手紙を書く。 편지를 쓰다.

② 출발점, 기점
- 家を出る。 집을 나서다.
- バスを降りる。 버스를 내리다.

③ 통과하는 장소, 경과점
- 橋を渡る。 다리를 건너다.
- 角を曲がる。 모퉁이를 돌다.

※ 「〜が〜たい」와 「〜を〜たい」

• A: 山田さんは何が食べたいですか。 야마다씨는 무엇이 먹고 싶습니까?

  B: 私はりんごが食べたいです。 나는 사과가 먹고 싶습니다.

  ☞ 사과의 목적어에만 주목해서 '먹고 싶은 것이 무엇인가, 사과다'라는 의미.

• A: 山田さんは何をしたいんですか。 야마다씨는 무엇을 하고 싶습니까?

  B: 私はりんごを食べたいです。 나는 사과를 먹고 싶습니다.

  ☞ 동작 전체에 주목해서, '무엇을 하고 싶은가, 사과를 먹는 것'이라는 의미.

※ 「〜を〜たい」 표현을 사용해야만 되는 경우

① 「を」 격(格) 의미가 행위의 대상이 아닌 경우

• 空 (× が / ○ を) 飛びたい。 하늘을 날고 싶다. ☞ 空(하늘)는 통과하는 장소를 나타냄.

② 「を」 격(格)과 동사 사이에 다른 요소가 들어가 있는 경우

• 美味しいコーヒー (× が / ○ を) たくさん飲みたい。 맛있는 커피를 많이 마시고 싶다.

③ 동사에 「〜ている」 형식이 있는 경우

• もっと話 (× が / ○ を) していたい。 좀 더 이야기를 하고 싶다.

※ 「を」를 취하는 자동사에 대해서

일반적으로 동사는 목적어(조사 「を」)를 취하지 않는 자동사와 목적어(조사 「を」)를 취하는 타동사로 크게 구분되지만, 자동사가 이동 동사인 경우는 조사 「を」를 취한다.

「を」를 취하는 자동사 (=장소의 이동을 나타내는 자동사)

(1) ──→   (대상이 되는 장소를 '외부에서 안으로' 이동) : 조사는 「に」

예 入る(들어가다, 들어오다), 乗る(타다), 登る(오르다), 着く(도착하다)

(2) □─→   (대상이 되는 장소를 '안에서 외부로' 이동) : 조사는 「を」

예 出る(나오다), 降りる(탈 것 등에서 내리다), 下りる(내리다), 離れる(떨어지다, 멀어지다), 発つ(출발하다/떠나다)

(3) → (대상이 되는 장소의 '안에서만' 이동) : 조사는 「を」

예 歩く(걷다), 走る(달리다), 飛ぶ(날다), 流れる(흐르다), はう(붙어서 뻗어가다),
転がる(구르다), 橋を渡る(다리를 건너다)

(4) ──→ (대상이 되는 장소를 '외부에서 안을 통해서 외부로' 이동) : 조사는 「を」

예 川を渡る(강을 건너다), 山を越える(산을 넘다), トンネルを抜ける(터널을 빠져나가다)

(5) ┘ ┌→ (대상이 되는 장소를 '스쳐서' 이동) : 조사는 「を」

예 曲がる(돌다), 巡る(순회하다)

〈정리〉

「出る」는 「私は部屋を出る」로, 주어가 이동을 하는 것이고, 「出す」는 「私は子供を部屋から出す」이며,
목적어가 이동을 하는 것이다. 결국, '타동사'는 원칙적으로 목적어가 동사의 행위를 받는다.

'장소의 이동을 나타내는 자동사'라는 개념으로서, 위에 예를 든 동사를 한데 묶어서, '자동사'로서 취급
한다.

'장소의 이동을 나타내는 자동사'는 그 대상이 되는 장소 뒤에 「を」를 사용한다. 다만, '외부에서 안으로'
를 의미하는 동사의 경우에만 「に」를 사용한다(위 예(1)).

に

① 존재 · 소유의 장소, 위치

• 庭に池がある。정원에 못이 있다.
• 私には弟が二人いる。나에게는 남동생이 두 명 있다.

② 시간

• 6時に起きる。6시에 일어난다.
• ゆうべ11時に寝た。어젯밤 11시에 잤다.

③ 이동의 도착점

• タクシーに乗りましょう。택시를 탑시다.
• ここに座ってもいいですか。여기에 앉아도 됩니까?

④ 동작 · 작용의 대상, 상대

• 先生に会う。선생님을 만나다.
• 友達にプレゼントをあげた。친구에게 선물을 주었다.

⑤ 수동 · 사역의 동작 대상, 주체

- 親に叱られる。부모에게 야단맞다.
- 子供に勉強させる。아이에게 공부하게 하다(공부시키다).

⑥ 이동의 목적

- 買物に行く。물건 사러 가다.
- 遊びに出掛ける。놀러 나가다.

⑦ 기준

- 私のアパートは駅に近いんです。나의 아파트는 역에 가깝습니다.
- 1ヶ月に一回出張がある。1개월에 한 번 출장이 있다.

⑧ 원인 · 변화의 결과

- お金に困っているんです。돈에 궁핍합니다.
- 信号が赤に変わる。신호가 적색으로 바뀌다

⑨ 열거

- パンにミルクに卵。빵에 밀크에 달걀.
- 国語に数学に英語の試験がある。국어에 수학에 영어 시험이 있다.

で

① 동작 · 작용의 장소

図書館で勉強する。도서관에서 공부하다.

あの店でラーメンを食べた。저 가게에서 라면을 먹었다.

② 수단, 방법, 도구, 재료

- 電車で行く。전차로 가다.
- ペンで書く。펜으로 쓰다.
- ラジオで聞いた話。라디오에서 들은 이야기.
- 紙で人形を作る。종이로 인형을 만들다.

③ 범위

- 二時間で仕事を終える。 2시간에 일을 끝내다.
- 私の国では農業が盛んです。 우리 고장에서는 농업이 성행합니다.

④ 한도, 기한

- 一日でできる。 하루에 할 수 있다.
- これは百円で買いました。 이것은 백 엔에 샀습니다.

⑤ 이유, 원인

- 病気で学校を休む。 병으로 학교를 쉬다.
- 地震で電車が止まった。 지진으로 전차가 멈췄다.

へ

① 동작의 방향

- 北へ向かう。 북으로 향하다.
- 前へ進んでいく。 앞으로 나아가다.

② 상대 · 대상으로의 방향

- 母へ手紙を出す。 어머니에게 편지를 보내다.
- 医者へ行く。 의사에게 가다.

③ 동작의 귀착점(회화체에 한해서 사용 = に)

- 東京駅へ着く。 도쿄 역에 도착하다.
- ここへ置いてはいけない。 여기에 놓아서는 안 된다.

と

① 상대(≠ と一緒に)

- 野村さんは山田さんと結婚した。 노무라씨는 야마다씨와 결혼했다.
- 野村さんは山田さんと離婚した。 노무라씨는 야마다씨와 이혼했다.
- 野村さんは山田さんと喧嘩した。 노무라씨는 야마다씨와 싸웠다.
- 反対党と戦う。 반대당과 싸우다.

② 공동의 상대(= と一緒に)

- 今晩家族と食事をします。 오늘밤 가족과 식사를 합니다.
- 母と買物に出掛ける。 어머니와 물건 사러 나가다.

③ 비교

- 昔と違う。 옛날과 다르다.
- 私のはあなたのと同じだ。 내 것은 당신 것과 같다.

④ 열거

- 本とノートをもらう。 책과 노트를 받다.
- 君と僕が選ばれた。 너와 내가 뽑혔다.

⑤ 변화의 결과

- 社長となった。 사장이 되었다.
- 発言が問題となる。 발언이 문제가 되다.

⑥ 인용

- いいと思う。 좋다고 생각하다.
- 禁煙と書いてある。 금연이라고 써 있다.

から

① 출발점, 기점

- 会議は午後1時から始まります。 회의는 오후 1시부터 시작합니다.
- 家から駅まで歩く。 집에서 역까지 걷는다.

② 받는 동작의 상대, 출처

- 田中さんから辞書を借りた。 다나카씨로부터 사전을 빌렸다.
- 友達から聞いた話。 친구로부터 들은 이야기.

③ 원인, 발단

- ちょっとした油断から失敗することが多い。 약간의 방심으로 실패하는 경우가 많다.
- たばこの不始末から火事になる。 담배의 부주의로 화재가 되다.

④ 판단의 근거

- 調査の結果から見て、次のようなことが言える。조사 결과로 봐서, 다음과 같은 것을 말할 수 있다.
- 日頃の言動から考えれば当然のことだ。평소의 언동으로 생각하건대 당연한 것이다.

⑤ 원료, 재료

- 酒は米から作る。술은 쌀로 만든다.
- 醤油は大豆から作る。간장은 콩으로 만든다.

⑥ 기준치 이상

- 五千円からする。5천 엔이나 한다.
- 一万人からの人が集まっている。만 명 이상의 사람이 모여 있다.

まで

시간, 장소, 등의 한도

- 家から学校まで1時間かかる。집에서 학교까지 1시간 걸린다.
- 授業は朝9時から午後4時までです。수업은 아침 9시부터 오후 4시까지입니다.
- 東京から大阪までの距離。도쿄에서 오사카까지의 거리
- この映画は、子供からお年寄までご家族みんなで楽しんで頂けます。
  이 영화는 어린이부터 노인까지 가족 모두가 즐기실 수 있습니다.

より

① 기점, 출처

- 東京駅より出発。도쿄 역에서 출발.
- ソウルより愛をこめて。서울에서 사랑을 담아.

② 비교의 기준

- 日本より大きな国。일본보다 큰 나라.
- 去年より寒い。작년보다 춥다.

③ 한정

- 黙っているよりなかった。잠자고 있을 수밖에 없었다.
- そうするよりほかにない。그렇게 하는 수밖에 없다.

격조사 비교

に와 で

妹はあの部屋(○ に / × で)います。여동생은 저 방에 있습니다.

妹はあの部屋(× に / ○ で)勉強をしています。여동생은 저 방에서 공부하고 있습니다.

☞ 「に」: 존재 장소를 나타냄. '~에'로 번역.

　　「で」: 동작의 장소를 나타냄. '에서'로 번역.

* ~に住む (~에 살다) / ~で暮らす (~에서 지내다)

* ~に勤める (~에 근무하다) / ~で働く (~에서 일하다)

会議は3時(× に / ○ で)終わった。회의는 3시에 끝났다.

試験は今日(× に / ○ で)終わった。시험은 오늘로 끝났다.

時計は2時(× に / ○ で)止まっている。시계는 2시에 멈추어 있다.

仕事は4時(× に / ○ で)止めましょう。일은 4시에 그만둡시다.

☞ 종료점이나 귀착점을 나타내는 경우에는 「で」를 사용.

朝9時(○ に / × で)始まる。아침 9시에 시작된다.

5時(○ に / × で)余震があった。5시에 여진이 있었다.

弟は6時(○ に / × で)生まれた。남동생은 6시에 태어났다.

日曜日(○ に / × で)行く。일요일에 간다.

☞ 개시점을 나타내는 경우에는 「に」를 사용.

※ あとに와 あとで

後に : 시간의 어느 한 점에 주목, 일반적으로 상태 표현이 이어짐. 지금 하던 일을 나중으로 미루는 의미.

後で : 어느 한 점의 시간 후에 일어나는 동사까지 영향을 미치고, 일반적으로 동작 표현이 이어짐. 순서적으로 '나중에'라는 의미.

食事のあとに、コーヒーを飲みます。식사 후에 커피를 마십니다.

☞ 「食事のあと」에 중점이 있음.

食事のあとで、コーヒーを飲みます。식사 후에 커피를 마십니다.

☞ 「コーヒーを飲む」에 중점이 있음

(× あとに / ○ あとで) 行きます。

☞ 「あとに」는 두 가지 일에 대한 전후관계를 나타냄.
　「あとで」는 말하는 시점과 그 이후의 시점과의 관계를 나타냄.

食事を済ませたあとに一時間ほど昼寝をした。식사를 끝낸 후에 한 시간 정도 낮잠을 잤다.

今忙しいから、あとでお電話ください。지금 바쁘니까 나중에 전화해 주십시오.

映画を見たあとでイタリア料理を食べに行きましょう。영화를 본 후에 이탈리아 요리를 먹으러 갑시다.

に와 を

富士山 (× に / ○ を) 頂上まで登る。후지산을 정상까지 오르다.

☞ 「に」: 이동의 도착점을 나타냄.
　「を」: 통과점을 나타냄.
「富士山を」는 이동 행위가 이루어지는 장소를 나타내고 있지만, 「富士山に」는 이미 목적지를 나타내고 있기 때문에 「頂上まで」를 쓰게 되면, 목적지를 겹쳐서 나타내게 되므로 잘못된 표현이 된다.

を와 から

煙突 (× を / ○ から) 煙が出る。굴뚝에서 연기가 나다.

☞ 주체가 의지를 갖지 않는 경우(무생물 주어의 경우), 「から」만 사용된다.

部屋 (× を / ○ から) 廊下に出る。방에서 복도로 나오다.

☞ 이동하는 곳을 포함해서 말할 때, 「から」만 사용된다.

大学を出る。대학을 나오다.

☞ 대학을 졸업하다, 대학(건물)에서 나오다.

大学から出る。대학에서 나오다

☞ 대학(건물)에서 나오다.

1番線 (○ を / ○ から) 「中央線」が発車した。1번 선(을/에서) '중앙선'이 발차했다

☞ 이동하는 장소, 기점을 나타낸다.

何番線 (× を / ○ から) 「中央線」が発車するんですか？몇 번 선에서 '중앙선'이 발차합니까？

☞ 이동의 기점을 강하게 제시하는 경우, 「から」만 사용된다.

に와 へ

東京 (○ に / ○ へ) 行きます。도쿄에 갑니다.

☞ 「に」: 이동의 도착점을 나타냄.
　「へ」: 이동의 방향을 나타냄.

お風呂 (○ に / × へ) 入る。목욕을 하다.
電車 (○ に / × へ) 乗る。전차를 타다

☞ 관용적으로 사용되는 경우.

に와 と

に : 일방적 방향성

　〜に相談する : 조언을 얻고 싶을 때 사용.
　友達に会った : 친구를 만났다.(약속은 없었지만 우연히 만났을 경우에 사용)
　私は父に似ています : 나는 아버지를 닮았다.(내가 부모를 닮은 것이지 서로 닮은 것이 아니다)

と : 양방향성

　〜と相談する : 대등한 입장에서 서로의 의견을 내는 경우에 사용.
　友達と会った : 만나기로 약속한 후에 만났을 경우에 사용.
　私は田中さんと似ています : 서로 닮았다.

まで와 に와 へ

時間<ruby>じ<rt></rt></ruby>がなかったので、駅<ruby>えき<rt></rt></ruby>(○ まで ／ ○ に ／ ○ へ) バスで行<ruby>い<rt></rt></ruby>った。
시간이 없기 때문에, 역(까지/에/으로)버스로 갔다.

☞ 「行く、来る、着く」 등의 동사는 이동이 끝나는 장소를 「まで」, 「に」, 「へ」로 나타낸다.

公園<ruby>こうえん<rt></rt></ruby> (○ まで ／ × に ／ × へ) 走<ruby>はし<rt></rt></ruby>りましょう。 공원까지 달립시다.

毎日学校<ruby>まいにちがっこう<rt></rt></ruby> (○ まで ／ × に ／ × へ) 歩<ruby>ある<rt></rt></ruby>きます。 매일 학교까지 걷습니다.

向<ruby>む<rt></rt></ruby>こう岸<ruby>ぎし<rt></rt></ruby> (○ まで ／ × に ／ × へ) 泳<ruby>およ<rt></rt></ruby>いだ。 건너편 물가까지 헤엄쳤다.

☞ 「歩く、走る、泳ぐ」 등의 동사는 「まで」와 함께 사용할 수 있지만, 「に」, 「へ」와 함께 사용할 수 없다.

日本<ruby>にほん<rt></rt></ruby>では東京<ruby>とうきょう<rt></rt></ruby>と横浜<ruby>よこはま<rt></rt></ruby> (× まで ／ ○ に ／ ○ へ) 行<ruby>い<rt></rt></ruby>った。 일본에서는 도쿄와 요코하마에 갔다.

☞ 「まで」는 계속되고 있는 동작이 종료된 장소를 나타내기 때문에, 동시에 두 가지 이상의 장소를 취할 수 없다.

と와 に와 や

병렬조사로서 나열하는 데 사용되는데, 다음과 같은 차이점이 있다.

テーブルの上<ruby>うえ<rt></rt></ruby>にはリンゴとみかんがある。 테이블 위에는 사과와 귤이 있다.

☞ 테이블 위에 있는 것은 사과와 귤뿐이고 그 밖의 것은 없다는 암시.

テーブルの上<ruby>うえ<rt></rt></ruby>にはリンゴやみかんがある。 테이블 위에는 사과랑 귤이 있다.

☞ 테이블 위에 대표적으로 있는 것은 사과와 귤이고 그 밖의 것도 있다는 암시.
보통 「～や～など」 문형으로 사용.

明日<ruby>あした<rt></rt></ruby>は英語<ruby>えいご<rt></rt></ruby>と数学<ruby>すうがく<rt></rt></ruby>のテストがある。 내일은 영어와 수학 테스트가 있다.

☞ 단순히 영어와 수학의 테스트가 있다는 의미.

明日<ruby>あした<rt></rt></ruby>は英語<ruby>えいご<rt></rt></ruby>に数学<ruby>すうがく<rt></rt></ruby>のテストがある。 내일은 영어에 수학 테스트가 있다.

☞ 생각이 나면서 추가하는 뉘앙스가 있다.

부 사

부사는 용언(동사, 형용사)를 수식하여 그 문장의 의미를 명확하게 하거나 정도 및 상태 등을 나타낸다.

유도부사(진술부사)

유도부사는 뒤에 이어지는 내용을 미리 알려주는 기능을 갖고 있으며, 술어에 어떤 진술을 요구하느냐에 따라 부정·추량(추측)·비유 등을 수반하는 표현이 이어진다.

① 단정(강조) 표현을 동반하는 부사

□ いやしくも 적어도　　　　　□ 必ず 반드시, 꼭

□ きっと 꼭　　　　　　　　　□ さすが(に) 정말이지, 역시

□ 絶対に 절대, 절대로　　　　□ たしか 확실히, 분명히

□ つまり 결국, 요컨대　　　　□ もちろん 물론

□ 最も 가장, 무엇보다도　　　□ やはり 역시, 결국

② 긍정과 부정을 모두 동반할 수 있는 부사 – 긍정문과 부정문에서 의미가 다른 것

□ あまり

긍정문 (너무, 지나치게)

あまり勉強し過ぎる。 지나치게 공부를 하다.

부정문(그다지)

あまり違わない。 그다지 다르지 않다.

あまりよく知らない。 그다지 잘 모르다.

□ 一向(に)

긍정문(매우, 아주)

一向平気だ。아주 태연하다, 아무렇지도 않다.

一向にご無沙汰しています。매우 격조하였습니다.

부정문(조금도, 전혀)

一向に勉強しない。도무지 공부하지 않는다.

一向に気が付かない。전혀 깨닫지 못하다.

□ さっぱり

긍정문(후련한 모양, 산뜻한 모양, 남김없이, 깨끗이)

さっぱりした味。담백한 맛.

さっぱりとした性格。깔끔한 성격.

きれいさっぱりと平らげた。깨끗이 먹어 치웠다.

부정문(전혀, 전연, 조금도)

さっぱりわからない。전혀 모르겠다.

さっぱり食べない。전연 안 먹는다.

□ 更に

긍정문(그 위에, 더욱더, 거듭, 다시 한 번)

雨が更に激しく降る。비가 더욱 세차게 오다

更に勧める。다시 한 번 권하다.

부정문(조금도, 도무지)

更に反省の色がない。도무지 반성의 빛이 없다.

思い残すことが更にない。미련은 조금도 없다.

□ 断じて

긍정문(단호히, 꼭, 반드시)

断じて勝つ。반드시 이긴다.

断じて遣り遂げる。단연코 완수하다.

부정문(결코, 단연코)

断じて行かぬ。결코 가지 않는다.

断じて許さない。단연코 용서 않다.

□ ちょっと

긍정문(좀, 약간, 잠시, 어지간히, 꽤)

もうちょっと右。좀 더 오른쪽.

ちょっとした傷。경미한 상처.

ちょっとお待ち下さい。잠시 기다려 주십시오.

ちょっと重い病気。꽤 중한 병.

부정문(좀처럼, 쉽사리, 여간해서는)

ちょっと見当もつかない。쉽사리 짐작도 할 수 없다.

そんなことになるとはちょっと考えられない。일이 그렇게 되리라고는 좀처럼 생각할 수 없다.

□ ついに

긍정문(드디어, 마침내, 결국)

ついに完成を見た。드디어 완성을 봤다.

부정문(최후까지, 끝끝내, 끝까지)

ついに現れなかった。끝내 나타나지 않았다.

ついに口を利かなかった。끝끝내 말을 하지 않았다.

□ どうも

긍정문(정말, 참으로, 매우)

どうもありがとうございます。참으로 고맙습니다.

どうもすみません。정말 미안합니다.

どうも失礼しました。매우 실례했습니다.

부정문(아무래도, 도무지)

彼の言うことはどうも嘘らしい。그가 말하는 것은 아무래도 거짓말 같다.

どうもうまくいかない。도무지 잘 안 된다.

□ とても

긍정문(대단히, 매우, 몹시)

とてもきれいだ。아주 예쁘다.

とてもいい。대단히 좋다.

부정문(아무리 해도, 도저히)

とても出来ない。도저히 못 하겠다.

とても駄目だ。아무리 해도 안 된다.

□ てんで

긍정문(아주, 대단히)

てんで大きい。아주 크다.

부정문(전혀, 아예)

てんで駄目だ。아예 틀렸다.

彼のやり方はてんでなっていない。그의 하는 짓은 전연 돼 먹지 않았다.

□ とんと

긍정문(완전히)

とんと忘れた。까맣게 잊어버렸다.

부정문(조금도, 전혀, 도무지)

とんと美味しくない。조금도 맛이 없다.

とんと存じません。전혀 모릅니다.

□ なかなか

긍정문(상당히, 꽤, 어지간히)

なかなか面白い。꽤 재미있다.

なかなか遠い。상당히 멀다.

부정문(좀처럼, 그리 간단히는)

なかなかうまくいかない。좀처럼 잘되지 않는다.

時間がなくてなかなか友達に会えない。시간이 없어서 좀처럼 친구를 만날 수 없다.

□ 何(なん)とも

긍정문(정말, 참으로, 아무튼)

何(なん)とも大変(たいへん)な事(こと)になった。 정말 큰일이 되었다.

何(なん)とも閉口(へいこう)した。 정말이지 난처했다.

부정문(뭐라고, 무엇인지, 대단한 것은 아니다)

僕(ぼく)からは何(なん)とも言(い)えない。 나로서는 뭐라고 말할 수 없다.

何(なん)とも説明(せつめい)がつかない。 뭐라고 설명을 할 수 없다.

転(ころ)んだが、何(なん)ともなかった。 넘어졌지만, 별일은 없었다.

□ 丸(まる)で

긍정문(마치, 꼭)

まるで猿(さる)のような顔(かお)。 꼭 원숭이 같은 얼굴.

まるで夢(ゆめ)のようだ。 마치 꿈과 같다.

부정문(전혀, 전연, 통)

まるで違(ちが)う。 전혀 다르다.

まるで知(し)らなかった。 전연 몰랐다.

※긍정문과 부정문에서 의미가 같은 부사

□ 一概(いちがい)に 일률적으로, 하나같이, 일괄적으로

긍정문 一概(いちがい)に信(しん)じる。 무조건 믿다.

부정문 一概(いちがい)には言(い)えぬが。 일률적으로는 말할 수 없으나.

□ 未(いま)だに 아직껏, 아직까지도, 현재까지도

긍정문 未(いま)だに独身(どくしん)だ。 아직까지도 독신이다.

부정문 未(いま)だに病気(びょうき)がよくならない。 아직까지도 병이 쾌차하지 않다.

□ 絶対(ぜったい)(に) 절대, 절대로

긍정문 絶対(ぜったい)出席(しゅっせき)する。 반드시 출석하다.

부정문 絶対(ぜったい)あり得(え)ない。 절대로 있을 수 없다.

□ **全く** 완전히, 전혀

긍정문 **全く忘れていた。** 완전히 잊고 있었다.

부정문 **英語は全く出来ない。** 영어는 전혀 못한다.

③ 부정(금지) 표현을 동반하는 부사

□ **一切** 일절　　　　　　　　□ **必ずしも** 반드시

□ **から(っ)きし** 전혀, 통　　　□ **決して** 결코

□ **さらさら** 결코, 조금도　　　□ **少しも** 조금도, 전혀

□ **全然** 전연, 전혀　　　　　　□ **大して** 그다지, 별로

□ **ちっとも** 조금도　　　　　　□ **到底** 도저히

□ **二度と** 결코, 다시는　　　　□ **別に** 별로, 특별히

□ **まさか** 설마, 아무리 그렇다고 하더라도　□ **まる(っ)きり** 전연, 전혀, 아주

□ **滅多に** 거의, 좀처럼　　　　□ **夢にも** 꿈에도

□ **碌に** 제대로, 변변히

④ 의문(반어적) 표현을 동반하는 부사

□ **いかに** 어떻게　　　　　　　□ **いったい** 도대체

□ **どう** 어떻게　　　　　　　　□ **どうして** 어떻게, 어째서, 왜

□ **どれほど** 얼마만큼, 얼마나　　□ **なぜ** 왜, 어째서

□ **なにゆえ** 왜, 어째서, 무엇 때문에　□ **なんで** 어째서, 무슨 이유로, 왜

□ **はたして** 예상한 대로, 말 그대로, 정말로

⑤ 가정 표현을 동반하는 부사

- □ いかに 아무리
- □ 仮^{かり}に 만일, 만약
- □ ひょっとすると 어쩌면, 혹시
- □ もし(も) 만약, 만일

- □ いったん 일단
- □ たとえ 설령, 설사, 가령
- □ 万^{まんいち}一 만일, 만에 하나
- □ もしか(すると) 어쩌면

⑥ 추량 표현을 동반하는 부사

- □ あるいは 어쩌면, 혹시
- □ 必^{かなら}ずや 필시, 반드시
- □ 多^{た ぶん}分 대개, 아마
- □ よもや 설마

- □ 恐^{おそ}らく 아마, 어쩌면, 필시
- □ さぞ(かし) 추측컨대, 필시, 틀림없이
- □ まさか 설마, 아무리 그렇다 하더라도

⑦ 비유(양태) 표현을 동반하는 부사

- □ あたかも 마치, 흡사
- □ 今^{いま}にも 당장에라도, 지금이라도
- □ さも 정말, 참으로, 자못
- □ どうやら 어쩐지, 아무래도

- □ いかにも 정말이지, 자못
- □ さながら 마치, 흡사
- □ ちょうど 꼭, 마치
- □ まるで 마치

⑧ 희망 표현을 동반하는 부사

- □ くれぐれも 부디, 아무쪼록
- □ どうか 부디, 아무쪼록
- □ どうぞ 아무쪼록, 부디, 어서
- □ なんとか 어떻게든

- □ 是非^{ぜ ひ} 꼭, 반드시
- □ どうしても 무슨 일이 있어도, 꼭
- □ なにとぞ 제발, 부디, 아무쪼록

양태(상태)부사

양태부사는 동사를 수식하여 동작과 작용의 상태를 한정하여 구체적으로 나타낸다. 사람이나 동물 또는 사물의 소리를 흉내내는 의성어와 그 모습을 나타내는 의태어도 포함된다.

□ **いきなり** 갑자기, 느닷없이

□ **うまく** 솜씨 좋게, 잘

□ **さすが(に)** 역시, 정말이지, 과연

□ **しっかり** 단단히, 꼭, 확고히

□ **暫く**（しばら） 잠시, 잠깐

□ **すっかり** 완전히, 모두

□ **すべて** 전부, 모두

□ **折角**（せっかく） 모처럼, 일부러, 애써서

□ **大変**（たいへん） 몹시, 매우, 대단히

□ **時々**（ときどき） 가끔, 때때로

□ **突然**（とつぜん） 돌연, 갑자기

□ **のんびり** 한가로이, 태평스럽게

□ **再び**（ふたた） 두 번, 재차, 다시

□ **益々**（ますます） 점점, 더욱 더

□ **やがて** 멀지 않아, 이윽고, 곧

□ **やはり** 역시

□ **わざわざ** 일부러

□ **いつも** 항상, 늘, 언제나

□ **かえって** 도리어, 오히려, 반대로

□ **早速**（さっそく） 즉시

□ **じっと** 꼼짝 않고, 가만히

□ **直ぐ**（す） 곧, 즉시, 바로

□ **既に**（すで） 이미, 벌써

□ **せいぜい** 기껏, 겨우

□ **そっと** 살짝, 가만히, 몰래

□ **確かに**（たし） 확실히

□ **特に**（とく） 특히, 각별히

□ **とりわけ** 특히, 그중에서도

□ **はっきり** 분명히, 확실히

□ **ふと** 문득, 갑자기

□ **寧ろ**（むし） 차라리, 오히려

□ **やっと** 겨우, 간신히

□ **ゆっくり** 천천히, 넉넉히, 충분히

※ 의성어·의태어

- □ うとうと 조는 모양-꾸벅꾸벅
- □ うろうろ ① 목적도 없이 이리저리 헤매는 모양-어슬렁어슬렁 ② 당황하여 갈피를 못 잡는 모양-허둥지둥
- □ がちがち ① 단단한 물건이 잇따라 부딪는 소리-딱딱 ② 융통성과 여유가 없는 모양-외곬으로
- □ ぐずぐず ① 결단이나 행동이 느린 모양-꾸물꾸물, 우물쭈물 ② 분명하게 말하지 않고 혼잣말로 푸념하는 모양-투덜투덜 ③ 코가 막혔을 때의 소리나 모양-킁킁
- □ くどくど 같은 말을 지겹도록 되풀이하는 모양-장황하게, 지겹게, 구구절절
- □ くらくら ① 현기증이 나는 모양-아찔아찔, 어질어질 ② 물이 마구 끓는 모양-펄펄, 버글버글 ③ 질투나 분노 등으로 속이 끓어오르는 모양-부글부글
- □ ぐらぐら ① 몹시 흔들리는 모양-흔들흔들 ② 물이 마구 끓는 모양-펄펄, 부글부글
- □ こつこつ ① 단단한 물건끼리 연방 부딪는 소리-똑똑 ② 꾸준히 노력함
- □ ごろごろ ① 그리 작지 않은 것이 굴러가는 모양-데굴데굴 ② 아무 일도 하지 않고 날을 보내는 모양-빈둥빈둥, 빈들빈들 ③ 여기저기 지천으로 흔한 모양-얼마든지 ④ 천둥이 울리는 소리-우르르
- □ ざぶざぶ 물을 요란스레 요동시키는 소리-철벅철벅, 점벙점벙
- □ しくしく ① 코를 훌쩍이며 힘없이 우는 모양-훌쩍훌쩍 ② 끊임없이 찌르듯 아픈 모양-콕콕
- □ じめじめ 불쾌하도록 습기나 수분이 많은 모양-구질구질, 눅눅히, 축축이
- □ じゃぶじゃぶ 물을 휘젓거나 물이 괸 곳을 걸을 때 나는 소리-철벙철벙, 철벅철벅
- □ しょぼしょぼ ① 가랑비가 조금씩 오는 모양-보슬보슬, 부슬부슬 ② 가랑비에 젖은 모양-촉촉이 ③ 노쇠하여 기운이 약해진 모양
- □ じりじり ① 어떤 목표나 상태를 향해 조금씩 나아가는 모양-한발 한발 ② 태양 등이 내리쬐는 모양-쨍쨍, 이글이글
- □ すらすら 거침없이 순조롭게 진행되는 모양-줄줄, 술술, 척척
- □ とくとく ① 좁은 아가리에서 액체가 흘러나오는 모양이나 소리-콸콸 ② 득의양양한 모양
- □ ねばねば 끈끈하거나 차져서 잘 들러붙는 모양-끈적끈적
- □ にこにこ 생글생글, 싱글벙글
- □ ひしひし ① 계속해서 바싹 다가오거나 사무치게 느껴지는 모양-바싹바싹, 오싹오싹 ② 물건이 삐걱거리는 소리-삐걱삐걱
- □ ぴちゃぴちゃ ① 물속을 걷는 소리-철벅철벅 ② 물이 튀기거나 부딪치는 소리-철썩철썩 ③ 손바닥으로 잇달아 가볍게 치는 소리-찰싹찰싹 ④ 소리 내어 음식을 마시거나 먹는 모양-홀짝홀짝
- □ ぴりぴり ① 바늘에 찔린 듯이 아픈 모양-따끔따끔 ② 몹시 매운 느낌-얼얼 ③ 신경이 과민해진 모양 ④ 가늘게 떠는 모양-바르르
- □ ぴんぴん ① 세차게 튀는 모양-팔딱팔딱, 펄쩍펄쩍 ② 건강하여 원기가 넘치는 모양-팔팔, 정정 ③ 몹시 두통이 나는 모양-지끈지끈, 욱신욱신 ④ 상대편의 심정이 강하게 느껴지는 모양-짜릿하게
- □ ぶつぶつ ① 작은 소리로 연해 말하는 모양-중얼중얼 ② 불평과 불만이나 잔소리를 하는 모양-투덜투덜 ③ 거품을 일으키며 끓어오르는 모양-펄펄, 부글부글 ④ 두드러기 같은 것이 많이 돋는 모양-도톨도톨
- □ ふらふら ① 휘청휘청, 비틀비틀 ② 생각 없이 나돌아 다니는 모양-어정어정 ③ 마음이 흔들리는 모양-흔들흔들, 갈팡질팡 ④ 앞뒤 생각 없이 행동하는 모양-얼떨결에, 무심코
- □ ぶらぶら ① 매달려서 흔들리는 모양-흔들흔들, 대롱대롱 ③ 지향 없이 거니는 모양-어슬렁어슬렁 ④ 하는 일 없이 놀고 지내는 모양-빈들빈들, 빈둥빈둥
- □ ぶるぶる 떠는 모양-벌벌, 와들와들, 덜덜
- □ ぷんぷん ① 몹시 화가 난 모양 ② 냄새가 코를 찌르는 모양
- □ ぺらぺら ① 외국어를 유창하게 지껄이는 모양-술술, 줄줄 ② 경솔하게 지껄여대는 모양-나불나불 ③ 판자 종이 천 등이 얇고 빈약한 모양-흐르르 ④ 종잇장 등을 잇달아 넘기는 소리-펄렁펄렁, 팔락팔락
- □ ぽたぽた 물이나 땀 등이 방울져 계속 떨어지는 모양-똑똑
- □ よちよち ① 어린애가 걷는 모양-아장아장 ② 쇠약한 사람이 걷는 모양-비실비실
- □ よろよろ 비틀거리거나 휘청거리는 모양-비틀비틀

정도부사

정도부사는 용언(동사, 형용사)을 수식하여 그 성질과 상태의 정도를 상세하게 나타내며, 다른 부사를 수식하거나 '시간, 장소, 방향, 수량' 등을 나타내는 명사를 수식하기도 한다.

- かなり 제법, 어지간히, 꽤
- 少し 조금, 약간
- 大層 매우, 몹시, 대단히
- 大変 몹시, 매우
- 多少 좀, 약간, 어지간히, 꽤
- たった 단지, 겨우, 그저
- 殆んど 대부분, 거의
- もっと 더, 더욱, 한층
- 僅か(に) 조금, 약간, 불과, 간신히, 겨우

- 随分 대단히, 몹시
- ずっと 훨씬, 아주, 쭉
- 大分 상당히, 어지간히, 꽤
- 沢山 많음, 충분함
- 只・唯 다만, 단지, 오로지
- 非常に 대단히, 매우
- もう 벌써, 이미, 더, 곧
- 漸く 겨우, 간신히, 차차, 점차

혼동하기 쉬운 부사

始めに와 初めて

□ **始めに** 처음으로(순서상), 맨 처음

始めに醤油を入れて、それから胡椒を入れてください。 처음에 간장을 넣고 그다음에 후추를 넣어 주십시오.

始めにドイツへ行って、そのあと色々な国へ行くつもりです。
처음에 독일로 가고 그 후에 여러 나라에 갈 생각입니다.

□ **初めて** 비로소, 처음으로(경험상)

病気になって初めて健康のありがたさがわかる。 병이 나서야 비로소 건강의 고마움을 안다.

初めてにしてはよく出来だ。 첫 솜씨치고는 잘 됐다.

大体와 大抵

□ **大体** 완전·사실·기준에 가까운 80%의 상태. 부정표현에는 잘 사용하지 않음. 거의(정도), 대략, 대강, 대체로

事件は大体片付いた。 사건은 대강 처리되었다.

レポートは大体終わった。 리포트는 대략 끝났다.

□ **大抵** 상태·행위 전체를 차지하는, 일어나는 경우의 수·확률이 높음. 거의(빈도), 대략, 거의 대부분, 대개

大抵の人は何か趣味を持っている。 대개의 사람은 무언가 취미를 갖고 있다.

昼は大抵外で食べる。 점심은 대개 밖에서 먹는다.

そっと와 こっそり

□ **そっと** 소리를 내지 않고 남이 모르게 행동하는 모양. 살짝, 가만히, 몰래

遅刻して教室にそっと入る。 지각해서 교실에 몰래 들어가다.

怒っているらしい、しばらくそっとしておこう。 화난 것 같아, 잠시 가만히 두자.

□ こっそり 남에게 들키지 않게 숨기거나 숨기듯이 행동하는 모양. 살짝, 가만히, 몰래

こっそり人の物を盗む。 몰래 남의 물건을 훔치다.

こっそり学校を休んではだめよ。 몰래 학교를 쉬면 안 돼.

意外와 案外

□ 意外 예상하고 있었던 것과 결과가 완전히 다른 경우. 의외로, 뜻밖에

意外にも驚かない。 뜻밖에도 놀라지 않는다.

意外なところで会いました。 뜻밖의 장소에서 만났습니다.

□ 案外 예상하고 있었던 것과 결과가 빗나갔을 경우. 뜻밖에도, 예상 외로, 의외로

案外驚かない。 의외로 놀라지 않는다.

安いのに、案外きれいなホテルだった。 저렴한데도, 예상 외로 깨끗한 호텔이었다.

むしろ와 かえって

□ むしろ 두 가지를 비교해서 어느 한 쪽이 더 정도가 높다는 의미. 차라리, 오히려

名よりも寧ろ実を選ぶ。 명분보다 오히려 실리를 택하다.

必要でよりも寧ろ好きでやっているのです。 필요해서라기보다는 오히려 좋아서 하는 것입니다.

生きて恥をさらすくらいなら寧ろ死んだ方がましだ。 살아서 수치를 드러낼 정도라면 차라리 죽는 편이 낫다.

□ かえって 어떤 행위를 하면 당연히 어느 결과가 일어난다고 예상되는 경우에 의도·예상과는 반대의 결과가 생기는 경우에 사용. 도리어, 오히려, 반대로

儲かるどころかかえって大損だ。 벌기는커녕 도리어 큰 손해다.

色々失敗したことが、かえっていい勉強になった。 여러 가지 실패한 것이 오히려 좋은 공부가 되었다.

手伝いに行ったつもりが、かえって邪魔になってしまった。 도와주러 간 것이 도리어 방해가 되고 말았다.

せめて와 少なくとも

□ せめて 불충분하지만 최소한 이 정도는 되었으면 좋겠다는 의미로 의지, 희망 표현이 이어진다. 하다못해, 적어도

せめて論語ぐらいは読まねばなるまい。 적어도 논어 정도는 읽어야 할 거야.

夏はせめて一週間ぐらい休みがほしい。여름에는 적어도 일주일 정도 휴가를 원한다.

せめてあと 3 日あれば、もうちょっといい作品が出せるのだが。
적어도 앞으로 3일 있으면, 좀 더 좋은 작품을 낼 수 있건만.

□ **少なくとも** 양이나 질이 최소한 이 정도라는 의미. 적어도

駅まで歩くと、少なくとも１５分はかかる。역까지 걸으면, 적어도 15분은 걸린다.

少なくとも参加者は千人は越すだろう。적어도 참가자는 천 명은 넘겠지.

少なくとも試験の日くらい早く起きよう。적어도 시험 날 정도는 일찍 일어나자.

うきうき와 わくわく

□ **うきうき** 신바람이 나서 몸도 마음도 들뜬 모양. 룰루랄라

家族でうきうきと花見に出かける。가족끼리 룰루랄라 꽃놀이 하러 나가다.

お祭りで、子供たちはうきうきしている。축제로 아이들이 들떠 있다.

サンバのリズムを聞くと思わず体がうきうきする。삼바 리듬을 들으면 나도 모르게 몸이 신바람 난다.

□ **わくわく** 기쁨·기대·걱정 따위로 가슴이 설레는 모양. 울렁울렁, 두근두근

胸をわくわくさせて知らせを待つ。가슴을 두근거리며 통지를 기다리다.

わくわくしながら発表を待つ。두근두근 하면서 발표를 기다리다.

嬉しくて胸がわくわくする。기뻐서 가슴이 울렁울렁하다.

つい와 うっかり와 思わず

□ **つい** 무의식중에 행하는 행위, 분위기에 휩쓸려 본능적·습관적으로 해 버림. 무심결에, 자신도 모르게, 그만

甘いものを見ると、つい食べたくなる。단 것을 보면, 그만 먹고 싶어진다.

言うつもりはなかったのに、つい言ってしまった。말할 생각이 아니었는데, 그만 말하고 말았다.

禁煙しているのに、ついポケットに手をやってたばこを探してしまう。
금연하고 있는데, 무심결에 주머니에 손을 넣어 담배를 찾고 만다.

□ **うっかり** 멍해 있어서, 방심하거나 부주의로 인해 해서는 안 되는 것을 함. 무심코, 멍청히, 깜박

うっかりコップを落として割ってしまった。무심코 컵을 떨어뜨려서 깨고 말았다.

答案用紙にうっかり名前を書くのを忘れてしまった。답안용지에 깜박 이름을 쓰는 것을 잊고 말았다.

うっかりほかの人の傘を持って帰ってしまった。 무심코 다른 사람의 우산을 가지고 돌아오고 말았다.

□ **思わず** 그 순간에 자연적으로 생겨난 감정과 조건 반사적인 1회 한정의 행위. 엉겁결에, 뜻하지 않게, 무의식중에, 나도 모르게

悔しくて、思わず涙が出た。 분해서, 나도 모르게 눈물이 났다.

素晴らしい歌声に思わず拍手した。 훌륭한 노랫소리에 나도 모르게 박수쳤다.

韓国のチームが逆転優勝をしたので、テレビの前で思わず立ち上がった。
한국 팀이 역전 우승을 했기 때문에, 텔레비전 앞에서 나도 모르게 일어섰다.

いっそうと なおと さらに

□ **いっそう** 무엇인가 별도의 조건·상황·변화가 더해져서 정도가 심해지고 높아짐. 한층 더, 더욱더

より一層苦しくなる。 더 한층 괴로워지다.

末っ子だけに一層可愛い。 막내인 만큼 더욱 더 귀엽다.

今後も一層努力します。 앞으로도 한층 더 노력하겠습니다.

□ **なお**

① 같은 종류의 다른 것과 비교해서 그것보다 정도가 위이다. 한층, 더욱 ⇒ 「一層」, 「さらに」, 「もっと」, 「そのうえ」 와 비슷한 의미

この方がなお良い。 이쪽이 더 한층 좋다.

あなたが来てくれれば、なお都合が良い。 당신이 와 주면, 더욱 상황이 좋다.

② 여전히 같은 상태가 계속 되고 있다. 여전히, 아직 ⇒ 「まだ」, 「相変わらず」, 「今もなお」와 비슷한 의미

今でもなお貧乏だ。 지금도 여전히 가난하다.

期日はなお２週間ある。 기일은 아직 2주일이 남아 있다.

③ 전후가 대립적인 의미를 갖는다. ⇒ 「かえって」와 비슷한 의미가 됨

手術をしてなお悪くなった。 수술을 해서 오히려 더 나빠졌다.

反対されると、なおやってみたくなる。 반대를 하게 되면, 오히려 해 보고 싶어진다.

④ 접속사로 부언할 때 사용. 더욱이, 더구나, 덧붙여 말하면, 또한

先日はお世話様でした。なお、結構なお土産まで頂戴しまして。
일전에는 폐를 끼쳤습니다. 더구나 좋은 선물까지 주셔서.

参加希望者は葉書で申し込んでください。なお、希望者多数の場合は、先着順とさせていた
だきます。 참가 희망자는 엽서로 신청해 주십시오. 덧붙여 말씀드리면, 희망자 다수의 경우에는 선착순으로 하도록 하겠습니다.

□ さらに

① 정도가 심해짐을 나타냄. 더 한층, 보다 더, 더욱더

これから更に難しくなる。 앞으로는 한층 더 어려워진다.

風は更に強くなってきた。 바람은 더욱더 강해졌다.

② 한 번 더 반복하거나 새로 추가함을 나타냄. 거듭, 다시금, 새로이, 또 한 번

更に交渉するつもりです。 다시금 교섭할 생각입니다.

更に申し込まないといけない。 다시 신청하지 않으면 안 된다.

③ (부정어와 함께) 조금도, 전혀, 도무지, 두 번 다시

更にない絶好のチャンス。 다시없는 절호의 기회.

気にする様子は更にない。 걱정하는 기색은 추호도 없다.

④ 관용 표현

更にも言わず。 되풀이 말할 필요도 없다.

必ずと きっとと ぜひ

□ **必ず** 사태 표현의 확립이 아주 높은 경우에 사용되고, 부정 표현에는 사용할 수 없다.

(×) 必ず行きません。

(○) 絶対行きません。 절대로 가지 않겠습니다.

※ 必ず만 사용되는 경우

1. 자연의 법칙

春になれば必ず花が咲く。 봄이 되면 반드시 꽃이 핀다.

2. 논리

三から一を引けば必ず二になる。 3에서 1을 빼면 반드시 2가 된다.

3. 명령문

必ずレポートを提出しなさい。 반드시 레포트를 제출하세요.

必ず学校に来い。 꼭 학교에 와라.

□ **きっと** 말하는 사람의 주관적인 추량적 판단을 나타낸다. '약속'의 뜻으로 사용될 경우에는 「必ず」와 바꿔 쓸 수 있지만, 부정 표현에는 사용할 수 없다.

ご招待ありがとうございます。きっと（必ず）うかがいます。초대 감사합니다. 꼭(반드시) 찾아뵙겠습니다.

(×) きっと来ないでください。

(○) 絶対来ないでください。절대로 오지 말아 주십시오.

※ きっと만 사용되는 경우

1. 부정의 표현과 함께 사용

金さんはきっと来ない。김씨는 틀림없이 오지 않는다.

あすはきっと雨が降らない。내일은 반드시 비가 오지 않는다.

2. 말하는 사람의 추량, 희망의 기분

明日きっとうかがえるでしょう。내일 틀림없이 방문할 수 있겠지요.

明日はきっと雨が降るでしょう。내일은 틀림없이 비가 내리겠지요.

3. 판단한 내용이 동작이 아니고 상태

金さんはよく走るからきっと健康にちがいない。김씨는 잘 달리기 때문에 분명 건강함에 틀림없다.

□ **ぜひ**

듣는 사람을 염두하고 상대방에게 무엇인가를 권하거나 희망하거나 하는 경우에 사용한다. 일반적으로 부정의 희망 표현과 함께 사용하지 않으며, 사람과 관계없는 자연현상에는 사용할 수 없다.

(×) ぜひ話さないでください。

(○) 絶対話さないでください。절대로 말하지 말아 주십시오.

(×) 明日はぜひ晴れてほしい。

(○) 明日は何としても晴れてほしい。내일은 어떻게든 개었으면 한다.

※ ぜひ만 사용되는 경우

희망을 나타내는 조동사 「たい」와 같이 사용

私もぜひ行きたい。나도 꼭 가고 싶다.

来年ぜひうかがいたい。내년에 꼭 방문하고 싶다.

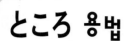

ところ 用법

명사로 사용되는 경우 所라는 한자로 표기하지만, 형식명사로 사용되는 경우 ひらがな로 표기한다.

1. 기본 문형

① 형용사 / 형용동사 / 동사형 + ところ ⇒ [때·상태·성질] ~인 점, ~인 면, ~인 바

学ぶべきところが多い。 배울만한 점이 많다.

悪いところばかり見る。 나쁜 점만 본다.

何も変わったところがない。 아무것도 변한 점이 없다.

② 동사(의지형, 의도형) + としていたところ ⇒ [의지·예정] ~하려던 참(중)

私が発表しようとしていたところで、時間になってしまいました。
내가 발표하려고 하던 참에, 시간이 되어 버렸습니다.

③ 동사(의지형, 의도형) + としているところ ⇒ [의지·예정] ~하려던 참(중)

ちょうど今、ご飯を食べようとしているところでした。
때마침 지금 밥을 먹으려던 참이었습니다.

④ 동사 기본형 + ところ ⇒ [어떤 동작의 직전] ~하려던 참(중)

今、ご飯を食べるところです。 지금 밥을 먹으려던 참입니다.

⑤ 동사(~ている) + ところ ⇒ [현재 진행] ~하고 있는 참

今、ご飯を食べているところです。 지금 밥을 먹고 있는 참입니다.

⑥ 동사(~ていた) + ところ ⇒ [과거 상태] ~하고 있던 참

ちょうどあなたのうわさをしていたところです。 때마침 당신의 소문 이야기를 하고 있던 참입니다.

⑦ 동사(~た) + ところ ⇒ [완료] 막 ~한 참

たった今、ご飯を食べたところです。 바로 방금 막 밥을 먹었습니다.

⑧ ところで(접속사) ⇒ [화제의 전환] 그런데, 다름이 아니라

毎日暑いですね。ところで、今度の日曜日はお暇ですか。 매일 덥네요. 그런데, 이번 일요일은 한가합니까?

⑨ ところが(접속사) ⇒ [의외의 사실(반대의 예측, 발견)] 그런데, 그와는 달리

〈반대의 예측〉　買い物に行ってズボンを買ってきた。ところが、サイズが間違っていた。
쇼핑하러 가서 바지를 사 왔다. 그런데 사이즈가 틀려 있었다.

〈발견〉　友人の家に電話した。ところが、1週間前から海外旅行に行って留守だという。
친구 집에 전화했다. 그런데, 일주일 전부터 해외여행 가서 부재라고 한다.

⑩ 명사+の+ところを, 형용사 + ところを ⇒ ～와중에, ～인데도 불구하고

お休みのところをお邪魔してすみません。휴식 중에 방해를 해서 죄송합니다.

2. 기타 文型

① 동사(た型) + ところ(조건) ⇒ ～했더니, ～한 즉, ～한 바

多角経営に乗り出したところ、会社の業績が上がった。다각 경영에 착수했더니, 회사 업적이 올랐다.

② 동사 기본형 + ところでは(정보 · 경험) ～바로는 ⇒ 동사(기본형 / た型) + ところによると ～바에 의하면

私の知るところでは、あれは真実ではありません。내가 아는 바로는, 그것은 진실이 아닙니다.
僕の聞いたところによると、彼は転勤だそうだ。내가 들은 바에 의하면, 그는 전근이라고 합니다.

③ 동사(た型) + ところで ⇒ ～(해)봤자, ～(해)본들

今になって後悔したところで、後の祭りだよ。이제 와서 후회해봤자, 소 잃고 외양간 고치기다.

④ 동사(た型) + ところ ⇒ ～했지만, ～했는데

先生のお宅を訪ねてみたところ、先生は留守でした。선생님 댁을 방문해 봤지만, 선생님은 부재였습니다.

⑤ 명사 / 형용사 / 형용동사 / 동사 + どころか ⇒ ～는커녕, ～는 고사하고

明日が試験なのに、勉強どころか遊んでばかりいる。내일이 시험인데도, 공부는 고사하고 놀고만 있다.

⑥ もうすこしで(すんでのところで) + 동사 기본형 + ところだった ⇒ 하마터면 ～할 뻔했다.

もう少しで交通事故に遭うところだった。하마터면 교통사고를 당할 뻔했다.

⑦ 동사 기본형 + ところまでは行っていない ⇒ ～할 단계까지는 가 있지 않다.

日常会話はなんとかなるが、まだ日本人と自由に話せるところまでは行っていません。
일상회화는 어떻게든 되지만, 아직 일본 사람과 자유롭게 말할 수 있는 단계까지는 가 있지 않습니다.

⑧ 명사 / 형용동사(기본형) + どころではない ⇒ ～할 바가 못 된다. ～할 처지가 못 된다. ～할 때가 아니다.

夕べきなり友人に来られて勉強どころじゃなかったよ。어젯밤 갑자기 친구가 오게 되어 공부할 처지가 아니었어.

반드시 알아두어야 할 자동사·타동사

공식①	자동사	~あ단 + る
	타동사	~え단 + る

上がる 오르다
上げる 올리다

集まる 모이다
集める 모으다

暖まる 따뜻해지다
暖める 따뜻하게 하다

当たる 맞다
当てる 맞히다

高まる 높아지다
高める 높게 하다, 높이다

たまる 모이다
ためる 모으다

捕まる 붙잡히다
捕まえる 붙잡다

伝わる 전해지다
伝える 전하다

当てはまる 적용되다
当てはめる 적용시키다

改まる 개선되다, 변경되다
改める 개선하다, 변경하다

炒まる 기름에 볶아지다
炒める 기름에 볶다

薄まる 엷어지다
薄める 엷게 하다

埋まる 메워지다
埋める 메우다, 묻다

植わる 심어지다
植える 심다

終わる 끝나다
終える 끝내다

変わる 바뀌다
変える 바꾸다

かかる 걸리다
かける 걸다

重なる 포개지다, 겹치다
重ねる 포개다, 거듭하다

固まる 단단해지다
固める 단단히 하다

決まる 정해지다, 결정되다
決める 정하다, 결정하다

下がる 내려가다, 내리다
下げる 낮추다, 내리다

定まる 정해지다, 결정되다
定める 정하다, 결정하다

仕上がる 마무리되다, 완성되다

仕上げる 마무리하다, 일을 끝내다

静まる 가라앉다, 안정되다

静める 가라앉히다, 진정시키다

閉まる 닫히다

閉める 닫다

締まる 단단히 매어지다

締める 단단히 매다

染まる 물들다

染める 물들이다

儲かる 벌이가 되다

儲ける 벌다

弱まる 약해지다, 수그러지다

弱める 약하게 하다, 약화시키다

助かる 살아나다, 도움이 되다

助ける 살리다, 돕다

繋がる 이어지다, 연결되다

繋げる 잇다, 묶다, 연결하다

詰まる 가득 차다, 막히다

詰める 채우다, (통하지 않게) 막다

遠ざかる 멀어지다, 소원해지다

遠ざける 멀리하다, 소외하다

止まる 멎다, (통하던 것이) 끊어지다

止める 세우다, 끊다

始まる 시작되다

始める 시작하다

はまる 꼭 끼이다, 속아 넘어가다

はめる 끼우다, 속여 넘기다

早まる 빨라지다, 서두르다

早める 예정보다 이르게 하다

引っ掛かる 걸리다, 연루되다

引っ掛ける 걸다, 걸려들게 하다

広がる 넓어지다, 넓은 범위에 미치다

広げる 펴다, 넓히다

ぶつかる 부딪히다, 충돌하다

ぶつける 부딪다, 맞부딪치다

ぶらさがる 축 늘어지다, 매달리다

ぶらさげる 축 늘어뜨리다, 매달다

曲がる 구부러지다, 돌다 , 굽다

曲げる 구부리다, 왜곡하다, 굽히다

混ざる/混じる 섞이다, 혼합되다

混ぜる 섞다, 혼합하다

まとまる 하나로 정리되다

まとめる 하나로 정리하다

丸まる 둥글게 되다

丸める 둥글게 하다

見つかる 발견되다, 찾게 되다

見つける 발견하다, 찾다

공식②	자동사	～れる
	타동사	～す

隠れる 숨다

隠す 숨기다, 감추다

崩れる 무너지다, 흐트러지다

崩す 무너뜨리다, 흐트러뜨리다

こぼれる 넘쳐흐르다, 새어 나오다
こぼす 흘리다, 엎지르다

壊(こわ)れる 부서지다, 깨지다, 고장나다
壊(こわ)す 부수다, 깨뜨리다, 고장내다

倒(たお)れる 쓰러지다, 넘어지다
倒(たお)す 쓰러뜨리다, 넘어뜨리다

潰(つぶ)れる 찌그러지다, 부서지다
潰(つぶ)す 찌그러뜨리다, 부수다

流(なが)れる 흐르다, 흘러가다
流(なが)す 흘리다, 흘려 보내다

外(はず)れる 빠지다, 풀어지다, 벗어나다
外(はず)す 떼다, 끄르다, 풀다

乱(みだ)れる 흐트러지다, 혼란해지다
乱(みだ)す 흐트러뜨리다, 어지럽히다

汚(よご)れる 더러워지다
汚(よご)す 더럽히다

| 공식③ | 자동사 | ~る |
| | 타동사 | ~す |

写(うつ)る 찍히다, 박히다
写(うつ)す 베끼다, 복사하다

裏返(うらがえ)る 뒤집히다, 배반하다
裏返(うらがえ)す 뒤집다

返(かえ)る (원래 상태로) 돌아가다, (원래 위치로) 되돌아오다
返(かえ)す (빌린 것을) 돌려주다, (원래 상태로) 되돌리다,
　　　　 되돌려 놓다

帰(かえ)る 돌아오다, 돌아가다
帰(かえ)す 돌려보내다, 돌아가게[돌아오게] 하다

転(ころ)がる 구르다, 넘어지다
転(ころ)がす 굴리다, 넘어뜨리다

散(ち)らかる 흐트러지다, 널리다
散(ち)らかす 흐트러뜨리다, 어지르다

覆(くつがえ)る 뒤집히다, 전복되다
覆(くつがえ)す 뒤집다, 전복시키다

治(なお)る (병이) 낫다, 치유되다
治(なお)す (병을) 고치다, 치료하다

直(なお)る 고쳐지다, 수리되다
直(なお)す 고치다, 수리하다

残(のこ)る 남다
残(のこ)す 남기다

ひっくりかえる 뒤바뀌다, 뒤집히다, 넘어지다
ひっくりかえす 뒤집다, 뒤엎다, 넘어뜨리다

回(まわ)る 축을 중심으로 스스로 돌다, 주위를 돌며 움직이다
回(まわ)す 돌리다, 회전시키다, 방향을 바꾸다

戻(もど)る 되돌아가다, 되돌아오다
戻(もど)す 되돌리다, 돌려주다

| 공식④ | 자동사 | ~え단 + る |
| | 타동사 | ~あ단 + す |

荒(あ)れる 거칠어지다, 황폐해지다
荒(あ)らす 황폐하게 하다, 망가뜨리다

遅(おく)れる 늦다, 지각하다
遅(おく)らす 늦추다, 늦게 하다

枯(か)れる 마르다, 시들다
枯(か)らす 시들게 하다, (식물 등을) 말리다

焦げる 눋다, 타다
焦がす 그을리다, 눋게 하다, 애태우다

冷める 식다
冷ます 식히다

溶ける 녹다
溶かす 녹이다

潰れる 찌그러지다, 부서지다
潰す 찌그러뜨리다, 부수다

逃げる 도망치다, 물러나다
逃がす 놓아주다, 놓치다

濡れる 젖다
濡らす 적시다

生える (수염, 초목 등이) 나다, 자라다
生やす 기르다, 자라게 하다

はげる 머리가 벗어지다
はがす 벗기다, 떼다

冷える 식다, 추워지다, 차가워지다
冷やす 식히다, 차게 하다, 기분을 가라앉히다

増える 늘다, 늘어나다, 증가하다
増やす 늘리다, 불리다, 증가시키다

燃える 타다, 피어오르다
燃やす 태우다, 의욕·감정을 고조시키다

漏れる 새다, 누설되다
漏らす 새게 하다, 누설하다

揺れる 흔들리다
揺らす 흔들다, 흔들리게 하다

공식 ⑤	자동사	~う단
	타동사	~あ단 + す

動く 움직이다
動かす (위치를) 옮기다, 흔들다

乾く 마르다, 건조하다
乾かす 말리다

飛ぶ 날다
飛ばす 날리다

泣く 울다
泣かす 울리다, 울게 하다

膨らむ 부풀다, 불룩해지다
膨らます 부풀게 하다, 부풀리다

沸く 끓다, 데워지다
沸かす 끓이다, 데우다

減る 줄다, 적어지다
減らす 줄이다, 덜다, 감하다

공식 ⑥	자동사	~い단 + る
	타동사	~お단 + す

起きる 일어나다, 일어서다
起こす 일으키다, (잠을) 깨우다

落ちる 떨어지다, 내리다
落とす 떨어뜨리다, (달려 있는 것을) 떨다

降りる (탈 것, 역 등에서) 내리다
降ろす 내리다, 내려뜨리다

下りる 내리다, 그만두다
下ろす 내리다, 낙태시키다

61

滅びる 망하다

滅ぼす 망하게 하다

공식 ⑦	자동사	～え단 + る
	타동사	～(え단 빼고) + す

売れる 팔리다, 널리 알려지다

売る 팔다, 세상에 널리 알리다

折れる 접히다, 꺾이다, 부러지다

折る 접다, 꺾다, 굽히다, 구부리다

切れる 베이다, 끊어지다

切る 베다, 자르다, (관계를) 끊다, 단절하다

釣れる 낚이다, 잡히다

釣る 낚다, 잡다

撮れる (사진이) 찍히다

撮る (사진을) 찍다

割れる 깨지다, 부서지다, 쪼개지다

割る 깨다, 쪼개다, 부수다

煮える 삶아지다, 익다, (물이) 끓다

煮る 삶다, 끓이다, 조리다

見える 보이다

見る 보다

※載る 위에 놓이다, 얹히다, (신문 기사 등이) 실리다

　載せる 위에 놓다, 얹다, 짐을 싣다, 게재하다

※乗る 올라타다, 오르다

　乗せる 태우다, 싣다

※寝る 잠자다, 눕다, 드러눕다

　寝かせる 재우다, 눕히다

공식 ⑧	자동사	～う단
	타동사	～え단 + る

揃う 갖추어지다, 일치하다

揃える 고루[모두] 갖추다, 일치시키다

叶う (조건이나 기준 등에) 꼭 맞다, 이루어지다

叶える 일치시키다, 충족시키다

整う 구비되다, 갖추어지다

整える 가지런하게 하다, 조절하다

育つ 자라다, 성장하다

育てる 기르다, 키우다, 양성하다

立つ 서다, 일어서다

立てる 세우다

建つ 세워지다

建てる (건물, 동상, 나라 등을) 세우다, 짓다

沈む 가라앉다, (해, 달이) 지다

沈める 가라앉히다, (불행한 상태에) 빠뜨리다

進む 나아가다, (시계가) 빨라지다

進める 앞으로 가게 하다, 진행시키다

縮む 줄다, 오그라들다, (길이가) 짧아지다

縮める 줄이다, (시간, 기간을) 단축시키다

緩む 느슨해지다, 헐렁해지다, 누그러지다

緩める 완화하다, 늦추다, 느긋하게 하다

開く 열리다, 개점하다, 영업을 하다

開ける 열다

空く (시간이) 나다, (공간이) 비다, 나다

空ける 비우다, 시간을 내다

片付く 정돈되다, 정리되다, 결말나다
片付ける 정돈하다, 정리하다, 결말짓다

傷付く 다치다, 상처를 입다, 금가다
傷付ける 다치게 하다, 상처를 입히다, 흠내다

くっつく 들러붙다, 바싹 따라가다
くっつける 붙이다, 부착시키다

近づく 접근하다, 다가가다, 가까워지다
近づける 가까이 하다, 접근시키다

付く 붙다, 달라붙다, 묻다
付ける 붙이다, 접촉시키다, 달다

続く 계속되다, 이어지다
続ける 계속하다, 잇다

届く 닿다, 이르다, 이루어지다
届ける 보내다, 닿게 하다, 신고하다

向く 향하다, (몸, 얼굴을) 돌리다
向ける 향하게 하다, 기울이다

結び付く 맺어지다, 결합되다
結び付ける 잡아매다, 결부시키다

공식⑨	자동사	～ける
	타동사	～く

欠ける 부족하다, 모자라다
欠く (일부를) 깨다, 결여하다

砕ける 부서지다, 좌절되다
砕く 부수다, 애쓰다

裂ける 찢어지다
裂く 찢다

解ける 풀리다
解く 풀다

抜ける 빠지다, 뽑히다
抜く 뽑다, 빼내다, 골라내다

ほどける (매거나 꿰맨 것이) 풀리다, 마음이 풀리다
ほどく 풀다, 뜯다

剥ける 벗겨지다
剥く (껍질 등을) 벗기다, 까다

焼ける 타다, 구워지다
焼く 태우다, 굽다

기타

震える 흔들리다, (추위, 두려움, 병 등으로) 떨리다
震わせる 떨게 하다, 떨다

出る 나가다, 나오다
出す 내다, 꺼내다, (앞으로) 내밀다

消える 사라지다, 없어지다, 지워지다
消す 끄다, 지우다

及ぶ 달하다, 이르다, 미치다
及ぼす 미치게 하다, 끼치다

聞こえる 들리다
聞く 듣다

조사 に에 대하여

조사 「に」를 수반하는 동사

□ ～に背く ～을(를) 등지다, 배반하다

□ ～に気をつける ～을(를) 조심하다

□ ～に沿う ～을(를) 따르다

□ ～に乗る ～을(를) 타다

□ ～に付いて行く ～을(를)/～에 따라서 가다

□ ～に迷う ～을(를) 헤매다

□ ～に反対する ～을(를) 반대하다

□ ～に向かう ～로 향하다

□ ～に代る ～을(를) 대신하다

□ ～に憧れる ～을(를) 동경하다

□ ～に追い付く ～에 따라붙다, 따라잡다

□ ～に従う ～을(를) 따르다

□ ～に似ている ～을(를) 닮다

□ ～に当たる ～에 적중하다, 명중하다

□ ～に勝つ ～에 승리하다, 이기다

□ ～に勝る ～보다 낫다, 우수하다

□ ～に負ける ～에 지다, 패하다

□ ～に気付く ～을(를) 깨닫다, 눈치 채다

□ ～に通う ～에 다니다

□ ～に入る ～에 들어가다

□ ～に受かる ～에 합격하다

□ ～に耐える ～을(를) 참다, 견디다

□ ～におくれる ～에 늦다

□ ～に富む ～로 풍부하다

□ ～に酔う ～에 취하다

□ ～につかまる ～을(를) 꽉 잡다

□ ～に住む ～에(서) 살다 ≒ ～で暮らす

□ ～に勤める ～에(서) 근무하다 ≒ ～で働く

막연한 장소 「に」의 용법

朝 아침   昼 낮   晩 밤   夜 저녁

午前(中) 오전(중) 午後 오후

昨日 어제   今日 오늘   明日 내일

春 봄   夏 여름   秋 가을   冬 겨울

去年 작년   今年 금년   最近 최근   このごろ 요즘

昔 옛날   将来 장래   未来 미래

등등 위와 같이 막연한 시간을 나타내고 있는 경우에는 조사 「に」를 쓸 수 없다.

- 朝、何を食べましたか。아침에 무엇을 먹었습니까?

- 昼、デパートに行きました。낮에 백화점에 갔습니다.

- 私たちは去年の春、結婚しました。우리는 작년 봄에 결혼했습니다.

- 将来、富士山に別荘を持ちたいです。장래에 후지산에 별장을 가지고 싶습니다.

- 昔はここに橋がありました。옛날에는 여기에 다리가 있었습니다.

※조사의 「に」가 붙는 경우

시간, 요일, 시대 등을 나타낼 때

3時に 3시에, 7時12分に 7시 12분에, 江戸時代に 에도시대에, 2010年に 2010년에, 休みに 휴일에

と・ば・たら・なら 비교

と

1. 접속

(동사)	기본형 + と(行くと)
(イ형용사)	기본형 + と(高いと)
(ナ형용사)	기본형 + だと(元気だと)
(명사)	명사 + だと(先生だと)

2. 의미　前件이 성립되면 後件도 필연적으로(100%) 성립

① 자연현상, 진리(일반적, 보편적인 사실) ≒ ば, たら 허용

春が (来ると / 来れば / 来たら)、桜の花が咲く。봄이 오면 벚꽃이 핀다.

2に3を(足すと / 足せば / 足したら)、5になる。2에 3을 더하면 5가 된다.

② 반복적인 습관(개별적 ≒ たら, 과거의 습관 ≒ ば 허용)

朝起きると (起きたら)、歯を磨きます。아침에 일어나면 이를 닦습니다.

あのころは暇があると (あれば)映画を見に行った。그 무렵에는 여가가 생기면 영화를 보러 갔다.

③ 기계조작과 결과 ≒ ば

このボタンを押すと、回数券が買えます。이 버튼을 누르면 회수권을 살 수 있습니다.

☞ 기계 사용법에 대한 일반적인 설명

このボタンを押せば、回数券が買えます。이 버튼을 누르면 회수권을 살 수 있습니다.

☞ 회수권 사는 방법에 대한 질문을 받았을 경우

④ 사실적 조건 ≒ たら 허용

窓を開けると (開けたら)、冷たい風が入ってきた。 창문을 열자(열었더니), 차가운 바람이 들어왔다.

⑤ 발견(의외, 놀람) ≒ たら 허용

うちへ帰ると (帰ったら) 友達が私を待っていた。

집에 돌아오자(돌아왔더니) 친구가 나를 기다리고 있었다.

⑥ 동일한 주체의 연속된 동작 ≠ たら를 사용하지 않도록 주의!

先生は教室に入ってくると、早速授業を始められました。

선생님은 교실에 들어오자, 즉시 수업을 시작하셨습니다.

彼は従業員を呼ぶと、コーヒーを注文した。 그는 종업원을 부르자, 커피를 주문했다.

その女性は電車に乗ると、窓のそばに腰掛けました。

그 여성은 전차를 타자, 창문 옆에 걸터앉았습니다.

ドングリはころころと転がると池に落ちた。 도토리는 데굴데굴 굴러가서 못에 떨어졌다.

※ 주어가 1인칭인 경우는 「て」를 사용.

昨日私は家に (? 帰ると / × 帰ったら / ○ 帰って)すぐ寝た。

어제 나는 집에 돌아가서 바로 잤다.

⑦ 길 설명

あの角を右に曲がると駅の前に出ます。 저 모퉁이를 오른쪽으로 돌면 역 앞이 나옵니다.

3. 특징

① 문장 끝에 명령, 의지, 권유, 희망 등은 사용할 수 없다.

桜が咲くと花見に行きたい。(×)

株が下がると買おう。(×)

天気が悪いと、中止しなさい。(×)

お酒を飲むと、車の運転をしてはいけません。(×)

機会があると、一度日本に行きたいと思います。(×)

② 1회 한정의 내용에는 사용할 수 없다.

毎年夏休みになると北海道へ行きます。(◯) 매년 여름방학이 되면 홋카이도에 갑니다.

→ 今年は夏休みになると北海道へ行きます。(✕) - 올해 1회에 한정되므로 사용 불가

③ 기타 용법

~といいですが : ~면 좋은데

交通が便利だといいですが。 교통이 편리하면 좋겠습니다만.

ば

1. 접속

(동사)	1Group 行く → 行けば
	2Group 見る / 食べる → 見れば / 食べれば
	3Group する / くる → すれば / くれば
(イ형용사)	よい → よければ
(ナ형용사)	静か → 静かならば
(명사)	学生 → 学生ならば

2. 의미 전형적인 조건표현으로 後件보다 前件을 중요시

① 가정 ≒ たら 허용

明日晴れれば (晴れたら)、出掛けましょう。 내일 개면 외출합시다.

② 필연적인 결과, 자연현상(일반적, 보편적인 사실) ≒ と, たら 허용

春になれば花が咲きます。 봄이 되면 꽃이 핍니다.

③ 과거의 습관 ≒ と 허용

先生は銀座に行けば (行くと)いつもあの喫茶店に寄る。
선생님은 긴자에 가면 늘 저 커피숍에 들른다.

④ 속담 ≠ と, たら, なら

噂をすれば影がさす。 호랑이도 제 말하면 온다.

3. 특징

① 원칙적으로 後件에 의지, 희망, 명령, 의뢰 등의 표현이 올 수가 없다. 단, 前件의 술어가 상태성인 경우(形容詞、いる、ある、可能動詞) 前件과 後件의 주체가 다르면 동작성인 경우에서도 사용 가능.

日本に行けば、CDを買ってきてください。(×) 일본에 가면 CD를 사 와 주세요.

帰宅すれば、必ずうがいをしなさい。(×) 귀가하면 반드시 양치질을 하세요.

安ければ、たくさん買いましょう。(○) 싸면 많이 삽시다.

暇があれば、うちに遊びに来てください。(○) 시간이 있으면 집에 놀러 와 주십시오.

もし来られれば早く来て手伝ってください。(○) 만약 올 수 있으면 일찍 와서 도와주십시오.

わからないことがあれば、いつでも聞いてください。(○) 모르는 것이 있으면 언제든지 물어 주십시오.

父が許してくれれば、彼と結婚するつもりです。(○) 아버지가 허락해 주면 그와 결혼할 작정입니다.

もし切符が買えれば、ぜひ行ってみたいです。(○) 만약 표를 살 수 있으면 꼭 가 보고 싶습니다.

あなたが行けば、私も行きたい。(○) 당신이 가면 나도 가고 싶다.

※ 私が行けばあなたも行きなさい。(×)

② 前件, 後件 이미 일어난 사실적 조건을 나타낼 수 없다.

注射を (× 打ってもらえば / ○ 打ってもらうと)、すぐ直りました。주사를 맞자 곧 나았습니다.

③ 後件에 바람직한 것이 오는 경우가 많고, 바람직하지 않은 것은 잘 사용하지 않음.

徹夜 (? すれば / ○ すると / ○ したら)、体調が悪くなります。철야를 하면 컨디션이 나빠집니다.

④ 기타 용법

～ばいいのに : ～하면 좋은데

飲めばいいのに。마시면 좋은데.

～ばすむ : ～하면 그만이다

お金を払えばすむ。돈을 지불하면 그만이다.

～ばこそ : ～이기 때문이다 ≒ ～からこそ

愛すればこそ別れるんだ。사랑하기 때문에 헤어지는 것이다.

～さえ～ば : ～만 ～하면

働きさえすればいいわけだ。일하기만 하면 되는 것이다.

〜ばそれにこしたことはない : 〜하면 그것보다 나은 것은 없다

安ければそれにこしたことはない。싸면 그것보다 나은 것은 없다.

〜ば〜ほど : 〜하면 〜할수록

見れば見るほどいい。보면 볼수록 좋다.

〜も〜ば〜も : 〜도 〜하거니와 〜도

金子さんは韓国語もできれば英語もできる。가네코씨는 한국어도 할 수 있거니와 영어도 할 수 있다.

たら

1. 접속

(동사)	1Group	「う、つ、る」→「ったら」
		「ぬ、ぶ、む」→「んだら」
		「く、ぐ」→「いたら、いだら」
	2Group	見る / 食べる → 見たら / 食べたら
	3Group	する / くる → したら / きたら
(イ형용사)	よい → よかったら	
(ナ형용사)	静か → 静かだったら	
(명사)	学生 → 学生だったら	

2. 의미   개별적, 우연적, 1회 한정의 내용, 시간이 경과되면 실현

① 어떤 동작이 완료 후 다음 동작이 이어지는 상황 ≒ と 허용

家の前まで来たら (来ると)、雨が降り出した。집 앞까지 왔더니(오자), 비가 내리기 시작했다.

② 이유, 계기 ≒ と 허용

風が吹いたら (吹くと)、木が倒れた。바람이 불었더니(불자), 나무가 쓰러졌다

③ 우연적인 경우 ≠ と, ば, なら 허용 불가

デパートに行ったら、むかしの友達に偶然会った。백화점에 갔더니, 옛날 친구를 우연히 만났다.

④ 100% 확실한 확정조건 ≠ と, ば, なら 허용 불가

午後になったら、散歩に行きましょう。 오후가 되면, 산책하러 갑시다.

⑤ 동시성인 경우 ≒ と

本を読んでいたら (いると)、眠くなった。 책을 읽고 있었더니(있자), 졸리게 되었다.

服を着たら (着ると)、何かがポケットから落ちた。
옷을 입었더니(입자), 무엇인가가 주머니에서 떨어졌다.

※ 服を (× 着たら / ○ 着る と)、外へ飛び出していった。
옷을 입자, 밖으로 뛰쳐나갔다. (동일한 주체의 연속된 동작)

⑥ 後件에 의지, 희망, 명령, 의뢰 등의 표현이 가능 ≠ と, ば, なら

佐藤さんに会ったら、よろしく伝えてください。 사토씨를 만나면 안부 전해 주십시오.

授業が終わったら、映画を見に行きましょう。 수업이 끝나면 영화를 보러 갑시다.

給料をもらったら、新しい服を買ってくれる。 월급을 받으면 새 옷을 사 줄래?

取引先に着いたら、お電話します。 거래처에 도착하면 전화 드리겠습니다.

3. 특징

① 前件의 내용을 가정하여 後件에 화자의 판단, 명령, 희망, 의지 등을 사용할 때 주의

区役所へ行くなら、バスが便利です。(○) 구청에 가는 거라면 버스가 편리합니다.

→ 区役所へ行ったら、バスが便利です。(×)

② 前件의 동작의 결과 後件이 일어난 경우 ≠ と 허용 불가

セーターを洗濯 (× すると / ○ したら) 縮んでしまった。 스웨터를 세탁했더니 줄어들어 버렸다.

指導教官に仲人をお願い (○ したら / ? すると) 快く引き受けてくださった。
지도교관에게 중매를 부탁했더니 흔쾌히 받아들여 주셨다.

③ 기타 용법

~たらいい : ~하는 것이 좋다, ~하면 좋다

→ 상대방에게 제안 · 권유, 말하는 사람의 희망 · 바람

ゆっくり休んだらいい。後のことは任せなさい。〈제안 · 권유〉
천천히 쉬는 것이 좋다. 나중 일은 맡기시오.

もう遅いから残りの仕事は明日にしたらいい。〈제안 · 권유〉
이제 늦었으니까 나머지 일은 내일 하는 것이 좋다

もう少し給料がよかったらいいのだが。〈희망·바람〉
조금 더 월급이 좋았으면 좋겠는데.

生まれてくる子が男の子だったらいいのだが。〈희망·바람〉
태어나는 아이가 남자 아이면 좋겠는데.

～たらよかった : ～였으면 좋았다

→ 실제로 일어나지 않았던 것, 현실에서는 그렇지 못했던 것을 유감스럽게 생각하는 표현

昨日会社の上司とはじめて飲みに行った。彼がもうちょっと話好きだったらよかったのだが、会話が続かなくて困った。 어제 회사 상사와 처음으로 마시러 갔다. 그가 조금 더 말하는 것을 좋아했으면 좋았겠지만, 회화가 이어지지 않아서 난처했다.

～たらどうか : ～하면 어떨까?

→ 제안과 권유를 나타냄

遊んでばかりいないで、たまには勉強したらどう? 놀고만 있지 말고, 가끔은 공부하는 것이 어때?

アメリカに留学してみたらどうかと先生に勧められた。
미국으로 유학을 해 보는 것이 어떻겠느냐고 선생님에게 권유를 받았다.

なら

1. 접속

(동사)	기본형 + なら(いくなら)
(イ형용사)	기본형 + なら(たかいなら)
(ナ형용사)	기본형 + なら(元気なら)
(명사)	명사 + なら(先生なら)

2. 의미 前件을 알고, 자신이 그것에 어떻게 대응할 것인지를 後件에서 표명할 때

① 상태의 가정조건 ≒ なら, ば 허용

暑いなら (暑かったら / 暑ければ)、上着を脱いでもいいですよ。
더우면 윗옷을 벗어도 괜찮아요.

そんなに暇なら (暇だったら)、ちょっと手伝ってくれませんか。
그렇게 한가하면 좀 도와주지 않겠습니까?

こんなに安いなら (安かったら)、たくさん買えるね。 이렇게 싸면 많이 살 수 있겠네.

あなたが言わないなら(言わなければ)、わたしも言いません。
당신이 말하지 않으면 나도 말하지 않겠습니다.

② 상대방의 말이나 일어날 사건에 대한 화자의 판단(의지), 의견(조언, 요구) ≠ と、ば、たら
前件의 내용을 가정하여 後件에 화자의 판단, 명령, 희망, 의지 등을 사용 ≠ と、ば、たら

[後件 → 前件] ≠ と, ば, たら

市役所へ行くなら、地下鉄が便利です。 시청에 가는 거라면 지하철이 편리합니다.

カメラを買うなら、いい店を教えてあげますよ。 카메라를 살 거라면 좋은 가게를 가르쳐 주겠습니다.

大会に参加するなら、前日までに申し込んでください。 대회에 참가하려면 전날까지 신청해 주십시오.

本を読んでいるのなら、電気をつけなさい。 책을 읽고 있는 거라면, 전기를 켜시오.

もし新しいのを買ってくれるなら、赤いのがいいなあ。 만약 새 것을 사 줄 거라면 빨간 것이 좋은데.

スーパーへ行くのなら、醤油を買って来て。 슈퍼에 가는 거라면 간장을 사 와.

飲んだら、乗るな。乗るなら、飲むな。 마셨으면 타지마라. 타려면 마시지 마라.(음주운전 계몽 표어)

明日試験があるなら今晩勉強しなさい。 내일 시험이 있다면 오늘밤 공부하거라.

③ 화제 제시, 화제 한정 ≠ と、ば、たら

ガムならロッテ。 껌이라면 롯데.

ビールなら、「キリン」だ。 맥주라면 '기린'이다.

3. 특징

① 前件 → 後件

旅行に行ったのなら、写真を見せてください。 여행 간 것이라면 사진을 보여 주십시오.

② 後件 → 前件

旅行にいくのなら、カメラを持っていくといいですよ。
여행 가는 거라면 카메라를 갖고 가면 좋아요. (카메라 갖고 → 여행)

大学院に進むなら、この本を読みなさい。 대학원에 진학하려면 이 책을 읽으세요. (책 읽고 → 대학원)

※ 大学院に進んだら、この本を読みなさい。[前件 → 後件]
대학원에 진학하면 이 책을 읽으세요. (대학원 → 책 읽기)

③ 용법

～なら ～がいい : ～라면 ～이 좋다

車を買うならドイツ製がいい。차를 사려면 독일제가 좋다.

食事をするなら、このレストランがいいよ。식사를 하려면, 이 레스토랑이 좋아.

※다음 문장을 읽고 틀린 부분을 설명하시오.

1. 信号が青になると渡りなさい。

   → [   ]

2. 来年の正月になると客が大勢来る。

   → [   ]

3. 風邪をひけばこの薬を飲んで下さい。

   → [   ]

4. 次の角を右に曲がったら銀行があります。

   → [   ]

1. 「と」는 문장 끝에 명령형은 사용할 수 없다.
   → 信号が青になったら渡りなさい。신호가 파랗게 되면 건너세요.

2. 「と」는 1회 한정의 내용에는 사용하지 않는다.
   → 来年の正月になったら客が大勢来る。내년 정월이 되면 손님이 많이 온다.

3. 「ば」는 後件이 말하는 사람의 의지를 나타낼 경우, 前件의 술어는 상태성 술어이어야 한다.
   → 風邪をひいたらこの薬を飲んで下さい。감기 걸리면 이 약을 먹어주십시오.

4. 개별, 우연적, 1회 한정의 내용이 아니다.
   → 次の角を右に曲がると銀行があります。다음 모퉁이를 오른쪽으로 돌면 은행이 있습니다.

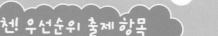
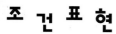
조 건 표 현

가정조건을 나타내는 것

明日 もし天気が (よければ / よかったら) 出掛けます。
내일 만약에 날씨가 좋으면 외출합니다.

北海道へ行く ((の)なら / のだったら) 彼に連絡したほうがいいよ。
홋카이도에 가는 거라면 그에게 연락하는 편이 좋아요.

これは面白い本だから、出版できるものなら出版したいと思う。
이것은 재미있는 책이니까, 출판할 수 있으면 출판하고 싶다고 생각한다.

今100万円ある (とすれば / としたら /? とすると) 何に使いますか。
지금 100만 엔 있다면 무엇에 사용하겠습니까?

そんな重いものを持って、腰を痛めでもしたら仕事ができなくなるよ。
그러한 무거운 것을 들고, 허리를 다치기라도 하면 일을 할 수 없게 돼.

反사실적 조건을 나타내는 것

羽があったら、今すぐ飛んでいくのに。
날개가 있으면 지금 바로 날아갈 텐데.

私が彼ならあんなことはしなかっただろう。
내가 그라면 그런 짓은 하지 않았을 것이다.

あのとき彼が助けなかったら彼女は死んでいた。
그 때 그가 도와주지 않았으면 그녀는 죽었다.

※ もし雨が(?降ったら / ○降っていたら)出掛けていなかった。
만약 비가 오고 있었으면 외출하지 않았다.

확정조건을 나타내는 것

10時になったら出掛けましょう。

10시가 되면 외출합시다.

A : 今度のパーティーに田中さんが来るそうだ。

이번 파티에 다나카씨가 온다고 한다.

B : 田中さんが来る (とすると / とすれば / としたら) 料理に力入れなきゃな。
彼、グルメだから。

다나카씨가 오면 요리에 힘을 써야겠지. 그는 미식가니까.

사실적 조건을 나타내는 것

窓を (開けると / 開けたら) 富士山が見えた。

창문을 (열자 / 열었더니) 후지산이 보였다.

彼は家に (○ 帰ると / ? 帰ったら) 彼女に電話をかけた。

그는 집에 돌아가자 그녀에게 전화를 걸었다.

彼は部屋に入った ((か)と思うと / (か)と思ったら) すぐに勉強を始めた。

그는 방에 들어가자마자 곧 공부를 시작했다.

お気に入りのセーターを洗濯 (× すると / ○ したら) 縮んでしまった。

마음에 드는 스웨터를 세탁했더니 오그라들어 버렸다.

※다음 문장을 읽고 같은 용법으로 사용된 것을 고르시오.

そんな重いものを持って、腰を痛めでもしたら大変ですよ。

(A) 羽があったら、今すぐ飛んでいくのに。

(B) 11時になったら出かけましょう。

(C) 東京へ行ったら彼に連絡してください。

(D) 雨が降ったら涼しくなった。

정답 및 해설

そんな重いものを持って、腰を痛めでもしたら大変ですよ。
그런 무거운 것을 들어서, 허리를 다치기라도 하면 큰일입니다. → 가정 조건을 나타내는 조건 표현이다.

(A) 羽があったら、今すぐ飛んでいくのに。날개가 있다면, 지금 곧 날아가련만
　　사실 또는 현실과 반대되는 조건을 나타내는 조건 표현이다. 이 경우에는 「～ば」, 「～たら」, 「～なら」와
　　같은 의미로 사용된다.
　　　≒ 羽があれば、今すぐ飛んでいくのに。

(B) 11時になったら出かけましょう。11시가 되면 나갑시다.
　　확정적인 조건을 나타내는 조건 표현이다. 이러한 경우에는 「～ば」, 「～と」, 「～なら」는 사용할 수 없다.
　　또한 「もし」도 사용 불가.

　　(×) もし11時になったら出かけましょう。

　　(×) 11時になれば出かけましょう。

　　(×) 11時になると出かけましょう。

　　(×) 11時になるなら出かけましょう。

(C) 東京へ行ったら彼に連絡してください。도쿄에 가면 그에게 연락해 주세요.
　　가정 조건을 나타내는 조건 표현이다. 이러한 경우에는 「～ば」와 같은 의미로 사용되지만, 뒷부분에 의
　　지, 희망, 명령, 의뢰 등의 표현이 올 경우에는 「～ば」는 사용할 수 없다.

(D) 雨が降ったら涼しくなった。비가 와서 시원해졌다.

사실적인 조건을 나타내는 표현이다. 이러한 경우에는 「～と」와 같은 의미로 사용된다(단, 뒷부분이 앞부분의 동작 또는 사건의 결과 일어나는 무의지적인 일의 경우).

≒ 雨が降ると涼しくなった。

「～ば」, 「～(の)なら」, 「～のだったら」는 사용할 수 없다.

(×) 雨が降れば涼しくなった。

(×) 雨が降る(の)なら涼しくなった。

(×) 雨が降るのだったら涼しくなった。

<hr>

정답 (C)

<hr>

※ 앞부분의 동작의 결과 뒷부분이 일어난 경우에는 「～たら」는 사용 가능하지만, 「～と」는 거의 사용하지 않는다.

(○) 服を洗濯したら縮んでしまった。옷을 세탁했더니 줄어들어 버렸다.

(×) 服を洗濯すると縮んでしまった。

※ 앞부분(前件)과 뒷부분(後件)이 연속된 동작이나 사건인 경우에는 「～と」는 사용 가능하지만, 「～たら」는 사용할 수 없다.

(○) ボールはころころと転がると池に落ちた。볼은 데굴데굴 굴러가더니 연못에 빠졌다.

(×) ボールはころころと転がったら池に落ちた。

ようだ・そうだ・らしい 비교

ようだ

접 속

「동사 / 형용사 / ナ형용사의 연체형, 명사 + の」로 접속한다.

문어체 표현으로 ごとし와 동일하다 → ごとく = ように, ごとき = ような, ごとし = ようだ

구어체 표현으로 みたいだ와 동일하다 → 체언 또는 종지형에 연결

(명사)	夢のようだ（夢みたいだ）	꿈 같다
(い형용사)	安いようだ（安いみたいだ）	싼 것 같다
(な형용사)	静かなようだ（静かみたいだ）	조용한 것 같다
(동사)	風邪を引いたようだ（風邪を引いたみたいだ）	감기 걸린 것 같다

※ 고양이 같은 개

ねこのようないぬ。〈회화체, 문어체〉

ねこのごときいぬ。〈문어체〉

ねこみたいないぬ。〈회화체〉

용 례

明日は雨が降るようだね。내일은 비가 올 것 같구나.(일기예보 프로를 보면서)

私の留守に誰か来たようです。내가 부재 때 누군가 왔던 것 같습니다.

新幹線は到着が遅れるようです。신칸센은 도착이 늦을 것 같습니다.

この料理はちょっと味が濃すぎるようです。이 요리는 맛이 좀 너무 진한 것 같습니다.(간을 보고)

彼はずいぶん忙しいようですね。いつも席にいません。그는 상당히 바쁜 것 같습니다. 늘 자리에 없습니다.

その人は彼の恋人ではなかったようです。그 사람은 그의 애인이 아니었던 것 같습니다.

皆さんお集まりのようですから、始めよう。여러분들이 모이신 것 같으니, 시작하죠.

용법

말하는 사람의 판단, 의견을 말할 때 등에 사용한다.

오감, 감촉을 판단 재료로 직감적인 판단을 할 때도 사용한다.

(손을 대 보고) このお風呂、ぬるいようです。이 목욕물 미지근한 것 같습니다.

(살짝 간 보고) 少し味が濃すぎるようです。약간 맛이 너무 진한 것 같습니다.

(냄새 맡고) これ、腐っているようですよ。이것 썩은 것 같습니다.

(발소리를 듣고) 誰か来たようですから、ちょっと見てきます。누군가 온 것 같으니 잠깐 보고 오겠습니다.

(신체 내의 감각) 少し寒気がします。風邪をひいたようです。약간 한기가 납니다. 감기 걸린 것 같습니다.

この薬は確かに効くようだ。이 약은 확실히 듣는 것 같다.(화자 자신의 체험 결과)

僕が思った通り、彼は来ないようだ。내가 생각한대로 그는 오지 않을 것 같다.(자기 자신의 추론임을 강조)

★ **정보 출처** 말하는 사람 자신이 본 것, 체험한 것.

★ **신뢰도** 중간정도.

★ **특징** 부정·의문형이 없다.

彼は来ないようだ。그는 안 올 것 같다.

彼は来るようではない。(×)

彼女は来なかったようだ。그녀는 안 온 것 같다

彼女は来たようではない。(×)

★ **기타용법**

(1) 비유

まるで / あたかも / いかにも / ちょうど / さながら～ようだ (마치 ～같다)

≒ まるで / ちょうど～みたいだ (마치 ～같다)

→ 「あたかも」「いかにも」「さながら」 등은 문장체적인 딱딱한 표현에 사용하기 때문에, 회화체 표현에 사용하는 「みたいだ」와 같이 사용할 수 없다.

君の瞳はまるで真珠のようだ。너의 눈동자는 마치 진주와 같다.

あたかも風に吹かれる木の葉のようだった。마치 바람에 날리는 나뭇잎 같았다.

どうも～ようだ (≒～らしい) (아무래도 ～같다)

彼の言うことはどうも嘘らしい (≒のようだ)。그가 말하는 것은 아무래도 거짓말 같다.

(2) 예시

上記のような条件。상기와 같은 조건.

このような事件。이와 같은 사건.

(3) 방법

このテレビは直しようがない。이 텔레비전은 고칠 방법이 없다.

作りようがない。만들 수가 없다.

(4) 목적

忘れないようにノートにメモしておこう。잊지 않도록 노트에 메모해 두자.

後ろの席の人にも聞こえるように大きな声で話した。뒷자리의 사람에게도 들리도록 큰 소리로 말했다.

(5) 권고 · 충고

集合時間は守るように。집합 시간은 지키도록!

風邪をひかないようにご注意ください。감기에 걸리지 않도록 주의해 주십시오.

(6) 기원 · 희망

どうか合格できますように。부디 합격할 수 있기를.

現状がさらに改善されるように期待している。현재 상황이 더욱 개선되기를 기대하고 있다.

(7) 관용적 표현

雲をつかむような話。뜬구름 잡는 것 같은 이야기(허황된 이야기).

竹を割ったような性格。대쪽 같이 곧은 성격(시원스러운 성격).

血のにじむような努力。피나는 노력.

手の切れるような新札。빳빳한 새 지폐.

飛ぶように売れる。날개 돋친 듯이 팔리다.

目を皿のようにして探す。눈을 크게 뜨고 찾다.

手の裏を返すよう。손바닥 뒤집듯.

そうだ

동사 ます형, い형용사 · な형용사의 어간에 연결. 명사에는 붙지 않는다.

(い형용사)　悲^{かな}しそうだ。 슬픈 것 같다.

(な형용사)　元気^{げん き}そうだ。 건강한 것 같다.

(동사)　降^ふりそうだ。 내릴 것 같다.

(조동사)　行^いきたそうだ。 가고 싶은 것 같다.

　　　　行^いかなそうだ。 가지 않는 것 같다.

　　　　安^{やす}くなさそうだ。 싸지 않은 것 같다.

　　　　元気^{げん き}でなさそうだ。 건강하지 않은 것 같다.

용 례

(하늘이 먹구름으로 어두워진 것을 보고) 今^{いま}にも雨^{あめ}が降^ふりそうだ。 곧 비가 내릴 것 같다.

(차갑게 식어버린 카레를 보고) まずそうだな。 맛없을 것 같아.

このりんごはおいしそうですね。 이 사과는 맛있어 보이네요.

重^{おも}そうなかばんだ。 무거워 보이는 가방이다.

彼女^{かのじょ}はとても楽^{たの}しそうに働^{はたら}いている。 그녀는 아주 즐거운 듯이 일하고 있다.

용 법

(1) 동사

어떤 상황이 지금 당장이라도 일어날 것 같을 때 사용.

強風^{きょうふう}で木^きが倒^{たお}れそうだ。 강풍으로 나무가 쓰러질 것 같다.

棚^{たな}の上^{うえ}の物^{もの}が落^おちそうだ。 선반 위의 물건이 떨어질 것 같다.

雨^{あめ}が降^ふり出^だしそうな天気^{てん き}です。 비가 내릴 것 같은 날씨입니다.

こんな生活^{せいかつ}では、すぐ病気^{びょう き}になりそうだ。 이런 생활에서는 곧 병이 날 것 같다.

何^{なに}かいやなことが起^おこりそうだ。 무엇인가 찝찝한 일이 일어날 것 같다.

(2) い형용사 · な형용사

보는 순간에 「いかにも ～だ(정말이지 · 과연 ～이다)」일 경우에 사용.

동사 「いる, ある, できる」 등은 상태를 나타내기 때문에 형용사와 동일한 취급을 받는다.

このりんごはおいしそうです。 이 사과는 맛있어 보입니다.

彼は元気そうです。 그는 건강한 것 같습니다.

いかにもお金がありそうな家ですね。 정말이지 돈이 있을 법한 집이네요.

この事件は十年前の事件と関係がありそうだ。 이 사건은 10년 전의 사건과 관계가 있어 보인다.

これはやさしそうだから、私にもできそうです。
이것은 쉬워보이기 때문에, 나도 할 수 있을 것 같습니다.

まだ使えそうなものまで捨ててある。 아직 사용할 수 있어 보이는 것까지 버려져 있다.

(3) 미래에 대한 예측 · 가능성 판단

今度は試験に受かりそうだ。 이번에는 시험에 붙을 것 같다.

(경마장의 말 상태를 보고) 速く走りそうですね。 빨리 달릴 것 같아요.

(사과가 빛깔이 든 것을 보고) きれいな赤になりそうですね。 예쁜 빨간색이 될 것 같아요.

どうやら今日中に終りそうだ。 아무래도 오늘 중에 끝날 것 같다.

今日中に原稿が書けそうだ。 오늘 중으로 원고를 쓸 수 있을 것 같다.

今夜は涼しいからぐっすり眠れそうだ。 오늘밤은 서늘해서 푹 잠들 수 있을 것 같다.

★ **정보출처** 말하는 사람 자신이 본 것.

★ **신뢰도** 높다.

주로 미래의 가능성이나 예상을 나타내고, 과거의 상태나 사건에 대해서는 사용할 수 없다.

★ **특징**

(1) 2가지의 부정형

降りそうにない。 내릴 것 같지 않다.

降りそうもない。降りそうにもない。 내릴 것 같지도 않다.

☞ 누군가 말한 내용에 대하여, 그것을 부정.

降らな (さ) そうだ。 내리지 않을 것 같다.

☞ 외관이나 상태를 보고 직감적으로 판단.

84

おいしそうではない。おいしそうじゃない。맛있을 것 같지 않다.

☞ 누군가 말한 내용에 대하여 그것을 부정.

おいしくなさそうだ。맛있지 않을 것 같다.

☞ 외관을 보고서 직감적으로 판단.

元気そうではない。元気そうじゃない。건강할 것 같지 않다.

☞ 누군가 말한 내용에 대하여 그것을 부정.

元気ではなさそうだ。건강하지 않을 것 같다.

☞ 외관을 보고서 직감적으로 판단.

(2) 품사에 따라 부정형이 다르다

【동사】

降りそうもない(○) / 降りそうに(は)ない(○) / 降らな(さ)そうだ(○) / 降りそうではない(×)

【い형용사】

辛くなさそうだ(○) / 辛そうではない(○) / 辛そうもない(×) / 辛そうに(は)ない(×)

【な형용사】

元気ではなさそうだ(○) / 元気そうではない(○) / 元気そうもない(×) / 元気そうに(は)ない(×)

(3) 「いい・ない」→「よさそう / なさそう」

※ ない → なさそうだ。

汚い(더럽다, 불결하다) → 汚そうだ (더러운 것 같다)

もったいない(아깝다) → もったいなさそうだ (아까운 것 같다)

★ つまらない(시시하다) → つまらなさそうだ(×)

つまらなそうだ(○) (시시한 것 같다)

※ よい → よさそうだ。

快い(상쾌하다, 기분 좋다) → 快さそうだ (상쾌한 것 같다)

心地好い(기분 좋다, 속이 시원하다) → 心地好さそうだ (기분 좋은 것 같다)

(4) 관용표현

いいことが起こりそうな気 (感じ・予感) がする。
좋은 일이 일어날 것 같은 기분(느낌 · 예감)이 나다.

(5) 양태 표현을 나타내는 「そうだ」를 잘 사용하지 않는 경우

① 한 눈에 알 수 있는 성질의 것

赤い 빨갛다 → 赤そうだ (?)

青い 파랗다 → 青そうだ (?)

美しい 아름답다 → 美しそうだ (?)

醜い 추악하다, 못생기다 → 醜そうだ (?)

かわいい 귀엽다 → かわいそうだ (?)

汚い 지저분하다 → 汚そうだ (?)

背が高い 키가 크다 → 背が高そうだ (?)

静かだ 조용하다 → 静かそうだ (?)

② 외래어

モダンだ 현대적이다 → モダンそうだ (?)

③ 「〜的」가 붙는 것

近代的だ 근대적이다 → 近代的そうだ (?)

国際的だ 국제적이다 → 国際的そうだ (?)

④ 기타

有名だ 유명하다 → 有名そうだ (?)

公平だ 공평하다 → 公平そうだ (?)

★ 기타 용법

① 전문 형태(〜라고 한다) : 동사, 형용사의 보통형(기본형, 과거형)에 연결

山本さんは来年定年だそうだ。 야마모토씨는 내년에 정년이라고 한다.

あのレストランはおいしいそうです。 저 레스토랑은 맛있다고 합니다.

あのレストランはおいしいそうですか。 → 전문 형태에 의문문은 없으므로, 이런 문장은 사용 안 함.

あのレストランはおいしかったそうです。 저 레스토랑은 맛있었다고 합니다.

彼は元気だそうです。 그는 건강하다고 합니다.

彼は元気ではないそうです。 그는 건강하지 않다고 합니다.

雨が降るそうです。 비가 내린다고 합니다.

雨が降らないそうです。 비가 내리지 않는다고 합니다.

雨が降るそうではないです。(×) → 전문 형태에 부정형은 없다.

雨が降ったそうです。 비가 내렸다고 합니다.

雨が降らなかったそうです。 비가 내리지 않았다고 합니다.

雨が降るそうではなかったです。(×) → 전문 형태에 부정 과거형은 없다.

② 정보 제공의 형식 : ～によると・～によれば・～話では・～噂では

この本によると、今後もオゾンは減って行くそうです。
이 책에 의하면 앞으로도 오존은 줄어간다고 합니다.

辞書によれば、この言い方は間違いだそうです。 사전에 의하면 이 말하는 법은 잘못이라고 합니다.

彼の話では、問題はないそうです。(≒ 彼の話によると)
그의 이야기로는, 문제는 없다고 합니다. (≒ 그의 이야기에 의하면)

新聞によると、景気は上向きだそうです。(×新聞では)
신문에 의하면, 경기는 좋아지고 있다고 합니다.

らしい

접속

동사・い형용사 기본형, な형용사의 어간, 명사, 조사에 연결.

(동사)　　　降るらしい。 내리는 것 같다.

(い형용사)　美味しいらしい。 맛있는 것 같다.

(な형용사)　静からしい。 조용한 것 같다.

(명사)　　　夢らしい。 꿈인 것 같다.

(조사)　　　～までらしい。 ～까지인 것 같다.

明日は雨が降るらしいね。내일은 비가 온다는 것 같아.(다른 사람에게서 들은 얘기)

傘をさしていないところをみると、雨はもう止んだらしい。
우산을 쓰고 있지 않을 것을 보니, 비는 이제 그친 것 같다.

気象庁によると、今年の冬は、例年より暖かいらしい。기상청에 의하면, 올 겨울은 예년보다 따뜻하다고 한다.

① 출처(정보 제공)가 명시되어 있는 경우

　「명사 + によると・によれば」/「명사 + では」〜らしい ≒ 〜そうだ(전문)

新聞によると、今年の夏はひどく暑いらしい。신문에 의하면, 올 여름은 몹시 더운 듯하다(덥다고 한다).

参加者の話では、会はあまり盛り上がらなかったらしい。
참가자 이야기로는, 모임은 별로 고조되지 않았다고 한다.

彼は今日暇らしいから、言ってみよう。
(어제의 얘기로는) 그는 오늘 한가한 것 같으니까(한가하다고 하니까), 얘기해 보자.

② 자신의 추량인 경우

　어떤 증거·근거로부터 판단하여 추정을 한다.
　남에게 듣거나 비교적 확실한 객관적인 근거나 이유를 토대로 판단되는 것을 추측하여 단정한다.

木村さんは、今日、顔色が悪いです。(판단의 근거)
기무라씨는 오늘 안색이 안 좋습니다.

　☞ 木村さんは病気らしいです。기무라씨는 병인 것 같습니다.

あの子供たちは顔がよく似ています。(판단의 근거)
저 아이들은 얼굴이 꼭 닮았습니다.

　☞ あの子供たちは兄弟らしいです。저 아이들은 형제인 것 같습니다.

斎藤さんはあくびをしています。(판단의 근거)
사이토씨는 하품을 하고 있습니다.

　☞ 斎藤さんは眠いらしいです。사이토씨는 졸린 것 같습니다.

このコードはここにつなぐらしい。(설명서를 보면서) 이 코드는 여기에 연결하는 것 같다.

何か音がする。(판단의 근거)

무슨 소리가 나다.

☞ 中に何か入っているらしい。 안에 무엇인가 들어있는 것 같다.

客がたくさん入っている。(판단의 근거)

손님이 많이 들어가 있다.

☞ この店はおいしいらしい。 이 가게는 맛있는 것 같다.

※ 자신의 눈으로 보고 직관적으로 추측할 수 있는 경우에는 「らしい」를 사용할 수 없다 → そうだ

(옷을 보고) 大きいらしい。(×)

(옷을 보고) 大きそうだ。 큰 것 같다.

(옷을 입어 보고) ちょっと大きいようですね。 좀 큰 것 같네요.

あっ、もう少しでがけが崩れそうだ。 앗, 곧 절벽이 무너질 것 같다.

★ **정보 출처** 말하는 사람이 다른 사람에게 들은 것, 책 등에서 읽은 것 등, 간접적으로 얻은 정보.

★ **신뢰도** 낮다. 확정적으로 단정하는 것을 피할 때나 책임 있는 발언을 하기 꺼려할 때 사용한다.

★ **특징**

① 부정 · 의문형이 없다.

彼は日本に留学するらしくない。(×)

彼は日本に留学しないらしい。(○) 그는 일본에 유학하지 않을 것 같다.

行くらしいですか。(×)

② 음편 현상

東京は大雨らしくございます。

→ 東京は大雨らしゅうございます。 도쿄는 큰 비인 것 같습니다.

※ **형용사 + 「ございます」의 연결 형태**

형용사가 だございます에 이어질 때 다음과 같은 방법으로 변환된다.

1. ---aい   →   ---ooございます

    高い(takai)   →   たこう(takoo)ございます

    浅い(asai)   →   あそう(asoo)ございます

    ありがたい(arigatai)   →   ありがとう(arigatoo)ございます

2. ---iい   →   ---yuuございます

    大きい(ookii)   →   大きゅう(ookyuu)ございます

    正しい(tadasii)   →   正しゅう(tadasyuu)ございます

    美しい(utukusii)   →   美しゅう(utukusyuu)ございます

3. ---uい   →   ---uuございます

    安い(yasui)   →   安う(yasuu)ございます

    寒い(samui)   →   寒う(samuu)ございます

    暑い(atui)   →   暑う(atuu)ございます

4. ---oい   →   ---ooございます

    細い(hosoi)   →   細う(hosoo)ございます

    青い(aoi)   →   青う(aoo)ございます

    遠い(tooi   →   遠う(tooo)ございます

★ **기타용법**

→ 형용사의 접미어(～답다)

学生らしい格好。학생다운 모습

女らしい人。여자다운 사람

金さんらしいやり方。김씨다운 행동 방식

※ 「らしい」와 「ようだ」의 차이점

추측(추량)의 조동사 「らしい」와 「ようだ」는 불확실한 단정을 나타내는 의미로 거의 같은 뜻으로 사용되지만, 다음과 같은 경우는 바꾸어 쓸 수 없다.

1. 「らしい」만 사용되는 경우

→ 외부에 의한 확신적인 추측(추량), 외부로부터 들어온 정보에 근거해서 말할 때.

天気予報によると、あしたは雨が降るらしい。

일기예보에 의하면, 내일은 비가 내리는 것 같다(내린다고 한다).

あの人の話を聞くと、仕事はなかなかつらいらしいですよ。

저 사람 얘기를 들으면, 일은 몹시 힘든 것 같아요(힘이 든다고 해요).

医者の話では、薬を飲んでも治らないらしい。

의사의 얘기로는 약을 먹어도 낫지 않는 것 같다(낫지 않는다고 한다).

噂では、彼は会社をやめるらしいよ。

소문으로는 그는 회사를 그만두는 것 같아(그만둔다고 해).

ニュースでは台風が近づいているらしいです。

뉴스에서는 태풍이 다가오고 있는 것 같습니다(있다고 합니다).

よく知らないけど、みんなの話ではあの会社倒産するらしいよ。

잘 모르겠지만, 모두의 얘기로는 그 회사 도산하는 것 같아(도산한다고 해).

2. 「ようだ」만 사용되는 경우

→ 자기 자신의 그 때의 감각에 따른 직감적인 판단을 말할 때.

わたし、風邪を引いたようだよ。

나, 감기 걸린 것 같아.

今日は疲れているようです。

오늘은 피곤한 것 같습니다.

これは皮のようです。

이것은 가죽인 것 같습니다.(가방을 만져 보고)

私にはちょっと難しいようです。

저에게는 좀 어려운 것 같습니다.(문제를 약간 풀어 보고)

前にどこかで会ったようだ。

전에 어딘가에서 만났던 것 같다.(그의 얼굴을 보고)

中に何か入っているようだね。

안에 무엇인가 들어 있는 것 같군.(상자를 흔들어 보고)

3. 「ようだ」 ≒ 「らしい」인 경우

① 화자의 관찰에 의한 표현

昨日雨が降った (よう / らしい) ですね。어제 비가 내린 것 같네요.(젖은 길을 보고)

この店は流行っている (ようだ / らしい)。이 가게는 번창하고 있는 것 같다.(가게의 상태를 보고)

② 어떤 정보로부터 추측한 표현

今日は雨が降る(よう / らしい)です。

(일기예보를 보고) 오늘은 비가 올 것 같습니다.

誰か来た (よう / らしい) です。

누군가 온 것 같습니다. (무슨 소리를 듣고)

4. 「そうだ」「ようだ」「らしい」의 뉘앙스 차이

彼女は何となく、元気なような気がしますね。그녀는 왠지, 건강한 것 같은 기분이 드는군요.

彼女はどうも、元気らしく、いろんな所で教えている。

그녀는 아무래도 건강한 듯, 여러 곳에서 가르치고 있다.

彼女は元気そうな顔をしていました。그녀는 건강한 것 같은 얼굴을 하고 있었습니다.

彼は疲れていそうだ。그는 피곤한 듯이 보인다. (직접 얼굴을 보고)

彼は疲れているようだ。그는 피곤한 것 같다. (얼굴을 보거나, 다른 사람에게 듣거나 해서 자신이 판단)

彼は疲れているらしい。그는 피곤한 것 같다. (다른 사람에게 듣고서 추측)

あなたは熱がありそうですね。당신은 열이 있어 보이네요. (직접 얼굴을 보고)

あなたは熱があるようですね。당신은 열이 있는 것 같아요. (손으로 만져 보고)

あなたは熱があるらしいですね。당신은 열이 있는 것 같아요. (다른 사람에게 얘기를 듣고)

生徒達がパクパク美味しそうに食べているから、この学校の給食は美味しいようだ。

학생들이 덥석덥석 맛있게 먹고 있으니, 이 학교의 급식은 맛있는 것 같다.

「そうだ」 → 외관상으로 봐서 그와 같은 상태

「ようだ」 → 맛있게 먹고 있는 것을 보고 판단(추측)

※ 기타 추량 표현

彼は一体何を食べたんだろう。그는 도대체 뭘 먹었을까.

→ 의문사「誰, 何, 何故, どのように」+ 〜だろう。〜일까.

僕は、彼が多分、来るだろうと思う。(나는 그가 아마도 올 거라고 생각한다)

→ 〜だろうと思う。〜것이라고 생각한다.

※ な형용사의 연결 형태에 주의할 것.

선생님의 연구실은 조용한 것 같다.
先生の研究室は静かそうだ。
先生の研究室は静からしい。
先生の研究室は静かなようだ。

から・ので 비교

- **〜から、〜** → 화자의 주관적인 판단
- **〜ので、〜** → 객관적인 귀결

から

1. 이유(원인)

AからB : A(원인, 이유)이니까 B(결과)이다

暇だったから、本を読んでいた。 한가했기 때문에, 책을 읽고 있었다.

本を読んでいたのは、暇だったからだ。 책을 읽고 있었던 것은, 한가했기 때문이다.

A: どうして会社をやめたの？ 왜 회사를 그만두었어?

B: つまんないからよ。 시시해서.

A: 帰りますか。 돌아갑니까?

B: ええ、もう6時ですから（帰ります）。 네, 벌써 6시니까요 (돌아가겠습니다).

A: どうして見ないんですか。 왜 안 보는 것입니까?

B: 見たことがありますから。 본 적이 있어서요.

ちょっと心配だったから、見に来ました（見に来たんです）。
좀 걱정이 되어서, 보러왔습니다(보러 온 것입니다).

嫌だから行かないのではありません。行く必要がないから行かないのです。
싫어서 가지 않는 것은 아닙니다. 갈 필요가 없기 때문에 가지 않는 것입니다.

2. 판단의 근거

AからB : A(판단의 근거)이니까 B(화자의 판단)이다

だんだん空が暗くなって来たから、もうすぐ降り出すでしょう。
점점 하늘이 어두워졌으니까, 곧 내리기 시작하겠지요.

A: 田中さんはもう帰りましたか。 타나카씨는 벌써 돌아갔습니까?
B: (机を見て) まだかばんがあるから、その辺にいるでしょう。
　 (책상을 보고) 아직 가방이 있으니까, 그 근처에 있겠지요.

彼女は、「興味ない」って言ってたから、来ないよ。 그녀는, "흥미 없어"라고 했으니까 안 와.

A: 今何時かなあ。 지금 몇 시지.
B: さっき、鐘が鳴っていたから、12時半ぐらいじゃないか。
　 조금 전, 종이 울렸으니까, 12시 반 쯤 아냐?

※ 이유(원인)와 판단의 근거를 구분하는 방법
今はお歳暮の季節ですから、デパートは混んでいるでしょう。
지금은 연말선물의 계절이니까, 백화점은 붐비겠지요.

→「今はお歳暮の季節(지금은 연말선물의 계절)」은 말하는 사람이 「デパートは混んでいるだろう(백화
　 점은 붐비겠지요)」라고 판단한 근거.

雨が降ったから、道がぬれているのです。 비가 내렸기 때문에, 길이 젖어 있는 것입니다.
→「雨が降った(비가 내렸다)」는 「道がぬれている(길이 젖어 있다)」라는 사실에 대한 원인.

3. 기타

→ 문말(文末)에 의뢰, 명령, 권유 등의 표현이 오는 것이 특징

ビールが冷やしてあるから、お風呂のあと飲んでね。 맥주가 차가와져 있으니까, 목욕 후에 마셔.
隣の部屋にいますから、何かあったら呼んで下さいね。 옆방에 있을 테니까, 무슨 일 있으면 불러주세요.
以下の部品が入っていますから、まず確認して下さい。
이하의 부품이 들어있으므로, 우선 확인하여 주십시오.

バスがあるそうだから、それに乗りましょう。 버스가 있다고 하니까, 그것을 탑시다.

9時に迎えに行くから、いっしょにレストランへ行こう。9시에 마중하러 갈 테니, 함께 레스토랑에 가자.

必ず明日返すから、一万円貸してくれ。반드시 내일 갚을 테니까, 만 원 빌려줘.

嘘でもいいから、許すと言って。거짓말이라도 좋으니까, 용서한다고 말해.

頼むから、泣かないでくれよ。부탁이니, 울지 말아줘.

名前を呼びますから、呼ばれた人は返事をして下さい。이름을 부르겠으니, 부른 사람은 대답을 해 주십시오.

昼休みになったから、何か食べに行こう。점심시간이 되었으니, 뭐 좀 먹으러 가자.

～のだから (～んだから)

ここまで頑張ったんだから、あと少しやろう。여기까지 열심히 했으니까, 앞으로 조금만 하자.

がんばってもできなかったんだから、仕方ないじゃないか。열심히 해도 할 수 없었으니까, 어쩔 수 없잖아.

せっかく来たんだから、ゆっくりして行きなさいよ。모처럼 왔으니까, 천천히 있다가 가.

あんな失敗をしたのだから、顔を出せるはずがなかった。저런 실패를 한 것이니까, 얼굴을 내밀 수가 없었다.

はっきりそう言ったのだから、彼を信じてやりたかった。
확실하게 그렇게 말한 것이므로, 그를 믿어 주고 싶었다.

彼女が来たのだから、私は帰ることができた。しかし帰らなかった。
그녀가 왔기 때문에 나는 돌아갈 수 있었다. 하지만 돌아가지 않았다.

※ 말하는 사람의 기분을 그 장면에서 나타내는 표현에는 「～のだから」를 사용할 수 없다.

じゃあ、私もやりますから、あなたも少しはやって下さい。그럼, 나도 할 테니까, 당신도 조금은 해 주세요.

じゃあ、私もやるんですから、あなたも少しはやって下さい。(×)

彼がやっているんだから、お前も少しはやれよ。그가 하고 있으니까, 너도 조금은 해라.

ので

雨が降った (から・ので)、涼しくなりました。비가 내렸기 때문에, 시원해졌습니다.

雨が降りました (から・ので)、涼しくなりました。비가 내렸기 때문에, 시원해졌습니다.

ここはうるさい (から・ので)、あちらへ行きましょう。여기는 시끄러우니까, 저쪽으로 갑시다.

ここはうるさいです (から・ので)、あちらへ行きましょう。여기는 시끄러우니까, 저쪽으로 갑시다.
　→「～です・ます＋ので」는 너무 공손한 느낌을 준다.

※ 문장 전체가 경어적인 표현일 경우에는 「です・ます＋ので」 표현을 사용한다.

すぐ車が参りますので、ここで少々お待ち下さい。곧 차가 올 테니, 여기서 잠시 기다려 주십시오.

こちらにございますので、どうぞご自由にお使い下さい。이쪽에 있으니, 자유롭게 사용해 주십시오.

あしたは暇です (ので、から) あした行くことにしようと思います。
내일은 한가하기 때문에, 내일 가려고 생각합니다.

この部分が木材です (ので、から) とても軽くなっています。
이 부분이 목재여서, 대단히 가볍게 되어 있습니다.

※ 연결 형태에 주의(명사, 형용동사)

とても元気なので、安心しています。아주 건강해서, 안심하고 있습니다.

まだ子供なので、速く走れません。아직 어린이라서, 빨리 달릴 수 없습니다.

★ 절대로 틀리지 말 것(연결 형태에 주의)

おいしいだから (×)

おいしいから (ので) 맛있으니까, 맛있기 때문에

きれいだので (×)

きれいなので (○) 예쁘니까, 예쁘기 때문에

※문말에 명령, 의지, 권유 등의 표현이 있을 경우 주의

たくさんあるので、どんどん使おう！ (?)

たくさんあるので、どんどん使ってしまいましょう！ (○) 많이 있으니까, 팍팍 사용해 버립시다.

たくさんあるから、どんどん使おう！ (○) 많이 있으니까, 팍팍 사용해야지(사용하자)!

ここにあるので、これを使え / 使いなさい。 (?)

ここにあるから、これを使え / 使いなさい。 (○) 여기에 있으니까, 이것을 사용해. / 사용하시오.

ここにたくさんあるので、これを使ってください。 (?)

ここにございますので、これを使ってください。 (○) 여기에 있으니까, 이것을 사용해 주십시오.

→ 보통체의 의지형과 명령형은 から ＞ ので
　 경어를 사용한 공손한 형태는 ので ＞ から

から와 ので의 차이점

1. 접속되는 단어에 주의(명사, 형용동사)

木だから　　　きれいだから
木なので　　　きれいなので

※일반적으로 공손한 형태에는 「から」, 보통체에는 「ので」

きれいですから(○)　　　　木ですから(○)

きれいですので(?)　　　　木ですので(?)

2. 「ので」앞에는 주관적인 요소를 사용할 수 없다

[× だろう　/　× でしょう　/　× まい　/　× のだ] ＋ ので、～ ～
道路が混んでいるだろうから(ので(×))、早めに出発しよう。
도로가 붐비고 있을 테니까, 빨리 출발하자.
明日の朝は早く起きなければならない (から、ので、し) 、今夜は早く寝ましょう。
내일 아침은 일찍 일어나야 하니까, 오늘밤은 일찍 잡시다.

3. 「～だ・です」의 형태로 끝나는 경우

遅れたのは、電車が止まったからです(のでです(×))。늦은 것은, 전철이 멈추었기 때문입니다)

4. 「から」는 종조사처럼 문장 끝에 사용 가능, 「ので」는 잘 사용하지 않음

すみません、今行きますから(ので(×))。죄송합니다, 지금 가니까.

5. 문장 끝에 명령 · 금지 · 의지 · 추량이 올 경우 「から」쪽이 더 자연스럽다

危ない(から ＞ ので)ここで遊んではいけません。위험하니까 여기서 놀아서는 안 됩니다.

6. 「ので」는 공손하게 말할 경우(특히, 허가 · 의뢰 · 권유)에 자연스럽다

用がある(ので ＞ から)お先に失礼します。용무가 있어서 먼저 실례합니다.

* 자신의 판단으로 그렇게 결단을 내렸다는 것을 내세우지 않으며, 어쩔 수 없는 이유로 인해 그렇게 되었다는 느낌을 준다.

※ 「て」는 「ので」・「から」와 같이 사용되지만, 이유를 나타내는 표현 뒤에 감정표현, 가능형 등이 올 경우에 많이 사용된다.

おなかがすいて死にそうです。 배고파서 죽을 것 같아요.

忙しくて行けません。 바빠서 갈 수가 없습니다.

遅くなってすみません。 늦어서 미안해요.

から 문형

- ~からこそ ~하기 때문에(야말로)

ハンサムだからこそ、人気があるのだ。 핸섬하기에(핸섬하기 때문에), 인기가 있는 것이다.

- ~からには ~[기본형] ~할 바에는, ~からには ~[과거형] ~인 이상에는

やるからには、立派にやれ。 할 바에는 훌륭하게 해라.

言ったからには、しなければならない。 말한 이상에는, 하지 않으면 안 된다.

- ~からといって ~하다고 해서

愛するからといって、結婚するとは言えない。 사랑한다고 해서, 결혼한다고는 말할 수 없다.

- ~のは~からだ (강조 구문) ~것은 ~때문이다

図書館が混んでいるのは、試験が近いからだ。 도서관이 붐비고 있는 것은, 시험이 가깝기 때문이다.

- ~からすると ~으로 보아, ~입장으로 생각해 보면

佐藤さんの成績からすると大学受験は難しいだろう。 사토씨의 성적으로 보아 대학수험은 어렵겠지.

- ~からみると ~으로 보아, ~로 판단하면

写真から見ると癌の疑いがあります。 사진으로 보아 암일 우려가 있습니다.

- ~からして ~부터가

小泉君は言い方からして気に入らない。 고이즈미군은 말투부터가 마음에 안 든다.

- ~からと ~이라고 해서

易しいからと、油断すると間違えますよ。 쉽다고 해서 방심하면 틀립니다.

- ~からに ~만 해도

見るからにうまそうだ。 보기만 해도 맛있을 것 같다.

이유를 나타내는 「ので」・「から」・「て」

「から」

종지형에 연결되며 화자의 주관적인 판단을 나타낸다.

「ので」

동사 보통형에 연결되며 자연스런 과정이나 객관적인 결과·귀결을 나타낸다.

〈사용 제한〉

① 「ので」는 주관적인 요소가 앞에 오지 않는다.
  → 「だろう」/「でしょう」/「まい」/「のだ」 뒤에는 사용 불가.

② 문말(文末)이 명령·금지·의사(意思)·추량일 때는 「から」가 자연스럽다.

③ 「ので」는 공손한 표현(특히 허가·의뢰·권유)에 자연스럽다.
  자신의 판단으로 결단을 내렸다는 것을 적극적으로 나타내지 않고, '어쩔 수 없는 이유로 이렇게 되었다'는 뉘앙스를 나타내고자 하는 경우에 「ので」의 객관성을 이용한다. 「ので」는 변명과 사정을 설명하는 장면에서 사용하면 좋다.

  A: どうしたんですか？ 무슨 일입니까?

  B: すみません。～ので～。죄송합니다. ～ 때문에 ～.

「て(で)」

원래 전후(前後)의 절을 접속하는 역할을 갖고 있지만, 전후(前後)의 절 관계에서 다양한 의미가 나온다. '원인·이유' 자연적인 과정을 나타내고, 객관적인 서술을 나타낸다.

風邪をひいて会社を休んだ。감기 걸려서 회사를 쉬었다.

病気で死んでしまいました。병으로 죽고 말았습니다.

台風で飛行機が出発できません。태풍으로 비행기가 출발할 수 없습니다.

가장 알맞은 것을 고르시오.

1. 今日は (暑くて・暑いから・暑いので) 嫌ですね。

2. (恥ずかしくて・恥ずかしいから・恥ずかしいので) 赤くなってしまった。

3. この水は (汚くて・汚いから・汚いので) 飲んではいけません。

4. そろそろお父さんが帰って (来て・来るだろうから・来るだろうので) 片付けましょう。

5. 軽い (貧血で・貧血だから・貧血なので) 2、3時間休めば治るでしょう。

6. (危険で・危険ですから・危険なので) 無理なご乗車はおやめください。

7. テーブルの上が (汚れていて・汚れているから・汚れているので) 拭いてくれませんか。

8. 時間が (無くて・無いから・無いので) 早くしろ。

9. もう日が (沈んで・沈んだから・沈んだので) みな仕事をやめて家に帰った。

10. せっかくですが、ほかに約束も (あって・あるから・あるので) 伺えません。

11. 急用が (できて・できたから・できたので) お先に失礼します。

정답

1. 오늘은 더워서 싫어지네요. 暑くて

2. 창피해서 빨개지고 말았다. 恥ずかしくて

3. 이 물은 더러우니까 마시면 안 됩니다. 汚いから

4. 슬슬 아버지가 돌아올 테니까 정리합시다. 来るだろうから

5. 가벼운 빈혈이니까 2, 3시간 쉬면 낫겠지요. 貧血だから

6. 위험하니까 무리한 승차는 그만둬 주십시오. 危険ですから

7. 테이블 위가 더러워져 있으니 닦아 주지 않겠습니까? 汚れているから

8. 시간이 없으니 빨리 해라. 無いから

9. 이제 해가 져서 모두 일을 그만두고 집에 돌아갔다. 沈んだので

10. 모처럼입니다만, 다른 약속도 있어서 찾아뵐 수 없습니다. あるので

11. 급한 일이 생겨서 먼저 실례하겠습니다. できたので

される・受ける・もらう 비교

- 「명사 + 받다」 → される
- うける
- もらう

される

1. 피해를 받거나 일방적인 경우 ≒ うける

→ 받는 사람의 의지가 들어가지 않는다

影響(영향), 攻撃(공격), 尊敬(존경), 抗議(항의), 侮辱(모욕), 差別(차별), 歓迎(환영), 注意(주의)

- 尊敬を受ける (尊敬される) 人になりたい。 존경받는 사람이 되고 싶다.

2. 수동적인 경우(나는 싫은데)

→ (나는 싫은데) 일방적으로 남이 시키다

検査(검사), 調査(조사), 教育(교육), 命令(명령), 手術(수술), 治療(치료), 試験(시험)

来週手術を受ける (× される) ことにした。 다음 주에 수술을 받기로 했다.

※ うける : 주어의 의지로 '받다'의 의미를 지님

검사をされる (검사를 받다 → 받기 싫은데)

検査をうける (검사를 받다 → "받기 싫은데"의 뉘앙스 의미는 없다)

3. 동사화가 안 되는 경우

→ 「～する(～하다)」의 형태로 만들 수 없는 단어는 사용할 수 없다

年金(연금), お金(돈), 補助金(보조금), 葉書(엽서), 賞(상), 報酬(보수), 学位(학위), 資格(자격)

- 日本で学位を (○ もらう / ○ 受ける / × される) まで頑張ります。
  일본에서 학위를 받을 때까지 열심히 하겠습니다.

- 大学で賞を (○ もらった / ○ 受けた / × された) ことがあります。
  대학에서 상을 받은 적이 있습니다.

うける

1. 피해를 받거나 일방적인 경우 ≒ される

→ 받는 사람의 의지가 들어가지 않는다.

影響(영향), 攻撃(공격), 尊敬(존경), 抗議(항의), 侮辱(모욕), 差別(차별)
- アメリカが攻撃を受けた (された)。미국이 공격을 받았다.

2. 추상적인 경우

抗議(항의), 批判(비판), 注意(주의), 説明(설명), 招待(초대), 支援(지원), 提供(제공), 歓迎(환영)
- 抗議を (受けて / されて) 発言を取り消した。항의를 받고 발언을 취소했다.

もらう

1. 대체로 자신에게 이익이 되는 구체적인 물건을 건네받을 경우

手紙(편지), お金(돈), プレゼント(선물), 電話(전화), 学位(학위), 補助金(보조금), 年金(연금),
報酬(보수), 注文(주문), 賞(상), 許可(허가)
- 日本で学位をもらう (○ 受ける / × される) まで頑張ります。
  일본에서 학위를 받을 때까지 열심히 하겠습니다.
- 大学で賞をもらった (○ 受けた / × された) ことがあります。
  대학에서 상을 받은 적이 있습니다.

2. 은혜를 입거나 고마움을 나타낼 경우

문형 :「～をもらう」(×)「～してもらう」(○)

説明(설명), 注意(주의), 歓迎(환영), 招待(초대), 支援(지원), 提供(제공)
- 先生に説明してもらった。선생님이 설명해 주셨다.

※ 앞에서 される, 受ける, もらう의 구분을 설명하였는데, 실제로는 엄격하게 단어가 구분이 되어 사용되는 것은 아니다. 예를 들어 '선생님에게 주의를 받았다'를 일본어로 옮길 경우 다음과 같다.

- 先生に注意を受けた。
  → 단순한 사실적 표현

- 先生に注意をされた。
  → 위의 문장과 거의 같은 의미인데, 굳이 뉘앙스의 차이를 들자면 '지적을 당했다'는 의식이 내포되어 있다.

- 先生に注意してもらった。
  → 위의 두 문장과 거의 같은 의미인데, 경어적 의미가 내포되어 있다.

연습문제

1. 真夜中に電話を_____眠れなかった。

   (A) かけて　　　　　　　　　　　　(B) されて
   (C) 受けて　　　　　　　　　　　　(D) もらって

2. 青少年がこの映画から悪い影響をもらう恐れがある。
     A　　　　B　　　　　C　　　　D

3. 友達から借りる約束をしていた本を学校でもらった。
     A　　　B　　　　C　　　　D

4. 夕べ、学生からもらった課題をチェックした。
   A　　　　　　B　　C　　　D

1. 정답 B

「受けて」도 정답이 될 수 있지만, 가장 알맞은 것을 골라야 하기 때문에 '싫은데……' 뉘앙스를 지닌 「されて」가 정답이다.

2. 정답 C

もらう → 受ける

影響を受ける。영향을 받다

3. 정답 D

もらった → 渡された / 受け取った

「もらう」는 소유권의 이동을 포함하기 때문에 사용할 수 없다.

4. 정답 B

もらった → 出された / 提出された

「もらう」는 은혜를 입거나 이익이 되는 표현에 사용된다.

～する・～される 비교

1. (延期)される / (延期)になる (연기)되다

일본어의 한자어 동사 중에는 「される」형식과 「になる」형식이 가능한 한자어 동사가 있다.

延期(연기), 延長(연장), 解禁(해금), 解散(해산), 解除(해제), 改正(개정), 合併(합병), 禁止(금지),

啓蒙(계몽), 公表(공표), 採用(채용), 施行(시행), 中止(중지), 中断(중단), 停止(정지), 追加(추가),

廃止(폐지), 発売(발매), 発表(발표), 閉鎖(폐쇄), 返還(반환), 変更(변경), 保証(보증), 予防(예방),

論争(논쟁) 등은 한국어로 번역했을 경우 구분이 불가능하지만, 다음과 같은 뉘앙스의 차이가 있다.

される : 어떤 원인으로 인하여 그와 같은 결과가 되었음을 나타냄.

になる : 상태 변화를 자연스러운 사태의 추이의 결과로 파악함.

※ 우천일 경우는(비가 올 경우는), 다음 주로 연기됩니다.
→ 雨天の場合は、来週に延期になります。
→ 雨天の場合は、来週に延期されます。

2. (悪化)する(○) / (悪化)される(×) (악화)되다

悪化(악화), 安定(안정), 破壊(파괴), 感染(감염), 共通(공통), 判明(판명), 矛盾(모순) + ～する(～되다)

위의 한자어는 「～되다」를 취해 동사화 된다.
이때의 「―되다」는 자동사이므로 「―되다」를 수동으로 생각해서 「―される」로 바꿔서는 안 된다.

イラクとアメリカの関係が悪化した (悪化された (×))。이라크와 미국의 관계가 악화되었다.

☞ 悪化された를 쓰면 틀린다. '오문정정'에서 자주 출제.

昨年の11月に事故の原因が判明した (判明された (×))。작년 11월에 사고의 원인이 판명되었다.

南北統一がわれわれの共通した (共通された (×)) 念願である。
남북통일은 우리들의 공통된 염원이다.

3. (発達)する(○) / (発達)される(×) = (발달)하다 / 되다

자동사이면서도 「하다/되다」를 모두 취하는 한자어동사를 일본어로 옮길 때 주의할 것.
아래와 같은 한자어 동사는 「される」로 쓰면 틀린다.

安心(안심), 一致(일치), 開通(개통), 該当(해당), 介入(개입), 関連(관련), 緊張(긴장), 経過(경과),
結合(결합), 減少(감소), 合格(합격), 荒廃(황폐), 孤立(고립), 衝突(충돌), 浸透(침투), 成立(성립),
対立(대립), 脱落(탈락), 到着(도착), 通過(통과), 定着(정착), 停滞(정체), 独立(독립), 波及(파급),
発展(발전), 発達(발달), 変化(변화), 腐敗(부패), 分布(분포), 分裂(분열), 膨張(팽창), 暴落(폭락),
滅亡(멸망), 流行(유행), 癒着(유착), 由来(유래) 등등

「される」와 관계된 한자어 동사 문제는 틀리기 쉬운 문제이다.
이번 기회에 확실하게 구분지어서 외워 두기 바란다.

彼の思想は後継者によって発達した (発達された(×)) 。
그의 사상은 후계자에 의해 발달했다(발달되었다).

まもなく東京行きの電車が到着します (到着されます(×)) 。
잠시 후 도쿄행 열차가 도착합니다(도착됩니다).

※「する」 관용 표현

味がする。맛이 나다.

音がする。소리가 나다.

声がする。목소리가 나다.

匂いがする。냄새가 나다.

香りがする。향기가 나다.

寒気がする。오한이 나다.

頭痛がする。두통이 나다.

吐き気がする。구역질이 나다.

故障をする。고장이 나다.

怪我をする。부상을 입다.

火傷をする。화상을 입다.

感じがする。느낌이 들다.

気がする。기분이 들다

長持ちする。오래 가다.

は・が 비교

1. 의문문에서의 위치

문형「〜 は 〜 Q ？」

帰ったのは誰ですか？ 돌아 간 것은 누구입니까?

문형「Q が 〜 ？」

誰が帰りましたか？ 누가 돌아갔습니까?

2. 총칭(종류)을 나타내는 주어, 개별을 나타내는 주어

*총칭(종류) : は

桜の花はきれいですね。(꽃 중에서) 벚꽃은 예쁘네요.

せみはいい声で鳴きます。(곤충 중에서) 매미는 듣기 좋은 소리로 웁니다.

*개별 : が

桜の花がきれいですね。(한 그루의 나무를 보고) 벚꽃이 예쁘네요.

せみがいい声で鳴いています。(나무에 붙어서 울고 있는 매미를 보고) 매미가 듣기 좋은 소리로 울고 있습니다.

3. 특정 주어, 불특정 주어

*특정 : は

山田さんは首からカメラを下げている。 야마다씨는 목에 카메라를 걸고 있다.

*불특정 : が

見知らぬ人が近づいてきた。 낯선 사람이 다가왔다.

大勢の日本人が夏休みに海外へ行く。 많은 일본인이 여름휴가로 해외에 간다.

4. 現象文(무엇인가에 번뜩 정신이 들거나 놀라움을 나타냄) : が

あっ、雨が降ってきた！ 앗, 비가 온다!

あれっ、子供が泣いている。 저런, 애가 울고 있다.

5. 부정문 : は(부정문에서는 일반적으로 「は」를 사용한다)

Q : つくえのうえに財布がありますか。 책상 위에 지갑이 있습니까?

A : いいえ、財布はありません。 아니오, 지갑은 없습니다.

6. 대조 : は

母は日本茶は飲みますが、コーヒーは飲みません。 어머니는 일본차는 마시지만, 커피는 마시지 않습니다.

息子は犬が好きですが、娘は嫌いなので困っています。

아들은 개를 좋아하지만, 딸은 싫어해서 난처합니다.

7. 종속절이나 명사 수식절의 경우 : が

→ 기본적으로 「が」를 사용하지만, 대비적·병렬적인 의미를 나타내는 종속절에서는 「は」를 사용한다.

明日雨 (× は / ○ が) 降ったら、遠足は中止になります。 내일 비가 오면 소풍은 중지됩니다.

山田さん (× は / ○ が) 書いた小説は面白い。 야마다씨가 쓴 소설은 재미있다.

彼女 (× は / ○ が) 来たので、パーティーは面白かった。 그녀가 왔기 때문에 파티는 재미있었다.

彼の小説 (○ は / × が) 面白いから、きっと売れるよ。〈주절·종속절의 주어 동일〉

그의 소설은 재미있으니까 반드시 팔려요.

山田さん (○ は / × が) 韓国語が得意だが、田中さんは中国語が得意だ。〈대비〉

야마다씨는 한국어를 잘하지만, 다나카씨는 중국어를 잘한다.

ことだ・ものだ 비교

ことだ

① 충고, 조언(권유)

A：文章がうまくなりたいんですが。문장을 잘 쓰고 싶습니다만.

B：いい文章をたくさん読むことですよ。좋은 문장을 많이 읽는 것입니다.

(過労で倒れた人に) とにかくゆっくり休養することです。

(과로로 쓰러진 사람에게) 여하튼 천천히 휴양하는 것입니다.

② ~하는 것이 중요하다

美しくなるには、まず心を磨くことだ。아름다워지기 위해서는, 우선 마음을 닦는 것이 중요하다.

③ 감탄, 영탄

残念(유감), 楽しみ(기대), 嬉しい(기쁘다), 恐ろしい(두렵다) 등의 감정 형용사가 붙는다.

家族みんなが元気で、ありがたいことだ。가족 모두가 건강해서, 고마울 따름이다.

山本夫妻はハワイで正月を過ごすとか。うらやましいことだ。

야마모토 부부는 하와이에서 정월을 보낸다든가. 부러울 따름이다.

毎月電気代に5万円も使っているなんて、もったいないことだ。

매월 전기세로 5만 엔을 사용하고 있다니, 아까울 따름이다.

ものだ

① 당위성(일반적인 사회 통념상)

学生は勉強するものだ。학생은 공부를 해야 된다.

包丁はよく研いで使うものだ。부엌칼은 잘 갈아서 사용해야 된다.

② 마련이다(본성, 본질)

人の運命はわからないものだ。사람의 운명은 모르는 것이다.

子供はよく風邪をひくものだ。아이는 자주 감기 걸리기 마련이다.

③ 과거 회상

小学生のころ毎日この広場で遊んだものだ。초등학생 때 매일 이 광장에서 놀곤 했다.

彼は、若い頃は周りの人とよく喧嘩をしたものだが、今はすっかりおだやかになった。
그는 젊은 시절에는 주변 사람과 자주 싸움을 하곤 했지만, 지금은 아주 점잖아졌다.

④ 희망「～たいものだ，～ほしいものだ」

それはぜひ見たいものだ。그것은 꼭 보고 싶다.

政治家には国民の幸福を第一に考えてほしいものだ。
정치인에게는 국민의 행복을 제일로 생각해 주었으면 한다.

⑤ 감탄, 영탄

－ 물건, 사람의 모양, 변화에 대한 감탄·영탄 ＝ ～ことだ(약간 예스러운 말투)

今は自宅にいながらパソコンで買い物ができる。世の中便利になったものだ。
지금은 자택에 있으면서 PC로 쇼핑을 할 수 있다. 세상이 편리해졌다.

娘は人形を抱いたまま眠ってしまった。かわいいものだ。
딸은 인형을 안은 체 잠들고 말았다. 귀엽구나.

－ 잘 발생하지 않은 것에 대한 놀라움「よく～ものだ」＝ ～ことだ(약간 예스러운 말투)

そんな冷たいことがよく言えたものだ。그런 냉정한 말을 잘도 했구나.

5歳の子供がよくここまで歩いてきたものだ。5살 아이가 잘도 여기까지 걸어서 왔다.

핵심정리

「こと」 시간과 함께 태어나거나 변화하거나 소멸하거나 하는 추상적인 것, 말하자면 인간과 관계가 있는 생사(生死)와 일생의 일을 나타내고, 말하는 사람 개인의 '사실, 사건, 경험, 습관, 생각, 판단' 등도 나타낼 수 있다.

「もの」 시간과 사람과의 관계를 넘은 것에 있고, 사람이 감각에 의해서만 파악할 수 있는 객관적 존재를 나타내며, 보편적이고 일반적인 '진리, 현상, 규칙, 관습, 사상(思想), 기준' 등도 나타낸다.

ということだ・というものだ 비교

～ということだ　～라고 하는 것이다(전문)

다른 곳에서 들은 것을 객관적으로 인용하여 그대로 전하는 전문의 표현.

佐藤さんは、近く会社をやめて留学するということだ。
사토씨는 멀지 않아 회사를 그만두고 유학한다고 한다.

この店は当分休業するということで、私のアルバイトも今日で終わりになった。
이 가게는 당분간 휴업한다고 하니, 내 아르바이트도 오늘로 마지막이 되었다.

募集の締切りは5月末だということだから、応募するのなら急いだほうがいい。
모집의 마감은 5월 말이라고 하니까, 응모할 거라면 서두르는 편이 좋다.

～というものだ　～라고 하는 것이다(기능·내용 설명)

어떤 물건의 기능이나 내용의 설명을 하는 표현.

この研究は、生産量を6年のうちに2倍にするというものだ。
이 연구는 생산량을 6년 안에 2배로 한다는 것이다.

このタイムカプセルは200年先の人々に20世紀からのメッセージを送るというものだ。
이 타임캡슐은 200년 후의 사람들에게 20세기로부터의 메시지를 보낸다고 하는 것이다.

참고 ～というものではない : ～라고 하는 것은 아니다

어떤 주장이나 생각에 대하여, 그것이 전면적으로 타당한 것은 아니라는 의미를 나타냄.

食べ物などは、安ければそれでいいというものではない。 음식 등은 싸다고 해서 좋은 것은 아니다.

有名な大学を卒業したからといって、それで幸せになれるというものではない。
유명한 대학을 졸업했다고 해서, 그것으로 행복해질 수 있는 것은 아니다.

ニュースによると4月から電気料金が上がる　（ × というものだ / ○ ということだ ）。
뉴스에 의하면 4월부터 전기 요금이 오른다고 한다.

合格おめでとう。努力したかいがあった（ ○ というものだ / × ということだ ）。
합격 축하해. 노력한 보람이 있었던 것이다.

ことだから・ものだから 비교

ことだから ~이니까(개인적인 습성이나 성격과 관련된 상황)

→ 모두가 알고 있는 이유를 나타냄. 뒤에 추량(추측)을 나타내는 문장이 이어진다.

> ★ 연결 형태　명사 + のことだから → 반드시 명사에만 연결

朝寝坊の山田さんのことだから今ごろはまだふとんの中だろうなあ。
늦잠꾸러기 야마다씨니까 지금쯤은 이불 속이겠지.

子供のことだから、すこしぐらいいたずらをしてもしかたがないです。
어린이이니까, 약간의 짓궂은 장난을 해도 어쩔 수 없습니다.

彼のことだから、どうせ時間どおりには来ないだろう。그 사람이니까 어차피 시간대로는 오지 않겠지.

あの人のことだから、忘れずに持ってきてくれると思うけどな。
그 사람이니까, 잊지 않고 가지고 와 줄 것이라고 생각하는데.

まだ誰にも話していない秘密のことですから、誰にも言わないでくださいよ。
아직 아무한테도 얘기하지 않은 비밀이니까, 아무한테도 말하지 말아 주세요.

※ 주로 사람을 나타내는 명사에 붙는다. 말하는 사람도 듣는 사람도 잘 알고 있는 인물에 대해서, 그 사람의 성격이나 행동패턴을 근거로 어떤 판단을 내릴 경우에 사용한다. 판단의 근거가 되는 그 인물의 성격과 특징을 명시하는 경우도 있다.

ものだから ~이므로, ~하기 때문에

→ 이유 또는 변명을 말할 때 사용

> ★ 연결형태　동사 · イ형용사 · ナ형용사의 명사 수식형 + ものだから
> 　　　　　　명사 + な + ものだから

近くまで来たものですから、ちょっとお寄りしました。근처까지 왔기 때문에, 잠시 들렀습니다.

電車が遅れたもので、遅刻しました。전철이 늦어서, 지각했습니다.(객관적인 이유 설명)

電車が遅れたから、遅刻しました。전철이 늦어서, 지각습니다.(나는 잘못이 없다. 전철 때문에 어쩔 수 없었다)

あまり悲しかったものだから、大声で泣いてしまった。너무 슬펐기 때문에, 큰 소리로 울어버렸다.

一人っ子なものだから、子供をあまやかしてしまった。독자라서, 아이를 응석받이로 키우고 말았다.

1. 今度の作品が評価されなくても、＿＿＿＿＿、いつかきっといい作品を作ってくれるにちがいない。

   (A) 彼は彼だから   (B) 彼にしてみれば

   (C) 彼のことだから   (D) 彼自身のためだから

2. こんな時間になっても帰らないと、心配性の母の＿＿＿＿＿、きっと玄関を出たり入ったりしているだろう。

   (A) はずだから   (B) わけだから

   (C) ものだから   (D) ことだから

3. ごめんなさい。疲れていた＿＿＿＿＿、約束をすっかり忘れて寝てしまいました。

   (A) わけだから   (B) からとて

   (C) ものだから   (D) ことだから

4. ごめんなさい。出かける時になって、友達から電話がかかってきた＿＿＿＿＿、遅れちゃって。

   (A) からして   (B) ためか

   (C) だけあって   (D) ものだから

5. 心の優しい田中さんのものだから、喜んで手伝ってくれるでしょう。
     A   B   C   D

1. C. 이번 작품이 평가 받지 못해도, 그 사람이니까, 언젠가 반드시 좋은 작품을 만들어 줄 것임에 틀림이 없다.

2. D. 이런 시간이 되어도 돌아가지 않으면, 걱정이 많은 어머니이기 때문에, 필시 현관을 나갔다 들어왔다 하고 있겠지.

3. C. 죄송합니다. 피곤했기 때문에, 약속을 까맣게 잊고 잠들고 말았습니다.

4. D. 죄송합니다. 나가려고 하는 때에, 친구에게 전화가 걸려왔기 때문에, 늦어 버려서.

5. B. 「もの」→「こと」 마음씨 좋은 다나카씨이니까, 흔쾌히 도와주겠지요.

づらい・がたい・かねる・にくい 비교

～づらい ～하기 어렵다, ～하기 힘들다

형용사 辛い(괴롭다, 고통스럽다)에서 만들어진 말로, 동작주에게 불가능한 것은 아니지만, 그것으로 인해 곤란하다.

1. 신체적인 이유에 의한 경우

- 足にまめができて歩きづらい。 발에 물집이 생겨서 걷기 힘들다(어렵다).
- 虫歯が痛くて食べづらい。 충치가 아파서 먹기 힘들다(어렵다).
- 砂利が多くて歩きづらい。 자갈이 많아서 걷기 힘들다(어렵다).
- 雑音が入って聞きづらい。 잡음이 들어가서 듣기 힘들다(어렵다).
- 老眼なので文字が見づらい。 노안이기 때문에 글자가 보기 힘들다(어렵다).

2. 정신적인 이유에 의한 경우

- 対戦相手が先輩なので、どうも攻めづらい。
  대전 상대가 선배이기 때문에, 아무래도 공격하기 힘들다(어렵다).
- 先日、彼を怒らせてしまったから、会いに行きづらい。
  요전에 그를 화나게 했기 때문에, 만나러 가기 힘들다(어렵다).

～がたい (좀처럼) ～할 수 없다

형용사 難い(어렵다)에서 만들어진 말로, 마음으로는 그렇게 하고 싶지만 그렇게 하기 어렵다. 거의 불가능한 상황이다. 의지동사에만 사용 가능하다.

- 得がたい人材。 구할 수 없는(구하기 어려운) 인재.
- そのような要求はとても受け入れがたい。 그와 같은 요구는 도저히 받아들일 수 없다(받아들이기 어렵다).
- あまりにも高度な専門の話なので、私ごときには理解しがたい。
  너무나도 고도의 전문적인 이야기이기 때문에 나 같은 사람에게는 이해할 수 없다(이해하기 어렵다).
- まじめな彼が嘘をついているとは信じがたい。 진지한 그가 거짓말을 했다고는 믿을 수 없다(믿기 어렵다).

- 女性の社会進出が進んだとは言え、まだまだ職場での差別がなくなったとは言いがたい。

  여성의 사회 진출이 나아졌다고는 하지만, 아직 직장에서의 차별이 없어졌다고는 말할 수 없다(말하기 어렵다).

～かねる ～할 수 없다

정신적, 심리적으로는 그렇게 하고 싶지만, 외적인 상황으로 인해 도저히 불가능하다.

- 申し訳ございませんが、できかねます。 죄송합니다만, 불가능합니다.

- 私ではわかりかねますので、担当者に代わります。 저로서는 알 수 없기 때문에, 담당자를 바꾸겠습니다.

- その件に関して私からは何とも言いかねます。 그 건에 관해서 저로서는 뭐라고 말할 수 없습니다.

- 必要ないとは言わないが、反対という意味を理解しかねています。

  필요 없다고는 말하지 않지만 반대, 라고 하는 의미를 이해할 수 없습니다.

- やっぱり自分の目で確認するまでは、納得しかねる話だ。

  역시 자신의 눈으로 확인하기까지는, 납득할 수 없는 이야기이다.

- 見るに見かねて手伝う。 차마 두고 볼 수 없어서 도와주다.

～にくい ～하기 어렵다, (좀처럼) ～않다

순조롭게 할 수가 없다. 보통 때보다 힘들다.

1.「의지동사 + にくい」 ～하기 어렵다 ↔ 「의지동사 + やすい」 ～하기 쉽다

- 歩きにくい靴。 걷기 어려운 구두. ↔ 歩きやすい靴。 걷기 용이한 구두.
- 飲みにくい薬。 먹기 어려운 약. ↔ 飲みやすい薬。 먹기 쉬운 약.
- 覚えにくい言葉。 외우기 어려운 말. ↔ 覚えやすい言葉。 외우기 쉬운 말.
- 読みにくい。 읽기 어렵다. ↔ 読みやすい。 읽기 쉽다.

2.「무의지동사 + にくい」 : (좀처럼) ～않다

- 汚水が流れにくい。 오수가 잘 흐르지 않는다.
- はずれにくいねじ。 잘 빠지지 않는 나사.
- 割れにくい板。 잘 갈라지지 않는 널빤지.
- 見えにくい方向。 잘 보이지 않는 방향.

- 消防士の服は燃えにくい材質で作られている。소방사의 옷은 잘 타지 않는 재질로 만들어져 있다.

참고 〜やすい

1. 「의지동사 + やすい」 〜하기 쉽다 ≠ 「의지동사 + にくい」 〜하기 어렵다

- この本は読みやすい。이 책은 읽기 쉽다.

2. 「무의지동사 + やすい」 자주 〜한다 ≒ 「〜がちだ」와 바꾸어 쓸 수 있는 경우가 많다.

- 急いでいると、忘れ物をしやすい (しがちだ)。서두르면, 자주 물건을 잃어버린다.

연습문제

1. 口内炎で、水さえ（　　　）

(A) 飲みにくい   (B) 飲みづらい

(C) 飲みかねる   (D) 飲みがたい

2. 大変申し上げ（　　　）のですが、都合があって、今回は参加できません。

(A) たい   (B) やすい

(C) がたい   (D) にくい

3. この焼魚は骨が多くて食べ（　　　）。

(A) たい   (B) 切れる

(C) がたい   (D) づらい

4. 子育てを妻一人に押しつけて、海外研修には行きがたい。
   A B C   D

5. 彼には彼女にその話をしづらい。
 A B C   D

1. B 구내염으로, 물조차 마시기 힘들다.

　→ 신체적인 이유로 곤란한 것이므로, 「(B)飲みづらい」가 정답이다.

　飲みにくい薬。 먹기 어려운 약(대상에 원인이 있는 경우)

　医者の許可がないので薬を飲みかねている。
　의사의 허가가 없기 때문에 먹을 수 없다.(외적인 상황으로 인해 불가능)

2. D 대단히 말씀드리기 곤란합니다만, 사정이 있어서 이번에는 참가할 수 없습니다.

3. D 이 생선 구이는 뼈가 많아서 먹기 어렵다(먹기 힘들다). 「食べにくい」도 가능

4. D 아이 양육을 아내 혼자에게 강요하고 해외연수에는 가기 힘들다.

　「行きがたい」→「行けない」「行きにくい」「行きづらい」
　→ 곤란한 이유가 심리적인 경우에는 「～がたい」를 사용할 수 없다.

5. A 나로서는 그녀에게 그 이야기를 하기 힘들다.

　「彼」→「私」 / D「しづらい」→「しづらそうだ」
　→ ～がたい、～にくい、～づらい의 경우, 곤란을 느끼는 사람은 1인칭으로 제한된다.
　　이 경우에는, 곤란함을 느끼는 사람은 「に」로 나타낸다.

ないで・なくて 비교

동사 + なくて : 원인, 이유

- 彼が (× 来ないで / ○ 来なくて) 心配した。그가 오지 않아서 걱정했다.

- 行かなくて、しかられた。가지 않아서 혼났다.

- どこにトイレがあるのか、(× わからないで / ○ わからなくて)、困りました。
  어디에 화장실이 있는 것인지 몰라서 난처했습니다.

イ・ナ형용사 + なくて : 상태, 원인, 이유

- 高くなくて、安い。비싸지 않고 싸다(상태).
- 高くなくて、もう一つ買った。비싸지 않아서, 하나 더 샀다(원인).
- 料理が (× おいしくないで / ○ おいしくなくて)、半分残した。요리가 맛이 없어서 반 남겼다.(이유)

동사 + ないで : 상태, (부정의) 소망, 금지

→ 〜ずに로 대치 가능. 동사의 상태를 나타냄.

- 行かないで、やめた。가지 않고 그만두었다.
- 一人で行かないで、いっしょに行こう。혼자서 가지 말고 같이 가자(소망).
- 行かないで。가지마(소망, 금지)
- 窓を (○ 閉めないで ○ 閉めずに / × 閉めなくて) 寝ました。창문을 닫지 않고 잤습니다.
- 包丁を (○ 使わないで ○ 使わずに / × 使わなくて) 料理した。칼을 사용 않고 요리했다.

ほど・くらい・ばかり・だけ 비교

1. 대략의 정도 '~정도 · ~쯤 · ~가량'

  → 「ほど / ばかり / くらい」셋 모두 사용 가능

  歩いて2時間 (ほど · ばかり · ぐらい) かかります。 걸어서 2시간 (정도·쯤·가량) 걸립니다.

2. 동작과 상태의 정도를 나타내기 위한 비교의 대상 또는 기준을 예시하거나, 그에 비유되는 동작
   과 상태의 정도를 나타내는 의미

  ① 최고의 정도를 예시하거나 비유 → 「ほど · くらい」로 표현 가능

    見違える (ほど / ぐらい) 変わった。 ☞ 최고
    몰라 볼 정도로 변했다.
      ☞ 단, 긍정 표현에 한하여 くらい가 가능하며, 부정 표현에 있어서는 ほどではない만을 사용한다.
    病院へ行くほどではない。 병원에 갈 정도는 아니다.

  ② 최저, 경시 정도 → 「くらい」만으로 표현 가능

    一人でも持ち上げられるくらいの重さだ。 ☞ 최저, 경시
    혼자서도 들어 올릴 수 있을 정도의 무게다.

3. 한정된 정도 '~만 · ~뿐'

  → だけ · ばかり로 표현 가능

  これ (だけ · ばかり) あれば問題ない。 이것만 있으면 문제없다.

4. 한정된 정도 '~만큼'

  → ほど · だけ로 표현 가능

  書き物はすればする (ほど · だけ) うまくなる。 글은 쓰면 (쓸수록·쓰는 만큼) 는다.

ほど

1. ~정도 · ~쯤 · ~가량 대략적인 수량 · 분량의 정도 ≒「くらい/ばかり」

ここから5キロほど (ばかり / くらい) あります。 여기에서 5킬로 가량 됩니다.

2. ~정도 · ~하는 만큼 동작과 상태의 정도가 최고임을 나타내기 위한 예시 ≒「くらい」

その場にいられないほど (くらい) 恥ずかしかった。 그 자리에 있을 수 없을 만큼 부끄러웠다.

持てないほど (くらい) 重すぎる。 들 수 없을 정도로 너무 무겁다.

※ 부정 표현에는 「くらいではない」는 잘 쓰이지 않고, 「ほどではない」를 주로 사용

泣いているほどではない。 울고 있을 정도는 아니다.

バスに乗って行くほどではない。 버스를 타고 갈 정도는 아니다.

★ 반드시 알아두어야 할 문형

① ~ほど/くらい…ない : ~만큼/정도로 …한 것은 없다 〈최고의 정도〉

自分の家 (ほど / ぐらい) いいところはない。 자기 집만큼 좋은 곳은 없다.

あの人 (ほど / ぐらい) 自分勝手な人はいない。 저 사람만큼 제멋대로인 사람은 없다.

★「~ほど…ない」 ~만큼 …않다 〈단순 비교〉

☞ 최고의 정도가 아니고 단순 비교 의미로 사용될 경우 ≠「くらい」

今年は去年 (ほど / ぐらい ×) 寒くない。 올해는 작년만큼 춥지 않다.

② ~ば ~ほど : ~하면 ~할수록

→ 정도의 변화에 의한 상태의 변화를 나타내는 의미.

上へ行けば行くほど道が急になる。 위로 올라가면 올라갈수록 길이 경사진다.

見れば見るほどかわいい動物だ。 보면 볼수록 귀여운 동물이다.

くらい(ぐらい)

1. ~정도 · ~쯤 · ~가량 대략적인 수량 · 분량의 정도 ≒「ほど/ばかり」

一杯ぐらいはいいです。 한 잔 정도는 괜찮습니다.

2. **~정도 · ~만큼** 동작과 상태의 정도를 나타내기 위한 기준의 예시 ≒「ほど」

お腹抱えて笑うくらいだ。배를 끌어안고 웃을 정도다.

※ 최저 정도를 나타내거나, 정도를 경시할 때는「くらい」만으로 표현 가능

挨拶くらいはするべきだ。인사 정도는 해야만 한다.

お金がないくらいで自分を卑下する必要はない。돈이 없는 정도로 자신을 비하할 필요는 없다.

★ **반드시 알아두어야 할 문형**

① ~くらいなら : ~할 바에는 · ~하느니

☞ 극단적인 예를 들어 강조한다.

途中でやめるくらいならやらない方がましだ。도중에 그만둘 바에는 하지 않는 편이 낫다.

あんな人と結婚するくらいなら、一人で暮らした方がましだ。
그런 사람과 결혼할 바에는, 혼자서 사는 편이 낫다.

② ~ほど/くらい…ない : ~만큼 · 정도로 …한 것은 없다 〈최고의 정도〉

自分の家 (ほど / ぐらい) いいところはない。자기 집만큼 좋은 곳은 없다.

あの人 (ほど / ぐらい) 自分勝手な人はいない。저 사람만큼 제멋대로인 사람은 없다.

★ ~ほど…ない : ~만큼 …않다 〈단순 비교〉

☞ 최고의 정도가 아니고 단순 비교 의미로 사용될 경우 ≠「くらい」

今年は去年 (ほど / ぐらい ×) 寒くない。올해는 작년만큼 춥지 않다.

ばかり

1. **~가량 · ~쯤 · ~정도** 대략적인 수량 · 분량의 정도 ≒ 「ほど/くらい」

一時間ばかり残っている。한 시간 가량 남아 있다.

2. **~만 · ~뿐** 오직 그것 뿐, 그 외의 것은 없다는 한정을 나타냄 ≒「だけ」

自分のことばかり考えている。자신의 일만 생각하고 있다.

★ **반드시 알아두어야 할 문형**

① ~ばかりでなく : ~뿐만 아니라 ≒ だけでなく

今日ばかりでなく、明日も同じだ。오늘뿐만 아니라, 내일도 마찬가지다.

★ A ばかりか B : A뿐만 아니라 B

→ A에 의외성이 더 강한 B를 추가시킴으로써 정도가 심하다는 것을 나타냄.

月曜日（○ だけでなく / × ばかりか）金曜日にも出勤している。
월요일뿐만 아니라 금요일에도 출근하고 있다

② ～たばかり : ～한 지 얼마 안 됨

十分前、生まれたばかりだ。10분 전에 지금 막 태어났다.

③ ～ばかりに : ～하는 탓에, ～하는 바람에

うそをついたばかりにしかられた。거짓말을 한 바람에 야단맞았다.

④ ～んばかり : ～하기라도 할 듯이

雨が降り出さんばかりの空。비가 내리기라도 할 듯한 하늘.

⑤ ～てばがりいる : ～하고만 있다

泣いてばかりいる。울고만 있다.

⑥ ～とばかり言う : ～한다고만 한다

努力はしないで、難しいとばかり言っている。노력은 하지 않고, 어렵다고만 하고 있다.

だけ

1. ～만큼 비유에 의한 그에 준하는 만큼의 한정된 정도

困らないだけのお金をもらっている。곤란하지 않을 만큼의 돈을 받고 있다.

2. ～만 · ～뿐 그것 이외에는 없다고 하는 최저한도 ≒「ばかり」

毎日駅まで歩くだけでも、いい運動になる。매일 역까지 걷는 것만으로도 좋은 운동이 된다.

★ 반드시 알아두어야 할 문형

① ～だけあって : ～하는 만큼 있어서

ほめるだけあって、頭がいい。칭찬하는 만큼 있어서, 머리가 좋다.
時間をかけただけあって、よくできている。시간을 들인 만큼에 있어서, 잘 되어 있다.

② ～だけでなく : ～할 뿐만 아니라 ≒ ばかりでなく

お金がかかるだけでなく、時間もかかる。 돈이 들 뿐만 아니라, 시간도 걸린다.

おいしいだけでなく、値段も安い。 맛있을 뿐만 아니라, 값도 싸다.

③ ～ば ～だけ : ～하면 ～하는 만큼

注意すればするだけ反発する。 충고하면 할수록 반발한다.

歩けば歩くだけ疲れるばかりだ。 걸으면 걷는 만큼 피곤해질 뿐이다.

※ ～ば ～ほど・だけ : ～하면 ～할수록

練習すればする （ ほど / だけ ） 上手になる。 〈인과 관계가 있다〉
연습하면 할수록(하는 만큼) 능숙해진다.

見れば見る （ ほど / だけ × ） いい女だなあ。 〈인과 관계가 없다〉
보면 볼수록 놓은 여자군.

考えれば考える （ ほど / だけ × ）、わけがわからなくなる。 〈인과 관계가 없다〉
생각하면 할수록 영문을 모르게 된다.

※ ほど, ぐらい, ばかり의 뉘앙스 차이

10人ほど ☞ 많아야 9～10명

10人ぐらい ☞ 9～11명

10人ばかり ☞ 10～11명

ている・てある 비교

【진행 표현】

① 〜が + 자동사 + ている : 〜가(이) 〜하고 있다

雨が降っている。 비가 오고 있다.

子供が泣いている。 아이가 울고 있다.

人が歩いている。 사람이 걷고 있다.

② 〜を + 타동사 + ている : 〜을(를) 〜하고 있다

窓を閉めている。 창문을 닫고 있다.

手紙を書いている。 편지를 쓰고 있다.

テレビを見ている。 TV를 보고 있다.

【상태 표현】

① 〜が + 자동사 + ている : 〜가(이) 〜하여져 있다 〈자연적인 상태〉

窓が開いている。 창문이 열려 있다.

パンが残っている。 빵이 남아 있다.

花が咲いている。 꽃이 피어 있다.

② 〜が/を + 타동사 + てある : 〜가(이) 〜하여져 있다 〈인위적인 상태〉

窓が開けてある。 창문이 열려져 있다. 〈누군가에 의해서 이루어진 상태〉

パンを残してある。 빵을 남겨 두었다. 〈이미 준비되어 있는 상태〉

本がおいてある。 책이 놓여져 있다. 〈누군가에 의해서 이루어진 상태〉

★ 타동사 + ている : 진행 · 상태 표현이 공존

→ 몸에 부착하는 타동사의 경우

帽子をかぶっている。모자를 쓰고 있다.〈진행/상태〉

眼鏡をかけている。안경을 쓰고 있다.〈진행/상태〉

スカートをはいている。스커트를 입고 있다.〈진행/상태〉

〜ている 용법

1. 계속

동작 · 사건의 계속(진행 중) – 非변화 동사(계속 동사)

私は、手紙の来るのを待っている。나는 편지가 오는 것을 기다리고 있다.

山本さんは図書館で勉強をしている。야마모토씨는 도서관에서 공부를 하고 있다.

山田さんは昼ごはんを食べている。야마다씨는 점심을 먹고 있다.

2. 결과

변화 결과의 계속(결과 잔존) – 변화 동사(순간 동사)

授業はもう始まっている。수업은 이미 시작되었다.

腕時計が止まっている。손목시계가 멈춰 있다.

窓ガラスが割れている。유리창이 깨져 있다.

3. 습관 · 반복

毎日(매일), よく(자주), 時々(때때로), 〜ごとに(마다) 등 빈도를 나타내는 단어와 함께 사용

森さんは毎日散歩をしている。모리씨는 매일 산책을 한다.

いつもここで本を注文している。늘 여기서 책을 주문하고 있다.

毎年、交通事故で多くの人が死んでいる。매년, 교통사고로 많은 사람이 죽고 있다.

4. 경험 · 경력

과거에 일어난 것을 회상(回想)적으로 나타냄.

北海道にはもう3度行っている。홋카이도에는 벌써 3번 갔다.

記録をみると、彼は過去の大会で優勝している。기록을 보면, 그는 과거의 대회에서 우승을 했다.

中山さんは去年まで5年間この店で働いている。나카야마씨는 작년까지 5년 간 이 가게에서 일했다.

※ 中山さんはこの5年間この店で働いている。〈진행 중〉

나카야마씨는 최근 5년 간 이 가게에서 일하고 있다.

この橋は3年前に壊れている。이 다리는 3년 전에 부서졌다.

※ この橋は3年前から壊れている。〈결과 잔존〉

이 다리는 3년 전부터 부서져 있다.

5. 완료

미래의 어느 시점에서 완료되어 있는 상태를 나타내거나 과거에 이미 완료된 상태를 나타냄.

子供が大学に入るころには、父親はもう定年退職しているだろう。

아이가 대학에 들어갈 쯤에는, 아버지는 이미 정년퇴직해 있을 것이다.

遅刻した山田が会場に着いたときにはもう披露宴が始まっていた。

지각을 한 야마다가 회장에 도착했을 때에는 이미 피로연이 시작되고 있었다.

彼女が気づいたとき、彼はもう彼女の写真を撮っていた。

그녀가 알아차렸을 때, 그는 이미 그녀의 사전을 찍고 있었다.

6. 상태

尖る(뾰족해지다), 似る(닮다), 聳える(우뚝 솟다) 등의 동사는 항상 「～ている/～ていた」의 형태로 쓰인다.

先が尖っている。끝이 뾰족하다.

母と娘はよく似ている。어머니와 딸은 쏙 닮았다.

高い山が聳えている。높은 산이 우뚝 솟아 있다.

道はくねくね曲がっている。길은 꾸불꾸불 굽어져 있다.

日本と大陸はかつてつながっていた。일본과 대륙은 예전에 연결되어 있었다.

～てある 용법

타동사의 상태표현은 ～てある로 나타낸다.

【상태 표현】

1. 자동사 + ている

자연현상이나 움직일 수 없는 대상. 사람의 힘이 가해져 있지 않은 경우.

<ruby>雪<rt>ゆき</rt></ruby>が<ruby>積<rt>つ</rt></ruby>もっている。눈이 쌓여 있다.

<ruby>雨<rt>あめ</rt></ruby>で<ruby>服<rt>ふく</rt></ruby>が<ruby>濡<rt>ぬ</rt></ruby>れている。비로 옷이 젖었다.

<ruby>店<rt>みせ</rt></ruby>が<ruby>並<rt>なら</rt></ruby>んでいる。가게가 늘어서 있다.

あのドアの<ruby>開<rt>あ</rt></ruby>いている<ruby>家<rt>いえ</rt></ruby>は<ruby>誰<rt>だれ</rt></ruby>も<ruby>住<rt>す</rt></ruby>んでいない。저 문이 열려 있는 집은 아무도 살고 있지 않다.

さっき<ruby>冷蔵庫<rt>れいぞうこ</rt></ruby>に<ruby>入<rt>い</rt></ruby>れたから<ruby>冷<rt>ひ</rt></ruby>えている。아까 냉장고에 넣었으니까 차갑다.

2. 타동사 + てある

의지가 강하게 작용. 사람의 행위가 가해진 경우.

<ruby>荷物<rt>にもつ</rt></ruby>が<ruby>積<rt>つ</rt></ruby>んである。짐이 쌓여져 있다.

<ruby>濡<rt>ぬ</rt></ruby>らしてある<ruby>服<rt>ふく</rt></ruby>をアイロンする。적신 옷을 다리다.

アクセサリーが<ruby>並<rt>なら</rt></ruby>べてある。액세서리가 늘어서 있다(진열되어 있다).

<ruby>先<rt>さっき</rt></ruby>、<ruby>閉<rt>し</rt></ruby>めてあるドアが<ruby>開<rt>あ</rt></ruby>けてある。아까, 닫아 둔 문이 열려져 있다.

お<ruby>客<rt>きゃく</rt></ruby>さんが<ruby>来<rt>く</rt></ruby>ると<ruby>聞<rt>き</rt></ruby>いたから<ruby>冷<rt>ひ</rt></ruby>やしてある。손님이 온다고 들었기 때문에 차갑게 해 놨다.

<ruby>空気<rt>くうき</rt></ruby>をきれいにするために、<ruby>窓<rt>まど</rt></ruby>が (○ <ruby>開<rt>あ</rt></ruby>けてあります / × <ruby>開<rt>あ</rt></ruby>いています)。
공기를 깨끗하게 하기 위해 창문이 열려져 있습니다.

→ 공기를 깨끗하게 하기 위해 의도적으로(일부러) 창문을 열어 놓은 것.

<ruby>寒<rt>さむ</rt></ruby>いので、<ruby>窓<rt>まど</rt></ruby>が (○ <ruby>閉<rt>し</rt></ruby>めてあります / × <ruby>閉<rt>し</rt></ruby>まっています)。춥기 때문에 창문이 닫혀져 있습니다.

→ 춥기 때문에 의도적으로(일부러) 창문을 닫아 놓은 것.

<ruby>机<rt>つくえ</rt></ruby>の<ruby>上<rt>うえ</rt></ruby>に<ruby>花<rt>はな</rt></ruby>が (○ <ruby>飾<rt>かざ</rt></ruby>られている / ○ <ruby>飾<rt>かざ</rt></ruby>ってある)。책상 위에 꽃이 장식되어 있다.

→ 자동사 수동형 + ている ≒ 타동사 + てある

その<ruby>金庫<rt>きんこ</rt></ruby>には<ruby>誰<rt>だれ</rt></ruby>かによって<ruby>鍵<rt>かぎ</rt></ruby>が (○ かけられています / × かけてあります)。
그 금고에는 누군가에 의해 자물쇠가 채워져 있습니다.

→ 행위자가 명시되어 있는 경우의 상태 표현은 '자동사 수동형 + ている'로 나타냄.

1. 私はいつも財布に2万円 [いれてある(　　) / はいっている(　　)]。

2. 彼の財布を開けたら2万円 [いれてあった(　　) / はいっていた(　　)]。

3. 教室の壁に地図が [はってある(　　) / はっている(　　)]。

4. このコンピュータは [こわれている(　　) / こわしてある(　　)]。

5. 彼女は部屋のかぎを [かかっていた(　　) / かけてあった(　　)]ので泥棒に入られなかった。

6. 火が [つけてある(　　) / ついている(　　)]たばこが落ちていた。

7. まだ寝たくないよ。もうちょっとテレビ、見て [いたい(　　) / ありたい(　　)]よ。

8. 今、会議をして [います(　　) / あります(　　)]から、静かにしてください。

9. 普段は6時ごろ起きて [います(　　) / あります(　　)]が、少し遅くなることもあります。

10. 月は地球の周りを回って [いる(　　) / ある(　　)]。

1. いれてある　나는 언제나 지갑에 2만 엔 넣어져 있다.

2. はいっていた　그의 지갑을 열었더니 2만 엔 넣어져 있었다.

3. はってある　교실 벽에 지도가 붙여져 있다.

4. こわれている　이 컴퓨터는 망가져 있다.

5. かけてあった　그녀는 방에 자물쇠를 걸어놓았기 때문에 도둑을 맞지 않았다.

6. ついている　불이 붙어 있는 담배가 떨어져 있었다.

7. いたい　아직 자고 싶지 않아. 좀 더 TV 보고 싶어.

8. います　지금 회의를 하고 있으니, 조용히 하여 주십시오.

9. います　보통은 6시경에 일어납니다만, 약간 늦는 경우도 있습니다.

10. いる　달은 지구 주위를 돌고 있다.

まで・までに 비교

まで

상태가 계속되는 최종시점을 나타낸다.

일정 기간의 선(線)적인 관점

先生が来るまでおしゃべりしていました。선생님이 올 때까지 수다를 떨고 있었습니다.

暗くなるまで働きます。어두워질 때까지 일합니다.

その番組が始まるまで、ひとねむりしよう。그 프로가 시작되기까지 한 숨 자야지.

2時までこの本を読みます。2시까지 이 책을 읽습니다.

5時までここにいたら、間に合いません。5시까지 여기에 있으면 시간에 대지 못합니다.

金曜日の昼まで、頑張ってレポートを書いてください。
금요일 낮까지 열심히 해서 리포트를 써 주십시오.

までに

동작이 행하여지거나 일이 일어나거나 하는 기한〔마감〕을 나타낸다.

어느 한 시점의 점(点)적인 관점

先生が来るまでに、黒板を消しておきます。선생님이 올 때까지 칠판을 지워 두겠습니다.

暗くなるまでに、帰りましょう。어두워지기까지, 돌아갑시다.

その番組が始まるまでに、この仕事を済ませます。그 프로가 시작되기까지 이 일을 끝내겠습니다.

2時までにこの本を読まなければなりません。2시까지 이 책을 읽지 않으면 안 됩니다.

5時までにここを出ないと、間に合いません。5시까지 여기를 나가지 않으면, 시간에 대지 못합니다.

金曜日の昼までに、レポートを提出してください。금요일 낮까지 리포트를 제출해 주십시오.

※관용적 표현

기한을 나타내는 것과는 별도로 편지 등에 관용적으로 사용한다.

＊参考までに 참고로

　ご参考までに資料をお送りします。참고로 자료를 보내드립니다.

まで : 최종시점까지 상태가 지속

までに : 기한, 마감

1時までに宿題をした。しかし、宿題は終わらなかった。（ × ）
1시까지 숙제를 했다. (× 그러나, 숙제는 끝나지 않았다)

→「までに」를 사용하면 그 동작이나 일이 완결된 것을 나타낸다.

1時まで宿題をした。しかし、宿題は終わらなかった。（ ○ ）
1시까지 숙제를 했다. (○ 그러나, 숙제는 끝나지 않았다)

→「まで」를 사용하면 그 동작이나 일이 미완결을 나타낸다.

연습문제

まで와 までに 중에서 알맞은 것을 고르시오.

1. 卒業 （まで、までに） 論文を書かなければなりません。졸업까지 논문을 쓰지 않으면 안 됩니다.
2. 明日 （まで、までに） この仕事を終えるつもりです。내일까지 이 일을 끝낼 작정입니다.
3. 7時 （まで、までに） ここで待っています。7시까지 여기에서 기다리고 있겠습니다.
4. 7時 （まで、までに） 電話してください。7시까지 전화해 주십시오.
5. 2時 （まで、までに） プールで泳ぎました。2시까지 풀에서 헤엄쳤습니다.
6. 友達が来る （まで、までに）、アイスクリームは溶けた。친구가 올 때까지 아이스크림은 녹았다.
7. 昨日 （まで、までに） レポートを書き終わった。어제까지 리포트를 다 썼다.
8. 銀行は何時 （まで、までに） 開いていますか。은행은 몇 시까지 열려 있습니까?
9. 金曜日の1時 （まで、までに） 事務室へ持ってきて下さい。금요일 1시까지 사무실로 갖고 와 주십시오.
10. 彼女の顔を見る （まで、までに） 心配していました。그녀의 얼굴을 볼 때까지 걱정하고 있었습니다.

정답

1.までに　2.までに　3.まで　4.までに　5.まで　6.までに　7.までに　8.まで　9.までに　10.まで

あいだ・あいだに 비교

「まで＆までに」와 비슷하다.

「A ＋ あいだ ＋ B」 A 사이(동안) B → A 라는 시간 범위에서 계속 B 가 성립.

「A ＋ あいだに ＋ B」 A 사이에(동안에) B → A 의 시간 범위에서 1 회적인 B 가 일어남.

母が洗濯をしている（ ○ あいだ ／ × あいだに ）、部屋の中に誰もいなかった。
어머니가 빨래를 하고 있는 동안, 방 안에 아무도 없었다.

母が洗濯をしている（ × あいだ ／ ○ あいだに ）、電話がかかってきた。
어머니가 빨래를 하고 있는 동안에 전화가 걸려 왔다.

「A ＋ あいだに ＋ B」 A 사이에(동안에) B

A가 나타내는 시간 안에서, 시간의 점(点)을 나타내는 B가 행하여진다.

A가 시간의 선(線)을 B가 시간의 점(点)을 나타내지만, 선(線)의 개시부터 종료까지의 어딘가에서 B가 실현되는 것을 나타냄.

→ 시작과 종료가 명확한 경우에 うちには 사용할 수 없다.

→ 시작과 종료가 말하는 사람에게 확실하게 인식되어 있는 경우에 うちには 사용할 수 없다.

3時から5時までの（ ○ あいだに ／ × うちに ）、お越しいただけないでしょうか。
3시부터 5시까지 사이에 와 주실 수 없겠는지요.

母が夕飯を支度する（ ○ あいだに ／ × うちに ）、宿題をすませてしまった。
어머니가 저녁밥을 준비하는 사이에(동안에) 숙제를 끝내 버렸다.

運が悪く、家に帰るまでの（ ○ あいだに ／ × うちに ）、雨につかまってしまった。
재수 없게 집에 돌아오는 사이에(동안에), 비에 붙들리고 말았다.

こうしておけば、会議の（ ○ あいだに ／ × うちに ）、電話がかかってきても、あとでメッセージが聞けるから。
이렇게 해 두면, 회의 사이에(동안에) 전화가 걸려 와도 나중에 메시지를 들을 수 있으니까.

「A + うちに + B」 A 동안에（사이에）B

A가 종료시점 이전에, 시간의 점(点)을 나타내는 B가 행하여진다.
A가 시간의 선(線)을 B가 시간의 점(点)을 나타내지만, 선(線)의 종료까지 B가 실현되는 것을 나타냄.
→ 어느 기간을 막연하게 나타내는 경우에 あいだに는 사용할 수 없다.

お酒を飲む（○ うちに / × あいだに）、また顔が真っ赤になっていた。
술을 마시는 동안에(사이에), 또 얼굴이 새빨갛게 되어 있었다.

山のなかを歩きまわる（○ うちに / × あいだに）、道に迷ってしまったようだ。
산 속을 돌아다니는 동안에(사이에), 길을 잃어버린 것 같다.

奥へ奥へと行く（○ うちに / × あいだに）、洞穴の反対側に出てしまった。
안으로 안으로 가는 동안에(사이에), 동굴의 반대쪽으로 나오고 말았다.

これ、子供に見つからない（○ うちに / × あいだに）、隠しておかなきゃね。
이것, 아이에게 들키지 않는 동안에 숨겨 놓지 않으면.

怪我をしない（○ うちに / × あいだに）、危険なものは処分しておいてくれよ。
부상을 입지 않도록, 위험한 것은 처분해 둬 줘.

母さんの留守の（あいだに / うちに）、さっきのゲームの続き、してしまおうよ。
엄마가 부재인 동안에(사이에), 조금 전 게임의 계속, 해 버리자.

朝の涼しい（あいだに / うちに）、散歩に出かけて、ちょっと公園で体操してくるよ。
선선한 아침에 산책을 하고, 잠시 공원에서 체조하고 올게.

メールを書く（あいだに / うちに）、友達の来るのを思い出したんですよ。
메일을 쓰는 사이에(동안에), 친구가 오는 것이 생각이 난 것이에요.

母が夕飯を支度している（あいだに / うちに）、宿題をすませてしまった。
어머니가 저녁밥을 준비하고 있는 사이에(동안에), 숙제를 끝내 버렸다.

ルームメートが帰ってこない（あいだに / うちに）、部屋を片付けた。
룸메이트가 돌아오기 전에, 방을 정리했다.

※「うちに와 あいだに」의 뉘앙스 비교

妻が出掛けている（あいだに / うちに）花子に電話をかけた。
아내가 외출하고 있는 동안에(사이에), 하나코에게 전화를 걸었다.

☞「A + うちに + B（의지동사）」: A가 아니면 B를 할 수 없다고 하는 뉘앙스.

宿題をしている（あいだに / うちに）雨が止みました。숙제를 하고 있는 사이에 비가 그쳤습니다.

☞ うちに : 어느새 비가 그쳤다는 뉘앙스.

☞ あいだに : 비가 그친 것은 숙제를 하고 있었을 때라는 단순한 사실을 나타냄.

知る・わかる 비교

知る

① 경험, 지식에 대해 말할 때 → know

- 彼女は世間知らずの娘です。 그녀는 세상 물정을 잘 모르는 여자입니다.
- 私は日本の歴史についてよく知りません。 저는 일본 역사에 대해 잘 모릅니다.

② 머리 속에 없는 새로운 사실을 외부로부터 획득하는 것

- あなたが何を考えているのか知りたいです。 당신이 무엇을 생각하고 있는지 알고 싶어요.

③ 단순히 그 사람에 대하여 인지(認知) 여부를 묻는 것

- あの人、だれだか知っていますか。 저 사람이 누군지 아시겠어요?

④ 시제

- 知っていますか。(◯) 知りますか。(×) (아시겠습니까?)
- はい、知っています。(◯) 知ります。(×) (네, 압니다)
- いいえ、知りません。(◯) 知っていません。(×) (아니오, 모릅니다)

分かる

① 어떤 사실을 이해하는 것, 사물의 구체적인 내용·의미·실태를 파악하는 것 → understand

- 先生の説明がよく分かりました。 선생님의 설명을 잘 이해했습니다.
- この問題の意味が全然分かりません。 이 문제의 의미를 전혀 모르겠습니다.

② 이미 머릿속에 들어있는 사실, 대상을 구체적으로 이해·파악하는 것

- しばらく考えれば分かるでしょう。 한동안 생각해 보면 알 수 있겠지요.

③ 그 사람에 대한 구체적인 사항, 예를 들어 그 사람의 주소, 인물 등의 질문에 중점을 둔다

- あの人、だれだか分かりますか。 저 사람이 누군지 아시겠어요?

④ 시제

- わかりますか。알겠습니까?

- はい、わかります。네, 알겠습니다.

- いいえ、わかりません。아니오, 모르겠습니다.

- わかりましたか。알겠습니까(알았습니까)?

- はい、わかりました。네, 알겠습니다(알았습니다)

연습문제

① お母さんは子供に「(分からない・知らない) 人と話してはいけませんよ」と言う。

② この問題はいくら考えても (分かりません・知りません) 。

③ A: 市川保子という人を知っていますか。

　B: ええ、(分かっていますが・知っていますが)、何を考えているんだか、さっぱり(分からない・知らない)人ですね。

④ A: どうして英語を勉強しているんですか。

　B: 実は自分でもよく(分からないんです・知らないんです)。

정답

① 知らない　어머니는 아이에게 "모르는 사람과 이야기해서는 안 된다"고 말한다.

② 分かりません　이 문제는 아무리 생각해도 모르겠습니다.

③ 知っていますが、分からない

A: 이치카와 야스코라는 사람을 알고 있습니까?
B: 예, 압니다만, 무슨 생각을 하고 있는 건지 전혀 모를 사람이죠.

④ 分からないんです

A: 왜 영어를 공부하는 겁니까?
B: 실은 저 자신도 잘 모릅니다.

さえ・すら・だに 비교

'～조차, ～마저'의 뜻으로, 최소한의 조건에도 충족되지 않는다는 부정적인 문맥에서는 さえ와 すら는 거의 같은 의미로 사용된다.

※ 한국어조차 모르고 있는 아이에게 영어를 가르치는 것은 이상하다.
- 韓国語さえわかっていない子供に、英語を教えるのはおかしい。
- 韓国語すらわかっていない子供に、英語を教えるのはおかしい。

さえ와 すら의 뉘앙스 차이

さえ 극단적인 것을 나타냄으로써, 그것을 포함한 전제를 유추시킨다.

十円さえない。십 엔조차 없다.

☞ '하물며 백 엔, 천 엔이 있을 리가 없다'라고 하는 의미를 포함한 표현

すら '극단적인 ～이기 때문에 당연히 ～이겠지'라는 예상을 부정함으로써, 주체의 특수성을 강조한다.

十円すらない。십 엔조차 없다.

☞ '돈이 전혀 없다'라고 하는 것을 강조

따라서 "지갑 안에는 십 엔조차 없다"라는 표현은 다음과 같이 나타낸다.

財布の中には、十円すらない。

'충족되어야 할 최소한의 조건'으로서 사용할 수 있는 것은 「さえ」뿐이고, 「すら」는 사용할 수 없다.

～さえ ～ば ～만 ～하면

※ 영어만 할 수 있으면, 대부분의 나라에서 곤란을 겪지 않는다.
- 英語さえできれば、たいていの国で困らない。(○)
- 英語すらできれば、たいていの国で困らない。(×)

だにに 대해

'~だに …ない'의 형태로, 최소한의 극단적인 예를 들어 '전혀 ~않다'라는 뜻으로 쓰일 때는 같은 의미로 さえ, すら를 사용할 수도 있지만, だに는 고어적인 표현이기 때문에 ~だに의 앞에 사용할 수 있는 단어가 한정되어 있으며 주로 아래의 예처럼 관용적으로 정해진 표현에 한해서 사용된다.

예 微動だにしない 미동조차 없다
   一顧だにしない 한 번 슬쩍 보기조차 않다

이때 だに 대신에 さえ나 すら를 써도 의미는 통하고 틀린 것은 아니지만, だに 이외의 단어를 사용하면, 관용적인 표현에서 벗어난 느낌을 주어 어색하다.

かたがた・かたわら・がてら・ついでに 비교

명사 + ～かたがた ～을 겸하여, ～하는 김에

→ 동작성 명사에 붙고, 주로 편지나 격식을 갖춘 표현에 사용.
「お見舞い(병문안)」, 「散歩(산책)」, 「お礼(답례), 「ご挨拶(인사)」 등 한정된 명사에 사용.

ご挨拶かたがたお願い申し上げます。 인사 말씀을 겸하여 부탁을 드립니다.

お見舞いかたがたうかがいました。 병문안을 겸해 찾아뵈었습니다.

散歩かたがたパン屋さんに行ってこよう。 산책하는 김에 빵가게 갔다 와야지.

동사 기본형·명사の + ～かたわら ～하는 한편으로

→ 주된 무엇인가를 하고 있으면서 다른 한 가지 일을 행하는 상황을 나타냄.

薬局の仕事をするかたわら、毎日毎日畑に出掛けます。
약국의 일을 하는 한편으로, 매일매일 밭에 나갑니다.

この試験でいいスコアを得点しないと入学できないので、仕事のかたわらで勉強を始めました。
이 시험에서 좋은 점수를 얻지 못하면 입학할 수 없기 때문에, 일을 하는 한편으로 공부를 시작했습니다.

동사 ます형·명사 + ～がてら ～을 겸해, ～하는 김에

→ 買い物(쇼핑), 外出(외출), 出勤(출근), 出張(출장), 散歩(산책) 등의 동작성 명사에 연결

買い物がてら、ちょっと散歩してくるよ。 쇼핑하는 김에, 잠시 산책하고 올게.

渋谷から散歩がてら立ち寄って、ゆっくりと買い物をした。
시부야에서 산책을 하는 김에 들러서, 천천히 쇼핑을 했다.

명사 + の + ついでに, 동사 기본형·과거형 + ～ついでに ～하는 김에

→ 일상생활을 나타내는 동작성 명사의 경우, 회화체에서 の를 생략 가능.

買い物 (ついで・のついで) に、図書館へ行って本を借りて来た。
쇼핑하는 김에, 도서관에 가서 책을 빌려 왔다.

スーパに行くついでにタバコを買ってきた。 슈퍼에 간 김에 담배를 사 왔다.

仕事で東京に行ったついでに、ひさしぶりにおじさんの家を訪ねてみた。
업무차 도쿄에 간 김에, 오랜만에 아저씨 집을 방문해 보았다.

郵便局へ行ったついでに切手を買ってきた。 우체국에 간 김에 우표를 사 왔다.

경어 6분류법

일본어 학습에서 가장 어려운 부분이라고 할 수 있다. 여기에서는 어렵고 복잡해 보이는 경어를 여섯 가지로 나누어 알기 쉽게 설명함으로써, 각종 시험 대비는 물론 비즈니스 현장에서도 정확하게 사용할 수 있도록 했다.

1. 尊敬語(존경어)

주어를 높이는 표현 방식.
「お/ご〜になる」, 「〜(ら)れる」가 대표적으로 사용되고, なさる, いらっしゃる, おっしゃる, めしあがる, くださる 등이 있다.
명사의 경우 先生のご住所(선생님의 주소), 先生からのお手紙(선생님으로부터의 서신) 등으로, 〜の와 관계된 대상을 높인다.

> **예문** お使いになりますか。사용하십니까?
>
> 社長がスピーチをなさった。사장님이 스피치를 하셨다.

2. 謙譲語A(겸양어A)

보어를 높임으로써 주어를 보어보다도 상대적으로 낮게 하는 표현 방식.

〈일반형〉

「お / ご 〜 する」・「お / ご 〜 申し上げる」

〈특정형〉

伺う, 申し上げる, 存じ上げる, さしあげる, いただく

어형적으로 お/ご 가 붙는 경우가 많다. いただく (음식의 뜻이 아니고 물건이나 은혜를 받았을 경우)

> **예문** 私が皆さんをお招き(ご招待)しましょう。제가 여러분들을 초대하겠습니다.
>
> 先日(私の)父が(あなたの)お父様に(お知らせした / ご報告した / お知らせ申し上げた / ご報告申し上げた / 申し上げた)かとおもいますが……。
>
> 요전에 (저의) 아버지가 (당신의) 아버님께 (알려드렸던/보고드렸던/알려드렸던/보고해 드렸던/말씀드렸던) 것으로 압니다만…….

これは、私が先生から (お借りしたもの/いただいたもの) です。

이것은 제가 선생님한테 (빌린 것/받은 것)입니다. → (의역)이것은 선생님이 제게 주신 것입니다.

私は駅で先生とお別れしました。저는 역에서 선생님과 헤어졌습니다.

3. 謙譲語B(겸양어B)

주어를 낮춤으로써 듣는 사람에게 정중하게 하는 표현 방식.

〈일반형〉

サ変動詞의 「する」를 「いたす」로 바꾼 「～いたす」(「出席いたす」「案内いたす」 등)가 있을 뿐이다.

겸양어B에는 「お/ご」와 「上げる」가 붙는 경우는 없다.

〈특정형〉

いたす, まいる, 申す, 存じる, おる

예문 私がいたします。(する의 뜻) 제가 하겠습니다.

来週中国へ出張いたします。(する의 뜻) 다음주에 중국으로 출장갑니다.

父がそう申しました。(言う의 뜻) 아버지가 그렇게 말했습니다.

そのことなら存じております。(知る의 뜻) 그것이라면 알고 있습니다.

誠にうれしく存じます。(思う의 뜻) 참으로 기쁘게 생각합니다.

父がまいります。(行く、来る의 뜻) 아버지가 갑(옵)니다.

4. 謙譲語AB(겸양어AB)

보어를 높이고, 주어를 상대적으로 낮춤으로써 듣는 사람에게 정중하게 하는 표현 방식.

「お/ご～いたす」가 그 대표적인 표현이다.

예문 私がご案内いたします。제가 안내하겠습니다

5. 丁重語(정중어)

특별하게 주어를 낮추는 것이 아니고, 단지 듣는 사람에게 정중함을 나타내기 위해서 사용하는 표현 방식.

단, 주어는 높일 필요가 없는 3인칭이어야만 한다.

예문 向うから中学生がまいりました。저쪽에서 중학생이 왔습니다.

まもなく電車がまいります。잠시 후 전철이 (들어)옵니다.

6. 丁寧語(공손어)

듣는 사람에게 공손하게 하는 표현 방식.

です・ます, ございます, お暑い

예문　これは本です。 이것은 책입니다.

　　　私も行きます。 나도 갑니다.

　　　終点でございます。 종점입니다.

　　　お暑いですね。 덥지요.

※그 밖에 お菓子(과자), ご飯(밥)과 같이 화자가 품위 있게 표현하고자 하는 美化語(미화어)와, 本日, 先程와 같이 화자가 격식을 차려서 표현하는 改まり語(격식어)도 경어에 준한다.

謙譲語A(겸양어A)와 謙譲語B(겸양어B)의 비교 설명

① 私はそのやくざに、早く足を洗うように申し上げました。 저는 그 야쿠자에게 빨리 손을 떼라고 말씀드렸습니다.

② 私はそのやくざに、早く足を洗うように申しました。 저는 그 야쿠자에게 빨리 손을 떼라고 말했습니다.

①번 문장은 겸양어A로 야쿠자에 대한 경어가 되기 때문에 잘못된 표현이다.

②번 문장은 겸양어B로 야쿠자에 대한 경어가 아니고, 이 말을 듣고 있는 사람에 대한 경어이기 때문에 알맞은 표현이다.

겸양어A는 화제의 대상(인물)에 대한 경어이고, 겸양어B는 듣는 사람에 대한 경어이다.

- 형태적으로 겸양어A는 「お/ご」와 「拝」가 붙거나 「~上げる」 형태의 것이 많은 것에 반하여, 겸양어B에는 이러한 형태의 것이 없다.

- 기능의 가장 큰 차이점은, 겸양어A는 「~を, ~に」 등의 인물(보어)을 높이는 역할이 있는 것에 반하여, 겸양어B에는 그러한 작용이 없다.

- 「お/ご~いたす」는 A, B의 양쪽 성질을 갖는 겸양어AB이다.

경어 정리 및 주요 어구와 표현

1. **尊敬語(존경어)** : 주어(2인칭, 3인칭)를 높임.

〈일반형식〉

　お/ご~になる, お/ご~ください(る), お/ご~だ(です), ~なさる, ~てください, ~(ら)れる

〈특정형식〉

ご覧になる(보시다), おっしゃる(말씀하시다), 召し上がる(드시다), ご存じ(알고 계심), お亡くなりになる(돌아가시다), 見える(오시다), お見えになる(오시다), お越しになる(오시다, 가시다), いらっしゃる≒おいでになる(오시다, 가시다, 계시다), お召しになる(입으시다)

2. 謙譲語A(겸양어A) : 주어를 낮추고, 목적어를 높임.

〈일반형식〉

お/ご~する, お/ご~申し上げる, お/ご~いただく, ~ていただく, ~させていただく

〈특정형식〉

伺う(듣다, 여쭙다, 찾아뵙다), いただく(받다, 먹다, 마시다), 申し上げる(말씀드리다), 存じ上げる(알다, 생각하다), さしあげる(드리다), 拝見する(배견하다), お目にかかる(만나다, 뵙다), お目にかける・お見せする・ご覧にいれる(보여드리다)

3. 謙譲語B(겸양어B) : 주어를 낮추고, 듣는 사람에게 정중하게!

〈일반형식〉

~いたす

〈특정형식〉

まいる(가다, 오다), 申す(아뢰다), 存じる(알다, 생각하다), おる(있다)

4. 謙譲語AB(겸양어AB) : 주어를 낮추고, 보어를 높이며, 듣는 사람에게 정중하게!

〈일반형식〉

お/ご~いたす

5. 丁重語(정중어) ≒ 謙譲語B

6. 丁寧語(공손어)

〈일반형식〉

~ます, ~です, ~ございます

私が案内します。　　　　　⇒ 丁寧語
私がご案内します。　　　　⇒ 謙譲語A
私が案内いたします。　　　⇒ 謙譲語B
私がご案内致します。　　　⇒ 謙譲語AB

기본 동사의 경어 총정리

	존경어	겸양어A	겸양어B	공손어
会う (만나다)	お会いになる 会われる (만나시다)	お目にかかる お会いする (만나 뵙다)		会います (만납니다)
上げる[*1] (주다)	お上げになる[*1] (드리다)	差し上げる (해 드리다)		上げます (줍니다)
言う (말하다)	おっしゃる 言われる (말씀하시다)	申し上げる (말씀드리다)	申す (말하다)	申す[*7] (말합니다)
行く (가다)	いらっしゃる おいでになる お越しになる (가시다)	伺う[*2] お伺いする[*3] (찾아뵙다)	参る (가다)	行きます (갑니다)
いる (있다)	いらっしゃる おいでになる (계시다)		おる[*11] (있다)	おる[*12] (있다)
思う (생각하다)	お思いになる 思われる (생각하시다)		存じる (생각하다)	思います (생각합니다)
借りる (빌리다)	お借りになる 借りられる (빌리시다)	拝借 お借りする (빌리다)		借ります (빌립니다)
買う (사다)	お求めになる 求められる お買になる 買われる(사시다)			買います (삽니다)
聞く (묻다, 듣다)	お聞きになる 聞かれる (물으시다, 들으시다)	伺う/承る (삼가 듣다) お伺いする[*3] お聞きする (묻다, 듣다)		聞きます (듣습니다)

気に入る (마음에 들다)	お気に召す (마음에 드시다)			気に入ります (마음에 듭니다)
着る (입다)	召す お召しになる 着られる (입으시다)			着ます (입습니다)
来る (오다)	いらっしゃる おいでになる 見える (가벼운 경어) お見えになる お越しになる 来られる (오시다)	伺う(*2) お伺いする(*3) (찾아뵙다)	参る (오다)	来ます 参る(*10) (옵니다)
くれる (주다)	下さる たまわる (주로 문어체에서 사용) (주시다)			くれます (줍니다)
死ぬ (죽다)	お亡くなりになる 亡くなられる (돌아가시다)			亡くなる 死にます (죽었습니다)
知る (알다)	ご存じ (알고 계심) 知られる (아시다)	存じ上げる(알다)	存じる (알다)	知ります (압니다)
住む (살다)	お住まいになる (お住みになる) 住まれる (사시다)			住みます (삽니다)
する (하다)	なさる (하시다)		いたす (하다)	します いたす(*13) (합니다)
尋ねる (묻다)	お尋ねになる 尋ねられる (물으시다)	伺う お伺いする(*3) お尋ねする (여쭙다)		尋ねます (묻습니다)

訪ねる (방문하다)	お訪ねになる 訪ねられる (방문하시다)	伺う お伺いする お訪ねする (찾아뵙다)		訪ねます (방문합니다)
食べる (먹다)	上がる/召し上がる お召し上がりになる(*4) 食べられる (드시다)		いただく (먹다)	いただく(*8) 食べます (먹습니다)
飲む (마시다)	お飲みになる 召し上がる お召し上がりになる(*4) 飲まれる(드시다)		いただく (마시다)	いただく(*9) 飲みます (마십니다)
(風を)ひく (감기 들다)	お召しになる おひきになる (감기 걸리시다)			ひきます (걸립니다)
見せる (보이다)	お見せになる 見せられる (보이시다)	ご覧に入れる お目にかける お見せする (보여 드리다)		見せます (보입니다)
見る (보다)	ご覧になる 見られる (보시다)	拝見する(보다)		見ます (봅니다)
もらう (받다)	おもらいになる(*5) もらわれる (받으시다)	いただく (받다)		もらいます (받습니다)
やる (하다)	なさる (하시다)		致す (하다)	やります (합니다)
やる (주다)	下さる おやりになる(*6) (주시다)	差し上げる (드리다)		やります (줍니다)
読む (읽다)	お読みになる 読まれる (읽으시다)	拝読する (읽다)		読みます (읽습니다)
ある (있다)	おありになる (있으시다)			あります ございます (있습니다)

亡くなる ⇒「死ぬ(죽다)」의 완곡한 표현 혹은 미화어로 준(準)경어에 해당됨.

(*1) 「あげる」자체가 본래는 겸양어A이지만, 근래에는 미화어의 경향을 나타냄.

(*2) 엄밀하게 말해서「伺う」는「行く」「来る」의 겸양어A라기보다「訪ねる」의 겸양어A라고 해야 할 것
이다.

(*3) 「伺う」자체가 겸양어A이기 때문에 이중 경어이지만, 일반적으로 사용되고 있으므로 틀린 표현
이라고 하기 어렵다. 더욱 더 높은 경의를 나타낸다.

(*4) 「召し上がる」자체가 존경어이기 때문에 이중 경어이지만, 일반적으로 사용되고 있으므로 틀린
표현이라고 하기 어렵다. 더욱 더 높은 경의를 나타낸다.

(*5) 先生は女子学生から花束をおもらいになった。
       선생님은 여학생으로부터 꽃다발을 받으셨다.

(*6) 奥様は毎朝花に水をおやりになる。사모님은 매일 아침 꽃에 물을 주신다.

(*7) 論より証拠と申します。말보다 증거입니다.

(*8) 冷めないうちにいただきましょう。식기 전에 먹읍시다.

(*9) ご一緒にコーヒーでもいただきましょう。같이 커피라도 마십시다.

(*10) 郵便が参りました。우편이 왔습니다.

(*11) 孫がおります。손자가 있습니다.

(*12) あそこに犬がおります。저쪽에 개가 있습니다.

(*13) 波の音が致します。파도 소리가 납니다.

중급용 표현(기능어구)

일본어능력시험(JLPT) 2급의 출제 기준에 명시되어 있는 내용으로, JPT 600점~700점을 목표로 하는 분들에게 필요한 기능어구이다. Part7(공란 메우기) 영역에서 가장 많이 출제되고 있지만, Part5(정답 찾기)와 Part6(오문정정) 영역에서도 자주 출제된다.

출제된 문제를 분석해 보면, 기능어구의 의미 파악뿐만 아니라 연결 형태에도 각별히 주의해야만 풀 수 있는 문제가 출제되고 있다. 독해 파트뿐만 아니라 청해 파트에서도 출제되는 경우가 있으니 눈으로 보고 입으로도 암송을 해야 한다.

아는 것(○), 모르는 것(×), 알쏭달쏭한 것(△) 등으로 구분해 보자.

1	～あげく/～あげくに		16	～がたい
2	～あまり		17	～がちだ/～がちの
3	～以上/～以上は		18	～かと思うと/～かと思ったら/～と思うと/～と思ったら
4	～一方/～一方で/～一方では			
5	～一方だ		19	～か～ないかのうちに
6	～うえ/～うえに		20	～かねる
7	～上で/～上の/～上では/～上でも/～上での		21	～かねない
8	～上は		22	～かのように
9	～うちに/～ないうちに		23	～から～にかけて
10	～(よ)うではないか(じゃないか)		24	～からいうと/～からいえば/～からいって
11	～得る		25	～からして
12	～おかげで/～おかげだ		26	～からすると/～からすれば
13	～おそれがある		27	～からといって
14	～かぎり/～かぎりは/～かぎりでは/～ないかぎり		28	～からには/～からは
15	～かけだ/～かけの/～かける		29	～から見ると/～から見れば/～から見て/～から見ても

001. ～あげく/～あげくに ～한 끝 / ～한 끝에

【연결】 명사の/동사 과거형＋～あげく/～あげくに

悩んだあげく、自殺してしまった。 고민한 끝에 자살해 버렸다.

口論のあげくに、殴り合いのけんかになった。 말다툼 끝에, 주먹다짐을 하게 되었다.

一年間考えたあげく、結局留学を辞めることにした。
1년 동안 생각한 끝에, 결국 유학을 그만두기로 했다.

002. ～あまり ～(한) 나머지

【연결】 명사の/동사형/형용사형＋～あまり

嬉しさのあまり涙が出た。 너무 기쁜 나머지 눈물이 났다.

考えすぎたあまり、かえって分からなくなってしまった。
너무 지나치게 생각한 나머지, 오히려 더 모르게 되어 버렸다.

化学者である長谷川さんは実験に熱心なあまり、夕食をとるのを忘れることもしばしばある。
화학자인 하세가와 씨는 실험에 너무 열심인 나머지, 저녁을 먹는 것을 잊는 일도 종종 있다.

003. ～以上/～以上は ～한 이상 / ～한 이상은

【연결】 명사である/동사형/형용사형＋～以上/～以上は

社会人になった以上、親のすねをかじってはいられない。
사회인이 된 이상, 부모의 신세를 지고 있을 수는 없다.

約束した以上は守らなければならない。 약속한 이상은 지켜야만 한다.

学生である以上は成績で評価されるのは仕方がないことだ。
학생인 이상은 성적으로 평가받는 것은 어쩔 수 없는 일이다.

004. ～一方/～一方で/～一方では ～한편 / ～한편으로 / 한편으로는

【연결】 명사の/동사형/형용사형＋～一方/～一方で/～一方では

佐藤さんは一生懸命勉強する一方、休日には思い切り遊ぶ。
사토 씨는 열심히 공부하는 한편, 휴일에는 마음껏 논다.

厳しく叱る一方で、やさしく言葉をかけることも忘れない。

엄하게 꾸짖는 한편으로, 상냥하게 말을 거는 것도 잊지 않는다.

005. ～一方だ (오직) ～하기만 하다

【연결】 동사 기본형＋一方だ

日本では子供が減る一方で、幼稚園の経営が難しくなってきている。

일본에서는 어린이가 줄기만 해서, 유치원의 경영이 어려워지고 있다.

事故は増える一方だ。

사고는 늘어나기만 한다.

006. ～上/～上に ～인 데다가 / ～한 데다가

【연결】 명사である/동사형/형용사형＋～上/～上に

寒い上に風が強い。

추운 데다가 바람이 세다.

頭がよい上、努力もするので成績は上がる一方だ。

머리가 좋은 데다가, 노력도 하기 때문에 성적은 계속해서 오른다.

生活が苦しい上に、妻の入院も重なってもうどうしていいのか分かりません。

생활이 어려운 데다가, 아내의 입원도 겹쳐서 이제 어찌 해야 좋을지 모르겠습니다.

007. ～上で/～上の/～上では/～上でも/～上での

～뒤에 / ～뒤의 / ～뒤에는 / ～뒤에서도 / ～뒤에서의

【연결】 명사の/동사형＋～上で/～上の/～上では/～上でも/～上での

よく考えた上で話しなさい。

잘 생각한 뒤에 이야기해라.

それを済ませた上であれをやろう。

그것을 끝낸 후에 저것을 하자.

学校を辞めてアメリカへ行きたいんです。よく考えた上でのことです。

학교를 그만두고 미국에 가고 싶습니다. 심사숙고한 것입니다.

008. 〜上は ~이상은

【연결】 명사である/동사형/형용사형 + 〜上は

こうなった上は、正直に罪を認めるしかありません。
이렇게 된 이상에는, 정직하게 죄를 인정하는 수밖에 없습니다.

別々に暮らすようになった上は、もう離婚するほかありません。
따로 따로 살게 된 이상은, 이제 이혼하는 수밖에 없습니다.

日本に留学した上は、一日も早く日本の生活に慣れることだね。
일본에 유학한 이상에는, 하루라도 빨리 일본 생활에 익숙해지는 것이지.

009. 〜うちに/〜ないうちに ~동안 / ~하기 전에

【연결】 명사の/동사형/형용사형 + 〜うちに/〜ないうちに

鉄は熱いうちに打て。 철은 뜨거울 때 때려라.

テレビを見ているうちに父が帰ってきた。 텔레비전을 보고 있는 동안에 아버지가 돌아왔다.

暗くならないうちに帰りましょう。 어두워지기 전에 돌아갑시다.

010. 〜(よ)うではないか/〜(よ)うじゃないか

~해야 되지 않을까, ~해야 하지 않을까

【연결】 동사 의지(의도형) + ではないか/〜じゃないか

皆で行ってみようではないか。 모두 함께 가야 하지 않을까.

やってみようじゃないか。 해 봐야 되지 않을까.

皆でいい学校を作ろうではありませんか。 모두 함께 좋은 학교를 만들어야 하지 않겠습니까.

011. 〜得る/得る ~할 수 있다

【연결】 동사 ます형 + 〜得る

人類が火星に移住するってことは、近い将来、起こり得ることだ。
인류가 화성에 이주한다고 하는 것은, 가까운 미래에 일어날 수 있는 일이다.

考え得る最上の方法。 생각할 수 있는 최상의 방법.

私ができ得る限りのことは喜んで致しましょう。 내가 할 수 있는 한도의 일은 기꺼이 하겠습니다.

そういうこともあり得る。 그러한 일도 있을 수 있다.

ああいうことはあり得ない。 저러한 일은 있을 수 없다.

012. ～おかげで/～おかげだ ～덕분에 / ～덕분이다

【연결】명사の/동사형/형용사형＋～おかげで/～おかげだ

教えてもらったおかげで合格しました。
가르쳐 주신 덕분으로 합격했습니다.

あなたのおかげで、平気で嘘がつける女になれたわ。
당신 덕분에, 아무렇지 않게 거짓말을 할 수 있는 여자가 되었어.

合格したのは先生のおかげだ。 합격한 것은 선생님 덕분이다.

013. ～恐れがある ～할 우려가 있다

【연결】명사の/동사형/형용사형＋～恐れがある

インターネットは個人情報が流出される恐れがある。
인터넷은 개인정보가 유출될 우려가 있다.

台風が上陸する恐れがある。
태풍이 상륙할 우려가 있다.

地震の影響で津波の恐れがありますから、緊急に避難してください。
지진의 영향으로 해일의 우려가 있으므로, 긴급히 피난해 주십시오.

014. ～限り/～限りは/～限りでは/～ない限り

～한 / ～한은 / ～한에서는 / ～않는 한

【연결】명사である・でない/동사형/형용사형＋ ～限り/～限りは/～限りでは/～ない限り

私が知っている限りそれは真実だ。
내가 알고 있는 한 그것은 진실이다.

危い所へ行かない限り大丈夫だ。
위험한 곳에 가지 않는 한 문제없다.

大雨が降らない限り、出かけよう。
큰 비가 내리지 않는 한, 외출해야지.

015. ～かけだ/～かけの/～かける ～하다만 것이다 / ～하다 만 / ～하다 말다

【연결】동사 ます형 + ～かけだ/～かけの/～かける

まだご飯が食べかけだ。 아직 밥을 먹으려다 말았다.

母が読みかけの雑誌を捨ててしまった。 어머니가 읽다 만 소설을 버려 버렸다.

彼は何か言いかけて辞めた。 그는 무엇인가 말을 꺼내다 말았다.

016. ～がたい ～하기 어렵다

【연결】동사 ます형 + ～がたい

忘れがたい出来事。 잊기 어려운 사건.

それは信じがたいことだ。 그것은 믿기 어려운 일이다.

明日帰国するが、仲よくなった友達と別れがたい気持ちで一杯だ。
내일 귀국하지만, 사이가 좋아진 친구와 헤어지기 힘든 마음으로 가득하다.

017. ～がちだ/～がちの ～하기 쉽다 / ～하기 쉬운

【연결】명사/동사 ます형 + ～がちだ/～がちの

私の時計は遅れがちだ。 내 시계는 자주 늦게 간다.

冬は風邪をひきがちだ。 겨울은 감기 걸리기 쉽다.

私は幼い頃、病気がちだった。 나는 어릴 적에 자주 병에 걸렸다.

この国の天気は曇りがちの天気だ。 이 나라의 날씨는 흐리기 쉬운 날씨이다.

018. ～かと思うと/～かと思ったら/～と思うと/～と思ったら

～하는가 싶었는데 / ～하는 듯 싶더니 / ～하자마자

【연결】명사/동사형/형용사형 + ～かと思うと/～かと思ったら/～と思うと/～と思ったら

子供たちはベルが鳴ったかと思うと、飛び出した。 아이들은 종이 울리자마자 뛰쳐나갔다.

夕御飯を食べたかと思うと、寝てしまった。 저녁밥을 먹자마자 자 버렸다.

先生はもう帰られたのかと思ったら、まだ授業が終わっていなかったんですね。
선생님은 이제 집에 가셨나 싶었는데, 아직 수업이 끝나지 않았던 것이네요.

019. ~か ~ない(かの)うちに ~하자마자, ~하는 것과 동시에

【연결】 동사형＋～か＋동사 부정형＋～ないかのうちに

そう言ったか言わないかのうちに彼女は泣き出した。
그렇게 말하자마자 그녀는 울기 시작했다.

返事をするかしないうちに彼は電話を切ってしまった。
답변을 하자마자 그는 전화를 끊어 버렸다.

020. ~かねる ~하기 어렵다

【연결】 동사 ます형＋～かねる

ちょっとわかりかねます。 좀 이해하기 어렵습니다.

君が来るのを待ちかねていたんだ。 자네가 오는 것을 몹시 기다리고 있었다.

私の仕事がなかなか終わらなかったので、見かねて小林さんが手伝ってくれた。
내 일이 좀처럼 끝나지 않았기 때문에, 보다 못한 고바야시 씨가 도와주었다.

021. ~かねない ~하기 쉽다

【연결】 동사 ます형＋ ～かねない

あんなにスピードを出したら、事故を起こしかねない。
저렇게 스피드를 내면, 사고를 내기 쉽다.

あいつなら、やりかねない。 저 녀석이라면 할지도 모른다.

あの人ならそんな無責任なことも言いかねない。
저 사람이라면 그런 무책임한 것도 말하기 쉽다.

022. ~かのようだ ~것 같다

【연결】 동사형/형용사형/명사である/형용사형(な－×)である＋～かのようだ

一度に春が来たかのようだ。 단번에 봄이 온 것 같다.

今、心が暖かいのはあたかも彼女がそばにいるかのようだ。
지금, 마음이 포근한 것은 마치 그녀가 옆에 있는 것 같다.

023. 〜から 〜にかけて 〜부터 〜에 걸쳐서
【연결】 명사 + 〜から + 명사 + 〜にかけて

昨夜から今朝にかけて雨が降ってきた。 어제밤부터 오늘 아침에 걸쳐 비가 내렸다.

夏から秋にかけての景色が一番すばらしい。 여름부터 가을에 걸친 경치가 제일 훌륭하다.

１丁目から３丁目にかけて、道路工事のため、通行止めになります。
1쵸메부터 3쵸메에 걸쳐, 도로공사 때문에 통행금지가 됩니다.

024. 〜から言うと/〜から言えば/〜から言って
〜로 말하면 / 〜로 말하자면 / 〜로 봐서
【연결】 명사 + 〜から言うと/〜から言えば/〜から言って

健康という観点から言えば、激しい運動は「百害あって一利なし」です。
건강이라는 관점에서 말하자면, 격렬한 운동은 '백해무익'입니다.

現状から言って、無理だ。 현 상태로 말하자면, 무리다.

025. 〜からして 〜로 미루어 보아, 〜부터가
【연결】 명사 + 〜からして

彼の態度からして許せない。 그의 태도부터가 용서할 수 없다.

親からしてそんなことでは子供の行く末が心配だ。 부모부터가 그러하니 아이의 장래가 걱정이다.

026. 〜からすると/〜からすれば 〜에서 보면 / 〜에서 볼 때
【연결】 명사 + 〜からすると/〜からすれば

親からすると、子供はいくつになっても子供で、心配なものだ。
부모에서 보면, 자식은 몇 살이 되어도 자식이어서 걱정이 되는 법이다.

私の考え方からすると、こういう場合は優しく慰めるよりもむしろ、冷たく突き放す方がいいと思う。 나의 사고방식에서 보면, 이러한 경우에는 친절하게 달래기보다 오히려 차갑게 뿌리치는 편이 좋다고 생각한다.

027. 〜からといって　〜라고 해서

【연결】명사だ/동사형/형용사(なーだ)＋〜からといって

寒いからといって家の中ばかりにいるのはよくない。
춥다고 해서 집안에만 있는 것은 좋지 않다.

お金があるからといって社会的地位もあるとは限らない。
돈이 있다고 해서 사회적 지위까지 있다고는 할 수 없다.

028. 〜からには/〜からは　〜한 이상에는 / 〜할 바에는

【연결】명사である/동사형/형용사형(なーある)＋〜からには/〜からは

試合に出たからには、勝ちたい。시합에 나간 이상에는 이기고 싶다.

約束したからには、守らなければいけない。약속한 이상에는 지키지 않으면 안 된다.

こうなったからは、男として何が何でも成功させて見せる。
이렇게 된 이상에는, 남자로서 어떤 일이 있어도 성공시켜 보이겠다.

029. 〜から見ると/〜から見れば/〜から見て/〜から見ても

〜으로 보면 / 〜으로 본다면 / 〜로 봐서 / 〜로 봐도

【연결】명사＋〜から見ると/〜から見れば/〜から見て/〜から見ても

この記録から見ると、はじめの二年間はかなり厳しい時代であったことが分かります。이 기록으로 보면, 처음 2년간은 꽤 힘든 시대였던 것을 알 수 있습니다.

あの人はどの角度から見ても、美しい。さすが女優だ。
저 사람은 어느 각도에서 봐도 아름답다. 역시 여배우다.

高校の成績から見ても彼は日本大学には入れるだろう。
고교 때의 성적으로 견주어 봐도 그는 일본대학에 들어갈 수 있을 것이다.

030. 〜代わりに　〜하는 대신에

【연결】명사の/동사형/형용사형＋〜代わりに

映画を見に行く代わりに、うちでテレビを見る。영화를 보러 가는 것 대신에 집에서 TV를 본다.

渡辺さんは私の代わりに会議に出席した。와타나베 씨는 나를 대신하여 회의에 출석했다.

031. ～気味 ～경향, ～기색

【연결】 명사/동사ます형＋～気味

あの家は誰も住んでいないみたいで気味が悪い。
저 집은 아무도 살고 있지 않는 것 같아서 느낌이 좋지 않다.

ちょっと風邪気味なので、早く帰ります。 좀 감기 기운이 있어서 빨리 돌아가겠습니다.

疲れ気味で、あまり気が進まないが、頼まれたんだからしかたがない。
피곤한 것 같고, 별로 내키지 않지만, 부탁을 받았으니 어쩔 수가 없다.

032. ～きり/～きりだ ～뿐 / ～뿐이다

【연결】 명사/동사 과거형＋～きり/～きりだ

彼は日本へ行ったきり、帰らない。 그는 일본에 간 뒤로, 돌아오지 않는다.

彼女には去年会ったきりだ。 그녀하고는 작년에 만난 이후로 지금까지 만나지 못했다.

033. ～きる/～きれる/～きれない

(완전히) ～하다 / (완전히) ～할 수 있다 / (완전히) ～할 수 없다

【연결】 동사 ます형＋～きる/～きれる/～きれない

会社がうまくいかなくなると信じきることが難しくなる。
회사가 잘 운영되지 않으면 완전히 믿는 것이 어렵게 된다.

そう言いきれるか。 그렇게 딱 잘라 말할 수 있는가.

こんなにたくさんは一人で食べきれない。 이렇게 많이는 혼자서 다 먹을 수 없다.

034.～くせに ～이면서도, ～주제에

【연결】 명사の/동사형/형용사형＋～くせに

知らないくせに知っているふりをする。 모르는 주제에 아는 체한다.

お金がないくせに、高いものばかり欲しがる。 돈이 없으면서도, 비싼 것만 갖고 싶어한다.

035. ～くらい/～ぐらい/～くらいだ/～ぐらいだ ～정도 / ～정도다

【연결】 명사/동사형/형용사형＋～くらい/～ぐらい/～くらいだ/～ぐらいだ
(注：こ・そ・あ・ど 접속할 때를 제외하고는 일반적으로 ぐらい)

誰にも負けないぐらいだ。 누구에게도 지지 않을 정도다.

もう歩けないぐらい疲れた。 이제 걷지 못할 정도로 지쳤다.

情けなくて泣きたいぐらいだ。 한심해서 울고 싶을 정도다.

036. ～げ ～한 듯한 모양, ～한 듯

【연결】 형용사 어간/동사 ます형＋～げ

そんな態度は大人しげない。 그런 태도는 어른스럽지 못하다.

彼女はいつも悲しげな顔をしている。 그녀는 항상 슬픈 듯한 얼굴을 하고 있다.

037. ～こそ ～이야말로, ～만은

【연결】 명사/これ・それ・あれ/동사, 형용사て형・ます형・ば형＋～こそ

こちらこそ、よろしくお願いします。
이쪽이야말로, 잘 부탁드립니다.

好きこそ物の上手なれ。 좋아해야만 능숙하게 된다.

分かっているからこそ、何か問題が起きてもすぐに対処法が見つかった。
알고 있었기 때문에, 무슨 문제가 일어나도, 바로 대처법이 발견되었다.

038. ～ことか (얼마나) ～했던가, ～인가

【연결】 (どんなに・どれほど・なんど・なんと)＋동사형/형용사형＋～ことか

お酒は飲んではいけないとどれほど言ったことか。
술은 마시면 안 된다고 얼마나 말했던가.

どんなに寂しいことか。 얼마나 외로웠던가.

ここでタバコを吸ってはいけないと何度注意したことか。
여기서 담배를 피우지 말라고 얼마나 주의했던가.

039. 〜ことから 〜때문에, 〜한 이유에서

【연결】 동사형/형용사형 + 〜ことから

何でも自分一人でやろうとすることから無理が生じる。
무엇이든지 자기 혼자서 하려고 하기 때문에 무리가 생긴다.

この辺は米軍の基地が多いことからアメリカ人相手の店も多い。
이 주변은 미군의 기지가 많은 이유에서 미국인 상대의 가게도 많다.

040. 〜ことだ 〜하는 것이 중요하다

【연결】 명사の/동사형/형용사형 + 〜ことだ

自分でやってみることだ。 스스로 해 보는 것이 중요하다.

両国の関係改善のため、まずは個人的レベルの交流からスタートすることだ。
양국의 관계개선을 위하여 우선은 개인적 수준의 교류에서 시작하는 것이 중요하다.

041. 〜ことだから 〜이니까

【연결】 명사の/동사형/형용사형 + 〜ことだから

朝寝坊の山田さんのことだから今日も遅刻するだろう。
늦잠꾸러기인 야마다 씨니까 오늘도 지각하겠지.

金に細かいあいつのことだから貸してくれないと思う。
돈에 꼼꼼한 저 녀석이니까 빌려 주지 않을 것이라고 생각한다.

まじめなあの人のことだから心配は要らない。 착실한 그 사람의 일이니까 걱정은 필요 없다.

042. 〜ことなく 〜할 것 없이, 〜하지 않고

【연결】 동사 기본형 + 〜ことなく

彼をつれて行くことなく二人きりで行こう。 그를 데리고 갈 것 없이 둘이만 가자.

いつまでも忘れることなく友達でいよう。 언제까지나 잊지 말고 친구로 지내자.

043. 〜ことに/〜ことには 〜하게도

【연결】 (감정, 감동) 동사 た형/(감정, 감동) 형용사형 + 〜ことに/〜ことには

嬉しいことに妻が妊娠したそうだ。 기쁘게도 처가 임신했다고 한다.

面白いことに、この学校には同姓同名の学生が三人もいる。
재미있게도, 이 학교에는 동성동명인 학생이 3명이나 있다.

驚いたことに、彼女には大学に通う息子がいた。どう見てもまだ五十歳には見えない。
놀랍게도 그녀에게는 대학에 다니는 아들이 있었다. 아무리 봐도 아직 50살로는 보이지 않는다.

044. ～ことになっている/～こととなっている ~하기로 되어 있다

【연결】동사 기본형(ない형)＋～ことになっている/～こととなっている

会議は毎週火曜日にすることになっている。 회의는 매주 화요일에 하기로 되어 있다.

授業は4月7日から始めることになっている。 수업은 4월 7일부터 시작하기로 되어 있다.

045. ～ことはない ~할 필요는 없다

【연결】동사 기본형＋～ことはない

君が行くことはない。 자네가 갈 필요는 없다.

そんなことをすることはない。 그런 일을 할 필요는 없다.

046. ～際/～際に/～際は ~할 때 / ~할 때에 / ~할 때는

【연결】명사の/동사형/형용사형＋～際/～際に/～際は

帰國の際、ぜひ連絡してください。 귀국 할 때 꼭 연락해 주세요.

パスポートを申請する際に必要なものを教えてください。
여권을 신청할 때 필요한 것을 가르쳐 주십시오.

047. ～最中に/～最中だ 한창 ~중에 / ~가 한창이다

【연결】명사の/～ている・～ていた＋～最中に/～最中だ

　注 : 형용사忙(いそが)しい에 연결되는 경우도 있다.

会議の最中に彼が入ってきた。 한창 회의 중에 그가 들어왔다.

食事の最中にタバコを吸うのはマナーに反します。
한창 식사하는 중에 담배를 피우는 것은 매너가 아닙니다.

今検討している最中だ。 지금 한창 검토하고 있다.

お仕事はまだ忙しい最中なのでしょうか。 하시는 일은 아직 한창 바쁘신지요?

048. ～さえ/～でさえ ～조차도

【연결】명사/격조사(に・で・と・から・の)/동사 て형・ます형 + ～さえ/～でさえ

子供さえ分かることを大人のあなたが分からないとは。
아이조차도 알고 있는 것을 어른인 당신이 몰랐다니.

ひらがなさえ書けない。 히라가나조차 쓸 수 없다.

温厚なあの人でさえ怒った。 온화하고 착실한 저 사람조차 화를 냈다.

049. ～さえ ～ば ～만 ～면

【연결】명사/격조사(に・で・と・から・の)/동사형/형용사형 + ～さえ ～ば

※い형용사 : 面白い → 面白くさえあれば

　な형용사 : 元気だ → 元気でさえあれば

　동사 : 飲む → 飲みさえすれば

　努力する → 努力さえすれば/努力しさえすれば

　飲んでいる → 飲んでさえいれば/飲んでいさえすれば

彼さえいれば問題ないのに。 그만 있으면 문제없을 텐데.

暇さえあれば行きますけど。 시간만 있으면 가겠습니다만.

大丈夫です。薬を飲みさえすれば、安心です。 괜찮습니다. 약만 먹으면, 안심입니다.

050. ～ざるを得ない ～하지 않을 수 없다

【연결】동사 ない형 + ～ざるを得ない/する → せざるを得ない

間違っていると言わざるを得ない。 틀렸다고 말하지 않을 수 없다.

これだけはっきりした証拠がある以上、罪を認めざるを得ない。
이토록 확실한 증거가 있는 이상, 죄를 인정하지 않을 수 없다.

051. ～しかない ～밖에 없다

【연결】명사, 수사/これ・それ・あれ/격조사/동사 기본형・て형・ている형 + ～しかない

先生の頼みだから行くしかない。 선생님의 부탁이니 갈 수밖에 없다.

こうなったらやるしかない。 이렇게 되었다면 할 수밖에 없다.

052. ～次第 ～하는 대로

【연결】동사 ます형+～次第

息子が戻り次第お電話させます。 아들이 돌아오는 대로 전화하도록 하겠습니다.

向こうに着き次第連絡します。 목적지에 도착하는 대로 연락하겠습니다.

053. ～次第だ/～次第で/～次第では ～나름이다 / ～나름으로 / ～나름으로는

【연결】동사형/형용사형+～次第だ/～次第で/～次第では

明日試合ができるかどうかは天候次第だ。
내일 시합을 할 수 있을지 어떨지는 날씨에 달려 있다.

こうして今に至った次第だ。
이렇게 해서 지금에 이른 것입니다.

言い方次第でどうにでもなる。
말하기에 따라서 어떻게든 된다.

成績次第では日本大学にも入れるだろう。
성적에 따라서는 일본대학에도 들어 갈 수 있을 것이다.

054. ～上/～上は/～上も ～상 / ～상으로는 / ～상으로도

【연결】명사+～上/～上は/～上も

制度上不可能だ。 제도상 불가능하다.

表面上は変化がない。 표면상으로는 변화가 없다.

外見上も同じだ。 외견상으로도 동일하다.

055. ～ずには(ないでは)いられない ～하지 않고서는 있을 수 없다

【연결】동사 ない형+～ずにはいられない/する→せずにはいられない

先生のおもしろい話を聞いて笑わないではいられなかった。
선생님의 재미있는 이야기를 듣고 웃지 않고서는 있을 수 없었다.

その話を聞いて泣かずにはいられない。
그 이야기를 듣고 울지 않고서는 있을 수 없다.

056. ～せいだ／～せいで／～せいか　～탓이다 / ～탓으로 / ～탓인지

【연결】 명사の/동사형/형용사형＋～せいだ／～せいで／～せいか

あいつのせいで先生に叱られた。 저 녀석 탓으로 선생님에게 혼났다.

雨のせいで試合は中止になった。 비 탓으로 시합은 중지되었다.

病気のせいか、食欲がない。 병 탓인지, 식욕이 없다.

057. ～だけ／～だけあって／～だけに／～だけの　～만큼 / ～만큼의

【연결】 명사/동사형/형용사형＋～だけ／～だけあって／～だけに／～だけの

できるだけ。 가능한 한.

一生懸命勉強しただけに成績は上がるだろう。 열심히 공부한 만큼 성적은 오를 것이다.

１０年も日本にいただけに日本語が上手だ。 10년이나 일본에 있었던 만큼 일본어를 잘한다.

チャンピオンだけのことはある。 챔피언인 만큼의 것은 있다.

058. たとい(たとえ) ～ても(でも)　가령(비록) ～일지라도

【연결】 たとい(たとえ)＋동사형/い형용사형＋～ても
　　　　たとい(たとえ)＋명사/な형용사형＋～でも

たとえあなたが行かなくても私は行きます。 비록 당신이 가지 않더라도 저는 가겠습니다.

たといお金がなくても彼さえいれば幸せです。 비록 돈이 없더라도 그만 있으면 행복합니다.

059. ～たところ　～했던 바, ～했는데, ～한 결과, 막 ～한 참이다

【연결】 동사 과거형＋～たところ

親に聞いてみたところ、親も知らなかった。
부모님에게 물어 보았더니 부모님도 몰랐다.

先生のお宅へ伺ったところ、留守だった。
선생님 댁에 찾아뵈었는데, 아무도 없었다.

今日、資料が届いたところです。
오늘 자료가 막 도착했습니다.

060. ~たとたん/~たとたんに ~한 순간 / ~한 순간에 / ~하자마자

【연결】 동사 과거형＋~たとたん/~たとたんに

授業のベルが鳴ったとたん、子供たちは本を閉じた。
수업 벨이 울리자마자, 아이들은 책을 덮었다.

立ち上がったとたん、腰に激しい痛みが走り、動けなくなった。
일어서는 순간 허리에 심한 통증이 와서, 움직일 수 없게 되었다.

家を出たとたんに雨が降り出した。 집을 나서자마자 비가 내리기 시작했다.

061. ~たび/~たびに ~때마다

【연결】 명사の/동사 기본형＋~たび/~たびに

この写真を見るたびに昔のことが思い出される。
이 사진을 볼 때마다 옛날 일이 생각난다.

父は出張に行くたびにプレゼントを買ってきてくれる。
아버지는 출장 갈 때마다 선물을 사 온다.

あの子は恋をするたびにきれいになっていく。 저 아이는 사랑을 할 때마다 예뻐져 간다.

062. ~だらけ ~투성이

【연결】 명사＋~だらけ

運動したら汗だらけになった。 운동을 했더니 땀투성이가 되었다.
交通事故にあった被害者は血だらけであった。 교통사고를 당한 피해자는 피투성이었다.
この書類は間違いだらけだ。 이 서류는 잘못된 것 투성이다.

063. ~ついでに ~하는 김에

【연결】 명사の/동사 기본형(과거형)＋~ついでに

スーパーに行くついでにタバコを買ってきた。 슈퍼에 간 김에 담배를 사 왔다.
仕事で東京に行ったついでに、久しぶりにおじさんの家を訪ねてみた。
일로 도쿄에 간 김에, 오랜만에 고모부(이모부, 큰아버지, 작은아버지) 집을 방문해 보았다.

郵便局へ行ったついでに切手を買ってきた。 우체국에 간 김에 우표를 사 왔다.

064. ~っけ ~던가, ~였지

【연결】 명사 だ/동사형/형용사형+~っけ

今日は何曜日だっけ。 오늘 무슨 요일인가?

あの人、林さんと言ったっけ。 저 사람, 하야시 씨라고 했던가?

065. ~っこない 절대 ~없다, ~할 리가 없다

【연결】 동사 ます형+~っこない

あんなに忙しい彼女がやりっこない。
저렇게 바쁜 그녀가 할 리가 없다.

黙ってさえいれば誰にも分かりっこない。
잠자코만 있으면 누구라도 알 리가 없다.

066. ~つつ/~つつも ~하면서 / ~하면서도

【연결】 동사 ます형+~つつ/~つつも

父はご飯を食べつつ、新聞を読むくせがある。
아버지는 밥을 먹으면서 신문을 읽는 버릇이 있다.

山を登りつつ、これまでのこと、これからのことをいろいろ考えた。
산을 오르면서, 지금까지의 일, 앞으로의 일을 여러 가지 생각했다.

悪いと知りつつ、つい落し物の財布を自分のポケットにしまい込んだ。
나쁘다고 알면서, 무심결에 떨어진 지갑을 자신의 주머니에 집어넣었다.

悪いと知りつつ、やるのはもっと悪い。
나쁘다고 알면서 하는 것은 더 나쁘다.

067. ~つつある ~하고 있다, ~하는 중이다

【연결】 동사 ます형+~つつある

日本語の学校は減りつつある。 일본어 학교는 줄고 있다.

日本は子供の数が増えつつある。 일본은 어린이의 수가 늘고 있다.

母が病気で倒れたのは、父の病気がやっと回復しつつあった時のことでした。
어머니가 병으로 쓰러진 것은, 아버지의 병이 겨우 회복되는 중이었을 때였습니다.

068. ～っぽい ～인 것 같다, ～답다

【연결】 명사/형용사 어간 ＋～っぽい

川村さんは子供っぽい。 가와무라 씨는 어린애 같다.

彼女は男っぽい。 그녀는 남자 같다.

あの人の話、なんかうそっぽく聞こえない？
저 사람의 이야기, 뭔가 거짓말처럼 들리지 않아?

069. ～て以来 ～한 이래

【연결】 これ・それ・あれ/동사형 ＋～て以来

　　　(注：N(結婚・卒業・・・)＋以来의 형태도 있다)

日本へ来て以来、一度もお酒を飲んだことがない。 일본에 온 이후, 한 번도 술을 마신 적이 없다.

ちょっとしたことでけんかをして以来、ずっと口をきいていない。
사소한 일로 싸움을 한 이래, 계속 입을 열지 않고 있다.

070. ～てからでないと/～てからでなければ

～하고 나서가 아니면 / ～하고 나서가 아니라면

【연결】 동사형 ＋～てからでないと/～てからでなければ

彼に会ってからでないと何とも言えません。 그를 만나고 나서가 아니면 뭐라고 말할 수 없습니다.

漢字の読み書きを勉強してからでないと、大学の勉強についていけない。
한자의 읽기 쓰기를 공부하고 나서가 아니면, 대학 공부를 따라갈 수 없다.

部長の話を聞いてからでないと決められません。
부장님의 이야기를 듣고 나서가 아니면 결정할 수 없습니다.

071. ～てしょうがない ～해서 별 도리가 없다, ～해서 어쩔 수 없다

【연결】 동사형/형용사형 ＋～てしょうがない

お腹がすいてしょうがない。 배가 고파서 참을 수 없다.

寂しくてしょうがない。 외로워서 어쩔 수 없다.

不景気のせいで客が来なくなり、最近は暇でしょうがない。
불경기 탓으로 손님이 오지 않게 되어, 요즘은 한가해서 어쩔 수 없다.

072. 〜てたまらない 〜해서 참을 수 없다, 너무 〜하다

【연결】 동사형/형용사형＋〜てたまらない

お腹がすいてたまらない。 배가 고파서 견딜 수 없다.

長男が田舎に帰ってきて嬉しくてたまらない。 장남이 고향에 돌아와서 너무나 기쁘다.

あと一分あれば、逆転して勝てたのに……、悔しくてたまらない。
1분만 더 있다면, 역전해서 이길 수 있었을 텐데, 분해서 참을 수 없다.

073. 〜てならない 〜가 아닐 수 없다, 매우 〜하다

【연결】 동사형/형용사형＋〜てならない

父が死んで悲しくてならない。 아버님이 돌아가셔서 매우 슬프다.

生きていれば歴史を変えるほどの発明をしていたかもしれないのに、残念でならない。
살아 있다면, 역사를 바꿀 정도의 발명을 하고 있었을지도 모르는데, 매우 유감이다.

074. 〜ということだ 〜라고 한다, 〜라는 뜻이다

【연결】 명사だ/동사형/형용사형＋〜ということだ

山口さんの話によると、昔ここは海だったということだ。
야마구치 씨의 얘기에 의하면, 옛날에 이 곳은 바다였다고 한다.

ニュースでは4月から水道料金が上がるということだ。
뉴스에 의하면 4월부터 수도요금이 인상된다고 한다.

彼はまだか。つまり、今日は休むということだな。
그는 아직인가. 요컨대, 오늘은 쉰다고 하는 것이구나.

075. 〜というと/〜といえば/〜といったら 〜라 하면 / 〜로 말하자면

【연결】 명사/동사형/형용사형＋〜というと/〜といえば/〜といったら

温泉というと箱根がいいよ。 온천이라고 하면 하꼬네가 좋아.

その恥ずかしさと言ったら、顔から火が出るほどだった。
그 수치스러움으로 말하자면, 얼굴이 화끈화끈할 정도였다.

076. ～というものだ ~인 것이다

【연결】 명사/동사형/형용사형 ＋ ～というものだ

    (注：회화체 ～という→って, ～もの→もん/な형용사・명사에 だ가 붙지 않음)

生徒が困っている時、助けるのが先生というものだ。
학생이 곤란할 때 도와주는 것이 선생님이라는 것이다.

これでは不公平というものだ。 이래서는 불공평한 것이다.

自分だけではなく、相手を思いやる心を持つのが大人というものだ。
자신뿐만 아니라, 상대방을 생각하는 마음을 갖는 것이 어른이라고 하는 것이다.

077. ～というものではない/～というものでもない

~라는 것은 아니다 / ~라는 것도 아니다

【연결】 명사/동사형/형용사형 ＋ ～というものではない/～というものでもない

    (注：회화체 ～という→って, ～もの→もん/な형용사・명사에 だ가 붙지 않음)

結果さえよければ必ずよいというものではない。 결과만 좋다면 반드시 좋다는 것은 아니다.

何でも多ければよいというものでもない。 뭐든지 많으면 좋다는 것도 아니다.

078. ～というより ~라고 하기보다

【연결】 명사/동사형/형용사형 ＋ ～というより

    (注：회화체 ～と言う→って言う/な형용사・명사에 だ가 붙지 않음)

あれは真実というよりむしろウソだ。 그것은 진실이라기보다 오히려 거짓말이다.

彼は慎重というより勇気がないだけだ。 그는 신중하다기보다 용기가 없을 뿐이다.

079. ～といっても ~라고 해도

【연결】 명사/동사형/형용사형 ＋ ～といっても

    (注：な형용사・명사에 だ 붙지 않는 경우도 있다)

先生といっても全部分かるとは限らない。
선생님이라고 해도 전부 안다고는 할 수 없다.

ビルといっても2階建ての小さいものだ。
빌딩이라고 해도 2층짜리의 작은 것이다.

080. 〜とおり/〜とおりに/〜どおり/〜どおりに 〜한 대로 / 〜한 것 같이

【연결】 명사の/동사 기본형(과거형)＋〜とおり/〜とおりに
　　　　명사＋〜どおり/〜どおりに

彼が言ったとおりだ。 그가 말한 대로다.

医者の指示どおりに、酒もたばこも控え目にしているつもりだが、なかなかよくならない。
의사의 지시대로, 술도 담배도 삼가려고 하지만, 좀처럼 잘 되지 않는다.

人生、自分の思いどおりにいくことなんか、めったにない。
인생, 자기 생각대로 되는 것 따위는 거의 없다.

081. 〜とか 〜라고 하던데, 〜라던가

【연결】 명사/동사형/형용사형＋〜とか

北海道は昨日大雪だったとか。 홋카이도는 어제 큰 눈이 왔다고 하던데.

休日にはテレビを見るとか買い物をするとかして過ごすことが多い。
휴일에는 TV를 본다던가 쇼핑을 한다던가 하며 보내는 일이 많다.

082. 〜どころか 〜은커녕

【연결】 명사/동사형/형용사형＋〜どころか

走るどころか歩くこともできない。 달리기는커녕 걷는 것도 불가능하다.

漢字どころかひらがなも書けない。 한자는커녕 히라가나도 못 쓴다.

083. 〜どころではない/〜どころではなく

〜할 수 있는 상태가 아니다 / 〜할 수 있는 상태가 아니라
【연결】 명사/동사형/형용사형＋〜どころではない/〜どころではなく

給料が減ったから車を買うどころではない。
월급이 줄었기 때문에 차를 살 상황이 아니다.

今は忙しくて花見どころではない。
지금은 바빠서 꽃구경 갈 때가 아니다.

事故の後は食事どころではなく、一日中大変だった。
사고 후에는 식사를 할 상태가 아니어서, 하루 종일 힘들었다.

084. ～ところに/～ところへ/～ところを (마침)~하는데 / ~하려는데 / ~하는 것을

【연결】 명사/동사형/형용사형 +～ところに/～ところへ/～ところを

食事をしているところへ電話がかかってきた。 식사를 하려는데 전화가 걸려왔다.

まずいところを見られた。 좋지 않은 것을 보여주게 되었다.

085. ～としたら/～とすれば ～라면 / ~라고 한다면

【연결】 명사/동사형/형용사형 +～としたら/～とすれば

ここに百万円あるとしたらどうする？ 여기에 백만 엔이 있다면 어떻게 할래?

ラーメンを食べるとすればそこの角の店が一番だ。
라면을 먹는다고 한다면 거기 모퉁이에 있는 가게가 최고다.

もし行くとすれば明日だ。 만약 간다고 한다면 내일이다.

086. ～として/～としては/～としても ～로서 / ~로서는 / ~로서도

【연결】 명사+～として/～としては/～としても

学生としてあるまじき行為だ。 학생으로서 있어서는 안 될 행위이다.

私としてはそうしたくないが、そうするしかなかった。
나로서는 그렇게 하고 싶지 않지만, 그렇게 할 수밖에 없었다.

買うとしても、一番安いのしか買えない。 산다고 해도 가장 싼 것밖에 살 수 없다.

087. ～とともに ～와 함께, ~와 동시에, ~와 같이

【연결】 명사(である)/동사 기본형/い형용사・な형용사である +～とともに

工業化が進むとともに環境問題が深刻になっていく。
공업화가 진행됨에 따라 환경문제가 심각해져 간다.

「あなたとともに、どんな困難も乗り越えていく」と、あなたは私に誓ってくれました。
あの日のことを今でも思い出します。
"당신과 함께, 어떤 역경도 극복해 내겠다"고 당신은 나에게 맹세해 주었습니다. 그 날의 일을 지금도 떠올립니다.

088. ～ないことには <small>～지 않으면</small>

【연결】 명사로/동사 부정형/い형용사・な형용사で+～ないことには

実際<small>じっさい</small>に会<small>あ</small >ってみないことには決<small>き</small>められません。 실제로 만나고 나서가 아니면 결정할 수 없습니다.

食<small>た</small>べてみないことには美味<small>おい</small>しいかどうか分<small>わ</small>かりません。
먹어 보지 않으면 맛있는지 어떤지 모릅니다.

話<small>はなし</small>を聞<small>き</small>くだけではねえ、実際<small>じっさい</small>に見<small>み</small>ないことには何<small>なん</small>とも言<small>い</small>えません。
이야기만 들어서는 말이에요, 실제로 보지 않고서는, 무엇이라 말할 수 없습니다.

089. ～ないことはない／～ないこともない

<small>～하지 않는 것은 아니다 / ～하지 않는 것도 아니다</small>

【연결】 명사로/동사형/い형용사・な형용사で+～ないことはない／～ないこともない

親友<small>しんゆう</small>のお願<small>ねが</small>いならやらないこともない。 친한 친구의 부탁이라면 못 할 것도 없다.

ぜひと頼<small>たの</small>まれれば、行<small>い</small>かないこともない。 꼭이라고 부탁한다면 못 갈 것도 없다.

090. ～ないではいられない <small>～하지 않고는 있을 수 없다</small>

【연결】 동사 부정형+～ないではいられない

上司<small>じょうし</small>の命令<small>めいれい</small>だから行<small>い</small>かないではいられない。
상사의 명령이므로 가지 않고서는 있을 수 없다.

それを聞<small>き</small>くと、私<small>わたし</small>も一言<small>ひとこと</small>言<small>い</small>わないではいられない。
그것을 들으면, 나도 한마디 말하지 않고서는 있을 수 없다.

091. ～ながら <small>～하면서도</small>

【연결】 명사/동사 ます형+～ながら

彼<small>かれ</small>はいつもお酒<small>さけ</small>を飲<small>の</small>みながらタバコを吸<small>す</small>う。
그는 항상 술을 마시면서 담배를 피운다.

知<small>し</small>っていながら知<small>し</small>らないふりをする。
알고 있으면서 모르는 체하다.

残念<small>ざんねん</small>ながら、その質問<small>しつもん</small>には答<small>こた</small>えられません。
유감이지만, 그 질문에는 대답할 수 없습니다.

092. ～など/～なんか/～なんて <small>～등 / ～따위 / ～같은 것</small>

【연결】 명사・격조사＋～など/～なんか/～なんて

　　　　동사・형용사＋～など/～なんて

パチンコなどするものか。
파칭코 따위는 절대 하지 않는다.

お前<ruby>前<rt>まえ</rt></ruby>なんか<ruby>俺<rt>おれ</rt></ruby>の<ruby>気持<rt>きも</rt></ruby>ちが<ruby>分<rt>わ</rt></ruby>かるか。
너 따위가 나의 기분을 알 것 같으냐?.

<ruby>彼<rt>かれ</rt></ruby>なんか10<ruby>枚<rt>まい</rt></ruby>も<ruby>買<rt>か</rt></ruby>った。
그와 같은 경우는 10장이나 샀다.

093. ～にあたって/～にあたり <small>～에 즈음해서 / ～에 즈음하여</small>

【연결】 명사/동사 기본형＋～にあたって/～にあたり

<ruby>出発<rt>しゅっぱつ</rt></ruby>にあたって、<ruby>人員数<rt>じんいんすう</rt></ruby>のチェックをした。
출발에 즈음하여 인원수를 체크했다.

<ruby>新入生<rt>しんにゅうせい</rt></ruby>を<ruby>迎<rt>むか</rt></ruby>えるにあたり、<ruby>先輩<rt>せんぱい</rt></ruby>たちは<ruby>歓迎<rt>かんげい</rt></ruby>パーティーの<ruby>準備<rt>じゅんび</rt></ruby>に<ruby>忙<rt>いそが</rt></ruby>しい。
신입생을 맞이함에 즈음하여, 선배들은 환영파티 준비로 바쁘다.

<ruby>仕事<rt>しごと</rt></ruby>を<ruby>始<rt>はじ</rt></ruby>めるにあたり、いろいろな<ruby>所<rt>ところ</rt></ruby>からかき<ruby>集<rt>あつ</rt></ruby>めた<ruby>資金<rt>しきん</rt></ruby>も<ruby>底<rt>そこ</rt></ruby>をついてしまった。
일을 시작함에 즈음해서, 여러 곳에서 긁어모은 자금도, 바닥을 드러내고 말았다.

094. ～において/～においては/～においても/～における

<small>～에서, ～에 있어서 / ～에서는, ～에 있어서는 / ～에 있어서도 / ～에서의, ～에 있어서의</small>

【연결】 명사＋～において/～においては/～においても/～における

<ruby>木村<rt>きむら</rt></ruby>さんの<ruby>結婚式<rt>けっこんしき</rt></ruby>は<ruby>日本<rt>にほん</rt></ruby>ホテルにおいて<ruby>行<rt>おこな</rt></ruby>われる。
기무라 씨의 결혼식은 일본 호텔에서 행해진다.

<ruby>我<rt>わ</rt></ruby>が<ruby>国<rt>くに</rt></ruby>においても<ruby>青少年<rt>せいしょうねん</rt></ruby>の<ruby>犯罪<rt>はんざい</rt></ruby>が<ruby>増<rt>ふ</rt></ruby>えている。
우리나라에 있어서도 청소년 범죄가 늘고 있다.

<ruby>会議<rt>かいぎ</rt></ruby>における<ruby>彼<rt>かれ</rt></ruby>の<ruby>発言<rt>はつげん</rt></ruby>は<ruby>今後<rt>こんご</rt></ruby>の<ruby>政策<rt>せいさく</rt></ruby>に<ruby>影響<rt>えいきょう</rt></ruby>を<ruby>及<rt>およ</rt></ruby>ぼすだろう。
회의에 있어서의 그의 발언은 앞으로의 정책에 영향을 미칠 것이다.

095. 〜に応じて/〜に応じ/〜に応じては/〜に応じても/〜に応じた

〜에 따라서 / 〜에 따라 / 〜에 따라서는 / 〜에 따라서도 / 〜에 따른

【연결】 명사＋〜に応じて/〜に応じ/〜に応じては/〜に応じても/〜に応じた

年齢に応じて、社会的責任も重くなっていく。 연령에 따라서, 사회적 책임도 무거워져 간다.

注文に応じて、値段も変わってくる。 주문에 따라서, 가격도 변해간다.

我々労働者は契約通り、労働時間に応じた給料を要求しているだけだ。
우리 노동자들은 계약대로 노동시간에 따른 월급을 요구하고 있는 것뿐이다.

096. 〜にかかわらず/〜にもかかわらず/〜にかかわりなく/〜にはかか

わりなく 〜에 상관하지 않고 / 〜에도 불구하고 / 〜에 상관없이 / 〜에는 상관없이

【연결】 명사＋〜にかかわらず/〜にもかかわらず/〜にかかわりなく/〜にはかかわりなく

明日はテストにもかかわらず遅くまで飲むつもりだ。
내일은 시험에도 상관없이 늦게까지 술을 마실 작정이다.

雨にもかかわらず試合は続行された。 비에도 상관없이 시합은 계속 진행되었다.

経験の有無にかかわりなく、入社後の研修に参加していただきたい。
경험의 유무에 상관없이, 입사 후 연수에 참가하기 바란다.

097. 〜に限って/〜に限り/〜に限らず 〜에 한해서 / 〜에 한해 / 〜뿐만 아니라

【연결】 명사＋〜に限って/〜に限り/〜に限らず

うちの子に限って、そんなことをするわけがない。 우리 아이에 한해서, 그런 짓을 할 리가 없다.

本日に限り50パーセントオフ大バーゲン。 금일에 한해서 50% 대바겐세일.

5歳以下の子供に限り無料。 5살 이하의 어린이에 한해서 무료.

098. 〜にかけては/〜にかけても 〜에 있어서는 / 〜에 있어서도

【연결】 명사＋〜にかけては/〜にかけても

暗算の速さにかけては、誰にも負けない。 암산의 빠르기에 있어서는, 누구에게도 지지 않는다.

勉強だけでなく彼はスポーツにかけても万能だ。 공부뿐만 아니라 그는 스포츠에 있어서도 만능이다.

打つだけではなく、走ることにかけても、あの選手には勝てない。
치는 것뿐만 아니라, 달리는 것에 있어서도, 저 선수한테는 이길 수 없다.

099. 〜に代わって/〜に代わり　〜을 대신하여 / 〜대신

【연결】명사+〜に代わって/〜に代わり

彼は勉強ができない代わりスポーツだけは万能だ。
그는 공부를 못하는 대신 스포츠만큼은 만능이다.

社長にかわりご挨拶いたします。
사장을 대신하여 인사드립니다.

病気の兄に代わって、まだ高校生の弟が新聞配達を始めた。
병에 걸린 형을 대신하여, 아직 고등학생인 남동생이 신문배달을 시작했다.

怪我で出場できない選手に代わって、浦山さんが出場した。
부상으로 출전할 수 없는 선수를 대신해서, 우라야마 씨가 출전했다.

100. 〜に関して/〜に関しては/〜に関しても/〜に関する

〜에 관하여 / 〜에 관해서는 / 〜에 관해서도 / 〜에 관한
【연결】명사+〜に関して/〜に関しては/〜に関しても/〜に関する

欧米貿易赤字に関して言えば日本にも責任がある。
구미 무역 적자에 관해서 말하자면 일본에도 책임이 있다.

この仕事に関しては、営業の担当者に聞いてください。
이 일에 관해서는, 영업 담당자에게 물어주세요.

日本語に関するいろいろな本があります。
일본어에 관한 여러 가지 책이 있습니다.

このことに関して私は何も知りません。
이 일에 대해서는 저는 아무것도 모릅니다.

101. 〜に決まっている　〜로 정해져 있다, 반드시 〜이다, 〜임에 틀림없다

【연결】명사/동사 기본형/형용사형+〜に決まっている

池田さんが来るに決まっている。이케다 씨가 올 것임에 틀림이 없다.

冷蔵庫に入れておいたアイスクリームがなくなっている。食べたのは甘い物が好きな妹に決まっている。
냉장고에 넣어둔 아이스크림이 없어졌다. 먹은 것은, 단 것을 좋아하는 여동생임에 틀림없다.

あのチームが勝つに決まっている。저 팀이 이김에 틀림없다.

102. ～に比べて/～に比べ ～에 비해서 / ～에 비하여

【연결】명사＋～に比べて/～に比べ

金子さんに比べて恵子さんがもっと背が高い。
가네코 씨와 비교해서 게이코 씨가 더 키가 크다.

以前に比べて、最近の女性の言葉は男性化しており、一方で、男性の言葉の女性化も
進み、言葉の差異はますます縮まってきている。
이전에 비해서, 최근의 여성의 말은 남성화되어 있고, 한편으로, 남성 말의 여성화도 진행되어, 말의 차이는 점점 줄어
들고 있다.

去年に比べて今年の夏がもっと暑い。작년에 비해 올 여름이 더욱 덥다.

103. ～に加えて/～に加え ～에 덧붙여 / ～에 더하여

【연결】명사/동사형/형용사형＋～に加えて/～に加え

この会社は筆記試験に加え、面接試験もある。이 회사는 필기시험에 더해 면접시험도 있다.

人件費の高騰に加え円高が打撃となった。인건비 급등에 더하여 엔고가 타격이 되었다.

この学校の成績の評価は試験に加えて授業の態度もある。
이 학교의 성적 평가는 시험에다가 수업태도도 있다.

104. ～に答えて/～に答え/～に答える

～에 부응해서 / ～에 부응해 / ～에 부응하는

【연결】명사＋～に答えて/～に答え/～に答える

皆さんの要求に答え、もう一曲お送りします。여러분의 요구에 부응하여 한 곡 더 보내드리겠습니다.

要望に答えてもっと頑張ります。요망에 부응하여 더욱 분발하겠습니다.

国民の期待に答える政策。국민의 기대에 부응하는 정책.

105. ～に際して/～に際し/～に際しての

～에 즈음하여 / ～에 즈음해 / ～에 즈음해서의

【연결】명사/동사 기본형＋～に際して/～に際し/～に際しての

入学式に際し、明日新入生の集まりがある。
입학식에 즈음하여 내일 신입생의 모임이 있다.

出発（しゅっぱつ）に際（さい）しまして、もう一度（いちど）パスポートの確認（かくにん）をお願（ねが）い致（いた）します。
출발함에 있어서, 다시 한 번 여권의 확인을 부탁드립니다.

これは投票（とうひょう）に際（さい）しての注意点（ちゅういてん）だ。 이것은 투표에 즈음해서의 주의점이다.

106. ～に先立（さきだ）って／～に先立（さきだ）ち／～に先立（さきだ）つ ～에 앞서서 / ～에 앞서 / ～에 앞서는
【연결】 명사/동사 기본형＋～に先立（さきだ）って／～に先立（さきだ）ち／～に先立（さきだ）つ

実施（じっし）に先立（さきだ）つ用意周到（よういしゅうとう）な計画（けいかく）。 실시에 앞선 용의주도한 계획.

試合（しあい）に先立（さきだ）って、試合（しあい）のルールの確認（かくにん）が行（おこな）われた。
시합에 앞서, 시합 규칙의 확인이 이루어졌다.

出発（しゅっぱつ）に先立（さきだ）ってこれからの予定（よてい）を説明（せつめい）します。
출발하기에 앞서 앞으로의 예정을 설명하겠습니다.

映画（えいが）の上映（じょうえい）に先立（さきだ）ちまして、監督（かんとく）、出演者（しゅつえんしゃ）のお話（はなし）があります。
영화 상영에 앞서서, 감독, 출연자의 이야기가 있겠습니다.

107. ～に従（したが）って／～に従（したが）い ～에 따라서 / ～에 따라
【연결】 명사/동사 기본형＋～に従（したが）って／～に従（したが）い

寒（さむ）くなるに従（したが）って暖房（だんぼう）の売（う）れ行（ゆ）きもよくなった。 추워짐에 따라 난방 제품의 팔림새도 좋아졌다.

矢印（やじるし）に従（したが）って、角（かど）を右（みぎ）に曲（ま）がってください。 화살표를 따라서, 모퉁이를 오른쪽으로 돌아주십시오.

物価（ぶっか）の上昇（じょうしょう）に従（したが）い、給料（きゅうりょう）もまたアップする。 물가 상승에 따라, 월급도 또한 올라간다.

景気（けいき）が悪（わる）くなるに従（したが）い、消費（しょうひ）も悪（わる）くなっていった。 경기가 나빠짐에 따라 소비도 나빠져 갔다.

108. ～にしたら／～にすれば／～にしても ～에게는 / ～의 입장으로는 / ～라도
【연결】 명사＋～にしたら／～にすれば／～にしても

天才（てんさい）の彼（かれ）の考（かんが）えにすれば当（あ）たり前（まえ）なことだ。 천재인 그의 생각으로는 당연한 일이다.

彼（かれ）にすれば、当然（とうぜん）のことだということになるでしょう。
그러면, 당연한 일이라고 하는 것이 되지요.

あの人（ひと）の身（み）にしたらそう考（かんが）えてもおかしくない。
저 사람의 입장으로는 그렇게 생각해도 이상하지 않다.

私（わたし）にしても同（おな）じ気持（きも）ちだ。 나라도 같은 기분이다.

109. 〜にしては 〜치고는

【연결】 명사/동사형/형용사형＋〜にしては

女性にしては力が強い。 여자치고는 힘이 세다.

外国人にしてはうまい。 외국인치고는 잘한다.

一年も日本語を勉強しているそうだが、それにしては下手すぎる。
1년이나 일본어를 공부하고 있다고 하지만, 그것치고는 너무 못한다.

大学を出たって言っているけど、大学を出たにしては教養がなさ過ぎる。
대학을 나왔다고 말하고 있지만, 대학을 나온 것 치고는 너무 교양이 없다.

110. 〜にしろ/〜にせよ/〜にもせよ 〜라 하더라도 / 〜라고 해도

【연결】 명사/동사형/형용사형＋〜にしろ/〜にせよ/〜にもせよ

先生にしろ親にしろ困ったことがあったら相談しなさい。
선생님이든지 부모님이든지 곤란한 일이 있다면 상담해라.

与党にせよ野党にせよ政治には興味がない。 여당이건 야당이건 정치에는 흥미가 없다.

電車にしろ、タクシーにしろ、今からでは間に合わない。
전철이건 택시건 지금부터로는 시간에 맞지 않는다.

111. 〜に過ぎない 〜에 지나지 않다

【연결】 명사/동사형/형용사형＋〜に過ぎない

今度の試験に受かった人はたった5人に過ぎない。
이번 시험에 합격한 사람은 단지 5명에 불과하다.

会社でいばっている社長もうちに帰れば、一人の父親に過ぎない。
회사에서 뽐내는 사장님도, 집에 돌아가면, 한 사람의 아버지에 지나지 않는다.

期待された新製品の売り上げは、結局、予想の３０％に過ぎなかった。
기대되었던 신제품의 매상은, 결국, 예상의 30%에 지나지 않았다.

100字程度の漢字を覚えたに過ぎない。
100자 정도의 한자를 외운 것에 불과하다.

112. ～に相違ない　～임에 틀림없다

【연결】명사/동사형/형용사형＋～に相違ない

上の内容と相違ないことを証明します。
위의 내용과 틀림이 없음을 증명합니다.

自信がなければやらない彼のことだから、分野違いの今度の仕事は断るに相違ない。
자신이 없으면 하지 않는 그이니까, 분야가 다른 이번 일은 거절함에 틀림없다.

あの人が犯人に相違ない。저 사람이 범인임에 틀림없다.

国へ帰ったに相違ない。고향에 돌아갔음에 틀림없다.

113. ～に沿って/～に沿い/～に沿う/～に沿った

～에 따라서 / ～에 따라 / ～에 따르는 / ～에 따른
【연결】명사＋～に沿って/～に沿い/～に沿う/～に沿った

海岸線に沿って歩く。해안선을 따라 걷다.

政府の方針に沿った実施計画。정부 방침에 따른 실시계획.

線路に沿って歩いたら大きな橋が見えてきた。
철도를 따라 걸으니 큰 다리가 보였다.

114. ～に対して/～に対し/～に対しては/～に対しても/～に対する

～에 대해서 / ～에 대해 / ～에 대해서는 / ～에 대해서도 / ～에 대한
【연결】명사＋～に対して/～に対し/～に対しては/～に対しても/～に対する

上司に対して悪口を言ってはいけない。
상사에 대해서 욕을 해서는 안 된다.

山口さんは日本の経済だけでなく日本の文化に対しても興味を持っている。
야마구치 씨는 일본의 경제뿐만 아니라 일본의 문화에 대해서도 흥미를 갖고 있다.

目上の人に対して敬語を使う。
손윗사람에 대해서 경어를 쓴다.

被害者に対する補償問題を検討する。
피해자에 대한 보상 문제를 검토하다.

115. 〜に違ちがいない　〜임에 틀림없다

【연결】명사/동사형/형용사형＋〜に違ちがいない

あの漢字かんじは間違まちがっているに違ちがいない。 저 한자는 틀렸음에 틀림없다.

中国人ちゅうごくじんに違ちがいない。 중국인임에 틀림없다.

彼かれは知しっているに違ちがいない。 그는 알고 있음에 틀림없다.

116. 〜について/〜につき/〜については/〜についても/についての

〜에 대해서 / 〜마다(때문에) / 〜에 대해서는 / 〜에 대해서도 / 〜에 대한

【연결】명사＋〜について/〜につき/〜については/〜についても/〜についての

野球やきゅうについては全まったくの素人しろうとです。 야구에 대해서는 완전한 아마추어입니다.

大学だいがくでは日本にほんの経済けいざいについて研究けんきゅうしたいと思おもっています。
대학교에서는 일본의 경제에 대해 연구하고 싶습니다.

日本にほんの歴史れきしについては何なにも知しりません。 일본의 역사에 대해서는 아무것도 모릅니다.

我わが社しゃの新製品しんせいひんにつき、ご説明せつめいいたします。 저희 회사의 신제품에 대해 설명해 드리겠습니다.

工事中こうじちゅうにつき立入禁止たちいりきんし。 공사 중으로 인해 출입금지.

雨天うてんにつき、試合しあいは延期えんきいたします。 우천으로 인해 시합은 연기하겠습니다.

教授きょうじゅの海外出張かいがいしゅっちょうにつき休講きゅうこう。 교수의 해외출장으로 인해 휴강.

店内改装てんないかいそうにつき、しばらく休業きゅうぎょういたします。 가게 내부 개장 때문에 잠시 휴업합니다.

117. 〜につけ/〜につけては/〜につけても

〜에 관련하여(〜할 때마다) / 〜에 관해서는 / 〜에 관해서도

【연결】명사/동사 기본형/형용사형＋〜につけ/〜につけては/〜につけても

家族かぞくの写真しゃしんを見みるにつけ、会あいたくてたまらなくなる。
가족사진을 볼 때마다, 보고 싶어서 참을 수 없게 된다.

戦争せんそうのニュースを聞きくにつけ、心こころが痛いたむ。 전쟁 뉴스를 들을 때마다, 마음이 아프다.

雨あめにつけ雪ゆきにつけ、工事こうじの遅おくれが心配しんぱいされた。
비의 경우에도 눈의 경우에도, 공사 지연이 걱정되었다.

先輩の活躍を見るにつけ聞くにつけ、心強くなる。
선배의 활약을 볼 때에도 들을 때에도, 마음이 든든해진다.

いいにつけ悪いにつけ、私は全然しないつもりです。
좋든지 나쁘든지, 저는 전혀 안 할 생각입니다.

それにつけてもあのころが懐かしい。그것에 관해서도 그때가 그립다.

母は何かにつけても小言を言う。어머니는 무엇이든 간에 잔소리를 한다.

118. ～につれて/～につれ　～함에 따라 / ～할수록
【연결】 명사/동사 기본형＋～につれて/～につれ

体の老化につれて目もだんだん悪くなる。몸이 노화에 따라 눈도 점점 나빠진다.

北の方へ進むにつれ、気温もだんだん上がっていく。북쪽으로 감에 따라 기온도 점점 올라간다.

会社が大きくなっていくにつれ、人間関係も変わっていった。
회사가 커져감에 따라, 인간관계도 변해져 갔다.

119. ～にとって/～にとっては/～にとっても/～にとっての
～에게 있어서 / ～에게 있어서는 / ～에 있어서도 / ～에 있어서의
【연결】 명사＋～にとって/～にとっては/～にとっても/～にとっての

文法の詳しい彼にとってはそれは易しいことだ。
문법을 상세히 아는 그에 있어서는 그것은 쉬운 것이다.

子供にとっては難しすぎる。어린이에게 있어서는 너무 어렵다.

私にとって何より嬉しいことだ。나에게 있어서 무엇보다 기쁜 일이다.

120. ～に伴って/～に伴い/～に伴う　～에 따라서(～과 함께) / ～에 따라 / ～에 따른
【연결】 명사/동사 기본형＋～に伴って/～に伴い/～に伴う

需要が増えるに伴い、供給も増えた。수요가 증가함에 따라 공급도 늘었다.

戦争に伴う多大の犠牲。전쟁에 따른 막대한 희생.

風に伴って雨も降ってきた。바람과 함께 비도 내렸다.

出生率の低下に伴って、様々な問題が出てきている。
출생률 저하와 함께, 다양한 문제가 나타나고 있다.

121. 〜に反して/〜に反し/〜に反する/〜に反した

〜에 반해서 / 〜에 반해 / 〜에 반하는(〜에 어긋나는) / 〜에 반한

【연결】 명사＋〜に反して/〜に反し/〜に反する/〜に反した

親の期待に反して試験に落ちてしまった。
부모의 기대와는 반대로 시험에 떨어져 버렸다.

学校の規則に反すると、退学になることもある。
학교 규칙에 어긋나면, 퇴학되는 일도 있다.

予想に反して負けてしまった。 예상과는 반대로 지고 말았다.

努力したが、皆の期待に反する結果となってしまった。
노력했지만, 모두의 기대에 어긋나는 결과가 되어 버렸다.

122. 〜にほかならない　바로 〜이다, 〜임에 틀림없다, 〜와 다를 바 없다

【연결】 명사＋〜にほかならない

竹内先生が厳しいのは学生を愛しているからにほかならない。
다케우치 선생님이 엄격한 것은 바로 학생을 사랑하기 때문임에 틀림없다.

彼女の肥満の原因はストレスにほかならない。 그녀의 비만 원인은 바로 스트레스다.

この制度に対する反感の表れにほかならない。 이 제도에 대한 반감의 표현과 다를 바 없다.

彼が祖国を深く愛しているからにほかならない。
그가 조국을 깊게 사랑하고 있기 때문임에 틀림없다.

123. 〜に基づいて/〜に基づき/〜に基づく/〜に基づいた

〜을 기초로 해서(〜에 입각하여) / 〜을 기초로(〜에 의거하여) / 〜을 기초로 하는 /
〜을 기초로 한

【연결】 명사＋〜に基づいて/〜に基づき/〜に基づく/〜に基づいた

彼はいつも事実に基づいて小説を書く。 그는 항상 사실에 입각하여 소설을 쓴다.

目撃者の証言に基づき、彼女を捕まえた。 목격자의 증언을 근거로 하여 그녀를 체포했다.

確かな証拠に基づき、警察は彼を犯人と断定した。
확실한 증거에 의거하여, 경찰은 그를 범인으로 단정했다.

124. ～によって/～により/～によっては/～による/～によると/

～によれば ～에 의해서 / ～에 의해 / ～에 의해서는 / ～에 의한 / ～에 의하면

【연결】명사+～によって/～により/～によっては/～による/～によると/～によれば

あそこのビルは外国人により建てられた。저곳의 빌딩은 외국인에 의해 세워졌다.

努力によって克服する。노력에 의해 극복하다.

憲法により、禁じられている。헌법에 의해, 금지되어 있다.

人によっては、反対するかもしれない。사람에 따라서는 반대할지도 모른다.

戦争による被害は八千億円にも達した。전쟁으로 인한 피해는 무려 8천억 엔에 달했다.

天気予報によると明日は晴れるそうです。일기예보에 의하면 내일은 갠다고 합니다.

125. ～に渡って/～に渡り/～に渡る/～に渡った

～에 걸쳐서 / ～에 걸쳐 / ～에 걸치는 / ～에 걸친

【연결】명사+～に渡って/～に渡り/～に渡る/～に渡った

5日間に渡って行われた会議。5일간에 걸쳐 행하여진 회의.

各科目に渡り、よい成績をとる。각 과목에 걸쳐 좋은 성적을 얻다.

30年間に渡る戦争で、国土は荒れ果てた。30년 동안에 걸친 전쟁으로, 국토는 몹시 황폐해졌다.

韓国は五千年に渡った歴史です。한국은 5천 년에 걸친 역사입니다.

126. ～抜きで/～抜きでは/～抜きに/～抜きには/～抜きの

～없이 / ～없이는 / ～을 뺀

【연결】명사+～抜きで/～抜きでは/～抜きに/～抜きには/～抜きの

最近、朝御飯抜きで会社に向かうサラリーマンが多い。
요즘 아침밥을 거르고 회사에 가는 샐러리맨이 많다.

いくら条件がいいからって、本人抜きで結婚相手を決めるわけにはいかない。
아무리 조건이 좋다고 해서, 본인 없이 결혼 상대를 정할 수는 없다.

時間が遅れたので挨拶は抜きに始めましょう。시간이 늦었으니 인사는 빼고 시작합시다.

財政問題抜きの解決策はない。재정문제를 제외한 해결책은 없다.

127. 〜抜く　끝까지 〜하다, 끝까지 〜해내다

【연결】 동사ます형＋〜抜く

最後まで走り抜いた。 끝까지 달렸다.

失敗するかもしれないけど、一生懸命頑張り抜きましょう。
실패할지도 모르지만, 열심히 끝까지 분발합시다.

選び抜かれた最高の技術による作品が完成した。
고르고 고른 최고 기술에 의한 작품이 완성되었다.

これは考え抜いた末の結論です。
이것은 곰곰이 생각한 끝의 결론입니다.

128. 〜の末/〜の末に/〜た末/〜た末に/〜た末の

〜의 끝 / 〜의 끝에 / 〜한 끝 / 〜한 끝의
【연결】 명사/동사형＋〜の末/〜の末に/〜た末/〜た末に/〜た末の

父と相談の末、大学を卒業したら、父の仕事を手伝うことになった。
아버지와 상담한 끝에, 대학을 졸업하면, 아버지 일을 돕기로 되었다.

恋愛の末、ゴールインした二人だったが、二年も経たないうちに離婚してしまった。
연애 끝에, (결혼에) 골인한 두 사람이었지만, 2년도 지나지 않은 사이에 이혼하고 말았다.

考え抜いた末、行かないことにしました。
곰곰이 생각한 끝에 가지 않기로 했습니다.

悩み抜いた末の結論。 고민한 끝의 결론.

129. 〜のみならず　〜뿐만 아니라

【연결】 명사/동사형/형용사형＋〜のみならず

彼は英語のみならずドイツ語もできる。
그는 영어뿐만 아니라 독일어도 가능하다.

日本への留学に関しては、父のみならず母までも反対をした。
일본으로의 유학에 관해서는, 아버지뿐만 아니라 어머니까지도 반대를 했다.

体が病弱であるのみならず、何かをやり遂げようとする意志の力に欠けている。
몸이 병약할 뿐만 아니라, 무엇인가를 완수하려고 하는 의지력이 결여되어 있다.

130. ~のもとで/~のもとに ~의 하에서 / ~의 하에

【연결】명사＋~のもとで/~のもとに

山田先生のご指導のもとでサークル活動が行われた。
야마다 선생님의 지도 아래에서 동아리 활동이 행해졌다.

親の保護のもとに野外活動ができる。
부모의 보호 하에 야외활동을 할 수 있다.

一ヶ月という約束のもとに友達に金を貸したが、ちゃんと返してくれるだろうか。
1개월이라는 약속 하에, 친구에게 돈을 빌려주었지만, 제대로 갚아 줄까?

131. ~ば ~ほど ~하면 ~할수록

【연결】가정형＋~ば＋기본형＋~ほど

あの餅は食べれば食べるほど食べたくなる。
저 떡은 먹으면 먹을수록 먹고 싶어진다.

あの歌手は見れば見るほどかわいい。
저 가수는 보면 볼수록 귀엽다.

ガンは発見が早ければ早いほど、治る確率が高いそうだ。
암은 발견이 빠르면 빠를수록, 나을 확률이 높다고 한다.

132. ~ばかりか/~ばかりでなく ~뿐만 아니라 / ~뿐 아니라

【연결】명사/동사형/형용사형＋~ばかりか/~ばかりでなく

1年も2年も治らないばかりか、一生これに苦しめられることもある。
1년도 2년도 낫지 않을 뿐만 아니라 평생 이것으로 고통받게 되는 경우도 있다.

サッカーばかりでなくテニスも上手だ。
축구뿐만 아니라 테니스도 잘한다.

高原さんは頭がいいばかりでなく、親切で心の優しい人です。
다카하라 씨는 머리가 좋을 뿐만 아니라, 친절하고 마음 착한 사람입니다.

英語ばかりでなくロシア語もできる。
영어뿐만 아니라 러시아어도 가능하다.

133. ～ばかりに ～탓으로

【연결】동사형/형용사형＋～ばかりに

学校に遅刻したばかりに先生に叱られた。 학교에 지각한 바람에 선생님에게 혼났다.

お金がないばかりに大学に進学できなかった。 돈이 없는 탓으로 대학에 진학할 수 없었다.

あの魚を食べたばかりにひどい目にあった。 저 생선을 먹은 바람에 험한 꼴을 당했다.

日本語が下手なばかりに、いいアルバイトが探せません。
일본어가 서투른 탓에, 좋은 아르바이트를 찾을 수 없습니다.

134. ～はともかく/～はともかくとして

～은 어찌 되었든 / ～은 그렇다 치고/～은 고사하고

【연결】명사＋～はともかく/～はともかくとして

あの人は性格はともかく、仕事はできる。 저 사람은 성격은 어찌 되었든, 일은 잘한다.

結婚する、しないはともかく、まず先に自分の生活を考えなさい。
결혼한다 안 한다는 그렇다 치고, 우선 먼저 자신의 생활을 생각해라.

将来のことはともかく、明日の試験は大丈夫なの。
앞으로의 일은 어쨌든 간에, 내일 시험은 문제없어.

135. ～はもちろん/～はもとより ～은 물론 / ～은 말할 것도 없고

【연결】명사/동사형/형용사형＋～はもちろん/～はもとより

あの女優は男性にはもちろん女性にも人気がある。
저 여배우는 남성에게는 물론 여성에게도 인기가 있다.

日曜、祭日はもちろん土曜日も混む。 일요일, 경축일은 물론 토요일도 붐빈다.

家族はもとより、親戚をはじめ、友人、同僚など、彼を悪く言うものは一人もいなかった。 가족은 물론, 친척을 비롯하여, 친구, 동료 등 그를 나쁘게 말하는 사람은 한 명도 없었다.

136. ～反面/～半面 ～한 반면

【연결】명사/동사형/형용사형＋～反面/～半面

うちの会社は給料はいい反面、休みがあまりない。
우리 회사는 월급은 좋은 반면 휴일이 별로 없다.

一定の利益が見込める半面、大きな損失を招く恐れもある。
일정한 이익을 전망할 수 있는 반면, 큰 손실을 초래할 우려도 있다.

収入が増える半面、自由時間は減るだろう。
수입이 증가하는 반면, 자유시간은 줄 것이다.

137. ～べき/～べきだ/～べきではない ～해야 할 / ～해야 한다 / ～해서는 안 된다

【연결】 동사 기본형＋べき/～べきだ/～べきではない/する → するべきだ・すべきだ)

どんな場合でも約束は守るべきだ。 어떠한 경우에도 약속은 지켜야 한다.

あれはあなたがやるべきだ。 저것은 당신이 해야만 한다.

書く前に注意すべき点を説明します。 쓰기 전에 주의해야 할 점을 설명합니다.

若いうちに、外国語を勉強しておくべきだった。
젊은 동안에, 외국어를 공부해 두었어야 했다.

先生のお宅に、こんな夜中に電話するべきではない。
선생님 댁에, 이런 한밤중에 전화해서는 안 된다.

138. ～ほかない/～よりほかない/～ほかはない/～よりほかはない/
～ほかしかたない ～밖에 없다 / ～밖에는 없다 / ～외에 방법이 없다

【연결】 これ・それ・あれ/동사 기본형＋～ほかない/～よりほかない/～ほかはない/
　　　 ～よりほかはない/～ほかしかたない

親友の頼みだからやるほかない。 친한 친구의 부탁이니 할 수밖에 없다.

私が面倒をみてあげられるわけではないので黙っているほかない。
내가 보살펴 줄 수 있는 것이 아니기 때문에 잠자코 있을 수밖에 없다.

頼みたくないが、借金を返すためには親のところへ行くよりほかはない。
부탁하고 싶지 않지만, 빚을 갚기 위해서는 부모에게 가는 수밖에 없다.

今年は募集していないというから、あきらめるよりほかはない。
올해는 모집하지 않는다고 하니까, 단념할 수밖에 없다.

こうなったんだから、一生懸命頼んでみるほか仕方がなかった。
이렇게 되었으니, 열심히 부탁해 볼 수밖에 없었다.

139. ～ほどだ/～ほど/～ほどの　～(할) 정도이다 / ～(할) 정도 / ～(할) 정도의

【연결】 명사/동사형/형용사형＋～ほどだ/～ほど/～ほどの

恋人に会いたくてたまらないほどだ。 애인이 보고 싶어서 참을 수 없을 정도다.

寂しくて泣きたいほどだ。 외로워서 울고 싶을 정도다.

家族に迷惑をかけるなんて、死ぬほどつらいことです。
가족에게 폐를 끼치다니, 죽을 만큼 괴로운 일입니다.

彼ほどいい加減な人もいない。 그 만큼 무책임한 사람도 없다.

あの人ほどの美人はいない。 저 사람 정도의 미인은 없다.

一度でいいから、人がうらやむほどの恋がしてみたい。
한 번만이라도 좋으니, 남이 부러워할 정도의 사랑을 해 보고 싶다.

140. ～ほど　～(할)수록

【연결】 명사/동사 기본형/형용사형＋～ほど

けちな人ほど貯金をする。 구두쇠일수록 저금을 한다.

相撲では、太っているほど有利だ。 일본 씨름에서는 살찔수록 유리하다.

若い人ほど朝寝をする。 젊은 사람일수록 늦잠을 잔다.

練習するほど下手になることもある。 연습할수록 못하게 되는 일도 있다.

値段が高いほど品物がいいとは限らない。 가격이 비쌀수록 물건이 좋은 것은 아니다.

141. ～まい/～まいか　～하지 않겠다, ～하지 않을 것이다 / ～하지 않을 것인가

【연결】 1G동사 기본형(2G동사 ない형이 일반, 3G동사는 다양하게 연결)＋～まい/～まいか

あんなまずい店、二度と行くまい。 저렇게 맛없는 가게, 두 번 다시 가지 않겠다.

二時間も待ったのに来ないのだから、もう来るまい。
2시간이나 기다렸는데도 오지 않으니까, 이제 오지 않겠지.

国へ帰ろうか帰るまいか、迷っている。 고국에 돌아갈까 말까, 망설이고 있다.

私のような存在は社会には必要ないのではあるまいか。
나와 같은 존재는 사회에 필요 없는 것은 아닌지.

142. ～向きだ／～向きに／～向きの

～에 적합하다(알맞다) / ～에 적합하게(알맞게) / ～에 적합한(알맞은)

【연결】명사/동사 기본형＋～向きだ／～向きに／～向きの

この中華料理は、甘くて日本人向きだ。
이 중화요리는 달아서 일본인에게 알맞다.

このマンションは夏向きにできているので、冬は寒いです。
이 맨션은 여름에 적합하게 만들어져 있기 때문에, 겨울은 춥습니다.

小学生向きの番組。 초등학생에게 적합한 프로그램.

この日本語の教科書は子供向きの話ばかりでつまらない。
이 일본어 교과서는 어린이에게 적합한 이야기뿐이라서 재미없다.

143. ～向けだ／～向けに／～向けの ～대상이다 / ～을 대상으로 / ～을 대상으로 한

【연결】명사＋～向けだ／～向けに／～向けの

これは若い女性向けに作られたものだ。 이것은 젊은 여성용으로 만들어진 것이다.

留学生向けに編集された雑誌。 유학생용으로 편집된 잡지.

アメリカの自動車メーカーは、日本人向けに、右ハンドルの車を輸出している。
미국 자동차 메이커는 일본인을 대상으로 오른쪽 핸들의 차를 수출하고 있다.

高齢者向けに、安全や住みやすさを考えた住宅が開発されている。
고령자를 대상으로 안전과 살기 편안함을 고려한 주택이 개발되어 있다.

144. ～も ～ば ～も ～／～も ～なら ～も ～

～도 ～하지만 ～도 ～ / ～도 ～하거니와 ～도 ～

【연결】명사＋～も＋동사/형용사 가정형＋～ば＋명사＋～も ～

　　　명사＋～も＋명사/형용사 어간＋～なら＋명사＋～も ～

そこの店は味もよければ値段も安い。 저곳의 가게는 맛도 좋거니와 가격도 싸다.

あの人は才能豊かで、プロのように歌も歌えば、ダンスも上手だ。
저 사람은 재능이 많아서, 프로처럼 노래도 부르지만, 춤도 잘 춘다.

親も親なら、子も子だ。 부모도 부모지만, 아이도 아이다.

145. 〜もかまわず ~도 아랑곳하지 않고, ~도 상관 않고

【연결】 명사＋〜もかまわず

彼女は人目もかまわず泣き出した。
그녀는 이목도 아랑곳하지 않고 울기 시작했다.

人の迷惑もかまわず、電車の中で携帯電話で話している人がいる。
남의 민폐도 아랑곳하지 않고, 전철 안에서 휴대폰으로 말하고 있는 사람이 있다.

子供は服がぬれるのもかまわず、川の中に入って遊んでいる。
어린이는 옷이 젖는 것도 아랑곳하지 않고, 냇물에 들어가 놀고 있다.

146. 〜もの ~이니까

【연결】 명사/동사형/형용사형＋〜もの

だって電車が遅れたもの。 왜냐하면 전철이 늦게 온걸요.

だって知らなかったもの。 왜냐하면 몰랐던 걸요.

147. 〜ものがある ~한 데가 있다

【연결】 동사 기본형/형용사 기본형＋〜ものがある

この会社の給料の高いところには驚かれるものがある。
이 회사의 월급이 높은 것에는 놀랄 만한 것이 있다.

彼の音楽の才能には素晴らしいものがある。 그의 음악 재능에는 훌륭한 것이 있다.

日本の治安の良さには驚かされるものがある。 일본 치안이 좋은 것에는 놀랄만한 것이 있다.

148. 〜ものか/〜もんか ~할 것인가, ~할까 보냐 (절대 ~않는다)

【연결】 명사 수식형＋〜ものか

あんな怠け者が合格できるもんか！
저런 게으름뱅이가 합격할까 보냐!

一日ぐらい寝なくたって、死ぬもんか！
하루 정도 안 잔다고, 죽을까 보냐!

あんな所へ二度と行くものか。
저런 곳에 두 번 다시 갈까 보냐.

149. 〜ものだ／〜ものではない

〜법이다, 〜하기 마련이다, 〜했었지 / 〜것이 아니다, 〜하지 말아야 한다

【연결】 동사 기본형/형용사 기본형＋〜ものだ／〜ものではない

そんなにきれいなら、一度行ってみたいものだ。 그렇게 예쁘다면, 한 번 가 보고 싶다.

幼い頃は、電線のない近所の炭鉱でよく遊んだものだ。
어렸을 적에는, 전선이 없는 근처의 탄광에서 자주 놀곤 했었지.

見知らぬ人にそんなことをするものではない。 모르는 사람에게 그런 짓을 하지 말아야 한다.

150. 〜ものだから 〜하기 때문에, 〜했기 때문에, 〜하므로

【연결】 명사/동사형/형용사형＋〜ものだから

お金がなかったものだから買えなかったんです。
돈이 없었기 때문에 살 수 없었다.

人前でそれを言ってはいけないなんて、知らなかったものだから。
남 앞에서 그것을 말해서는 안 된다는 것을 몰랐기 때문에.

出がけにお客が来たものだから遅れてしまった。
외출하려고 할 때 손님이 왔기 때문에 늦고 말았다.

151. 〜ものなら 〜하다면, 〜것이라면

【연결】 동사 기본형(가능형, 의지(의도)형)＋〜ものなら

行けるものなら行きたい。
갈 수만 있다면 가고 싶다.

父の病気が治るものなら、どんな高価な薬でも手に入れたい。
아버지의 병이 낫는다면, 어떤 값비싼 약이라도 손에 넣고 싶다.

退院できるものなら、すぐにでもうちへ帰りたい。
퇴원할 수 있으면, 당장이라도 집에 돌아가고 싶다.

私に嘘をつこうものなら、二度と話さないからね。
나에게 거짓말을 하려고 하면, 두 번 다시 이야기하지 않을 거야.

152. ～ものの ～지만, ～하긴 했지만

【연결】 명사/동사형/형용사형 + ～ものの

やってはみたものの失敗してしまった。
해 보긴 했지만 실패해 버렸다.

一応、父に相談してみたものの、問題の解決にはいたらなかった。
일단, 아버지께 상담하긴 했지만, 문제 해결에는 이르지 않았다.

冷凍食品は便利なものの、毎日続くといやになる。
냉동식품은 편리하지만, 매일 계속되면 싫증이 난다.

試験は受けたものの、風邪で頭痛がして、実力の半分も発揮できなかった。
시험은 치르긴 했지만, 감기로 두통이 나서, 실력의 절반도 발휘하지 못했다.

153. ～やら ～やら ～랑 ～랑, ～이며 ～이며

【연결】 명사/동사형/형용사형 + ～やら + 명사/동사형/형용사형 + ～やら

娘は泣くやらわめくやら大騒ぎ！ 딸은 울며불며 대소동!

本やらノートやらが机の上に散らかっている。 책이며 노트 등이 책상 위에 흐트러져 있다.

彼の部屋はいつも食べかけのパンやら読みかけの雑誌やらが散らかっている。
그의 방은 늘 먹다 만 빵이며 읽다 만 잡지 등이 흐트러져 있다.

154. ～ようがない/～ようもない ～할 수가 없다 / ～할 수도 없다

【연결】 동사 ます형 + ～ようがない/～ようもない

高橋さんは今どこにいるのか分からないので、連絡のとりようがない。
다카하시 씨는 지금 어디에 있는지 모르기 때문에, 연락을 취할 방법이 없다.

これ以上やりようがないと思っている人でも必ず解決策はある。
이 이상 할 수 없다고 생각하고 있는 사람이라도 반드시 해결책은 있다.

視覚障害の方々は読めないから書きようがない。
시각장애인 분들은 읽을 수 없기 때문에 쓸 수가 없다.

どうしようもない僕に天使が降りてきた。 어쩔 수 없는 나에게 천사가 내려왔다.

155. ～ように ～처럼(같이) / ～하도록

【연결】 명사 수식형＋～ように

合格<ruby>ごうかく</ruby>できるようにお祈<ruby>いの</ruby>りします。
합격할 수 있도록 기원하겠습니다.

前回<ruby>ぜんかい</ruby>までのデータ構造<ruby>こうぞう</ruby>は次<ruby>つぎ</ruby>のようになっています。
지난 번까지의 데이터 구조는 다음과 같이 되어 있습니다.

熱<ruby>ねつ</ruby>が下<ruby>さ</ruby>がるように注射<ruby>ちゅうしゃ</ruby>をする。
열이 내려가도록 주사를 놓는다.

156. ～わけがない/～わけはない ～할 리가 없다 / ～할 리는 없다

【연결】 동사형/형용사형＋～わけがない/～わけはない

金持<ruby>かねも</ruby>ちがお金<ruby>かね</ruby>がないわけがない。
부자가 돈이 없을 리가 없다.

彼<ruby>かれ</ruby>がそんなことを言<ruby>い</ruby>うわけがない。
그가 그런 것을 말할 리가 없다.

ここは海<ruby>うみ</ruby>から遠<ruby>とお</ruby>いので、魚<ruby>さかな</ruby>が新鮮<ruby>しんせん</ruby>なわけがない。
여기는 바다로부터 멀기 때문에, 생선이 신선할 리가 없다.

157. ～わけだ/～わけではない/～わけでもない

～할만도 하다 / ～라는 것은 아니다 / ～라는 것도 아니다

【연결】 동사형/형용사형＋～わけだ/～わけではない/～わけでもない

一人<ruby>ひとり</ruby>1500円<ruby>えん</ruby>なら、8人<ruby>にん</ruby>だと12000円<ruby>えん</ruby>になるわけだ。
한 사람 1,500엔이면, 8명이면 12,000엔이 되는 것이다.

暑<ruby>あつ</ruby>いわけだ。３４度<ruby>ど</ruby>もある。더운 셈이다. 34도나 된다.

あなたの気持<ruby>きも</ruby>ちも分<ruby>わ</ruby>からないわけではない。
당신의 기분도 모르는 것은 아니다.

魚<ruby>さかな</ruby>を食<ruby>た</ruby>べないからといって、嫌<ruby>きら</ruby>いなわけではない。
생선을 먹지 않는다고 해서, 싫어하는 것은 아니다.

158. ～わけにはいかない／～わけにもいかない ～할 수는 없다 / ～할 수도 없다

【연결】 동사 기본형(ない형)＋～わけにはいかない／～わけにもいかない

部長の勧めだから行かないわけにはいかない。
부장의 권유이기 때문에 안 갈 수는 없다.

困った人を見たら、助けないわけにはいかない。
난처한 사람을 보면, 도와주지 않을 수는 없다.

黙っているわけにはいかない。
잠자코 있을 수는 없다.

159. ～わりに／～わりには ～에 비해 / ～에 비해서는

【연결】 명사/동사형/형용사형＋～わりに／～わりには

私はたくさん食べるわりに太らない。 나는 많이 먹는 것에 비해 살찌지 않는다.

藤本さんは勉強しないわりには成績がいい。
후지모토 씨는 공부하지 않음에 비해서는 성적이 좋다.

年をとっているわりには若く見える。 나이를 먹은 데 비해서는 젊어 보인다.

160. ～を ～として／～を ～とする／～を ～とした

～을 ～로 하여 / ～을 ～로 하는 / ～을 ～로 한

【연결】 명사＋～を＋명사＋～として／～とする／～とした

憲法では満20歳をもって成人とし、選挙権が与えられる。
헌법에서는 만 20세를 성인으로 하며, 선거권이 주어진다.

田中君をリーダーとしてサークルを作った。
다나카 군을 리더로 해서 동아리를 만들었다.

社会奉仕を目的とする団体。 사회봉사를 목적으로 하는 단체.

161. ～をきっかけに／～をきっかけとして／～をきっかけにして

～을 계기로 / ～을 계기로 해서

【연결】 명사＋～をきっかけに／～をきっかけとして／～をきっかけにして

先月の旅行をきっかけに旅行が趣味になった。
지난달의 여행을 계기로 여행이 취미가 되었다.

日本留学をきっかけに、日本についていろいろ考えるようになった。
일본 유학을 계기로, 일본에 대해서 여러 가지 생각하게 되었다.

日本人の友だちができたことをきっかけに日本語の勉強を始めた。
일본인 친구가 생긴 것을 계기로 일본어 공부를 시작했다.

162. ～を契機に/～を契機として/～を契機にして

～을 계기로 / ～을 계기로 해서
【연결】명사＋～を契機に/～を契機として/～を契機にして

病院に入院したことを契機にお酒を辞めた。
병원에 입원한 것을 계기로 술을 끊었다.

株の暴落を契機として経済は崩れ始めた。
주가의 폭락을 계기로 경제는 무너지기 시작했다.

163. ～をこめて ～을 담아

【연결】명사＋～をこめて

これは私の真心をこめているものです。
이것은 저의 진심이 담겨 있는 물건입니다.

心をこめて手紙を書いた。 정성을 들여 편지를 썼다.

彼女は私のために愛をこめて、セーターを編んでくれた。
그녀는 나를 위해 사랑을 담아, 스웨터를 짜 주었다.

164. ～を中心に/～を中心として/～を中心にして

～을 중심으로 / ～을 중심으로 해서
【연결】명사＋～を中心に/～を中心として/～を中心にして

地球は太陽を中心に回る惑星だ。
지구는 태양을 중심으로 도는 혹성이다.

東京都を中心に日本全国で経営する。
도쿄도를 중심으로 일본 전국에서 경영한다.

委員長を中心としてまとまる。
위원장을 중심으로 뭉치다.

165. ～を通じて/～を通して　～을 통해서

【연결】명사＋～を通じて/～を通して

友達を通じて明日の同窓会を知った。친구를 통해서 내일 동창회가 있는 것을 알았다.

テレビのニュースを通じて地震のことを知った。TV뉴스를 통해서 지진이 있었던 것을 알았다.

私は慌てて秘書を通して事情を聞いた。나는 황급히 비서를 통해서 사정을 들었다.

166. ～を問わず/～は問わず　～을 불문하고 / ～에 관계없이

【연결】명사＋～を問わず/～は問わず

男女を問わず10人募集します。남녀를 불문하고 10명 모집합니다.

今はビニールハウスも盛んで、四季を問わず、いろいろな野菜を食べることができます。지금은 비닐하우스도 성해서, 사계절을 불문하고, 여러 가지 야채를 먹을 수 있습니다.

性別は問わず、皆入社できます。성별을 불문하고, 모두 입사할 수 있습니다.

167. ～を抜きにして/～を抜きにしては/～は抜きにして

～을 빼고서 / ～을 빼고서는 / ～은 빼고서
【연결】명사＋～を抜きにして/～を抜きにしては/～は抜きにして

ウソを抜きにして真実だけ話してください。거짓말을 빼고 진실만 말해 주세요.

山田さんを抜きにしては語れない。야마다 씨를 빼고서는 이야기할 수 없다.

冗談は抜きにして、お前はまだ決まった人がいないのかよ。
농담은 빼고서, 너는 아직 정한 사람이 없는 거야?

168. ～をはじめ/～をはじめとする　～을 비롯하여 / ～을 시작으로 하는

【연결】명사＋～をはじめ/～をはじめとする

今年の忘年会は社長をはじめ、皆参加した。올해의 망년회는 사장을 비롯해서 모두 참석했다.

お母さんをはじめ、皆様によろしく。어머니를 비롯하여, 모두에게 안부 부탁해.

石川教授をはじめとする研究チーム。이시카와 교수를 비롯한 연구팀.

169. 〜を巡って/〜を巡る　～을 둘러싸고 / ～을 둘러싼

【연결】 명사 + 〜を巡って/〜を巡る

先日爆弾テロを巡って緊急会議で国会議員が集まった。
요전날의 폭탄 테러를 둘러싸고 긴급회의로 국회의원들이 모였다.

増税の是非を巡って政権内部でいろいろな議論がされているようだ。
증세의 시비를 둘러싸고 정권 내부에서 다양한 논의가 이루어지고 있는 것 같다.

留学生を巡る諸問題。 유학생을 둘러싼 여러 문제.

170. 〜をもとに/〜をもとにして　～을 근거로 / ～을 토대로 하여

【연결】 명사 + 〜をもとに/〜をもとにして

たくさんの事例をもとにノート形式で易しく解説します。
많은 사례를 근거로 노트 형식으로 쉽게 해설합니다.

本当にあったことをもとにして書かれた話。 정말로 있었던 일을 근거로 해서 쓰여진 이야기.

상급용 표현(기능어구)

일본어 능력시험(JLPT) 1급의 출제 기준에 명시되어 있는 내용으로, JPT 700점 이상을 목표로 하는 분들에게 필요한 기능어구이다. Part7(공란 메우기) 영역에서 가장 많이 출제되고 있지만, Part5(정답 찾기)와 Part6(오문정정) 영역에서도 자주 출제된다.

출제된 문제를 분석해보면, 기능어구의 의미 파악뿐만 아니라 연결 형태에도 각별히 주의해야만 풀 수 있는 문제가 출제되고 있다. 독해 파트뿐만 아니라 청해 파트에서도 출제되는 경우도 있으니 눈으로 보고 입으로도 암송을 해야 한다.

아는 것(○), 모르는 것(×), 알쏭달쏭한 것(△) 등으로 구분해 보자.

1	~あっての	16	~ごとき/~ごとく
2	~いかんだ/~いかんで/~いかんでは/~いかんによっては	17	~こととて
3	~いかんによらず/~いかんにかかわらず	18	~ことなしに
4	~(よ)うが	19	~しまつだ
5	~(よ)うが~まいが/~(よ)うと~まいと	20	~ずくめ
6	~(よ)うにも~ない	21	~ずにはおかない
7	~かぎりだ	22	~ずにはすまない
8	~が最後	23	~すら/~ですら
9	~かたがた	24	~そばから
10	~かたわら	25	~ただ~のみ/~ただ~のみならず
11	~がてら	26	~たところで
12	~が早いか	27	~だに
13	~からある	28	~たりとも
14	~きらいがある	29	~たる
15	~極まる/~極まりない	30	~つ~つ

001. ～あっての ～가 있고 나서, ～가 있음으로 해서(～도 존재 한다)

【연결】 명사 + ～あっての

君あっての私。 네가 있음에 나(도 있다).

地球環境あってのわれわれ一人一人であり、企業である。
지구 환경이 있음으로 해서 우리들 한 사람 한 사람, 기업이 존재한다.

002. ～いかんだ/～いかんで/～いかんでは/～いかんによっては

～여하이다 / ～여하로 / ～여하로는 / ～여하에 따라서는

【연결】 명사(の) + ～いかんだ/～いかんで/～いかんでは/～いかんによっては

結婚を幸せと感じるかどうかは、考え方いかんだ。
결혼을 행복하다고 생각할지 어떨지는, 생각하기 나름이다.

結果いかんでは。 결과 여하로는.

003. ～いかんによらず/～いかんにかかわらず

～여하에 상관없이 / ～여하에 관계없이

【연결】 명사の + ～いかんによらず/～いかんにかかわらず

対応のいかんによらず。 대응 여하에 상관없이.

一度納入した入学金は理由のいかんによらず原則として返却されません。
한 번 납입한 입학금은 이유 여하에 관계없이 원칙적으로 반환되지 않습니다.

004. ～(よ)うが ～하든간에, ～해도

【연결】 동사 의지(의도)형/い형용사 - かろう/な형용사 - だろう + ～(よ)うが

いかに困ろうが。 아무리 난처해도.

両親がいかに反対しようが、彼と結婚するつもりだ。
부모님이 아무리 반대를 해도, 그와 결혼할 생각이다.

005. ～(よ)うが ～まいが / ～(よ)うと ～まいと ～거나 ～말거나 / ～하든 ～말든

【연결】 동사 의지(의도)형＋が/と＋동사 まい형＋まいが/まいと

1G동사 기본형(2G동사 ない형이 일반, 3G동사는 다양하게 연결)＋～まい

明日は雨が降ろうが降るまいが、ドーム球場なんで関係なし！
내일은 비가 오든 말든, 돔 구장이니까 상관없어！

人に迷惑をかけようとかけまいと。다른 사람에게 폐를 끼치든 말든.

006. ～(よ)うにも ～ない ～하려고 해도 ～할 수 없다

【연결】 동사 의지(의도)형＋にも＋동사 ない형＋ない

時間がなくて行こうにも行けない。시간이 없어서 가려고 해도 갈 수 없다.

結婚しようにも相手がいない。결혼하려고 해도 상대가 없다.

007. ～かぎりだ 매우 ～하다, ～할 따름이다

【연결】 명사の/い형용사-い/な형용사-な＋～かぎりだ

だんだん暗くなってきて心細いかぎりだ。점점 어두워져서 매우 불안하다.

林先生が亡くなられたのは、悲しいかぎりだ。하야시 선생님이 돌아가신 것은, 너무 슬프다.

008. ～が最後 일단 ～했다 하면

【연결】 동사 과거형＋～が最後

そんなことになったが最後。일단 그렇게 되었다면.

この木の実は体の筋肉を弛緩させる作用があり、飲んだが最後、無抵抗な状態になってしまうのです。
이 나무 열매는 몸의 근육을 이완시키는 작용이 있어, 마셨다 하면, 무저항인 상태로 되어버립니다.

009. ～かたがた ～을 겸하여, ～하는 김에

【연결】 명사＋～かたがた

ご挨拶かたがたお願い申し上げます。인사를 겸하여 부탁 말씀을 드립니다.

お見舞いかたがたうかがいました。병문안을 할 겸 찾아뵈었습니다.

010. ～かたわら ～하는 한편으로

【연결】 동사 기본형/명사の + ～かたわら

薬局の仕事をするかたわら、毎日毎日畑に出掛けます。
약국 일을 하는 한편으로, 매일매일 밭에 나갑니다.

この試験でいいスコアを得点しないと入学できないので、仕事のかたわらで勉強を始めました。
이 시험에서 좋은 점수를 얻지 못하면 입학할 수 없기 때문에, 일을 하는 한편으로 공부를 시작했습니다.

011. ～がてら ～을 겸해, ～하는 김에

【연결】 동사 ます형/명사 + ～がてら

テストがてら使ってみる。 테스트를 겸해 사용해 보다.

渋谷から散歩しがてら立ち寄って、ゆっくりと買い物をした。
시부야에서 산책을 하는 김에 들러서, 천천히 쇼핑을 했다.

012. ～が早いか ～하자마자

【연결】 동사 기본형 + ～が早いか

彼女は大学を卒業するが早いか、結婚してしまった。 그녀는 대학을 졸업하자마자, 결혼해 버렸다.
チャイムが鳴るが早いか、彼は教室を飛び出した。 차임벨이 울리자마자, 그는 교실을 뛰어나갔다.

013. ～からある/～からの ～이나 되는

【연결】 명사 + ～からある/～からの

噂によると、彼は10億円からの遺産を相続したという。
소문에 의하면, 그는 10억 엔이나 되는 유산을 상속했다고 한다.

50キロからあるバーベルを軽々と持ち上げた。 50킬로그램이나 되는 바벨을 가볍게 들어올렸다.

014. ～きらいがある ～하는 (좋지 않은) 경향이 있다

【연결】 동사 기본형/명사の/な형용사-な + ～きらいがある

彼は人の意見を無視するきらいがある。 그는 남의 의견을 무시하는 (좋지 않은) 경향이 있다.

この本は基礎的な説明が不十分なきらいがある。 이 책은 기초적인 설명이 불충분한 경향이 있다.

015. 〜極まる/〜極まりない 너무 〜하다 / 〜하기 짝이 없다

【연결】명사/な형용사＋〜極まる/〜極まりない

失礼極まる態度。 너무나 실례되는 태도.

優勝を逃して、残念極まりない。 우승을 놓쳐서, 유감스럽기 짝이 없다.

016. 〜ごとき/〜ごとく/〜ごとし 〜(와)과 같은 / 〜(와)과 같이 / 〜(와)과 같다

【연결】동사 기본형(が)/과거형/명사の＋〜ごとき/〜ごとく/〜ごとし

〜ごとき ≒ 「〜ような」 〜(와)과 같은

〜ごとく ≒ 「〜ように」 〜(와)과 같이

〜ごとし ≒ 「〜ようだ」 〜(와)과 같다

誠に山の動くがごとき勢いであった。 정말로 산이 움직일 듯한 기세였다.

予想したごとくトラブルが生じました。 예상했던 것처럼 트러블이 생겼습니다.

017. 〜こととて 〜라서, 〜이므로, 〜인 까닭에

【연결】동사/명사の/い형용사-い/な형용사-な＋〜こととて

慣れぬこととて時間ばかりかかり、少しもはかどらない。
익숙하지 않아서 시간만 걸리고, 조금도 진척되지 않는다.

先生に質問したいことがあったが、休み中のこととて、連絡をとりようがなかった。
선생님께 질문하고 싶은 것이 있었지만, 휴가 중이라서, 연락을 취할 수가 없었다.

018. 〜ことなしに/〜ことなく 〜하는 것 없이 / 〜하지 않고

【연결】동사 기본형＋〜ことなしに/〜ことなく

人の心を傷つけることなしに社会生活をするのは難しい。
남의 마음을 상하게 하는 것 없이 사회생활을 하는 것은 어렵다.

原則を変えることなく、現実に柔軟に対応することが大切だ。
원칙을 바꾸지 않고, 현실에 유연하게 대응하는 것이 중요하다.

019. 〜しまつだ 〜(하는) 꼴이다, 〜형편이다, 〜모양이다

【연결】 명사의/동사 기본형/この(こんな)・その(そんな)・あの(あんな)＋〜しまつだ

何をさせてもあの始末だ。 무엇을 시켜도 저 모양이다.

ついには家出までするしまつだ。 끝내는 가출까지 하는 꼴이다.

020. 〜ずくめ 〜일색, 〜투성이

【연결】 명사＋〜ずくめ

この学校は規則ずくめで窮屈だ。 이 학교는 규칙투성이로 답답하다.

今日は結構なことずくめだ。 오늘은 좋은 일 일색이다.

021. 〜ずにはおかない 반드시 〜하다(〜하지 않으면 끝나지 않는다)

【연결】 동사 부정형＋〜ずにはおかない／する동사 → 〜せずにはおかない

罰を与えずにはおかない。 반드시 벌을 주겠다.

あれほど注意したにもかかわらず規則に違反したのだから、先生は彼らを処罰せずにはおかない。 그토록 주의했음에도 불구하고 규칙을 위반했기 때문에 선생님은 그들을 반드시 처벌할 것이다.

022. 〜ずにはすまない 〜하지 않고는 끝나지 않는다, 〜하지 않으면 해결되지 않는다

【연결】 동사 부정형＋〜ずにはすまない／する → 〜せずにはすまない

本当のことを言わずにはすまない。 사실을 말하지 않으면 끝나지 않는다.

彼女は知らずにやったこととはいえ、悪いことをしたのは確かなのだ。謝罪せずにはすまないだろう。
그녀는 모르고 했다고는 하지만, 나쁜 일을 한 것은 확실하다. 사죄를 하지 않으면 해결되지 않을 것이다.

023. 〜すら/〜ですら 〜조차, 〜마저

【연결】 명사＋〜すら/〜ですら

医者はもう歩くことすらできないだろうと言いました。
의사는 이젠 걷는 것조차 불가능할 것이라고 말했습니다.

人のものを勝手に使う事がいけないというのは小さな子供ですら知っていることだ。
남의 물건을 함부로 사용하는 것이 나쁘다는 것은 어린 아이조차도 알고 있는 일이다.

024 ～そばから ~하자마자 (뒤에 좋지 않은 내용이 이어짐)

【연결】 동사 기본형(과거형)+～そばから

年を取ると物覚えが悪くなり、聞くそばから忘れてしまう。
나이가 들면 기억력이 나빠져, 듣자마자 잊어버린다.

片付けたそばから子供がちらかすので、部屋がきれいにならない。
치우자마자 아이가 어지르기 때문에, 방이 깨끗해지지 않는다.

025 ただ ～のみ/ただ ～のみならず 단지 ～뿐 / 단지～뿐만 아니라

【연결】 명사/동사 기본형/い 형용사-い＋ただ～のみ/ただ～のみならず

ただそれのみが心配だ。
단지 그것만이 걱정이다.

彼はただ友達のみならず、先生からも信頼されている。
그는 단지 친구뿐만 아니라, 선생님으로부터도 신뢰받고 있다.

026 ～たところで ~한댔자, ~해 보았자

【연결】 동사 과거형＋～たところで

定年まで勤め上げるとしたところで、将来の生活の保障があるわけではない。
정년까지 무사히 끝냈댔자, 앞으로의 생활 보장이 있는 것은 아니다.

今さら言ってみたところで、どうにもならない。
이제 와서 말해 보았자, 어찌할 도리가 없다.

027 ～だに ~조차(도).

【연결】 동사 기본형(ます형)/명사＋～だに

想像だにしなかった。
상상조차(도) 하지 않았다.

想像するだに恐ろしい。
상상하기조차 무섭다.

夢にだに思わなかった。
꿈에서조차 생각하지 않았다.

028. ～たりとも ～이라도, 비록 ～라도

【연결】 명사 + ～たりとも

乗客の安全のためには一瞬たりとも油断できない。
승객의 안전을 위해서는 한순간이라도 방심할 수 없다.

1円たりとも無駄には使うな。
비록 1엔일지라도 함부로 쓰지 마라.

029. ～たる ～된, 적어도 ～인 이상

【연결】 명사 + ～たる

教師たる者、生徒のお手本にならなければならない。
교사인 이상, 학생들의 본보기가 되어야 한다.

議員たる者、もっと大きな質問をしていただきたい。
의원인 이상, 좀 더 큰 질문을 해 줬으면 한다.

030. ～つ ～つ ～하기도 하고 ～하기도 하고

【연결】 동사 ます형 + ～つ + 동사 ます형 + ～つ

抜きつ抜かれつの接戦で盛り上がりました。
앞서거니 뒤서거니 하는 접전으로 고조되었습니다.

事務所の前を行きつ戻りつしていた。
사무실 앞을 왔다 갔다 하고 있었다.

031. ～っ放し ～한 채로

【연결】 동사 ます형 + ～っ放し

彼は私から金を借りっ放しで、催促しても返そうとしません。
그는 나에게 돈을 빌린 채로, 독촉해도 갚으려고 하지 않습니다.

風呂の水を出しっ放しにして出掛けてしまった。
목욕탕 물을 틀어놓은 채로 외출해 버렸다.

032. 〜であれ/〜であれ 〜であれ　〜이라 해도 / 〜이든 〜이든

【연결】명사＋〜であれ/〜であれ〜であれ

従業員を一人でも雇用した場合は、従業員が正社員であれパートであれ、原則的に労災保険に加入しなければなりません。

종업원을 한 사람이라도 고용한 경우는, 종업원이 정사원이든 파트이든, 원칙적으로 노동자 재해 보상 보험에 가입해야만 합니다.

生活が厳しければ、男であれ女であれ懸命に働き、働くことに様々な楽しみや意味を見出す。　생활이 힘들면, 남자든 여자든 열심히 일을 해서, 일하는 것에 다양한 즐거움과 의미를 발견한다.

033. 〜てからというもの　〜하고 나서라고는 하지만, 〜하고 나서부터는

【연결】동사＋〜てからというもの

退職してからというもの、何か心に穴が開いたようだ。

퇴직을 하고 나서부터, 뭔가 마음에 구멍이 뚫린 듯하다.

彼が来てからというもの、仕事が楽しくなってきた。

그가 오고 나서부터, 일이 즐거워지게 되었다.

034. 〜でなくてなんだろう　〜가 아니면 무엇이란 말이냐

【연결】명사＋〜でなくてなんだろう

これが愛でなくてなんだろう。

이것이 사랑이 아니면 무엇이란 말이냐.

今の環境破壊が近代産業社会の産物でなくてなんだろう。

지금의 환경파괴가 근대 산업사회의 산물이 아니면 무엇이란 말이냐.

035. 〜ではあるまいし　〜도 아닌데, 〜가 아닌데

【연결】명사＋〜ではあるまいし

子供じゃあるまいし、注意されなきゃマナーも分からない大人が多いですね。

어린이도 아닌데, 주의받지 않으면 매너도 모르는 어른이 많네요.

君ではあるまいし、そんなことをするものか。

자네가 아닌데, 그런 일을 하겠느냐.

036. ～てやまない ～해 마지않다

【연결】 동사＋～てやまない

オリンピックにおける諸君の活躍を期待してやまない。
올림픽에 있어서의 여러분의 활약을 기대해 마지않는다.

世界から紛争を無くし、核やテロの脅威のない平和を念願してやまない。
세계로부터 분쟁을 없애고, 핵과 테러의 위협이 없는 평화를 염원해 마지않는다.

037. ～と相まって ～와 더불어, ～와 함께

【연결】 명사＋～と相まって

実力と運とが相まって、彼を成功に導いた。
실력과 운이 어우러져, 그를 성공으로 이끌었다.

人一倍の努力と相まって、優勝できた。
남보다 2배의 노력과 함께 우승이 가능했다.

038. ～とあって ～라서, ～라고 해서

【연결】 명사/동사 기본형/い형용사-い/な형용사＋～とあって

年に一度のお祭りとあって、日本中からたくさんの人が訪れた。
1년에 한 번의 축제라서, 일본 전국에서 많은 사람들이 방문했다.

冬休みが始まるとあって、子供たちは嬉しそうだ。
겨울 방학이 시작된다고 해서, 어린이들은 기쁜 것 같다.

039. ～とあれば ～라고 하면, ～라면, ～하면

【연결】 명사/동사 기본형/い형용사-い/な형용사＋～とあれば

息子のためとあれば、私は死ぬことだってできます。
자식을 위해서라면, 나는 죽는 것이라도 할 수 있습니다.

必要とあれば、いかなる援助も致します。
필요하다면, 어떠한 원조라도 하겠습니다.

040. ～といい ～といい ~도 그렇고, ~도 그렇고

【연결】명사＋～といい＋명사＋～といい

彼女は容姿といい、知性といい、申し分のない女性だ。
그녀는 생김새도 그렇고, 지성도 그렇고, 나무랄 데 없는 여성이다.

壁といい、ソファーといい、薄汚れた感じだ。
벽도 그렇고, 소파도 그렇고, 꾀죄죄한 느낌이다.

041. ～というところだ/～といったところだ ~정도이다 / ~이라는 것이다

【연결】명사/동사 기본형＋～というところだ/～といったところだ

時給は８００円から１０００円というところだ。
시급은 800엔에서 1000엔 정도이다.

技術が進歩すれば、世の中はますます便利になるというところだ。
기술이 진보하면, 세상은 점점 편리하게 된다는 것이다.

042. ～と言えども ~라 하더라도, ~라고는 해도

【연결】명사/동사 기본형/い형용사-い/な형용사＋～と言えども

一粒の米と言えども、粗末にしてはいけない。
한 톨의 쌀이라 하더라도, 소홀히 해서는 안 된다.

子供と言えども学校や家庭、友人関係など様々なストレス要因があふれている。
어린이라고는 해도 학교와 가정, 교우관계 등 다양한 스트레스 요인이 넘쳐나고 있다.

043. ～といったらない/～といったらありはしない(ありゃしない)

너무나 ~하다 / ~하기 이를 데 없다

【연결】명사/동사 기본형/い형용사-い/な형용사＋～といったらない/
　　　～といったらありはしない(ありゃしない)

おかしいといったらない。(너무나) 이상하기 이를 데 없다.

毎日が同じことの繰り返しで、退屈といったらないよ。
매일 똑같은 일의 반복으로, 너무나 지루해.

044. ～と思いきや　～라 생각했는데(사실은 그렇지 않다)

【연결】 명사/동사 기본형(과거형)/い형용사-い/な형용사 + ～と思いきや

簡単な問題だからすぐ解けると思いきや、意外に厳しくて苦しんだ。
간단한 문제라서 금방 풀 수 있다고 생각했는데, 의외로 까다로워서 고생했다(힘들었다).

ちゃんと受け取ったと思いきや、どこにもなかった。
확실히 받았다고 생각했는데, 어디에도 없었다.

045. ～ときたら　～로 말하(자)면, ～로 말할 것 같으면 (좋지 않은 내용을 말할 때 씀)

【연결】 명사 + ～ときたら

彼女ときたら、自分が約束を守らないくせに、他人のせいにする。
그녀로 말하자면, 자신이 약속을 지키지 않은 주제에, 남의 탓으로 돌린다.

あいつときたら、もうどうしようもない。
그 녀석으로 말할 것 같으면, 이제 어쩔 도리가 없다.

046. ～ところを　～한데도, ～한 중에

【연결】 명사の/동사 기본형(과거형)/い형용사-い/な형용사-な + ～ところを

第二外国語はドイツ語で、普通の人が1年で終わるところを4年までやりました。
제2외국어는 독일어로, 보통 사람들이 1년에 끝나는데도 4년까지 했습니다.

お忙しいところをおいでくださいまして、ありがとうございます。
바쁘신 중에도 와 주셔서 감사합니다.

047. ～としたところで/～としたって/～にしたところで/～にしたって

～한다고 해도, ～라고 해도

【연결】 명사/동사 기본형/い형용사-い/な형용사 + ～としたところで/～としたって/
　　　 ～にしたところで/～にしたって

私としたところで、名案があるわけではない。
나라고 해도, 명안이 있는 것은 아니다.

今さら先生のせいにしたって、合格するわけではない。
이제 와서 선생님 탓으로 해도, 합격하는 것은 아니다.

215

048. 〜とは　〜라고는

【연결】 명사/동사 기본형(과거형)/い형용사-い/な형용사＋〜とは

まさかあの歌手が癌だったとは知らなかった。
설마 그 가수가 암이었다고는 몰랐었다.

そこまで言うとは彼も相当なものだ。
그렇게까지 말하다니, 그도 어지간한 사람이다.

049. 〜とはいえ　〜라고는 해도

【연결】 명사/동사 기본형/い형용사-い/な형용사＋〜とはいえ

駅から近いとは言え、歩けば二十分はかかります。
역에서 가깝다고는 해도, 걸으면 20분은 걸립니다.

いくら交換留学生とはいえ、やっぱりお金はかかる。
아무리 교환 유학생이라고는 해도, 역시 돈은 든다.

050. 〜とばかりに　(마치) 〜라는 듯이

【연결】 명사/동사 기본형(과거형, 명령형)/い형용사-い/な형용사＋〜とばかりに

私が計画書を読み上げると、課長は駄目だとばかりに首を振った。
내가 계획서를 다 읽자, 과장님은 마치 안 된다는 듯이 고개를 저었다.

私の後ろのおばさんは早く行けとばかりに私の背中を押した。
내 뒤의 아주머니는 빨리 가라는 듯이 나의 등을 밀었다.

051. 〜ともなく／〜ともなしに　특별히 〜하려는 생각 없이

【연결】 의문사/동사 기본형＋〜ともなく／〜ともなしに

彼女は夕焼けの空を見るともなく、ただぼんやりと見つめていた。
그녀는 저녁 노을이 진 하늘을 특별히 보려는 생각 없이, 그냥 멍하니 바라보고 있었다.

どこからともなくいい匂いがしてきた。
어디인지 모르지만 좋은 냄새가 풍겨 왔다.

052. ～ともなると／～ともなれば　～하게 되면, ~이 되면 당연히

【연결】 명사/동사 기본형/い형용사-い/な형용사 ＋～ともなると／～ともなれば

人間は五十歳ともなると、多かれ少なかれ、先のことを考えるものだ。
인간은 50살이 되면, 많든 적든 간에, 앞날을 생각하기 마련이다.

桜の木も多く、春ともなると賑わう。
벚나무도 많고, 봄이 되면 활기차다.

053. ～ないではおかない／～ずにはおかない　～하지 않을 수 없다, 반드시 ~하다

【연결】 동사 부정형 ＋～ないではおかない／～ずにはおかない

彼女の一言は私を不安にさせないではおかなかった。 그녀의 한 마디는 나를 불안하게 했다.
今度喧嘩をしたら、罰を与えずにはおかないぞ。 이번에 또 싸움을 하면, 반드시 벌을 주겠다.

054. ～ないではすまない　～하지 않고는 끝나지 않는다, ~하지 않으면 해결되지 않는다

【연결】 동사 부정형 ＋～ないではすまない

彼に謝らないではすまないだろう。 그에게 사과하지 않으면 끝나지 않을 것이다.
人から借りた金を返さないではすまない。 남한테 빌린 돈을 갚지 않으면 해결되지 않는다.

055. ～ないまでも　～까지는 않더라도

【연결】 명사で/동사 부정형/い형용사-く/な형용사-で ＋～ないまでも

全額でないまでも、せめて利子くらいは払ってください。
전액까지는 아니더라도, 적어도 이자 정도는 지불해 주세요.

空港まで迎えに行かないまでも、ホテルには行きます。
공항까지는 마중 가지 않더라도, 호텔에는 가겠습니다.

056. ～ないものでもない　～하지 않는 것도 아니다, ~할 수도 있다

【연결】 동사 부정형 ＋～ないものでもない

相手に譲歩する気があれば、再交渉に応じないものでもない。
상대에게 양보할 마음이 있다면, 재교섭에 응할 수도 있다.

ひょっとして、引き受けないものでもない。 어쩌면, 맡아줄 수도 있다.

057. 〜ながらに 〜면서, 〜지만, 〜한 상태로

【연결】 명사/동사 ます형 + 〜ながらに

彼は生まれながらに目が見えなかった。 그는 태어나면서 눈이 보이지 않았다.

子供たちは陪審員に向かい、「お父さんを殺さないで」と涙ながらに訴えた。
어린이들은 배심원을 향해, 「아버지를 죽이지 말아요」 라고 울면서 호소했다.

058. 〜ながらも 〜이면서도, 〜이지만

【연결】 명사/동사 ます형(부정형)/い형용사-い/な형용사 + 〜ながらも

難しい、難しいと言いながらも、彼はテストでけっこういい点数を取った。
어렵다, 어렵다고 말하면서도, 그는 시험에서 상당히 좋은 점수를 받았다.

狭いながらも楽しい我が家。 좁지만 즐거운 우리 집.

059. 〜なくして/〜なくしては 〜없이(는)

【연결】 명사 + 〜なくして/〜なくしては

愛なくして何の人生か。 사랑 없이 무슨 인생인가.

彼女の存在なくしては、今度の企画は失敗に終わっていただろう。
그녀의 존재 없이는, 이번 기획은 실패로 끝났을 것이다.

060. 〜なしに/〜なしには 〜하지 않고(는)

【연결】 명사 + 〜なしに/〜なしには

断りなしに入るな。 예고 없이 들어오지 마라.

彼女なしには、私は生きていけません。 그녀 없이는, 저는 살아갈 수 없습니다.

061. 〜ならでは/〜ならではの 〜이 아니고는 / 〜에게만 있는

【연결】 명사 + 〜ならでは/〜ならではの

彼ならでは不可能なことだ。 그가 아니고는 불가능한 일이다.

留学経験の長い彼ならではの国際感覚にあふれた意見だ。
유학 경험이 긴 그에게만 있는 국제 감각에 넘친 의견이다.

062. ～なり ～하자마자

【연결】 동사 기본형 ＋ ～なり

彼は横になるなり、いびきをかき始めた。 그는 눕자마자 코를 골기 시작했다.

そう言うなり、出て行った。 그렇게 말하자마자 나갔다.

063. ～なり ～なり ～든지 ～든지

【연결】 명사/동사 기본형 ＋ ～なり ＋ 명사/동사 기본형 ＋ ～なり

分からない単語があったら、辞書を引くなり誰かに聞くなりして、調べておきなさい。 모르는 단어가 있으면, 사전을 찾든 누군가에 물어보든 해서, 조사해 두세요.

行くなり帰るなり、好きにしなさい。 가든지 말든지, 하고 싶은 대로 하세요.

064. ～なりに ～나름대로

【연결】 명사/동사 기본형(과거형)/い형용사-い/な형용사 ＋ ～なりに

収入が増えれば増えたなりに、支出も多くなっていく。
수입이 늘어나면 늘어난 대로, 지출도 많아져 간다.

私なりに考えて出した結論だ。 내 나름대로 생각해서 낸 결론이다.

065. ～にあたらない/～にはあたらない ～할 것까지는 없다

【연결】 명사/동사 기본형 ＋ ～にあたらない/～にはあたらない

泣くにあたらない。 울 필요는 없다.

弁解するにあたらない。 변명할 것까지는 없다.

驚くにはあたらない。 놀랄 것까지는 없다.

066. ～にあって/～にあっても ～에서, ～에 있어서 / ～에 있어서도

【연결】 명사 ＋ ～にあって/にあっても

この非常時にあっていかにすべきか。 이 비상시에 있어서 어떻게 해야 하는가.

いかなる困難にあってもチャンスを探し求める。 어떠한 곤란에 있어서도 찬스를 찾아 나서다.

067. ～に至る／～に至るまで／～に至って／～に至っては／～に至っても ～에 이르다 / ～에 이르

기까지 / ～에 이르러서 / ～에 이르러서는 / ～에 이르러서도

【연결】명사/동사 기본형 ＋～に至る／～に至るまで／～に至って／～に至っては／～に至っても

借金の額に至るまで調べられた。
빌려다 쓴 돈의 금액에 이르기까지 조사받았다.

別居するに至っては、離婚はもはや時間の問題だ。
별거하기에 이르러서는, 이혼은 이제 시간 문제이다.

068. ～にかかわる ～에 관련된

【연결】명사＋～にかかわる

幸いにも人命にかかわる被害はありませんでした。
다행이도 인명에 관련된 피해는 없었습니다.

人の名誉にかかわることを噂で言ってもらうのは困る。
사람의 명예에 관련된 일을 소문으로 말하는 것은 곤란하다.

069. ～にかたくない ～하기에 어렵지 않다

【연결】명사/동사 기본형＋～にかたくない

豊かな社会に憧れる開発途上国の人々の気持ちは理解するにかたくない。
풍요로운 사회를 동경하는 개발도상국의 사람들의 마음은 이해하기에 어렵지 않다.

今後ドラマの音楽はますます変わっていくだろうなってことは想像にかたくない。
앞으로 드라마 음악은 점점 변해갈 것이라는 것은 상상하기에 어렵지 않다.

070. ～にして ～이기에, ～로서도, ～이면서

【연결】명사＋～にして

近所の子供は2歳にしてすでに簡単な計算ができる。
이웃 아이는 2살이면서 벌써 간단한 계산이 가능하다.

これはあの人にして初めてできることだ。
이것은 저 사람이기에 처음으로 가능한 일이다.

071. ～に即して/～に即しては/～に即しても/～に即した

～에 따라, ～에 따라서는, ～에 따라도, ～에 따른

【연결】명사＋～に即して/～に即しては/～に即しても/～に即した

明日の火災予防の訓練は実際の場合に即して行われる。
내일의 화재 예방 훈련은 실제의 경우에 따라 행해진다.

規定に即して処理する。 규정에 따라 처리하다.

072. ～にたえる ～할 만하다

【연결】명사/동사 기본형＋～にたえる

感激にたえた立派な行為だ。
감격할 만한 훌륭한 행위이다.

これは鑑賞にたえる絵だ。
이것은 감상할 만한 그림이다.

073. ～にたえない ～할 가치가 없다, 너무나 ～함을 느끼다(～을/를 금할 수 없다)

【연결】명사/동사 기본형＋～にたえない

彼の歌は聞くにたえないものだったよ。
그의 노래는 들을 가치가 없는 것이었어.

今回の事故は百三十三名のとうとい人命を奪うという世界航空史上未曽有の大惨事と
なったことは、誠に遺憾の極みであり、悲しみにたえないのであります。
이번 사고는 133명의 고귀한 인명을 빼앗은 세계 항공 사상 미증유의 대참사가 된 것은, 참으로 지극히 유감스러우며,
슬픔을 금할 수 없습니다.

074. ～に足る ～할 만하다

【연결】명사/동사 기본형＋～に足る

満足するに足る成績だった。
만족할 만한 성적이었다.

信頼に足る人とは、たとえ不安や失敗があってもそれを隠さない人である。
신뢰할 만한 사람이란, 가령 불안이나 실패가 있어도 그것을 감추지 않는 사람이다.

075. 〜にひきかえ　〜와(과)는 반대로

【연결】명사/동사 기본형(과거형)の/い형용사-いの/な형용사-なの+〜にひきかえ

姉は社交的なタイプなのにひきかえ、妹は人前に出るのも嫌うタイプだ。
사교적인 타입의 누나와는 반대로, 여동생은 남 앞에 나오는 것도 싫어하는 타입이다.

勉強家の兄にひきかえ、弟は怠け者だ。
열심히 노력하는 형과는 반대로, 동생은 게으름뱅이다.

076. 〜にもまして　〜보다 더, 〜이상으로

【연결】명사/동사 기본형(과거형)の/い형용사-いの/な형용사-なの+〜にもまして

個々の善意や努力、ご苦労は何にもまして貴重なものでしょう。
개개인의 선의와 노력, 수고는 그 무엇보다 더 귀중한 것일 겁니다.

それにもまして気がかりなのは家族の安否だ。
그것 이상으로 더 걱정되는 것은 가족의 안부다.

077. 〜の至り　〜하기 그지없음, 극히 〜함

【연결】명사+〜の至り

大統領に握手してもらって、もう感激の至りだ。
대통령과 악수해서 너무나 감격이다.

お役に立てれば光栄の至りです。
도움이 될 수 있다면 그지없는 영광입니다.

078. 〜の極み　〜의 극치, 극도의〜

【연결】명사+〜の極み

今回ライブで聞けたのは、私にとって幸せの極みだ。
이번에 라이브로 들을 수 있었던 것은, 나에게 있어서 더할 나위 없는 행복이다.

先生にありがとうございましたなんて言われると、恐縮の極みです。
선생님께 '고마웠습니다'라는 말을 들으니, 황송하기 그지없습니다.

079. ～はおろか ～은 말할 것도 없고, ～은 커녕

【연결】 명사＋～はおろか

足首の捻挫で歩くことはおろか、立ち上がるのも辛い。
발목을 삐어서 걷는 것은 말할 것도 없고, 일어서는 것도 고통스럽다.

彼は漢字はおろかひらがなも書けない。
그는 한자는 커녕 히라가나도 못 쓴다.

080. ～ばこそ ～이기에

【연결】 명사-であれば/동사-ば/い형용사-ければ/な형용사-であれば＋～こそ

健康であればこそ、食欲もわき、生活を楽しむことができます。
건강하기에 식욕도 솟고, 생활을 즐길 수 있습니다.

ご購入後もしものことを考えればこそ、最適な保障制度です。
구입하신 후 만일의 사태를 생각하기에, 가장 적절한 보장제도입니다.

081. ～ばそれまでだ ～면 그만이다, ～면 끝장이다

【연결】 명사-であれば、なら/형용사 가정형/동사-ば、と、なら、たら＋～ばそれまでだ

せっかくの遠足も雨天ならそれまでだ。
모처럼의 소풍도 우천이면 끝장이다.

鍵があってもかけ忘れればそれまでだ。
열쇠가 있어도 잠그는 것을 잊어버리면 그만이다.

082. ひとり ～だけでなく/ひとり ～のみならず

다만 ～뿐만 아니라, 단지 ～뿐만 아니라

【연결】 ひとり＋명사/동사형/형용형＋～でけでなく/～のみならず

環境問題はひとり日本のみならず、世界全体の問題だ。
환경 문제는 단지 일본뿐만 아니라, 세계 전체의 문제이다.

ひとり大学のみならず、わが国の教育全体の問題だ。
단지 대학교뿐만 아니라, 우리나라 교육 전체의 문제이다.

083. 〜べからず／〜べからざる　〜해서는 안 된다 / 〜해서는 안 되는

【연결】 동사 기본형＋〜べからず／〜べからざる

「する」⇒ するべからず／すべからず, するべからざる／すべからざる

明るい挨拶が出来ない者は現場に入るべからず。
명랑한 인사를 못하는 자는 현장에 들어가지 말 것.

これは民主主義国の政党として、国民に対する許すべからざる裏切り行為である。
이것은 민주주의 국가의 정당으로서, 국민에 대한 용서해서는 안 될 배신행위이다.

084. 〜べく　〜하기 위해

【연결】 동사 기본형＋〜べく

「する」⇒ するべく／すべく

現在国家試験に合格すべく勉強中ですが、意味が分からないことがありますので質問いたします。
현재, 국가시험에 합격하기 위해 공부 중입니다만, 뜻을 모르는 것이 있어서 질문하겠습니다.

家を買うべく貯金している。 집을 사기 위해 저금하고 있다.

085. 〜まじき　〜있어서는 안 되는, 〜해서는 안 되는

【연결】 동사 기본형＋〜まじき

診断書偽造など、医者にあるまじき行為だ。
진단서 위조 등, 의사가 해서는 안 될 행위이다.

朝帰りなんて学生にあるまじき行為ですよ。
외박하고 이튿날 새벽에 집에 돌아오다니 학생으로서 해서는 안 될 행위에요.

086. 〜までだ／〜までのことだ　〜할 따름이다 / 하면 그만이다

【연결】 동사 기본형／これ、それ、あれ＋〜までだ／〜までのことだ

こんな状態ではどこに行っても中途半端に終わってしまう。ならば辞めるまでだ。
이런 상태로는 어디를 가도 어중간하게 끝나 버린다. 그렇다면 그만두면 그만이다.

正しくなかったら、是正し、辞めるまでのことだ。
옳지 않으면, 시정하고 그만두면 그만이다.

087. ～までもない/～までもなく ～할 것까지도 없다, ～할 것까지도 없이

【연결】 동사 기본형＋～までもない/～までもなく

買うまでもないシンプルな作り方で、目からうろこが落ちますよ。
살 필요도 없는 심플한 만드는 법으로, 속 시원하게 해결됩니다.

今更言うまでもないですが、体調と交通機関の確認と遅刻には十分気を付けましょう。本当に試験を受けさせてくれません。 새삼스럽게 말할 필요도 없습니다만, 몸의 상태와 교통 기관의 확인과 지각에는 충분히 주의합시다. 정말로 시험을 못 보게 됩니다.

088. ～まみれ ～투성이

【연결】 명사＋～まみれ

刑事は血まみれになって逃げ出した犯人を追い掛けた。
형사는 피투성이가 되어 도망친 범인을 뒤쫓았다.

カネやスキャンダルで政権は泥まみれだ。 돈과 스캔들로 정권은 진흙투성이다.

089. ～めく ～다워지다, ～같이 보이다

【연결】 명사/い형용사-/な형용사-＋～めく

ほんの１ヶ月前に撮った写真ですが、四十年前の古いカメラで撮ったせいか、なんとなく古めいた雰囲気になってしまいました。 불과 한 달 전에 찍은 사진입니다만, 40년 전의 옛날 카메라로 찍은 탓인지, 왠지 모르게 고풍스러운 분위기가 되어 버렸습니다.

「他人に首を絞められるくらいなら自分で絞めた方がいい」という皮肉めいた説明は笑いを誘った。
'남에게 목을 조이게 될 정도라면 자신이 조이는 편이 낫다'고 하는 짓궂은 설명은 웃음을 자아냈다.

090. ～もさることながら ～은 물론이거니와

【연결】 명사＋～もさることながら

お金もさることながら、命はもっと大切ではないでしょうか。
돈은 물론이거니와, 목숨은 더욱 소중하지 않습니까?

彼が家業を継ぐのは親の希望もさることながら、彼自身の夢でもあったのです。
그가 가업을 잇는 것은, 부모의 희망은 물론이거니와, 그 자신의 꿈이기도 했습니다.

091. ～ものを ～하련만, ～텐데

【연결】동사형/형용사형＋～ものを

出来ないなら出来ないって言えばいいものを。 못 하면 못 한다고 말하면 되련만.

知っていれば、助けてあげたものを。 알고 있었더라면 도와주었을 텐데.

092. ～や/～や否や ～하자마자

【연결】동사 기본형＋～や/～や否や

玄関のドアが開くや、犬が飛び出してきた。 현관의 문이 열리자마자, 개가 뛰쳐나왔다.

彼は横になるや否や、漫画のようにいびきをかき始めた。
그는 눕자마자, 만화처럼 코를 골기 시작했다.

093. ～故/～故に/～故の ～때문, ～때문에

【연결】명사/동사형/형용사형＋～故/～故に/～故の

人当たりが柔らかい故に評判がいい。 대인관계가 원만하기 때문에 평판이 좋다.

貧しさ故に学校へ行けない青少年たちが酒、麻薬におぼれ、犯罪を引き起こす。
가난 때문에 학교에 갈 수 없는 청소년들이 술, 마약에 빠져, 범죄를 일으킨다.

094. ～をおいて ～을 제외하고, ～이외에

【연결】명사＋～をおいて

彼をおいてほかに頼れる人はいない。 그를 제외하고 그밖에 믿을 수 있는 사람은 없다.

彼をおいて会長適任者はいない。 그 이외에 회장 적임자는 없다.

095. ～を限りに ～로, ～을(를) 끝으로

【연결】명사＋～を限りに

私はこのイベントを限りに引退します。 저는 이 이벤트를 끝으로 은퇴하겠습니다.

今日を限りに、もう間違えないようにしましょう。 오늘을 끝으로 이제 틀리지 않도록 합시다.

096. 〜を皮切りに / 〜を皮切りにして / 〜を皮切りとして

〜을 시작(필두)으로 / 〜을 시작으로(필두로) 해서

【연결】 명사 + 〜を皮切りに / 〜を皮切りにして / 〜を皮切りとして

今回のコマーシャル出演を皮切りに、年内に歌手としてデビューする計画だ。
이번 CM 출연을 시작으로, 연내에 가수로서 데뷔할 계획이다.

横浜を皮切りとして、この展覧会を日本で開催できることは私の喜びでもあります。
요코하마를 시작으로 해서, 이 전람회를 일본에서 개최할 수 있는 것은 저의 기쁨이기도 합니다.

097. 〜を禁じ得ない   〜을 금할 수 없다

【연결】 명사 + 〜を禁じ得ない

一方で、依然として賃上げだけを要求し続けている労働組合にも失望を禁じ得ない。
한편으로, 여전히 임금 인상만을 계속 요구하고 있는 노동조합에도 실망을 금할 수 없다.

殺人は決して許されるべきことではないが、殺された人物があくどい人物だと判明すると、犯人に同情を禁じ得ない。 살인은 결코 용서받을 수 있는 것이 아니지만, 살해당한 인물이 악랄한 인물로 판명되면, 범인에게 동정을 금할 수 없다.

098. 〜をもって   〜으로, 〜로써

【연결】 명사 + 〜をもって

選考結果については事務局から書面をもって通知します。
전형결과에 대해서는 사무국에서 서면으로 통지합니다.

奨学金の支給は辞退した年月をもって終了します。
장학금의 지급은 사퇴한 연월로써 종료합니다.

099. 〜をものともせずに   〜을 아랑곳하지 않고, 〜을 개의치 않고

【연결】 명사 + 〜をものともせずに

参加した多くの人たちは寒さをものともせずに、稲刈りや芋掘りに夢中になって取り組みました。
참가한 많은 사람들은 추위를 아랑곳하지 않고, 벼 베기와 감자 캐기에 열심히 몰두했습니다.

適の攻撃をものともせずに、圧倒的な火力で敵を破壊する。
적의 공격을 아랑곳하지 않고, 압도적인 화력으로 적을 파괴하다.

100. 〜を余儀なくされる/〜を余儀なくさせる

어쩔 수 없이 〜하게 되다 / 어쩔 수 없이 〜시키다

【연결】 명사 + 〜を余儀なくされる/〜を余儀なくさせる

学校をかなり休んでしまったので、その生徒は退学を余儀なくされた。

학교를 꽤 쉬었기 때문에, 그 학생은 어쩔 수 없이 퇴학하게 되었다.

五十年代の人口政策の誤りが八十年代以降の一人っ子政策を余儀なくさせた。

50년대의 인구 정책의 잘못이 어쩔 수 없이 80년대 이후의 독재(외동아이) 정책을 하도록 시켰다.

101. 〜をよそに 〜을 개의치 않고, 〜을 생각지 않고

【연결】 명사 + 〜をよそに

あの子は教師の忠告をよそに、相変わらず悪い仲間と付き合っている。

그 아이는 교사의 충고를 개의치 않고, 여전히 나쁜 패거리와 사귀고 있다.

元気を取り戻した田中は親の心配をよそに再び野球部に戻り、生き生きとした中学生活を送るようになりました。

건강을 되찾은 다나카는 부모의 걱정을 개의치 않고 또다시 야구부로 돌아가 생기 넘치는 중학교 생활을 보내게 되었습니다.

102. 〜んがため/〜んがために/〜んがための

〜하기 위해 / 〜하기 위해서 / 〜하기 위한

【연결】 동사 부정형 + 〜んがため/〜んがために/〜んがための

する → せんがため/せんがために/せんがための、
来る → こんがため/こんがために/こんがための

目的科学は、何かの目的を達成せんがためにその方法論を追求する学問である。

목적과학은 어떠한 목적을 달성하기 위해서 그 방법론을 추구하는 학문이다.

麦が実りをもたらすためには強くならんがための踏み付けを必要とする。

보리가 결실을 가져오기 위해서는 강하게 되기 위한 밟음을 필요로 한다.

103. 〜んばかりだ / 〜んばかりに / 〜んばかりの

(당장이라도, 마치) 〜할 듯하다 / 〜할 듯이 / 〜할 듯의

【연결】 동사 부정형 + 〜んばかりだ / 〜んばかりに / 〜んばかりの

　　　する → せんばかりだ / せんばかりに / せんばかりの

　　　来る → こんばかりだ / こんばかりに / こんばかりの

彼女は今にも泣かんばかりの表情で僕のほうを振り向いた。

그녀는 당장이라도 울 듯한 표정으로 나를 돌아다보았다.

今まで気付かなかったが、まるで降ってこんばかりの星たち。

지금까지 알아차리지 못했지만, 마치 금방이라도 내려올 듯한 별들.

동시 발생 표현 정리

동사 과거형 +～たとたん/～たとたんに ~한 순간/ ~한 순간에

~가 끝난 순간에, 바로 ~가 일어나다(놀람, 의외성). 처음부터 예정되어 있던 행동과 의도적인 동작에는 사용할 수 없다.

授業のベルが鳴ったとたん、子供たちは本を閉じた。
수업 벨이 울리자마자 아이들은 책을 덮었다.

立ち上がったとたん、腰に激しい痛みが走り、動けなくなった。
일어서는 순간에, 허리에 심한 통증이 와서, 움직일 수 없게 되었다.

家を出たとたんに雨が降り出した。
집을 나서자마자 비가 내리기 시작했다.

部屋に（○ 入るが早いか / × 入ったとたん）、テレビをつけた。
방에 들어오자마자 TV를 켰다.〈의도적 동작〉

ひと口、（○ 飲んだとたんに / × 飲むや否や）、吐き出してしまった。
한 모금 마시자마자, 토해 내고 말았다.

バスに（○ 乗ったとたんに / × 乗るや否や）、財布を忘れたのに気づいた。
버스를 타자마자, 지갑을 잊은 것을 깨달았다.

暑くて、まったく食欲がなかったのに、椅子に座って、料理を（○ 見たとたんに / × 見るや否や）、空腹を覚えた。
더워서 전혀 식욕이 없었는데, 의자에 앉아서 요리를 보자마자, 공복을 느꼈다.

동사 기본형 + ～や/～や否や ~하자마자(문어체)

~가 끝난 순간에, 바로 ~가 일어나다(예상대로).

彼は横になるや否や、漫画のようにいびきをかきはじめた。
그는 눕자마자, 만화처럼 코를 골기 시작했다.

どうして俺なんか生んだんだ、という兄のことばを聞くや、母は顔を真っ赤にしておこりだした。
〈고어적인 표현, 문어체〉
"왜 나 같은 것 낳은 거야"라고 하는 형의 말을 듣자마자, 어머니는 얼굴을 붉히며 화를 내기 시작했다.

バスに（○ 乗るや否や／× 乗ったとたん）、財布を探したが、今朝は新しいスーツに着替えたせいで、忘れてきたのに気づいた。

버스를 타자마자 지갑을 찾았지만, 오늘 아침에는 새 양복으로 갈아입은 탓으로, 잊고 온 것을 깨달았다.

昨夜は、くたくたに疲れていたので、お酒を飲んで、枕に頭を（○ のせるや否や／× のせたとたん）、眠ってしまったようだ。

어제 밤에는 녹초가 되어 피곤했기 때문에, 술을 마시고 베개에 머리를 얹자마자, 잠들어 버린 것 같다.

のどが渇いて死にそうだったので、風呂から（○ あがるや否や／× あがったとたん）、冷蔵庫からビールを出して飲みほした。

목이 말라서 죽을 것 같았기 때문에, 목욕이 끝나자마자 냉장고에서 맥주를 꺼내 들이켰다.

동사 기본형 ＋ ～が早いか ～하자마자(문장체, 회화체)

자연적인 상황발생에 사용하면 부자연스럽다. 현실에 일어난 기정사실을 묘사하는 표현.

彼女は大学を卒業するが早いか、結婚してしまった。
그녀는 대학을 졸업 하자마자, 결혼해 버렸다.

チャイムが鳴るが早いか、彼は教室を飛び出した。
차임벨이 울리자마자, 그는 교실을 뛰어 나갔다.

部屋に（○ 入るが早いか／× 入ったとたん）、テレビをつけた。
방에 들어오자마자, TV를 켰다.

（○ 帰ったとたんに／× 帰るが早いか）、涙が出てきた。
돌아오자마자, 눈물이 나왔다.

동사형 ＋ ～か ＋ ～ないかのうちに ～하자마자

～や否やの 회화체 표현

そう言ったか言わないかのうちに彼女は泣き出した。 그렇게 말하자마자 그녀는 울기 시작했다.

返事をするかしないかのうちに彼は電話を切ってしまった。 답변을 하자마자 그는 전화를 끊어 버렸다.

동사 기본형 ＋ ～なり ～하자마자

그 동작 직후이거나 그 동작 직후에 예기치 못한 일이 일어난 경우에 사용. 동일 주어 문장에 사용.

彼は横になるなりいびきをかき始めた。 그는 눕자마자 코를 골기 시작했다.

そう言うなり出て行った。 그렇게 말하자마자 나갔다.

彼女はうつむく（なり / や否や）、泣き出した。〈同一主語〉

그녀는 고개를 숙이자마자 울음을 터트렸다.

私が窓を開ける（× なり / ○ や否や）、虫が飛び込んできた。〈다른 주어〉

내가 창문을 열자마자, 벌레가 날아 들어 왔다.

ドアが（○ 開くなり / ○ 開いたとたん / × 開くや否や）、血まみれの男が倒れこみ、事務所は一瞬してパニック状態になった。〈의외성, 놀라움〉

문이 열리자마자, 피투성이의 남자가 쓰러져 들어와, 사무소는 한 순간에 패닉 상태가 되었다.

昨日、彼女さ、（○ 会うなり / ○ 会ったとたん / × 会うや否や）、泣きだしてさ、困っちゃったよ。〈의외성, 놀라움〉

어제, 그녀 말이야, 만나자마자, 울기시작해서 말이야, 난처했어.

いつものように、目覚まし時計が（○ 鳴るや否や / × 鳴るなり / × 鳴ったとたん）起きだし、スウェットスーツに着替えて、ジョギングに出かけた。〈예정대로의 전개〉

언제나처럼 자명종이 울리자마자 일어나서, 땀복으로 갈아입고, 조깅하러 나갔다.

참고 동사 완료형 + なり : ～한 채 = ～したまま

座ったなり動こうともしない。앉은 채 움직이려고도 하지 않는다.

うつむいたなり黙りこんでいる。고개를 숙인 채 입을 다물고 있다.

家を出たなり1ヶ月も帰って来なかった。집을 나간 채 1개월이나 돌아오지 않았다.

お辞儀をしたなり何も言わずに部屋を出て行った。인사를 한 채 아무 말도 없이 방을 나갔다.

동사 기본형·과거형 + ～そばから ～하자마자

주로 좋지 않은 내용이 이어지고, 동일한 장면에서 반복적으로 일어나는 것에 사용되기 때문에 1회 한정으로 생긴 일에는 사용할 수 없다.

歳を取ると物覚えが悪くなり、聞くそばから忘れてしまう。

나이를 먹으면 기억력이 나빠져, 듣자마자 잊어버린다.

片付けたそばから子供がちらかすので、部屋がきれいにならない。

치우자마자 아이가 어지르기 때문에, 방이 깨끗해지지 않는다.

君たちは私が（○ 教えるそばから / × 教えるが早いか）忘れてしまう。

너희들은 내가 가르치자마자 잊어버린다.

泥棒は警官を（○ 見るが早いか / × 見るそばから）逃げ出した。〈1회 한정〉

도둑은 경찰관을 보자마자 도망쳤다.

동사 과거형·명사の + 拍子（ひょうし）に ～한 찰나, ～한 순간에

사람의 부주의와 동작으로 인한 우발적인 사태가 일어난 것에 대한 결과를 나타냄. 사람의 행위와 관계가 없는 현상에는 사용할 수 없다.

家（いえ）を出（で）た（○ とたんに / × 拍子（ひょうし）に / × 弾（はず）みに）、雨（あめ）が降（ふ）り出（だ）した。
집을 나서자마자, 비가 내리기 시작했다.

食（た）べた（○ とたんに / × 拍子（ひょうし）に / × 弾（はず）みに）、吐（は）き気（け）がした。먹자마자, 구역질이 났다.

立（た）った（○ 拍子（ひょうし）に / × 弾（はず）みに）、棚（たな）に頭（あたま）をぶつけた。일어선 찰나에, 선반에 머리를 부딪쳤다.

座（すわ）った（○ 拍子（ひょうし）に / × 弾（はず）みに）、椅子（いす）が壊（こわ）れてしまった。앉은 순간에, 의자가 망가져 버렸다.

歌（うた）い出（だ）した（○ 拍子（ひょうし）に / × 弾（はず）みに）、声（こえ）が出（で）なくなってしまった。
노래하기 시작한 순간에, 목소리가 나오지 않게 되고 말았다.

동사 과거형·명사の + 弾（はず）みに ～한 여세로, ～한 여파로

남아 있는 기세가 있고, 반작용을 일으키는 힘이 있는 동작으로 인해서 생긴 결과를 나타냄.
사람의 행위와 관계가 없는 현상에는 사용할 수 없다.

ぶつかった（拍子（ひょうし）に / 弾（はず）みに）、尻餅（しりもち）をついてしまった。부딪친 (순간에/여파로), 엉덩방아를 찧고 말았다.

転（ころ）んだ（拍子（ひょうし）に / 弾（はず）みに）、足（あし）の骨（ほね）にヒビが入（はい）ったらしい。넘어진 (순간에/여파로), 다리뼈에 금이 간 것 같다.

衝突（しょうとつ）の（拍子（ひょうし）に / 弾（はず）みに）、バイクは大（おお）きく飛（と）び上（あ）がった。
충돌의 (순간에/여파로), 오토바이는 크게 날아올랐다.

ます형 + 次第（しだい） ～하는 대로

「次第（しだい）」앞부분에는 자연스런 경과로 일어나는 것을 나타내는 경우가 많다.
「次第（しだい）」뒷부분에는 의지적인 동작이 이어지고, 무의지적인 변화 및 현상과 과거는 사용할 수 없다.

落（お）し物（もの）が見（み）つかり次第（しだい）、お知（し）らせします。분실물이 발견되는 대로 알려드리겠습니다.

資料（しりょう）が手（て）に入（はい）り次第（しだい）、すぐに公表（こうひょう）するつもりです。자료가 손에 들어오는 대로 바로 공표할 생각입니다.

天候（てんこう）が回復（かいふく）し次第（しだい）、出航（しゅっこう）します。날씨가 회복되는 대로 출항합니다.

事件（じけん）の詳（くわ）しい経過（けいか）がわかりしだい、番組（ばんぐみ）の中（なか）でお伝（つた）えします。
사건의 자세한 경과를 알게 되는 대로 프로 진행 중에 전해드리겠습니다.

× 休（やす）みになり次第（しだい）、旅行（りょこう）に行（い）った。〈과거〉

× そのニュースが伝（つた）わり次第（しだい）、暴動（ぼうどう）が起（お）こるだろう。〈추량〉

準備（じゅんび）が出来（でき）次第（しだい）、参加者（さんかしゃ）に（× 知（し）らせた / ○ 知（し）らせてください）。
준비가 되는 대로 참가자에게 알려주십시오.

의성어 · 의태어

의성어 · 의태어 관련 문제는 매회 1~2문제가 출제되고 있지만, 출제되지 않는 경우도 가끔씩 있기 때문에 700점대 이상을 목표로 하는 학습자가 알아두어야 한다. 여기에 정리해 놓은 의성어 · 의태어는 어휘수가 많기 때문에 고득점을 목표로 하지 않는 학습자에게는 많은 부담이 될 수 있다. 700점대 이하의 점수를 목표로 하는 학습자는 48쪽에 정리해 놓은 것만을 공부해 둘 것.

あ行

□ **あたふた**
허둥지둥(당황하는 모양)
あたふたと家にかけこむ。허둥지둥 집으로 뛰어들다.

□ **あつあつ**
뜨끈뜨끈, 열렬히 (매우 뜨겁거나 남녀가 열렬히 사랑하고 있는 모양)
あつあつの味噌汁。뜨끈뜨끈한 된장국.
あつあつの仲。열렬히 사랑하는 사이.

□ **あっさり**
① 담박하게, 산뜻하게, 시원스럽게 ⑪ さっぱり, さばさば ② 간단하게, 깨끗이
あっさりした味。산뜻한 맛.
あっさりした性格。시원스런 성격.
⑪ さっぱりした性格
　 さばさばした性格
あっさりと負ける。간단하게 졌다.
あっさりと断られた。깨끗이 거절당했다.

□ **いきいき** 싱싱한, 생생한
生き生きした魚。싱싱한 생선.
生き生きした表現。생생한 표현.

□ **いじいじ**
우물우물, 어물어물, 어릿어릿 (주눅이 들어 뜻대로 행동을 못하는 모양)
いじいじした態度。주눅들린 태도.
いじいじと答える。어릿어릿하게 대답하다.

□ **いそいそ**
부리나케, 부랴부랴 (기쁜 일이 있어 동작이 들뜬 모양)
いそいそと帰る。부리나케 돌아가다.
旅支度でいそいそしている。
여행 준비로 부랴부랴하고 있다.

□ **いらいら**
① 안달복달 (초조한 모양) ② 까칫까칫, 따끔따끔 (가시가 피부에 스칠 때의 느낌)
待ち人が来なくていらいらする。
기다리는 사람이 오지 않아 신경질이 나다.
町の騒音にいらいらする。
거리의 소음으로 짜증이 나다.
喉がいらいらする。목이 따끔거리다.

□ **うかうか**
① 헛되이 (아무 생각 없이 행동하는 모양) ② 얼떨결에, 무심코 (깨닫지 못하는 사이에) ⑪ うっかり ③ 멍청하니 있는 모양

仕事をせずにうかうかと暮らす。
하는 일 없이 헛되이 지내다.

ついうかうかと手を出した。
얼떨결에[무심코] 손을 내밀었다.

うかうかすると人にだまされる。
멍청하게 굴면 남에게 속는다.

□ **うきうき**
신바람이 나서 마음이 들뜨는 모양

気もうきうきと海に行く。 신이 나서 바다에 가다.

お祭りで、子供たちはうきうきしている。
축제로 아이들은 들떠 있다.

□ **うじうじ**
꾸물꾸물, 우물쭈물 (결심을 하지 못하는 모양)
圏 もじもじ、ぐずぐず

うじうじした態度。 뜨뜻미지근한 태도.

男のくせにうじうじする。 사내답지 못하게 우물쭈물 한다.

□ **うずうず**
근질근질 (어떤 행동을 하고 싶어서 좀이 쑤시는 모양이나 상처가 가려운 모양) 圏 むずむず

遊びに出たくてうずうずする。
놀러 나가고 싶어서 좀이 쑤시다.

かさぶたのところがうずうずする。
부스럼 딱지가 근질근질하다.

□ **うっかり**
무심코, 멍청히, 깜빡

うっかり者。 멍청이.

うっかりして乗り越す。 무심코 지나쳐 가다.

うっかり約束を忘れた。 깜빡 약속을 잊었다.

□ **うつらうつら**
꾸벅꾸벅 (졸려서 깜빡깜빡 조는 모양)

寝不足でうつらうつらする。
잠이 부족해서 꾸벅꾸벅 졸다.

□ **うとうと**
꾸벅꾸벅 (깜빡깜빡 조는 모양)

眠気を催してうとうとする。
잠이 와서 꾸벅꾸벅 졸다.

□ **うろうろ**
어정버정, 허둥지둥 (우왕좌왕하거나 당황하는 모양)

うろうろと歩きまわる。 어정버정 돌아다니다.

慌ててうろうろする。 당황해서 허둥지둥하다.

□ **うろちょろ**
졸랑졸랑, 어른어른 (귀찮을 정도로 졸랑졸랑 돌아다니거나 눈 앞에서 어른거리는 모양)

そううろちょろされてはじゃまになる。
그렇게 졸랑대고 다녀서는 방해가 된다.

□ **うんざり**
지긋지긋 (진절머리가 나거나 몹시 싫증난 모양)

話が長いのでうんざりする。
말이 길어서 진절머리가 나다.

お説教にうんざりする。
잔소리에 진절머리가 나다.

□ **うんと**
매우, 몹시, 크게 (정도나 분량이 많은 모양)

うんと叱られた。 몹시 꾸지람 들었다.

金をうんと持っている。
돈을 잔뜩 가지고 있다.

うんと遊ぼう。 실컷 놀자.

□ **おいおい**

① 여봐 여봐, 이봐 이봐 (호기 있게 부르는 소리)　② 엉엉
(크게 우는 소리)

おいおい、いたずらはやめろ。
여봐 여봐, 장난은 그만 둬.

大人がおいおいと泣く。 어른이 엉엉 울다.

□ **おずおず**

주뼛주뼛, 머뭇머뭇 (겁에 질리거나 망설이는 모양)　 ⑪ こわ
ごわ、おそるおそる

おずおずと入ってくる。 머뭇머뭇 들어오다.

おずおず進み出る。 조심조심 앞으로 나아가다.

□ **おそるおそる**

조심조심, 주뼛주뼛, 머뭇머뭇 (겁내거나 황송해 하는 모양)
⑪ こわごわ、おずおず

おそるおそる近寄る。 조심조심 다가가다.

叱られると思っておそるおそる前に出る。
꾸중을 들을 줄 알고 주뼛주뼛 앞으로 나오다.

□ **おたおた**

갈팡질팡, 허둥지둥 (당황하여 어쩔 줄 모르는 모양)

急な来客におたおたする。
갑작스런 손님에 갈팡질팡하다.

突然指名されておたおたする。
갑자기 지명을 받아 허둥지둥하다.

□ **おちおち**

안정하고, 안심하고, 마음 놓고 (부정어를 수반하여)

おちおち出来ない。 안정[안심]할 수 없다.

心配で夜もおちおち眠れない。
걱정이 되어 밤에도 마음 놓고 잘 수 없다.

□ **おっとり ⇔ こせこせ**

의젓하게, 태연하게, 너글너글하게 (사람됨이나 태도 등이 대
범하고 유연한 모양)

おっとりとかまえる。 유연한 자세를 보이다.

おっとりとした人柄。 의젓하고 대범한 인품.

□ **おどおど**

벌벌, 주저주저, 흠칫흠칫, 주뼛주뼛 (공포, 긴장, 불안 등으
로 침착하지 못한 모양)

おどおどした態度。 겁먹은 태도.

先生の前でおどおどする。
선생님 앞에서 주저주저하다.

□ **おろおろ**

① 허둥지둥 (놀람, 걱정, 슬픔 등으로 당황하는 모양)　② 흑흑
거리며 우는 모양

おろおろ声。 불안에 떠는 목소리.

父の死を聞いておろおろする。
아버지의 부음을 듣고 갈팡질팡하다.

おろおろ泣く。 떨리는 목소리로 흑흑 울다.

か行

□ **がくがく**

① 흔들흔들, 삐걱삐걱 (고정되어 있어야 할 것이 헐거운 모양)
② 부들부들, 오들오들 (떨리는 모양)

机の足ががくがくする。
책상 다리가 삐걱삐걱하다.

寒くてがくがく震える。
추워서 오들오들 떨리다.

□ **かさかさ**

① 바스락바스락, 바삭바삭 (바싹 마른 것들이 부딪쳐 나는 소
리)　② 감정이 메마른 모양　③ 까슬까슬, 까칠까칠 (윤
기가 없이 까칠한 모양이나 물기가 없어 파삭한 모양)

落葉がかさかさと音を立てる。
낙엽이 바스락바스락 소리를 내다.

かさかさした人。 감정이 메마른 사람.

かさかさの土。 파삭파삭하게 마른 땅.

皮膚がかさかさになる。 피부가 까칠까칠해지다.

□ **がたがた**
① 덜덜, 와들와들, 후들후들 (심하게 떨리어 움직이는 모양)
② 덜커덩 덜커덩 (단단한 물건이 부딪쳐서 나는 소리) ③ 투덜거리는 모양 ④ 덜그럭거리다. 어근버근 (짜임새가 엉성하거나 부서져 가는 모양)

悪寒で体ががたがたする。
오한으로 몸이 덜덜 떨리다.

風でドアががたがた鳴る。
바람에 문이 덜커덩거리다.

がたがた言うな。 투덜대지 마!

がたがたになった家。 무너져 가는 집.

組織ががたがたになる。 조직이 무너지다.

□ **がたんと**
① 뚝 (성적, 순위 등이 갑자기 떨어지는 모양)
② 쾅, 꽝 (단단한 것이 부딪쳐 소리를 내는 모양)

生産量ががたんと落ちる。
생산량이 뚝 떨어지다.

戸をがたんと閉める。 문을 쾅 하고 닫다.

□ **かちかち**
① 딱딱, 똑똑, 똑딱똑딱 (단단한 물건이 가볍게 부딪치는 소리)
② 대단히 단단한 모양 ③ 성격이 까다롭고 융통성이 없는 모양 ④ 몹시 긴장한 모양

時計がかちかちと音を立てる。
시계가 똑딱똑딱 소리를 내다.

かちかちに凍る。 꽁꽁 얼다.

かちかちの保守主義者。
완고한 보수주의자.

壇の上でかちかちになる。
단상에서 얼어버리다.

□ **がつがつ**
① 걸근걸근 (걸신이 들린 모양) ② 바득바득 (비유적으로 마음의 여유 없이 몹시 욕심을 부리는 모양)

ごちそうをがつがつ食う。
맛있는 음식을 걸신 들린 듯이 먹다.

がつがつ勉強する。 바득바득 공부하다.

金をがつがつためる。 돈을 바득바득 모으다.

□ **がっかり**
① 실망, 낙담[낙심]하는 모양 ② 피곤해서 맥이 빠지는 모양

試合に負けてがっかりする。
경기에 져서 실망하다.

疲れてがっかりしたような顔をしている。 피곤해서 맥이 빠진 것 같은 얼굴을 하고 있다.

□ **がっくり**
① 푹, 탁, 축, 풀썩 (맥이 빠져 갑자기 부러지거나 꺾이거나 휘는 모양) ② 실망, 낙담, 피로 등으로 갑자기 기운을 잃는 모양

がっくりと首をたれる。 푹 고개를 떨구다.

がっくりと膝をつく。 탁 무릎을 꿇다.

がっくりと肩を落とす。 축 어깨를 늘어뜨리다.

がっくり来る。 맥이 탁 풀리다.

悲報を聞いてがっくりする。 비보를 듣고 크게 상심하다.

□ **がっしり**
튼튼히, 다부지게 (체격이나 물건의 구조 등이 튼튼하고 다부진 모양) 町 がっちり

がっしりした体。 다부진 몸.

がっしりした肩。 딱 벌어진 어깨.

がっしりと組む。 (씨름에서) 단단히 짜다[맞잡다].

□ **かっちり**
① 딱, 꼭 (사물이 딱 들어맞아 빈틈이 없는 모양) ② 다부지게 (단단하고 다부진 모양)

かっちりと組み合わせる。
꼭 들어맞게 짜맞추다.

かっちりとまとまった論文。
짜임새 있게 정리된 논문.

かっちりした体格。 다부진 체격.

□ **がっちり**
① 다부지게 (튼튼한 모양) ② 꼭, 꽉 (잘 짜여져서 빈틈이 없
는 모양) ③ 주로 금전 면에 빈틈 없고 야무진 모양

体がっちりしている。
몸이 딱 벌어져 튼튼하다.

がっちりと手を握る。 꽉 손을 쥐다.

がっちり腕を組む。 단단히 팔짱을 끼다.

がっちり屋。(금전 관계에) 빈틈 없는 사람.

がっちり稼ぐ。 야무지게 벌다.

がっちり計算する。 딱 떨어지게 계산하다.

□ **がぶがぶ**
① 꿀꺽꿀꺽, 벌컥벌컥 (술, 물 등을 힘차게 들이키는 모양) ②
출렁출렁 (위에 액체가 차서 흔들리는 모양)

酒をがぶがぶ飲む。 술을 벌컥벌컥 마시다.

腹ががぶがぶする。 배가 출렁거리다.

□ **がぶり**
꿀꺽, 덥석 (입을 딱 벌리고 단번에 들이키거나 먹는 모양)

水をがぶりと飲む。 물을 꿀꺽 마시다.

りんごを一口がぶりとかむ。 사과를 한 입 덥석 깨물다.

□ **がみがみ**
딱딱, 꽥꽥 (시끄럽게 꾸짖거나 심하게 잔소리하는 모양)

がみがみと小言を言う。
고시랑고시랑 잔소리를 하다.

がみがみ怒鳴りつける。 꽥꽥 호통치다.

□ **がやがや**
와글와글, 왁자지껄, 시끌시끌 (여러 사람이 떠들썩하게 이야
기하고 있는 모양)

生徒ががやがやと騒ぐ。
학생이 와글와글 떠들다.

教室内はがやがやしていた。
교실 안은 떠들썩했다.

□ **からから**
① 바삭바삭함, 보송보송함 (바싹 말라 물기가 없는 모양) ②
속이 비어 있는 모양 ③ 달그락달그락 (단단하고 마른 것
이 맞부딪치는 소리)
④ 껄껄, 깔깔 (큰소리로 쾌활하게 웃는 모양)

のどがからからだ。 목이 칼칼하다.

財布がからからだ。 지갑이 텅텅 비었다.

からからと鳴る。 달그락달그락 소리나다.

からからと笑う。 껄껄[깔깔] 웃다.

□ **がらがら**
① 텅텅 비어 있는 모양 ② 와르르, 드르륵드르륵 (비
유적으로 단단한 물건이 한 번에 무너져 내리거나 굴러가는 모양)
③ 양치질 소리나 목에 걸려서 괴로워하는 소리 ④ 덜
렁덜렁, 덤벙덤벙 (장소를 가리지 않고 마구 설치는 모양) ⑤
딸랑이 (흔들면 달랑달랑 소리가 나는 젖먹이용 장난감)

がらがらの電車。 텅텅 비어 있는 전철.

がらがらと崩れ落ちる。 와르르 무너져 내리다.

がらがらとうがいをする。 가글가글 양치질을 하다.

がらがらした性分。 덜렁덜렁한 성품.

□ **がらり**
① 드르륵 (미닫이 등을 세차게 여는 소리) ② 홱, 싹 (어떤 상
태가 급변하는 모양) ③ 우르르 (쌓여져 있던 것이 무너지는 모양)

戸をがらりと開ける。 문을 드르륵 열다.

家族の態度までがらりと変わる。
가족의 태도까지 싹 변하다.

石垣ががらりと崩れる。 돌담이 와르르 무너지다.

□ **からっと[からりと]**
① 싹, 확 (갑자기 변하는 모양) ② 활짝, 탁 (상쾌하게 갠 모양)
③ 시원시원 (성격이 밝고 쾌활한 모양) ④ 바싹 (물기가 없이
잘 마른 모양)

様子がからっと変った。 상태가 확 변했다.

秋晴れのからっとした天気。 활짝 갠 닭은 가을의 날씨.

からっとした性格。 탁 트인(시원시원한) 성격.

てんぷらをからっと揚げる。튀김을 바싹 튀기다.

□ **かりかり**

① 바삭바삭, 아삭아삭, 와삭와삭, 오독오독 (단단한 것을 깨물어 부스러뜨리는 소리) ② 적당히 단단하고 파삭파삭하게 마른 모양 ③ 바작바작 (신경이 곤두서거나 안달이 나는 모양) ④ 끼루룩 (기러기의 울음소리)

氷をかりかりと噛む。얼음을 와삭와삭 깨물다.

かりかりに揚げる。(기름에) 파삭파삭하게 튀기다.

神経がかりかりだ。신경이 바싹 곤두서다.

□ **がりがり**

① 깨깨, 빼빼 (몸이 깡마른 모양) ② 바득바득, 기를 쓰고 (오로지 자신의 이익과 욕구만을 위해 열심히 행동하는 모양) ③ 으드득으드득 (단단한 것을 거칠게 부스는 소리) ④ 득득 (단단하거나 투박한 것에 물건이 닿아서 나는 소리)

がりがりにやせた男。빼빼 마른 남자.

がりがり勉強する。바득바득[기를 쓰고] 공부하다.

ねずみが板をがりがりとかじっている。
쥐가 판자를 으드득으드득 갉고 있다.

頭をがりがり掻く。머리를 득득 긁다.

□ **かんかん**

① 꽝꽝, 땅땅, 땡땡 (쇠붙이 따위를 두드릴 때 나는 소리) ② 쨍쨍 (햇볕이 강하게 내리쬐는 모양) ③ 이글이글, 활활 (숯불 따위가 한창 피어오르는 모양) ④ 몹시 골을 내는 모양 ⑤ 꽁꽁 (돌, 흙 따위가 몹시 단단한 모양)

踏切の警報機がかんかんとなる。
건널목의 경보기가 땡땡 울리다.

日がかんかんと照る。햇볕이 쨍쨍 내리쬐다.

炭火がかんかんと起きる。
숯불이 활활 피어오르다.

あいつは今かんかんだ。
그 녀석은 지금 잔뜩 골이 나 있다.

道路がかんかんに凍る。
도로가 꽁꽁 얼다.

□ **がんがん**

① 꽥꽥 (잔소리를 시끄럽게 하는 모양) ② 활활 (불을 마구 때는 모양) ③ 땡땡 (종소리 따위가 시끄럽게 울리는 모양) ④ 일을 적극적으로 하는 모양 ⑤ 욱신욱신, 지끈지끈 (머리가 쑤시듯이 몹시 아픈 모양)

小言をがんがんと言う。꽥꽥 잔소리를 하다.

ストーブをがんがんたく。
난로를 활활 피우다.

半鐘をがんがん鳴らす。
경종을 땡땡 울리다.

がんがん仕事を進める。
어기차게 일을 진행하다.

風邪を引いて頭ががんがんする。
감기가 들어서 머리가 지끈지끈하다.

□ **ぎしぎし**

① 삐걱삐걱 (단단한 물건이 서로 마찰하여 나는 소리) ② 꾹꾹, 꽉꽉 (무리하게 채워 넣는 모양) ③ 서슴없이 말하는 모양

歩くと廊下がぎしぎしという。
걸으면 복도가 삐걱거린다.

トランクに服をぎしぎしに詰め込む。
트렁크에 옷을 꽉꽉 채워 넣다.

ぎしぎし文句を言う。
서슴없이 불평을 말하다.

□ **きちきち**

① 삐걱삐걱 (단단한 물건이 맞닿거나 하여 삐걱거리는 소리) ② 꼬박꼬박, 또박또박 (어김 없이 규칙적인 모양) ③ 빽빽, 꽉 (가득 들어차 빈틈이 없는 모양) ④ 빠듯이 (물건의 양이나 시간 등이 빠듯한 모양)

歯車がきちきちという。
톱니바퀴가 삐걱거린다.

家賃を毎月きちきちと払う。
집세를 매달 꼬박꼬박 치르다.

きちきちの靴。꽉 끼는 구두.

きちきちの予算。빠듯한 예산.

□ **きちんと**

① 정확히 (과부족 없이)   ② 깔끔히, 말끔히
③ 잘 정리되어, 규칙 바르게

きちんと払ってある。 정확히 지불되어 있다.

きちんとした身なり。 깔끔한 옷차림.

きちんとした生活。 규칙적인 생활.

□ **ぎっしり**

가득, 잔뜩 (가득찬 모양)

ぎっしりと詰まる。 가득 차다.

□ **きっぱり**

딱 잘라, 단호하게

きっぱりと断る。 딱 잘라 거절하다.

□ **きびきび**

팔팔하고 시원스런 모양

きびきびとした文章。 명쾌한[힘찬] 문장.

きびきびとしたお嬢さん。 발랄한 아가씨.

きびきび行動する。 팔팔하게 행동하다.

□ **きゅうきゅう**

① 급급함   ② 빠듯이 (가난해서 살림에 여유가 없는 모양)   ③
삐걱삐걱, 삑삑 (구두나 가죽 따위가 마찰되어 나는 소리)

金儲けにきゅうきゅうとする。 돈벌이에 급급하다.

きゅうきゅうの生活。 빠듯한 생활.

子供が多いのできゅうきゅうだ。
아이들이 많아서 살림이 빠듯하다.

歩くと靴がきゅうきゅう鳴る。
걸으면 신발이 삐걱삐걱 소리난다.

□ **ぎゅうぎゅう**

① 꽉, 꽉꽉 (단단히 죄는 모양)   ② 꽉, 꼭꼭
③ 닦달하는 모양 (빈틈없이 눌러 담는 모양)
④ 삐걱삐걱, 삑삑 (**きゅうきゅう**의 힘줌말)

ぎゅうぎゅうと締める。 꽉꽉 죄다.

乗客をぎゅうぎゅう詰め込んだ電車。
승객을 빽빽이 태운 전차.

ぎゅうぎゅうの目にあわせる。 닦달하다.

□ **きゅっと**

① 꼭, 꽉 (세게 죄거나 문지르거나 쥐는 모양)
② 쭉 (술 등을 단숨에 들이켜는 모양)

きゅっと口を結ぶ。 입을 꽉 다물다.

きゅっと袋の口を締める。 꽉 봉지 입구를 졸라매다.

一杯きゅっとやる。 한잔 쭉 들이켜다.

☞ **ぎょっと**   **きゅっと**의 힘줌말

□ **きらきら**   반짝반짝 (빛나는 모양)

星がきらきらと輝く。 별이 반짝반짝 빛나다.

□ **ぎらぎら**

① 번쩍번쩍, 번뜩번뜩 (눈을 쏘듯 강렬하게 빛나는 모양)   ② 쨍
쨍 (태양 등이 강하게 빛나는 모양)

油で顔がぎらぎらする。 기름으로 얼굴이 번쩍번쩍하다.

ぎらぎらした目付き。 번뜩거리는 눈초리.

真夏の太陽がぎらぎらと照りつける。
한여름의 태양이 쨍쨍 내리쬐다.

□ **きりきり**

① 삐걱삐걱, 바드득 (물건이 강하게 부딪쳐서 나는 소리)   ②
뱅뱅, 빙글빙글 (세차게 회전하는 모양)
③ 팽팽 (활시위를 세게 당기는 모양)
④ 끈이나 줄을 세게 죄어 감거나 세게 당기는 모양
⑤ 찌른듯이 아픈 모양

きりきり鳴る。 바드득거리다.

飛行機がきりきりと回って墜落する。
비행기가 뱅글뱅글 돌면서 추락하다.

弓をきりきりと引き絞る。 활을 팽팽하게 당기다.

ロープをきりきりと木に巻き付ける。
밧줄을 나무에 둘둘 감다.

腹がきりきりと痛む。 배가 쑤시듯이 아프다.

□ **ぎりぎり**

① 빠듯함 (용인된 한계점에 다다른 모양) ② 바싹 감는 모양
③ 빠드득 (이를 으드득거리는 모양) ⑪ 「きりきり」의 힘줌말

ぎりぎりの期限。 최종 기한.

ぎりぎり二千円です。 최저로 해서 2천 엔입니다.

もうこれでぎりぎりだ。 이제 이것으로 한계에 도달했다.

包帯でぎりぎりとしばる。 붕대로 꽁꽁 감다.

歯をぎりぎりと鳴らす。 이를 빠드득거리다.

□ **ぐうぐう**

① 쿨쿨 (코고는 소리) ② 쪼르륵, 꼬르륵 (배가 고파 뱃속에서 나는 소리)

彼はぐうぐういびきをかいて眠っていた。 그는 쿨쿨 코를 골며 자고 있었다.

昼食を食べなかったのでお腹がぐうぐう言う。
점심을 먹지 않아 뱃속에서 쪼르륵 소리가 난다.

□ **くさくさ** (화가 나거나 우울해서 기분이 좋지 않은 모양)
⑪ くしゃくしゃ

気がくさくさする。 기분이 울적하다.

梅雨でくさくさする。 장마 때문에 우울하다.

□ **くしゃくしゃ**

① 쭈글쭈글, 꼬깃꼬깃 (구김살투성이가 된 모양)
② 뒤죽박죽, 뒤범벅 (사물이 어지럽게 뒤섞인 모양) ⑪ ごちゃごちゃ ③ 기분이 답답한[우울한] 모양 ⑪ くさくさ

服がくしゃくしゃになる。
옷이 꼬깃꼬깃해지다.

紙をくしゃくしゃにする。
종이를 꾸깃거리다.

何もかもくしゃくしゃになる。
온통 모두 뒤범벅이 되다.

涙でくしゃくしゃになった顔。
눈물로 뒤범벅이 된 얼굴

気がくしゃくしゃする。 기분이 울적하다.

□ **くすくす**

① 키득키득, 킥킥, 킬킬 (웃음을 억지로 참는 모양) ⑪ くっくっ ② 몰래 행동하는 모양, 성질이 비뚤어진 모양

彼はくすくすと笑った。
그는 킬킬거리고 웃었다.

根性がくすくすしている。
근성이 비뚤어져 있다.

□ **ぐずぐず**

① 꾸물꾸물, 우물쭈물 (결단이나 행동이 느린 모양) ② 투덜투덜 (분명하게 말하지 않고 혼잣말로 푸념하는 모양) ③ 킁킁 (코가 막혔을 때의 소리나 모양) ④ 느슨함, 헐렁함, 흐물거림

ぐずぐずすると汽車に遅れる。
꾸물거리면 기차를 놓친다.

気に入らないのでぐずぐず言う。
마음에 들지 않아서 투덜거리다.

風邪を引いて鼻をぐずぐずといわせる。
감기가 들어 코를 킁킁거리다.

豆腐がぐずぐずになる。 두부가 흐물흐물해지다.

□ **くたくた**

① 지침, 녹초가 됨, 기진맥진함 ② (옷감의 천 따위가 낡아서) 후줄근해짐 ③ 흐물흐물 (약한 불의 냄비 속에서 끓는 소리나 모양)

くたくたになって帰ってきた。 녹초가 되어서 돌아왔다.

くたくたになったレインコート。
낡아서 후줄근해진 비옷.

豆腐をくたくた煮る。 두부를 흐물흐물 조리다.

□ **くだくだ**

말을 장황하게 늘어놓는 모양 ⑪ くどくど

言い訳をくだくだと述べる。
변명을 장황하게 늘어놓다.

□ **ぐたぐた**
⑪ 「くたくた」의 힘줌말

□ **くっくっ**

킥킥, 낄낄 (나오는 웃음을 참으면서 내는 소리)

⑪ くすくす

くっくっ笑う。 킥킥 웃다.

□ **ぐっすり**

푹 (깊이 잠든 모양)

疲れてぐっすり眠る。 피곤해서 푹 잠들다.

□ **ぐったり**

녹초가 됨, 축 늘어짐

暑さでぐったりとなる。 더위로 녹초가 되다.

ぐったりする。 (지쳐서) 축 늘어지다.

□ **ぐっと**

① 확, 꿀꺽 (힘을 주어 단숨에 하는 모양)
② 한층, 훨씬 ③ 강한 감동을 받는 모양

綱をぐっと引っ張る。 밧줄을 힘차게 당기다.

苦い薬を目をつぶってぐっと飲む。
쓴 약을 눈을 감고 꿀떡[단숨에] 삼키다.

ぐっと引き立つ。 훨씬 돋보이다.

ぐっと胸がつまる。 가슴 벅찬 감동을 느끼다.

ぐっと来る。 강한 감동을 느끼다.

□ **くどくど**

장황하게, 지겹게, 지루하게 (같은 말을 지겹도록 되풀이하는 모양)

くどくどと説明する。 장황하게[구구하게] 설명하다.

くどくど愚痴を並べる。 지겹도록 푸념을 늘어놓다.

□ **ぐにゃぐにゃ**

① 꾸불꾸불, 꼬불꼬불 (힘없이 구부러지거나 비틀어지는 모양)
② 누글누글, 흐물흐물 (부드럽거나 연해서 변형되기 쉬운 모양)
③ 흐늘흐늘, 물렁물렁 (힘이 없거나 야무지지 못하여 흐느적거리는 모양)

ぐにゃぐにゃと曲がった山道。
꼬불꼬불 구부러진 산길.

プラスチックが熱でぐにゃぐにゃになる。
플라스틱이 열로 흐물흐물해지다.

ぐにゃぐにゃした態度。 흐늘흐늘한 태도.

□ **ぐびぐび**

꿀꺽꿀꺽 (꿀꺽꿀꺽 마시는 모양)

ぐびぐびと飲む。 꿀꺽꿀꺽 마시다.

□ **くよくよ**

끙끙 (사소한 일을 한없이 걱정하여 고민하는 모양)

今さらくよくよしても仕方がない。
이제 와서 끙끙 앓아도 별 도리가 없다.

□ **くらくら**

① 아찔아찔, 어질어질 (현기증이 나는 모양) ② 펄펄, 부글부글 (물이 마구 끓는 모양) ⑪ ぐらぐら ③ 부글부글 (질투, 분노 등으로 속이 끓어오르는 모양)

目がくらくらする。 눈이 아찔아찔하다.

頭がくらくらする。 머리가 어질어질하다.

お湯がくらくらと煮えたぎる。
물이 부글부글 끓어오르다.

くらくらと燃え上がる怒り。
부글부글 치밀어 오르는 분노.

□ **ぐらぐら**

① 흔들흔들 (크게 흔들려 움직이는 모양)
② 펄펄, 부글부글 (물이 마구 끓는 모양)
⑪ 「くらくら」보다 정도가 심한 모양

地震で家がぐらぐらと揺れる。
지진으로 집이 흔들흔들 흔들리다.

□ **くるくる**

① 뱅글뱅글, 뱅뱅, 빙글빙글, 빙빙 (물건이 가볍게 자꾸 도는 모양) ② 친친, 돌돌, 둘둘 (긴 것을 몇 겹이고 감는 모양) ③ 바지런히 ④ 일이 어지럽게 변화하는 모양

皿をくるくる回す。 접시를 뱅뱅 돌리다.

紐をくるくる巻き付ける。 끈을 친친 둘러 감다.

一日中くるくると働く。 온 종일 바지런히 일하다.

状況がくるくる変る。 상황이 순식간에 바뀌다.

□ ぐるぐる

① 뱅글뱅글, 뱅뱅, 빙글빙글, 빙빙 (물건이 회전을 하거나 어떤 범위 안을 몇 번이고 원을 그리듯이 이동하거나 하는 모양) ② 친친, 돌돌, 둘둘 (긴 것을 몇 겹이고 감거나 풀거나 하는 모양)
旬 「くるくる」보다 동작이 크고 느린 모양

自転車で広場をぐるぐる回る。
자전거로 광장을 빙빙 돌다.

縄でぐるぐると巻く。 새끼로 친친 감다.

□ ぐるっと

뱅그르르, 빙, 휙 (원이나 원주를 그리며 한 번 움직이는 모양)

運動場をぐるっとひとまわりする。
운동장을 한 바퀴 빙 돌다.

ぐるっと取り囲んだ野次馬。 뱅그르르 에워싼 구경꾼들.

□ ぐるり

① 한 바퀴 도는 모양 ② 주변을 에워싸는 모양

腕をぐるりと回す。 팔을 빙 돌리다.

ぐるりと囲まれる。 빙 둘러싸이다.

□ ぐんぐん

부쩍부쩍, 쭉쭉 (힘차게 진행하거나 성장하는 모양)

成績がぐんぐん伸びる。 성적이 부쩍부쩍 늘다.

ぐんぐんスピードを上げる。 쭉쭉 속력을 올리다.

ぐんぐん背が伸びる。 무럭무럭 키가 자라다.

□ ぐんと

① 마음껏 힘을 들이는 모양 ② 훨씬, 한층, 크게, 매우, 쑥 (크게 변하는 모양)

ぐんと引っ張る。 확 잡아당기다.

今夜はぐんと寒い。 오늘밤은 훨씬 춥다.

□ けらけら

깔깔 (경망스러운 느낌의 높고 날카로운 소리로 웃는 모양)

けらけらと笑う。 깔깔 웃다.

□ げらげら

껄껄 (거리낌 없이 큰 소리로 웃는 모양)

げらげらと笑う。 껄껄 웃다.

□ けろっと

태연히, 말짱히 (아무 일도 없었다는 듯 행동하는 모양)

悪口を言ってもけろっとしている。
욕설을 해도 태연하다.

菓子を与えたらけろっと泣き止んだ。 과자를 주었더니 말짱히 울음을 그쳤다.

□ けろりと

① 천연덕스럽게, 언제 그랬느냐는 듯이 ② 씻은 듯이, 싹, 까맣게

けろりとした顔。 천연덕스러운 얼굴.

病気がけろりと治る。 병이 씻은 듯이 낫다.

約束をけろりと忘れる。 약속을 까맣게 잊다.

□ げんなり

① 싫증이 나거나 낙심, 피로 등으로 무엇을 할 기력을 잃은 모양 ② 정도가 지나쳐서 싫은 모양

あまりの暑さにげんなりする。
너무 더워서 축 늘어지다.

長いスピーチにげんなりする。
긴 연설에 질려 버리다.

甘すぎてげんなりする。 너무 달아서 질리다.

□ ごくごく

벌컥벌컥, 꿀떡꿀떡 (액체를 세차게 들이켜는 모양)

ごくごくとビールを飲み干す。
벌컥벌컥 맥주를 다 들이켜다.

□ **ごしごし**

북북, 쓱쓱 (무엇을 문지르거나 비비는 소리)

鍋の底をごしごしこする。 냄비 밑바닥을 북북 문지르다.

汚れたシャツをごしごし洗う。
때 묻은 셔츠를 비벼 빨다.

□ **こせこせ ⇔ おっとり**

① 대범한 데가 없이 사소한 일을 걱정하는[일에 얽매이는] 모양 ② 장소가 비좁고 답답한 모양

こせこせした態度。 좀스러운 태도.

こせこせした裏通り。 비좁은 뒷골목.

□ **こそこそ**

살금살금, 소곤소곤 (몰래 하는 모양)

こそこそ逃げる。 살금살금 도망치다.

かげでこそこそ会う。 뒤에서[숨어서] 몰래 만나다.

こそこそと話す。 소곤소곤 이야기하다.

□ **ごそごそ**

바스락바스락 (단단한 것이 맞닿아서 나는 소리나 그런 소리를 내며 행동하는 모양)

押し入れの中でねずみがごそごそやっている。
벽장 속에서 쥐가 바스락거리고 있다.

ごそごそと音を立てる。 바스락바스락 소리를 내다.

□ **ごたごた**

① 혼잡하고 어수선한 모양 ② 분규, 분쟁, 말썽, 복잡한 일

ごたごたした所。 혼잡한 곳.

ごたごた並べる。 어수선하게 늘어놓다.

ごたごたが起こる。 말썽이 일어나다.

ごたごたが絶えない。 분규가 끊이지 않다.

家族の間がごたごたする。 가족 간에 알력이 있다.

□ **こちこち**

① 꽁꽁, 딴딴함 (단단해지거나 굳어서 얼은 모양) ② 긴장을 하여 동작이 원활치 못한 모양 ③ 완고하거나 융통성이 없는 모양 ④ 딱딱, 째깍째깍 (단단한 것이 연속해서 부딪치며 나는 소리나 시계 톱니바퀴가 서로 맞물려서 회전하는 소리)

こちこちに凍った魚。 꽁꽁 언 생선.

こちこちになった餅。 딱딱하게 굳은 떡.

観衆の前でこちこちになる。
관중 앞에서 얼어 버리다.

こちこちのがんこ者。 융통성 없는 완고한 사람.

時計がこちこちと時を刻む。
시계가 째깍째깍 시간을 가리키다.

□ **ごちゃごちゃ**

어지러이 뒤섞인 모양, 너저분한 모양
⊞ 「ごしゃごしゃ」의 힘줌말

ごちゃごちゃした町。 너저분한 거리.

ごちゃごちゃ並べてある。 어수선하게 늘어 놓여 있다.

□ **こっくりこっくり**

꾸벅꾸벅 (조는 모양)

こっくりこっくり居眠りをする。
꾸벅꾸벅 졸다.

□ **こつこつ**

① 꾸준히 (꾸준히 노력하는 모양) ② 똑똑, 톡톡 (문 두드리는 소리) ③ 뚜벅뚜벅 (구두 소리)

こつこつ働く。 열심히[꾸준히] 일하다.

ドアをこつこつと叩く。 문을 똑똑 두드리다.

こつこつと靴音がする。 뚜벅뚜벅 구두 소리가 나다.

□ **ごつごつ**

① 울퉁불퉁 (울퉁불퉁하고 딱딱한 모양)
② 거칠고 세련되지 않은 모양

ごつごつした岩。 울퉁불퉁한 바위.

ごつごつした手。 거칠고 울퉁불퉁한 손.

ごつごつした男。거칠고 무뚝뚝한 사나이.

ごつごつした文章。세련되지 않은 문장.

□ **こっそり**

가만히, 살짝, 몰래

こっそりと抜け出す。살짝 빠져 나오다[나가다].

□ **ごっそり**

몽땅, 깡그리, 죄다

どろぼうにごっそり持っていかれた。
도둑에게 몽땅 도둑맞았다.

□ **こってり**

① 맛이나 빛깔이 아주 짙은 모양 ⇔「あっさり」
② 잔뜩, 실컷 (정도가 심한 모양)

こってりした味。기름진[진한] 맛.

白粉をこってりとつける。분을 짙게 바르다.

こってり叱られた。몹시 꾸중 들었다.

□ **ことこと**

① 탁탁, 딸그락딸그락 (물체가 가볍게 부딪쳐 나는 소리) ②
살살 끓는 소리

何かことことと音をさせている。
무언가 탁탁 소리를 내고 있다.

粥をことことと煮る。죽을 살살 끓이다.

□ **ごほん**

콜록(기침을 하는 소리)

ごほんごほんとせきをしている。
콜록콜록 기침을 하고 있다.

□ **こりこり**

① 오독오독, 오도독오도독 (약간 단단한 것을 씹는 소리나 그
런 느낌) ② 뻐근함 (근육이 단단해져 있는 모양)

たくわんをこりこり食べる。단무지를 오독오독 먹다.

肩がこりこりしている。어깨가 뻐근하다.

□ **ごりごり**

① 박박, 득득 (딱딱한 물건을 세게 문지르는 모양)
② 음식물이 딱딱한 모양 ③ 억척스럽게 (억지로 또는 힘으
로 밀고 나아가는 모양)

ごりごりと胡麻を擦る。박박 참깨를 빻다.

この芋はごりごりだ。이 고구마는 딱딱하다.

計画をごりごりと進める。계획을 억지로 진행하다.

□ **ころころ**

① 대굴대굴 (작은 물건이 굴러가는 모양) ② 통통 (살찌고 둥근 모
양) ③ 쉽게 무너지거나 차례차례 쓰러지는 모양 圓 **ころり
ろろり** ④ 간단하게 바뀌는 모양 圓 **ころり** ⑤ 딸랑딸랑,
깔깔 (방울 따위가 울리는 소리, 젊은 여자가 웃는 모양)

ボールがころころ転がっていく。
공이 대굴대굴 굴러가다.

ころころと太った子犬。통통하게 살찐 강아지.

日射病でころころと倒れる者が出る。
일사병으로 잇따라 쓰러지는 사람이 생기다.

計画がころころ変る。계획이 맥없이 바뀌다.

少女たちがころころと笑う。소녀들이 깔깔 웃다.

□ **ごろごろ**

① 데굴데굴 (그리 작지 않은 것이 굴러가는 모양) ② 빈둥빈둥
(아무 일도 하지 않고 시간을 보내는 모양) ③ 얼마든지 (여기저기
지천으로 흔한 모양) ④ 우르르 우르르 (천둥이 울리는 소리)

ドラム缶をごろごろ転がす。드럼통을 데굴데굴 굴리다.

失業してごろごろしている。실직해서 빈둥빈둥 놀고 있다.

そんな物なら世間にごろごろしている。
그런 물건이라면 세상에 흔해 빠졌다.

雷がごろごろ鳴る。천둥이 우르르 거리다.

□ **こわごわ**

주뼛주뼛, 머뭇머뭇 (두려워하거나 겁내는 모양)
圓 **おずおず、おそるおそる**

こわごわ質問する。머뭇머뭇 질문하다.

こわごわ近寄ってみる。흠칫거리며 접근해 보다.

□ **こんこん**

① 콜록콜록 (계속 기침을 하는 소리) ② 펑펑, 후두둑 (눈/비 등이 내리는 모양) ③ 캥캥 (여우가 우는 소리) ④ 똑똑 (단단한 것을 두드리는 소리)

こんこん咳をする。 콜록콜록 기침을 하다.

こんこん降る雪。 펑펑 쏟아지는 눈.

こんこんとノックをする。 똑똑 노크를 하다.

さ行

□ **ざあざあ**

① 좍좍, 쏴쏴, 주르륵주르륵 (비가 계속 쏟아지는 소리)
② 콸콸, 좍좍, 줄줄 (액체나 가루 따위가 세게 흐르거나 쏟아지는 소리) ③찍찍 (전기 기기의 잡음 소리)

雨がざあざあと降る。 비가 주르륵주르륵 내리다.

ざあざあ水をかける。 좍좍 물을 끼얹다.

ラジオにざあざあ雑音が入る。
라디오에 찍찍 잡음이 들어오다.

□ **ざくざく**

① 서벅서벅 (자갈길을 걸어갈 때 나는 소리)
② 석둑석둑 (채소 등을 큼직하게 써는 소리)
③ 지천으로, 얼마든지 (금화 등이 많이 있는 모양)

砂利をざくざくと踏む。 자갈을 서벅서벅 밟다.
大根をざくざくと切る。 무를 석둑석둑 자르다.
大判小判がざくざく出てきた。
크고 작은 금화가 지천으로 나왔다.

金ならざくざくある。 돈이라면 얼마든지 있다.

□ **さっさと**

빨랑빨랑, 후딱후딱, 냉큼냉큼, 제각제각 (망설이거나 지체하지 않는 모양)

さっさと歩け。 빨랑빨랑 걸어라.

さっさと帰る。 냉큼 돌아가다.

さっさと出て行け。 냉큼 나가거라.

さっさと処理する。 후딱후딱 처리하다.

□ **さっそう**

선드러짐 (모습, 태도, 행동 등이 씩씩하고 시원스러운 모양)

さっそうと歩く。 선드러지게 걷다.

さっそうとして登場。 선드러지게 등장.

□ **さっと**

① 날렵하게, 휭하니, 휙 (동작 따위를 민첩하게 하는 모양)
② 휙, 쏴 (비나 바람이 갑자기 내리거나 부는 모양)

警官の姿を見てさっと隠れる。
경찰의 모습을 보고 휙 숨다.

風がさっと吹く。 바람이 휙 불다.

□ **さっぱり**

① 후련한 모양, 개운한 모양 ② 담백한 모양, 산뜻한 모양, 말쑥한 모양 뗼 さっぱり, さばさば
③ 남김없이, 깨끗이 ④ 전혀, 전연, 조금도
뗼 まったく, まるで

風呂に入ってさっぱりする。 목욕을 해서 개운하다.

さっぱりした食べ物。 담백한 음식.

さっぱりとした性格。 깔끔한 성격.

さっぱり平らげた。 깨끗이 먹어치웠다.

さっぱり忘れよう。
깨끗이 잊자.

さっぱり分からない。
전혀 모르겠다.

景気はさっぱりだ。
경기는 말이 아니다.

□ **さばさば**

① 마음이 후련한 모양 ② 성격이 소탈하고 시원스러운 모양 뗼 あっさり, さっぱり

借金を返してさばさばする。 빚을 갚아서 후련하다.

さばさばした性格。 시원시원한 성격.

□ **さやさや**

① 바스락바스락 (물건이 가볍게 스치는 모양)
② 살랑살랑 (천천히 흔들리는 모양)

さやさやと触れあう木の葉。
바스락바스락 스치는 나뭇잎.

さやさやと揺れる。 살랑살랑 흔들리다.

□ **さらさら**

① 술술, 줄줄, 졸졸 (사물이 막힘없이 나아가는 모양) 回 **すら
すら** ② 보송보송, 바슬바슬 (물기나 찰기가 없거나 말라 있
는 모양) ③ 사락사락, 사각사각 (물건이 서로 가볍게 스치는
소리)

ペンをさらさらと走らせる。 펜을 술술 놀리다.

自分の罪をさらさらとさらけだす。
자기의 죄를 줄줄 털어놓다.

小川がさらさらと流れる。 시냇물이 졸졸 흐르다.

さらさらした砂。 보슬보슬한 모래.

さらさらと衣擦れの音がする。
사각사각 옷이 스치는 소리가 나다.

□ **ざらざら**

① 까칠까칠, 꺼슬꺼슬, 꺼끌꺼끌 (감촉이 거칠고 매끄럽지
않은 모양) 回 **すべすべ** ② 좌르르 (잘고 단단한 알갱이 모양
의 많은 것이 서로 부딪쳐 나는 소리)

手が荒れてざらざらする。 손이 터서 까칠까칠하다.

小豆をざらざらと袋に入れる。 팥을 좌르르 자루에 넣다.

□ **さらり**

① 매끈매끈, 자르르 (촉감이 가볍고 매끈한 모양) ② 말끔
히, 산뜻하게 (습기나 찐득찐득한 기운이 없는 모양) ③ 깨끗이,
말끔히, 선뜻 (태도, 성격 등이 담담하고 시원시원한 모양) ④ 쏙,
쓱, 줄줄 (막힘없이 진행되거나 단숨에 하는 모양)

さらりとした髪。 자르르한 머리.

さらりと乾いた。 산뜻하게 말랐다.

さらりと忘れる。 깨끗이 잊다.

難しい文章をさらりと読む。 어려운 문장을 줄줄 읽다.

□ **ざらり**

① 주르르, 좌르르 (거칠고 굵은 것이 서로 스쳐서 나는 소리)
② 꺼칠꺼칠 (물건의 표면이 매끄럽지 않은 모양)

銭をざらりと投げる。
동전을 좌르르 던지다.

ざらりとした紙。
꺼칠꺼칠한 종이.

□ **ざわざわ**

① 술렁술렁, 와글와글 (많은 사람이 웅성거리거나 하여 차분하
지 못한 모양) ② 와삭와삭, 바삭바삭 (나뭇잎 등이 서로 스쳐
서 나는 소리)

場内がざわざわしている。
장내가 술렁술렁하고 있다.

庭の木々がざわざわと音をたてる。
뜰의 나무들이 바삭바삭 소리를 내다.

□ **しいんと**

쥐 죽은 듯이 고요한, 괴괴히, 잠잠히 (소리 하나 안 들리고 아
주 고요한 상태의 느낌을 나타내는 말)

場内はしいんとして咳一つ聞こえない。
장내는 쥐 죽은 듯 고요해 기침 소리 하나 들리지 않는다.

□ **しくしく**

① 훌쩍훌쩍 (코를 훌쩍이며 힘없이 우는 모양) ② 콕콕 (심하
지는 않지만 끊임없이 찌르듯 아픈 모양)

しくしくと泣く。
훌쩍훌쩍 울다.

おなかがしくしく痛む。
배가 콕콕 아프다.

□ **じくじく**

질척질척, 질퍽질퍽, 질금질금 (물기가 많이 배어 있거나 스며
나오는 모양)

汗で足の裏がじくじくする。
땀으로 발바닥이 질척거리다.

□ **しっかり**

① 단단히, 꽉 (견고하고 튼튼한 모양)
② 똑똑히, 확실히 (기억, 판단력 등이 확실한 모양) ③ 확실히, 똑똑히, 빈틈없이 (기량, 성질, 생각 등이 견실한 모양) ④ 정신 차려서, 똑똑히 (심신이 건전하고 의식이 확실한 모양) 反 ぼんやり
⑤ 착실히, 열심히 (일, 공부 등을 열심히 하는 모양) ⑥ 듬뿍, 잔뜩 (충분한 모양) ⑦ 오름새 《경제》 상거래가 활기를 띠어 시세가 오르는 기미)

基礎_{きそ}がしっかりしている。 기초가 튼튼하다.

しっかりした証拠_{しょうこ}。 확실한 증거.

彼_{かれ}の仕事_{しごと}はしっかりしている。
그가 하는 일은 빈틈없다.

しっかりしろ。 정신 차려라, 기운을 내라.

しっかり勉強_{べんきょう}しろ。 열심히 공부해라.

しっかり食_たべて元気_{げんき}をつけろ。
듬뿍 먹고 힘을 내라.

小_こじっかり。 (시세가) 약간 오름세.

しっかりに向_むかう。 오름세로 향하다.

□ **じっくり**

차분하게, 여유 있게, 곰곰이 (시간을 들여 꼼꼼하게 하는 모양)

じっくり考_{かんが}えて行動_{こうどう}する。
차분하게 생각하여 행동하다.

じっくりと案_{あん}を練_ねる。
차분하게 안을 짜다.

□ **じっと**

① 꼼짝 않고, 가만히 (몸이나 시선을 움직이지 않는 모양)
② 꾹, 지긋이 (참고 견디는 모양)

じっとしていらっしゃい。 꼼짝 말고 있어요.

彼女_{かのじょ}の顔_{かお}をじっと見_みつめる。
그녀의 얼굴을 가만히 응시하다.

痛_{いた}みをじっとこらえる。 통증을 꾹 참다.
侮辱_{ぶじょく}をじっと堪_たえる。 모욕을 지긋이 참다.

□ **しとしと**

① 부슬부슬 (비가 조용히 내리는 모양) ② 촉촉이, 축축하게 (습기를 띤 모양) ③ 가만가만, 조용히 (조용히 걷는 모양)
비 しずしず

雨_{あめ}がしとしとと降_ふる。 비가 부슬부슬 내리다.

しとしとに濡_ぬれた着物_{きもの}。 촉촉이 젖은 옷.

しとしとと歩_{ある}く。 조용조용히 걷다.

□ **しみじみ**

① 절실히, 통절히 (마음 속 깊이 느끼는 모양) ② 곰곰이, 진지하게 ③ 차근차근 (조용하고 차분한 모양) 비 しんみり

外国語_{がいこくご}の必要_{ひつよう}をしみじみと感_{かん}じる。
외국어의 필요성을 절실히 느끼다.

しみじみ考_{かんが}える。 진지하게 생각하다.

しみじみ言_いい聞_きかす。 차근차근 타이르다.

□ **じめじめ**

① 구질구질, 눅눅히, 축축이 (습기나 수분이 많아서 불쾌한 모양) ② 음침한[스산한] 모양

じめじめした天気_{てんき}。 구질구질한 날씨.

じめじめとした性格_{せいかく}。 침울한 성격.

もうじめじめした話_{はなし}は止_やめてくれ。
이제 음울한 이야기는 그만해 줘.

□ **しゃきしゃき**

① 아삭아삭, 사각사각 (시원스럽게 씹히는 소리)
② 척척 (일을 재빨리 요령 있게 처리하는 모양)

しゃきしゃきとした歯触_{はざわ}りの野菜_{やさい}。
아삭아삭 씹히는 야채.

しゃきしゃきと事_{こと}を運_{はこ}ぶ。
척척 일을 해 나가다.

□ **しゃなりしゃなり**

간들간들, 하느작하느작 (동작이 선드러지고 멋 부리는 모양)

彼女_{かのじょ}はしゃなりしゃなりと歩_{ある}いている。
그녀는 하느작하느작 걷고 있다.

□ **しゃぶしゃぶ**

① 가볍게 씹는 모양 ② 얇게 저민 쇠고기를 끓는 물에 살짝 데쳐 양념장에 찍어 먹는 요리.

牛肉を軽くしゃぶしゃぶして食べる。
쇠고기를 가볍게 살짝살짝 해서 먹다.

□ **じゃぶじゃぶ**

첨벙첨벙 (물을 휘젓거나 물이 괸 곳을 걸을 때 나는 소리)

じゃぶじゃぶと川を渡る。 첨벙거리며 시내를 건너다.

じゃぶじゃぶと洗濯する。 첨벙거리며 빨래하다.

□ **しゅんと**

침울하게, 풀이 죽어 (의기소침하여 우울한 모양)

父親に叱られてしゅんとしている。
아버지에게 꾸중을 듣고 풀이 죽어 있다.

□ **しょんぼり**

풀이 죽어, 쓸쓸히, 기운 없이 (기운 없이 풀이 죽은 모양)

しょんぼり立っている。
기운 없이 서 있다.

仕事先も見つからず、しょんぼりと家に帰る。
일자리도 구하지 못하고 풀이 죽어 집으로 돌아오다.

□ **じりじり**

① 한발 한발 (어떤 목표나 상태를 향해 조금씩 확실하게 다가가는 모양) ② 쨍쨍, 이글이글 (태양 등이 내리쬐는 모양) ③ 찌르릉 (벨 등이 울리는 소리) ④ 지글지글 (기름 등이 타는 소리) ⑤ 초조하게, 바작바작

じりじり後ろへ下がる。 한발 한발 뒤로 물러서다.

西日がじりじりと照りつける。
석양이 이글이글 내리쬐다.

目覚まし時計がじりじりと鳴った。
자명종이 찌르릉 울렸다.

肉がじりじりと焼けている。
고기가 지글지글 구워지고 있다.

じりじりしながら待つ。 초조하게 애태우며 기다리다.

□ **じろじろ**

빤히, 뚫어지게, 유심히 (실례가 될 정도로 염치없이 쳐다보는 모양)

人の顔をじろじろ見る。 남의 얼굴을 빤히 쳐다보다.

□ **じろり**

눈알을 한 번 굴리면서 험악한 눈초리로 보는 모양

じろりと横目でにらむ。 힐끗 곁눈질로 흘겨보다.

相手の顔をじろりと見る。
상대편 얼굴을 무서운 눈초리로 보다.

□ **じわじわ**

① 사물이 서서히 조금씩, 그러나 확실하게 진행되는 모양 ② 서서히 (액체가 서서히 배어 나오는 모양)

じわじわ責める。 차근차근 책망하다.

じわじわと売り出す。 조금씩 팔리기 시작하다.

じわじわと涙が流れ出る。
조금씩 눈물이 흘러나오다.

□ **しんなり**

나긋나긋 (탄력성이 있고 부드러운 모양)

しんなりとした腰。 나긋나긋한 허리.

□ **しんみり**

① 차분히, 조용히 圆 **しみじみ**
② 침울히, 숙연히

しんみりとクラシックを聞く。
조용히 클래식을 듣다.

故人を忍んでしんみりする。
고인을 그리며 숙연해지다.

□ **すかすか**

① 척척 (일이 잘 진행되는 모양)
② 틈이 많은[구멍이 숭숭 난] 모양

工事はすかすかと運ぶ。 일은 척척 진행된다.

水分が少ないすかすかのすいか。
수분이 적고 구멍이 숭숭 뚫린 수박.

□ **ずかずか**

성큼성큼, 서슴없이 (삼가는 태도 없이 거칠게 나아가는 모양)

土足でずかずか部屋の中に入ってくる。구둣발로
성큼성큼 방안에 들어오다.

□ **ずきずき**

욱신욱신, 시큰시큰 (상처[종기]가 쑤시고 아픈 모양)

頭がずきずきする。머리가 욱신거리다.

□ **すくすく**

① 쑥쑥 (나무가 잘 자라는 모양)
② 아이가 건강하게 자라는 모양) 무럭무럭

杉の木がすくすく伸びる。삼나무가 쑥쑥 자라다.

子供がすくすくと育つ。어린이가 무럭무럭 자라다.

□ **すごすご**

풀이 죽어서, 맥없이 (실망하고 힘없이 물러가는 모양) 圓 しお
しお

すごすごと引き下がる。
풀이 죽어 물러나다.

□ **すたこら**

허둥지둥, 후다닥 (부리나케 걸어가는 모양)

すたこらさっさと逃げる。
후다닥 날쌔게 도망치다.

□ **すたすた**

총총걸음으로 (빠른 걸음으로 걷는 모양)

わき目も振らずにすたすたと歩き去った。곁눈
질도 하지 않고 총총걸음으로 사라졌다.

□ **すっきり**

① 말쑥한 모양, 산뜻한 모양 ② 상쾌한 모양

すっきりした服装。말쑥한 복장.

すっきりした文章。깔끔한 문장.

よく寝たので頭がすっきりした。
잘 자고 나니 머리가 상쾌해졌다.

□ **すっくと**

① 벌떡 (힘차게 일어서는 모양)
② 우뚝 (곧게 바로 서 있는 모양)

すっくと立ち上がる。벌떡 일어서다.

すっくと立っている。우뚝 서 있다.

□ **すっと**

① 쑥, 쓱 (가볍게 빨리 움직이거나 옮기는 모양) ② 길쭉한 것
이 똑바로 뻗은 모양 ③ 후련함, 개운함, 상쾌함 (지금까
지의 불쾌감이 없어져서 시원한 모양)

すっと席を立つ。훌쩍 자리를 뜨다.

すっと伸びた小枝。쭉 뻗은 잔가지.

胸がすっとする。가슴이 후련하다.

□ **すぱすぱ**

① 뻐끔뻐끔, 뻑뻑 (담배를 연달아 빠는 모양)
② 썩썩, 싹독싹독 (간단히 자르는 모양)
③ 데꺽데꺽 (망설이지 않고 하는 모양)

すぱすぱとたばこを吸う。
뻑뻑 담배를 피우다.

大根をすぱすぱと切る。
무를 싹독싹독 자르다.

すぱすぱ片付ける。데꺽데꺽 해치우다.

□ **ずばずば**

척척, 기탄없이 (가차 없이 말하거나 해치우는 모양)

欠点をずばずばと指摘する。
결점을 가차 없이 지적하다.

思ったことをずばずばと言う。
생각한 것을 기탄없이 말하다.

□ **すやすや**

새근새근 (편안히 자는 모양)

子供がすやすやと寝ている。
아이가 새근새근 자고 있다.

□ **すらすら**
줄줄, 술술, 척척 (막힘없이 원활히 진행되는 모양)

難問をすらすらと解く。 어려운 문제를 척척 풀다.

事がすらすらと運ぶ。 일이 술술 순조롭게 진행되다.

彼はすらすらと答えた。 그는 척척 대답했다.

□ **ずらり[ずらっと]**
잇달아 늘어선 모양

会社の幹部がずらりと居並ぶ。
회사 간부가 죽 늘어서다.

子供たちがずらりと取り囲んでいる。
아이들이 죽 둘러싸고 있다.

□ **するする**
① 스르르, 주르르 (미끄러지듯 매끄럽게 움직이는 모양) ②
술술, 척척, 쭉쭉 (거침없이 진행되는 모양)

うなぎがするすると抜ける。
뱀장어가 스르르 빠져나가다.

紐が上の方からするする降りてくる。
끈이 위쪽에서 주르르 내려오다.

するすると仕事が運ぶ。 척척 일이 진척되다.

つるがするすると伸びる。 덩굴이 쭉쭉 뻗어가다.

□ **ずるずる**
① 질질 (질질 끌거나 끌리는 모양) ② 모래나 진흙 등으로 인
하여 발이 미끄러지는 모양 ③ 훌쩍훌쩍 (훌쩍거리는 소리)
④ 오래 끄는 모양

ずるずると裾を引きずる。 질질 옷자락을 끌다.

雨で道がずるずるする。 비가 와서 길이 미끄럽다.

ずるずると鼻水をすする。 훌쩍훌쩍 콧물을 훌쩍거리다.

ずるずると期限を伸ばす。 질질 기한을 끌다.

ずるずると彼の言いなりになる。
어물어물 그가 하라는 대로 하다.

□ **すれすれ**
닿을락말락, 아슬아슬 (거의 한계에 이르거나 스칠 정도로 가까
운 모양)

自動車がすれすれのところを通り過ぎた。
자동차가 닿을락말락한 곳을 통과해 지나갔다.

すれすれの点数で合格した。
아슬아슬한 점수로 합격했다.

発車すれすれで終電に乗った。
발차하려는 순간에 아슬아슬하게 막차를 탔다.

□ **ずんぐり**
땅딸막한 모양

ずんぐりした男。 땅딸막한 남자. (땅딸보)

□ **ずんずん**
(빨리 진행되거나 일이 진척되는 모양) 척척, 쓱쓱, 성
큼성큼, 부쩍부쩍

仕事がずんずん捗る。 일이 척척 진척되다.

この頃病気がずんずんよくなっていく。
요즈음 병이 부쩍부쩍 나아가고 있다.

□ **すんなり**
① 날씬하게, 매끈하게 (날씬하고 유연한 모양)
② 척척, 술술, 순조롭게, 쉽게 (일이 저항 없이 잘되는 모양)

すんなりと伸びた足。 날씬하게 뻗은 다리.

すんなりとした体つきをしている。
날씬한 몸매를 하고 있다.

すんなりと事が運ぶ。 술술 일이 진행되다.

交渉はすんなり終わった。
교섭은 순조롭게 끝났다.

□ **ぜいぜい**
고통스런 소리를 내며 숨을 쉬는 모양

のどがぜいぜいする。
(숨 쉴 때마다) 목에서 쌕쌕하는 고통스러운 소리가 나다.

□ せかせか

성급하여 동작 등이 침착하지 못하고 조급한 모양

せかせかと忙しげに歩き回る。

바쁜 듯이 조급하게 걸어 돌아다니다.

□ せっせと

부지런히, 열심히

朝からせっせと働く。 아침부터 부지런히 일하다.

せっせと金をためる。 부지런히 돈을 모으다.

若いうちにせっせと稼げ。 젊었을 때 부지런히 벌어라.

□ ぞくぞく

① 오싹오싹 (갑자기 한기가 드는 모양) ② 섬뜩섬뜩 (갑자기 무서
워져 소름이 끼치는 모양) ③ 기쁘거나 흥분하여 마음이 설레
는 모양

風邪で背中がぞくぞくする。

감기로 등이 오싹오싹하다.

彼の声を聞くだけでぞくぞくする。

그의 목소리를 듣기만 해도 섬뜩섬뜩하다.

ぞくぞくするほど嬉しい。 가슴 설렐 만큼 기쁘다.

□ そっくり

① 전부, 몽땅, 모조리 ② 그대로, 고스란히
③ 꼭 닮은 모양

参考書をそっくり写す。

참고서를 모조리 베끼다.

そっくり食べてしまう。 몽땅 먹어 치우다.

そっくりそのまま。 그냥 그대로.

出された料理をそっくり残した。

나온 요리를 그대로 남겼다.

父親にそっくりだ。 아버지를 꼭 닮았다.

□ ぞっこん (마음속으로부터) 홀딱

ぞっこんほれこむ。 홀딱 반하다.

ぞっこんまいる。 홀딱 정신을 빼앗기다.

□ そっと

① (살그머니) 살짝, 조용히, 가만히, 몰래 ② 상대편의
기분을 거슬리지 않게 가만히 그대로 두다

そっと歩く。 조용히 걷다.

そっと忍び寄る。 살그머니 다가서다.

そっとして置いてやろう。 가만히 그대로 내버려 두자.

今日はそっとして置いてくれ。

오늘은 가만히 놓아 줘.

□ ぞっと

오싹 (추위나 무서움으로 소름이 끼치는 모양)

その話を聞いてぞっとした。

그 이야기를 듣고 오싹했다.

見ただけでもぞっとする。 보기만 해도 소름이 끼치다.

□ そよそよ

산들산들, 살랑살랑, 솔솔 (바람이 조용히 부는 모양)

春風がそよそよと吹く。 봄바람이 솔솔 불다.

□ そろそろ

① 동작을 조용하게 천천히 하는 모양
② 슬슬 (어떤 상태로 되어가거나 어떤 일이 일어나는
시기에 접어드는 모양) ③ 이제 곧

そろそろ起き上がる。 천천히 일어나다.

そろそろ出掛けよう。 이제 슬슬 나가 보자.

そろそろ疲れが出てきた。

이제 슬슬 피로가 오기 시작하다.

そろそろ十時だ。 이제 곧 10시다.

もうそろそろ夕飯だ。 이제 곧 저녁시간이다.

□ ぞろぞろ

① 줄줄, 우르르 (많은 사람이나 동물 등이 줄지어 가는
모양) ② 질질 (옷 등을 칠칠치 못하게 질질 끄는 모양)
③ 꿈실꿈실 (벌레가 기어가는 모양)

ありがぞろぞろとはっている。

개미가 줄을 지어 기어가고 있다.

裾をぞろぞろと引きずる。옷자락을 질질 끌다.

毛虫がぞろぞろはっている。
송충이가 꿈실꿈실 기어가고 있다.

□ そわそわ

안절부절 못하는 모양, 침착하지 못하고 불안해 하는
모양

そわそわした様子。안절부절 못하는 태도[모양].

そわそわとして周りを見る。
불안한 표정으로 주위를 두리번거리다.

た行

□ たかだか

① 높다랗게, 드높이 ② 기껏, 겨우, 고작
圓 せいぜい

旗をたかだかとあげる。깃발을 높이 올리다.

たかだか十人ぐらい。겨우 10명 정도.

その取引の利益はたかだか二万円だった。
그 거래의 이익은 고작 2만 엔이었다.

□ たっぷり

① 잔뜩, 충분히, 듬뿍, 많이 (넘칠 만큼 많은 모양) ② 충
분히, 넉넉히 (적게 어림하여도 그만한 수량이 되는 모양) ③ 부
피나 수량이 충분하여 여유가 있는 모양

バターをたっぷり塗る。버터를 듬뿍 바르다.

興味たっぷりだ。흥미 만점이다.

次のバス停まではたっぷり六キロあった。
다음 버스 정류장까지는 넉넉히 6킬로미터는 되었다.

たっぷりした服。(크기가) 넉넉한 옷.

□ だぶだぶ

① 헐렁헐렁 (옷이 헐렁한 모양) ② 뒤룩뒤룩 (군살이 많이 쪄
서 뒤룩거리는 모양) ③ 출렁출렁 (많이 든 액체가 흔들리는 모양)
④ 듬뿍, 흠뻑 (액체 등을 많이 넣는 모양)

だぶだぶのオーバー。헐렁헐렁한 외투.

だぶだぶの下腹。뒤룩뒤룩 살찐 아랫배.

おなかがだぶだぶする。뱃속이 출렁거리다.

ソースをだぶだぶと注ぐ。소스를 듬뿍 치다.

□ たらたら

① 뚝뚝, 줄줄, 주르르 (액체가 방울져 떨어지는 모양) ② 달갑지
않은 말을 장황하게 늘어놓는 모양

たらたらと汗を流す。뚝뚝 땀을 흘리다.

嫌みをたらたら言う。싫은 소리를 장황하게 늘어놓다.

彼のお世辞たらたらは我慢にならない。그가 늘
어놓는 장황한 겉치레 말은 참을 수 없다.

□ だらだら

① 뚝뚝, 줄줄, 주르르 (액체가 줄줄 흘러내리는 모양) 圓「たら
たら」의 힘줌말 ② 완만한 경사가 이어지는 모양 ③ 질질
(질리도록 길게 끄는 모양)

涙をだらだら流しながら言う。
눈물을 줄줄 흘리면서 말하다.

だらだらと下っている坂。완만하게 내려뻗은 비탈길.

だらだらした演説。지루하게 질질 끄는 연설.

□ ちくり

① 쿡, 콕 (바늘 등 뾰족한 것으로 찌르거나 쏘거나 하는 모양) ②
따끔하게, 뜨끔하게 (상대편에게 자극하는 말을 하는 모양) ③
조금, 약간 (정도가)

ちくりと注射針で腕を刺す。
쿡 주사 바늘로 팔을 찌르다.

思い出すたびに心がちくりと痛む。
회상할 때마다 마음이 뜨끔하게 아프다.

ちくり痛い。약간 아프다.

□ ちびちび

홀짝홀짝, 찔끔찔끔 (단번에 시원스럽게 하지 않고 조금씩 하는
모양)

借金をちびちび払う。빚을 찔끔찔끔 갚다.

ちびちびと酒を飲む。홀짝홀짝 술을 마시다.

□ ちゃっかり

약삭빠르게 (빈틈없이 행동하는 모양)

ちゃっかりした奴。약아빠진 놈.

ちゃっかり儲る。약삭빠르게 벌다.

ちゃっかり人の席に座る。
약삭빠르게 남의 좌석에 앉다.

□ ちやほや

얼러 주거나 응석을 받아 주며 비위를 맞추는 모양

子供をちやほやする。어린애를 떠받들다.

ちやほやされていい気になる。
추어올리고 얼러맞추어 주는 바람에 우쭐해지다.

□ ちゃんと

① 착실하게, 꼼꼼히, 틀림없이 (차근차근 하는 모양) ②
분명하게, 조리 있게 ③ 확실하게, 어엿하게 (신원, 신분
등을 인정받아) ④ 견실하게, 반듯하게 (태도를)

仕事だけはちゃんとする。
일만큼은 착실하게 하다.

ちゃんと話をして別れる。
분명하게 이야기를 하고 헤어지다.

初めからちゃんとした仲人を立てる。
처음부터 확실한 중매인을 세우다.

ちゃんとした職業についている。
확실한 직업에 종사하고 있다.

お前がちゃんとしていれば何のこともないだ
ろう。네가 반듯하게만 하고 있으면 아무 일도 없을 것이다.

□ ちゅうちゅう

① 짹짹, 찍찍 (참새나 쥐의 울음소리)
② 후루룩, 홀짝홀짝 (국 등을 마시는 소리)

ねずみがちゅうちゅうと泣く。
쥐가 찍찍거리다.

ストローでちゅうちゅうと飲む。
빨대로 홀짝홀짝 마시다.

□ ちょいちょい

① 때때로, 가끔 ② 날렵한 모양 ③ 얼씨구절씨구 (일
본 민요에서 흥겨울 때 후렴조로 장단을 맞추는 소리)

彼はちょいちょい学校を休む。
그는 이따금 학교를 쉰다.

ちょいちょい飛び移る。
가볍게 옮아 다니다.

□ ちょこちょこ

① 종종걸음 치는 모양 ② 촐랑촐랑 (좀스럽게 졸랑거리는
모양) ③ 이따금, 가끔 ④ 간단히, 슬쩍 (그다지 수고하지
않고 일을 하는 모양)

ちょこちょこと歩く。종종걸음으로 걷다.

ちょこちょこした人。촐랑거리는 사람. (촐랑이)

ちょこちょこと弁当を作る。
부산하게 도시락을 만들다.

店へちょこちょこ顔を見せる。
가게에 가끔 얼굴을 보이다.

ちょこちょことやってしまう。슬쩍슬쩍 해치우다.

□ ちょろちょろ

① 졸졸 (물이 조금씩 흐르는 모양) ② 홀홀 (작은 불꽃을 내며
타는 모양) ③ 조르르, 쪼르르, 졸랑졸랑 (작은 것이 재빠르
게 돌아다니는 모양)

清水がちょろちょろと流れる。맑은 물이 졸졸 흐르다.

火がちょろちょろと燃える。불이 홀홀 타다.

ねずみがちょろちょろする。쥐가 쪼르르 돌아다니다.

□ ちらちら

① 팔랑팔랑, 나풀나풀 (작은 것이 흩날리는 모양) ② 깜빡
깜빡, 반짝반짝 (작은 빛이 약하게 깜박거리는 모양) ③ 아물
아물, 어른어른 (사물이 보이다가 말다가 하는 모양) ④ 가끔,
이따금 (조금씩 또는 희미하게 가끔 보이거나 들리는 모양) ⑤ 힐
끔힐끔, 슬쩍슬쩍 (조금씩 되풀이해서 보는 모양)

雪がちらちらし始めた。눈이 나풀나풀 내리기 시작했다.

花びらがちらちらと散っている。
꽃잎이 팔랑팔랑 지고 있다.

星がちらちらしている。 별이 반짝이고 있다.

遠くに人家の灯火がちらちらと見える。
멀리 인가의 등불이 깜빡깜빡 보이다.

人影がちらちらする。 사람 모습이 어른거리다.

彼の噂をちらちら耳にする。 그의 소문을 이따금 듣는다.

横目でちらちら見る。 곁눈으로 힐끔힐끔 보다.

□ **ちらほら**

드문드문, 여기저기, 하나둘씩, 간간이 (드문드문 보이는 모양)

桜がちらほら咲き始めた。
벚꽃이 하나둘 피기 시작했다.

ちらほら人々が集まってきた。
하나둘씩 사람들이 모여 들었다.

噂がちらほら聞こえる。
소문이 간간히 들리다.

□ **つかつか**

성큼성큼 (주저하거나 사양하지 않고 나서는 모양)

つかつかと部屋に入ってきた。
성큼성큼 방으로 들어왔다.

□ **つやつや**

반들반들, 반질반질 (광택[윤택]이 나는 모양)

つやつやした顔。 반들반들 윤기가 흐르는 얼굴.

つやつやと光っている。 반들반들 빛나고 있다.

□ **つるつる**

① 반들반들, 매끈매끈 (표면이 매끈한 모양)
② 주르르, 미끈미끈 (잘 미끄러지는 모양)
③ 후르륵 (국수 등을 먹을 때 나는 소리)

つるつるとした顔。 반들반들한 얼굴.

道が凍り付いてつるつると滑る。
길이 얼어붙어서 미끈미끈 미끄러지다.

そばをつるつる食べる。
메밀국수를 후르륵 (소리 내며) 먹다.

□ **てかてか**

반들반들, 번들번들 (윤기가 있어 번쩍이는 모양)

ポマードでてかてかした髪の毛。
포마드로 번질번질한 머리.

靴をてかてかに磨く。
구두를 반들반들하게 닦다.

□ **てきぱき**

척척, 시원시원 (일을 재빨리 능숙하게 처리해 나가는 모양)

仕事をてきぱきとこなす。 일을 척척 해내다.

てきぱきと答える。 시원시원하게 대답하다.

□ **てくてく**

터벅터벅 (보통 걸음걸이로 걷는 모양)

駅までてくてくと歩いて通う。
역까지 터벅터벅 걸어서 다니다.

□ **でこぼこ (凸凹)**

① 요철, 울퉁불퉁, 들쭉날쭉
② 불균형, 고르지 않음

でこぼこな道。 울퉁불퉁한 길.

課税額のでこぼこ。 과세액의 불균형.

報酬のでこぼこを無くす。 보수의 불균형을 없애다.

□ **どうと[どうど]**

① 쿵, 털썩 (크고 무거운 물건이 떨어지거나 쓰러지는 모양)
② 덜컥 (갑자기 몸져눕는 모양)

馬の背からどうとと落ちる。 말의 등에서 쿵 떨어지다.

どうとと床につく。 덜컥 몸져눕다.

□ **どかん**

① 쾅, 쿵, 펑 (크고 단단한 물건이 떨어지거나 부딪쳐서 터지는 소리) ② 왕창, 확, 획 (한꺼번에 크게 변동하는 모양)

車が壁にどかんとぶつかる。 차가 벽에 쿵 부딪치다.

地価がどかんと上がる。 땅값이 왕창 오르다.

□ **どきどき** 두근두근

胸がどきどき高鳴る。가슴이 두근두근 고동치다.

□ **どさどさ**

① 털썩털썩, 툭툭 (묵직한 것이 연달아 떨어지는 모양) ② 우르르 (많은 사람이 한꺼번에 몰려오는 모양)

屋根の雪がどさどさと軒下に落ちた。
지붕 위의 눈이 툭툭 처마 밑으로 떨어졌다.

男たちが会場にどさどさ入ってきた。남자들이 회장에 우르르 들어왔다.

□ **どしどし**

① 척척, 착착, 연달아 (쉴틈 없이 계속되는 모양)
② 거리낌 없이, 마구 (거리끼지 않는 모양)
③ 힘차게 발을 디디거나 그런 소리

仕事をどしどし片付ける。일을 척척 해치우다.

どしどし叱りつける。마구 야단치다.

どしどしと足音がする。쿵쿵 발소리가 나다.

□ **どたばた**

① 쿵쾅쿵쾅, 우당탕 ② 퉁탕거리며 소란을 피우거나 그런 소동

廊下をどたばたと走る。복도를 쿵쾅쿵쾅 뛰어가다.

部屋の中でどたばたするな。
방 안에서 소란을 피우지 말아라.

□ **どっかり**

① 털썩, 쿵 (묵직한 것을 내려놓는 모양) ② 의젓하게 자리 잡고 앉는 모양 ③ 부쩍, 왕창 (갑자기 줄거나 늘어나는 모양)

荷物をどっかり降ろす。짐을 털썩 내려놓다.

どっかり腰を降ろす。의젓하게 자리에 앉다.

収入がどっかり減る。수입이 부쩍 줄다.

□ **とっさ**

① 눈 깜짝할 사이, 순간, 찰나 ② 돌연, 갑자기

とっさの間。눈 깜짝할 사이.

とっさに。아차 하는 순간에.

とっさの出来事。순식간에 일어난 일.

とっさのことで困った。갑작스러운 일로 난처했다.

□ **どっしり**

① 무거운 모양 ② 침착하고 묵직한 모양

どっしりした財布。묵직한 지갑.

どっしりと正面に座る。듬직이 정면에 앉다.

□ **どっと**

① 와 (여럿이 한꺼번에 소리를 내는 모양) ② 우르르, 왈칵 (사람이나 사물이 일시에 멀려닥치는 모양) ③ 덜컥, 털썩 (갑자기 쓰러지거나 병이 악화되는 모양)

どっと拍手が起こる。한바탕 박수가 터지다.

どっと涙があふれた。왈칵 눈물이 쏟아졌다.

どっと床につく。덜컥 (병이 나서) 자리에 눕다.

□ **とっとと**

(빠른 걸음으로) 냉큼

とっとと出て行け。냉큼 나가라.

とっとと歩く。빨리 걷다.

とっとと急ぐ。냉큼 서두르다.

□ **とびとび**

① 띄엄띄엄, 듬성듬성, 드문드문 (여기저기 흩어져 있는 모양) ② 건너뜀 (중간을 군데군데 빼먹는 모양)

家がとびとびにある。집이 드문드문 있다.

本をとびとびに読む。책을 건너뛰며 읽다.

番号がとびとびになっている。
번호가 건너뛰어 있다.

□ **どぶん**

풍덩, 텀벙 (무거운 것이 물에 빠지는 소리나 모양)

プールにどぶんと飛び込む。수영장에 풍덩 뛰어들다.

□ とぼとぼ

터벅터벅, 터덕터덕 (피곤한 듯 힘없이 걷는 모양)

一人でとぼとぼと歩く。 혼자서 터벅터벅 걷다.

仕方なくとぼとぼとついて行く。
어쩔 수 없이 터덕터덕 따라가다.

□ どやどや

우, 우르르 (여럿이 한꺼번에 떠들썩하게 들어오는 모양)

みんながどやどやと部屋に入ってくる。
여럿이 우르르 방으로 들어오다.

□ とろとろ

① 끈적끈적, 눅진눅진, 녹신녹신 (녹아서 걸쭉한 액체가 되는 모양) ② 뭉근히, 홀홀 (불이 약하게 타는 모양) ③ 사르르, 어슴푸레 (선잠을 자는 모양)

とろとろに溶ける。 녹신녹신 녹다.

とろとろと燃える火。 뭉근히 타오르는 불.

とろとろと眠る。 사르르 잠이 들다.

ついとろとろしてしまった。 그만 사르르 졸고 말았다.

□ どろどろ

① 질척질척, 걸쭉걸쭉, 흐물흐물 (질척하게 녹은 모양) ② 진흙투성이가 된 모양 ③ 우르르, 쿵쿵 (멀리서 북소리, 천둥소리, 포성 따위가 계속 울리는 모양) ④ 연극 따위에서 유령, 요괴가 나오는 장면에 울리는 북소리

どろどろ汁 걸쭉한 국물.

靴がどろどろになった。 구두가 흙투성이가 되었다.

遠雷がどろどろとなる。 멀리서 천둥소리가 우르르 하다.

□ とんとん

① 둘이 엇비슷함 ② 팽팽함 (수지가 균형 잡힘) ③ 척척, 순조로이 (일이 순조롭게 진행되는 모양) ④ 똑똑 (가볍게 두드리는 소리)

二人の成績はとんとんだ。
두 사람의 성적은 거의 비슷하다.

収支はとんとんの状態だ。
수지는 팽팽하게 균형잡힌 상태이다.

仕事がとんとんと運ぶ。 일이 척척 되어가다.

とんとんとノックする。 똑똑 노크하다.

□ どんどん

① 척척, 착착, 술술 (순조롭게 나아가는 모양) ② 잇따라, 계속해서, 속속, 자꾸자꾸 ③ 탕탕, 쿵쿵 (마루를 세게 밟거나 문 등을 세게 두드리는 소리) ④ 둥둥, 펑펑, 쿵쿵 (북, 불꽃, 대포 등이 잇따라 울리는 소리)

用をどんどんと片付ける。
용무를 척척 해치우다.

新人がどんどん出てくる。
신인이 속속 나오다.

どんどんと戸をたたく。
탕탕 문을 두드리다.

どんどんと太鼓を鳴らす。
둥둥 북을 울리다.

な行

□ なよなよ

나긋나긋 (연약한 모양)

なよなよした女。 나긋나긋한 여자.

なよなよとくずおれる。 맥없이 쓰러지다.

□ にこにこ

생긋생긋, 싱글벙글

にこにこ顔。 싱글벙글 웃는 얼굴.

彼はいつもにこにこ笑う。 그는 늘 생글생글 웃는다.

□ にこり[にっこり][にっこりと]

벙긋 (조금 웃는 모양)

にこりともしない。 벙긋도 하지 않는다.(조금도 웃지 않는다.)

□ にたにた

히죽히죽 (조금 징그러운 웃음을 띄는 모양)

にたにた笑う。 히죽히죽 웃다.

□ **にちゃにちゃ**

① 짝짝, 끈적끈적 (끈끈하게 달라붙어 끈적거리는 모양) ②
질겅질겅 (침을 섞어 소리 내어 씹거나 먹는 모양) ③ 치근치근
(끈질기게 조르거나 괴롭히는 모양)

とりもちが服についてにちゃにちゃする。
끈끈이가 옷에 붙어 끈적끈적하다.

ガムをにちゃにちゃと噛む。 껌을 질겅질겅 씹다.

にちゃにちゃとねだる。 치근치근 조르다.

□ **にやにや**

① 히죽히죽 (우스웠던 일 등을 회상하며 히죽거리는 모양) ②
능글맞게 웃는 모양

一人でにやにやしている。 혼자서 히죽거리고 있다.

にやにやと下品に笑う。 능글능글 천박하게 웃다.

□ **ぬるぬる**

① 미끈미끈한 모양 ② 미끈거리는 모양

卵のぬるぬる。 달걀의 흰자위.

油でぬるぬるになる。 기름으로 미끈거리다.

□ **ねちねち**

① 끈적끈적 (불쾌하게 달라붙는 모양) ② 추근추근, 치근치
근, 간죽간죽 (싫도록 귀찮게 구는 모양)

汗で身体中がねちねちしてたまらない。
땀으로 온몸이 끈적끈적해서 못 견디겠다.

ねちねちとした言い方。
지근덕지근덕 악을 올리는 말투.

ねちねちと嫌みを言う。
간죽간죽 악을 올리다.

□ **ねとねと**

끈적끈적 (몹시 끈적거리는 모양)

ねとねとと粘りつく。 끈적끈적 달라붙다.

汗ばんでシャツがねとねとと肌につく。
땀이 배어 셔츠가 살갗에 끈적끈적 달라붙다.

□ **ねばねば**

① 끈적끈적 (끈끈하거나 차져서 잘 들러붙는 모양)
② 찰기, 끈기 (끈적끈적한 것)

ねばねばした土。 차진 흙.

油で手がねばねばする。
기름이 묻어 손이 끈적끈적하다.

御飯のねばねば。 밥의 찰기.

手のねばねばを取る。
손에 묻은 끈적함을 없애다.

□ **のこのこ**

어슬렁어슬렁, 태연스레, 뻔뻔스레 (형편이 어색한 마당에
태연히, 뻔뻔히 나타나는 모양)

のこのこと帰れるか。
뻔뻔스레 돌아갈 수 있단 말인가.

のこのこと出てくる。 태연스레 나오다.

掃除が済んだ頃のこのこと現れる。
청소가 끝났을 때쯤 어슬렁어슬렁 나타나다.

□ **のそのそ**

느릿느릿, 어슬렁어슬렁, 꾸물꾸물 (동작이 둔하고 느리게
행동하는 모양)

牛がのそのそ歩く。
소가 어슬렁어슬렁 걷다.

そこで何をのそのそしているのか。
거기서 무엇을 꾸물거리고 있느냐.

□ **のっしのっし**

육중하게 (체중이 무거운 것이 발을 천천히 띄어 걷는 모양)

象がのっしのっしと歩く。 코끼리가 육중하게 걷다.

□ **のっそり**

① 느릿느릿 (동작이 둔하고 행동이 느릿느릿한 모양) ② 중량
이 있는 사람이 말없이 눈앞에 서 있는 모양

のっそり立ち上がる。 느릿느릿 일어나다.

のっそり突っ立っている。 말없이 육중하게 서 있다.

□ **のびのび**

① 구김살 없이, 무럭무럭, 쭉쭉 (거침없이 자유롭게 자라는 모양) ② 평온하고 누긋한 모양 (구애받지 않고 자유로운 모양)

のびのびと育つ。구김살 없이 무럭무럭 자라다.

のびのびとした生活。자유롭고 느긋한 생활.

のびのびとした文章。구애받지 않고 자유롭게 쓴 문장.

□ **のろのろ**

느릿느릿, 꾸물꾸물 (동작, 행동이 굼뜬 모양)

のろのろ運転。느릿느릿한 운전.

疲れてのろのろ歩く。지쳐서 느릿느릿 걷다.

□ **のんびり**

유유히, 한가로이, 태평스레 (한가롭고 평온한 모양)

のんびりと暮らす。한가롭게 살아가다.

たまには家でのんびりしたい。
가끔은 집에서 한가롭게 지내고 싶다.

のんびりとした性格。느긋하고 조용한 성격.

は行

□ **はきはき**

① 시원시원, 또렷또렷, 또랑또랑 (말, 동작, 태도가 활발하고 분명한 모양) ② 확실하고 분명한 모양

少女ははきはきと答えた。
소녀는 또렷또렷하게 대답했다.

薬を飲んでもはきはき治らない。
약을 먹어도 시원스레 낫지 않는다.

□ **ぱくぱく**

① 뻐끔뻐끔 (입을 계속해서 크게 여닫는 모양)
② 덥석덥석 (마구 먹어대는 모양) ③ 이은 부분이 뻐끔히 벌어진 모양

金魚が口をぱくぱくさせる。금붕어가 입을 뻐끔거리다.

片っ端からぱくぱくと食べてしまう。
닥치는 대로 덥석덥석 먹어 치우다.

靴の先がぱくぱくする。구두 앞이 벌어져 너덜거리다.

□ **ぱくり**

① 덥석, 꿀떡, 꿀꺽 (입을 딱 벌리고 먹는 모양)
② 뻐끔히 (틈 등이 크게 벌어지는 모양)

一口にぱくりと食う。한입에 꿀꺽 먹다.

傷口がぱくりと開く。상처자리가 뻐끔히 벌어지다.

□ **ばたばた**

① 푸드득, 펄럭펄럭, 동동 (손발, 날개 등을 계속 움직이는 모양이나 그 소리) ② 허둥지둥 (급해서 쩔쩔매는 모양) ③ 픽픽 (연달아 떨어지거나 쓰러지는 모양) ④ 일이 순조롭게 진척되는 모양

嫌がって足をばたばたさせる。
싫다며 발을 동동 구르다.

羽をばたばたさせる。날개를 푸드득거리다.

ばたばたと駆け回る。허둥지둥 뛰어다니다.

ばたばたと倒れる。픽픽 쓰러지다.

仕事をばたばたと片付ける。일을 척척 처리하다.

□ **ぱたぱた**

① 탁탁 (먼지 등을 가볍게 터는 모양이나 그 소리) ② 동동, 쿵쿵 (빨리 걷는 소리) ③ 척척 (일이 빨리 진척되는 모양)

棚の上をぱたぱたとはたく。
선반 위를 탁탁 털다.

廊下でぱたぱたと足音がした。
복도에서 쿵쿵 발소리가 났다.

話はぱたぱたと決まった。
이야기는 척척 결정이 났다.

□ **ばたん**

① 탕, 쾅 (문 등이 세차게 닫히는 소리) ② 뚝, 털썩 (물건이 세게 넘어지거나 떨어지는 소리)

ばたんと戸を閉める。쾅 문을 닫다.

辞書が本棚からばたんと落ちた。
사전이 책장에서 뚝 떨어졌다.

□ **ぱちぱち**

① 톡톡 (콩 등이 볶이면서 튀는 소리) ② 딱딱, 바지직 (나무가 타는 소리) ③ 짝짝 (박수 치는 소리) ④ 깜박깜박 (눈을 깜박거리는 모양) ⑤ 바둑을 두거나 주판알을 튕기는 소리

炒り豆がぱちぱちはねた。
볶는 콩이 톡톡 튀었다.

ぱちぱちと燃え上がる。딱딱 소리 내며 타오르다.

聴衆はぱちぱちと手を叩いた。
청중은 짝짝 박수를 쳤다.

目をぱちぱちさせる。눈을 깜박거리다.

そろばんをぱちぱちとはじく。
주판을 탁탁 튕기다.

□ **はっきり**

① (다른 것과 구별하여) 뚜렷이, 분명히, 똑똑히 ② (애매한 점이 없이) 확실히, 틀림없이 ③ 맑고 상쾌한 모양 (기분이 개운한 모양) ④ 태도가 거리낌 없고 솔직한 모양

先生の声がはっきり聞こえる。
선생님의 목소리가 똑똑히 들린다.

はっきりした返事が聞きたい。
확실한 대답을 듣고 싶다.

気分がはっきりしない。기분이 개운치 않다.

頭がはっきりしてきた。머리가 맑아졌다.

随分はっきりした人だ。꽤 솔직한 사람이다.

□ **ばったり**

① 픽, 털썩 (갑자기 쓰러지는 모양)
② 딱 (뜻밖에 마주치는 모양) ③ 뚝 (갑자기 끊기는 모양)

ばったりと倒れた。픽 쓰러졌다.

駅で彼とばったり出会った。역에서 그와 딱 마주쳤다.

人通りがばったりと途絶える。
사람의 왕래가 뚝 끊어지다.

便りがばったり来ない。
소식이 뚝 끊겨 오지 않는다.

□ **ばっちり**

멋지게, 확실하게, 듬뿍 (빈틈없이 완벽하고 확실한 모양)

ばっちり稼ぐ。듬뿍 벌다.

シュートがばっちり決まった。
슈팅한 공이 멋지게 들어갔다.

□ **はっと**

① 문득, 퍼뜩 (문득 생각이 미치는 모양)
② 깜짝 (뜻하지 않은 일로 놀라는 모양)

はっと思い付く。문득 생각나다.

はっとするような美人。깜짝 놀랄 만한 미인.

車にぶつかりそうになってはっとする。
차에 부딪힐 뻔해서 깜짝 놀라다.

□ **はらはら**

① 우수수, 뚝뚝 (나뭇잎, 눈물, 물방울 등이 잇따라 조용히 떨어지는 모양) ② 하늘하늘 (머리카락 등이 부드럽게 흩어지는 모양) ③ 조마조마 (일이 어떻게 될 것인지 몹시 걱정되어 조바심나는 모양)

はらはらと散る紅葉。우수수 지는 단풍잎.

髪が風になぶられてはらはらと頬に流れた。
머리가 바람에 날려 하늘하늘 뺨으로 흘러내렸다.

はらはらどきどき。(가슴이) 조마조마 두근두근.

はらはらしながらサーカスを見る。
조마조마해 하면서 서커스를 구경하다.

□ **ばらばら**

① 굵은 빗방울, 우박 등이 떨어지는 모양이나 총알 등이 연달아 날아오는 모양 ② 우르르, 후드득후드득 (많은 것이 갑자기 흩어져 나오는 모양) ③ 따로따로 흩어지거나 분해되는 모양

大粒の雨がばらばらと屋根を打つ。
굵은 빗방울이 후드득후드득 지붕을 때리다.

多くの人がばらばらと駆け寄る。
여러 사람이 우르르 달려들다.

家族がばらばらになる。가족이 뿔뿔이 흩어지다.

みんなの気持ちがばらばらだ。
모두의 마음이 제각각이다.

□ **ぱらぱら**

① 후드득후드득 (비, 우박 등이 드문드문 떨어지는 모양)
② 많은 것이 가벼운 소리를 내며 흩어져 나오는 모양
비 「ばらばら」보다 수가 적음   ③ 듬성듬성 있는 모양
④ 훌훌 (책장 등을 빠르게 넘기거나 물건을 가볍게 뿌리는 모양)

霰がぱらぱら落ちる。 우박이 후드득후드득 떨어지다.

小銭がぱらぱらと道路に転がり落ちた。
잔돈이 자르랑자르랑 도로로 굴러 떨어졌다.

観客はぱらぱらだった。 관객은 드문드문 있었다.

本をぱらぱらとめくる。 책을 훌훌 넘기다.

塩をぱらぱらとまく。 소금을 훌훌 뿌리다.

□ **ばりばり**

① 득득, 북북 (종이 등을 세게 긁거나 찢거나 뜯을 때 나는 소리)
② 아드득아드득, 으드득으드득 (딱딱한 물건을 깨무는 소리)
③ 버석버석 (빳빳한 것에 닿았을 때 나는 소리)   ④ 힘차고 활동적으로 열심히 하는 모양

猫が畳をばりばりと引っ掻く。
고양이가 다다미를 득득 긁다.

たくあんをばりばりかじる。
단무지를 아드득아드득 씹어 먹다.

ばりばりの髭にかみそりを当てる。
빳빳한 수염에 면도칼을 대다.

ばりばりに凍った洗濯物。 뻣뻣하게 언 빨래.

ばりばり仕事をする。 활기 있게 일을 하다.

ばりばり勉強する。 열심히 공부하다.

□ **はればれ**

① 맑게 개어 날씨가 청명한 모양
② 상쾌한 모양, 표정이 밝은 모양

はればれした天気。 맑게 갠 날씨.

はればれした顔付き。 밝은 표정.

外へ出ると気分がはればれする。
밖으로 나가면 기분이 상쾌하다.

□ **ぴいぴい**

① 삐삐 (피리 부는 소리)   ② 짹짹 (새 따위가 우는 소리)
③ 앙앙 (어린 아이가 보채며 우는 소리)
④ 가난에 허덕이는 모양

笛をぴいぴい吹く。 피리를 삐삐 불다.

小鳥がぴいぴい鳴いている。
작은 새가 짹짹 울고 있다.

赤ん坊がむずかってぴいぴい泣く。
갓난아기가 보채며 앙앙 울다.

年中ぴいぴいしている。
1년 내내 가난에 쪼들려 허덕거리고 있다.

給料前でぴいぴいだ。 월급을 받기 전이어서 돈이 없다.

□ **ぴかぴか**

① 번쩍번쩍, 반짝반짝 (윤이 나며 반짝이는 모양)   ② 번쩍거리다 (계속해서 번쩍이는 모양)

靴をぴかぴかに磨く。 구두를 반짝반짝 광이 나게 닦다.

ぴかぴかするダイヤモンド。 번쩍거리는 다이아몬드.

灯台の火がぴかぴか光っている。
등대의 불이 반짝반짝 빛나고 있다.

□ **ひくひく**

벌룩벌룩, 실룩실룩, 꿈틀꿈틀 (이따금 경련하듯이 움직이는 모양) 비 「ぴくぴく」보다 움직임이 미약한 경우에 씀.

彼女は唇をひくひくさせていた。
그녀는 입술을 씰룩거리고 있었다.

□ **びくびく**

① 흠칫흠칫, 벌벌 (겁이 나서 떠는 모양)
② 바르르, 오들오들 (발작적으로 조금 떠는 모양)

怒られないかとびくびくする。
야단맞지 않을까 (해서) 흠칫흠칫하다.

怖くてびくびくする。 무서워서 벌벌 떨다.

体をびくびく震わせる。 몸을 오들오들 떨다.

ぴくぴく
실룩실룩, 쫑긋쫑긋 (몸의 일부가 떨 듯 두세 번 움직이는 모양)

まぶたをぴくぴくさせる。 눈꺼풀을 씰룩거리다.

耳をぴくぴくと動かす。 귀를 쫑긋쫑긋 움직이다.

ひしひし
① 바싹바싹 (자꾸자꾸 다가오는 모양)
② 절실히 (강하게 느끼는 모양)

ひしひしと押し寄せる。 바싹바싹 밀려오다.

ひしひしと攻め寄せる。 바싹바싹 공격해 오다.

寒さがひしひしと身にしみる。
추위가 오싹오싹 몸에 스며들다.

ひしひしと感じる。 절실히 느끼다.

びしびし
① 사정없이, 엄하게, 호되게 ② 철썩철썩, 찰싹찰싹 (채찍 등으로 잇따라 때리는 소리) 🔁 「ぴしぴし」
③ 삐걱삐걱 (마루 따위가 세게 눌려서 삐걱거리는 소리)

びしびし叱る。 엄하게 꾸짖다.

びしびしと打つ。 찰싹찰싹 때리다.

廊下がびしびしと鳴る。 복도가 삐걱삐걱 울리다.

ぴしぴし
① 가차 없이, 호되게 (인정사정 없이 엄하게 처결하는 모양)
② 찰싹찰싹, 피식피식, 뚝뚝 (채찍 등으로 계속해서 때리거나, 가느다란 가지가 계속해서 꺾일 때의 소리)

ぴしぴしと仕込む。 호되게 훈련시키다.

枯れ枝に火がついてぴしぴしとはぜる。
마른 나뭇가지에 불이 붙어서 피식피식 튀다.

びしょびしょ
① 줄줄, 줄기차게, 주룩주룩 (비가 줄곧 내리는 모양) ②
흠뻑, 후줄근히 (흠뻑 젖은 모양)

雨がびしょびしょと降る。 비가 주룩주룩 내리다.

汗でびしょびしょになる。 땀으로 흠뻑 젖다.

ひそひそ
소곤소곤 (남에게 들리지 않도록 속삭이는 모양)

ひそひそと人の噂話をする。
소곤소곤 남의 소문 이야기를 하다.

ぴたっと
① 뚝, 딱 (갑자기 정지하는 모양) ② 꼭, 착, 찰싹 (빈틈없이 밀착하는 모양) ③ 꼭, 딱 (사물이 잘 들어맞거나 적중하는 모양) 🔁 「ぴたりと」를 약간 강조한 말

風がぴたっと止む。 바람이 딱 그치다.

ぴたっと張り付く。 찰싹 달라붙다.

占いがぴたっと当たる。 점이 딱 맞다.

ぴたり
① 딱, 뚝 (갑자기 멎는 모양) ② 착, 바싹, 찰싹, 꼭 (빈틈없이 달라붙는 모양) ③ 딱, 꼭 (정확히 들어맞는 모양) ④ 단정하게 (격식을 차려 예의바르게 행동하는 모양)

目の前にぴたりと止まる。 눈앞에 딱 서다.

ぴたりと寄り添う。 바싹 다가붙다.

呼吸がぴたりと合う。 호흡이 딱 맞다.

ぴたりと正座する。 똑바로 정좌하다.

ぴちぴち
① 팔딱팔딱 (물고기 등이 힘차게 뛰는 모양)
② 팔팔 (젊고 생기가 넘치는 모양)

ぴちぴちはねる鯛。
팔딱팔딱 뛰는 도미.

ぴちぴちした若さ。
발랄한 젊음.

びっしり
꽉, 빽빽이 (빈틈없이 들어찬 모양)

家がびっしりと立ち並ぶ。
집이 빽빽이 늘어서다.

予定がびっしりと詰まる。
예정이 꽉 차다.

□ ひっそり

① 조용히, 고요히, 쥐죽은 듯이 (매우 조용한 모양)
② 가만히, 남몰래 (가만히 있거나 몰래하는 모양)

ひっそりとした町。조용한 거리.

ひっそりと息を引き取る。고요히 숨을 거두다.

□ ぴったり

① 꼭, 꽉, 딱 (문 등이 어긋나거나 틈이 없이 잘 맞는 모양) 비 ぴ
たり ② 착, 딱, 바짝 (빈틈없이 달라붙는 모양) 비 ぴたり
③ 꼭 맞음, 딱 맞음 (썩 잘 어울리는 모양) ④ 딱, 뚝 (계속되
던 것이 갑자기 멈추는 모양) 비 ぴたり

窓はぴったりと閉ざされていた。
창문은 꼭 닫혀 있었다.

恋人同士はぴったりと寄り添って座ってい
た。연인끼리는 딱 붙어 앉아 있었다.

ぴったりとした表現。딱 들어맞는 표현.

君にぴったりな洋服だ。자네에게 딱 어울리는 옷이다.

にわか雨がぴったりと止んだ。소나기가 뚝 그쳤다.

酒も煙草もぴったり止めた。술도 담배도 딱 끊었다.

□ ひやひや

① 차가운 느낌이 있는 모양 ② 조마조마 (불안, 걱정, 위험
등으로 마음을 졸이는 모양)

ひやひやと夜気がしみる。
선득선득하게 밤공기가 스며들다.

背中がひやひやする。등이 서늘하다.

危なくてひやひやする。
위험스러워서 마음이 조마조마하다.

崖から落ちやしないかとひやひやした。
벼랑에서 떨어지나 않을까 해서 조마조마했다.

□ ぴょこぴょこ

① 강동강동, 홀짝홀짝 (가볍게 춤추듯 뛰어다니거나 움직이는
모양) ② 굽실굽실, 꾸뻑꾸뻑 (머리를 계속 굽실거리는 모양)
③ 차례로 잇달아 나타나는 모양

ぴょこぴょこ動き回る。홀짝홀짝 돌아다니다.

ぴょこぴょこ御辞儀をする。굽실굽실 절을 하다.

ぴょこぴょこ出てくる。차례로 잇달아 나타나다.

□ ひょろひょろ

① 비실비실, 비틀비틀, 휘청휘청 (휘청거리며 쓰러질 듯한
모양) ② 가냘프게, 가늘고 길게, 호리호리하게

ひょろひょろ歩く。비실비실 걷다.

背だけひょろひょろと伸びる。
키만 호리호리하게 자라다.

□ ぴょんぴょん

깡충깡충, 팔딱팔딱, 홀짝홀짝 (계속해서 가볍게 뛰는 모양)

兎がぴょんぴょんと跳ね回る。
토끼가 깡충깡충 뛰어다니다.

□ ひらひら

① 펄럭펄럭, 팔랑팔랑, 훨훨 (가볍고 얇은 것이 날리는 모양)
② 번쩍, 훨훨 (빛이 번쩍이거나 불꽃이 일렁이는 모양) ③ 가볍
고 얇은 종이나 천 등이 팔락거리는 모양, 가볍고 얇아
펄럭거리는 조각

花びらがひらひらと舞う。꽃잎이 팔랑팔랑 날다.

ちょうちょうがひらひら飛んでいる。
나비가 훨훨 날고 있다.

暖炉の炎が時々ひらひら燃え上がる。
난로의 불꽃이 이따금 훨훨 타오르다.

ひらひらの付いた服。펄럭거리는 조각이 달린 옷.

□ びらびら[ぴらぴら]

① 펄럭펄럭 참 「ひらひら」보다 약간 무거운 것에 대해 말함
② 종이, 천, 금속조각 등이 매달려서 하늘거리는 것

旗がびらびらと動く。
깃발이 펄럭펄럭 나부낀다.

□ ひらり

훌쩍, 날쌔게, 휙 하고 (가볍게 몸을 움직이는 모양)

ひらりと馬にまたがる。
훌쩍 말에 올라타다.

□ **ぴりっと**

① 톡, 콕, 얼얼, 찌릿찌릿 (맵거나 전기의 강한 자극을 받았을 때의 느낌) ② 말이나 태도가 야무진 느낌을 주는 모양 ③ 종이나 천이 소리 내어 찢어지는 모양

ぴりっと辛い料理。 톡 쏘는 매운 요리.

ぴりっと静電気が来る。 찌릿찌릿 정전기가 오다.

ぴりっとした人。 의연한 사람.

彼女はぴりっとした態度で拒絶した。
그녀는 야무진 태도로 거절했다.

ぴりっとノートを裂く。 북북 노트를 찢다.

□ **ひりひり**

얼얼, 따끔따끔 (피부, 점막 등에 날카로운 통증이나 매운 맛이 느껴지는 모양)

この薬は塗るとひりひりする。
이 약은 바르면 얼얼하다.

せっけんで目がひりひりする。
비누 때문에 눈이 따끔따끔하다.

□ **びりびり**

① 짝짝, 찍찍 (종이, 천 등이 찢어지는 소리) ② 드르르 (물체가 잘게 진동하는 소리나 모양) ③ 찌르르 (갑자기 전기 따위의 자극을 받았을 때의 저리는 듯한 느낌)

紙をびりびりと引き裂く。 종이를 짝짝 찢다.

地震で窓ガラスがびりびりする。
지진으로 유리창이 드르르 흔들리다.

手に電気がびりびりと来た。 손에 전기가 찌르르 왔다.

□ **ぴりぴり**

① 따끔따끔 (바늘에 찔린 듯이 아픈 모양) ② 얼얼, 알알 (몹시 매운 느낌) ③ 신경이 과민해진 모양 ④ 삑삑 (호루라기 소리)

日に焼けて皮膚がぴりぴりする。
햇볕에 타서 살갗이 따끔따끔하다.

辛くて口の中がぴりぴりする。 매워서 입 안이 얼얼하다.

ぴりぴりとしている。 신경이 곤두서 있다.

決勝戦を前にしてぴりぴりしている。
결승전을 앞두고 신경이 날카로워져 있다.

□ **ぴんぴん**

① 팔딱팔딱, 펄쩍펄쩍 (세차게 튀는[뛰는] 모양) ② 팔팔, 정정, 씽씽 (건강하여 기운이 넘치는 모양) ③ 상대편의 심정이 강하게 느껴지는 모양

魚がぴんぴん跳ねる。 물고기가 팔딱팔딱 뛰다.

年を取ってもぴんぴんしている。
나이가 들어도 정정하다.

彼女の気持ちはぴんぴんと私の胸に伝わってきた。
그녀의 마음은 짜릿하게 내 가슴에 전해져 왔다.

□ **ふうふう**

① 후후, 훅훅 (입을 오므리고 입김을 내뿜는 모양) ② 헐떡헐떡, 헐레벌떡 (숨을 가쁘게 몰아쉬는 모양) ③ 허덕허덕 (괴로움을 당하거나 일에 몰리는 모양)

熱いお茶をふうふうと吹いて飲む。
뜨거운 차를 후후 불어서 마시다.

ふうふうと息を吐きながら駆けていく。
후후 숨을 몰아쉬면서 달려가다.

朝から晩まで仕事でふうふう言う。
아침부터 밤까지 일에 허덕거리다.

□ **ぶうぶう**

① 투덜투덜, 툴툴 (불평이나 잔소리를 하는 모양) ② 붕붕, 뿡뿡 (풍금. 경적 등의 낮은 소리가 잇달아 나는 모양)

ぶうぶう言うな。 투덜대지 마라.

ぶうぶう文句を言う。 투덜투덜 불평하다.

ぶうぶうと警笛を鳴らして走る。
붕붕 경적을 울리면서 달리다.

□ **ふかふか**

폭신폭신, 말랑말랑 (이불 따위가 부드럽게 부푼 모양)

ふかふかとおいしそうなパン。
말랑말랑 맛있어 보이는 빵.

ふかふかした布団。폭신폭신한 이불.

□ **ぶかぶか**

① 헐렁헐렁 (헐렁한 모양) ② 둥둥 (물에 잠긴 것이 떠 있는 모양) ③ 고정되지 않고 들떠 있는 모양 ④ 대형 취주악기를 울리는 소리

ぶかぶかなズボン。헐렁헐렁한 바지.

このスカートはウェストがぶかぶかだ。
이 스커트는 허리가 헐렁헐렁하다.

材木がぶかぶかと浮いている。재목이 둥둥 떠 있다.

ぶかぶかした古畳み。푹푹하게 들뜬 낡은 다다미.

アコーディオンをぶかぶか鳴らす。
아코디언을 둥둥 울리다.

□ **ぷかぷか**

① 뻐끔뻐끔, 뻑뻑 (담배를 계속 피우는 모양)
② 가벼운 것이 물 위에 둥실둥실 뜬 모양
③ 여기 저기 많이 떠 있는 모양
④ 빵빵, 삐삐 (나팔, 피리 등을 부는 모양)

たばこをぷかぷかと吹かす。
담배를 뻐끔뻐끔 피우다.

ぷかぷかボールが浮く。
둥실둥실 공이 뜨다.

魚がぷかぷか浮き上がる。
물고기가 우그르르 떠오르다.

ぷかぷかどんどん。빵빵 둥둥.

□ **ぶくぶく**

① 보글보글, 부글부글, 보그르르 (거품이 이는 모양이나 소리)
② 부글부글, 보글보글 (물 속에 가라앉는 모양이나 소리) ③ 뒤룩뒤룩 (살이 찐 모양)

ぶくぶくと泡が立つ。부글부글 거품이 일다.

ぶくぶくと沈む。부글부글 가라앉다.

ぶくぶくに着膨れる。뒤룩뒤룩 껴입다.

□ **ふっと**

① 갑자기, 문득 ② 훅 (입을 오므리고 숨을 한번 내부는 모양)

ふっと思いつく。문득 생각이 미치다.

ふっとアイディアが浮かぶ。
문득 아이디어가 떠오르다.

ふっとろうそくの火を吹き消す。
훅 하고 촛불을 불어서 끄다.

□ **ふつふつ**

① 펄펄, 부글부글 (끓는 모양)
② 콸콸 (샘물, 땀 등이 솟아나는 모양)

ふつふつと煮えたぎる。부글부글 끓어오르다.

ふつふつと湧き出る清水。
콸콸 솟아나는 맑은 물.

□ **ぶつぶつ**

① 중얼중얼 (작은 소리로 말하는 모양) ② 투덜투덜, 툴툴 (불평, 불만이나 잔소리를 하는 모양) ③ 펄펄, 부글부글 (거품을 일으키며 끓어오르는 모양) ④ 도톨도톨 (두드러기 같은 것이 많이 돋는 모양) ⑤ 싹둑싹둑 (물건을 잘게 자르거나 여러 번 구멍을 내는 모양)

ぶつぶつと独り言を言う。중얼중얼 혼잣말을 하다.

ぶつぶつ文句を言う。투덜투덜 불평을 하다.

豆がぶつぶつ煮え始めた。
콩이 부글부글 끓기 시작했다.

にきびがぶつぶつできる。여드름이 도톨도톨 나다.

魚をぶつぶつ切る。생선을 싹둑싹둑 자르다.

□ **ぶよぶよ**

말랑말랑, 포동포동 (물에 부은 것처럼 말랑말랑하거나 통통하게 살이 찐 모양)

ぶよぶよの柿。말랑말랑한 감.

赤ん坊の手足がぶよぶよとしている。
아기의 손발이 포동포동하다.

水につかった畳がぶよぶよになる。
물에 잠겼던 다다미가 문적문적해지다.

□ **ふらふら**

① 휘청휘청, 흐느적흐느적 (걸음이 흔들리는 모양) ② 흔들흔들 (마음이 흔들리는 모양)
③ 빙빙 (머리가 도는 모양)
④ 힘없이 흔들리는 모양
⑤ 얼떨결에 (충분히 생각하지 않은 모양)

疲れてふらふらになる。 지쳐서 휘청휘청해지다.

ふらふらしないでさっさと決心しなさい。
망설이지 말고 어서 결심하시오.

頭がふらふらする。 머리가 빙빙 돈다.

ふらふらと歩き回る。 흔들흔들 돌아다니다.

ついふらふらと始めてしまった。
그만 얼떨결에 시작해 버렸다.

□ **ぶらぶら**

① 흔들흔들, 대롱대롱 (매달려서 흔들리는 모양)
② 어슬렁어슬렁 (목적 없이 돌아다니는 모양)
③ 빈들빈들, 빈둥빈둥 (하는 일 없이 놀고 지내는 모양)

風に吹かれてぶらぶらする。
바람을 맞아 흔들흔들하다.

しばらくぶらぶら町を歩く。
잠시 동안 어슬렁어슬렁 거리를 거닐다.

大学を出てもう２年間もぶらぶらしている。
대학을 나와서 벌써 2년 동안이나 빈둥거리고 있다.

□ **ふらり[ふらりと]**

훌쩍, 홀연히, 불쑥 (별 목적 없이 나가거나 찾아오는 모양)

ふらりと外出する。 훌쩍 외출하다.

ふらりと現れた。 불쑥 나타났다.

□ **ぶらり**

① 대롱대롱 (매달려 있는 모양) ② 훌쩍, 불쑥 (별 목적 없이 나가거나 찾아오는 모양) ③ 빈둥빈둥 (하는 일 없이 노는 모양)

ぶらりと垂れ下がっている。
대롱대롱 매달려 있다.

普段着のままぶらりと出掛ける。
평상복을 입은 채 훌쩍 외출하다.

一日中ぶらりとしている。
하루종일 하는 일 없이 빈둥거리고 있다.

□ **ぷりぷり**

① 탱탱, 뚱뚱 (만지면 튈 듯이 탄력이 있거나 몹시 살찐 모양)
② 싱싱한 모양 囲 ぴちぴち
③ 몹시 성난 모양 囲 ぶりぶり

ぷりぷりと太った体。 뚱뚱하게 살찐 몸.

尻の肉がぷりぷりしている。
엉덩이 살이 탱탱하다.

ぷりぷりした魚。 싱싱한 생선.

ぷりぷりと怒っている。 잔뜩 화내고 있다.

□ **ぶるぶる**

벌벌, 와들와들, 부들부들, 덜덜 (추위, 두려움으로 떠는 모양)

恐ろしくてぶるぶる震える。
두려워서 벌벌 떨다.

手がぶるぶるして字が書けない。
손이 부들부들 떨려 글씨를 쓸 수 없다.

□ **ふわふわ**

① 딸랑딸랑, 둥실둥실 (가볍게 떠돌거나 흔들리는 모양) ② 붕붕 (마음이 들뜬 모양) ③ 푹신푹신 (부드럽고 가벼운 모양)
④ 달걀 따위를 부풀게 한 요리

カーテンが風でふわふわする。
커튼이 바람에 팔랑거리다.

ふわふわと空に浮かんでいる。
둥실둥실 하늘에 떠 있다.

気持がふわふわしている。 기분이 붕 들떠 있다.

ふわふわしたクッション。 푹신푹신한 쿠션.

ふわふわな布団。 푹신푹신한 이불.

□ **ぷんと**

① 확 (갑자기 냄새가 풍기거나 강한 냄새가 나는 모양) ② 성이 나서 뾰로통한 얼굴 모양

酒の匂いがぷんと来る。
술 냄새가 확 풍기다.

ぷんと鼻につく。(냄새가) 확 코를 찌르다.

ぷんとした顔つき。뽀로통한 얼굴.

□ **ぶんぶん**

① 붕붕 (비행기, 팽이 등의 윙윙거리는 소리) ② 윙윙 (곤충의 날개 소리) ③ 뱅뱅 (윙윙 소리가 날 정도로 세게 휘두르는 모양)

ぶんぶん飛ぶ。붕붕 날다.

蚊が耳元でぶんぶん言う。
모기가 귓전에서 앵앵거리다.

腕をぶんぶん振り回す。
팔을 뱅뱅 휘두르다.

□ **ぷんぷん**

① 몹시 성난 모양 回 ぷりぷり, ぷりぷり
② 냄새가 코를 찌르는 모양

ぷんぷんと怒っている。
잔뜩 골을 내고 있다.

香水がぷんぷん匂う。
향수 냄새가 코를 찌른다.

不正の匂いがぷんぷんする。
부정의 냄새가 강하게 난다.

□ **ぺこぺこ**

① 물건이 우그러지거나 일그러지기 쉬운 모양이나 소리 ② 몹시 배가 고픈 모양 ③ 굽실굽실 (머리를 자꾸 조아리거나 비굴하게 아첨하는 모양)

ぺこぺこのボール。찌그러진 공.

おなかがぺこぺこだ。배가 몹시 고프다.

ぺこぺこと謝る。굽실굽실 사과하다.

社長にぺこぺこする。사장에게 굽실거리다.

□ **へたへた**

털썩 (기진맥진하여 주저앉는 모양)

へたへたと倒れる。털썩 쓰러지다.

へたへたと尻餅をつく。힘없이 털썩 주저앉다.

□ **べたべた**

① 끈적끈적 (끈끈하게 들러붙는 모양) ② 찰딱 (교태를 부리며 딱 달라붙는 모양) ③ 처덕처덕 (온통 전면에 바르거나 붙이는 모양)

汗で下着がべたべたとくっつく。
땀으로 속옷이 끈적끈적 달라붙다.

いつもべたべたくっついている。
언제나 찰딱 달라붙어 있다.

塀にべたべたポスターを貼る。
담에 처덕처덕 포스터를 붙이다.

□ **ぺたぺた**

① 철떡철떡 (연이어 들러붙었다 떨어졌다 하는 모양) ② 철썩철썩, 찰싹찰싹 (납작한 것으로 가볍게 치는 소리) ③ 처덕처덕 (온통 빈틈없이 바르거나 붙이는 모양) ④ 마구 (수없이 도장을 찍는 모양)

素足でぺたぺたと歩く。맨발로 철떡철떡 걷다.

ぺたぺたと背中を叩く。철썩철썩 등을 두드리다.

ビラをぺたぺたと張り付ける。
삐라를 처덕처덕 붙이다.

判子をぺたぺた押す。도장을 마구 찍어대다.

□ **べちゃくちゃ**

재잘재잘 (시끄럽게 지껄이는 모양)

べちゃくちゃとうるさくしゃべり立てる。
재잘재잘 시끄럽게 지껄여대다.

□ **へとへと**

몹시 피곤해서 맥 빠진 모양, 기진맥진한 모양

へとへとに疲れる。몹시 지치다.

もうへとへとで歩けない。이젠 녹초가 되어 걸을 수 없다.

□ **べとべと**

끈적끈적, 찐득찐득 回 べたべた

ジャムがついて手がべとべとする。
잼이 묻어서 손이 끈적끈적하다.

□ **へなへな**

　① 쉽게 구부러지거나 맥없이 찌그러지는 모양
　② 비슬비슬 (맥없이 비슬거리는 모양)　③ 물렁물렁 (줏대가 없는 모양)

へなへなした竹。휘청거리는 대나무.

へなへなと座り込む。풀썩 주저앉다.

へなへなした人間。물렁팥죽 같은 사람.

あんなへなへなした男は嫌いだ。
저런 줏대 없는 남자는 싫다.

□ **へらへら**

　① 실실 (실없이 웃는 모양)
　② 실실 (경망하게 지껄이는 모양)

へらへら笑ってごまかす。
실실 웃으며 얼버무리다.

いつもへらへらして気骨がない。
언제나 실실거리기만 하고 옹골찬 데가 없다.

□ **べらべら**

　① 막힘이 없이 입심 좋게 지껄이거나 경망하게 지껄이는 모양　② 흐르르 (종이, 천 등이 얇고 약한 모양)

べらべらとよくしゃべる女。
쫑알쫑알 잘도 지껄여대는 여자.

べらべらの紙。흐르르한 종이.

□ **ぺらぺら**

　① 술술, 줄줄 (외국어를 유창하게 지껄이는 모양)　② 나불나불 (경솔하게 지껄여대는 모양)
　③ 흐르르 (판자, 종이, 천 등이 얇고 빈약한 모양)　④ 펄럭펄럭 (종잇장 같은 것을 연달아 넘기는 모양)　⊞ ぱらぱら

彼は英語がぺらぺらだ。그는 영어를 술술 잘한다.

あることないことをぺらぺらしゃべる。
있는 일 없는 일을 나불나불 지껄여대다.

ぺらぺらした布。
흐르르한 천.

ぺらぺらとノートを捲る。
펄럭펄럭 노트를 넘기다.

□ **ほかほか**

따끈따끈 (따스함 느낌이 드는 모양)

ほかほかのご飯。따끈따끈한 밥.

全身がほかほかしてきた。
온몸이 따끈따끈해졌다.

□ **ぽかぽか**

　① 후끈후끈, 포근포근 (따스하게 느껴지는 모양)
　② 딱딱, 똑똑 (머리 등을 계속해서 때리는 소리나 모양)　③ 드문드문, 군데군데 (여기저기 눈에 띄는 모양)

ぽかぽかした春先の一日。포근한 이른 봄의 하루.

酒を飲むと体がぽかぽかしてくる。
술을 마시면 몸이 후끈후끈해진다.

木魚をぽかぽかと叩く。목탁을 똑똑 두드리다.

くらげがぽかぽかと浮いている。
해파리가 군데군데 떠 있다.

□ **ぽきぽき**

똑똑 (나뭇가지 등을 연달아 부러뜨리는 모양이나 소리)

小枝をぽきぽきと折る。잔가지를 똑똑 꺾다.

体中の骨がぽきぽきという。
온몸의 뼈마디가 똑똑거리다.

□ **ほくほく**

　① 싱글벙글 (기쁨을 감추지 못하는 모양)
　② 갓 굽거나 찐 밤, 고구마 등의 먹음직스러운 모양

ほくほく顔。기쁜 듯한 얼굴.

ほくほくの芋。따끈따끈하고 먹음직스러운 고구마.

□ **ぼさぼさ**

　① 부스스 (머리가 흐트러진 모양)
　② 아무 일도 하지 않고 멍하니 있는 모양

髪の毛のぼさぼさした人。머리가 부스스한 사람.

ぼさぼさしていないで早く仕事を片付けろ。
멍하니 있지 말고 빨리 일을 끝내라.

□ **ぼそぼそ**

① 소곤소곤 (나직하고 작은 목소리로 말하는 모양)　② 퍼석퍼석 (물기가 없고 메마른 모양)

暗闇の中でぼそぼそ話す。
어둠 속에서 소곤소곤 이야기하다.

このパンはぼそぼそしてうまくない。
이 빵은 퍼석퍼석해서 맛이 없다.

□ **ぼたぼた**

① 뚝뚝, 주르륵주르륵 (액체가 방울져 계속 떨어지는 모양) 참 「ぽたぽた」보다 약간 무거운 느낌

② 몰랑몰랑 (물기를 머금어 부드러운 모양)

額から汗がぼたぼたとしたたる。
이마에서 땀이 뚝뚝 방울져 떨어지다.

ぼたぼたした粘土。몰랑몰랑한 진흙.

□ **ぽたぽた**

뚝뚝 (액체가 방울져 계속 떨어지는 모양) 비 「ぼたぼた」보다 가벼운 느낌

涙がぽたぽたと落ちる。눈물이 뚝뚝[방울방울] 떨어지다.

□ **ぼちぼち[ぽちぽち]**

① 촘촘히 (작은 점, 구멍 등이 많이 있는 모양)

② 일을 천천히 시작하는 모양, 일이 조금씩 진행되는 모양 참 「そろそろ」보다 약간 부드러운 느낌

切符にぼちぼちと点字が打ってある。
표에 촘촘히 점자가 쳐져 있다.

ぼちぼち帰りましょう。슬슬 돌아갑시다.

□ **ぽっかり**

① 두둥실 (가볍게 뜨는 모양)　② 딱, 떡, 짝, 뻐끔히 (갑자기 갈라지거나 또는 갈라져서 벌어지는 모양)

雲がぽっかり空に浮かぶ。
구름이 두둥실 하늘에 뜨다.

ぽっかり口をあく。떡 입을 벌리다.

庭にぽっかりと穴があく。
뜰에 뻥 구멍이 뚫리다.

桃がぽっかりと割れて男の子が生まれた。
복숭아가 짝 갈라져 사내아이가 태어났다.

□ **ほっと**

① 후유 (한숨짓는 모양)
② 긴장이 풀려 마음을 놓는 모양

ほっと溜息をつく。후유 하고 한숨을 짓다.

試験が終わってほっとする。시험이 끝나서 한숨 놓다.

無事だと聞いてほっとした。
무사하다는 소식을 듣고 안심했다.

□ **ぼつぼつ**

① 송송, 오돌토돌 (작은 점이나 알맹이가 여기저기 있는 모양)

② 일을 천천히 시작하는 모양, 일이 조금씩 진행되는 모양 비 「そろそろ」보다 약간 부드러운 느낌

顔にぼつぼつが出きる。얼굴에 돌기가 생기다.

ぼつぼつ始めよう。슬슬 시작하자.

□ **ぽつぽつ**

① 송송, 도톨도톨 (표면에 작고 둥근 돌기나 구멍이 여기저기 있는 모양)　② 뚝뚝 (물방울이 규칙적으로 한 방울씩 떨어지는 소리)

③ 시간을 두고 끊어졌다 이어졌다 하는 모양, 공간적으로 띄엄띄엄 있는 모양

服にぽつぽつと虫の食った穴がある。
옷에 송송 벌레가 먹은 구멍이 있다.

雨がぽつぽつ降り出す。비가 뚝뚝 내리기 시작하다.

ぽつぽつ話をする。띄엄띄엄 이야기를 하다.

民家がぽつぽつと並んでいる。
민가가 띄엄띄엄 늘어서 있다.

□ **ほやほや**

① 갓 만들어져 따끈따끈하고 김이 나고 있는 모양
② 그 상태로 된 지 얼마 되지 않은 모양

ほやほやのパン。갓 만들어 따끈따끈한 빵.

新婚のほやほやの家庭。신혼의 알콩달콩한 가정.

覚えたてのほやほや。이제 겨우 몸에 익힌 것.

□ **ぼやぼや**

주의가 산만하거나 생각이 미치지 못해 멍하니 있는 모양

ぼやぼやするな。 멍하니 있지 마라.

ぼやぼやして電車を乗り過ごす。
(전철에서) 멍하니 있다가 내릴 곳을 지나치다.

□ **ぼりぼり**

① 아작아작, 우두둑우두둑 (딱딱한 것을 깨무는 모양이나 소리) ② 북북 (손톱으로 피부 등을 긁는 모양이나 소리)

木の実をぼりぼりと嚙む。
나무 열매를 우둑우둑 씹다.

頭をぼりぼりかく。 머리를 북북 긁다.

□ **ほろほろ**

① 주르르 (눈물이 흐르는 모양) ② 폴폴, 팔랑팔랑 (꽃이나 잎이 지는 모양) ③ 꾸룩꾸룩 (꿩이나 산비둘기들의 울음소리)

思わず涙がほろほろこぼれる。
나도 모르게 눈물이 주르르 흘렀다.

花がほろほろ散る。 꽃이 폴폴 지다.

山鳩がほろほろ鳴く。 산비둘기가 꾸룩꾸룩 울다.

□ **ぼろぼろ**

① 너덜너덜 (물건이나 옷 등이 형편없이 낡고 해진 모양) ② 몸과 마음이 몹시 지쳐 있는 모양 ③ 부서진 것이나 알갱이 모양의 것이 흩어져 떨어지는 모양 ④ (비유적으로) 숨은 사실 등이 속속 드러나는 모양 ⑤ 흐슬부슬, 부슬부슬 (밥 등이 물기나 찰기가 적어 흩어지는 모양)

ぼろぼろの帽子をかぶっている。
너덜너덜한 모자를 쓰고 있다.

都会の生活で身も心もぼろぼろになった。 도시 생활로 몸도 마음도 몹시 지쳤다.

米をぼろぼろとこぼす。 쌀을 술술 흘리다.

過去の悪事がぼろぼろと明るみに出る。
과거의 악행이 차례차례 드러나다.

ぼろぼろの麦飯。 흐슬부슬한 보리밥.

□ **ぽろぽろ**

알갱이 모양의 것이 흩어져 떨어지는 모양, 눈물이 잇달아 떨어지는 모양 참 「ぼろぼろ」보다 가벼운 느낌의 말.

ぽろぽろした握り飯。 흐슬부슬한 주먹밥.

嬉し涙をぽろぽろ落とす。 기쁨의 눈물을 주르르 흘리다.

□ **ほんのり**

어슴프레, 어렴풋이, 아련하게 (희미하게 나타나는 모양)

東の空がほんのり白む。 동쪽 하늘이 어슴프레 희번해지다.

頬がほんのりと赤らむ。 볼이 발그레 붉어지다.

□ **ぽんぽん**

① 서슴없이 말하거나 일을 거침없이 연달아 하는 모양 ② 북 같은 것을 연달아 치는 소리 또는 연달아 터지는 소리

目上の人にぽんぽんとものを言う。
윗사람에게 서슴없이 말을 해대다.

花火がぽんぽんと上がる。 불꽃이 펑펑 터져 오르다.

□ **ぼんやり**

① 어렴풋이, 아련히 (희미한 모양) ② 우두커니, 망연히 (맥빠진 모양) ③ 멍청히 (얼빠진 모양)

ぼんやりした記憶。 희미한 기억.

火事だというのにぼんやりと突っ立っている。 불이 났다고 하는 데도 우두커니 서 있다.

ぼんやりしていて頼り無い人。
멍청해서 미덥지 않은 사람.

ま行

□ **まごまご**

우물쭈물 (어찌할 바를 몰라 허둥대는 모양)

勝手が分からずまごまごする。
상황[사정]을 몰라서 우물쭈물하다.

まごまごしないでさっさと歩け。
우물쭈물하지 말고 빨랑빨랑 걸어라.

□ **まじまじ**

① 말똥말똥, 찬찬히, 물끄러미 (눈을 떼지 않고 빤히 바라보는 모양) ② 좀처럼 잠들지 않는 모양 ③ 허둥거리거나 하지 않고 태연한 모양 ④ 주눅이 들어 머뭇거리는 모양 ⑪ もじもじ

人の顔をまじまじと見つめる。
남의 얼굴을 물끄러미 응시하다.

まじまじと夜を明かす。 말똥말똥 밤을 새우다.

まじまじとウソをつく。 눈 하나 깜짝 안 하고 거짓말하다.

まじまじして口をきかない。
머뭇거리기만 하고 입을 열지 않다.

□ **みしみし**

삐걱삐걱 (마루 등이 삐걱거리는 소리)

階段がみしみしきしむ。 계단이 삐걱거리다.

□ **みるみる**

(보고 있는 동안에) 순식간에, 삽시간에

山火事は見る見る広がった。
산불은 삽시간에 번졌다.

子供というものは見る見る大きくなるものだ。 어린아이란 금방 자라는 법이다.

□ **むかむか**

① 메슥메슥 (구역질이 나는 모양)
② 울컥 (화가 치미는 모양)

話を聞いただけでむかむかする。
이야기를 듣기만 하여도 메슥거리다.

あいつの顔を見るとむかむかする。
저놈의 얼굴을 보면 울컥 화가 치민다.

□ **むくむく**

① 뭉게뭉게 (구름, 연기 등이 피어오르는 모양)
② 포동포동 (통통하게 살찐 모양)
③ 부스스, 쑥 (몸을 일으키는 모양)

むくむくと入道雲が立つ。
뭉게뭉게 뭉게구름이 피어오르다.

むくむく太った赤ん坊。 포동포동 살찐 아기.

急にむくむくと起き上がる。
갑자기 부스스 일어나다.

□ **むしゃむしゃ**

게걸스럽게, 우적우적 (큰 입을 벌리고 체면 없이 먹는 모양)

むしゃむしゃ食べる。 체면 없이 게걸스럽게 먹다.

□ **むすっと**

불쾌한 표정으로 입을 다물고 있는 모습

むすっとした顔付き。 골이 난 표정.

□ **むずむず**

① 근질근질한 모양 ② 답답하거나 무슨 일을 하고 싶어서 못 견디고 좀이 쑤시는 모양

背中がむずむずする。 등이 근질근질하다.

帰りたくてむずむずする。 돌아가고 싶어서 좀이 쑤시다.

発言したくてむずむずしている。
발언하고 싶어서 입이 근질근질하다.

腕がむずむずしてくる。
(솜씨를 보이고 싶어서) 팔이 근질근질해지다.

□ **むちゃくちゃ**

당치않음, 터무니없음, 엉망임, 지독함

むちゃくちゃにあばれる。 마구 날뛰다.

彼の運転はむちゃくちゃだ。
그의 운전은 엉망이다.

会議がむちゃくちゃになる。
회의가 엉망이 되다.

□ **むっくり**

① 벌떡 (갑자기 일어나는 모양) ② 볼록 (둥글게 솟은 모양)
③ 통통, 포동포동 (살찐 모양)

むっくりと身を起こす。 벌떡 몸을 일으키다.

むっくりと胸が盛り上がる。 볼록 가슴이 솟아오르다.

むっくりした体。 통통한 몸.

□ **むっちり**

포동포동, 오동통 (살이 찌고 피부에 탄력이 있는 모양)

むっちりした体。오동통한 몸.

むっちりした娘。포동포동한 아가씨.

□ **むっと**

① 화가 치밀지만 꾹 참는 모양 ② 열기나 냄새로 숨이 막힐 듯한 모양

むっとした顔。불끈 화가 난 얼굴.

人を食った言葉にむっとする。
사람을 업신여기는 말에 불끈하다.

たばこの煙でむっとしている室内。
담배 연기로 숨이 막힐 듯한 실내.

すえた臭いがむっと鼻をつく。
쉰 냄새가 확 코를 찌르다.

□ **むらむら**

① 떼를 지어 우글거리는 모양 ② 뭉게뭉게 (구름, 연기 등이 피어오르는 모양) ③ 불끈불끈 (갑자기 울화, 욕망 등이 솟구치는 모양)

むらむらと集まって列を作る。
떼 지어 모여들어 줄을 짓다.

入道雲がむらむらと沸き上がる。
뭉게구름이 뭉게뭉게 피어오르다.

むらむら腹が立つ。불끈불끈 화가 나다.

□ **むんむん** 열기나 냄새가 가득 찬 모양

会場が若者の熱気でむんむんしている。
회의장이 젊은이들의 열기로 가득 차 있다.

□ **めきめき**

① 눈에 띄게, 부쩍부쩍, 무럭무럭 (두드러지게 성장[진보]하는 모양) ② 삐걱삐걱 (판자 등이 삐걱대거나 갈라지는 소리)

めきめきと上達する。눈에 띄게 숙달되다.

歌手として近頃めきめき売り出している。
가수로서 요즘 눈에 띄게 인기가 오르고 있다.

床がめきめきと鳴る。마루가 삐걱삐걱하다.

□ **めそめそ**

홀짝홀짝, 훌쩍훌쩍 (소리 없이 또는 낮은 소리로 우는 모양)

叱られてめそめそと泣く。야단맞고 홀짝홀짝 울다.

こんなことでめそめそするな。
이런 일로 훌쩍거리지 마라.

□ **めちゃくちゃ[滅茶苦茶]**

엉망진창, 마구 하는 모양

めちゃくちゃな論法。형편없는 논법.

めちゃくちゃな値段。터무니없는 가격.

めちゃくちゃに走る。마구 달리다.

□ **もくもく**

① 뭉게뭉게, 펑펑 (연기 따위가 많이 솟아오르는 모양) ② 일부분이 도드라져 움직이는 모양

煙がもくもく出る。연기가 뭉게뭉게 솟다.

もくもくとした筋肉。꿈틀꿈틀하는 근육.

□ **もぐもぐ**

① 우물우물 (입을 벌리지 않고 씹거나 이가 없는 사람이 씹는 모양) ② 우물우물 (입 안에서 중얼거리는 모양) ③ 꾸물꾸물, 꿈틀꿈틀 (좁은 곳이나 눌려 있는 곳에서 움직이는 모양)

もぐもぐ食べる。우물우물 먹다.

何かもぐもぐ言う。무언인가 우물우물 말하다.

布団の中でもぐもぐ動く。
이불 속에서 꿈틀꿈틀 움직이다.

□ **もじもじ**

머뭇머뭇, 주저주저 (주눅이 들거나 수줍어하여 우물거리거나 머뭇거리는 모양)

もじもじしていないで早く来い。
머뭇거리고 있지 말고 빨리 오너라.

もじもじしてなかなか返事をしない。
주저주저하며 좀처럼 대답을 하지 않다.

もたもた

① 어물어물, 우물쭈물 (행동, 태도가 확실하지 않은 모양) ② 사물이 막혀서 순조롭게 진행되지 않는 모양

早く行かないで何をもたもたしているのか。
빨리 가지 않고 무엇을 우물쭈물하고 있느냐.

工事がもたもたして捗らない。
공사가 막혀서 순조롭게 진행되지 않는다.

もやもや

① 연기, 김, 개 등이 자욱한 모양. 안개가 끼듯 몽롱한 모양 ② 마음이 답답하고 개운하지 않은 모양 ③ 털, 풀 등이 더부룩한 모양 ④ 응어리

もやもやと霧のかかった山々。자욱이 안개가 낀 산들.

もやもやとした気分。답답하고 개운하지 않은 기분.

もやもやの髪の毛。덥수룩한 머리카락.

心のもやもやが晴れない。
마음속의 응어리가 가시지 않다.

もりもり

① 와작와작, 우두둑우두둑 (단단한 것을 힘차게 먹는 모양)
② 버쩍버쩍 (세차게 하는 모양) ③ 울퉁불퉁 (부풀어 오른 모양)

頭から塩をかけてもりもり食ってしまうぞ。머리부터 소금을 찍어서 와작와작 먹어 치울 테다.

もりもり元気が出る。버쩍버쩍 기운이 나다.

もりもり勉強する。전력을 다해 공부하다.

筋肉がもりもりしている。근육이 울퉁불퉁 솟아 있다.

や行, ら行, わ行

やんわり

① 부드럽게, 살며시 ② 온화하게, 점잖게

やんわりと手を握る。부드럽게 손을 잡다.

やんわりと押さえる。살며시 누르다.

やんわりと諭す。점잖게 타이르다.

ゆったり

① 낙낙히, 넉넉히 (여유가 있는 모양)
② 편안히 쉬는 모양

比較的ゆったりした暮らしをしている。
비교적 넉넉한 생활을 하고 있다.

ゆったりとくつろぐ。느긋하게 쉬다.

ゆらゆら

한들한들, 흔들흔들 (비교적 가벼운 것이 천천히 흔들리는 모양)

ゆらゆら揺れる。흔들흔들 흔들리다.

湯気がゆらゆらと立ち上る。김이 하늘하늘 피어오르다.

ゆるゆる

① 느릿느릿, 천천히 ② 느긋이, 유유히, 편안히
③ 묽은 모양 ④ 느슨함, 헐렁함

行列はゆるゆると進んで行った。
행렬은 천천히 나아갔다.

ゆるゆると温泉につかる。느긋하게 온천에 몸을 담그다.

ゆるゆるとした粥。묽은 죽.

ゆるゆるのズボン。헐렁한 바지.

よちよち

아장아장, 비실비실 (어린아이나 무거운 짐을 진 사람 또는 쇠약한 사람 등이 걷는 모양)

赤ん坊がよちよちと歩く。아기가 아장아장 걷다.

よぼよぼ

비칠비칠 (늙어서 쇠약해진 모양)

よぼよぼの爺さん。비칠비칠하는 할아버지.

年寄りがよぼよぼと歩く。노인이 비칠비칠 걷다.

よろよろ

비틀비틀, 휘청휘청 (몸의 균형을 잡지 못해 비틀거리거나 휘청거리는 모양)

足がよろよろする。다리가 비틀비틀하다.

つまづいてよろよろと倒れる。
발부리가 채여서 휘청거리며 넘어지다.

□ **りんりん**

① 따르릉, 찌르릉 (벨 등이 울리거나 방울벌레 등이 우는 소리)
② 쩌렁쩌렁 (소리, 음성 등이 멀리까지 울리는 소리) ③ 씩씩한 모양, 늠름한 모양 ④ 추위가 매서운 모양

電話がりんりんと鳴る。 전화가 따르릉 울리다.

静かな講堂に彼の声がりんりんと響いた。
조용한 강당에 그의 목소리가 쩌렁쩌렁 울렸다.

りんりんたる若武者。 씩씩한 젊은 무사.

寒気りんりんとして身にしみる。
한기가 늠렬히 몸에 스며들다.

□ **わあわあ**

① 앙앙, 엉엉 (큰 소리로 우는 모양이나 소리) ② 와, 와글와글, 왁자지껄 (요란하게 떠드는 모양이나 소리)

わあわあ声をあげて泣く。 엉엉 소리 내어 울다.

観客がわあわあと騒ぐ。 관객이 와글와글 떠들다.

□ **わいわい**

① 와와, 와글와글, 왁자지껄 (여럿이 큰 소리로 떠들어대는 모양) 비 **わあわあ** ② 시끄럽게 재촉하는 모양

群衆がわいわいと騒ぐ。 군중이 왁자지껄하게 떠들다.

わいわいと言われてやっと出かける。
시끄럽게 재촉을 받고서야 겨우 떠나다.

□ **わくわく**

두근두근, 울렁울렁 (기쁨, 기대, 걱정 따위로 가슴이 설레는 모양)

胸をわくわくさせて知らせを待つ。
가슴을 두근거리며 통지를 기다리다.

胸がわくわくする。 가슴이 두근거리다.

□ **わんわん**

① 멍멍 (개가 짖는 소리를 나타내는 말) ② 엉엉, 앙앙 (큰 소리로 우는 모양) ③ 우렁차게, 쩌렁쩌렁 (소리가 크게 울리는 모양)

犬がわんわんと吠える。 개가 멍멍 짖다.

迷子がわんわんと泣く。 길 잃은 아이가 앙앙 울다.

歓声が場内にわんわん響く。
환성이 장내에 우렁차게 울리다.

※ 세 가지 비교(1)

あっさりした性格
교제 등의 면에서 귀찮은 것을 싫어하고 다소 무정한 느낌.

さっぱりした性格
뒤탈이 없는 느낌이고 무정한 인상은 별로 없다.

さばさばした性格
あっさりした性格 + 시원시원한 동작이 연상됨.

※ 세 가지 비교(2)

おずおず 머뭇머뭇(부끄러워하는 요소가 있음)

おどおど 주저주저(뜻밖의 당혹해하는 요소가 있음)

びくびく 흠칫흠칫(걱정하고 두려워하는 요소가 있음)

※ 문장으로 비교해 보기

気が弱い私は恥ずかしげに、<u>おずおず</u>とたずねた。

「ところで、例の発表はうまくいきました?」

「ええ、うまくいきました。かしこまった席での発表になれないので、発表直前まで<u>おどおど</u>してい

たんですが、準備万端なのだからと自分に言い聞かせて開き直ったら、意外と落ち着いて発表

できました。はじめ教授の課題の条件を聞いたときは、3語の明確な違いが区別できずに、どう

しようどうしようと<u>びくびく</u>していたのがウソのようです。」

마음이 약한 나는 수줍은 듯이 머뭇머뭇 물었다.

"그런데 전의 발표는 잘 되었어요?"

"예, 잘 되었습니다.. 격식을 갖춘 자리에서의 발표는 익숙하지 않아서, 발표 직전까지 주저주저하고 있었습니다만, 만반의
준비를 했으니까 괜찮다고 자신을 다독거렸더니, 의외로 침착하게 발표할 수 있었습니다. 처음에 교수님의 과제 조건을 들
었을 때는, 3단어의 명확한 차이를 구별 못하고, 어떡하면 좋을지 흠칫흠칫하고 있었던 것이 거짓말 같습니다."

すかさず元気な返事が返ってきた。たずねては悪いような気がしていたが、その明るい表情に、

私も何か心のどこかにひかかっていたものが、氷解した。きいてよかったと思った。

바로 활기찬 답장이 돌아왔다. 물어보고는 미안한 듯한 마음이 들었지만, 그 명랑한 표정에 나도 마음 어딘가에 걸려 있던
것이 얼음 녹듯이 풀렸다. 물어서 다행이었다고 생각했다.

틀리기 쉬운 단어 정리

특수하게 읽히는 한자를 중심으로 틀리기 쉬운 단어들을 정리하였다. 그리고 특수하게 읽히는 경우는 아니지만 시험에 자주 나오고 앞으로 나올 가능성이 높은 것을 다루었다.

일본어 학습에서 사전은 필수 불가결이라고 해도 과언은 아니다. 그러나 본격적인 시험 대비를 위한 시간이 부족한 학습자를 위하여 부담 없이 읽으면서 공부할 수 있도록 수많은 지혜를 엮어 넣었다. 특히, 시험에 자주 나오거나 틀리기 쉬운 것은 한 눈에 알아볼 수 있도록 색깔을 달리했다. 학습 효과를 최대한 살리기 위해 의미가 중요할 경우는 의미, 한자가 중요할 경우는 한자만을 부각시켰다.

기본적인 한자에 자신이 없는 학습자는, 오히려 학습의 역효과를 초래할 수 있으므로 주의하기 바란다. 기본적인 한자에 자신이 있거나 고득점을 목표로 하는 학습자를 대상으로 정리한 것임을 알려두는 바이다.

- □ 合図(あいず) 신호
- □ 愛想(あいそ) 붙임성, 정나미, 대접, (요리 집에서의) 계산
- □ 間柄(あいだがら) 관계
- □ 相反(あいはん)する 상반되다
- □ 合間(あいま) 틈, 짬
- □ 斡旋(あっせん) 알선
- □ 宛先(あてさき) 보낼 곳
- □ 雨具(あまぐ) 비옷
- □ 行脚(あんぎゃ) 중의 행각(여러 곳을 순회하며 수행하는 것), 도보여행
- □ 暗算(あんざん) 암산
  - ▶ 計算(けいさん) 계산, 算数(さんすう) 산수
- □ 安否(あんぴ) 안부
  - ▶ 否定(ひてい) 부정, 否決(ひけつ) 부결, 賛否(さんぴ) 찬부(찬반)
- □ 意地(いじ) 고집
  - ▶ 意地(いじ)を張(は)る 고집을 부리다

- □ 衣装(いしょう) 의상
  - ▶ 舗装(ほそう) 포장, 装置(そうち) 장치, 装備(そうび) 장비
- □ 稲妻(いなずま)/稲光(いなびかり) 번개
  - ▶ 雷(かみなり) 천둥, 벼락
- □ 因果(いんが) 인과(원인과 결과)
  - ▶ 成果(せいか) 성과, 結果(けっか) 결과
- □ 植木鉢(うえきばち) 화분
- □ 受付(うけつけ) 접수
- □ 腕前(うでまえ) 솜씨
- □ 有無(うむ) 유무
  - ▶ 有機(ゆうき) 유기, 有効(ゆうこう) 유효, 有望(ゆうぼう) 유망
- □ 浮気(うわき) 바람기
- □ 運河(うんが) 운하
- □ 栄華(えいが) 영화
  - ▶ 中華(ちゅうか) 중화, 豪華(ごうか) 호화
- □ 笑顔(えがお) 웃는 얼굴

- □ 会釈(えしゃく) (가볍게) 인사
- □ 会得(えとく) 터득
- □ 獲物(えもの) 사냥감
- □ 演説(えんぜつ) 연설
  - ▶ 伝説(でんせつ) 전설, 通説(つうせつ) 통설, 遊説(ゆうぜい) 유세
- □ 煙突(えんとつ) 굴뚝
- □ 王子(おうじ) 왕자
  - ▶ 男子(だんし) 남자, 子孫(しそん) 자손, 子供(こども) 어린이
- □ 黄金(おうごん) 황금
  - ▶ 預金(よきん) 예금, 税金(ぜいきん) 세금, 金持(かねも)ち 부자
- □ 大筋(おおすじ) 대강의 줄거리, 요점
- □ 大手(おおて) 큰 거래처, 큰 회사
- □ 大晦日(おおみそか) 섣달 그믐날
- □ 幼馴染(おさななじみ) (어렸을 때부터 친하게 사귄 사이) 소꿉친구
- □ お辞儀(じぎ) (꾸벅 머리를 숙이는) 인사
- □ 怪獣(かいじゅう) 괴수(괴물)
- □ 街道(かいどう) 가도
  - ▶ 街路樹(がいろじゅ) 가로수 繁華街(はんかがい) 번화가
- □ 介抱(かいほう) 병구완, 간호
  - ▶ 介護(かいご) 간호(介添(かいぞ)え看護(かんご)의 준말)
- □ 書留(かきとめ) 등기
- □ 火山(かざん) 화산
  - ▶ 富士山(ふじさん) 후지산, 山岳(さんがく) 산악, 下山(げざん) 하산
- □ 箇条書(かじょうがき) 각 조항별로 적은 것

- □ 肩書(かたがき) 직함, 직위
- □ 合戦(かっせん) 전투
  - ▶ 合致(がっち) 합치, 일치, 合格(ごうかく) 합격, 統合(とうごう) 통합, 試合(しあい) 시합
- □ 為替(かわせ) 환율
- □ 勘定(かんじょう) 계산
  - ▶ 鑑定(かんてい) 감정, 定義(ていぎ) 정의
- □ 肝心(かんじん) 중요
  - ▶ 心配(しんぱい) 걱정, 心得(こころえ) 마음가짐
- □ 患者(かんじゃ) 환자
  - ▶ 医者(いしゃ) 의사, 人気者(にんきもの) 인기가 있는 사람
- □ 感無量(かんむりょう) 감개무량
- □ 緩和(かんわ) 완화
- □ 機嫌(きげん) 기분
- □ 気障(きざ) (언어, 동작, 복장 등이) 같잖음, 아니꼬움
- □ 生地(きじ) 본바탕, 옷감(천)
  - ▶ 地味(じみ) 수수함, 地域(ちいき) 지역
- □ 帰省(きせい) 귀성
  - ▶ 大蔵省(おおくらしょう) 대장성(재무부), 省略(しょうりゃく) 생략
- □ 几帳面(きちょうめん) 꼼꼼한 모양
- □ 丘陵(きゅうりょう) 구릉(언덕)
- □ 行事(ぎょうじ) 행사
  - ▶ 行動(こうどう) 행동, 行政(ぎょうせい) 행정, 行儀(ぎょうぎ) 예의범절
- □ 強靭(きょうじん) 강인
- □ 興味(きょうみ) 흥미
  - ▶ 興奮(こうふん) 흥분, 振興(しんこう) 진흥

□ 行列(ぎょうれつ) 행렬
  ▶ 同行(どうこう) 동행, 孝行(こうこう) 효행, 行為(こうい) 행위
□ 亀裂(きれつ) 균열
□ 愚痴(ぐち) 푸념
□ 給仕(きゅうじ) 급사
  ▶ 奉仕(ほうし) 봉사, 仕事(しごと) 일
□ 苦渋(くじゅう) 쓰고 떫음, 일이 잘 안 되어 고민함
□ 工夫(くふう) 궁리
  ▶ 夫妻(ふさい), 夫婦(ふうふ) 부부, 丈夫(じょうぶ) 건강, 튼튼함
□ 玄人(くろうと) 프로, 전문가
□ 軍勢(ぐんぜい) 군세
  ▶ 運勢(うんせい) 운세, 勢力(せいりょく) 세력
□ 敬具(けいぐ) 경구(서간문 등의 끝나는 부분에 사용)
  ▶ 拝啓(はいけい) 삼가아룁니다(편지의 첫머리에 씀)
□ 軽率(けいそつ) 경솔
  ▶ 率直(そっちょく) 솔직, 統率(とうそつ) 통솔, 利率(りりつ) 이율
□ 境内(けいだい) (신사, 사찰의) 경내, 구내
□ 競馬(けいば) 경마
  ▶ 競争(きょうそう) 경쟁, 競技(きょうぎ) 경기, 競輪(けいりん) 경륜
□ 戯作(げさく) 희작, 실없이 지은 글(江戸(えど)시대 후기의 통속 오락 소설)
□ 夏至(げし) 하지
  ▶ 冬至(とうじ) 동지
□ 消印(けしいん)を押(お)す 소인을 찍다
□ 景色(けしき) 경치
□ 月賦(げっぷ) 월부
□ 気配(けはい) 기색, 낌새

□ 堅固(けんご) 견고
  ▶ 頑固(がんこ) 완고, 固執(こしゅう) 고집
□ 現像(げんぞう) (필름) 현상
□ 限定版(げんていばん) 한정판
  ▶ 再版(さいはん) 재판, 版画(はんが) 판화
□ 近所(きんじょ) 근처, 근방
  ▶ 事務所(じむしょ) 사무실, 所得(しょとく) 소득
□ 毛糸(けいと) 털실
□ 解熱剤(げねつざい) 해열제
  ▶ 下痢(げり) 설사
□ 強引(ごういん) 억지
  ▶ 強盗(ごうとう) 강도, 強奪(ごうだつ) 강탈, 強情(ごうじょう) 고집이 셈
□ 轟音(ごうおん) 굉음(크게 울리는 소리)
□ 皇后(こうごう) 황후
  ▶ 后妃(こうひ) 왕비
□ 控除(こうじょ) 공제
□ 強情(ごうじょう) 고집이 셈
□ 洪水(こうずい) 홍수
□ 心地(ここち) 기분, 마음
□ 小包(こづつみ) 소포
□ 金色(こんじき) 금색
□ 交代(こうたい) 교대
  ▶ 現代(げんだい) 현대, 世代(せだい) 세대
□ 献立(こんだて) 메뉴
□ 昆布(こんぶ) 다시마
□ 根性(こんじょう) 근성
  ▶ 性格(せいかく) 성격, 性別(せいべつ) 성별, 性分(しょうぶん) 성분(성품)

□ 建立(こんりゅう) 건립

□ 最期(さいご) 임종, 생의 최후

□ 刷新(さっしん) 쇄신

□ 三軒(さんげん) (집) 세 채

□ 細胞(さいぼう) 세포
  ▶ 同胞(どうほう) 동포

□ 作物(さくもつ) 작물
  ▶ 作者(さくしゃ) 작자, 作文(さくぶん) 작문,
    傑作(けっさく) 걸작

□ 作用(さよう) 작용
  ▶ 作業(さぎょう) 작업, 作法(さほう) 작법,
    作動(さどう) 작동, 動作(どうさ) 동작,
    操作(そうさ) 조작

□ 指図(さしず) 지시(지휘)

□ 惨殺(ざんさつ) 참살

□ 直(じか)に 직접, 바로

□ 示唆(しさ) 시사
  ▶ 指示(しじ) 지시, 展示(てんじ) 전시

□ 芝生(しばふ) 잔디

□ 始終(しじゅう) 시종
  ▶ 終点(しゅうてん) 종점, 最終(さいしゅう) 최종

□ 地震(じしん) 지진
  ▶ 地図(ちず) 지도, 地球(ちきゅう) 지구,
    意気地(いくじ) 기개(패기),
    地元(じもと) 자신의 생활 근거지

□ 証拠(しょうこ) 증거
  ▶ 根拠(こんきょ) 증거, 拠点(きょてん) 거점

□ 精進(しょうじん) 정진
  ▶ 精密(せいみつ) 정밀, 進学(しんがく) 진학

□ 定規(じょうぎ) 자
  ▶ 定番(ていばん) 고정(상품), 規則(きそく) 규칙

□ 勝負(しょうぶ) 승부
  ▶ 負傷(ふしょう) 부상, 負債(ふさい) 부채

□ 神社(じんじゃ) 신사

□ 真珠(しんじゅ) 진주

□ 次第(しだい) 순서
  ▶ 次男(じなん) 차남, 次席(じせき) 차석

□ 支度(したく) 준비

□ 質屋(しちや) 전당포

□ 修行(しゅぎょう) 수행
  ▶ 研修(けんしゅう) 연수, 行楽地(こうらくち) 행락지

□ 成就(じょうじゅ) 성취

□ 精進(しょうじん) 정진

□ 招聘(しょうへい) 초빙

□ 素人(しろうと) 아마추어

□ 新参(しんざん) 신입
  ▶ 参加(さんか) 참가, 降参(こうさん) 항복

□ 進捗(しんちょく) 진척

□ 神道(しんとう) 신도
  ▶ 車道(しゃどう) 차도, 道路(どうろ) 도로

□ 辛抱(しんぼう) 인내
  ▶ 抱負(ほうふ) 포부, 介抱(かいほう) 간호

□ 随筆(ずいひつ) 수필

□ 出納(すいとう) 출납

□ 素直(すなお) 순진함

□ 頭脳(ずのう) 두뇌
  ▶ 頭痛(ずつう) 두통

□ 相撲(すもう) 일본의 전통적인 씨름

□ 寸法(すんぽう) 치수

□ 静寂(せいじゃく) 정적

□ 折衷(せっちゅう) 절충

□ 瀬戸物(せともの) 도자기

□ 繊細(せんさい) 섬세

□ 先祖(せんぞ) 선조
  ▶ 祖先(そせん) 선조

□ 全治(ぜんち) 전치
  ▶ 政治(せいじ) 정치, 退治(たいじ) 퇴치,
    治療(ちりょう) 치료

□ 相好(そうごう) 얼굴 표정
  ▶ 好意(こうい) 호의, 友好(ゆうこう) 우호

□ 総菜(そうざい) 반찬
  ▶ 野菜(やさい) 야채, 菜食(さいしょく) 채식,
    白菜(はくさい) 배추

□ 掃除(そうじ) 청소
  ▶ 削除(さくじょ) 삭제, 除外(じょがい) 제외,
    除去(じょきょ) 제거

□ 率直(そっちょく) 솔직
  ▶ 正直(しょうじき) 정직,
    直接(ちょくせつ) 직접,
    直球(ちょっきゅう) 직구

□ 存分(ぞんぶん) 마음껏
  ▶ 存在(そんざい) 존재, 存続(そんぞく) 존속, 現存(げ
    んぞん) 현존

□ 大臣(だいじん) 대신, 장관
  ▶ 臣下(しんか) 신하, 君臣(くんしん) 군신

□ 足(た)し算(ざん) 덧셈

□ 怠惰(たいだ) 태만

□ 探訪(たんぼう) 탐방
  ▶ 来訪(らいほう) 내방, 訪問(ほうもん) 방문

□ 痴呆(ちほう) 치매

□ 中枢(ちゅうすう) 중추(가장 중요한 부분)

□ 賃金(ちんぎん) 임금

□ 通夜(つや) (상갓집에서의) 밤샘

□ 都合(つごう) 사정, 형편

□ 津波(つなみ) 해일

□ 梅雨(つゆ) 장마

□ 体裁(ていさい) 체재(외관), 세상 이목
  ▶ 体操(たいそう) 체조, 体制(たいせい) 체제

□ 手形(てがた) 어음

□ 溺死(できし) 익사

□ 手間(てま) 수고

□ 出前(でまえ) 배달

□ 手元(てもと) 자기주의, 바로 옆

□ 天国(てんごく) 천국
  ▶ 両国(りょうこく) 양국, 全国(ぜんこく) 전국,
    中国(ちゅうごく) 중국

□ 伝言(でんごん) 전언
  ▶ 無言(むごん) 무언, 言語(げんご) 언어

□ 投函(とうかん) (우편물의) 투함

□ 東西(とうざい) 동서
  ▶ 西洋(せいよう) 서양, 西部(せいぶ) 서부

□ 冬至(とうじ) 동지
  ▶ 至急(しきゅう) 아주 급함
    至難(しなん) 극히 어려움

□ 淘汰(とうた) 도태

□ 読本(とくほん) 독본
  ▶ 読解(どっかい) 독해, 解読(かいどく) 해독,
    読点(とうてん) 구두점

□ 床屋(とこや) 이발소

- 登山(とざん) 등산
  - ▶ 登校(とうこう) 등교, 登場(とうじょう) 등장
- 土木(どぼく) 토목
  - ▶ 木造(もくぞう) 목조, 木馬(もくば) 목마, 木彫(きぼり) 목각
- 土地(とち) 토지
  - ▶ 土質(どしつ) 토질, 土壤(どじょう) 토양, 土台(どだい) 토대
- 貪欲(どんよく) 탐욕
- 仲人(なこうど) 중매장이
- 名残(なごり) 자취, 흔적
- 雪崩(なだれ) 눈사태
- 生身(なまみ) 날고기(생고기)
- 南北(なんぼく) 남북
  - ▶ 北極(ほっきょく) 북극, 敗北(はいぼく) 패배, 北上(ほくじょう) 북상, 東北(とうほく) 동북
- 苦手(にがて) 서투름
- 柔和(にゅうわ) 유화
  - ▶ 柔道(じゅうどう) 유도 柔軟(じゅうなん) 유연
- 忍耐(にんたい) 인내
- 音色(ねいろ) 음색
- 値打(ねうち) 값어치
- 捻挫(ねんざ) 염좌, 관절을 삠
- 軒並(のきなみ) 집집마다, 모두
- 拝啓(はいけい) 삼가 아룁니다(편지의 첫머리에 씀)
  - ▶ 敬具(けいぐ) 경구(서간문 등의 끝나는 부분에 사용)
- 暴露(ばくろ) 폭로
  - ▶ 暴言(ぼうげん) 폭언, 暴走(ぼうそう) 폭주, 暴騰(ぼうとう) 폭등
- 端数(はすう) 우수리, 끝수
- 肌着(はだぎ) 내의
- 発芽(はつが) 발아
- 法度(はっと) 법도
  - ▶ 法典(ほうてん) 법전, 速度(そくど) 속도
- 浜辺(はまべ) 해변
- 磐石(ばんじゃく) 반석
  - ▶ 磁石(じしゃく) 자석, 石炭(せきたん) 석탄, 岩石(がんせき) 암석
- 抜擢(ばってき) 발탁
- 繁盛(はんじょう) 번성
- 伴奏(ばんそう) 반주
  - ▶ 同伴(どうはん) 동반
- 繁茂(はんも) 번무, 초목이 무성함
- 彼岸(ひがん) 춘분이나 추분의 전후 각 3일간을 합한 7일간
- 悲惨(ひさん) 비참
  - ▶ 惨事(さんじ) 참사
- 人気(ひとけ) 인기척
- 人質(ひとじち) 인질
- 人手(ひとで) 일손
- 日向(ひなた) 양지
- 拍子(ひょうし) 박자
- 平等(びょうどう) 평등
  - ▶ 平和(へいわ) 평화, 高等(こうとう) 고등
- 日和(ひより) 날씨
- 比率(ひりつ) 비율
  - ▶ 率先(そっせん) 솔선, 率直(そっちょく) 솔직, 率(ひき)いる 통솔하다, 인솔하다, 거느리다

- □ 便箋(びんせん) 편지지
- □ 頻繁(ひんぱん) 빈번
- □ 貧乏(びんぼう) 빈핍(가난함)
- □ 夫婦(ふうふ) 부부
- □ 不細工(ぶさいく) 만듦새가 서투르고 모양이 없음, 못생김
- □ 風情(ふぜい) 풍정, 운치
- □ 懐刀(ふところがたな) 호신용 칼, 심복
- □ 分別(ふんべつ) 분별, 지각
  - ▶ 分解(ぶんかい) 분해, 分散(ぶんさん) 분산
- □ 分別(ぶんべつ) 분별(종류에 따라 나누어 가름)
  - ▶ ごみの分別作業(ぶんべつさぎょう) 쓰레기 분별 작업, 分別書法(ぶんべつしょほう) 띄어쓰기
- □ 平生(へいぜい) 평소
  - ▶ 生計(せいけい) 생계, 生徒(せいと) (중, 고교) 학생
- □ 返済(へんさい) 변제
  - ▶ 決済(けっさい) 결제, 経済(けいざい) 경제
- □ 封建(ほうけん) 봉건
  - ▶ 封筒(ふうとう) 봉투, 封鎖(ふうさ) 봉쇄
- □ 方角(ほうがく) 방향
  - ▶ 全角(ぜんかく) 전각, 角度(かくど) 각도
- □ 坊主(ぼうず) 중(스님)
- □ 方々(ほうぼう) 여기저기
- □ 発作(ほっさ) 발작
- □ 真面目(まじめ)腐(くさ)る 진지한 체하다, 자못 심각한 체하다
  - ▶ 真面目くさった顔 진지한 체하는 얼굴
- □ 待合室(まちあいしつ) 대합실
- □ 真似(まね) 흉내
  - ▶ 類似(るいじ) 유사

- □ 見方(みかた) 견해, 생각
- □ 味方(みかた) 아군
- □ 水着(みずぎ) 수영복
- □ 見出(みだ)し 표제어
- □ 身代金(みのしろきん) (인질 등의) 몸값
- □ 目方(めかた) 무게, 중량
- □ 目印(めじるし) 표지, 표시
- □ 目処(めど) 목적, 목표
- □ 目盛(めもり) (저울, 자 등의) 눈금
- □ 面倒(めんどう) 성가심, 돌봄
- □ 面目(めんぼく) 면목, 체면
  - ▶ 面目(めんぼく)を失(うしな)う 면목을 잃다, 面目(めんぼく)を施(ほどこ)す 면목을 세우다
- □ 物語(ものがたり) 이야기, 전설
- □ 問答(もんどう) 문답
  - ▶ 回答(かいとう) 회답, 答弁(とうべん) 답변
- □ 家主(やぬし) 가구 주, 집 주인
- □ 屋根(やね) 지붕
- □ 厄介(やっかい) 성가심, 폐
- □ 遺言(ゆいごん) 유언
  - ▶ 遺産(いさん) 유산, 遺族(いぞく) 유족, 遺跡(いせき) 유적
- □ 夕立(ゆうだち) 소나기
- □ 浴衣(ゆかた) 목욕을 한 뒤 또는 여름철에 입는 무명 옷(여름 기모노)
- □ 行方不明(ゆくえふめい) 행방불명
- □ 用心(ようじん) 조심, 주의
  - ▶ 肝心(かんじん) 중요

□ **容態(ようだい)** 모양, 모습

  ▶ 態度(たいど) 태도,
    生態系(せいたいけい) 생태계

□ **四角(よつかど)** 네 모퉁이, 네거리

□ **より取(ど)り見取(みど)り** 마음대로 고름, 골라잡기

□ **賄賂(わいろ)** 뇌물

□ **割(わ)り算(ざん)** 나눗셈

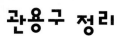

관용구 정리

JLPT(일본어 능력시험)과 비교해 가장 많은 차이점을 나타내는 부분이다.
JLPT 시험에서는 주로 신체 관용구를 중심으로 출제되고 출제되는 어휘도 한정되어 있지만, JPT 시험에서는 신체 관용구는 물론 이거니와 일상생활에서 사용되는 관용구도 자주 출제된다.
지금까지 JLPT 시험을 중심으로 학습한 수험자, 고득점을 목표로 하는 학습자는 일상생활 관용구에 각별한 주의를 해야만 한다.

【신체 관용구】

気

□ 気が合う 마음[기분]이 맞다

□ 気がある 마음이 있다. 관심이 있다

□ 気が移る 마음이 변하다

□ 気が多い 변덕스럽다

□ 気が置けない 마음이 쓰이지 않다. 무관하다
　　▶ 최근에는 '방심할 수 없다'의 의미로 잘못 사용되는 경우가 많음

□ 気が置ける 마음이 쓰이다

□ 気が重い 마음이 무겁다

□ 気が利く 눈치가 빠르다. 생각이 세심한 데까지 잘 미치다

□ 気が気でない (걱정이 되어) 안절부절 못하다. 제 정신이 아니다

□ 気が差す 어쩐지 마음에 걸려 불안해지다

□ 気が知れない 생각[속마음]을 알 수가 없다

□ 気が進む 마음이 내키다

□ 気が済む 만족하다. 걱정되는 일이 없어져 마음이 놓이다

□ 気が散る 마음이 흐트러지다

□ 気がつく 깨닫다. 생각이 나다

□ 気が遠くなる 정신이 아찔해지다

□ 気が咎める 양심에 찔리다. 양심의 가책을 받다

□ 気が早い 성급하다

□ 気が張る (마음이) 긴장하다

□ 気が晴れる 마음이 활짝 개다[명랑해지다]

□ 気が引ける 기가 죽다. 주눅이 들다. 열등감을 느끼다

□ 気が触れる 정신이 돌다. 미치다

□ 気が回る 세세한 데까지 주의가 미치다. 비뚤어지다

□ 気が短い 성미가 급하다

□ 気が向く 할 마음이 들다. 기분이 내키다

□ 気がめいる 마음이 침울해지다. 풀이 죽다

□ 気が揉める 안타까워 안절부절 못하다. 애가 타다

- 気が若い (나이는 먹었어도) 마음이 젊다
- 気で気を病む 쓸데없이 걱정하고 스스로 괴로워하다
- 気に入る 마음에 들다
- 気にかかる 마음에 걸리다
- 気に食わない 마음에 들지 않다
  ⇔ 気に入る 마음에 들다
- 気に障る 비위에 거슬리다
- 気にする 마음에 두다. 걱정하다
- 気になる 마음에 걸리다. 걱정이 되다
- 気に病む 마음에 두고 끙끙 앓다
- 気のせい 마음[기분] 탓
- 気を入れる 마음을 쏟다. 기운을 북돋우다
- 気を失う 의식을 잃다
- 気を落とす 낙심하다. 실망하다
- 気を配る 마음을 쓰다. 배려하다
- 気を使う 신경을 쓰다
- 気を付ける 정신 차리다. 주의하다
- 気を取られる 마음을 딴 곳에 빼앗기다
- 気を取り直す 고쳐 생각하고 기운을 다시 내다
- 気を抜く 상대를 놀라게 하다. 긴장을 늦추다
- 気を呑まれる (기세에) 압도당하다
- 気を吐く 기염을 토하다
- 気を張る 정신을 긴장시키다. 마음을 다잡다

- 気を引く 마음을 끌다. 넌지시 마음[속]을 떠보다
- 気を回す 상대의 마음을 이리저리 추측하다
- 気を揉む 마음을 졸이다. 애태우다
- 気を許す 상대를 믿고 경계심을 풀다. 안심하다. 방심하다
- 気を良くする 기분이 좋아지다

目

- 大目に見る 너그러이 봐 주다
- 目が堅い (아이 등이) 밤 늦게까지 자려고 들지 않다
- 目が利く 분별력이 있다. 감식하는 눈이 높다
- 目が眩む 현기증이 나다. 넋을 잃고 올바르게 판단하지 못하게 되다
- 目が肥える 안목이 높아지다
- 目が冴える (흥분 따위로) 잠이 안 오다. 눈이 말똥말똥하다
- 目が覚める 눈을 뜨다(잠을 깨다). 정신 차리다
- 目が据わる (화나거나 술에 취해서) 눈망울이 움직이지 않고 시선이 한곳에 머물러 있다
- 目が高い 눈이 높다. 안목이 높다
- 目が散る 눈이 산만해지다. 구경거리가 많아 눈길이 이리저리 움직이다
- 目が届く 주의, 감독 등이 두루 미치다
- 目が無い 매우 좋아하다. 보는 눈이 없다(감식력이 없다)
- 目が離せない 잠시도 눈을 뗄 수가 없다. 한눈을 팔 수 없다
- 目が回る 눈이 핑핑 돌다. 몹시 바쁘다

285

- ☐ 目から鱗が落ちる (눈에 붙어서 시력을 장애하던 비늘이 떨어지듯이) 어떤 일이 계기가 되어 지금까지 몰랐던 것을 알게 되다. 눈이 확 트이다
- ☐ 目から鼻へ抜ける 빈틈없고 매우 영리하다
- ☐ 目から火が出る (머리나 얼굴을 세게 부딪쳐서 아플 때) 눈에서 불이 번쩍 나다
- ☐ 目で物を言う 눈짓으로 상대방과 뜻이 통하다
- ☐ 目と鼻の先 아주 가까운 거리 「先目と鼻の間」라고도 함
- ☐ 目に余る 묵과할 수 없다. 눈꼴사납다
- ☐ 目に一丁字もなし 배우지 못하여 전혀 글을 모르다. 낫 놓고 기역자도 모른다
- ☐ 目に懸ける 보살피다. 돌봐 주다
- ☐ 目に角を立てる 성난 눈매를 하다. 눈에 쌍심지를 켜다
- ☐ 目にする 보다
- ☐ 目に立つ 두드러지게 돋보이다
- ☐ 目につく 눈에 띄다. 돋보이다.
- ☐ 目に留まる 눈에 띄다. 마음에 들다
- ☐ 目に入る 눈에 들어오다. 알아차리다
- ☐ 目には目、歯には歯 눈에는 눈, 이에는 이. 같은 방법으로 같은 양만큼 보복한다는 말
- ☐ 目に触れる 눈에 띄다. 눈에 보이다
- ☐ 目に見えて 두드러지게, 눈에 띄게
- ☐ ひどい目に会う 혼이 나다
- ☐ 目にも留まらぬ 알아볼 수 없을 만큼 빠름
- ☐ 目に物見せる 혼을 내어서 다시는 그렇게 못하도록 해 주다. 정나미가 떨어지게 하다

- ☐ 目の色を変える (화나거나 놀라서) 눈빛이 변하다
- ☐ 目の上の瘤 눈 위의 혹. 지위나 실력이 자기보다 낫기 때문에 무슨 일에나 방해가 되는 사람. 눈엣가시
- ☐ 目の下 눈 아래. 물고기의 눈에서 꼬리까지의 길이
- ☐ 目の黒いうち 살아 있는 동안
- ☐ 目の毒 보면 나쁜 영향을 주거나 가지고 싶어지는 것
- ☐ 目は口ほどに物を言う 눈도 입으로 이야기하는 정도로 표현할 수 있다. 눈짓으로도 말로 하는 이상의 의사 표시를 하다
- ☐ 目引き袖引き 소리를 내지 않고 눈으로 신호하거나 소매를 당겨서 상대에게 자기의 뜻을 알리는 모양
- ☐ 目も当てられない 정도가 심해서 차마 볼 수 없다
- ☐ 目もあやに 눈이 부시도록 아름답게. 번쩍번쩍 빛나는 모양
- ☐ 目もくれない 거들떠보지도 않다. 무시하고 쌀쌀맞게 굴다
- ☐ 目を疑う 자신의 눈을 의심하다
- ☐ 目を奪われる 정신없이 바라보다. 황홀하다
- ☐ 目を落とす '죽다'의 완곡한 표현
- ☐ 目を配る 주의해서 여기저기를 보다. 사방을 주의깊게 보다
- ☐ 目を晦ます 눈을 속이다. 정체를 들키지 않게 하다
- ☐ 目を凝らす 지켜보다. 응시하다
- ☐ 目を皿にする 눈을 크게 뜨다(잃어버린 것을 찾을 때). 눈이 커지다(놀랐을 때)
- ☐ 目を三角にする 눈에 쌍심지를 켜다. 매우 격노함을 나타냄.
- ☐ 目を白黒させる 눈을 희번덕거리다. 괴로워서 어쩔 줄을 모른다. 몹시 놀라서 당황하다

□ 目を側める 두려워서 똑바로 보지 못하고 곁눈질하다

□ 目をつける 착안하다. 주의해서 보다

□ 目をつぶる 잠들다. 죽다. 묵인하다(눈감아 주다). 참다(단념하다)

□ 目を通す 대충 보다

□ 目を止める 주의해서 눈여겨보다

□ 目を盗む 남의 눈을 피해 몰래 하다. 저울눈을 속이다

□ 目を離す 한눈 팔다

□ 目を光らす 눈을 번뜩이다. 주의나 감시를 게을리 하지 않다

□ 目を引く 눈을 끌다

□ 目を細める 기쁘거나 귀여운 것을 보고 웃음짓다. 「目を細くする」라고도 함.

□ 目を丸くする 놀라서 눈을 동그랗게 뜨다

□ 目を回す 몹시 놀라다. 바빠서 정신을 차리지 못하다. 기절하다[정신을 잃다]

□ 目を剥く (놀라거나 화가 나서) 눈을 부릅뜨다[부라리다]

□ 目を向ける 눈을 돌리다. 시선을 주다

耳

□ 耳が痛い 남이 하는 말이 자신의 약점이나 결점을 찌르고 있기 때문에 듣기가 거북하다

□ 耳が肥える 음악, 만담 등을 듣고 음미하는 능력이 풍부해지다

□ 耳が遠い 귀가 어둡다. 잘 알아듣지 못하다

□ 耳が早い 귀가 밝다. 정보나 소식 등을 빨리 얻어 듣다

□ 耳に入れる 이야기를 들려 주다. 알리다

□ 耳に逆らう 귀에 거슬리다

□ 耳に障る 듣고 나서 불쾌해지다

□ 耳にする 우연히 듣다

□ 耳に胼胝ができる 귀에 못이 박히다

□ 耳につく 귀에서 떠나지 않다. 들은 말이 잊혀 지지 않다. 입에 신물이 나도록 듣다

□ 耳に入る (소리, 이야기 등이) 귀에 들리다

□ 耳に挟む 언뜻 듣다. 귓결에 듣다

□ 耳を疑う 귀를 의심하다

□ 耳を貸す 상대방의 이야기를 들어 주다

□ 耳を傾ける 귀를 기울이다

□ 耳を澄ます 조용히 마음을 가다듬고 귀를 기울여 듣다

□ 耳を欹てる[耳を立てる] 잘 들으려고 애를 쓰다. 귀를 기울여 듣다

□ 耳を揃える 금액이나 수량을 전부 맞추어 부족함이 없게 하다

□ 耳を塞ぐ 귀를 막다. 구태여 들으려 하지 않고 무시해 버리다

口

□ 口が開く 비로소 입을 열어 의견을 말하다

□ 口がうまい 말을 잘하다. 말솜씨가 좋다

□ 口がうるさい 말이 많다. 세상의 평판이 시끄럽다. 사소한 일에도 이러쿵저러쿵 비난하다

□ 口が重い 입이 무겁다. 과묵하다

□ 口が掛かる 연예인 등이 손님의 부름을 받다. 일을 해 보지 않겠느냐는 권유를 받다

□ 口が堅い　해서는 안 될 말은 절대 하지 않는다.

□ 口が軽い　입이 가볍다

□ 口が過ぎる　말이 지나치다. 건방진 소리를 하다

□ 口が酸っぱくなる　같은 말을 여러 번 되풀이해서 입에서 신물이 나다

□ 口が滑る　까딱 잘못 말하다

□ 口が干上がる　입에 풀칠을 못하다. 입에 거미줄 치다 ⇒ 「口を糊する」「口を濡らす」

□ 口が減らない　지고도 억지소리를 하다

□ 口が悪い　입이 거칠다

□ 口と腹とは違う　말과 생각이 다르다

□ 口に合う　입에 맞다. 입맛에 맞다

□ 口にする　입에 담다. 말하다. 먹다

□ 口に出す　입 밖에 내다. 말하다

□ 口に乗る　입에 오르다. 감언이설에 넘어가다. 속다

□ 口に任せる　입에서 나오는 대로 맡기다. 말하고 싶은 대로 말하다

□ 口を合わせる　상대방의 이야기에 보조를 맞추다. 약속을 해 놓고 모두 똑같은 말을 하다 （비）口を揃える

□ 口を入れる　남의 이야기에 끼어들어 간섭을 하다. 말참견을 하다

□ 口を掛ける　일하지 않겠느냐고 권하다

□ 口を利く　말을 하다. 중간에서 주선하다

□ 口を切る　맨 먼저 발언하다

□ 口を滑らす　까딱 입을 잘못 놀리다

□ 口を揃える　많은 사람들이 이구동성임.

약속을 해 놓고 모두 똑같은 말을 하다
（비）「口を合わせる」

□ 口を出す　말참견을 하다

□ 口を衝いて出る　말이 술술 나오다

□ 口を噤む　입을 다물고 말을 하지 않다

□ 口を慎む　말을 삼가다. 음식에 주의하다

□ 口を尖らせる　불만으로 입을 삐쭉 내밀다. 성난 투로 말하다

□ 口を拭う　어떤 일을 하고 모른 체하다

□ 口を濡らす　음식을 조금 먹다.

□ 口を糊する　입에 풀칠을 하다. 겨우 연명하다 （참）「口が干上がる」「口を濡らす」

□ 口を挟む　남의 말에 끼어들다. 옆에서 말참견하다

□ 口を割る　입을 열다. 자백하다. 고백하다

鼻 (はな)

□ 鼻うそやぐ　콧구멍이 벌름거리는 모양

□ 鼻が利く　냄새를 잘 맡는다

□ 鼻が高い　콧대가 높다. 우쭐하다

□ 鼻が凹む　코가 납작해지다. 창피를 당하다 ⇔「鼻を明かす」

□ 鼻が曲がる　코가 비뚤어지다. 악취가 코를 찌르다 ⇒「鼻を突く」

□ 鼻であしらう　콧방귀 뀌다. 냉담하게 무시하다

□ 鼻にかける　자랑하다. 내세우다

□ 鼻につく　싫증이 나다

□ 鼻を明かす　코를 납작하게 만들다. 본때를 보여주다 ⇔「鼻が凹む」

□ 鼻を折る　콧대를 꺾다. 잘난 체하던 사람의 약점을 잡아 창피를 주다

□ 鼻を高くする　자랑하다

□ 鼻を突く　코를 찌르다. 악취가 나다 ⇒「鼻が曲がる」

□ 鼻を鳴らす　킁킁거리다. 콧소리로 아양 떨다

□ 鼻をほじる　코를 후비다

頭

□ 頭打ちになる　한계에 달해 있어서 그 이상은 없다
▶ 通信機器の開発は進んだが、通信速度が頭打ちになる。
통신 기기의 개발은 진행되었지만, 통신 속도가 한계이다.

□ 頭が上がらない　머리를 들 수 없다. 압도되어 대등한 관계가 될 수 없다

□ 頭が痛い　골치가 아프다

□ 頭が下がる　머리가 수그러지다

□ 頭が高い　건방지다. 거만하다

□ 頭が低い　누구에게나 겸손하다. 고분고분하다

□ 頭に来る　화가 나다. 화가 울컥 치밀다

□ 頭を押える　사람을 휘어잡다. 손아귀에 넣고 휘두르다

□ 頭を抱える　머리를 감싸쥐다. 고민하다

□ 頭を隠して尻を隠さず　결점의 일부만 감추고다 감춘 것으로 여기는 어리석음의 비유

□ 頭を下げる　인사하다. 절하다. 굴복하다. 감탄[감복]하다

□ 頭を突っ込む　관여하다. 손대다

□ 頭をはねる　미리 웃돈을 떼다. 남의 이익의 일부를 가로채다

□ 頭を冷やす　냉정을 되찾다

□ 頭を丸める　머리 깎고 중이 되다. 까까중이 되다

□ 頭を擡げる　숨었던 것이 드러나다. 두각을 나타내다

顔

□ 顔がいい　얼굴이 예쁘다. 평판이 좋다

□ 顔が売れる　유명해지다

□ 顔が利く　(얼굴이 알려져) 잘 통하다

□ 顔が広い　발이 넓다. 아는 사람이 많다

□ 顔から火が出る　부끄러워서 얼굴이 화끈 달아오르다

□ 顔に泥を塗る　얼굴에 똥칠을 하다

□ 顔に紅葉を散らす　(여성 등의 얼굴이 홍당무가 되다

□ 顔を貸す　부탁을 받고 만나거나 남의 앞에 나가다

□ 顔を出す　(모임 등에) 나타나다. 참석하다

□ 顔を繋ぐ　친분 관계를 유지하다

□ 顔をつぶす　체면을 손상하다. 체면을 잃다

□ 顔を直す　지워진 화장을 고치다

□ 顔色を見る・うかがう　안색을 살피다. 눈치를 보다

手

□ 手が上がる　솜씨가 늘다. 글씨가 잘 써지다. 술이 늘다

- 手が空く　일이 끝나 손이 비다
- 手が後ろに回る　손에 쇠고랑을 차다
- 手が掛かる　시간이나 노력이 많이 들다. 손이 많이 가다
- 手が切れる　관계가 끊어지다
- 手が込む　세공이 복잡하여 품이 들다. 일이 복잡하게 얽히다
- 手が足りない　일손이 부족하다
- 手が付けられない　손쓸 방도가 없다. 처리할 길이 없다
- 手が届く　세세한 데까지 손길이 미치다. 자기 것으로 할 수 있다
- 手がない　일손이 없다. 방법이 없다
- 手が長い　남의 것을 훔치는 버릇이 있다. 도벽이 있다
- 手が入る　경찰이나 수사관이 체포하러 오다. 문장 등을 손보다
- 手が離せない　몹시 바쁘다
- 手が離れる　그 일을 하지 않게 되다. 아이가 커서 보살펴 주지 않아도 괜찮게 되다
- 手が早い　일을 척척 잘 해내다. 사람이나 일에 곧잘 손을 대어 마음을 놓을 수가 없다
- 手が塞がる　어느 일을 지금 하고 있어서 다른 일을 할 수가 없다
- 手が回る　서서히 손길이 미치다. 경찰의 손길이 뻗치다
- 手取り足取り　여럿이 한 사람을 억누르거나 연행하여 붙들다. 친절히 가르치려고 이끌어 주며 돌보다
- 手に汗を握る　(매우 위험하거나 격렬한 광경을 보고 애가 타서) 손에 땀을 쥐다
- 手に余る　자기 능력으로는 감당할 수가 없다. 벅차다

- 手に入る　손에 들어오다. 숙달하다. 숙련되다
- 手に入る　손에 들어오다
- 手に入れる　손에 넣다
- 手に負えない　힘에 부치다. 당해낼 수 없다
- 手に落ちる　남의 소유물이 되다. 남의 지배하에 놓이다
- 手に掛かる　도움을 받다[신세를 지다]. 다루어지다. 죽음을 당하다
- 手に掛ける　잘 돌보다. 스스로 다루다. 자기 손으로 죽이다
- 手にする　손에 들다. 손에 넣다
- 手に付かない　딴 곳에 마음이 쏠려 일이 손에 잡히지 않다
- 手に手に　손에 손에
  ▶ 手に手に旗を持つ　손에 손에 기를 들다
- 手に手を取る　서로 손을 마주 잡다. 함께 행동을 하다
- 手に取るよう　사물이 매우 확실하게 보이거나 알 수 있거나 하다
- 手に乗る　상대방의 술수에 넘어가다
- 手に渡る　손에 넘어가다
- 手のひらを返すように　손바닥 뒤집듯. 손쉽게
- 手の切れるような　손이 베일 듯한[빳빳한] 새 지폐의 형용
- 手も足も出ない　해 볼 도리가 없다. 손을 쓸 엄두도 못 내다
- 手も無く　손쉽게
- 手を上げる　항복하다. 때리려고 손을 올리다. 숙달[향상]되다

- □ 手を合わせる　합장하다. 진심으로 부탁하다. 솜씨를 겨루다
- □ 手を入れる　손보다. 손질하다
- □ 手を打つ　(교섭 등에) 동의하다. 타결(매듭)짓다. (필요한) 조치를 취하다. (미리) 손을 쓰다
- □ 手を替え品を替え　이 수단 저 수단을 다 써서
- □ 手を貸す　거들다. 도와주다
- □ 手を借りる　손을 빌다. 도움을 받다
- □ 手を切る　관계를 끊다
- □ 手を砕く　이것저것 수단을 짜내다. 여러 가지로 궁리를 짜다
- □ 手を下す　자기가 손수 처리하다. 착수하다
- □ 手を加える　가공하다. 수정[보정]하다. 수리[보수]하다
- □ 手を組む　팔짱을 끼다. 서로 협력하다
- □ 手を拱く・拱く　팔짱을 끼다. 수수방관하다 ⇒「手を束ねる」
- □ 手を絞める　(상담이 이루어졌을 때 등에) 이를 축하하며 참가자 모두 손뼉을 치다
- □ 手を染める　어떤 일을 하기 시작하다. 사업 등에 관계하다. 착수하다
- □ 手を出す　새로운 일을 시작하다. 쓸데없는 일에 관계하다. 때리다. 돕다
- □ 手を束ねる　수수방관하다 ⇒「手を拱く・拱く」
- □ 手を尽くす　온갖 수단을 다하다
- □ 手を付ける　착수하다. 사용하기 시작하다. 현재의 여성과 육체관계를 갖다
- □ 手を握る　동맹을 맺다. 화해하다

- □ 手を拔く　(일을) 겉날리다. 빼먹다
- □ 手を濡らさず　(조금도 노력을 하지 않는 모양) 수고[노력]도 하지 않고
- □ 手を延ばす　손을 뻗치다. 거래처나 일의 범위를 넓히다 ⇒「手を広げる」
- □ 手を離れる　손에서 벗어나다
- □ 手を省く　수고를 덜다
- □ 手を引く　손을 잡고 이끌다. 손을 떼다
- □ 手を広げる　일을 확대하다. 규모를 넓히다 ⇒「手を延ばす」
- □ 手を回す　빈틈없이 손을 쓰다. 수단을 다하여 찾다
- □ 手を焼く　애먹다. 처치곤란해 하다
- □ 手を緩める　감독, 수사 따위를 늦추다. 엄한 태도를 늦추다
- □ 手を汚す　귀찮은 일을 손수하다. 체면 불구하고 아무 일이나 하다
- □ 手を分かつ　일을 분담하다. 결별하다
- □ 手を煩わす　남에게 수고[폐]를 끼치다
- □ 猫の手も借りたい　몹시 바쁘다
- □ 喉から手が出る　몹시 갖고 싶다

腕

- □ 腕一本脛一本　자신 이외에는 믿을 것이 없는 일
- □ 腕が上がる　실력이 늘다
- □ 腕がいい　솜씨가 좋다
- □ 腕が鳴る　자기 솜씨를 보이고 싶어서 좀이 쑤시다
- □ 腕に覚えがある　솜씨[능력]에 자신이 있다

□ 腕に磨きをかける　기량을 닦다. 연마하다. 세련되게 하다

□ 腕に縒をかける　크게 분발하다. 열심히 노력하다

□ 腕を拱く・拱く　팔짱을 끼다. 수수방관하다

□ 腕をさする　때가 오면 솜씨를 보이려고 차례를 기다리다

□ 腕を振るう　솜씨를 발휘하다

足

□ 足がある　발이 빨라서 도루를 잘하다

□ 足が地に着かない　좋아서 어쩔 줄 모르다. 생각, 주장 등이 착실하지 못하다

□ 足が付く　범인의 종적을 알게 되다. 단서, 꼬리가 잡히다

□ 足が出る　(예산) 지출의 부족액이 생기다. 적자가 나다 ⇒「足を出す」

□ 足が早い　발걸음이 빠르다. 팔림새가 좋다. 음식이 쉽게 상하다

□ 足が棒になる　(오래 걷거나 서 있어) 다리가 뻣뻣해지다. 다리가 매우 피곤하다

□ 足の踏み場もない　물건이 잔뜩 흐트러져 있어서 발을 디딜 틈도 없다

□ 足を洗う　못된 구렁(일)에서 발을 빼다. 빠져나오다

□ 足を入れる　깊이 관여하다[파고들다]

□ 足を奪われる　사고, 파업 등으로 교통이 두절되다. 발이 묶이다

□ 足をすくう　딴지를 걸다. 발을 걸다

□ 足を出す　(예산) 지출의 부족액이 생기다. 적자가 나다 ⇒「足が出る」

□ 足を取られる　취해서 발이 휘청거리다. 길이 나빠지다

□ 足を伸ばす　편안한 자세를 취하다. 어떤 지점에서 더욱 멀리까지 가다

□ 足を運ぶ　실지로 그곳에 가 보다. 찾아가 보다

□ 足を引っ張る　남의 진보나 성공을 방해하다. 또, 전체의 진행을 방해하다

□ 足を棒にする　너무 돌아다녀 뻣정다리가 되다

首

□ 首が繋がる　해고를 면하다. 참수를 면하다

□ 首が飛ぶ　목이 잘리다. 참수되다. 해고당하다

□ 首が回らない　빚에 몰려 옴짝달싹 못하다

□ 首にする　해고시키다. 인형극이 끝나 인형의 목을 떼다

□ 首になる　해고되다

□ 首を傾げる　고개를 갸웃거리다. 미심쩍게 여기다

□ 首を切る　목을 자르다. 해고하다

□ 首を突っ込む　한 몫 끼다. 그 일에 관계하다

□ 首を縦に振る　상대방에게 동의하다. 찬성의 뜻을 나타내다. 수긍하다

□ 首を長くする　(몹시 기다려지는 모양) 목이 빠지게 (애타게) 기다리다

□ 首をひねる　의아해 하다. 이상해 하다

□ 首を横に振る　고개를 가로젓다(불승인, 부정의 뜻을 나타냄)

胸

□ 胸が開く　기분이 좋아지다. 마음이 명랑해지다

□ 胸が一杯になる　(슬픔이나 기쁨, 또는 감동 등으로) 가슴이 벅차오르다(뿌듯해지다)

□ 胸が騒ぐ (근심, 불안 따위로) 가슴이 두근거리다(설레다)

□ 胸がすく 가슴 속이 후련해지다

□ 胸が潰れる (놀람, 슬픔, 걱정 등으로) 가슴이 메어지거나 걱정하다

□ 胸が塞がる 근심으로 가슴이 답답해지다

□ 胸が煮える 속이 끓다. 울화가 치밀다

□ 胸が焼ける 가슴[위]이 쓰리다

□ 胸が悪い 속이 메스껍다. 불쾌하다

□ 胸に当る 짐작이 가다. 마음에 짚이다

□ 胸に余る 가슴 속에 넣어 두기에는 너무 벅차다. 참을 수 없다

□ 胸に一物 마음속에 어떤 계략을 숨기고 있음. 엉큼한 생각을 품고 있음 ⇒「腹に一物」

□ 胸に刻む 잘 기억해 두다. 마음에 새기다

□ 胸に迫る 가슴 속 깊이 느끼다

□ 胸に畳む 겉으로 내색을 하지 않고 가슴 속 깊이 간직해 두다

□ 胸に手を置く・当てる 가슴에 손을 대다. 곰곰이 생각하다

□ 胸を痛める 몹시 걱정하다

□ 胸を打たれる 몹시 감격하다. 충격을 받다

□ 胸を打つ 진한(깊은) 감동을 주다. 감격시키다

□ 胸を踊らせる 희망 따위로 가슴이 설레다[두근거리다]

□ 胸を焦がす 가슴을 태우다. 애태우다. 괴로워하다. 몹시 그리워하다

□ 胸を突く 깜짝 놀라다. 정신이 번쩍 들다

□ 胸をなで降ろす 가슴을 쓸어내리다. 안도의 한숨을 내쉬다

□ 胸を膨らませる 희망 따위로 가슴이 부풀다

□ 胸を割る 마음속[흉금]을 탁 털어 놓다

腹

□ 腹が癒える 오랫동안 쌓여 있던 분통이 가라앉다. 원한을 씻고 개운해지다

□ 腹が下る 설사를 하다

□ 腹が黒い 뱃속이 검다. 엉큼하다

□ 腹が据わる 각오가 되어 있다

□ 腹が立つ 화가 나다

□ 腹ができる 식사를 해서 배가 가득 차다. 각오[결심]가 되어 있다

□ 腹が無い 배짱이 없다. 도량이 좁다. 아량이 없다

□ 腹が膨れる 실컷 먹어서 배가 부르다. 포식하다. 하고 싶은 말을 못하여 불만이 쌓이다

□ 腹が減る 배가 고프다 (주로 남성이 사용) ⇒「お腹が空く」주로 여성이 사용

□ 腹が太い 도량이 넓다. 배짱이 세다. 뻔뻔스럽다

□ 腹に一物 심중에 무엇인가 딴 생각을 감추고 있음 ⇒「胸に一物」

□ 腹に据えかねる 참을 수가 없다. 분노를 누를 수가 없다

□ 腹の内を打ち明ける 심중을 털어놓다

□ 腹も身の内 배도 내 몸의 일부이다(폭음, 폭식을 삼가라는 말)

□ 腹を会わす 마음을 합하다. 협력하다. 한 통속이 되다

□ 腹を痛める 자기 자식을 낳다. 자기 돈을 내다

□ 腹を痛めた子　자기가 낳은 자식. 친자식

□ 腹を抱える　배꼽을 움켜쥐다. 크게 웃다

□ 腹を決める　마음을 정하다. 작정하다

□ 腹を切る　할복하다. 사직하다.
　자기가 비용을 부담하다 ⇒「自腹を切る」

□ 腹を括る　최악의 사태를 각오하고 결심하다

□ 腹を肥やす　사복(私腹)을 채우다

□ 腹をこわす　설사를 하다

□ 腹を探る　상대방의 계획 따위를 넌지시 알아보다.
　남의 심중을 떠보다

□ 腹を据える　각오를 하다. 노여움을 참다. 침착하다.
　납득하다

□ 腹を召す　「腹を切る」의 존경어

□ 腹を読む　상대방의 심중을 추측하다

□ 腹を割る　본심(속마음)을 털어놓다

□ 自腹を切る　자기가 지불하지 않아도 될 경비를 구
태여 부담하다

尻 (しり)

□ 尻が暖まる　한 곳에 오랫동안 근무하는 등으로 마
음 편해지다

□ 尻が重い　엉덩이가 무겁다. 동작이 굼뜨다

□ 尻が軽い　동작이 경솔하다. 여자가 바람기가 있다.
무엇이든 쉽게 하다

□ 尻が来る　불평, 항의를 듣게 되다. 남의 허물을 뒤집
어쓰다

□ 尻が据わる　차분히 한 곳에 머물러 있다

□ 尻が長い　남의 집에 가서 좀처럼 돌아가려고 하지
않는다

□ 尻から抜ける　보거나 들은 것을 금방 잊어버리다

□ 尻から焼けて来る　발등에 불이 떨어져 당황하다

□ 尻が割れる　숨기고 있던 나쁜 행실이나 계략이 탄
로나다

□ 尻に敷く　아내가 남편을 우습게 보아 마음대로 휘두
르다

□ 尻に付く　남의 뒤를 따라가다. 남의 수하에 들어가
다. 남의 흉내를 내다

□ 尻に火がつく　발등에 불이 떨어지다. 매우 다급해
지다

□ 尻に帆を掛ける　엉덩이에 돛을 달다. 재빨리 달아
나다

□ 尻を落ち着ける　방문처 또는 한 지위, 직업 등에
오랫동안 머무르다

□ 尻を食らえ　엿 먹어라(남을 업신여기는 말)

□ 尻を据える　한 장소에 오랫동안 정착하다

□ 尻を叩く　격려하다. 독촉하다

□ 尻を拭う　남의 일의 뒷수습을 하다

□ 尻を端折る　일본 옷의 아랫단을 접어서 허리띠에
지르다. 일의 끝마무리를 생략하다

□ 尻を引く　언제까지나 싫증을 내지 않고 탐내다

□ 尻を捲る　반항적[도전적]인 태도로 나오다

□ 尻を持ち込む　당사자에게 문제의 처리를 요구하다

肩 (かた)

□ 肩が凝る　어깨가 뻐근하다. 부담을 느끼다

□ 肩が凝らない　부담이 안 되고 마음 편하다

□ 肩で息をする　고통스러운 듯 숨을 쉬다

□ 肩で風を切る　활개를 치며 다니다

□ 肩の荷が下りる　어깨가 가벼워지다. 책임이나 부담으로부터 해방되어 마음 편한 기분이 되다

□ 肩を怒らす　어깨를 으쓱거리다. 어깨를 젖히고 뽐내다

□ 肩を入れる　거들다. 편들다

□ 肩を貸す　거들다. 원조하다

□ 肩をすくめる　어깨를 움츠리다(상대에 대한 불신, 불만이나 의외라는 기분을 나타냄)

□ 肩を並べる　어깨를 나란히 하다. 대등한 위치에 서서 경쟁하다

□ 肩を抜く　부담을 면하다. 책임을 면하다

□ 肩を持つ　편들다. 두둔하다

腰

□ 腰がある　면류 등에 끈기와 탄력성이 있다

□ 腰が重い　게으르며 좀처럼 행동으로 옮기지 않다

□ 腰が砕ける　허리의 안정된 자세가 무너지다. 일에 대한 기세가 중도에 꺾이다

□ 腰が高い　고자세이다. 남을 오만불손한 태도로 대하다

□ 腰が強い　쉽게 남에게 굴하지 않는다. 면류 등에 끈기와 탄력성이 있다

□ 腰がない　면류 등에 끈기와 탄력성이 없다

□ 腰が抜ける　너무나 놀라서 일어설 힘이 없어지다. 심한 타격을 받아 기력이 없어지다

□ 腰が低い　(남에게) 겸손하다. 저자세이다

□ 腰が弱い　끈기가 없다. 버티는 힘이 없다. 떡 등의 찰기가 없다

□ 腰を上げる　앉아 있다가 일어서다. 실행에 옮기다

□ 腰を入れる　안정된 자세를 취하다. 본격적으로 덤벼들다

□ 腰を浮かす　일어서려고 엉거주춤하다

□ 腰を折る　허리를 굽히다. 굴복하다. 중도에서 훼방을 놓다

□ 腰を屈める　허리를 굽히다. 절을 하다

□ 腰を掛ける　걸터앉다

□ 腰を据える　침착하게 일을 하다

□ 腰を抜かす　기절하듯 놀라다. 심한 타격을 받아 기력을 잃다

□ 腰を伸ばす　허리를 펴다. 몸을 편안하게 하고 쉬다

身

□ 身が入る　열중하다. 정성을 쏟다

□ 身が持たない　착실한 생활을 할 수가 없다. 재산을 유지할 수가 없다

□ 身から出た錆　자기 잘못으로 인한 화. 卽 自業自得 자업자득

□ 身に余る・過ぎる　분에 넘치다. 과분하다

□ 身に覚えがある　짐작이 가는 것이 있다

□ 身に沁みる　마음을 찌르다. 뼈저리게 느끼다. 절실히 느끼다

□ 身に付く　지식, 기술 따위가 완전히 익혀져 제 것이 되다. 몸에 갖춰지다

□ 身に付ける　몸에 걸치다. 입거나 신거나 하다. 몸에 지니다. 배워 익혀서 제 것으로 지니다

□ 身につまされる　남의 불행이 나의 일인 듯싶다. 남의 불행을 자기 처지에 비기어 깊이 동정하다

□ 身になる　살이 되다(몸이나 마음에 좋다, 유익하다). 그 사람의 처지가[입장이] 되다

□ 身の振り方　자신의 장래에 대한 조처나 방침. 처신

□ 身の回り　언제나 자신의 옆에 두고 쓰거나 몸에 지니는 여러 가지 물건. 신변. 일상생활의 잡다한 일

□ 身も蓋もない　지나치게 노골적이라 맛도 정취도 없다

□ 身も世もない　체면이고 염치고 없다. 절망적이다

□ 身を誤る　몸을 그르치다. 타락하다

□ 身を入れる　일에 마음[정성]을 쏟다. 열심히 하다

□ 身を売る　빚 때문에 기생이나 창녀가 되다. 몸을 팔다

□ 身を落とす　영락하다(나쁜 길로 접어들다)

□ 身を固める　몸 채비를 단단히 하다. 결혼하여 가정을 이루다. 일정한 직업을 갖다

□ 身を切られる　모진 쓰라림과 고통을 겪다

□ 身を砕く　분골쇄신하다. 고생하며 노력하다. 몹시 근심하다

□ 身を削る　살을 깎아 내듯 심한 고통을 겪다. 몹시 마음 아프게 하다

□ 身を焦がす　몹시 애를 태우다. 사랑에 열중하여 번민하다

□ 身を粉にする　노고를 마다하지 않고 일하다. 분골쇄신하다

□ 身を殺して仁を成す　살신성인(殺身成仁)하다

□ 身を捨ててこそ浮ぶ瀬もある　목숨을 버릴 각오라야 비로소 일을 성취시킬 수 있다

□ 身を立てる　입신출세하다

□ 身を投ずる　어떤 일에 몰두하다. 열중하다

□ 身を投げる　투신자살하다

□ 身を任せる　상대방이 생각하는 대로 내맡기다

□ 身を持ち崩す　몸을 망치다(방탕에 빠지다, 타락하다)

□ 身を以て　몸으로(써). 몸소. 직접

□ 身を寄せる　누군가에게 동거를 해 받다. 남의 집에 기식하고 신세를 지다

心

□ 心が重い　마음이 무겁다. 마음이 개운치 않다

□ 心が通う　마음이 서로 통하다

□ 心が騒ぐ　마음이 들뜨다. 마음이 설레다

□ 心ならずも　본의 아니게도. 깜빡. 무심코

　▶ 心ならずも嘘をいってしまった。
　　본의 아니게도 거짓말을 하고 말았다.

　▶ 心ならずも秘密をもらす。
　　무심결에 그만 비밀을 누설하다.

□ 心に浮かぶ　마음에 떠오르다

□ 心に掛かる　마음에 걸리다. 걱정되다

□ 心に掛ける　마음에 두다(잊지 않도록 하다). 걱정하다

□ 心に適う　생각대로 되다. 마음에 들다

□ 心に刻む　마음에 새기다. 명심하다

□ 心に留める　마음에 두다. 잊지 않다

□ 心に残る　감동, 인상 등을 언제까지나 잊을 수 없다

□ 心に任せる　내키는 대로 하다. 생각대로 되다

□ 心にも無い　마음에도 없다. 본심이 아니다

□ 心に焼き付く　강한 인상을 남기다

□ 心の鬼　꺼림칙한 생각. 양심의 가책

□ 心の雲　마음이 울적한 모양의 비유. 심란한 모양의 비유

□ 心の丈　마음의 전부. 속마음. 모든 생각

　▶ 心の丈を打ち明ける。속마음을 털어 놓다.

　▶ 心の丈を書き記す。모든 생각을 쓰다.

□ 心の外　생각 밖. 뜻밖

□ 心の闇　이성을 잃고 좋고 나쁨의 판단이 서지 않음의 비유

□ 心を合せる　마음을 합하다. 협력하다

□ 心を致す　정성을 다하다

□ 心を入れ替える　마음을 고쳐먹다. 새사람이 되다

□ 心を動かす　마음이 끌리다. 마음이 동요되다. 감동하다

□ 心を打つ　마음에 와 닿다. 감동시키다

□ 心を奪う　너무나 현란하거나 훌륭해서 정신을 빼앗기다. 마음을 사로잡다

□ 心を置く　거리끼다. 염려하다

□ 心を鬼にする　마음을 모질게[독하게] 먹다

□ 心を砕く　걱정하다. 고심하다

□ 心を汲む　상대방의 마음[기분]을 헤아리다

□ 心を引かれる　마음이 끌리다

□ 心を向ける　마음을 돌리다. 마음에 두다. 주의하다

□ 心を用いる　걱정하다. 마음을 쓰다

□ 心を遣る　기분전환하다. 마음대로 하다

□ 心を許す　신뢰하고 경계하지 않는다. 안심하고 마음을 놓다

□ 心を寄せる　어떤 사람이나 물건을 좋아하게 되다. 연모하다

息

□ 息が合う　호흡이 맞다

□ 息が掛かる　입김이 닿다. 유력자의 후원을 받다. 지배를 받다

□ 息が切れる　숨이 차다. 숨이 끊어지다. 죽다

□ 息が絶える　숨이 끊어지다. 죽다

□ 息が詰まる　너무 긴장을 해서 숨이 막힐 것 같다. (자유롭게 행동할 수 없어) 숨이 막히다

□ 息が長い　한 가지 일이 끊기지 않고 오랫동안 끈기 있게 계속되고 있는 모양

□ 息を入れる　한숨 돌리다. 잠깐 쉬다

□ 息を凝らす　숨을 죽이고 긴장하다

□ 息を殺す　숨소리를 죽이다

□ 息をつく　크게 숨쉬다. 한숨 돌리다. 안도의 숨을 쉬다

□ 息を詰める　숨을 죽이다

□ 息をつく暇もない　숨 돌릴 겨를도 없다

□ 息を抜く　일 도중에 잠깐 쉬다. 기분전환을 위해 휴식을 취하다

□ 息を呑む　놀라서 숨을 죽이다

□ 息を引き取る　숨을 거두다. 죽다

□ 息を吹き返す　숨을 돌리다. 소생하다. 되살아나다

膝

□ 膝が抜ける　옷의 무릎 닿는 부분이 해지다. 무릎의 힘이 없어지다

□ 膝^{ひざ}とも談合^{だんごう} 무릎과도 의논. 누구하고든지 의논하면 이익이 있다

□ 膝^{ひざ}を打^うつ 무릎을 치다. 문득 생각이 나다. 매우 탄복하다

□ 膝^{ひざ}を折^くる・屈^{くっ}する 무릎을 꿇다. 굴복하다

□ 膝^{ひざ}を崩^{くず}す 자세를 편히 하고 앉다

□ 膝^{ひざ}を組^くむ 책상다리를 하고 앉다. 무릎을 맞대고 이야기하다

□ 膝^{ひざ}を進^{すす}める 무릎걸음으로 다가가다. 화제에 마음이 내키다

□ 膝^{ひざ}を正^{ただ}す 단정하게 앉다

□ 膝^{ひざ}を交^{まじ}える 무릎을 맞대다. 서로 흉금을 털어놓고 이야기하다

骨^{ほね}

□ 骨^{ほね}が折^おれる 힘들다. 성가시다

□ 骨^{ほね}が舎利^{しゃり}になっても 죽어서 뼈가 사리가 된다 하더라도. 비록 죽는 일이 있더라도. 어떤 고생을 하더라도

□ 骨^{ほね}と皮^{かわ} 말라서 피골이 상접한 모양

□ 骨^{ほね}に刻^{きざ}む 마음에 깊이 새겨 두다. 명심하다 ⇒「肝^{きも}に銘^{めい}ずる」

□ 骨^{ほね}に沁^しみる・徹^{てっ}する 뼈에 사무치도록 심하다. 마음 깊이 느끼다

□ 骨^{ほね}の髄^{ずい}まで 철저히. 골수까지

□ 骨^{ほね}までしゃぶる 뼈까지 빨다. 남을 철저히 이용해 먹다

□ 骨^{ほね}を埋^{うず}める 평생을 거기서 살다. 그 일에 일생을 바치다

□ 骨^{ほね}を惜^おしむ・盗^{ぬす}む 수고를 아끼다. 게으름 피우다

□ 骨^{ほね}を折^おる 수고하다. 애쓰다

□ 骨^{ほね}を砕^{くだ}く 열심히 힘쓰다 ⇒「身^みを粉^こにする」

□ 骨^{ほね}を刺^さす 뼈를 찌르다. 추위, 비평 등이 격렬하다

□ 骨^{ほね}を拾^{ひろ}う 사후 처리를 하다. 남이 다하지 못하고 죽은 사업의 뒤를 떠맡다

□ 骨折^{ほねお}り損^{ぞん}の草臥^{くたび}れ儲^{もう}け 고생만 하고 애쓴 보람이 없다

顎^{あご}・頤^{あご}

□ あごが落^おちる 몹시 맛이 있다

□ あごが干上^{ひあ}がる 생계를 잃다

□ あごで使^{つか}う 거만한 태도로 사람을 부리다

□ あごで蠅^{はえ}を追^おう 손으로 파리를 쫓을 수도 없을 정도로 기운이 쇠약해지다

□ あごを出^だす 몹시 지치다. 기진맥진하다

□ あごを撫^なでる 턱을 문지르다(우쭐해진 모양의 형용)

□ あごを外^{はず}す 턱이 빠질 정도로 크게 웃다

汗^{あせ}

□ 汗^{あせ}になる 많은 땀을 흘리다. 땀으로 옷이 젖다

□ 汗^{あせ}の結晶^{けっしょう} 땀의 결정. 노고의 성과

□ 汗^{あせ}を入^いれる 잠시 휴식을 취하며 땀을 닦다

□ 汗^{あせ}をかく 땀이 나다. 식은땀이 나다. 음식물이 오래되어 축축해지다. 물방울이 맺히다

□ 汗^{あせ}を流^{なが}す 땀 흘려 일하다. 열심히 일하다. 목욕, 샤워 따위로 땀을 씻다

□ 汗^{あせ}を握^{にぎ}る 손에 땀을 쥐다 ⇒「手^てに汗^{あせ}を握^{にぎ}る」

□ 汗^{あせ}を揉^もむ 말(馬)이 땀을 흘리다. 그 정도로 일을 잘하다

□ 冷汗をかく　식은땀이 나다. 진땀을 흘리다

歯

□ 歯が浮く　이가 흔들리다. 신 것 따위를 먹어 이가 시큰거리다. 경박한 언행을 보고 역겹다[아니꼽다]

□ 歯が立たない　단단해서 씹을 수가 없다. 상대가 강해서 대항할 수가 없다. 어려워서 감당 못하다

□ 歯に合う　씹을 수가 있다. 마음에 들다. 취미에 맞다

□ 歯に衣着せぬ　상대방에게 생각하는 바를 솔직히 말하다. 가식 없이 말하다

□ 歯の抜けたよう　엉성하다(듬성듬성한 모양), 쓸쓸하다(있어야 할 것이 빠져서 허전한 모양)

□ 歯の根が合わぬ　추위나 공포로 이가 덜덜 떨리다

□ 歯の根も食い合う　아주 친한 관계이다

□ 歯を食いしばる　이를 악물다

肝

□ 胆が大きい・太い　간이 크다. 대담하다
　　⇔「胆が小さい」

□ 胆が据わる　담력이 있다. 배짱이 있다
　　⇒「度胸がある」

□ 胆が小さい　간이 작다. 겁이 많다
　　⇔「胆が大きい・太い」

□ 胆に銘ずる　명심하다

□ 胆を消す・潰す・抜かれる　간 떨어지다. 대단히 놀라다

□ 胆を冷やす　두려워서 떨다. 간담이 서늘해지다

□ 肝っ玉　배짱. 간덩이. 담력. 용기

舌

□ 舌が肥えている　구미개[입맛이] 까다롭다

□ 舌が滑る　말하는 기세에 말해서는 안 되는 것을 무심코 말하다 ⇒「口がすべる」

□ 舌が長い　다변하다. 말이 많다

□ 舌が回る　혀가 잘 돌아가다. 막힘없이 잘 지껄이다

□ 舌鼓を打つ　음식 맛이 너무 좋아서 입맛 다시다

□ 舌の先でごまかす　감언이설로 속이다

□ 舌の先で丸め込む　감언이설로 녹이다[속여 넘기다]

□ 舌の根の乾かぬうち　입에 침도 마르기 전. 말이 끝나자마자

□ 舌を出す　혀를 내밀다. 비웃다, 헐뜯다(몰래 비방하거나 업신여기는 모양). 멋적어하다(자기의 실수를 부끄러워하거나 쑥스러움을 숨기는 모양)

□ 舌を鳴らす　감탄하다. 경멸하다(경멸이나 불만의 기분[마음]을 나타내는 모양)

□ 舌を二枚に使う　앞뒤[조리]가 맞지 않는 말을 하다

□ 舌を振まう　혀를 휘두르다[능변으로 지껄이다]. 입술을 떨다[놀라서 겁내다]

□ 舌を巻く　혀를 내두르다. 몹시 놀라거나 두려워하다. 매우 감탄하다

□ 舌打ちする　마음이 언짢아서 혀를 차다. 입맛을 다시다

指

□ 指一本も差させない　손가락 하나 까딱 못하게 하다. 남에게 비난받을 데가 없다. 비난, 간섭을 못하게 하다

□ 指を折る　손꼽아 헤아리다. 손을 꼽아 수를 세다. 많은 것 중에 특히 손을 꼽아 헤아릴 수 있을 정도로 뛰어나다

□ 指をくわえる 손가락을 입에 물다. 탐은 나지만 손을 쓰지 못하고 바라보고만 있다

□ 指を差す 손가락으로 가리키다. 뒤에서 손가락질을 하다[욕하다]

□ 指を染める 손을 대고 맛을 보다. 일에 착수하다

□ 指を詰める 사죄, 맹세의 표시로 자신의 손가락 끝을 자르다. 문 등에 손가락이 끼이다

涙

□ 涙片手に・ながらに 눈물을 흘리면서. 울면서

□ 涙に暮れる 울며 지내다[세월을 보내다]. 넋을 잃고 슬퍼하다

□ 涙に沈む 슬픔에 겨워 마냥 울다. 슬픔에 잠기다

□ 涙に咽ぶ 슬픔이 북받쳐서 숨이 막힐 듯하게 울다. 목메어[흐느껴] 울다

□ 涙を呑む 눈물을 삼키다[참다]. 분한 마음을 억누르다

□ 涙を振るって 흐르는 눈물을 뿌리치고. 사사로운 감정을 누르고

□ 血も涙もない 피도 눈물도 없다

생활 관용구

□ 虫がいい 비위가 좋다. 뻔뻔하다

□ 虫が知らせる 어쩐지 예감이 들다

□ 水と油 물과 기름

□ 油が乗る 기름 살이 오르다. 일에 흥미를 갖게 되다

□ 油をしぼる 호되게 야단치다

□ 油を売る 쓸데없는 잡담으로 시간을 보내다. 일은 안하고 잡담만 하다

□ 声をかける 말을 걸다

□ 味を見る 맛을 보다

□ 夢を見る 꿈을 꾸다

□ 水の泡 물거품

□ 水をさす 방해하다. 친밀한 사이를 갈라놓다

□ 熱をあげる 흥분하다. 열중하다

□ 角が立つ 모가 나다

□ 雀の涙ほど 쥐꼬리만큼(극히 적은 것의 비유)

□ 猫の額 땅이 지극히 협소함

□ 猫を被る 양의 탈을 쓰다. 본성을 숨기다

□ 相づちを打つ 맞장구를 치다

□ 恩に着る 은혜를 입다

□ 鍵を握る 열쇠를 쥐다

□ 拍車をかける 박차를 가하다

□ 道草を食う 길가는 도중에 딴 짓으로 시간을 보내다

□ 上の空 건성

□ 弱音を吐く 약한 소리를 하다

□ 後の祭り 때를 놓쳐 보람이 없음

□ 匙を投げる 단념하다. 포기하다

□ 後ろ指をさされる 뒷손가락질을 받다

□ 馬が合う 마음이 맞다

□ ごまをする 아첨하다

□ 見えを張る 겉치장을 하다

□ 意地を張る　고집을 피우다. 억지를 쓰다

□ けちをつける　트집을 잡다. 험담을 하다

□ 面倒を見る　보살펴 주다

□ 世話をする　돌보다

□ 世話になる　신세를 지다

□ ピッチを上げる　피치를 올리다

□ ブレーキをかける　브레이크를 걸다

□ エンジンがかかる　발동이 걸리다

□ ピンからキリまで　처음부터 끝까지, 가장 우수한 것부터 가장 열등한 것까지

□ 波に乗る　때의 흐름[시세]를 잘 타다

□ 釘を刺す　(틀림없도록) 다짐을 두다

□ 水に流す　물에 흘려버리다. 지나간 일은 없었던 것으로 하고 일체 탓하지 않다

□ 遅れをとる　남에게 뒤지다

□ 脛を齧る　독립하지 못하고 도움을 받다

□ 笠に着る　권력이나 세력을 믿고 으스대다

□ 地団駄を踏む　발을 동동 구르며 분해하다

□ 飛ぶように売れる　날개 돋친 듯이 팔리다

□ 骨が折れる　힘들다. 성가시다

□ わき見　한눈팔기

□ わき見運転　한눈 팔며 운전함

□ 脇目も振らず　한눈 팔지 않고. 매우 열심히

□ 餌付け　야생 동물에 먹이를 주어 인간에 길들게 함

□ 餌付けしてある　길들여져 있다

□ 身振り手振りで話す　손짓 발짓으로 이야기하다

□ 手取り足取りして教える　꼼꼼히 친절하게 가르치다

□ 念には念を入れよ　주의에 주의를 거듭하다

□ 念を入れる　십분 주의하다. 매우 주의하다

□ 念をおす　잘못이 없도록 주의시키다. 확인하다

□ 割りがよい　비해서 괜찮다. 이익이 되다

□ 割りが悪い　비해서 득이 되지 않다. 수지가 안 맞다

□ 割に合う　수지가 맞다. 이익이 되다

□ 割りを食う　손해를 보다. 불이익이 되다

□ 財布の口を絞める　돈을 낭비하지 않도록 하다

□ 財布の紐が堅い　돈을 쓸데없이 사용하지 않다

□ 財布の紐が長い　구두쇠인 것의 비유

□ 財布の紐を握る　돈 관리의 권한을 쥐다

□ 値が張る　값이 비싸다

□ 迷惑メール　스팸 메일

□ ぼったくりだ　바가지 씌우다

□ ひたっくりにあう　날치기 당하다

□ 切札　비장의 카드(마지막 카드)

□ 轢き逃げする　뺑소니치다

□ 頑なに拒む　완강히 거부하다

□ 野次を飛ばす　야유하다

□ 野次馬　까닭 없이 덩달아 떠들어 대는 일. 구경꾼

□ かいもく見当がつかない　도무지 짐작이 안 되다

□ 向きになる　사소한 일에 정색하고 대들다[화내다]
　▶ 冗談を向きになって怒る。
　　농담을 곧이듣고 화내다.

□ 遠慮会釈もなく　예절[체면]이고 인사고 없이, 거리낌 없이

□ 寄り道　가는[지나가는] 길에 들름
　▶ 寄り道をして友人を見舞う。
　　가는 길에 들러서 친구를 문병하다.

□ 死に目に会う　임종을 보다

□ 死に水を取る　임종 때까지 돌보다「最後を看取る」라고도 함

□ 玉の輿に乗る　부잣집으로 시집가다

□ へそくり　비상금(주부 등이 살림을 절약하거나 하여 남편 모르게 은근히 모은 돈)

□ 気前がいい　인심이 좋다

□ ふいにする　무효로 하다

□ ふいになる　허사가 되다
　▶ 急な値下がりで今までの儲けはみんなふいになってしまった。시세의 급락으로 이제까지 번 것은 모두 허사가 되었다.

□ 土下座をするようにして謝る　손이 발이 되도록 빌다

□ 途方に暮れる　어찌할 바를 모르다. 망연자실하다

□ 途方もない　사리가 맞지 않다. 엉망이다. 터무니없다

□ 襤褸を出す　결점을 드러내다, 실패하다

□ 水臭いことを言う　남 대하듯이 말하다

□ 敵わない　이길 수 없다, 당해 내지 못하다, 견딜 수 없다, 참을 수 없다

□ がり勉　공부벌레

□ 躍起になる　기를 쓰다
　▶ 躍起になって弁解する。
　　기를 쓰고 변명을 하다.

□ もっての外のふるまい　당치도 않은 짓[행동]

□ 世渡りがうまい　세상 살아가는 처세가 능숙하다

□ 胴上げをする　헹가래를 치다

□ 死に物狂いになって努力する　필사적으로 노력하다

□ 有頂天になる　너무 기뻐서 어찌할 바를 모르다

□ 二枚舌を使う　일구이언하다. 전후 모순된 말을 하다

□ 汗っかき　땀을 많이 나는 사람

□ すごい力持ち　힘이 장사

□ 金回りがいい　주머니 사정이 좋다

□ おならをする　방귀를 뀌다

□ 胼胝ができる　굳은살이 박이다

□ 無駄足を踏む・運ぶ　헛걸음하다

□ 手前味噌を並べる　자화자찬을 늘어놓다

□ 控え選手　후보 선수

□ 山の端　산기슭

□ 端からしくじる　초장부터 실수하다

□ 端から喧嘩腰で　다짜고짜 시비조로

□ 余所にする　소홀히 하다

□ 余所見をする　한눈을 팔다

□ 兜を脱ぐ　항복하다 ⇒ 降参する

□ つまみ食いをする　집어먹다

- 寝相が悪い 잠버릇이 나쁘다
- シカトする 무시하다
- ポイ捨て 아무데나 버림
- たばこのポイ捨て 담배를 아무데나 버림
- まっぴらごめんだ 딱 질색이다
- 竹馬の友 죽마고우, 소꿉친구
- 遠慮深い 몹시 조심스럽다
- すし詰め電車 만원 전차
- 癪に障る 화가 나다. 울화가 치밀다
- 赤の他人 생판 남
- 欲張り 욕심쟁이
- 襤褸を出す 결점을 드러내다, 실패하다
- 親の七光り 부모의 후광
- 縁が欠ける (접시, 그릇)이가 빠지다
- 決まりが悪い 멋 적다. 쑥스럽다
- 夢のまた夢 하늘의 별따기
- 虫がいい 뻔뻔스럽다. 얌체 같다
- 虫が知らせる 어쩐지 그런 예감이 들다
- 二枚目 미남
- 二枚舌 일구이언, 전후 모순된 말을 함
- 二枚舌を使う 일구이언하다
- 湯煎する 중탕하다
- 後始末 뒤처리

- 飽きが来る 싫증이 나다, 질리다
- いばらの道 가시밭 길, 고난의 길
- 縁を切る 인연을 끊다
- 見よう見まねで覚える 어깨너머로 배우다
- もってこいの日和 절호의 날씨. 안성맞춤인 날씨
- 鎌をかける (넌지시) 넘겨짚다. 마음속을 떠보다
- 呆気にとられる 어안이 벙벙하다. 어이없다
- 尻馬に乗る 남이 하는 대로 덮어놓고 따라 하다
- 二の足を踏む 주저하다, 망설이다 ⇒ 머뭇거리다
- 呑み込み/飲み込みが早い 이해가 빠르다
- それは耳寄りな話だ 그것 솔깃해지는 이야기다
- 襟を正す 옷깃을 여미다. 자세를 바로하다. 정신을 차리다

2

제 부

실전모의고사 1회~5회

실전모의고사

1

회

Ⅴ. 下の_____線の言葉の正しい表現、または同じ意味のはたらきをしている言葉を(A)から(D)の中で一つ選びなさい。

101 <u>今日</u>は朝からいい天気です。

    (A) きょ   (B) きよう

    (C) きょう   (D) ぎよう

102 <u>東</u>の方へ旅行に行こうと考えています。

    (A) にし   (B) きた

    (C) ひがし   (D) みなみ

103 高校生の頃、初めて自分で<u>時計</u>を買いました。

    (A) とけい   (B) どけい

    (C) とうけい   (D) どうけい

104 私は<u>辛い</u>物を食べると眠くなるようになりました。

    (A) つらい   (B) あまい

    (C) からい   (D) にがい

105 <u>夕方</u>西の空に見える明るい星は何という星ですか。

    (A) せきかた   (B) せきがた

    (C) ゆうかた   (D) ゆうがた

106 仕事中、<u>密か</u>にリフレッシュできる1分間マッサージ。

    (A) ほそかに   (B) ひそかに

    (C) かがやくに   (D) すみやかに

107 「野外集会」などを行う場合、参加団体の旗が<u>翻って</u>いる光景はよく見られます。

(A) ととのって   (B) とどこおって

(C) よみがえって   (D) ひるがえって

108 病院で骨折の<u>ちりょう</u>を受けました。

(A) 治療   (B) 治瞭

(C) 治僚   (D) 治寮

109 幼いころは地元の畑で、よくイモを<u>ほって</u>食べていました。

(A) 彫って   (B) 屈って

(C) 掘って   (D) 堀って

110 期待ほどの赤い<u>ゆうぐれ</u>にはならなかった。

(A) 夕暮れ   (B) 夕幕れ

(C) 夕募れ   (D) 夕墓れ

111 週末には仕事を<u>休みます</u>。

(A) しません   (B) しようと思う

(C) しなければならない   (D) したことがない

112 父は今、<u>出かけています</u>。

(A) 家にいます   (B) 会社にいます

(C) 家にいません   (D) 会社にいません

113 明日は<u>午前中</u>だけ仕事です。

(A) 12時まで   (B) 12時あいだ

(C) 12時までに   (D) 12時あいだに

114 女に生まれた事が悔しくてたまらない。

(A) とても嬉しい

(B) 悔しくて我慢できない

(C) ありがたいことだ

(D) 悔しくてとても残念だ

115 万が一鯖を読んでいるのがばれたりした時はきっと恥ずかしいだろう。

(A) 頑張っている

(B) ごまかしている

(C) 勉強している

(D) 遊んでいる

116 それは教育を見くびった考え方だ。

(A) あなどった

(B) かたよった

(C) 引き起こした

(D) 刷り込まれた

117 山田さんは田中さんと結婚した。

(A) 反対党と戦う。

(B) 今晩家族と食事をします。

(C) 母と買物に出掛ける。

(D) 昔と違う。

118 洗濯物はもう乾いている。

(A) 時計が止まっている。

(B) 道は曲がっている。

(C) 弟は父によく似ている。

(D) 山田さんは毎日散歩をしている。

119 一度北海道に行っ<u>てみ</u>たい。

(A) もう一度発音し<u>てみた</u>。

(B) こちらのズボンをちょっとはい<u>てみて</u>ください。

(C) 電車をやめて、自転車通勤をし<u>てみた</u>。

(D) 話題になっている店へ行っ<u>てみた</u>。

120 山田さんに本を貸し<u>てもらい</u>ました。

(A) 花子にそばにい<u>てもらい</u>たい。

(B) 祖母に教え<u>てもらった</u>歌を歌います。

(C) 君には辞め<u>てもらう</u>よ。

(D) わからないことは友達に教え<u>てもらおう</u>。

Ⅵ. 下の＿＿＿線の(A)、(B)、(C)、(D)の言葉の中で正しくない言葉を一つ選びなさい。

121 疲れていた<u>ので</u>、タクシー<u>を</u>乗って<u>帰りました</u>。
      (A)   (B)   (C)   (D)

122 風邪の<u>とき</u>はおふろ<u>へ</u>入らない<u>ほう</u>がいいです<u>よ</u>。
        (A)   (B)   (C)   (D)

123 大学2<u>年生</u>の<u>とき</u>、韓国語<u>と</u>フランス語などを<u>勉強しました</u>。
      (A)   (B)   (C)   (D)

124 窓<u>が</u>開けている<u>のは</u>空気<u>を</u>入れかえる<u>ため</u>だ。
  (A)   (B) (C)   (D)

125 明日6時に<u>そちら</u><u>へ</u>行くとき、<u>果物</u>を<u>買ってきます</u>。
        (A)   (B)   (C)   (D)

126 漢字<u>が</u>わかりません。ひらがな<u>で</u>書いて<u>も</u>いい<u>でしょうか</u>。
       (A)   (B)   (C)   (D)

127 きのうは時間が<u>あった</u><u>ので</u>駅<u>から</u>家まで<u>歩く</u>。
            (A)   (B) (C)   (D)

128 <u>今度</u>の週末<u>に</u>社員全員<u>で</u>お花見に行く<u>つもりだ</u>。
  (A)   (B)   (C)   (D)

129 <u>友達</u>は<u>冷たい</u> <u>アイスコーヒー</u>が<u>飲みたい</u>。
  (A)   (B)   (C)   (D)

130 <u>このパーティー</u>ではお酒を<u>いくら</u>飲<u>んで</u>いい<u>そうですよ</u>。
  (A)   (B)   (C)   (D)

131 収入の<u>多い</u><u>少ない</u>を<u>問わず</u>、買った人全てに<u>同じ</u>額の税金が<u>かかる</u>。
           (A)   (B)   (C)   (D)

132 今は外国人と<u>いっしょに</u>結婚した<u>日本人</u>女性も<u>日本</u>国籍を<u>保留</u>できるようになった。
                   (A)   (B)   (C)   (D)

133 今日から連休だ。<u>それで</u>、<u>デパート</u>は<u>込んでいる</u>だろう。
         (A)   (B)   (C)   (D)

134 <u>まもなく</u>２番線に電車が<u>まいります</u>。黄色い線の<u>外側</u>まで<u>お下がり</u>下さい。
      (A)   (B)   (C)   (D)

135 お年玉<u>や</u>本当に<u>めったに</u>会わない人からの<u>贈り物</u>などを除いて、会うたびに子供を
        (A)   (B)

<u>甘えている</u>人は<u>要注意</u>である。
  (C)   (D)

136 現在容疑者に<u>とって</u>の取り調べが<u>行われている</u><u>ところ</u>です。
 (A)   (B)   (C)   (D)

137 箸がなかった<u>ので</u>ボールペン<u>によって</u>弁当を<u>食べました</u>。
 (A)   (B)   (C)   (D)

138 夏休みの<u>まえに</u>たくさん本を<u>貸した</u>が、結局<u>読まず</u>じまいで、先生に<u>しかられた</u>。
         (A)   (B)   (C)   (D)

139 約束<u>の</u>時間になった<u>ので</u>家を出た。<u>それなのに</u>、途中で急に<u>腹</u>が痛くなった。
       (A)   (B)   (C)   (D)

140 耳に<u>感じる</u>様々な<u>異和感</u>は、あなたの体が<u>発している</u><u>赤信号</u>かもしれません。
     (A)   (B)   (C)   (D)

Ⅶ. 下の＿＿＿＿線に入る適当な言葉を(A)から(D)の中で一つ選びなさい。

141 ボールペン＿＿＿＿名前を書いてください。

(A) で (B) に

(C) の (D) が

142 妹は銀行＿＿＿＿働いています。

(A) の (B) へ

(C) に (D) で

143 時間がないから＿＿＿＿ください。

(A) 歩いて (B) 遊んで

(C) 急いで (D) 忘れて

144 写真を見るとその時のことを＿＿＿＿。

(A) 思います (B) 忘れます

(C) 覚えます (D) 思い出します

145 体に悪いので、甘いものは＿＿＿＿食べないようにしています。

(A) 少し (B) なるべく

(C) 少しだけ (D) かならず

146 熱があるなら＿＿＿＿いいです。

(A) 休む (B) 休むの

(C) 休んで (D) 休むも

147 さいふを＿＿＿＿＿＿デパートに行きました。

(A) 持たない

(B) 持たずに

(C) 持たなく

(D) 持たなくて

148 ご飯を＿＿＿＿＿＿すぎてお腹が痛くなりました。

(A) 食べ

(B) 食べて

(C) 食べる

(D) 食べた

149 緊急時には、その時の状況に応じて、＿＿＿＿＿＿ところへ避難しましょう。

(A) 安全

(B) 安全な

(C) 安全の

(D) 安全に

150 郵便局と銀行では、＿＿＿＿＿＿が便利ですか。

(A) どう

(B) どの

(C) どれ

(D) どちら

151 寒いので、窓が＿＿＿＿＿＿。

(A) 閉めてあります

(B) 閉まっています

(C) 開けてあります

(D) 開いています

152 彼女は急に＿＿＿＿＿＿走り出した。

(A) 立ち上がると

(B) 立ち上がれば

(C) 立ち上がったら

(D) 立ち上がるならば

153 有名なレストラン＿＿＿＿＿＿料理がうまい。

(A) のみに

(B) からに

(C) だけに

(D) ばかりに

154 廊下が狭すぎてたんすが＿＿＿＿＿＿。

(A) 入らない

(B) 入れない

(C) 入られない

(D) 入ろうとしない

155 不景気のため、社員をリストラする_____ほかはない。

(A) のみ (B) より

(C) から (D) まで

156 自分のことは自分で_____べきです。

(A) す (B) し

(C) せ (D) して

157 山本さんはお酒を飲む_____で仕事をしないです。

(A) まで (B) だけ

(C) きり (D) かぎり

158 この雑誌は_____内容が古い。

(A) 新しい (B) 新しく

(C) 新しくて (D) 新しいのに

159 その古墳からは、30キロ_____金塊が出土した。

(A) からある (B) からする

(C) からでる (D) からなる

160 困った_____いつでも連絡してください。

(A) とき (B) ときに

(C) ときへ (D) ときには

161 金を_____旅行に行こうと思っています。

(A) ためるので (B) ためるから

(C) ためてから (D) ためたあとで

162 今日は土曜日だ。_____、デパートは混んでいるだろう。

(A) それで (B) だから

(C) そして (D) そのために

163 友人に山田という人がいるんですが、＿＿＿＿＿は面白い男なんですよ。

(A) こいつ

(B) そいつ

(C) あいつ

(D) あの人

164 この詩の作者の気持ちに＿＿＿＿＿、３０字以内に感想をまとめなさい。

(A) とって

(B) ついて

(C) 関して

(D) めぐって

165 仕事＿＿＿＿＿ヨーロッパ旅行を楽しんできた。

(A) にもなく

(B) にかかわる

(C) にもまして

(D) にかこつけて

166 食事も＿＿＿＿＿に出かける。

(A) そこそこ

(B) あたふた

(C) うろうろ

(D) まごまご

167 彼は何の連絡もなしに突然訪ねてきて、金の＿＿＿＿＿をした。

(A) 無心

(B) 理屈

(C) 興味

(D) 油断

168 座った＿＿＿＿＿、椅子が壊れてしまった。

(A) なり

(B) 拍子に

(C) 弾みに

(D) や否や

169 「時間が解決してくれる」とは、本当にその通りだということは、＿＿＿＿＿も承知だ。

(A) 一

(B) 十

(C) 百

(D) 千

170 政治を一から立て直す＿＿＿＿＿が今、国民に求められている。

(A) 端役

(B) 理屈

(C) 気概

(D) 大仰

PART 8 독해

VIII. 下の文を読んで、後の問いにもっとも適した答えを(A)から(D)の中で一つ選びなさい。

171~174

🎧 MP3 Track 1-171〜174

> 学校の運動場、プール、図書館などは学校から切り離し、社会教育施設として、市町村が直接管理し、学校は必要な時だけそれを利用させてもらうという形がいいと以前より考えていた。もちろん、学期中は児童・生徒が優先的に使う。週末や夏休み、夜間などは付近の住民に当然開放される。学校の施設ではないのだから、校長や先生は施設を管理する必要はない。管理者は学校ではなく、市町村である。市町村で管理するのが大変なら、民営化してもいいだろう。また、老人福祉施設や保育所も併設するのがいいだろう。老人福祉施設を作れば、老人と子供の交流が自然と行われ、ボランティア活動もできるし、また、子供は老人からいろいろなことを学ぶことができる。保育所があれば、子供のいる先生は学校に子供を連れてきて、預けることが可能である。

171 住民は学校の施設をいつ使えますか。

    (A) 春休み   (B) 夏休み   (C) 秋休み   (D) 冬休み

172 本文の内容と関係のある四字熟語はどれですか。

    (A) 多種多様   (B) 以心伝心   (C) 一石二鳥   (D) 適材適所

173 筆者は学校の施設を誰が管理するべきだと言っていますか。

    (A) 先生   (B) 校長   (C) 管理人   (D) 市町村

174 本文の内容と関係ないのはどれですか。

    (A) 大学   (B) 中学校   (C) 小学校   (D) 高等学校

お出かけ先などでコンタクトレンズを落としてしまったことはありませんか？
コンタクトレンズをしていない人であればこんなことはないかもしれませんが、長くコ
ンタクトを利用している方であれば悩ましい問題です。＿＿＿①＿＿＿、落としてしまい踏
んづけてしまったら、高価なレンズも台無しです。そんな時のために落としたコンタクト
トレンズを簡単に見つける方法をお教えします。方法は簡単です。まず野外で陽の出て
いる場所であれば、まず手鏡を出します。その手鏡で落としてしまったあたりを太陽の
光に反射させて照らしてみてください。コンタクトレンズに光が当たると＿＿＿②＿＿＿光
るはずです。もし手鏡を持っていないような場合は、太陽の位置を確認して、太陽を正
面に見た状態で立つ。そうすれば、コンタクトレンズが反射して発見しやすくなります。
また室内の場合は太陽が出ていないのでこの方法ですと難しい。そんな時は、掃除機の
先にパンストを巻き、落とした周辺を吸い上げてみると、コンタクトレンズが吸い付い
てくるはずです。ただほとんどの場合が地面に落ちる前に、自分の洋服や顔についてい
ることが多いのが実状らしいです。

175 ＿＿＿①＿＿＿に入る適当な言葉は何ですか。

(A) そして (B) しかし (C) それで (D) 万が一

176 ＿＿＿②＿＿＿に入る適当な言葉は何ですか。

(A) ぴかっと (B) きらきら (C) ぴかぴか (D) ぎらぎら

177 落としたコンタクトレンズは実際にどこで多く見つかりますか。

(A) 室内 (B) 陽の出ている場所

(C) 自分の洋服や顔 (D) 太陽を正面に見た状態で立っている場所

178 この文章は何について話していますか。

(A) 落としたコンタクトレンズを見つける方法

(B) 出かけ先などで長くコンタクトを利用する方法

(C) 手鏡で落としてしまったあたりを太陽の光に反射させる方法

(D) 掃除機の先にパンストを巻き、落とした周辺を吸い上げてみる方法

100円均一ショップができてから、よく利用する。100円ショップには「あきらかに100円な物」と「とても100円には見えない物」がある。食器はとても「100円には見えない物」の代表で侮れない。センスがよくて普段使うためだけなら、なかなかいいものがある。①造花は当たり外れがあって、というより店側の仕入れ方針の違いだろうが、店によって葉物が得意な店と花物がいい店がある。＿＿＿②＿＿＿どうしても100円のものは貧弱。生け花をするには葉物は欠かせない。造花で生けても同じなのだ。花ばかりでは生けられない。いい葉がないと何となく締まらない。実は造花の葉物はまともに買うととても高いのだ。「葉ばかりで何でこんなに高いんだ？！」という値段がついている店が多い。＿＿＿②＿＿＿1000円、2000円しても、100円ショップの葉物にはないよさやボリュームがある。値段は値段なのだ。100円には限界がある。300円均一や500円均一で、もうちょっといい物を売ってくれればな、と思う。

179 ①造花は当たり外れがあってとはどんな意味ですか。

(A) 季節によって花の種類が違うということ

(B) 店の得意・不得意によって販売している花に偏りがあること

(C) 花を取っ換え引っ換えして遊ぶこと

(D) 花にはお金をかけてラッピングは最小限にすること

180 ＿＿＿②＿＿＿に入る適当な言葉は何ですか。

(A) それで

(B) それにしても

(C) しかし

(D) それにも関わらず

181 内容に合っているものはどれですか。

(A) 100円均一ショップの製品は多様なので、生活を十分に満足させてくれる

(B) 100円均一ショップは安くてたいへん便利だが、値段以上の満足感は得難い

(C) 造花の美しさは生花の美しさに負けず劣らずである

(D) 100円均一ショップは使い勝手がよくないのは周知の事実である

父が91歳で亡くなって、もう12年たった。父はとても自転車が好きで、亡くなる直前まで乗り回していた。戦後、自動車の製造会社に就職したのも、自転車が好きだったからだろう。あるとき、社内自転車マラソン大会が開かれた。父のホームグラウンドの知多半島を一周するコースだった。ずっと一人旅でゆうゆうゴールイン。当然優勝だと思っていた。ところが、はるか先にゴールした若者がいたのだ。抜かれた覚えはない。最初から飛び出していて、姿が見えなかったのだろう。この話をするとき、父はいつも少し残念そうに見えた。私は父と違って、あまり自転車に乗ることがなかった。①　　　、定年退職をして、心身ともに楽になったのを機に「今からあまり楽をしすぎては」と再就職先の職場に通うのに、自転車を使うことにした。坂の多い道だが、朝夕自転車で走るときのそう快感がこんなにも素晴らしいものだとは。父が自転車大好き人間だった理由が「これだ」とようやく分かった。自転車に乗るたびに、父を思う。

182 父の話について合っているものはどれですか。

　(A) 父の地元は知多半島だ。

　(B) 自転車が好きだから、自転車の製造会社に就職した。

　(C) 社内自転車マラソン大会で優勝したことがある。

　(D) 再就職先の職場に通うのに、自転車を使っていた。

183 職場に通うのに、自転車を使うことにした理由は何ですか。

　(A) 自転車が好きだから。

　(B) 運動にもなると思ったから。

　(C) 自転車に乗るたびに、父を思い出すから。

　(D) 自転車で走るときのそう快感が素晴らしいから。

184 　　①　　に入る適当な言葉は何ですか。

　(A) そして　　　　　　　　　　　(B) それで

　(C) しかし　　　　　　　　　　　(D) ところが

僕はインターネット関連の＿＿①＿＿本を制作している編集プロダクションでバイトしているが、そんな時代の流れからか、ｉモードの本も手がけることになった。記事を書くために、とりあえずユーザーに聞き込みをした。そこで浮かび上がってきたのが、ｉモード用のホームページがどうとかよりも、携帯メールだ。とにかく携帯電話の料金は高い。二十歳前後の若者にとっては一万円、二万円にもなる料金はきつい。電話料金のためにバイトしている人も多い。だが、携帯メールを使えば、しゃべるよりもずいぶんと安上がりで、一日数十通とメールを出しても、月数千円で収まるという。携帯文化が浸透し、コミュニケーションの希薄さが盛んに叫ばれたが、携帯電話というツールを手に入れた十代二十代たちにとっては、人とのやりとりをメール中心にしているようですらあった。どこかのＳＦ映画にあったみたいな光景だ。それにしても、いったいどんな言葉をやりとりしているのか。②たわいもないことには違いないのかもしれない。だが、彼ら彼女らのやりとりする言葉をたわいもない、と思った人は、すでに世代がちがう証拠だ。すべての世代の人たちが、たわいもないことをしゃべって日々過ごしているように、携帯メールで日常をやりとりしている人たちがいる。＿＿③＿＿電話したり会って話したりするほどじゃない内容の方が、じつは精神のバランスを取る上では大切なのかもしれない。

185 ＿＿①＿＿に入る適当な言葉は何ですか。

(A) ムック　　　(B) ペット　　　(C) インターネット　(D) ｉモード用

186 ②たわいもないことと同じ意味をもつのはどれですか。

(A) なさけないこと　(B) つまらないこと　(C) おもしろいこと　(D) 面倒くさいこと

187 ＿＿③＿＿に入る適当な言葉は何ですか。

(A) わざと　　　(B) わざわざ　　　(C) むしろ　　　(D) かえって

188 携帯メールの説明として正しいのはどれですか。

(A) 携帯メールのためにバイトしている人が多い

(B) ＳＦ映画を見ることができる

(C) 精神のバランスを取る為には欠かせないものだ

(D) 十代二十代たちにとっては、人とのやりとりをメール中心にしているようだ

セブン・イレブンのくじって良く当たるんですよね。700円分の買い物でスピードくじが1枚引けるんだけど、昨日は3枚引いて、3枚とも当たりました。今日は4枚引いて1枚当たりました。当たる物と言ったら、①せいぜいが100円程度のジュースやヨーグルトだったりするんですが、誰も「いらない」、と言う人を見かけないので、評判はいいのかも？くじの入った袋の中には、はずれの場合は2枚、あたりの場合は1枚（1枚は当たりカード）スターウォーズのカードが入っています。紙も上質だし、お金をいかにもかけてます、というのがわかります。景品も②要冷商品にも関わらずカウンターの後ろに入れ物ごと山積みしてあります。毎日何をコンビニで買うのか、と疑問をお持ちの方に言いますと、③タバコ1カートンと、発泡酒6缶パック買うともう5枚引けるんですよ。ですよ。

189 スピードくじが当たったのは全部で何枚ですか。

(A) 3枚 　　　　(B) 4枚 　　　　(C) 5枚 　　　　(D) 6枚

190 ①せいぜいが１００円程度の代わりに入る適当な言葉は何ですか。

(A) たかが100円ぐらい 　　　　(B) せめて100円ぐらい

(C) なんと100円ぐらい 　　　　(D) 少なくても100円ぐらい

191 ②要冷商品にも関わらずはどんな意味ですか。

(A) 冷凍してはいけない商品だけど

(B) 冷凍する必要のない商品だけど

(C) 冷凍しなくても構わない商品だけど

(D) 冷凍しなければならない商品だけど

192 ③タバコこれ１カートンと、発泡酒６缶パック買うと、合計はいくらになりますか。

(A) 3400円 　　　　(B) 4000円

(C) 4200円 　　　　(D) 5400円

少年が非行に走る原因の一つに喫煙がある。タバコは一種の魔力を持っていて、一度始めるとやめるのが非常に難しい。成長期の少年がタバコを覚えると、その魔力にとりつかれ、学業がおろそかになり、生活がすさんでくる。また、タバコを求めるために、金が必要となり、その金を得るために、悪いことをする場合も生ずる。だから、昔から「タバコは不良の始まり」というのである。また、タバコは心肺機能を著しく低下させるので、成長期の少年がタバコを吸うと、体力が目に見えて落ちていく。そのようなわけで、少年の喫煙は断固として禁止しなければならない。現在、町には数多くのタバコの自動販売機が設置されている。金さえあれば、小学生だって、タバコを買うことができる。いちおう、「法律により未成年者の喫煙は禁止されている」とか「夜11時から朝5時までは販売しません」と、表示されてはいるが、そんなものはなんの役にも立っていない。だいたい、自動販売機そのものが、少年の喫煙を奨励しているようなものだ。「買ってはいけません」と書いておけば買わないだろう、などと考える人は、相当①おめでたい人である。「買ってはいけません」と書いてあっても、欲しければ人は買うのである。現状では少年の喫煙は野放し状態と言ってもいいだろう。

193 成長期の少年がタバコを覚えると、どうなりますか。

(A) タバコを求めるためにアルバイトをする場合もある。

(B) 生活がめちゃくちゃになる。

(C) 体にはよくないがストレス解消になる。

(D) 成績が下がるし、暗記力が悪くなる。

194 ①おめでたい人はどんな人ですか。

(A) めずらしい人

(B) かっこいい人

(C) 頭がいい人

(D) 考えが楽観的すぎる人

195 自動販売機の説明として正しいのはどれですか。

(A) タバコは不良の始まりだ。

(B) 法律により未成年者の喫煙は禁止されている。

(C) 夜11時から朝5時までは販売しません。

(D) 小学生は買ってはいけません。

196 本文の内容にあてはまることわざはどれですか。

(A) 木を見て森を見ず

(B) 病は気から

(C) 頭を隠して尻を隠さず

(D) 二度あることは三度ある

メーカー希望小売価格の3分の1強から4分の1強を酒税が占めるビールや発泡酒は、「税金を飲んでいるようなもの」と言われるほど、税負担の大きい商品だ。それだけに酒税の動向で、＿＿①＿＿ が左右される。ビールよりも酒税の税率の低い発泡酒の消費が伸びて税収減となることを懸念した財務省は、今年度の税制改正で発泡酒増税に踏み切った。ビール各社は、昨年春から夏にかけて相次いで実施した発泡酒の10円値下げで経営体力を消耗させていたこともあり、350ミリ・リットル缶換算で10.23円、500ミリ・リットル缶換算で14.63円の増税分を価格転嫁し、それぞれ10円、16円値上げすることを決めた。気になる増税の影響だが、店頭価格も値上がりが大勢だ。希望小売価格での販売が主流のコンビニエンスストアでは、ファミリーマートが当面、価格を据え置くことを発表したが、他の大手チェーンに追随の動きはない。大量仕入れによる値引き販売が常態化し、1缶当たり100円を切る価格で売られることもあるディスカウントストアやスーパーでも、店側の値下げ原資にもなる＿＿②＿＿ の削減にメーカーが本腰を入れているため、「一時的な価格据え置きは可能だが、採算面を考えるとやはり値上げは避けられない」との見方が強い。

197 ＿＿＿①＿＿＿ に入る適当な言葉は何ですか。

(A) 増税や価格

(B) 価格や供給

(C) 価格や需要

(D) 価格や需給

198 「コンビニエンスストア」で、発泡酒の販売価格はどうなりますか。

(A) 増税の影響で値上がる見込みだ。

(B) 350㎖と500㎖は、それぞれ10円、16円高くなる。

(C) ファミリーマートではさしあたり販売価格の変動がない。

(D) 一時的な価格据え置きは可能だが、値上げは避けられない。

199 _____②_____ に入る適当な言葉は何ですか。

(A) リベート

(B) コスト

(C) ゴージャス

(D) クレーム

200 財務省が発泡酒増税を決めたのはなぜですか。

(A) 不景気のため

(B) 税収を増やすため

(C) ビールと発泡酒の酒税の税率を合わせるため

(D) ビールよりも酒税の税率が低いため

실전모의고사

2

회

Ⅴ. 下の＿＿＿＿＿線の言葉の正しい表現、または同じ意味のはたらきをしている言葉を(A)から(D)の中で一つ選びなさい。

101 この部屋は暗いです。

(A) あおい　　　　　　　　　　(B) あまい

(C) くろい　　　　　　　　　　(D) くらい

102 これからは注意してください。

(A) ちゅい　　　　　　　　　　(B) ちゅうい

(C) じゅい　　　　　　　　　　(D) じゅうい

103 あれは悪気でしたのではない。

(A) あっけ　　　　　　　　　　(B) あくき

(C) わるき　　　　　　　　　　(D) わるぎ

104 冬休みに北海道へ行くつもりです。

(A) ほくかいとう　　　　　　　(B) ほっかいとう

(C) ほっかいどう　　　　　　　(D) ほくかいどう

105 教育関係者や現役高校生・大学生も参加した。

(A) けんやく　　　　　　　　　(B) けんやく

(C) げんえき　　　　　　　　　(D) げんやく

106 英国においては、絹は輸入に頼らざるを得ない高価な貴重品である。

(A) きぬ　　　　　　　　　　　(B) かみ

(C) ぬの　　　　　　　　　　　(D) ころも

107 政府は、日本農業を守るため毅然たる態度を内外に明らかにすべきである。

(A) きえん

(B) きぜん

(C) こんえん

(D) こんぜん

108 二人はあつい友情で結ばれていた。

(A) 暑い

(B) 厚い

(C) 熱い

(D) 篤い

109 今日の朝はめちゃくちゃねむたくて起きるのが大変でした。

(A) 眠たく

(B) 眼たく

(C) 睡たく

(D) 寝たく

110 今度の工事はとてもわずらわしい。

(A) 紛らわしい

(B) 厭わしい

(C) 険しい

(D) 煩わしい

111 父は出張に行くたびに人形を買ってくれる。

(A) 行かなければ

(B) 行くとき、たまに

(C) 行くとき、時々

(D) 行くとき、いつも

112 山田さんは田中さんほど速く走れない。

(A) 山田さんも田中さんも遅い。

(B) 田中さんは山田さんより遅い。

(C) 山田さんも田中さんも速く走れる。

(D) 山田さんも田中さんも速く走れない。

113 その映画はおととい見ました。

(A) 昨日

(B) 夕べ

(C) あさって

(D) 2日前

114 山田さんはその<u>本</u>を<u>読みかけていた</u>。

(A) 本を読んだ

(B) まだ本を読まなかった

(C) 本を読んでいるところだ

(D) 本を読んでしまった

115 暑い日は<u>ビールに限る</u>。

(A) ビールが流行る

(B) ビールが売れる

(C) ビールが飲みたい

(D) ビールが一番いい

116 合格は<u>かたい</u>。

(A) 間違いない

(B) ちょっと難しい

(C) まだわからない

(D) できるかもしれない

117 この世には偶然など<u>ない</u>。

(A) われわれに自由は<u>ない</u>。

(B) 私には兄弟が<u>ない</u>。

(C) 韓国には氷河は<u>ない</u>。

(D) 日本には戦争をする意志は<u>ない</u>。

118 <u>よく</u>世間にある事だ。

(A) 最近<u>よく</u>眠れなくて困っている。

(B) 彼はこの店に<u>よく</u>来る。

(C) 次の文章を<u>よく</u>読んで問題に答えなさい。

(D) 製品の品質が<u>よく</u>なければ商品として失格だ。

119 あの人はどうやら日本人<u>らしい</u>。

    (A) 明日は雨が降る<u>らしい</u>ね。

    (B) 今日は春<u>らしい</u>天気だ。

    (C) 男<u>らしい</u>男ってどんな人のことですか。

    (D) 弱音を吐くなんて君<u>らしく</u>ないね。

120 手を上げ<u>て</u>横断歩道を渡りました。

    (A) バイトを<u>し</u>て学費を稼ぎました。

    (B) 朝ごはん作っ<u>て</u>、子供を起しました。

    (C) 暑かったので、窓を開け<u>て</u>寝ました。

    (D) 兄がピアノを弾い<u>て</u>、弟が太鼓をたたいた。

Ⅵ. 下の＿＿＿＿線の(A)、(B)、(C)、(D)の言葉の中で正しくない言葉を一つ選びなさい。

121 明日９時にそちら<u>へ</u>行く時、お菓子とビルを買っていきます。
            (A)   (B)   (C)   (D)

122 一番<u>うれしい</u>のは、<u>大勢の</u><u>アメリカ人</u>と友達になれた<u>こと</u>です。
           (A)   (B)   (C)   (D)

123 あの会社<u>は</u>、休みが<u>小さい</u>し、給料も<u>安い</u>し、就職<u>しない</u>ほうがいいよ。
               (A)   (B)   (C)   (D)

124 今の<u>20代</u>社会人は上司と<u>お寿司</u>が食べ<u>たがっている</u><u>そうだ</u>。
  (A)   (B)   (C)   (D)

125 昨日<u>駅で</u>火事が<u>ありました</u>ことを<u>知っています</u>か。
  (A) (B)   (C)   (D)

126 薬を<u>飲んだり</u>飲<u>まなかったり</u><u>している</u>と、病気が<u>治らない</u>よ。
          (A)   (B)   (C)   (D)

127 妹は<u>毎日</u><u>寒い</u>のでアイスクリーム<u>ばかり</u>食べ<u>ています</u>。
      (A)   (B)   (C)   (D)

128 <u>値段</u>を聞いて<u>腰が抜け</u>そうになる<u>くらいに</u>、<u>安い</u>でした。
  (A)   (B)   (C)   (D)

129 <u>病気の</u>母と<u>元気の</u>子供が<u>いる</u>と、家の中は<u>どう</u>なるでしょうか。
  (A)   (B)   (C)   (D)

130 ６ヶ月間<u>ダイエット</u>をした<u>から</u>、<u>ほとんど</u>やせません<u>でした</u>。
         (A)   (B)   (C)   (D)

131 時間がなかった<u>ので</u>、<u>最寄りの</u><u>駅へ</u><u>走った</u>。
     (A)   (B)   (C)   (D)

132 <u>近年では</u>、住宅開発が<u>進み</u>、<u>その</u>自然は<u>失われる</u>つつあります。
    (A)   (B)   (C)   (D)

133 たばこ<u>の</u>ポイ捨て<u>から</u><u>あたりに</u>充満していたガスが<u>爆発した</u>。
    (A)   (B)   (C)   (D)

134 授業が<u>終わって</u><u>帰ろう</u>としたと<u>きも</u>相変わらず、雪が<u>降った</u>。
    (A)   (B)   (C)   (D)

135 明日<u>こちら</u>へ行くとき、<u>新品の</u><u>パソコン</u>を<u>買って</u>いきます。
    (A)   (B)   (C)   (D)

136 山田さんは弁護士だから法律に<u>詳しいに違いない</u>のに、憲法<u>さえ</u><u>ろくに</u><u>知らない</u>。
                 (A)   (B)   (C)   (D)

137 今年に入ってから<u>大規模な</u>個人情報<u>漏洩</u>が<u>明るみになる</u>など、情報の安全に対する
                  (A)   (B)   (C)

<u>不安が広がっている</u>。
    (D)

138 <u>大嫌い</u>人とゴルフを<u>すれば</u>、自分がその人のことを悪いように<u>勝手に</u>誤解していた
  (A)   (B)   (C)

過ちに<u>気づく</u>かもしれません。
     (D)

139 Jリーグの登場は日本社会に<u>大きな</u>衝撃を<u>与え</u>、日本人のスポーツ観に一石を<u>投げる</u>
          (A)   (B)   (C)

こと<u>と</u>なった。
   (D)

140 彼の<u>見事さ</u>は、それぞれに<u>与えられた</u>人生を<u>どこまで</u>生き抜いていた<u>ところにある</u>。
       (A)   (B)   (C)   (D)

Ⅶ. 下の＿＿＿＿線に入る適当な言葉を(A)から(D)の中で一つ選びなさい。

141 もう少し大きい声＿＿＿＿話してください。

(A) で　　　　　　　　　　　　(B) に

(C) を　　　　　　　　　　　　(D) の

142 弟は去年大学＿＿＿＿卒業しました。

(A) へ　　　　　　　　　　　　(B) を

(C) で　　　　　　　　　　　　(D) に

143 図書館を＿＿＿＿する時はこのカードを使ってください。

(A) 勉強　　　　　　　　　　　(B) 利用

(C) 連絡　　　　　　　　　　　(D) お願い

144 急に彼女が来られなくなって、＿＿＿＿だ。

(A) 無理　　　　　　　　　　　(B) 危険

(C) 残念　　　　　　　　　　　(D) 簡単

145 探していた本がやっと＿＿＿＿。

(A) 見ました　　　　　　　　　(B) 見えました

(C) 見つけました　　　　　　　(D) 見つかりました

146 ご飯を＿＿＿＿とした時、電話がかかってきました。

(A) 食べ　　　　　　　　　　　(B) 食べて

(C) 食べよう　　　　　　　　　(D) 食べるよう

147 図書館は_____かもしれません。

(A) どこ　　　　　　　　　　　　(B) あの

(C) どっち　　　　　　　　　　　(D) あっち

148 テレビを見て_____いると、目が悪くなります。

(A) しか　　　　　　　　　　　　(B) まで

(C) ばかり　　　　　　　　　　　(D) ぐらい

149 今朝は8時_____寝ていました。

(A) まで　　　　　　　　　　　　(B) あいだ

(C) までに　　　　　　　　　　　(D) あいだに

150 ニュースによると、強い風で木が_____そうです。

(A) 倒し　　　　　　　　　　　　(B) 倒れ

(C) 倒して　　　　　　　　　　　(D) 倒れる

151 このデジカメは高価なのに_____。

(A) 写りが良い　　　　　　　　　(B) 写るものだ

(C) 写りが悪い　　　　　　　　　(D) 写るばかりだ

152 赤ちゃんが目を覚まさない_____洗濯をしました。

(A) のに　　　　　　　　　　　　(B) うちに

(C) ところに　　　　　　　　　　(D) あいだに

153 電車に_____切符を買っておかなければなりません。

(A) 乗ると　　　　　　　　　　　(B) 乗れば

(C) 乗ったら　　　　　　　　　　(D) 乗るなら

154 きれいに整理_____きれいだ。

(A) していて　　　　　　　　　　(B) していって

(C) されていて　　　　　　　　　(D) されてあって

155 複雑な文章も繰り返し読めば_____。

(A) 知ります

(B) わかります

(C) 知るだろう

(D) わかれます

156 魚は骨があるから_____です。

(A) 食べやすい

(B) 食べにくい

(C) 食べがたい

(D) 食べられにくい

157 50歳になったこと_____、今月の成績も良くなかったことから引退を決意したらしい。

(A) にくわえ

(B) にこたえ

(C) にかぎり

(D) にいたり

158 仕事が多すぎて疲れ_____。

(A) がちだ

(B) ぎみだ

(C) むけだ

(D) むきだ

159 希望の会社に就職できる可能性は低い。_____あきらめずに頑張ろう。

(A) そして

(B) けれども

(C) ところが

(D) それなのに

160 先週仕事で京都に_____。

(A) 参りました

(B) 伺いました

(C) 拝見しました

(D) おっしゃいました

161 皆さん、私_____覚えていますか？

(A) の

(B) を

(C) こと

(D) のことを

162 今日は休日_____彼女は家にいるでしょう。

(A) から

(B) だから

(C) からには

(D) ですから

163 _____はすぐ参りますので、しばらくお待ち下さい。

(A) 父
(B) 父親
(C) お父さん
(D) お父様

164 私はコーヒーが好きだ。_____飲物はいつも疲れを癒してくれる。

(A) この
(B) その
(C) あの
(D) これ

165 いつものように、目覚まし時計が_____起き出し、スウェットスーツに着替えて、ジョギングに出かけた。

(A) 鳴るなり
(B) 鳴るや否や
(C) 鳴るそばから
(D) 鳴ったとたん

166 仕事_____ちっとも子供の相手をしてやらない。

(A) にいたって
(B) にひきかえ
(C) にかまけて
(D) にもまして

167 弁護士を頼まなかったばかりに_____損をしてしまった。

(A) ぐずぐず
(B) ぐらぐら
(C) みすみす
(D) めきめき

168 体調が良くないし、やはり無理はしない_____よ。

(A) とは限らない
(B) まで言うことはない
(C) に越したことはない
(D) にしたらそれまでだ

169 5月に入ると、関東地方は_____しないお天気でした。

(A) かっと
(B) さっと
(C) ぱっと
(D) ほっと

170 自分だけ得をしようという_____心。

(A) さもしい
(B) うるわしい
(C) いぶかしい
(D) うやうやしい

PART 8 독해

Ⅷ. 下の文を読んで、後の問いにもっとも適した答えを(A)から(D)の中で一つ選びなさい。

171~174

先日街を歩いていたら、ビルの窓からこちらに向かって手を振っている女の人がいた。それも①ビルの３階からである。よく見るが、顔が分からない。上からはまるで鳥の目のように、下にいる人の顔がよく見えるのだろう。こちらも手を振ろうと思ったが、誰か分からなくて手を振っても悪いと思い、立ち止まってよく見てみた。しかし跳ね返った光がその窓に差し込んで、よく分からない。もしかして、ぼくの後ろの人かも知れないと思い振り返ったが、誰もいない。またビルの方を見上げると、さらに大きく手を左右に振っている。こうなれば、手を振らないと失礼になる。こちらも大きく手を振った。すると向こうは、＿＿②＿＿を持ち上げた。そう、それは窓を清掃していたおばさんだったのだ。単にガラスを丹念に全面ふいていたので、道理で大きく手を振っていたわけだ。私はバツが悪そうに、その場を立ち去った。誰でもそんな＿＿③＿＿をしたことはたくさんあるのではないだろうか。

171 ①ビルの３階で何をしていましたか。

　(A) 掃除をしていた。

　(B) おばさんが手を振っていた

　(C) 女の人が下にいる人を見ていた

　(D) 手を左右に振って誰かを呼んでいた

172 ＿＿②＿＿に入る適当な言葉は何ですか。

　(A) ブーム　　　　　　　　　　　(B) モップ

　(C) レバー　　　　　　　　　　　(D) ロープウェー

173 _____③_____ に入る適当な言葉は何ですか。

(A) 違い

(B) 過ち

(C) 間違い

(D) 勘違い

174 内容に合っているものは何ですか。

(A) 私は決まりが悪かった

(B) 鳥の目は下にいる人がよく見える

(C) おばさんがこちらに向かって手を振っている

(D) ビルの窓からぼくの後ろの人に向かって手を振っている女の人がいた

私は今、普通の会社員です。このまま一生会社員では終わりたくないので、昔から情報・人脈・勉強などを意識してきましたが、ここにきて、①急展開となってきました。それは非常に魅力的に感じた商品を発見し、またそれを扱えそうになったからです。それについて昨年の暮れあたりから私のビジネスパートナーと話を進めて参りました。ビジネスパートナーは昔の会社の先輩で、元No.1の営業マンです。今はフリーの営業マンとして家族を養っています。私の方は今の仕事がありますし、平日もかなり忙しいので、土日の時間を割いて頑張るつもりです。正直なところ、人一倍独立志向が強い訳でも、単に副業をして小遣い稼ぎをしたい訳でもありません。しかし、自分で周りがやらない何かにチャレンジしてみたいのです。今まさに出発点で、何もありません（会社も名刺もお金も……）。あるのは商品を扱えるという事とビジネスパートナーがいる事だけです。②「為せば成る」の精神で頑張りたいと思います。

175 ①急展開とありますが、どういうことですか。

(A) 昔から勉強してきたことが急に出来なくなったこと

(B) 仕事が忙しくなったので土日の時間を割いてでも、仕事をするようになったこと

(C) 家族を養えないので、小遣い稼ぎをすると決心したこと

(D) 周りがやらない何かに挑戦することになったこと

176 ②「為せば成る」と同じ意味はどれですか。

(A) なんでもやろうと意気込みを持ってやれば、出来るはずだ

(B) 人生は生きていけば問題にぶつかっても、なんとかなるという楽観的考え

(C) 人生はいつか努力が実る時がくるので、待った方がいい

(D) 人生はいつか大きく踏み出さなければならない時がくる

177 内容に合っているものは何ですか。

(A) 著者は今、会社から独立して新しいビジネスを展開しようとしている

(B) なんとか家族を養うため、副業を始めようと意気込んでいる。

(C) ただの会社員では終わりたくないと思い、新しい事に挑戦しようとしている

(D) ビジネスパートナーは忙しいので土日しか時間を割けない

調査は日経新聞が5月21日〜24日、全国のインターネット・モニター3000人（20代〜60代、男女各1500人）を対象に電子メールを使って行い、6月3日付紙面で結果を報じた。それによると「3年前に比べて、土曜日、日曜日の買い物を平日に変えた」人が全体の16.7％。この割合は20代、30代の女性でとりわけ高く、20代女性で28.9％、30代女性で24.7％に及ぶ。その理由を一言で言えば「せっかくの休日を買い物でつぶしたくない」。土曜・日曜日に買い物の代わりに増やした時間を聞くと、1位が「インターネット・携帯電話」、2位が「休養・くつろぎ」で、以下「趣味・娯楽」「育児」「家事」「睡眠」と続く。ショッピングよりこれらの方が優先順位が上と考える人が増えているのだ。言うまでもなく20代、30代の女性は個人消費のリード役。多くの小売店がこの層を狙った店づくりをしているのも彼女たちが買い物が何より好きな人たちと信じていればこそだが、その中核層でショッピングの優先順位が下がっているのは小売業界にとっては①見過ごすことのできない重大事といえる。

178 ①見過ごすことのできない重大事とはどんなことですか。

(A) 多くの店が20代・30代を狙った店づくりをしていること

(B) 20代・30代の女性があまり買い物をしなくなったこと

(C) 20代・30代の女性は個人消費のリード役だということ

(D) 20代・30代で買い物の優先順位が下がっていること

179 ショッピングの優先順位が下がった理由は何ですか

(A) 買い物が何より好きだから

(B) 買い物に行く日を土曜日から平日に変えたから

(C) 休日には他のことをするから

(D) インターネットでショッピングをするようになったから

180 内容に合っているものは何ですか。

(A) 最近は20代・30代の女性が、週末にショッピングをする傾向がみられる

(B) 多くの小売店は20代・30代をターゲットにした店づくりをしている

(C) ショッピングの優先順位を上げるために小売業界は努力している

(D) この調査は女性だけを対象に行われた調査だった

ガソリンスタンドに寄ったとき、ヘンな物を持って灯油を買いに来ている①お客さんを見た。ストーブの灯油タンクを外して持ってきているのだ。それも2つも3つも。そのときは私は「横着者だなあ」と思った。昨年9リットルタンクのファンヒーターを買って、その理由がわかった。18リットルのポリタンクで買って帰っても、9リットルタンクに2個つげば空。

私はいつも18リットルタンクで2つ買って帰るのだが、買って帰るなり1個空になることがある。そのときなんだか②情けない気持ちになる。「今、買って帰ったのに、また買いにいかなきゃ……。」あの時、私が③横着だなあと思ったお客さんは、灯油タンクの他にポリタンクを持っていたのだろうか。それとも近所なので、灯油が空になればタンクを持って来ているのだろうか。まだ、今年はストーブの灯油タンクを持ったお客さんには会っていない。

181 ①お客さんについてどう思いましたか。

(A) 滑稽な人　　　(B) 可憐な人　　　(C) 優しい人　　　(D) 図々しい人

182 ②情けない気持ちになるのはどうしてですか。

(A) 2つ買って帰っても、一つがすぐ無くなるから

(B) 昨年9リットルタンクのファンヒーターを買ったから

(C) 灯油タンクの他にポリタンクを持っていたほうがいいから

(D) ストーブの灯油タンクを持っていかなければならないから

183 ③横着だなあと思った理由は何ですか。

(A) 9リットルタンクのファンヒーターを買うから

(B) 18リットルのポリタンクで買って帰るから

(C) 今、買って帰ったが、また買いに行くから

(D) ストーブの灯油タンクをいくつも外して持ってきているから

184 内容に合っているものは何ですか。

(A) ガソリンスタンドに灯油を買いに行ったが、買えなかった

(B) 筆者はいつも18リットルタンクで2つ買って帰る

(C) 今年もヘンな物を持って灯油を買いに来るお客さんに会った

(D) お客さんは近所なので、灯油が空になればタンクを持って来る

朝、庭を掃いていたら電話が鳴った。あわてて家に入り、受話器を取ると、女性の声で「電話に出られた方だけに新鮮でおいしい野菜をたっぷりお届けします」とのこと。私は心の中で「それで何を売るのですか」とつぶやいた。どうやら生ごみから有機肥料をとり、その肥料で安全でおいしい野菜を作る、つまり有機肥料を作る道具の販売らしい。このような電話販売の多種多様、何と多いことか。この手のトラブルが多発して新聞でもテレビでもよく問題になっている。私はその都度、相手の方を不愉快にさせぬよう　　①　　断るように心がけている。今日は、畑に穴を掘り、生ごみを埋めて野菜を作り、食べきれず知人におすそ分けしていると告げた。以前は本当にそうしていたが、数年前に増築して、庭のささやかな畑も無くなり、野菜作りは出来なくなった。私の父は私が小さいころから「人間は正直に生きないといけない。ウソをつくとそのウソに合わせて何度もウソをつくことになる。正直に生きてたら何があっても、どこに行っても怖い物はない」と口癖のように子供達に言っていた。そのせいか、嘘をつくとどうも後味が悪い。庭掃除の続きをしながら空を見上げて亡き父に言った。「今日のウソは　　②　　の方だからいいよね、お父さん」

185 電話をかけたのは誰ですか。

(A) 男の人
(B) 大家さん
(C) 販売業者
(D) 八百屋さん

186 　　①　　に入る適当な言葉は何ですか。

(A) こっそり
(B) きっぱり
(C) やんわり
(D) 断固として

187 野菜を作れないようになった理由は何ですか。

(A) 引っ越ししたから
(B) 家を増築したから
(C) 生ごみが増えるから
(D) トラブルが多発しているから

188 　　②　　に入る適当な言葉は何ですか。

(A) 冗談
(B) 方便
(C) 完璧
(D) 正直

これまでペーパードライバーでしたが、車が必要な地方に転勤になったので、怖い思いをしながら何とか車に乗る練習をし、今では地図などで入念に下調べをしておくことで、なんとかどこへでもいけるようになりました。一方、妻は以前は運転していたにも関わらず、地方に来てから道が分からないことを理由に、一切運転をしなくなりました。そして、旅行で遠出をしたときなどは、旅行で疲れた、ホテルでよく眠れなかった、①夫の私より早く起きて身支度をしたなどの理由で、助手席でいつも居眠りです。以前、ナビもしてくれない妻に対して、少しは私に話しかけるなどして私が居眠りしないようにしてほしいと依頼したのですが、拒絶されました。先日、飛行機で移動してから到着地で　　②　　を借りるという旅行をしたのですが、その際、飛行機で眠るなと妻から本気で命令されてしまいました。理由は、車で妻に対して寝るなというのなら、飛行機も同じだとのこと。妻は飛行機などで眠るのが苦手。私はどこでも眠れるタイプ。車は絶対起きておかねばならない。飛行機とは違うと思うのですが。

189 ①夫の私について正しいものはどれですか。

(A) 妻より運転がうまい

(B) 飛行機で眠るのが苦手だ

(C) 助手席でいつも居眠りしている

(D) 地方で運転するのはいつも主人だ

190 妻が運転をしない理由として正しくないものはどれですか。

(A) 旅行で疲れたから

(B) 道が分からないから

(C) ペーパードライバーだから

(D) ホテルでよく眠れなかったから

191 妻に対する夫の気持ちはどれですか。

(A) 何もかも断るから不満だ

(B) 屁理屈をこねているから困っている

(C) 妻はペーパードライバーだからしょうがないと思っている

(D) 話しかけるなどして私が居眠りしないようにしてくれるので、ありがたいと思っている

192 ＿＿②＿＿に入る適当な言葉は何ですか。

(A) ガレージ

(B) レンタカー

(C) ドライバー

(D) ドライブイン

日頃から「何ごとも気配りが肝心」というのが口癖の上司。それだけに、いきなり「辞めたい」と言ったら、何を言われるか分からないと思い、「ちょっと早いかな」と思いつつも、10月の終わり頃に「今年いっぱいで会社を辞めたい」という　①　を伝えたんです。その場では、「分かった」のひと言。でも、「よかった」と安心したのもつかの間、1週間後に呼び出されて、「君もこれまで一生懸命働いてくれたし、有給休暇も残っているから、来月から来なくていいよ。退職日は、11月15日としよう」と。ボーナスをもらって辞めようと思っていたのに、これじゃボーナスどころか給料も1カ月分フイ。再就職先が決まっていたから、「まぁ、いいか」って思えたけど、考えれば考えるほど、悔やまれる。辞めるときは、ヘタな気づかいは無用だということを思い知らされました。あとで聞いたら、事務職のリストラが進んでいるとのこと。上司にとって私は、「　②　」だったってわけです。

193　　　①　　に入る適当な言葉は何ですか

(A) 趣　　　　　　(B) 旨　　　　　　(C) 気　　　　　　(D) 念

194 筆者はなぜ会社を辞めましたか。

(A) 転職をするから

(B) 上司の口癖がいやだから

(C) ボーナスをもらいたいから

(D) 事務職のリストラで会社を辞めることになったから

195 筆者が悔しがっているのはなぜですか。

(A) 退職日が11月15日になったから

(B) ボーナスと給料の1カ月分がだめになったから

(C) 有給休暇が残っていたから

(D) 事務職のリストラで会社を辞めることになったから

196　　　②　　に入る適当な言葉は何ですか。

(A) 去る者は追わず　　　　　　　　(B) 二兎を追う者は一兎をも得ず

(C) 怠け者の節句働き　　　　　　　(D) 飛んで火に入る夏の虫

あの日、ぼくは高校受験がうまくいかなくて、繁華街をさまよっていた。そのあげく舗道の縁石にしゃがみこんで、道行く人々をぼんやりながめていた。「ほら、元気の源をあげるよ」。顔を上げると、やきいも屋のおじさんがやきいもを差しだしていた。それが丸さんだった。「お金をもってない……。」「おれのおごりだよ。」丸さんは手を上げると、車道に止めてある軽トラックに戻った。その荷台からは、蒸気が立っている。やきいもを折ると、　①　　　とした黄色の中身があらわれた。ほおばると、しっとりとした甘さが、口の中いっぱいに広がる。ちょっぴり塩からかったな。それからぼくは丸さんのやきいもにはまった。冬が訪れる度、やきいもを買いにいった。高校、大学を卒業し、就職もし、一人前に恋もした。増えていく悩みの中で、いつもこのやきいもに助けられたっけ。その丸さんから、話があると、呼び出された。近くの公園に行ってみると、「最近、会社へ行っていないみたいだけど」。いきなり、丸さんに切りだされた。「うん。このあいだ、リストラされたんだ。」「おれもなあ、寄る年波で、この商売を今年限りでやめようと思っているんだ。」「そんなあ……。」ぼくの元気の源がなくなると思うと、力が抜けていくようだ。しかし、次の瞬間、ひらめいた。「丸さん、ぼくがやきいも屋を継ぐ。」迷ってばかりのぼくは、そのときばかりは少しも迷いはしなかった。

197 筆者が会社を辞めたのはなぜですか。

(A) お金を稼ぐため　　　　　　　　(B) 元気の源がなくなるから

(C) 首になったから　　　　　　　　(D) やきいも屋を継ぐため

198 元気の源というのは何ですか。

(A) お金　　　　(B) 勇気　　　　(C) 荷台　　　　(D) やきいも

199 　①　　に入る適当な言葉は何ですか。

(A) ふかふか　　　(B) ふわふわ　　　(C) ほくほく　　　(D) ぼそぼそ

200 次の中で正しいものはどれですか。

(A) 筆者は大卒で恋をしたことがある

(B) 丸さんは恩着せがましい人だ

(C) 丸さんと出合ったのは高校三年生のときだ

(D) 丸さんは高校のときから商売をはじめた

실전모의고사

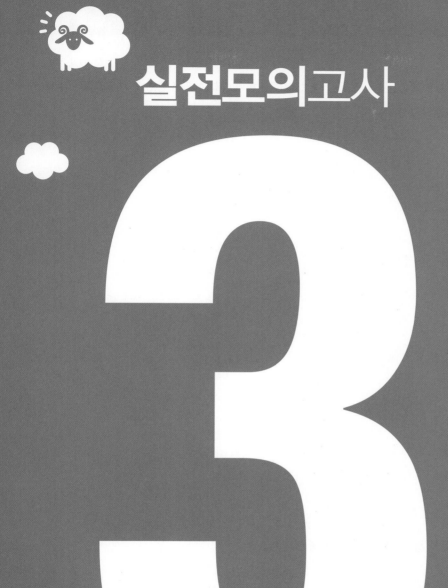

회

Ⅴ. 下の＿＿＿＿＿線の言葉の正しい表現、または同じ意味のはたらきをしている言葉を(A)から(D)の中で一つ選びなさい。

101 左手で字を書くことを練習しています。

(A) みぎ   (B) ふたり

(C) ひだり   (D) みどり

102 姉は東京に住んでいます。

(A) あね   (B) あに

(C) いもうと   (D) おとうと

103 子供たちが横断歩道を渡っている。

(A) ほとう   (B) ほどう

(C) ほうとう   (D) ほうどう

104 火は台所から発したらしい。

(A) たいところ   (B) たいどころ

(C) だいところ   (D) だいどころ

105 先日３月１日、大幅なデザインの刷新が行われた。

(A) さいしん   (B) さっしん

(C) しょしん   (D) しょうしん

106 山田さんの初々しい花嫁姿を見ました。

(A) ういういしい   (B) はつはつしい

(C) なまなましい   (D) しょしょしい

107 息を吹き掛ける程度の微風でも付属のLEDが点灯する。

(A) みふう   (B) びぶう

(C) かすかぜ   (D) そよかぜ

108 私はちいさい時から本を読むことが好きだった。

(A) 少さい   (B) 軽さい

(C) 小さい   (D) 細さい

109 皆さん、しげんのリサイクルに協力してください。

(A) 資原   (B) 資源

(C) 貨原   (D) 貨源

110 祖母が85歳のだいおうじょうを遂げました。

(A) 大往生   (B) 大王生

(C) 大旺生   (D) 大枉生

111 今財布に千円しかありません。

(A) 千円もあります   (B) 千円だけあります

(C) 千円くらいあります   (D) 千円をもらいました

112 息子は大学生になりました。

(A) 大学ににゅうがくしました   (B) 中学をそつぎょうしました

(C) 大学をそつぎょうしました   (D) もうすぐ高校をそつぎょうします

113 空港まであなたをむかえにいきます。

(A) 空港であなたとはなしましょう。

(B) 空港であなたとあいましょう。

(C) 空港まであなたといきましょう。

(D) 空港まであなたをおくりましょう。

114 無礼な態度を謝ったが、本当に決まりが悪かった。

(A) 恥ずかしかった

(B) よくならなかった

(C) しかられてしまった

(D) 許してもらえなかった

115 東京支社は支払い余力の基準を満たしており、ご心配には及びません。

(A) 心配です

(B) 心配も無駄です

(C) 心配することはない

(D) 心配になる時もあるだろう

116 割り切れないと思っていた仕事でも、なんだか文句を言ったことによりすっきりした。

(A) 煩わしい

(B) ややこしい

(C) 紛らわしい

(D) 納得できない

117 親が来ないで子供が来た。

(A) 東京には行かないで、北海道と京都に行こう。

(B) 歯を磨かないで寝てはいけません。

(C) 娘は今朝もご飯を食べないで出かけた。

(D) 子供がちっとも勉強しないで困っています。

118 被害者は涙ながらに事件の状況を語った。

(A) 昔ながらの生活をしている。

(B) ゆっくりながらも作業は少しずつ進んでいる。

(C) 残念ながら、結婚式には出席できません。

(D) 学生の身分でありながら、高級車で通学している。

119 星が出ている<u>から</u>、明日もきっといい天気だろう。

    (A) 昨日は疲れた<u>から</u>、早めに布団に入った。

    (B) 雨が降った<u>から</u>、道が濡れているのです。

    (C) 今日は土曜日だ<u>から</u>、銀行は休みですよ。

    (D) 迎えに行く<u>から</u>、一緒に映画を見に行こう。

120 雨が降っている<u>のに</u>出かけていった。

    (A) ５月な<u>のに</u>真夏のように暑い。

    (B) 昨日はいい天気だった<u>のに</u>今日は雨だ。

    (C) 合格すると思っていた<u>のに</u>、不合格だった。

    (D) 山田さんには来てほしかった<u>のに</u>、来てくれなかった。

VI. 下の_____線の(A)、(B)、(C)、(D)の言葉の中で正しくない言葉を一つ選びなさい。

121 鼻ではにおいをかいたり、息をしたりする。
　　　 (A) 　　　　　　 (B) 　　 (C) 　　　 (D)

122 きのうはかぜをひいて学校を休みでした。
　　　 (A)　 (B) 　　　　　　 (C) 　　 (D)

123 休日には、部屋に子供たちがゲームをしている。
　　　 (A) 　　 (B) 　　 (C) 　　 (D)

124 私がどんなに頼んでも親は留学させてあげないです。
　　　　 (A) 　　　　 (B) (C) 　　　 (D)

125 新しくオープンしたレストランは値段も安いから味もいいです。
　　　 (A) 　　　　　　 (B) 　　　　　 (C) 　 (D)

126 東京より京都まで飛行機で行き、そこから電車で大阪へ行きます。
　　　　 (A) 　　　　　　 (B) 　 (C) 　　　　　 (D)

127 中国から帰ってきた僕は、航空からの帰りに本を買い、家に引きこもった。
　　　　　 (A) 　　　　　　 (B) 　　　 (C) 　　　 (D)

128 お風呂に入っているとき、電話が鳴きました。
　　　 (A)　 (B) 　　 (C) 　　　　　 (D)

129 すみませんが、ここにいらっしゃる方のうちどれが山田さんですか。
　　　　　 (A) 　　　　 (B) 　　　　 (C) 　　　　 (D)

130 今日は時間がなかったので、駅へ走った。
　　　 (A)　 (B) 　　 (C) 　 (D)

131 参考<u>まで</u>あなたの買いたい<u>もの</u>を、<u>お聞きしたい</u>のです<u>が</u>。
    (A)   (B)   (C)   (D)

132 <u>その金庫には</u>誰か<u>によって</u>かぎが<u>かけてあります</u>。
  (A)   (B)   (C)   (D)

133 <u>汗だく</u>になって練習して<u>この</u>まま<u>電車に乗って</u>帰ります。
  (A)   (B)   (C)   (D)

134 お腹が<u>もう</u>いっぱいな<u>ので</u>、<u>ごちそう</u>を<u>食べる</u>にも食べられません。
        (A)   (B)   (C)   (D)

135 <u>同い年</u>の夫とけんか<u>ばかり</u>していて、両方の親まで<u>吸い込む</u>ことも<u>しばしば</u>です。
  (A)   (B)   (C)   (D)

136 従業員に対する<u>人間的理解</u>の<u>欠如</u>が<u>原因となって</u>、労使関係が<u>悪化された</u>。
                (A)   (B)   (C)   (D)

137 <u>かりに</u>雨が降って<u>きたら</u>、<u>洗濯物</u>を<u>取り込んで</u>おいてね。
  (A)   (B)   (C)   (D)

138 年齢や男女を<u>言わず</u>、幅広い<u>人々</u>の支持を受ける漫画は娯楽作品以外<u>でも</u>さまざまな
              (A)   (B)   (C)

領域で<u>活用されて</u>います。
      (D)

139 ゴールデンウィークは<u>飛び石連休</u>で、しかも、<u>新型インフルエンザ</u>なんかの
                       (A)   (B)

影響で<u>なんとなく</u>例年よりも<u>静か</u>ような気がします。
      (D)   (D)

140 <u>新人歌手</u>を募集した<u>ところ</u>、全国から<u>大勢</u>の女性が<u>集められた</u>。
  (A)   (B)   (C)   (D)

Ⅶ. 下の＿＿＿＿＿線に入る適当な言葉を(A)から(D)の中で一つ選びなさい。

141 海外＿＿＿＿＿の仕事は大変でした。

(A) で

(B) も

(C) に

(D) を

142 窓から富士山＿＿＿＿＿見えます。

(A) で

(B) を

(C) に

(D) が

143 最近、駅の前においしいレストランが＿＿＿＿＿。

(A) 起きます

(B) できます

(C) 起きました

(D) できました

144 私は日本の文化に＿＿＿＿＿があります。

(A) 趣味

(B) 興味

(C) 研究

(D) 見物

145 明日の会議には＿＿＿＿＿行けると思います。

(A) ぜひ

(B) 普通

(C) きっと

(D) やっと

146 この美術館は＿＿＿＿＿ことがありません。

(A) 入る

(B) 入った

(C) 入るの

(D) 入ったの

147 うるさい。仕事のじゃまを_____。

(A) する   (B) した

(C) して   (D) するな

148 先生のおかげで、山田さんも料理が_____ようになりました。

(A) つくる   (B) つくれる

(C) つくって   (D) つくらない

149 新宿には_____人が住んでいます。

(A) 多い   (B) 多くな

(C) 多くの   (D) 多いの

150 これは、こどもに_____わかることです。

(A) は   (B) を

(C) でも   (D) まで

151 電気が_____のに、留守のようです。

(A) ついてくる   (B) ついている

(C) ついてある   (D) ついておく

152 課長の主張はいつも思いつきに_____。

(A) つかない   (B) 反しない

(C) 満たない   (D) すぎない

153 眼鏡を_____まま眼鏡を探したことがある。

(A) かけ   (B) かける

(C) かけて   (D) かけた

154 弟の机には、書き_____の手紙が置いてあった。

(A) かけ   (B) すぎ

(C) だけ   (D) がち

155 いつかヨーロッパに旅行_____ものです。

(A) する

(B) したい

(C) しよう

(D) すべき

156 旅行の費用は一人_____8900円です。

(A) にて

(B) にあり

(C) のまま

(D) につき

157 窓を_____雨が降っていた。

(A) 開けて

(B) 開ければ

(C) 開けると

(D) 開けるなら

158 分からないと言われても、これ以上簡単には説明の_____よ。

(A) したくない

(B) しようがない

(C) せざるをえない

(D) しなくてはならない

159 先生のお宅に_____。

(A) 伺いました。

(B) 申しました。

(C) 申し上げました。

(D) お目にかかりました。

160 国会の予算案_____与野党が対立している。

(A) にとって

(B) について

(C) に関して

(D) をめぐって

161 矢_____鉄砲_____持って来い。

(A) でも　でも

(B) とか　とか

(C) やら　やら

(D) につけ　につけ

162 事故に遭って歩けなかった佐藤さんが、練習して_____。

(A) 歩きました

(B) 歩けました

(C) 歩けませんでした

(D) 歩けるようになりました

163 患者はもう手の_____ようがないほど症状が悪化していた。

(A) ほどこす (B) ほどこし

(C) ほどこせ (D) ほどこして

164 突然の父の死を、遠く海外にいた彼は知る_____。

(A) べきだ (B) べからず

(C) べきではない (D) べくもなかった

165 この網は肉を_____父が毎日使っている。

(A) 焼くのに (B) 焼くには

(C) 焼くために (D) 焼くからには

166 権利は国_____与えられるものでなく獲得するものだ。

(A) が (B) に

(C) から (D) より

167 すみません、明日は色々予定が_____おります。

(A) 積んで (B) 占めて

(C) 満ちて (D) 詰まって

168 世界の科学者が集まる中で、討論の_____のは、アインシュタインだった。

(A) 口走った (B) 口に乗った

(C) 口火を切った (D) 口をつぐんだ

169 水たまりが大好きなので、雨降りの道を_____歩いた。

(A) ざぶざぶ (B) しょぼしょぼ

(C) ぴちゃぴちゃ (D) ぽたぽた

170 息子への_____クリスマスプレゼントはお風呂のおもちゃです。

(A) ささやかな (B) さわやかな

(C) しとやかな (D) きよらかな

Ⅷ. 下の文を読んで、後の問いにもっとも適した答えを(A)から(D)の中で一つ選びなさい。

171~174

🎧 MP3 Track 3-171~174

午前11時ちょっと過ぎたばかりなのにすでに数人並んでる。「①ここのラーメン屋って、口コミでとても人気があって一度食べてみたかったの！」と彼女が目を輝かせている。「でも、さすがにこれじゃ、店に入れないだろう？」と私は荷物を指差して言った。私の自転車のカゴの中には、さっき家内が買った日替わり特価の5食パックラーメンが、ビニールの買物袋に4パックもあふれそうにつまっていた。「自転車に置いておくわけにはいかないし、かといってこんなの抱えてラーメン屋に入ったら、頑固な禿頭のこだわりの店主（これはイメージです）に「　②　」と塩をまかれてしまいそうだ。結局、近くで見かけた小さなサンドイッチ屋でとても美味しそうな手作りのサンドイッチを買って帰った。

171 何時ごろにラーメン屋に着きましたか。

(A) 正午

(B) 11時11分

(C) 10時55分

(D) ちょうど11時

172 ①ここのラーメン屋ってについて正しいものはどれですか。

(A) 一度食べたことがある

(B) 開店前なので、入れなかった

(C) 周りの人が美味しいと教えてくれた

(D) 店主は頑固でこわそうな印象があった

173 　②　に入る適当な言葉は何ですか。

(A) いらっしゃい！

(B) お帰りなさい！

(C) どうぞ、どうぞ！

(D) さっさと帰りな！

174 昼食はどうしますか。

(A) 弁当を食べる

(B) 待ってラーメンを食べる

(C) 家に帰って手作りのサンドイッチを食べる

(D) 小さなサンドイッチ屋でサンドイッチを食べる

175-177

MP3 Track 3-175～177

友人知人達との会話に必ず人の噂話が出てきます。あんまり良い事ではないし、噂なので尾ひれが付いて大きくなってると思うのですが、良くも悪くも人の噂も＿＿①＿＿って。何となく意味は分かるのですが、噂話を真に受けてイメージ悪くなったり、誤解を招いたり、何か悲しいですね。噂話で人を判断したり先入観を持つ人が周りに沢山います。自分の事も何かしら噂のネタになっているかもしれないと思うと怖いです。噂は聞き流し、ネタにされてる人と会って話しても好感が持てれば全然気にしませんが、噂って怖いですね。誰がどういうつもりで噂を流すのでしょうか。些細な事で仕返しのつもりで噂を流すのかしら。嫌いだから嫌な噂を流すのでしょうか。私も噂話のネタにされて、遠まわしに真相を聞かれた事がありましたが、人を悪く言いたい人って何が＿＿②＿＿のでしょうか。

175 人の噂話はどうなりますか。

(A) 好感を持つようになる

(B) 話を誇張して誤解を招くことになる

(C) つまらないことで喧嘩になることもある

(D) 好感が持てれば全然気にしないようになる

176 ＿＿①＿＿に入る適当な言葉は何ですか。

(A) 7日   (B) 75日   (C) 1ヶ月   (D) 100日

177 ＿＿②＿＿に入る適当な言葉は何ですか。

(A) 楽しい   (B) 嬉しい   (C) 悲しい   (D) 苦しい

なんだかわけが分からないけれど、①急に何か祈りたくなった。教会の中で、祈りをささげる神父のように、心から願いを伝えたいと思った。テレビの中の暴力的な映像に、または日常の些細な口論に、またはエスカレーターにどうしてもうまく乗れなくて母親を探して泣いている女の子や、理由は何かわからないけれど夕日を背にひとりずっと、泣いている男の子や……。そんないろんな哀しみを目にするたび、私は無性に祈りたくなる。「大丈夫、きっと大丈夫だから」と。別にいい人を、今更演じたいわけじゃないけれど、哀しい場面に遭遇すると、　　②　　、自分の無力さに気付いて心は熟れたバナナのように、小さな力を加えるだけでいとも簡単に痛んでしまう。いわばそれは、ただ、自分のためと言えるのかもしれない。本当に人は哀しみに無力な存在で、それだけで何も出来なくなる。たとえ泣きながら、憎い人を拳で殴ろうと思っても決してうまくいくことはない。泣きながら、誰かを傷つけようとしても涙で前は何も見えやしない。　　②　　、その場所に泣き崩れるだけだ。だから今、私は無性に何かに祈りを捧げたい。

178 ①急に何か祈りたくなったとあるが、いつですか。

(A) エスカレーターにうまく乗れない時

(B) 憎い人を拳で殴ろうとしたとき

(C) テレビで暴力的な映像が流れたとき

(D) 悲しい場面に遭遇し、自分の無力さに気が付いた時

179　　②　　に入る適当な言葉は何ですか。

(A) それで　　　　　　　　　　　　(B) べつに

(C) だからこそ　　　　　　　　　　(D) ただ

180 内容に合っているものは何ですか。

(A) 教会の神父になって、もっといのりを捧げたい

(B) 今は自分のため、いつかは他人のためにも祈りを捧げたい

(C) 祈りは誰かのためだと見え透いた嘘をついてしまった

(D) 今は祈りを捧げたいが、これからどうするか迷っている

会社が不要な人員を整理するのは当たり前、不況でなくともやるべきこと。リストラされて運が悪いというより、それまで能力に見合わぬ高給をもらえたことこそ運がよかったというべきだろう。リストラされてかわいそう？　本当にかわいそうなのは無能な上司の下で安月給で働く有能な若い部下たちだろう。会社を取ったら何も残らないのが日本のサラリーマン。　　①　　会社をクビになったくらいで、まるで人生の終わりかのように大騒ぎする。会社を辞めると陸に上がった魚のように死んでしまうらしい。ボクは15年ほどフリーターをやっているが、最近は不況による減産でしょっちゅうクビになる。が、どうってことはない。仕事なんて他にいくらでもあるさと割り切りが早いし、職探しも早い。身軽でなければ生きていけないのである。アルバイトは安い人材だから、不況の最中でも結構仕事はある。中高年リストラ組の再就職はむずかしい。もともと給料と能力のバランスが悪いからリストラされたのに、収入レベルを落とさずに仕事を探そうとするから無理がある。前職の経歴や過去の栄光なんか捨ててアルバイトでも探せばいいと思うのだが、②やせても枯れても企業戦士。

181 本当にかわいそうなのはどれですか。

(A) 不況でリストラされた人

(B) リストラされてアルバイトもできない人

(C) リストラされてもアルバイトを探さない人

(D) 無能な上司の下で安月給で働く有能な若い部下

182 　　①　　に入る適当な言葉は何ですか。

(A) やっと　　　　　(B) たかが　　　　　(C) せめて　　　　　(D) 少なくとも

183 リストラされる理由は何ですか。

(A) 不況で仕事が無いから

(B) 会社員の退職金を減らすため

(C) よく働いているわりに給料が少ないから

(D) ろくに働いていないくせに給料が高いから

184 ②やせても枯れてもとは、どんな意味ですか。

(A) 最悪の場合　　　　　　　　　　(B) いくら頑張っても

(C) どんなにおちぶれても　　　　　(D) すごく悲しくて辛いときも

久しぶりの映画だ。コンテストのため、練習また練習の日々だったから。物語は無名のピアニストの半生を描いていた。彼はコンテストに入選したものの、戦時下のため①ピアノを弾くこともままならなかった。戦後は細々とピアノを続けていた。その彼を病魔が襲う。ピアノを弾くことができなくなっても、彼は心の中でピアノを弾き続けていた。そんな彼の姿に神々しささえ感じた。途中から、慎吾は泣きながら、映画を見た。すると、ピアノを弾きたくなった。さっきまでは、ピアノなんかと思っていたのに。家に帰ると、慎吾はピアノにむかった。鍵盤の上を指が勝手にすべりだした。さっきの映画のBGMに使われたショパンの曲を次々と弾く。映画の主人公がピアノに寄せる思いと、慎吾のピアノに対する思いが重なる。それは旋律となって、昇華していく。どれくらい時間がたったのだろう。すっかり夜が明け、朝になっていた。慎吾は再び映画館に向かった。もう一度、あの映画を見ようと思った。初心に戻って、ピアノをやり直すことを彼に告げたかった。しかし、映画館の看板が違っている。窓口で聞くと、あの映画は一カ月前に終わったと。「そんなばかな……。」昨夜、慎吾は確かに映画を見た。まるで　　②　　　にでも出合ったような気分だ。

185 ①ピアノを弾くこともままならなかったと同じ意味をもつのはどれですか。

(A) ピアノを弾くことを忘れていた

(B) ピアノを弾くことが禁止されていた

(C) ピアノを弾くことが思い通りにならなかった

(D) ピアノを弾くことすらできなかった

186 　　②　　　に入る適当な言葉は何ですか。

(A) 神様   (B) ピアニスト

(C) ショパン   (D) 病魔

187 慎吾はなぜ再び映画館に行きましたか。

(A) もう一度、ショパンの曲を聴くため

(B) もう一度、泣きながら映画を見たいから

(C) ピアノをやり直すことを主人公に知らせるため

(D) もうすぐ映画が終わってしまうから

188 映画の内容について<u>正しくない</u>のはどれですか。

(A) 主人公は無名のピアニストだ

(B) 主人公は戦後もなんとかピアノを続けていた

(C) 主人公は病魔のためピアノを弾くことができなくなった

(D) 主人公はショパンの曲を弾いたことがある

わたしはコーヒーが大好きで毎日毎日飲まずにはいられないのですけれど、紅茶も嫌いではありません。（紅茶飲むなら緑茶・ウーロン茶に目が行くんですが。）けれど外でたとえば「コーヒーと紅茶どちらになさいますか？」なんて、ランチなんかで聞かれたりすると迷わずコーヒーにしてしまいます。その理由はじつはとてもアホらしいのですが。「コーヒーを」というと「＿＿①＿＿」と言って店員は去ってくれます。しかし「紅茶を」なんて答えるとその後には確実に「アイスですかホットですか」、その後には「レモンですかミルクですか」という新たな会話を店員さんとし、新たな選択肢を目前にかかげられるのです。それが嫌で、知らない人とは最小限のコンタクトで会話を終了したい性分と、どっちか瞬時に決められないからなるべく選択肢はかかげられたくないっていう優柔不断な性格の両方が、こう、邪魔をしてきて一瞬のうちに「『＿＿②＿＿』と答えろ」という指令が脳から出されるのです。

189 店で紅茶を飲まないのはなぜですか。

(A) 嫌いだから

(B) 選択肢に悩むから

(C) 店員さんが優しくないから

(D) コーヒーが大好きで毎日毎日飲まずにはいられないから

190 ＿＿①＿＿ に入る適当な言葉は何ですか。

(A) ありがとうございました　　　　(B) お待たせ致しました

(C) かしこまりました　　　　　　　(D) いつもお世話になりました

191 ＿＿②＿＿ に入る適当な言葉は何ですか。

(A) 紅茶　　　　　　　　　　　　　(B) 緑茶

(C) コーヒー　　　　　　　　　　　(D) ウーロン茶

192 筆者の性格はどうですか。

(A) せっかちな人　　　　　　　　　(B) 几帳面な人

(C) 神経質な人　　　　　　　　　　(D) ずぼらな人

「ダイエットといえば　　①　　」という考えは過去のもの。香取慎吾さんのダイエット体験をまとめた本をはじめ、男性のダイエットを扱った書籍・雑誌の売り上げは好調。化粧品会社の調査では、ダイエットをしたことがある、または関心があると答えた男性は3人に2人に上る。背景にあるのは肥満の激増。厚生労働省によると、20代から50代の女性がやせる傾向にあるのに対し、男性は肥満の割合が増え続けていて、20年前に比べ、30代以上の肥満者の割合は約1.5倍にもなっている。男性の肥満のタイプはお腹がでる内蔵脂肪型の肥満が多く、内蔵脂肪が心筋梗塞や狭心症、糖尿病などの危険性を著しく上げるメカニズムが分かってきた。　　②　　内蔵脂肪は容易に落とすことができるため、ダイエットの効果は女性よりも顕著に表れる。病気の可能性を減らし、体調を整え、仕事にも前向きになれるとして、男性だけを対象にしたダイエット教室を開く自治体も出てきた。注目を浴びる男性のダイエットを、最新の医学研究と共に

193 　　①　　に入る適当な言葉は何ですか。

(A) 女性　　　　　　(B) 男性　　　　　　(C) 主婦　　　　　　(D) OL

194 ダイエットの効果はどれですか。

(A) 化粧品会社の売り上げがあがる

(B) 長生きするようになる

(C) 心筋梗塞や狭心症、糖尿病などの治療ができる

(D) 仕事を積極的・発展的にするようになる

195 　　②　　に入る適当な言葉は何ですか。

(A) そして　　　　　(B) ところで　　　　(C) しかし　　　　　(D) それから

196 <u>正しくない</u>のはどれですか。

(A) 香取慎吾さんは男性だ

(B) 男性の内蔵脂肪は簡単に落とすことができる

(C) 化粧品会社の調査では、男性は3人に2人がダイエットをしたことがあると答えた

(D) 男性の肥満は心筋梗塞や狭心症、糖尿病などの危険性がある

ディーゼル車から排出される大気汚染物質は都民の生命と健康を直接脅かしているため、早急に対策を行い、これ以上の大気汚染を阻止していかなければなりません。東京都ではディーゼル車排出ガス対策を緊急で最優先の課題と位置付けて、平成11年8月から「ディーゼル車ＮＯ作戦」を展開、都民や事業者、国に対して、ディーゼル車の使用を規制し、利用のあり方を改めるよう働きかけてきました。都は排出ガス浄化装置の技術開発支援や低公害車導入の促進、低硫黄軽油の早期供給要請などに積極的に取り組み、平成12年12月には、これらディーゼル車対策をより実効性のあるものとするため、「都民の健康と安全を確保する環境に関する条例」を制定しました。この条例にはいくつかの柱がありますが、中心は粒子状物質に関する都独自の規制値を設けて、①これを満たさないディーゼル車の都内運行を禁止したことです。この規制は、平成15年10月から開始され、新車登録から7年を経過したトラック、バス等に適用されます。この結果、規制値を満たさないディーゼル車には、より低公害な車への買い換えか、都が指定する粒子状物質減少装置の装着が必要となりました。これら規制導入の動きに隣接の埼玉、千葉、神奈川県も続き、平成15年10月からは首都圏全域において、規制値を満たさないディーゼル車の運行が禁止されることとなりました。

197 環境確保条例を制定したのはいつですか。

(A) 平成11年8月

(B) 平成12年12月

(C) 平成15年10月

(D) これから制定される予定だ

198 ディーゼル車の説明として<u>正しくない</u>のはどれですか。

(A) 東京の暮らしを支える重要な役割を果たしてきた

(B) 平成１１年８月からディーゼル車の使用を規制した

(C) ディーゼル車から排出される大気汚染物質は都民の生命と健康を直接脅かしている

(D) 平成１５年１０月からは首都圏全域において、ディーゼル車の運行が禁止される

199 規制値を満たさないディーゼル車の運行が禁止されるのはどこですか。

(A) 横浜　　　　　(B) 大阪　　　　　(C) 京都　　　　　(D) 北海道

200. ①<u>これ</u>はどれですか。

(A) 条例　　　　(B) 規制値　　　　(C) 排出ガス　　　　(D) いくつかの柱

실전모의고사

회

Ⅴ. 下の＿＿＿＿線の言葉の正しい表現、または同じ意味のはたらきをしている言葉を(A)から(D)の中で一つ選びなさい。

101 田中さんの髪は長いです。

(A) ながい

(B) なかい

(C) ふとい

(D) みじかい

102 鳥のように空を飛んでいる。

(A) かぜ

(B) そら

(C) まど

(D) くも

103 駅までは自転車を使います。

(A) じとうしゃ

(B) じどうしゃ

(C) じてんしゃ

(D) じでんしゃ

104 行列が続いたのは予想以上だった。

(A) こうれつ

(B) ごうれつ

(C) きょうれつ

(D) ぎょうれつ

105 夢をよく見るので眠りが浅いです。

(A) あさい

(B) うすい

(C) かるい

(D) おもい

106 日本大学大学院芸術学研究科の一般入学試験要項頒布のご案内です。

(A) ふんぷ

(B) ぶんぷ

(C) はんぷ

(D) ばんぷ

107 それを考えただけでも<u>厭わしい</u>。

(A) いたわしい

(B) いとわしい

(C) いまわしい

(D) うとましい

108 もう一つ<u>うかがいたい</u>事があります。

(A) 司い

(B) 寺い

(C) 伺い

(D) 侍い

109 24時間繰り返し報道されるテロ発生瞬間と目を<u>おおう</u>惨状の映像。

(A) 伏う

(B) 覆う

(C) 腹う

(D) 復う

110 <u>たいだな</u>生活習慣が、その発症・進行に関与すると考えられる生活習慣病。

(A) 怠惰

(B) 怠随

(C) 殆惰

(D) 殆随

111 <u>私は山田さんにあやまりました。</u>

(A) 私は山田さんに「さようなら」と言った。

(B) 私は山田さんに「ごめんなさい」と言った。

(C) 私は山田さんに「どういたしまして」と言った。

(D) 私は山田さんに「それはいけませんね」と言った。

112 <u>しばらくお待ちください。</u>

(A) 少し待ってください。

(B) また待ってください。

(C) ずっと待ってください。

(D) もう一度来てください。

113 私は学生のとき、<u>げしゅくをしていました。</u>

(A) 部屋をかしていました

(B) 部屋をかりていました

(C) アルバイトをしていました

(D) 両親といっしょに住んでいました

114 一人で暮らしている父のことが<u>気になってならない</u>。

    (A) 思い出す

    (B) しのばれる

    (C) とても心配になる

    (D) 心配する必要はない

115 すみませんが、これは<u>ご利用できません</u>。

    (A) 使えません

    (B) 使いません

    (C) 使ってはいけません

    (D) 使ったことがありません

116 連絡先はメールのみ、<u>消費者をないがしろにする</u>IT企業。

    (A) 消費者を敬う

    (B) 消費者を軽んじる

    (C) 消費者を大事にする

    (D) 消費者を守ってくれる

117 気温が急に下がる<u>と</u>霧が発生する。

    (A) 彼は給料が入る<u>と</u>飲みに行く。

    (B) 妹は、冬になる<u>と</u>毎年スキーに行く。

    (C) 真面目に勉強しない<u>と</u>卒業できないよ。

    (D) 誰でも年を取る<u>と</u>昔が懐かしくなるものだ。

118 たとえ両親に反対され<u>ても</u>彼との結婚はあきらめない。

    (A) どんなにつらく<u>ても</u>頑張ろう。

    (B) スポーツをし<u>ても</u>映画を見ても気が晴れない。

    (C) 今すぐできなく<u>ても</u>、がっかりする必要はない。

    (D) たとえ、努力し<u>ても</u>合格できなかっただろう。

119 山田は覚え<u>やすい</u>名前だ。

    (A) 引き<u>やすい</u>曲を教えてください。

    (B) ここからは脱線し<u>やすい</u>区間です。

    (C) 給水管が折れ<u>やすく</u>なっている。

    (D) 私は病気になり<u>やすい</u>体質なんです。

120 海抜三千メートルを越えると<u>かなり</u>苦しい。

    (A) 幼稚園生にしては、<u>かなり</u>大きい子だ。

    (B) <u>かなり</u>スピードが出るんじゃないか。

    (C) さすが北海道の冬だけあって、<u>かなり</u>の冷え込みだね。

    (D) 勉強しなかったわりには、<u>かなり</u>いい点がとれた。

Ⅵ. 下の＿＿＿＿線の(A)、(B)、(C)、(D)の言葉の中で正しくない言葉を一つ選びなさい。

121 今週の土曜日に今年はじめての花火を見て行きます。
　　　(A)　　　　　(B)　　(C)　　　　　　(D)

122 図書館で買った本を紛失した場合、どうすればいいんでしょうか。
　　　　　(A)　　　　(B)　　　　(C)　　　　　(D)

123 昨日、営業部の鈴木さんはどうして会社をやめましたか。
　　　(A)　(B)　　　　　(C)　　　　　(D)

124 健康な人と病気な人を比べても、健康な人は、手から気が大量に出ています。
　　　　　　　(A)　　(B)　　　　　　　　　(C)　　　　(D)

125 先週彼女が日本へ来るとき、私はいっしょに観光しました。
　　　(A)　(B)　　(C)　　(D)

126 弟は勉強もしなくてテレビばかり見ているから、いつも母におこられています。
　　　　　(A)　　　　(B)　　(C)　　　　　　　(D)

127 山の低さは２０階建てのマンションと同じくらいです。
　　　(A)　　　　(B)　　(C)　　　　(D)

128 商品名、ご住所、ご氏名、お電話番号、ご希望のお支払方法をご記入して下さい。
　　　　(A)　　(B)　　　　　　(C)　　　　　　(D)

129 北海道は道も広く走りやすいので、ついついスピードを出がちになってしまいます。
　　　　　　(A)　　　　(B)　　　(C)　　　　　(D)

130 相手の背が大きいと必然的に相手を見上げる姿勢になります。
　　　　　(A)　　　(B)　　　　　(C)　　(D)

131 私の<u>お父さん</u>が<u>皆様</u>によろしく<u>と</u>申し<u>ております</u>ました。
      (A)   (B)   (C)   (D)

132 組合は会社に<u>ついて</u>、強い<u>不満</u>と不信の<u>念</u>が<u>ある</u>。
      (A)   (B)   (C)   (D)

133 パン屋<u>に</u>立ち寄ってみ<u>ると</u>、<u>見たからに</u>おいしそうなパンが<u>並んでいる</u>。
      (A)   (B)   (C)   (D)

134 日本は米や野菜<u>にとどまらず</u>、家賃も<u>光熱費</u>も高くて<u>暮らし</u><u>にくい</u>。
      (A)   (B)   (C)   (D)

135 車を<u>禁止して</u>、歩行者が楽に<u>歩く</u>ようにした道路の<u>こと</u>を歩行者天国<u>という</u>。
      (A)   (B)   (C)   (D)

136 水着は<u>1枚</u>しか持ってませんが、水着はすぐ<u>乾かす</u>ので、<u>大丈夫</u>です。
      (A)   (B)   (C)   (D)

137 戦争、終わった<u>ところだ</u>という気が<u>する</u>のに、<u>もう</u>そんなになる<u>か</u>。
             (A)   (B)   (C)   (D)

138 咳をした<u>だけ</u>で骨に<u>線</u>が入る<u>ほど</u>痛く、「痛い痛い」ということから「イタイイタイ」
      (A)   (B)   (C)

という名前が<u>ついた</u>。
           (D)

139 大学の<u>先生でもあろうものが</u>、このような<u>非合法</u>の会合を持つのは<u>不穏当</u>である。
            (A)   (B)   (C)

<u>即時解散</u>しなさい。
  (D)

140 不正を<u>働く</u>お店は淘汰して<u>いく</u><u>べき</u>だと私は<u>思います</u>。
         (A)   (B)   (C)   (D)

PART 7 공란 메우기

VII. 下の＿＿＿＿＿線に入る適当な言葉を(A)から(D)の中で一つ選びなさい。

141 駅＿＿＿＿着いた時、雨が降っていました。

    (A) が   (B) に

    (C) を   (D) と

142 ニュースに＿＿＿＿＿、ゆうべ地震があったそうです。

    (A) 見ると   (B) 聞くと

    (C) 話すと   (D) よると

143 自分の国について＿＿＿＿＿説明してください。

    (A) 簡単に   (B) 大切に

    (C) きれいに   (D) いろいろに

144 父は＿＿＿＿＿人ですが、時々怒ります。

    (A) やすい   (B) かなしい

    (C) やさしい   (D) うれしい

145 デパートで友達＿＿＿＿＿のプレゼントを買いました。

    (A) を   (B) で

    (C) へ   (D) に

146 ラジオはテレビ＿＿＿＿＿おもしろくありません。

    (A) しか   (B) ほど

    (C) だけ   (D) ため

147 かべに写真が＿＿＿＿＿＿。

(A) はっています   (B) はってあります

(C) はっておきます   (D) はっていきます

148 この漢字の＿＿＿＿＿＿方が分かりません。

(A) 読み   (B) 読む

(C) 読め   (D) 読むの

149 これから仕事に＿＿＿＿＿＿ところです。

(A) 行く   (B) 行って

(C) 行った   (D) 行っている

150 先生に注意＿＿＿＿＿＿、とてもはずかしかったです。

(A) して   (B) されて

(C) させて   (D) すれば

151 今説明した内容＿＿＿＿＿＿質問はありませんか。

(A) につれて   (B) によって

(C) にとって   (D) について

152 雨でも降った＿＿＿＿＿＿濡れました。

(A) かというと   (B) かのように

(C) かもしれない   (D) からというもの

153 誰でも、ひとつぐらいは悪いことをする＿＿＿＿＿＿だ。

(A) など   (B) こと

(C) もの   (D) ほど

154 来週から試験だ。＿＿＿＿＿＿っけ。

(A) 言い   (B) 言う

(C) 言って   (D) 言った

155 もう少し＿＿＿＿＿＿良かったものを。

    (A) 我慢するなり   (B) 我慢しながら

    (C) 我慢してから   (D) 我慢すれば

156 説明どおりにやったのに＿＿＿＿＿＿。納得がいきません。

    (A) 成功します   (B) 成功しました

    (C) 失敗しません   (D) 失敗しました

157 二日酔いで会議に遅刻し、＿＿＿＿＿＿課長にしかられました。

    (A) このことで   (B) そのことで

    (C) あのことで   (D) どのことで

158 この道をもう少し＿＿＿＿＿＿行ったところにおいしいレストランがあります。

    (A) 先に   (B) 前に

    (C) 先を   (D) 前を

159 ５時にドア＿＿＿＿＿＿来てください。

    (A) に   (B) で

    (C) まで   (D) のところに

160 夜中に子供が耳を＿＿＿＿＿＿がったらどうしたらいいでしょうか。

    (A) いた   (B) いたい

    (C) いたく   (D) いたくて

161 人はいつか＿＿＿＿＿＿。

    (A) 死ぬべきだ   (B) 死ぬべきではない

    (C) 死ななければいけない   (D) 死ななければならない

162 暗くならないうちに、＿＿＿＿＿＿ほうがいいですよ。

    (A) 帰り   (B) 帰る

    (C) 帰った   (D) 帰って

163 山田さんは家に_____、会社に電話をかけた。

(A) 着くそばから
(B) 着いたとたん
(C) 着くやいなや
(D) 着いたが早いか

164 課長、昨日社長にプロジェクトの話を_____。

(A) 申しました
(B) 申し上げました
(C) いらっやいました
(D) おっしゃいました

165 _____のことを言っては後悔する。

(A) 言うべき
(B) 言わずとも
(C) 言うべからず
(D) 言わずもがな

166 _____歩いて転ぶと泣いちゃう赤ちゃん。

(A) ぽんぽん
(B) もたもた
(C) よちよち
(D) よぼよぼ

167 総理という社会的立場にあればなおさら、_____べきである。

(A) 口をつぐむ
(B) 口をぬらす
(C) 口をつつしむ
(D) 口をとがらせる

168 野村さんは伝統生活の素晴らしさを_____ボランティア活動をしています。

(A) 伝えるべく
(B) 伝えるどころか
(C) 伝えるものなら
(D) 伝えないまでも

169 簡単な手術ですので、ご心配には_____。

(A) 限りません
(B) 及びません
(C) 余りません
(D) 極めません

170 管理者としての権威を守るということは、すなわち「襟を_____」ということでもあります。

(A) 正す
(B) 直す
(C) 治す
(D) 整える

Ⅷ. 下の文を読んで、後の問いにもっとも適した答えを(A)から(D)の中で一つ選びなさい。

171~174　　　　　　　　　　　　　　　　　　　　🔘 **MP3 Track** 4-171~174

> 自転車で出掛けてみると、今まで気付かなかったのだけど、車で走りなれた道は緩やかな坂道になっていて、とても楽で風が心地よいのだった。そこにはいろんな発見があった。こんなところにちっちゃなかわいいケーキ屋があったり、ちょっと折れた道の先に感じのいい喫茶点があったりして、少しスピードを緩めては眺めて、時には立ち止まって、ふたりで共感して、というような小さな驚きの連続だった。車では決して気付かなかったような穏やかな時間が、そこにあったのだった。「自転車で正解だったね」と思わず私はつぶやいた。「でしょ」と家内もとても満足そう。たまたま見つけたスーパーで、家内が狂ったように激安の日替わりの食品をたくさん買って、＿＿①＿＿、どこで外食しようか？ということになって、「ここにしましょ」と家内が言ったのは、小さな古いラーメン屋だった。はじめてなのにどこか懐かしい。そんな想いが漂うような店だった。

171 自転車で出掛けて見たものとして<u>正しくない</u>ものはどれですか。

(A) 本屋　　　　　(B) 喫茶店　　　　　(C) ケーキ屋　　　　　(D) ラーメン屋

172 誰と自転車で出掛けましたか。

(A) 夫婦　　　　　(B) 友達　　　　　(C) 知人　　　　　(D) 奥さん

173 スーパーで、何を買いましたか。

(A) 洗剤　　　　　　　　　　　　(B) せっけん

(C) カップラーメン　　　　　　　(D) トイレットペーパー

174 ＿＿①＿＿に入る適当な言葉は何ですか。

(A) でも　　　　　(B) それで　　　　　(C) しかし　　　　　(D) それから

私たちが各家庭から出すゴミには、燃やせるゴミ、燃やせないゴミ、資源ゴミ、粗大ゴミと大きく分けると４種類があります。ゴミにはそれぞれ、収集日や出し方などが決まっているのですが、なかには燃やせるゴミの中に燃やせないゴミを入れていたり、缶やびんなどの資源ゴミがきちんと分別されていながらも燃やせないゴミの日にいっしょに出されているなど「自分さえよければ」というような、あるまじき行為がまだまだかなりあるようです。こうした＿＿①＿＿の低下が、社会問題になっているオゾン層の破壊、ダイオキシンによる環境汚染、埋め立て処分地の短命化などの一つの原因ともなっています。ゴミは、私たちの暮らしと大きく関わり合ってます。私たちの行いひとつで減らすことも、よみがえらせることもできるわけです。

175 コーラは何のゴミになりますか。

    (A) 資源ゴミ   (B) 粗大ゴミ

    (C) 燃やせるゴミ   (D) 燃やせないゴミ

176 ＿＿①＿＿ に入る適当な言葉は何ですか。

    (A) ベスト   (B) ルール

    (C) モラル   (D) ビジネス

177 私たちの役割として正しいものはどれですか。

    (A) なるべく生ゴミを減らす

    (B) ゴミの収集日、出し方などをきちんと守る

    (C) ゴミを４種類に分けてゴミの日にいっしょに出す

    (D) 缶やびんなどを燃やせないゴミの日にいっしょに出す

学生が仕事の内容や職場環境を知ろうと企業で働いている大学の先輩などを訪ねる①「ОＢ訪問」は、希望する会社に先輩がいなかったり、遠隔地の場合には難しいのが現状です。そこで、損害保険大手の「東京海上火災」は、幅広い人材の発掘につなげるため、来年春に卒業する学生を対象にインターネットのテレビ会議システムを使ったＯＢ訪問を始めることにしました。事前に申し込んだ学生が、自宅などから専用のホームページに接続しますと、本社に集まった社員と画面を通じて１時間程度、質問や対話が出来ます。学生の側もパソコンにつけるカメラなどを用意する必要がありますが、会社側では今年３月までに５００人程度の学生の参加を見込んでいます。この保険会社の採用担当者は、「インターネットで簡単に情報を集められる時代だが、そうした文字情報だけで学生が満足してしまうことには危機感がある。＿＿②＿＿申し込める利点を生かし直接社員と話して会社への理解を深めてほしい」と話しています。

178 ①「ОＢ訪問」の説明で正しいものはどれですか。

(A) 企業で働いている高校の先輩を訪ねる

(B) 希望する会社に先輩がいないとできない

(C) 会社が遠いところに離れていると難しくなる

(D) 学生なら誰でも希望する会社に行くことができる

179 インターネットのテレビ会議システムを使ったОＢ訪問の特徴は何ですか。

(A) 今年、卒業した学生を対象にしている

(B) 当日申し込めば誰でも参加できる

(C) 学生の側のパソコンにつけるカメラなどを用意してくれる

(D) パソコンの画面を通じて１時間程度、質問や対話ができる

180 「東京海上火災」について合っているものはどれですか。

(A) 今まで500人程度の学生が参加を希望している

(B) 幅広い人材の発掘につなげるため、新しいОＢ訪問を始めることにした

(C) 保険だけでなく様々な事業を行っている大企業である

(D) インターネットを使って、採用担当者と１時間程度、質問や対話ができる

181 _____②_____ に入る適当な言葉は何ですか。

(A) 手軽に

(B) 気軽に

(C) 迷わずに

(D) 思いきって

182-184

MP3 Track 4-182~184

①朝から随分と嫌な気分にさせられる。理由もよくわからないままに、怒っている人のそばにいると、私はとても疲れてしまう。私は思うのだけれども、_____②_____ 怒っている人は、ひとりで怒ってくれないんだろうか？_____②_____「自分はこんなに怒っているんだ」と周りの人に見せつけたいんだろうか？_____②_____ あんなに嫌な思いを、あたりかまわず撒き散らしながら平気で誰かを道連れにしてゆくのだろうか？怒ることはサルでも出来る。犬でも出来る。生まれたばかりの赤ちゃんだって出来る。お願いだから大声を出さないで欲しい。暴言を吐かないで欲しい。一つ覚えのゴリラのように、自分の強さを誇示しないで欲しい。強さとは、本当はとても優しいものだ。ただ、黙って語られる言葉というものがある。泣きながらその言葉に、誰かが信じたのだとしたらそれは本当に強い言葉だ。怒鳴って相手を従えるのは、安っぽくて意味のない戦争のようなものだ。人が人ではなくなる戦争のようなものだ。身勝手なままに、怒りを大声で誇示しないで欲しい。人が人であるうちは、③怒りが優しさであるうちは。

182 ①朝から随分と嫌な気分にさせられるとあるがどうしてですか。

(A) 人が黙って、怒った理由を話さないから

(B) 怒るときに大声を出したり、暴言を吐く人がいるから

(C) 理由もわからないのに怒られるから

(D) 泣きながら何かを訴える人がいるから

183 _____②_____ に入る適当な言葉は何ですか。

(A) ついには   (B) それにもかかわらず   (C) どうして   (D) どうやって

184 ③怒りが優しさであるとはどういう意味ですか。

(A) 安っぽい戦争であるということ

(B) 怒鳴って相手を従わせる優しさ

(C) 怒っても、黙って語ることができる優しさ

(D) 泣きながら語る言葉を信じること

始めは、遊びのつもりで吸い始めたたばこだけど、２週間〜３週間でたばこをやめられなくなってしまうこともあるんだ。何故かというと、たばこにはニコチンといって脳に刺激を与える物質がある。そのニコチンが肺から血液にのって脳までいくと、いい　①　の刺激を脳に与えるので、もっともっと欲しいと脳が要求するようになるんだ。この状態のことを「ニコチン依存」という。そうなるとこれは、脳の病気。この「ニコチン依存」は、子供の方が大人より短い期間でなってしまい、たばこをやめたくてもやめられなくなってしまうんだよ。さらに、たばこの煙の中にはタールといった身体に悪い物質が含まれていて肺の働きを悪くするだけでなく、心臓や脳の血管の病気になったりする。他にガンを引き起こす物質が４０種類以上もあって、長い間たばこを吸い続けると肺ガンなどになる可能性も出てくるんだ。　そこで、禁煙外来のある病院では、「ニコチンパッチ」という貼り薬を出してくれる。これは、皮膚から少しずつ身体にニコチンを入れていき、徐々にニコチンの量を減らすことで、たばこを吸いたいという　②　を抑えてくれるんだ。やがて脳がニコチンを欲しいと思わなくなり、たばこをやめられる。

185 子どもはたばこをやめたくてもやめられなくなるのはどうしてですか。

(A) 親が吸っているから

(B) 短い期間でニコチン依存になってしまうから

(C) 自動販売機がたくさんあって、子供たちが簡単にたばこを吸うことができるから

(D) 身近にいる周囲の人の影響を受けてることが多いから

186 ニコチンの説明として正しくないものはどれですか。

(A) 脳の血管の病気になる

(B) 習慣性となって中毒症状を起す

(C) 脳に刺激を与える物質がある

(D) 子供は短い期間でやめたくてもやめられなくなってしまう

187 ___①___ 、 ___②___ に入る適当な言葉は何ですか。

(A) 欲望

(B) 機嫌

(C) 心地

(D) 気持ち

188 タールの説明として正しいものはどれですか。

(A) 肺の働きを悪くする

(B) 脳に刺激を与える物質がある

(C) ２週間〜３週間でたばこをやめられなくなってしまうこともある

(D) 長い間たばこを吸い続けると肺ガンなどになる可能性がある

今朝、予定通りあの子に会えた。そして、その瞬間に①今日言いたいことを言ってみると決意した。どこで声を掛けるか迷いに迷った末、ホームの階段で声を掛けた。というより最初は左肩に指で触れたのだが、予想以上に相手が驚いた。「この顔に見覚えがある？」と切り出した。それには「はい」と答えてくれた。その後は「チャゲ＆飛鳥とか聴く？」と尋ねると、また動揺した様子で「え、は、はい」と答えられたので、続けて「コンサート行かん？」と言ったが、「え、いえ、いいです」と答えられたので、「はい」と言うことしかできなかった。その間、一分もなかったと思うが、最後に一言「ごめんね」と言いたかったと今更ながら思う。②もう二度と会いたくないと思うが、声を掛けてみて、思ったよりもいい子だということが分かった。今回こういうことをしたおかげで、余計な力が抜けた。しかし、一日中その瞬間のことを考えていたので疲れた。またバスで会うようなことがあるだろうが、余計な意識は捨てて、素直に会えたらと思う。突然声をかけただけでも失礼な上、コンサートにまで誘った無礼を許してもらいたい。しかしおかげで明日から仕事へ行く決意ができた。ができた。

189 どこで彼女に会いましたか。

    (A) 駅   (B) デパート   (C) コンサート   (D) バス

190 ①今日言いたいことの中で最も良い言葉はどれですか。

    (A) この顔に見覚えがある？   (B) チェゲ＆飛鳥とか聴く？

    (C) コンサート行かん？   (D) ごめんね

191 正しくないのはどれですか。

    (A) 彼女は筆者の顔に見覚えがある。

    (B) コンサートに誘ったが、断られた。

    (C) 彼女は、またバスで会うかも知れない。

    (D) 約束した通りあの子に会えた。

192 ②もう二度と会いたくないと思うが、これはなぜですか。

    (A) 素直に会えないから   (B) 思ったよりもいい子だから

    (C) 明日から仕事へ行く決意をしたから   (D) 身分不相応な行動をしたから

妻は服を買うのは大抵通販を使います。私から見ると、割高で生地も良くないと思うのですが、妻の主張はデパートで買うより安くてほどほど流行にあってて良いとのこと。大手流通会社で買えば安くて品質の良いものが沢山あると思うのですが、モデルが着てプロのカメラマンが撮影したら、どんなものも素敵に見えてしまうと思います。服の値段は生地と仕立てで決まるというのが私の考えですが、妻が買う通販服は、 ① が張る割には生地も良くないです。流通、カタログコスト、返品自由な条件で売るコストを考えるだけで割高な商品だと思います。それをいつもこちらが言ってもけんかになるばかりで取り合ってくれません。3歳と5歳の子供がいて探す手間もあるのでしょうが、専業なので平日に買い物へ行き気分転換にもなると思うのですが、実際は ② あとカタログとにらめっこしています。この前は入園式に着るというスーツを通販で買ったのにはあきれました。

193 妻が通販を使う理由はどれですか。

(A) デパートで買うより経済的だから

(B) 返品自由な条件で売っているから

(C) 安くて品質の良いものが沢山あるから

(D) 専業なので平日に買い物へ行けないから

194 ① に入る適当な言葉は何ですか。

(A) 桁　　　　　　　(B) 格　　　　　　　(C) 値　　　　　　　(D) 質

195 ② に入る適当な言葉は何ですか。

(A) 子供が寝た　　　　　　　　　(B) 子供に寝られた

(C) 子供を寝かせた　　　　　　　(D) 子供に寝かされた

196 内容に合っているものは何ですか。

(A) 専業なので平日に買い物へ行けない

(B) 妻は服を買う時、いつも通販を使っている

(C) 子供用のスーツを通販で買ったのにはあきれた

(D) 夫が言ってもけんかになるばかりで取り合ってくれない

新型肺炎が世界に広がって、大問題になっています。一体どういうものなのでしょうか。まず、この新型肺炎は、英語で「SARS」といいます。日本語では「重症急性呼吸器症候群」です。急に肺などの呼吸器が重い病気になる、というものです。でも、なぜ「症候群」という名前がついているのでしょうか。それは、最初に原因がはっきりしていなかったからです。この病気は、熱が出てセキが出るなど、風邪の症状に似ています。でも、風邪やインフルエンザなどは、どんなウイルスで病気になるかわかっています。しかし、この病気は、最初のうち、どんなウイルスが原因なのかわかりませんでした。そこで、普通の風邪やインフルエンザではないけれど、呼吸器が急に重い病気になる症状をまとめて、「症候群」と呼んでいたのです。専門家が調べた結果、この病気は、「コロナウイルス」という種類のウイルスが原因であることがわかりました。コロナウイルスには、人間にうつるものや動物にうつるものなど4種類があります。人間に感染するコロナウイルスは、「鼻かぜ」のような軽い風邪を引き起こすものです。ところが、今回の肺炎の原因のコロナウイルスは、重い病気を引き起こします。そこで、これまでのコロナウイルスではない新しいコロナウイルスだと見られています。WHO（世界保健機関）という世界の人々の健康を守る活動をしている団体は、このウイルスに「SARSウイルス」という名前をつけました。どうしてこんなウイルスが生まれたのかは、まだわかっていません。このウイルスは、感染した人がくしゃみをしたりセキをしたりしたときに飛び出して、ほかの人にうつるのではないかと見られています。この病気は、感染してから発病するまで2日から7日程度かかります。発病するまで感染したことがわからないため、ウイルスに感染した人が海外旅行をすることで、世界各地に次々に広がっていったのです。国際化時代の現代は、1日で世界各地に行けるため、あっという間に広がる恐れがあるのです。

197 「SARS」の説明として<u>合っていない</u>ものはどれですか。

(A) 新型肺炎が世界に広がって、大問題になっている

(B) いまだにどんなウイルスが原因なのかわからない

(C) 新しいコロナウイルスだと見られて、「SARSウイルス」という名前をつけた

(D) ウイルスに感染した人が海外旅行をすることで、世界各地に次々に広がっていった

198 日本語では、なぜ「症候群」という名前がついているのですか。

(A) 熱が出てセキが出るなど、風邪の症状に似ているから

(B) 急に肺などの呼吸器が重い病気になるから

(C) 感染してから発病するまで２日から７日程度かかるから

(D) 最初に原因がはっきりしていなかったから

199 「SARSウイルス」による問題点は何だと言っていますか。

(A) 重い病気を引き起こす恐れがある

(B) このウイルスはほかの人にうつりやすいから心配だ

(C) ウイルスに感染した人が海外旅行をすることで、あっという間に広がる恐れがある

(D) 「コロナウイルス」という種類のウイルスが原因であることがわかったからだ

200 次の中で正しいものはどれですか。

(A) 「SARSウイルス」の発生したところのメカニズムは謎だ

(B) 「SARSウイルス」は普通の風邪やインフルエンザによるものと区別ができない

(C) 人間に感染するコロナウイルスは４種類がある

(D) 「SARSウイルス」に感染してから発病するまで十日ぐらいかかる

실전모의고사

회

Ⅴ. 下の＿＿＿＿線の言葉の正しい表現、または同じ意味のはたらきをしている言葉を(A)から(D)の中で一つ選びなさい。

101 わたしの誕生日は３月<u>８日</u>です。

    (A) むいか   (B) よっか

    (C) ようか   (D) ここのか

102 やはり結婚するなら<u>次男</u>ですね。

    (A) しなん   (B) じなん

    (C) しだん   (D) じだん

103 今日は道が<u>空いて</u>いるので、早く会社に着きました。

    (A) あいて   (B) ひろいて

    (C) すいて   (D) からいて

104 目をぶつけたわけでもないのに、<u>眼球</u>が痛いです。

    (A) かんきゅ   (B) かんきゅう

    (C) がんきゅ   (D) がんきゅう

105 私の小さい頃、髪が長い時は、母が<u>結って</u>くれました。

    (A) ゆって   (B) おって

    (C) のって   (D) つまって

106 「冬のソナタ」が、日韓<u>合作</u>でアニメーションとして制作されることになりました。

    (A) ごうさく   (B) がっさく

    (C) ごうさ   (D) あいづくり

107 稟議書は案件を立案したとき、起案者が専決権限者に対し決裁・承認を得るための文書です。

(A) りんぎしょ

(B) しんぎしょ

(C) ひんぎしょ

(D) ほんぎしょ

108 緊張していたのだろうか、彼はかたい表情をして法廷に入ってきた。

(A) 固い

(B) 堅い

(C) 硬い

(D) 難い

109 ディズニーのはんがはオークションなどで驚くような値段で取引されています。

(A) 版画

(B) 板画

(C) 阪画

(D) 坂画

110 多彩なオーケストレーションもせいちに書き込まれた。

(A) 精置

(B) 静置

(C) 精緻

(D) 静緻

111 友達と行くのはむりです。

(A) 行けません

(B) 行くことにします

(C) 行くようにします

(D) 行かなければなりません

112 ここではスポーツがさかんです。

(A) スポーツがべんりです

(B) スポーツをしてもいいです

(C) スポーツがにぎやかです

(D) スポーツをしてはいけません

113 今度お宅におじゃましてもよろしいですか。

(A) 今度あなたと会ってもいいですか。

(B) 今度いっしょに行ってもいいですか。

(C) 今度私のうちに来てくださいませんか。

(D) 今度あなたのうちへ行ってもいいですか。

114 台風がこの地方に<u>来る恐れがある</u>。

    (A) 来るらしい

    (B) 来るだろう

    (C) 来るはずがない

    (D) 来るかもしれない

115 <u>のっぴきならない</u>立場におかれる。

    (A) 交渉できない

    (B) どうすることもできない

    (C) 競争しなければならない

    (D) 抗議をすることができない

116 どちらかに偏るということは、<u>どちらかにひいでている</u>ということだ。

    (A) つぼにはまっている

    (B) どちらかにたけている

    (C) どちらかにとどこおっている

    (D) 取り付く島もない

117 これは友達<u>の</u>辞書です。

    (A) 数学<u>の</u>本を買いました。

    (B) あの車は会社<u>の</u>車です。

    (C) こちらは部長<u>の</u>山田さんです。

    (D) これは野菜<u>の</u>スープです。

118 私は毎日野菜をとる<u>ようにしています</u>。

    (A) 油ものは食べない<u>ようにしている</u>。

    (B) 油をさして、ドアがスムーズに開く<u>ようにした</u>。

    (C) 洗濯機を修理して、使える<u>ようにしてください</u>。

    (D) これからは先生に何でも相談する<u>ようにします</u>。

119 山田さんは学生で<u>ない</u>。

(A) 財布にはお金が<u>ない</u>。

(B) 雨は降ら<u>ない</u>。

(C) 日本に<u>ない</u>果物。

(D) 田中さんといっしょに食べたく<u>ない</u>。

120 飲めないのなら無理に飲まなく<u>てもいい</u>。

(A) 君、今日はもう帰っ<u>てもいい</u>よ。

(B) ワインのかわりに、しょうゆで味をつけ<u>てもいい</u>。

(C) この部署には若く<u>てもいい</u>から、しっかりした人を入れたい。

(D) タクシーで行っ<u>てもよかった</u>のだが、乗せてもらった。

PART 6 오문정정

VI. 下の＿＿＿＿線の(A)、(B)、(C)、(D)の言葉の中で正しくない言葉を一つ選びなさい。

121 きのうは宿題をしなかった<u>ので</u>、先生に<u>おこりました</u>。
       (A)   (B)   (C)   (D)

122 彼は<u>来月</u>、音楽の勉強<u>に</u>、ドイツ<u>へ</u>出発しようと<u>思います</u>。
       (A)   (B)   (C)   (D)

123 山田君<u>と</u>田中さん<u>と</u>では<u>だれが</u><u>早起き</u>ですか。
         (A)   (B)   (C)   (D)

124 夏休みが<u>終わる</u><u>まで</u>この本を<u>読んで</u>しまい<u>たい</u>。
         (A)   (B)   (C)   (D)

125 <u>先日</u><u>駅で</u>偶然山田先生<u>と</u><u>お会い</u>しました。
   (A)   (B)   (C)   (D)

126 雪が<u>降りそう</u>ではない<u>から</u>、<u>そんなに</u>残念<u>そうな</u>声なの?
        (A)   (B)   (C)   (D)

127 アメリカ<u>で</u>道に<u>迷った</u>とき、<u>親切な</u>人が私に<u>話しかけ</u>ました。
          (A)   (B)   (C)   (D)

128 北海道は<u>寒く</u>かもしれない<u>から</u>あつい服を<u>よけいに</u>持って<u>行った</u>ほうがいい。
         (A)   (B)   (C)   (D)

129 駅<u>へ</u>自転車<u>で</u>行って、<u>そこから</u>電車で東京<u>へ</u>行きました。
     (A)   (B)   (C)   (D)

130 <u>彼女から</u><u>借りる</u>約束をして<u>いた</u>CDを図書館で<u>もらった</u>。
     (A)   (B)   (C)   (D)

131 こうした<u>噂</u>はパソコン通信を<u>通じて</u>、一日<u>で</u>全国に<u>広くなった</u>。
           (A)   (B)   (C)   (D)

132 年齢や<u>経験年数</u>や性別に<u>も</u>かかわらず、実力<u>さえ</u>あれば、昇進が<u>できる</u>。
           (A)   (B)   (C)   (D)

133 兄が北海道を旅行するのに<u>ひきかえ</u>、<u>僕は</u>沖縄へ旅行する<u>予定だ</u>。
  (A)   (B)   (C)   (D)

134 新幹線<u>は</u>込んで<u>いて</u>、東京から京都<u>まで</u>ずっと<u>立ち</u>ままだった。
      (A)   (B)   (C)   (D)

135 昨日は<u>夕方</u>一度家<u>に</u>帰って、<u>そして</u>家族<u>で</u>食事に出かけました。
        (A)   (B)   (C)   (D)

136 <u>親切のつもり</u><u>で</u>言ったのだが、<u>むしろ</u>迷惑だった<u>ようだ</u>。
    (A)   (B)   (C)   (D)

137 わからない<u>つつも</u>、お茶を一杯飲むの<u>にも</u>、<u>そこに</u>心が<u>必要</u>である。
            (A)   (B)   (C)   (D)

138 1915年<u>に</u>日本初の国産品を<u>完成させた</u>以来、超<u>小型</u>機から大型機まで<u>を</u>シリーズ化し、
         (A)   (B)   (C)

多様な業種のニーズに<u>お応えして</u>まいりました。
                 (D)

139 <u>チンパンジー</u>の子供の記憶力が<u>人間</u>の大人よりも<u>優れる</u>ことが<u>証明</u>されました。
    (A)   (B)   (C)   (D)

140 「<u>女性が働きやすい会社</u>」に<u>つき</u>、女性管理職が多くの企業を調べた<u>ところ</u>、
            (A)   (B)

上位<u>には</u>女性社員比率の高い企業が名を<u>連ねた</u>。
  (C)   (D)

VII. 下の_____線に入る適当な言葉を(A)から(D)の中で一つ選びなさい。

141 妹は今年大学_____合格しました。

(A) が   (B) を

(C) で   (D) に

142 音楽を_____ながら料理をしています。

(A) 聞き   (B) 言い

(C) 話し   (D) 歌い

143 日本では_____以上の人は、たばこを吸うことができます。

(A) ようか   (B) はつか

(C) はたち   (D) ついたち

144 体の_____が悪いので病院に行きました。

(A) 元気   (B) 具合

(C) 意味   (D) 医者

145 これは５千円_____ございます。

(A) に   (B) で

(C) を   (D) も

146 あと_____行きます。

(A) が   (B) を

(C) で   (D) に

147 先生にお手紙を_____。

   (A) くれました   (B) あげました

   (C) くださいました   (D) いただきました

148 ハワイに_____なら、たくさんお金を持って行った方がいいです。

   (A) 行く   (B) 行こう

   (C) 行って   (D) 行った

149 難しいので、誰_____分からない。

   (A) は   (B) に

   (C) でも   (D) にも

150 会議室に斎藤さんという人がいますから、_____人にこれを渡してください。

   (A) この   (B) その

   (C) あの   (D) どの

151 テーブルの上には、いちご_____ぶどう_____いろいろな果物があります。

   (A) とか   (B) まで

   (C) だけ   (D) ばかり

152 床に落ちた花瓶が_____。

   (A) 割った   (B) 割れた

   (C) 割ります   (D) 割られた

153 悪いことをしたときは素直に謝る_____だ。

   (A) とき   (B) ほど

   (C) わけ   (D) べき

154 この茶碗は_____とても風格がある。

   (A) 古い   (B) 古って

   (C) 古くて   (D) 古いで

155 雪と風が強く、これでは釣りに＿＿＿＿＿にも行けない。

(A) 行ける   (B) 行こう

(C) 行くの   (D) 行った

156 仕事は忙しいが、無理をすれば参加＿＿＿＿＿ものでもない。

(A) しうる   (B) できる

(C) しかねる   (D) できない

157 図書館で＿＿＿＿＿手紙をポストに入れた。

(A) 書く   (B) 書いた

(C) 書くと   (D) 書いたら

158 私がテストに落ちてがっかりしていたとき、友達が＿＿＿＿＿。

(A) 励ました。   (B) 励ましてくれた。

(C) 励ましてもらった。   (D) 励ましていただいた。

159 交通事故は誰にだって＿＿＿＿＿。

(A) 起これる   (B) 起こりうる

(C) 起こらない   (D) 起こることができる

160 ＿＿＿＿＿は来年帰国しようと思います。

(A) 私   (B) 妹

(C) 姉   (D) 友達

161 私がせっかくカレーを作った＿＿＿＿＿、彼女は食べてくれなかった。

(A) けど   (B) から

(C) のに   (D) ため

162 お風呂＿＿＿＿＿、浴槽、洗っておいてね。

(A) がてら   (B) かたがた

(C) かたわら   (D) のついでに

163 もうすぐ中元だ。＿＿＿＿＿＿デパートはこんでいるいるだろう。

(A) そこで   (B) だから

(C) それで   (D) そのために

164 当店では、以下のお支払い方法が＿＿＿＿＿＿。

(A) ご利用します   (B) ご利用できます

(C) ご利用にされます   (D) ご利用になれます

165 彼を一目見て親切な人＿＿＿＿＿＿と思った。

(A) のようだ   (B) のはずだ

(C) にちがいない   (D) かもしれません

166 弟も欲張りだが、妹は＿＿＿＿＿＿欲張りだ。

(A) ずっと   (B) もっと

(C) 少し   (D) ちょっと

167 その可能性は、なきにしも＿＿＿＿＿＿だな。

(A) なし   (B) あらず

(C) あるまい   (D) あるべき

168 野村会長は、周囲の批判で辞任を＿＿＿＿＿＿。

(A) 余儀なくされた   (B) 余儀なくなった

(C) 余儀なくさせた   (D) 余儀なくさせられた

169 日本でも、社会的に喫煙者へ＿＿＿＿＿＿が強くなってきている。

(A) 横槍   (B) 歯切れ

(C) 鼻っ柱   (D) 風当たり

170 社長を＿＿＿＿＿＿先輩たちがバックアップしてくれる環境で働いている。

(A) ともかく   (B) はじめ

(C) ところが   (D) もとしして

PART 8 독해

VIII. 下の文を読んで、後の問いにもっとも適した答えを(A)から(D)の中で一つ選びなさい。

171~174

MP3 Track 5-171~174

> 今日はとても良いお天気だったのに、なんだか急に薄暗くなってきました。雨でも降ってくるのでしょうか。これから仕事だというのに、出かけるのが億劫になってきます。6月中旬から新聞を取り始めました。ニュースを満足に見る時間もなくて、このままでは世間からかけ離されてしまうのではないかと心配して、せめて新聞を読まなくてはと思ったからなのですが……。本当は一番分かりやすい山形新聞で良いと思っていたのに、なぜか朝日新聞に。日刊スポーツを無料お試ししたのが悪かったようです。それと5000円分の商品券と洗剤2個のオマケにも目がくらんでしまって。あっ、それと6月の配達はタダと言うのも効きました。7月に入ってやっと有料になったわけですが、なんか朝日新聞ってかなり難しいような、じっくり読むのも時間がかかるし、広告も多いから1部の量も厚いし、もしかして失敗した? でも今更やめられないし、しばらくは____①____して読むしかないですね。

171 今日の天気はどうですか。

    (A) 晴れている   (B) 急に曇ってきた

    (C) 雨が降っている   (D) 雪が降りそうだ

172 朝日新聞を購読した理由は何ですか。

    (A) ニュースを満足に見る時間がないから

    (B) せめて新聞を読まなくてはと思ったから

    (C) 商品券と洗剤に目がくらんでしまったから

    (D) このままでは世間からかけ離なされてしまうのではないかと心配したから

173 朝日新聞について合っているのはどれですか。

    (A) 1ヶ月間は無料   (B) 分かりやすい新聞

    (C) 6月の配達は無料   (D) 洗剤を割引してくれる

174 ____①____ に入る適当な言葉は何ですか。

(A) 我慢   (B) 心配   (C) 苦労   (D) 配達

175-177

MP3 Track 5-175～177

岩にルリ色をしたカワセミが、バランスを崩しながら、降り立とうとしています。私は夢中でシャッターを切りました。ルリ色とオレンジ色の見事なコントラストのカワセミから目がはなせません。フィルム交換ももどかしく、カメラを構えました。すると、ファインダー越しに見る池の前に、上等そうな着物姿の少年がおりました。「カワセミが……カワセミが……」 少年は唇をぎゅっと結んで、カワセミをのせた手をさし出しました。彼の手のひらの上で、カワセミもおとなしくしています。「あっ、ケガをしているのね」 少年はこくりとうなずきました。私はバッグから小さなキズバンとハサミを取り出し、カワセミの足の____①____をしました。「これで大丈夫」私の言葉よりも早く、カワセミはその見事な羽をみせ、少年の手から飛び立ったのです。具合を確かめるかのように。カワセミは少年の肩に戻ると、彼の頭の上にのりました。「ありがとう」少年の笑顔が輝いています。想わず私は、カメラを向けました。少年の姿がゆらめき、陽炎の中に消えても、シャッターを切りつづけました。家に帰って、フィルムを現像してみると、そこにはあのカワセミが飛び立つ瞬間しか、写っていませんでした。それからです。私が____②____を写しつづけているのは。

175 「ありがとう」は、誰にお礼を言っていますか。

    (A) 私   (B) 少年   (C) カワセミ   (D) カメラ

176 ____①____ に入る適当な言葉は何ですか。

    (A) 手術   (B) 世話   (C) 面倒   (D) 手当て

177 ____②____ に入る適当な言葉は何ですか。

    (A) 鳥   (B) 動物   (C) 笑顔   (D) 自然

オフィスの引越しがあって、その後片付けでたいへんだ。しかも同僚がすぐバケーションに入るので、一人で電話番その他の対応となる。同じビルの新オフィスに引越ししたが、電灯のスイッチが、センサーで人の動きを検知するというハイテクスイッチである。しかし、2メートルぐらい前を横切らないと、タイマーが更新されないようで、30分もすると消えてしまう。昼間は、電灯が消えてもそれほど困らないが、夜にいきなり真っ暗になると＿＿＿①＿＿＿。席を立って、スイッチの近くまで歩いていき、そこで一人ダンスをすると、＿＿②＿＿。なんともばかばかしい。べつにダンスじゃなくても動きがあればなんでもいいんだが。とりあえず修理を頼んだが、午後には行くと言ってたのに今日も現れなかった。

178 引越し先はどこですか。

(A) 新ビル

(B) 新しい建物

(C) 前と同じビル

(D) 修理をしているビル

179 ＿＿＿①＿＿＿に入る適当な言葉は何ですか。

(A) 気が移る

(B) 気が向く

(C) 気がもめる

(D) 気が滅入る

180 ＿＿②＿＿に入る適当な言葉は何ですか。

(A) またつく

(B) また消える

(C) 静かになる

(D) 真っ暗になる

181 内容に合っているものは何ですか。

(A) 電灯のスイッチを修理しなければならない

(B) 引越しの片付けを一人でやらなければならない

(C) どこでダンスをしてもセンサーで人の動きを検知する

(D) 電灯のスイッチはハイテクスイッチだから、とても便利だ

企業が望ましいとする物価上昇率は「1〜2%」、物価上昇を選好する理由としては「保有債券の価格、つまり株価、地価が上昇」するためと回答する企業が62%を占める。内閣府経済社会総合研究所の「平成14年度企業行動に関するアンケート調査」の結果だ。はたして、多くの企業が期待するように、インフレにすれば資産価格は上昇するのか。両者を結び付けるには、相当の前提が必要だ。少なくとも、実体経済が悪いなかで、原油価格が上昇したり、円安でコストが上昇するような形の「インフレ率1%」では、株価も地価も上がらないだろう。厳密に言えば、これはインフレというより、①スタグフレーションに近い。昭和57年当時を思い出すまでもなく、インフレと不況が同時進行するスタグフレーションでは、収益の裏付けがないから株価は下落しやすい。同様に考えれば地価も上がらない。　　②　　、インフレと資産価格の間には直接的な因果関係はない。むしろ経済が活性化して、企業が価格交渉力を回復するような経済においてはじめて収益力の回復から株価も上がり、これが持続すれば地価も上昇するようになる。物価目標を設定して何がなんでもインフレにすればよい、ということでなく、実体経済をいち早く活性化せよ、ということだ。

182 ①スタグフレーションではどのような事が起きていますか。

(A) 株価も地価も上がる。

(B) 株価も地価も上がらない。

(C) 株価は上がるが、地価は上がらない。

(D) 株価は上がらないが、地価は上がる。

183 経済において一番良いのはどれですか。

(A) 実体経済を活性化させる。

(B) インフレと資産価格の両者を結び付ける。

(C) 物価上昇率を「1〜2%」に押さえる。

(D) 物価目標を設定してインフレにする。

184 　　②　　に入る適当な言葉は何すか。

(A) ところで　　　　　　　　(B) ところが

(C) つまり　　　　　　　　　(D) しかし

通勤電車の中で、私はよく本を読んでいる。私が通勤で使っているローカル線は、それほど人も混雑しておらず、とても快適でゆったりとした空間だ。窓も少し曇るような、ほどよく暖房の効いた座席でゆっくりと読書ができる環境は、本当に幸せなことだと思う。それは私のちょっとした贅沢な時間だ。通勤でよく読んでいる本は、短いエッセイまたは短編小説が多い。いつだったか、長編小説を読んでいた時期もあったけれど長編小説だと、話のキリも悪いままに、中途半端な気持ちで駅を降りてしまうので、たちまち欲求不満になる。①贅沢な時間が、そんなことではもったいない。というわけで、今ではすっかり短編小説か、エッセイに落ち着いたという次第だ。今朝のこと、いつものごとく私個人の贅沢な時間を満喫していたときのこと。私はいつも、②ひとつ前の駅で、本を閉じるように癖付けている。それで、困った事態が起きたのだった。いつも使っている「しおり」が、どこを探しても見つからない。カバンの底やページの間を、＿＿＿③＿＿＿と探したがどこにもない。さっきまであったのに、どこかに落としてしまったか？さて、どうしよう？とりあえず何か「しおり」に出来るものはないかと＿＿＿④＿＿＿と探していたらカバンの内ポケットに、タバコのサイズのちょうどいい大きさのちょっとした厚紙が見つかった。

185 私について正しいものはどれですか。

(A) 通勤電車の中で、たまに本を読んでいる

(B) 通勤でよく読んでいる本は長編小説が多い

(C) 通勤電車の中で、気持ち良く読書ができる

(D) 通勤で使っているローカル線は、いつも人で混雑している

186 ①贅沢な時間とはいつですか。

(A) 長編小説を読んでいるとき

(B) 短いエッセイを読んでいるとき

(C) いつも「しおり」を使っているとき

(D) 暖房の効いた座席でゆっくりと新聞を読むとき

187 ②<u>ひとつ前の駅で、本を閉じるように癖付けている</u>のはどうしてですか。

(A) つい、乗り越さないために

(B) 人で混雑しているから

(C) 「しおり」に出来るものを探すために

(D) いつも使っている「しおり」が、どこを探しても見つからないから

188 ___③___ 、___④___ に入る適当な言葉は何ですか。

(A) はらはら　こそこそ

(B) ぱらぱら　こそこそ

(C) はらはら　ごそごそ

(D) ぱらぱら　ごそごそ

土曜日だというのにお客さんは少ないし……、今のまま何も変わらなければ、たぶん
①この店の存在価値はなくなるのでしょう。それは1年後かもしれないし、3ヶ月後か
もしれない。考えたくもないことだけど、閉鎖なんて　　②　　だ。もう二度と経験し
たくない。そう思っても私の力なんてとても小さい。いや、ないに等しいでしょう。
最近仕事をしていて、何をどうすればいいのかが分からなくなってきています。どう
努力しても売上げはよくならない。この販売の仕事は、③結果が悪ければ、すべてダメ
メになる。いくらそれまでに努力しても結果が悪ければ何も意味を持たないのだ。努
力が結果に結びつく事のないこの仕事……。この頃、この仕事のやりがいを見出せな
くなってきています。まだまだ努力が足りないのだろうか？なんて……、時々そう思
う。でも、そう思うととてもうんざりしてしまう。もうこれ以上がんばれそうにあり
ませんから。努力が報われない社会は、やはりどこかが間違っているとしか思えない。
それは努力の足りない者の言い訳にしか聞こえないかもしれないけど。

189 ①この店について正しいものはどれですか。

(A) 通信販売の仕事

(B) 週末にはお客さんが多い

(C) 大変だけど頑張れば売上げはよくなると思っている

(D) 閉鎖の為の閉店セールをしなければならないかもしれない

190 　　②　　に入る適当な言葉は何ですか。

(A) 御免　　　　　(B) 閉口　　　　　(C) 降参　　　　　(D) 面倒

191 ③結果の意味として合っているのは何ですか。

(A) 販売　　　　　(B) 努力　　　　　(C) 売上げ　　　　　(D) やりがい

192 内容に合っているものは何ですか。

(A) 努力が報われない社会はおかしい

(B) 3ヶ月後、店を閉鎖する事になった

(C) 努力をすれば、努力が結果に結びつく

(D) 努力の足りない者の言い訳は切りがない

30日に発表された昨年12月の経済指標は軒並み記録的な悪化となり、「急降下」を続ける日本経済の姿が浮き彫りになった。鉱工業生産指数の下げ幅は過去最大で、企業の生産活動の鈍化が、雇用環境の悪化につながっている。先行きへの不安から消費をも冷え込ませ、世帯当たりの消費支出減などに表れた。懸念されていた「____①____の連鎖」が浮き彫りになる「悪夢の12月」となった。経済産業省が発表した国全体の製造業の活動状況を示す12月の鉱工業生産指数速報は前月比9.6％の低下で、比較可能な昭和28年以降で最大の下げ幅を2カ月連続で更新した。与謝野馨経済財政担当相は「これほど②____な落ち込みは経験したことがない」と懸念を示す。農林中金総合研究所の南武志主任研究員は「大恐慌時の米国に迫る勢いだ」と指摘する。一方、総務省によると、12月の完全失業率の前月比の悪化幅が昭和42年3月と並び、過去最大を記録したうえ、厚生労働省が発表した求職者1人に対する求人数を示す有効求人倍率も5年1カ月ぶりの低水準となった。

193 この文章のタイトルとして適当なものはどれですか。

(A) 景気回復

(B) 日本経済の姿

(C) 悪夢の不況ドミノ

(D) 雇用環境の悪化

194 ____①____ に入る適当な言葉は何ですか。

(A) 負

(B) 悪

(C) 失

(D) 減

195 ____②____ に入る適当な言葉は何ですか。

(A) 一般的

(B) 根本的

(C) 鋭角的

(D) 比較的

196 内容に合っているものは何ですか。

(A) 12月の完全失業率は過去最大を記録した

(B) 求職者1人に対する求人数を示す有効求人倍率は過去最大の低水準となった

(C) まだ企業の生産活動の鈍化が、雇用環境の悪化につながっていない

(D) 与謝野馨経済財政担当相は「大恐慌時の米国に迫る勢いだ」と指摘する

最近自転車の事故が増えている。去年自転車が歩行者にケガをさせた事故は1941件。10年前のおよそ4倍にもなるんだって。今年3月、5歳の女の子が自転車にはねられて大ケガをする事故があった。道ばたに止まっていた車にかくれて、お互いに近づいていることに気づかなかったんだ。このように自転車による事故は、安全確認をきちんとしなかった場合や、「歩行者がいてもうまくよけられる」とか「相手がよけてくれるだろう」といった勝手な思い込みが原因になっている場合が多い。自転車は道路交通法という法律で、自動車と同じ「車両」として扱われていて、交通ルールを守らなければならない。もちろん「歩行者優先」。歩行者に気をつけて走らなきゃね。自転車は数がとても多いので実際に捕まることは少ないけど、違反をしたら車と同じように罰があるんだ。

2人乗りは2万円以下の罰金。子どもを2人乗せた場合は2万円以下の罰金（6歳未満の幼児は1人だけ乗せてよい）。2台以上で並んで走るのは2万円以下の罰金。信号無視は3ヶ月以下の懲役または5万円以下の罰金。歩道を走るのは3ヶ月以下の懲役または5万円以下の罰金（「自転車通行可」の標識がある歩道は走ってもよい）。右側走行は3ヶ月以下の懲役または5万円以下の罰金。携帯電話を使いながらの運転は5万円以下の罰金。酒酔い運転は3年以下の懲役または50万円以下の罰金。東京都荒川区では交通ルールを知らないのが事故の原因だと考えて、去年から自転車の運転免許制度を始めた。

197 自転車による事故の原因として最も多いのはどれですか。

(A) 信号を無視した場合

(B) 携帯電話を使いながらの運転をした場合

(C) 交通ルールを知らなかった場合

(D) 安全確認をきちんとしなかった場合

198 自転車の交通違反にならないのはどれですか。

(A) 児童を二人だけ乗せて運転する

(B) 友だちと一緒に並んで運転する

(C) メールを打ちながら運転する

(D) 50kgからある荷物を乗せて運転する

199 次の中で誰が一番高い罰金を払いますか。

(A) 子供をおんぶして運転する人

(B) 友だちと一緒に並んでしゃべりながら運転する人

(C) 携帯電話を使いながらの運転をする人

(D) 酒酔い人を乗せて運転する人

200 次の中で正しいものはどれですか。

(A) 最近自転車の事故が増えているのは歩行者の不注意のためだ

(B) 10年前自転車が歩行者にケガをさせた事故は約485件だ

(C) 自転車の交通違反で実際に捕まることはない

(D) 日本では去年から自転車の運転免許制度を始めた

실전모의고사

첫 번째 시험

해답용지

실전모의고사를 풀 때는 실제 시험과 마찬가지로 해답용지에 마킹하면서 문제를 푸시기 바랍니다. 그럼으로써 실전 감각이 쌓여 실제 시험에서의 실수를 최대한 줄일 수 있습니다.
또한 해답용지는 모두 세 벌을 준비했습니다. 한 번 풀어 본 문제라 하더라도 시간이 지난 다음에 다시 풀어 보면 또 다른 맛이 날 뿐 아니라, 두번 세번 풀어 봄으로써 복습 효과도 거둘 수 있습니다.

NO	ANSWER	NO	ANSWER	NO	ANSWER	NO	ANSWER	NO	ANSWER
101	Ⓐ Ⓑ Ⓒ Ⓓ	121	Ⓐ Ⓑ Ⓒ Ⓓ	141	Ⓐ Ⓑ Ⓒ Ⓓ	161	Ⓐ Ⓑ Ⓒ Ⓓ	181	Ⓐ Ⓑ Ⓒ Ⓓ
102	Ⓐ Ⓑ Ⓒ Ⓓ	122	Ⓐ Ⓑ Ⓒ Ⓓ	142	Ⓐ Ⓑ Ⓒ Ⓓ	162	Ⓐ Ⓑ Ⓒ Ⓓ	182	Ⓐ Ⓑ Ⓒ Ⓓ
103	Ⓐ Ⓑ Ⓒ Ⓓ	123	Ⓐ Ⓑ Ⓒ Ⓓ	143	Ⓐ Ⓑ Ⓒ Ⓓ	163	Ⓐ Ⓑ Ⓒ Ⓓ	183	Ⓐ Ⓑ Ⓒ Ⓓ
104	Ⓐ Ⓑ Ⓒ Ⓓ	124	Ⓐ Ⓑ Ⓒ Ⓓ	144	Ⓐ Ⓑ Ⓒ Ⓓ	164	Ⓐ Ⓑ Ⓒ Ⓓ	184	Ⓐ Ⓑ Ⓒ Ⓓ
105	Ⓐ Ⓑ Ⓒ Ⓓ	125	Ⓐ Ⓑ Ⓒ Ⓓ	145	Ⓐ Ⓑ Ⓒ Ⓓ	165	Ⓐ Ⓑ Ⓒ Ⓓ	185	Ⓐ Ⓑ Ⓒ Ⓓ
106	Ⓐ Ⓑ Ⓒ Ⓓ	126	Ⓐ Ⓑ Ⓒ Ⓓ	146	Ⓐ Ⓑ Ⓒ Ⓓ	166	Ⓐ Ⓑ Ⓒ Ⓓ	186	Ⓐ Ⓑ Ⓒ Ⓓ
107	Ⓐ Ⓑ Ⓒ Ⓓ	127	Ⓐ Ⓑ Ⓒ Ⓓ	147	Ⓐ Ⓑ Ⓒ Ⓓ	167	Ⓐ Ⓑ Ⓒ Ⓓ	187	Ⓐ Ⓑ Ⓒ Ⓓ
108	Ⓐ Ⓑ Ⓒ Ⓓ	128	Ⓐ Ⓑ Ⓒ Ⓓ	148	Ⓐ Ⓑ Ⓒ Ⓓ	168	Ⓐ Ⓑ Ⓒ Ⓓ	188	Ⓐ Ⓑ Ⓒ Ⓓ
109	Ⓐ Ⓑ Ⓒ Ⓓ	129	Ⓐ Ⓑ Ⓒ Ⓓ	149	Ⓐ Ⓑ Ⓒ Ⓓ	169	Ⓐ Ⓑ Ⓒ Ⓓ	189	Ⓐ Ⓑ Ⓒ Ⓓ
110	Ⓐ Ⓑ Ⓒ Ⓓ	130	Ⓐ Ⓑ Ⓒ Ⓓ	150	Ⓐ Ⓑ Ⓒ Ⓓ	170	Ⓐ Ⓑ Ⓒ Ⓓ	190	Ⓐ Ⓑ Ⓒ Ⓓ
111	Ⓐ Ⓑ Ⓒ Ⓓ	131	Ⓐ Ⓑ Ⓒ Ⓓ	151	Ⓐ Ⓑ Ⓒ Ⓓ	171	Ⓐ Ⓑ Ⓒ Ⓓ	191	Ⓐ Ⓑ Ⓒ Ⓓ
112	Ⓐ Ⓑ Ⓒ Ⓓ	132	Ⓐ Ⓑ Ⓒ Ⓓ	152	Ⓐ Ⓑ Ⓒ Ⓓ	172	Ⓐ Ⓑ Ⓒ Ⓓ	192	Ⓐ Ⓑ Ⓒ Ⓓ
113	Ⓐ Ⓑ Ⓒ Ⓓ	133	Ⓐ Ⓑ Ⓒ Ⓓ	153	Ⓐ Ⓑ Ⓒ Ⓓ	173	Ⓐ Ⓑ Ⓒ Ⓓ	193	Ⓐ Ⓑ Ⓒ Ⓓ
114	Ⓐ Ⓑ Ⓒ Ⓓ	134	Ⓐ Ⓑ Ⓒ Ⓓ	154	Ⓐ Ⓑ Ⓒ Ⓓ	174	Ⓐ Ⓑ Ⓒ Ⓓ	194	Ⓐ Ⓑ Ⓒ Ⓓ
115	Ⓐ Ⓑ Ⓒ Ⓓ	135	Ⓐ Ⓑ Ⓒ Ⓓ	155	Ⓐ Ⓑ Ⓒ Ⓓ	175	Ⓐ Ⓑ Ⓒ Ⓓ	195	Ⓐ Ⓑ Ⓒ Ⓓ
116	Ⓐ Ⓑ Ⓒ Ⓓ	136	Ⓐ Ⓑ Ⓒ Ⓓ	156	Ⓐ Ⓑ Ⓒ Ⓓ	176	Ⓐ Ⓑ Ⓒ Ⓓ	196	Ⓐ Ⓑ Ⓒ Ⓓ
117	Ⓐ Ⓑ Ⓒ Ⓓ	137	Ⓐ Ⓑ Ⓒ Ⓓ	157	Ⓐ Ⓑ Ⓒ Ⓓ	177	Ⓐ Ⓑ Ⓒ Ⓓ	197	Ⓐ Ⓑ Ⓒ Ⓓ
118	Ⓐ Ⓑ Ⓒ Ⓓ	138	Ⓐ Ⓑ Ⓒ Ⓓ	158	Ⓐ Ⓑ Ⓒ Ⓓ	178	Ⓐ Ⓑ Ⓒ Ⓓ	198	Ⓐ Ⓑ Ⓒ Ⓓ
119	Ⓐ Ⓑ Ⓒ Ⓓ	139	Ⓐ Ⓑ Ⓒ Ⓓ	159	Ⓐ Ⓑ Ⓒ Ⓓ	179	Ⓐ Ⓑ Ⓒ Ⓓ	199	Ⓐ Ⓑ Ⓒ Ⓓ
120	Ⓐ Ⓑ Ⓒ Ⓓ	140	Ⓐ Ⓑ Ⓒ Ⓓ	160	Ⓐ Ⓑ Ⓒ Ⓓ	180	Ⓐ Ⓑ Ⓒ Ⓓ	200	Ⓐ Ⓑ Ⓒ Ⓓ

실전 모의고사 2회 解答用紙 (첫 번째 시험)

NO	ANSWER				NO	ANSWER				NO	ANSWER				NO	ANSWER			
101	Ⓐ	Ⓑ	Ⓒ	Ⓓ	121	Ⓐ	Ⓑ	Ⓒ	Ⓓ	141	Ⓐ	Ⓑ	Ⓒ	Ⓓ	161	Ⓐ	Ⓑ	Ⓒ	Ⓓ
102	Ⓐ	Ⓑ	Ⓒ	Ⓓ	122	Ⓐ	Ⓑ	Ⓒ	Ⓓ	142	Ⓐ	Ⓑ	Ⓒ	Ⓓ	162	Ⓐ	Ⓑ	Ⓒ	Ⓓ
103	Ⓐ	Ⓑ	Ⓒ	Ⓓ	123	Ⓐ	Ⓑ	Ⓒ	Ⓓ	143	Ⓐ	Ⓑ	Ⓒ	Ⓓ	163	Ⓐ	Ⓑ	Ⓒ	Ⓓ
104	Ⓐ	Ⓑ	Ⓒ	Ⓓ	124	Ⓐ	Ⓑ	Ⓒ	Ⓓ	144	Ⓐ	Ⓑ	Ⓒ	Ⓓ	164	Ⓐ	Ⓑ	Ⓒ	Ⓓ
105	Ⓐ	Ⓑ	Ⓒ	Ⓓ	125	Ⓐ	Ⓑ	Ⓒ	Ⓓ	145	Ⓐ	Ⓑ	Ⓒ	Ⓓ	165	Ⓐ	Ⓑ	Ⓒ	Ⓓ
106	Ⓐ	Ⓑ	Ⓒ	Ⓓ	126	Ⓐ	Ⓑ	Ⓒ	Ⓓ	146	Ⓐ	Ⓑ	Ⓒ	Ⓓ	166	Ⓐ	Ⓑ	Ⓒ	Ⓓ
107	Ⓐ	Ⓑ	Ⓒ	Ⓓ	127	Ⓐ	Ⓑ	Ⓒ	Ⓓ	147	Ⓐ	Ⓑ	Ⓒ	Ⓓ	167	Ⓐ	Ⓑ	Ⓒ	Ⓓ
108	Ⓐ	Ⓑ	Ⓒ	Ⓓ	128	Ⓐ	Ⓑ	Ⓒ	Ⓓ	148	Ⓐ	Ⓑ	Ⓒ	Ⓓ	168	Ⓐ	Ⓑ	Ⓒ	Ⓓ
109	Ⓐ	Ⓑ	Ⓒ	Ⓓ	129	Ⓐ	Ⓑ	Ⓒ	Ⓓ	149	Ⓐ	Ⓑ	Ⓒ	Ⓓ	169	Ⓐ	Ⓑ	Ⓒ	Ⓓ
110	Ⓐ	Ⓑ	Ⓒ	Ⓓ	130	Ⓐ	Ⓑ	Ⓒ	Ⓓ	150	Ⓐ	Ⓑ	Ⓒ	Ⓓ	170	Ⓐ	Ⓑ	Ⓒ	Ⓓ
111	Ⓐ	Ⓑ	Ⓒ	Ⓓ	131	Ⓐ	Ⓑ	Ⓒ	Ⓓ	151	Ⓐ	Ⓑ	Ⓒ	Ⓓ	171	Ⓐ	Ⓑ	Ⓒ	Ⓓ
112	Ⓐ	Ⓑ	Ⓒ	Ⓓ	132	Ⓐ	Ⓑ	Ⓒ	Ⓓ	152	Ⓐ	Ⓑ	Ⓒ	Ⓓ	172	Ⓐ	Ⓑ	Ⓒ	Ⓓ
113	Ⓐ	Ⓑ	Ⓒ	Ⓓ	133	Ⓐ	Ⓑ	Ⓒ	Ⓓ	153	Ⓐ	Ⓑ	Ⓒ	Ⓓ	173	Ⓐ	Ⓑ	Ⓒ	Ⓓ
114	Ⓐ	Ⓑ	Ⓒ	Ⓓ	134	Ⓐ	Ⓑ	Ⓒ	Ⓓ	154	Ⓐ	Ⓑ	Ⓒ	Ⓓ	174	Ⓐ	Ⓑ	Ⓒ	Ⓓ
115	Ⓐ	Ⓑ	Ⓒ	Ⓓ	135	Ⓐ	Ⓑ	Ⓒ	Ⓓ	155	Ⓐ	Ⓑ	Ⓒ	Ⓓ	175	Ⓐ	Ⓑ	Ⓒ	Ⓓ
116	Ⓐ	Ⓑ	Ⓒ	Ⓓ	136	Ⓐ	Ⓑ	Ⓒ	Ⓓ	156	Ⓐ	Ⓑ	Ⓒ	Ⓓ	176	Ⓐ	Ⓑ	Ⓒ	Ⓓ
117	Ⓐ	Ⓑ	Ⓒ	Ⓓ	137	Ⓐ	Ⓑ	Ⓒ	Ⓓ	157	Ⓐ	Ⓑ	Ⓒ	Ⓓ	177	Ⓐ	Ⓑ	Ⓒ	Ⓓ
118	Ⓐ	Ⓑ	Ⓒ	Ⓓ	138	Ⓐ	Ⓑ	Ⓒ	Ⓓ	158	Ⓐ	Ⓑ	Ⓒ	Ⓓ	178	Ⓐ	Ⓑ	Ⓒ	Ⓓ
119	Ⓐ	Ⓑ	Ⓒ	Ⓓ	139	Ⓐ	Ⓑ	Ⓒ	Ⓓ	159	Ⓐ	Ⓑ	Ⓒ	Ⓓ	179	Ⓐ	Ⓑ	Ⓒ	Ⓓ
120	Ⓐ	Ⓑ	Ⓒ	Ⓓ	140	Ⓐ	Ⓑ	Ⓒ	Ⓓ	160	Ⓐ	Ⓑ	Ⓒ	Ⓓ	180	Ⓐ	Ⓑ	Ⓒ	Ⓓ
															181	Ⓐ	Ⓑ	Ⓒ	Ⓓ
															182	Ⓐ	Ⓑ	Ⓒ	Ⓓ
															183	Ⓐ	Ⓑ	Ⓒ	Ⓓ
															184	Ⓐ	Ⓑ	Ⓒ	Ⓓ
															185	Ⓐ	Ⓑ	Ⓒ	Ⓓ
															186	Ⓐ	Ⓑ	Ⓒ	Ⓓ
															187	Ⓐ	Ⓑ	Ⓒ	Ⓓ
															188	Ⓐ	Ⓑ	Ⓒ	Ⓓ
															189	Ⓐ	Ⓑ	Ⓒ	Ⓓ
															190	Ⓐ	Ⓑ	Ⓒ	Ⓓ
															191	Ⓐ	Ⓑ	Ⓒ	Ⓓ
															192	Ⓐ	Ⓑ	Ⓒ	Ⓓ
															193	Ⓐ	Ⓑ	Ⓒ	Ⓓ
															194	Ⓐ	Ⓑ	Ⓒ	Ⓓ
															195	Ⓐ	Ⓑ	Ⓒ	Ⓓ
															196	Ⓐ	Ⓑ	Ⓒ	Ⓓ
															197	Ⓐ	Ⓑ	Ⓒ	Ⓓ
															198	Ⓐ	Ⓑ	Ⓒ	Ⓓ
															199	Ⓐ	Ⓑ	Ⓒ	Ⓓ
															200	Ⓐ	Ⓑ	Ⓒ	Ⓓ

NO	ANSWER	NO	ANSWER	NO	ANSWER	NO	ANSWER	NO	ANSWER
101	Ⓐ Ⓑ Ⓒ Ⓓ	121	Ⓐ Ⓑ Ⓒ Ⓓ	141	Ⓐ Ⓑ Ⓒ Ⓓ	161	Ⓐ Ⓑ Ⓒ Ⓓ	181	Ⓐ Ⓑ Ⓒ Ⓓ
102	Ⓐ Ⓑ Ⓒ Ⓓ	122	Ⓐ Ⓑ Ⓒ Ⓓ	142	Ⓐ Ⓑ Ⓒ Ⓓ	162	Ⓐ Ⓑ Ⓒ Ⓓ	182	Ⓐ Ⓑ Ⓒ Ⓓ
103	Ⓐ Ⓑ Ⓒ Ⓓ	123	Ⓐ Ⓑ Ⓒ Ⓓ	143	Ⓐ Ⓑ Ⓒ Ⓓ	163	Ⓐ Ⓑ Ⓒ Ⓓ	183	Ⓐ Ⓑ Ⓒ Ⓓ
104	Ⓐ Ⓑ Ⓒ Ⓓ	124	Ⓐ Ⓑ Ⓒ Ⓓ	144	Ⓐ Ⓑ Ⓒ Ⓓ	164	Ⓐ Ⓑ Ⓒ Ⓓ	184	Ⓐ Ⓑ Ⓒ Ⓓ
105	Ⓐ Ⓑ Ⓒ Ⓓ	125	Ⓐ Ⓑ Ⓒ Ⓓ	145	Ⓐ Ⓑ Ⓒ Ⓓ	165	Ⓐ Ⓑ Ⓒ Ⓓ	185	Ⓐ Ⓑ Ⓒ Ⓓ
106	Ⓐ Ⓑ Ⓒ Ⓓ	126	Ⓐ Ⓑ Ⓒ Ⓓ	146	Ⓐ Ⓑ Ⓒ Ⓓ	166	Ⓐ Ⓑ Ⓒ Ⓓ	186	Ⓐ Ⓑ Ⓒ Ⓓ
107	Ⓐ Ⓑ Ⓒ Ⓓ	127	Ⓐ Ⓑ Ⓒ Ⓓ	147	Ⓐ Ⓑ Ⓒ Ⓓ	167	Ⓐ Ⓑ Ⓒ Ⓓ	187	Ⓐ Ⓑ Ⓒ Ⓓ
108	Ⓐ Ⓑ Ⓒ Ⓓ	128	Ⓐ Ⓑ Ⓒ Ⓓ	148	Ⓐ Ⓑ Ⓒ Ⓓ	168	Ⓐ Ⓑ Ⓒ Ⓓ	188	Ⓐ Ⓑ Ⓒ Ⓓ
109	Ⓐ Ⓑ Ⓒ Ⓓ	129	Ⓐ Ⓑ Ⓒ Ⓓ	149	Ⓐ Ⓑ Ⓒ Ⓓ	169	Ⓐ Ⓑ Ⓒ Ⓓ	189	Ⓐ Ⓑ Ⓒ Ⓓ
110	Ⓐ Ⓑ Ⓒ Ⓓ	130	Ⓐ Ⓑ Ⓒ Ⓓ	150	Ⓐ Ⓑ Ⓒ Ⓓ	170	Ⓐ Ⓑ Ⓒ Ⓓ	190	Ⓐ Ⓑ Ⓒ Ⓓ
111	Ⓐ Ⓑ Ⓒ Ⓓ	131	Ⓐ Ⓑ Ⓒ Ⓓ	151	Ⓐ Ⓑ Ⓒ Ⓓ	171	Ⓐ Ⓑ Ⓒ Ⓓ	191	Ⓐ Ⓑ Ⓒ Ⓓ
112	Ⓐ Ⓑ Ⓒ Ⓓ	132	Ⓐ Ⓑ Ⓒ Ⓓ	152	Ⓐ Ⓑ Ⓒ Ⓓ	172	Ⓐ Ⓑ Ⓒ Ⓓ	192	Ⓐ Ⓑ Ⓒ Ⓓ
113	Ⓐ Ⓑ Ⓒ Ⓓ	133	Ⓐ Ⓑ Ⓒ Ⓓ	153	Ⓐ Ⓑ Ⓒ Ⓓ	173	Ⓐ Ⓑ Ⓒ Ⓓ	193	Ⓐ Ⓑ Ⓒ Ⓓ
114	Ⓐ Ⓑ Ⓒ Ⓓ	134	Ⓐ Ⓑ Ⓒ Ⓓ	154	Ⓐ Ⓑ Ⓒ Ⓓ	174	Ⓐ Ⓑ Ⓒ Ⓓ	194	Ⓐ Ⓑ Ⓒ Ⓓ
115	Ⓐ Ⓑ Ⓒ Ⓓ	135	Ⓐ Ⓑ Ⓒ Ⓓ	155	Ⓐ Ⓑ Ⓒ Ⓓ	175	Ⓐ Ⓑ Ⓒ Ⓓ	195	Ⓐ Ⓑ Ⓒ Ⓓ
116	Ⓐ Ⓑ Ⓒ Ⓓ	136	Ⓐ Ⓑ Ⓒ Ⓓ	156	Ⓐ Ⓑ Ⓒ Ⓓ	176	Ⓐ Ⓑ Ⓒ Ⓓ	196	Ⓐ Ⓑ Ⓒ Ⓓ
117	Ⓐ Ⓑ Ⓒ Ⓓ	137	Ⓐ Ⓑ Ⓒ Ⓓ	157	Ⓐ Ⓑ Ⓒ Ⓓ	177	Ⓐ Ⓑ Ⓒ Ⓓ	197	Ⓐ Ⓑ Ⓒ Ⓓ
118	Ⓐ Ⓑ Ⓒ Ⓓ	138	Ⓐ Ⓑ Ⓒ Ⓓ	158	Ⓐ Ⓑ Ⓒ Ⓓ	178	Ⓐ Ⓑ Ⓒ Ⓓ	198	Ⓐ Ⓑ Ⓒ Ⓓ
119	Ⓐ Ⓑ Ⓒ Ⓓ	139	Ⓐ Ⓑ Ⓒ Ⓓ	159	Ⓐ Ⓑ Ⓒ Ⓓ	179	Ⓐ Ⓑ Ⓒ Ⓓ	199	Ⓐ Ⓑ Ⓒ Ⓓ
120	Ⓐ Ⓑ Ⓒ Ⓓ	140	Ⓐ Ⓑ Ⓒ Ⓓ	160	Ⓐ Ⓑ Ⓒ Ⓓ	180	Ⓐ Ⓑ Ⓒ Ⓓ	200	Ⓐ Ⓑ Ⓒ Ⓓ

실전 모의고사 4회 解答用紙 (첫 번째 시험)

NO	ANSWER				NO	ANSWER				NO	ANSWER				NO	ANSWER			
101	Ⓐ	Ⓑ	Ⓒ	Ⓓ	121	Ⓐ	Ⓑ	Ⓒ	Ⓓ	141	Ⓐ	Ⓑ	Ⓒ	Ⓓ	161	Ⓐ	Ⓑ	Ⓒ	Ⓓ
102	Ⓐ	Ⓑ	Ⓒ	Ⓓ	122	Ⓐ	Ⓑ	Ⓒ	Ⓓ	142	Ⓐ	Ⓑ	Ⓒ	Ⓓ	162	Ⓐ	Ⓑ	Ⓒ	Ⓓ
103	Ⓐ	Ⓑ	Ⓒ	Ⓓ	123	Ⓐ	Ⓑ	Ⓒ	Ⓓ	143	Ⓐ	Ⓑ	Ⓒ	Ⓓ	163	Ⓐ	Ⓑ	Ⓒ	Ⓓ
104	Ⓐ	Ⓑ	Ⓒ	Ⓓ	124	Ⓐ	Ⓑ	Ⓒ	Ⓓ	144	Ⓐ	Ⓑ	Ⓒ	Ⓓ	164	Ⓐ	Ⓑ	Ⓒ	Ⓓ
105	Ⓐ	Ⓑ	Ⓒ	Ⓓ	125	Ⓐ	Ⓑ	Ⓒ	Ⓓ	145	Ⓐ	Ⓑ	Ⓒ	Ⓓ	165	Ⓐ	Ⓑ	Ⓒ	Ⓓ
106	Ⓐ	Ⓑ	Ⓒ	Ⓓ	126	Ⓐ	Ⓑ	Ⓒ	Ⓓ	146	Ⓐ	Ⓑ	Ⓒ	Ⓓ	166	Ⓐ	Ⓑ	Ⓒ	Ⓓ
107	Ⓐ	Ⓑ	Ⓒ	Ⓓ	127	Ⓐ	Ⓑ	Ⓒ	Ⓓ	147	Ⓐ	Ⓑ	Ⓒ	Ⓓ	167	Ⓐ	Ⓑ	Ⓒ	Ⓓ
108	Ⓐ	Ⓑ	Ⓒ	Ⓓ	128	Ⓐ	Ⓑ	Ⓒ	Ⓓ	148	Ⓐ	Ⓑ	Ⓒ	Ⓓ	168	Ⓐ	Ⓑ	Ⓒ	Ⓓ
109	Ⓐ	Ⓑ	Ⓒ	Ⓓ	129	Ⓐ	Ⓑ	Ⓒ	Ⓓ	149	Ⓐ	Ⓑ	Ⓒ	Ⓓ	169	Ⓐ	Ⓑ	Ⓒ	Ⓓ
110	Ⓐ	Ⓑ	Ⓒ	Ⓓ	130	Ⓐ	Ⓑ	Ⓒ	Ⓓ	150	Ⓐ	Ⓑ	Ⓒ	Ⓓ	170	Ⓐ	Ⓑ	Ⓒ	Ⓓ
111	Ⓐ	Ⓑ	Ⓒ	Ⓓ	131	Ⓐ	Ⓑ	Ⓒ	Ⓓ	151	Ⓐ	Ⓑ	Ⓒ	Ⓓ	171	Ⓐ	Ⓑ	Ⓒ	Ⓓ
112	Ⓐ	Ⓑ	Ⓒ	Ⓓ	132	Ⓐ	Ⓑ	Ⓒ	Ⓓ	152	Ⓐ	Ⓑ	Ⓒ	Ⓓ	172	Ⓐ	Ⓑ	Ⓒ	Ⓓ
113	Ⓐ	Ⓑ	Ⓒ	Ⓓ	133	Ⓐ	Ⓑ	Ⓒ	Ⓓ	153	Ⓐ	Ⓑ	Ⓒ	Ⓓ	173	Ⓐ	Ⓑ	Ⓒ	Ⓓ
114	Ⓐ	Ⓑ	Ⓒ	Ⓓ	134	Ⓐ	Ⓑ	Ⓒ	Ⓓ	154	Ⓐ	Ⓑ	Ⓒ	Ⓓ	174	Ⓐ	Ⓑ	Ⓒ	Ⓓ
115	Ⓐ	Ⓑ	Ⓒ	Ⓓ	135	Ⓐ	Ⓑ	Ⓒ	Ⓓ	155	Ⓐ	Ⓑ	Ⓒ	Ⓓ	175	Ⓐ	Ⓑ	Ⓒ	Ⓓ
116	Ⓐ	Ⓑ	Ⓒ	Ⓓ	136	Ⓐ	Ⓑ	Ⓒ	Ⓓ	156	Ⓐ	Ⓑ	Ⓒ	Ⓓ	176	Ⓐ	Ⓑ	Ⓒ	Ⓓ
117	Ⓐ	Ⓑ	Ⓒ	Ⓓ	137	Ⓐ	Ⓑ	Ⓒ	Ⓓ	157	Ⓐ	Ⓑ	Ⓒ	Ⓓ	177	Ⓐ	Ⓑ	Ⓒ	Ⓓ
118	Ⓐ	Ⓑ	Ⓒ	Ⓓ	138	Ⓐ	Ⓑ	Ⓒ	Ⓓ	158	Ⓐ	Ⓑ	Ⓒ	Ⓓ	178	Ⓐ	Ⓑ	Ⓒ	Ⓓ
119	Ⓐ	Ⓑ	Ⓒ	Ⓓ	139	Ⓐ	Ⓑ	Ⓒ	Ⓓ	159	Ⓐ	Ⓑ	Ⓒ	Ⓓ	179	Ⓐ	Ⓑ	Ⓒ	Ⓓ
120	Ⓐ	Ⓑ	Ⓒ	Ⓓ	140	Ⓐ	Ⓑ	Ⓒ	Ⓓ	160	Ⓐ	Ⓑ	Ⓒ	Ⓓ	180	Ⓐ	Ⓑ	Ⓒ	Ⓓ

NO	ANSWER			
181	Ⓐ	Ⓑ	Ⓒ	Ⓓ
182	Ⓐ	Ⓑ	Ⓒ	Ⓓ
183	Ⓐ	Ⓑ	Ⓒ	Ⓓ
184	Ⓐ	Ⓑ	Ⓒ	Ⓓ
185	Ⓐ	Ⓑ	Ⓒ	Ⓓ
186	Ⓐ	Ⓑ	Ⓒ	Ⓓ
187	Ⓐ	Ⓑ	Ⓒ	Ⓓ
188	Ⓐ	Ⓑ	Ⓒ	Ⓓ
189	Ⓐ	Ⓑ	Ⓒ	Ⓓ
190	Ⓐ	Ⓑ	Ⓒ	Ⓓ
191	Ⓐ	Ⓑ	Ⓒ	Ⓓ
192	Ⓐ	Ⓑ	Ⓒ	Ⓓ
193	Ⓐ	Ⓑ	Ⓒ	Ⓓ
194	Ⓐ	Ⓑ	Ⓒ	Ⓓ
195	Ⓐ	Ⓑ	Ⓒ	Ⓓ
196	Ⓐ	Ⓑ	Ⓒ	Ⓓ
197	Ⓐ	Ⓑ	Ⓒ	Ⓓ
198	Ⓐ	Ⓑ	Ⓒ	Ⓓ
199	Ⓐ	Ⓑ	Ⓒ	Ⓓ
200	Ⓐ	Ⓑ	Ⓒ	Ⓓ

NO	ANSWER	NO	ANSWER	NO	ANSWER	NO	ANSWER	NO	ANSWER
101	Ⓐ Ⓑ Ⓒ Ⓓ	121	Ⓐ Ⓑ Ⓒ Ⓓ	141	Ⓐ Ⓑ Ⓒ Ⓓ	161	Ⓐ Ⓑ Ⓒ Ⓓ	181	Ⓐ Ⓑ Ⓒ Ⓓ
102	Ⓐ Ⓑ Ⓒ Ⓓ	122	Ⓐ Ⓑ Ⓒ Ⓓ	142	Ⓐ Ⓑ Ⓒ Ⓓ	162	Ⓐ Ⓑ Ⓒ Ⓓ	182	Ⓐ Ⓑ Ⓒ Ⓓ
103	Ⓐ Ⓑ Ⓒ Ⓓ	123	Ⓐ Ⓑ Ⓒ Ⓓ	143	Ⓐ Ⓑ Ⓒ Ⓓ	163	Ⓐ Ⓑ Ⓒ Ⓓ	183	Ⓐ Ⓑ Ⓒ Ⓓ
104	Ⓐ Ⓑ Ⓒ Ⓓ	124	Ⓐ Ⓑ Ⓒ Ⓓ	144	Ⓐ Ⓑ Ⓒ Ⓓ	164	Ⓐ Ⓑ Ⓒ Ⓓ	184	Ⓐ Ⓑ Ⓒ Ⓓ
105	Ⓐ Ⓑ Ⓒ Ⓓ	125	Ⓐ Ⓑ Ⓒ Ⓓ	145	Ⓐ Ⓑ Ⓒ Ⓓ	165	Ⓐ Ⓑ Ⓒ Ⓓ	185	Ⓐ Ⓑ Ⓒ Ⓓ
106	Ⓐ Ⓑ Ⓒ Ⓓ	126	Ⓐ Ⓑ Ⓒ Ⓓ	146	Ⓐ Ⓑ Ⓒ Ⓓ	166	Ⓐ Ⓑ Ⓒ Ⓓ	186	Ⓐ Ⓑ Ⓒ Ⓓ
107	Ⓐ Ⓑ Ⓒ Ⓓ	127	Ⓐ Ⓑ Ⓒ Ⓓ	147	Ⓐ Ⓑ Ⓒ Ⓓ	167	Ⓐ Ⓑ Ⓒ Ⓓ	187	Ⓐ Ⓑ Ⓒ Ⓓ
108	Ⓐ Ⓑ Ⓒ Ⓓ	128	Ⓐ Ⓑ Ⓒ Ⓓ	148	Ⓐ Ⓑ Ⓒ Ⓓ	168	Ⓐ Ⓑ Ⓒ Ⓓ	188	Ⓐ Ⓑ Ⓒ Ⓓ
109	Ⓐ Ⓑ Ⓒ Ⓓ	129	Ⓐ Ⓑ Ⓒ Ⓓ	149	Ⓐ Ⓑ Ⓒ Ⓓ	169	Ⓐ Ⓑ Ⓒ Ⓓ	189	Ⓐ Ⓑ Ⓒ Ⓓ
110	Ⓐ Ⓑ Ⓒ Ⓓ	130	Ⓐ Ⓑ Ⓒ Ⓓ	150	Ⓐ Ⓑ Ⓒ Ⓓ	170	Ⓐ Ⓑ Ⓒ Ⓓ	190	Ⓐ Ⓑ Ⓒ Ⓓ
111	Ⓐ Ⓑ Ⓒ Ⓓ	131	Ⓐ Ⓑ Ⓒ Ⓓ	151	Ⓐ Ⓑ Ⓒ Ⓓ	171	Ⓐ Ⓑ Ⓒ Ⓓ	191	Ⓐ Ⓑ Ⓒ Ⓓ
112	Ⓐ Ⓑ Ⓒ Ⓓ	132	Ⓐ Ⓑ Ⓒ Ⓓ	152	Ⓐ Ⓑ Ⓒ Ⓓ	172	Ⓐ Ⓑ Ⓒ Ⓓ	192	Ⓐ Ⓑ Ⓒ Ⓓ
113	Ⓐ Ⓑ Ⓒ Ⓓ	133	Ⓐ Ⓑ Ⓒ Ⓓ	153	Ⓐ Ⓑ Ⓒ Ⓓ	173	Ⓐ Ⓑ Ⓒ Ⓓ	193	Ⓐ Ⓑ Ⓒ Ⓓ
114	Ⓐ Ⓑ Ⓒ Ⓓ	134	Ⓐ Ⓑ Ⓒ Ⓓ	154	Ⓐ Ⓑ Ⓒ Ⓓ	174	Ⓐ Ⓑ Ⓒ Ⓓ	194	Ⓐ Ⓑ Ⓒ Ⓓ
115	Ⓐ Ⓑ Ⓒ Ⓓ	135	Ⓐ Ⓑ Ⓒ Ⓓ	155	Ⓐ Ⓑ Ⓒ Ⓓ	175	Ⓐ Ⓑ Ⓒ Ⓓ	195	Ⓐ Ⓑ Ⓒ Ⓓ
116	Ⓐ Ⓑ Ⓒ Ⓓ	136	Ⓐ Ⓑ Ⓒ Ⓓ	156	Ⓐ Ⓑ Ⓒ Ⓓ	176	Ⓐ Ⓑ Ⓒ Ⓓ	196	Ⓐ Ⓑ Ⓒ Ⓓ
117	Ⓐ Ⓑ Ⓒ Ⓓ	137	Ⓐ Ⓑ Ⓒ Ⓓ	157	Ⓐ Ⓑ Ⓒ Ⓓ	177	Ⓐ Ⓑ Ⓒ Ⓓ	197	Ⓐ Ⓑ Ⓒ Ⓓ
118	Ⓐ Ⓑ Ⓒ Ⓓ	138	Ⓐ Ⓑ Ⓒ Ⓓ	158	Ⓐ Ⓑ Ⓒ Ⓓ	178	Ⓐ Ⓑ Ⓒ Ⓓ	198	Ⓐ Ⓑ Ⓒ Ⓓ
119	Ⓐ Ⓑ Ⓒ Ⓓ	139	Ⓐ Ⓑ Ⓒ Ⓓ	159	Ⓐ Ⓑ Ⓒ Ⓓ	179	Ⓐ Ⓑ Ⓒ Ⓓ	199	Ⓐ Ⓑ Ⓒ Ⓓ
120	Ⓐ Ⓑ Ⓒ Ⓓ	140	Ⓐ Ⓑ Ⓒ Ⓓ	160	Ⓐ Ⓑ Ⓒ Ⓓ	180	Ⓐ Ⓑ Ⓒ Ⓓ	200	Ⓐ Ⓑ Ⓒ Ⓓ

실전모의고사

두 번째 시험

해답용지

실전모의고사를 풀 때는 실제 시험과 마찬가지로 해답용지에 마킹
하면서 문제를 푸시기 바랍니다. 그럼으로써 실전 감각이 쌓여 실
제 시험에서의 실수를 최대한 줄일 수 있습니다.
또한 해답용지는 모두 세 벌을 준비했습니다. 한 번 풀어 본 문제라
하더라도 시간이 지난 다음에 다시 풀어 보면 또 다른 맛이 날 뿐 아
니라, 두번 세번 풀어 봄으로써 복습 효과도 거둘 수 있습니다.

NO	ANSWER				NO	ANSWER				NO	ANSWER				NO	ANSWER				NO	ANSWER			
101	Ⓐ	Ⓑ	Ⓒ	Ⓓ	121	Ⓐ	Ⓑ	Ⓒ	Ⓓ	141	Ⓐ	Ⓑ	Ⓒ	Ⓓ	161	Ⓐ	Ⓑ	Ⓒ	Ⓓ	181	Ⓐ	Ⓑ	Ⓒ	Ⓓ
102	Ⓐ	Ⓑ	Ⓒ	Ⓓ	122	Ⓐ	Ⓑ	Ⓒ	Ⓓ	142	Ⓐ	Ⓑ	Ⓒ	Ⓓ	162	Ⓐ	Ⓑ	Ⓒ	Ⓓ	182	Ⓐ	Ⓑ	Ⓒ	Ⓓ
103	Ⓐ	Ⓑ	Ⓒ	Ⓓ	123	Ⓐ	Ⓑ	Ⓒ	Ⓓ	143	Ⓐ	Ⓑ	Ⓒ	Ⓓ	163	Ⓐ	Ⓑ	Ⓒ	Ⓓ	183	Ⓐ	Ⓑ	Ⓒ	Ⓓ
104	Ⓐ	Ⓑ	Ⓒ	Ⓓ	124	Ⓐ	Ⓑ	Ⓒ	Ⓓ	144	Ⓐ	Ⓑ	Ⓒ	Ⓓ	164	Ⓐ	Ⓑ	Ⓒ	Ⓓ	184	Ⓐ	Ⓑ	Ⓒ	Ⓓ
105	Ⓐ	Ⓑ	Ⓒ	Ⓓ	125	Ⓐ	Ⓑ	Ⓒ	Ⓓ	145	Ⓐ	Ⓑ	Ⓒ	Ⓓ	165	Ⓐ	Ⓑ	Ⓒ	Ⓓ	185	Ⓐ	Ⓑ	Ⓒ	Ⓓ
106	Ⓐ	Ⓑ	Ⓒ	Ⓓ	126	Ⓐ	Ⓑ	Ⓒ	Ⓓ	146	Ⓐ	Ⓑ	Ⓒ	Ⓓ	166	Ⓐ	Ⓑ	Ⓒ	Ⓓ	186	Ⓐ	Ⓑ	Ⓒ	Ⓓ
107	Ⓐ	Ⓑ	Ⓒ	Ⓓ	127	Ⓐ	Ⓑ	Ⓒ	Ⓓ	147	Ⓐ	Ⓑ	Ⓒ	Ⓓ	167	Ⓐ	Ⓑ	Ⓒ	Ⓓ	187	Ⓐ	Ⓑ	Ⓒ	Ⓓ
108	Ⓐ	Ⓑ	Ⓒ	Ⓓ	128	Ⓐ	Ⓑ	Ⓒ	Ⓓ	148	Ⓐ	Ⓑ	Ⓒ	Ⓓ	168	Ⓐ	Ⓑ	Ⓒ	Ⓓ	188	Ⓐ	Ⓑ	Ⓒ	Ⓓ
109	Ⓐ	Ⓑ	Ⓒ	Ⓓ	129	Ⓐ	Ⓑ	Ⓒ	Ⓓ	149	Ⓐ	Ⓑ	Ⓒ	Ⓓ	169	Ⓐ	Ⓑ	Ⓒ	Ⓓ	189	Ⓐ	Ⓑ	Ⓒ	Ⓓ
110	Ⓐ	Ⓑ	Ⓒ	Ⓓ	130	Ⓐ	Ⓑ	Ⓒ	Ⓓ	150	Ⓐ	Ⓑ	Ⓒ	Ⓓ	170	Ⓐ	Ⓑ	Ⓒ	Ⓓ	190	Ⓐ	Ⓑ	Ⓒ	Ⓓ
111	Ⓐ	Ⓑ	Ⓒ	Ⓓ	131	Ⓐ	Ⓑ	Ⓒ	Ⓓ	151	Ⓐ	Ⓑ	Ⓒ	Ⓓ	171	Ⓐ	Ⓑ	Ⓒ	Ⓓ	191	Ⓐ	Ⓑ	Ⓒ	Ⓓ
112	Ⓐ	Ⓑ	Ⓒ	Ⓓ	132	Ⓐ	Ⓑ	Ⓒ	Ⓓ	152	Ⓐ	Ⓑ	Ⓒ	Ⓓ	172	Ⓐ	Ⓑ	Ⓒ	Ⓓ	192	Ⓐ	Ⓑ	Ⓒ	Ⓓ
113	Ⓐ	Ⓑ	Ⓒ	Ⓓ	133	Ⓐ	Ⓑ	Ⓒ	Ⓓ	153	Ⓐ	Ⓑ	Ⓒ	Ⓓ	173	Ⓐ	Ⓑ	Ⓒ	Ⓓ	193	Ⓐ	Ⓑ	Ⓒ	Ⓓ
114	Ⓐ	Ⓑ	Ⓒ	Ⓓ	134	Ⓐ	Ⓑ	Ⓒ	Ⓓ	154	Ⓐ	Ⓑ	Ⓒ	Ⓓ	174	Ⓐ	Ⓑ	Ⓒ	Ⓓ	194	Ⓐ	Ⓑ	Ⓒ	Ⓓ
115	Ⓐ	Ⓑ	Ⓒ	Ⓓ	135	Ⓐ	Ⓑ	Ⓒ	Ⓓ	155	Ⓐ	Ⓑ	Ⓒ	Ⓓ	175	Ⓐ	Ⓑ	Ⓒ	Ⓓ	195	Ⓐ	Ⓑ	Ⓒ	Ⓓ
116	Ⓐ	Ⓑ	Ⓒ	Ⓓ	136	Ⓐ	Ⓑ	Ⓒ	Ⓓ	156	Ⓐ	Ⓑ	Ⓒ	Ⓓ	176	Ⓐ	Ⓑ	Ⓒ	Ⓓ	196	Ⓐ	Ⓑ	Ⓒ	Ⓓ
117	Ⓐ	Ⓑ	Ⓒ	Ⓓ	137	Ⓐ	Ⓑ	Ⓒ	Ⓓ	157	Ⓐ	Ⓑ	Ⓒ	Ⓓ	177	Ⓐ	Ⓑ	Ⓒ	Ⓓ	197	Ⓐ	Ⓑ	Ⓒ	Ⓓ
118	Ⓐ	Ⓑ	Ⓒ	Ⓓ	138	Ⓐ	Ⓑ	Ⓒ	Ⓓ	158	Ⓐ	Ⓑ	Ⓒ	Ⓓ	178	Ⓐ	Ⓑ	Ⓒ	Ⓓ	198	Ⓐ	Ⓑ	Ⓒ	Ⓓ
119	Ⓐ	Ⓑ	Ⓒ	Ⓓ	139	Ⓐ	Ⓑ	Ⓒ	Ⓓ	159	Ⓐ	Ⓑ	Ⓒ	Ⓓ	179	Ⓐ	Ⓑ	Ⓒ	Ⓓ	199	Ⓐ	Ⓑ	Ⓒ	Ⓓ
120	Ⓐ	Ⓑ	Ⓒ	Ⓓ	140	Ⓐ	Ⓑ	Ⓒ	Ⓓ	160	Ⓐ	Ⓑ	Ⓒ	Ⓓ	180	Ⓐ	Ⓑ	Ⓒ	Ⓓ	200	Ⓐ	Ⓑ	Ⓒ	Ⓓ

NO	ANSWER				NO	ANSWER				NO	ANSWER				NO	ANSWER			
101	Ⓐ	Ⓑ	Ⓒ	Ⓓ	121	Ⓐ	Ⓑ	Ⓒ	Ⓓ	141	Ⓐ	Ⓑ	Ⓒ	Ⓓ	161	Ⓐ	Ⓑ	Ⓒ	Ⓓ	181	Ⓐ	Ⓑ	Ⓒ	Ⓓ
102	Ⓐ	Ⓑ	Ⓒ	Ⓓ	122	Ⓐ	Ⓑ	Ⓒ	Ⓓ	142	Ⓐ	Ⓑ	Ⓒ	Ⓓ	162	Ⓐ	Ⓑ	Ⓒ	Ⓓ	182	Ⓐ	Ⓑ	Ⓒ	Ⓓ
103	Ⓐ	Ⓑ	Ⓒ	Ⓓ	123	Ⓐ	Ⓑ	Ⓒ	Ⓓ	143	Ⓐ	Ⓑ	Ⓒ	Ⓓ	163	Ⓐ	Ⓑ	Ⓒ	Ⓓ	183	Ⓐ	Ⓑ	Ⓒ	Ⓓ
104	Ⓐ	Ⓑ	Ⓒ	Ⓓ	124	Ⓐ	Ⓑ	Ⓒ	Ⓓ	144	Ⓐ	Ⓑ	Ⓒ	Ⓓ	164	Ⓐ	Ⓑ	Ⓒ	Ⓓ	184	Ⓐ	Ⓑ	Ⓒ	Ⓓ
105	Ⓐ	Ⓑ	Ⓒ	Ⓓ	125	Ⓐ	Ⓑ	Ⓒ	Ⓓ	145	Ⓐ	Ⓑ	Ⓒ	Ⓓ	165	Ⓐ	Ⓑ	Ⓒ	Ⓓ	185	Ⓐ	Ⓑ	Ⓒ	Ⓓ
106	Ⓐ	Ⓑ	Ⓒ	Ⓓ	126	Ⓐ	Ⓑ	Ⓒ	Ⓓ	146	Ⓐ	Ⓑ	Ⓒ	Ⓓ	166	Ⓐ	Ⓑ	Ⓒ	Ⓓ	186	Ⓐ	Ⓑ	Ⓒ	Ⓓ
107	Ⓐ	Ⓑ	Ⓒ	Ⓓ	127	Ⓐ	Ⓑ	Ⓒ	Ⓓ	147	Ⓐ	Ⓑ	Ⓒ	Ⓓ	167	Ⓐ	Ⓑ	Ⓒ	Ⓓ	187	Ⓐ	Ⓑ	Ⓒ	Ⓓ
108	Ⓐ	Ⓑ	Ⓒ	Ⓓ	128	Ⓐ	Ⓑ	Ⓒ	Ⓓ	148	Ⓐ	Ⓑ	Ⓒ	Ⓓ	168	Ⓐ	Ⓑ	Ⓒ	Ⓓ	188	Ⓐ	Ⓑ	Ⓒ	Ⓓ
109	Ⓐ	Ⓑ	Ⓒ	Ⓓ	129	Ⓐ	Ⓑ	Ⓒ	Ⓓ	149	Ⓐ	Ⓑ	Ⓒ	Ⓓ	169	Ⓐ	Ⓑ	Ⓒ	Ⓓ	189	Ⓐ	Ⓑ	Ⓒ	Ⓓ
110	Ⓐ	Ⓑ	Ⓒ	Ⓓ	130	Ⓐ	Ⓑ	Ⓒ	Ⓓ	150	Ⓐ	Ⓑ	Ⓒ	Ⓓ	170	Ⓐ	Ⓑ	Ⓒ	Ⓓ	190	Ⓐ	Ⓑ	Ⓒ	Ⓓ
111	Ⓐ	Ⓑ	Ⓒ	Ⓓ	131	Ⓐ	Ⓑ	Ⓒ	Ⓓ	151	Ⓐ	Ⓑ	Ⓒ	Ⓓ	171	Ⓐ	Ⓑ	Ⓒ	Ⓓ	191	Ⓐ	Ⓑ	Ⓒ	Ⓓ
112	Ⓐ	Ⓑ	Ⓒ	Ⓓ	132	Ⓐ	Ⓑ	Ⓒ	Ⓓ	152	Ⓐ	Ⓑ	Ⓒ	Ⓓ	172	Ⓐ	Ⓑ	Ⓒ	Ⓓ	192	Ⓐ	Ⓑ	Ⓒ	Ⓓ
113	Ⓐ	Ⓑ	Ⓒ	Ⓓ	133	Ⓐ	Ⓑ	Ⓒ	Ⓓ	153	Ⓐ	Ⓑ	Ⓒ	Ⓓ	173	Ⓐ	Ⓑ	Ⓒ	Ⓓ	193	Ⓐ	Ⓑ	Ⓒ	Ⓓ
114	Ⓐ	Ⓑ	Ⓒ	Ⓓ	134	Ⓐ	Ⓑ	Ⓒ	Ⓓ	154	Ⓐ	Ⓑ	Ⓒ	Ⓓ	174	Ⓐ	Ⓑ	Ⓒ	Ⓓ	194	Ⓐ	Ⓑ	Ⓒ	Ⓓ
115	Ⓐ	Ⓑ	Ⓒ	Ⓓ	135	Ⓐ	Ⓑ	Ⓒ	Ⓓ	155	Ⓐ	Ⓑ	Ⓒ	Ⓓ	175	Ⓐ	Ⓑ	Ⓒ	Ⓓ	195	Ⓐ	Ⓑ	Ⓒ	Ⓓ
116	Ⓐ	Ⓑ	Ⓒ	Ⓓ	136	Ⓐ	Ⓑ	Ⓒ	Ⓓ	156	Ⓐ	Ⓑ	Ⓒ	Ⓓ	176	Ⓐ	Ⓑ	Ⓒ	Ⓓ	196	Ⓐ	Ⓑ	Ⓒ	Ⓓ
117	Ⓐ	Ⓑ	Ⓒ	Ⓓ	137	Ⓐ	Ⓑ	Ⓒ	Ⓓ	157	Ⓐ	Ⓑ	Ⓒ	Ⓓ	177	Ⓐ	Ⓑ	Ⓒ	Ⓓ	197	Ⓐ	Ⓑ	Ⓒ	Ⓓ
118	Ⓐ	Ⓑ	Ⓒ	Ⓓ	138	Ⓐ	Ⓑ	Ⓒ	Ⓓ	158	Ⓐ	Ⓑ	Ⓒ	Ⓓ	178	Ⓐ	Ⓑ	Ⓒ	Ⓓ	198	Ⓐ	Ⓑ	Ⓒ	Ⓓ
119	Ⓐ	Ⓑ	Ⓒ	Ⓓ	139	Ⓐ	Ⓑ	Ⓒ	Ⓓ	159	Ⓐ	Ⓑ	Ⓒ	Ⓓ	179	Ⓐ	Ⓑ	Ⓒ	Ⓓ	199	Ⓐ	Ⓑ	Ⓒ	Ⓓ
120	Ⓐ	Ⓑ	Ⓒ	Ⓓ	140	Ⓐ	Ⓑ	Ⓒ	Ⓓ	160	Ⓐ	Ⓑ	Ⓒ	Ⓓ	180	Ⓐ	Ⓑ	Ⓒ	Ⓓ	200	Ⓐ	Ⓑ	Ⓒ	Ⓓ

NO	ANSWER	NO	ANSWER	NO	ANSWER	NO	ANSWER	NO	ANSWER
101	Ⓐ Ⓑ Ⓒ Ⓓ	121	Ⓐ Ⓑ Ⓒ Ⓓ	141	Ⓐ Ⓑ Ⓒ Ⓓ	161	Ⓐ Ⓑ Ⓒ Ⓓ	181	Ⓐ Ⓑ Ⓒ Ⓓ
102	Ⓐ Ⓑ Ⓒ Ⓓ	122	Ⓐ Ⓑ Ⓒ Ⓓ	142	Ⓐ Ⓑ Ⓒ Ⓓ	162	Ⓐ Ⓑ Ⓒ Ⓓ	182	Ⓐ Ⓑ Ⓒ Ⓓ
103	Ⓐ Ⓑ Ⓒ Ⓓ	123	Ⓐ Ⓑ Ⓒ Ⓓ	143	Ⓐ Ⓑ Ⓒ Ⓓ	163	Ⓐ Ⓑ Ⓒ Ⓓ	183	Ⓐ Ⓑ Ⓒ Ⓓ
104	Ⓐ Ⓑ Ⓒ Ⓓ	124	Ⓐ Ⓑ Ⓒ Ⓓ	144	Ⓐ Ⓑ Ⓒ Ⓓ	164	Ⓐ Ⓑ Ⓒ Ⓓ	184	Ⓐ Ⓑ Ⓒ Ⓓ
105	Ⓐ Ⓑ Ⓒ Ⓓ	125	Ⓐ Ⓑ Ⓒ Ⓓ	145	Ⓐ Ⓑ Ⓒ Ⓓ	165	Ⓐ Ⓑ Ⓒ Ⓓ	185	Ⓐ Ⓑ Ⓒ Ⓓ
106	Ⓐ Ⓑ Ⓒ Ⓓ	126	Ⓐ Ⓑ Ⓒ Ⓓ	146	Ⓐ Ⓑ Ⓒ Ⓓ	166	Ⓐ Ⓑ Ⓒ Ⓓ	186	Ⓐ Ⓑ Ⓒ Ⓓ
107	Ⓐ Ⓑ Ⓒ Ⓓ	127	Ⓐ Ⓑ Ⓒ Ⓓ	147	Ⓐ Ⓑ Ⓒ Ⓓ	167	Ⓐ Ⓑ Ⓒ Ⓓ	187	Ⓐ Ⓑ Ⓒ Ⓓ
108	Ⓐ Ⓑ Ⓒ Ⓓ	128	Ⓐ Ⓑ Ⓒ Ⓓ	148	Ⓐ Ⓑ Ⓒ Ⓓ	168	Ⓐ Ⓑ Ⓒ Ⓓ	188	Ⓐ Ⓑ Ⓒ Ⓓ
109	Ⓐ Ⓑ Ⓒ Ⓓ	129	Ⓐ Ⓑ Ⓒ Ⓓ	149	Ⓐ Ⓑ Ⓒ Ⓓ	169	Ⓐ Ⓑ Ⓒ Ⓓ	189	Ⓐ Ⓑ Ⓒ Ⓓ
110	Ⓐ Ⓑ Ⓒ Ⓓ	130	Ⓐ Ⓑ Ⓒ Ⓓ	150	Ⓐ Ⓑ Ⓒ Ⓓ	170	Ⓐ Ⓑ Ⓒ Ⓓ	190	Ⓐ Ⓑ Ⓒ Ⓓ
111	Ⓐ Ⓑ Ⓒ Ⓓ	131	Ⓐ Ⓑ Ⓒ Ⓓ	151	Ⓐ Ⓑ Ⓒ Ⓓ	171	Ⓐ Ⓑ Ⓒ Ⓓ	191	Ⓐ Ⓑ Ⓒ Ⓓ
112	Ⓐ Ⓑ Ⓒ Ⓓ	132	Ⓐ Ⓑ Ⓒ Ⓓ	152	Ⓐ Ⓑ Ⓒ Ⓓ	172	Ⓐ Ⓑ Ⓒ Ⓓ	192	Ⓐ Ⓑ Ⓒ Ⓓ
113	Ⓐ Ⓑ Ⓒ Ⓓ	133	Ⓐ Ⓑ Ⓒ Ⓓ	153	Ⓐ Ⓑ Ⓒ Ⓓ	173	Ⓐ Ⓑ Ⓒ Ⓓ	193	Ⓐ Ⓑ Ⓒ Ⓓ
114	Ⓐ Ⓑ Ⓒ Ⓓ	134	Ⓐ Ⓑ Ⓒ Ⓓ	154	Ⓐ Ⓑ Ⓒ Ⓓ	174	Ⓐ Ⓑ Ⓒ Ⓓ	194	Ⓐ Ⓑ Ⓒ Ⓓ
115	Ⓐ Ⓑ Ⓒ Ⓓ	135	Ⓐ Ⓑ Ⓒ Ⓓ	155	Ⓐ Ⓑ Ⓒ Ⓓ	175	Ⓐ Ⓑ Ⓒ Ⓓ	195	Ⓐ Ⓑ Ⓒ Ⓓ
116	Ⓐ Ⓑ Ⓒ Ⓓ	136	Ⓐ Ⓑ Ⓒ Ⓓ	156	Ⓐ Ⓑ Ⓒ Ⓓ	176	Ⓐ Ⓑ Ⓒ Ⓓ	196	Ⓐ Ⓑ Ⓒ Ⓓ
117	Ⓐ Ⓑ Ⓒ Ⓓ	137	Ⓐ Ⓑ Ⓒ Ⓓ	157	Ⓐ Ⓑ Ⓒ Ⓓ	177	Ⓐ Ⓑ Ⓒ Ⓓ	197	Ⓐ Ⓑ Ⓒ Ⓓ
118	Ⓐ Ⓑ Ⓒ Ⓓ	138	Ⓐ Ⓑ Ⓒ Ⓓ	158	Ⓐ Ⓑ Ⓒ Ⓓ	178	Ⓐ Ⓑ Ⓒ Ⓓ	198	Ⓐ Ⓑ Ⓒ Ⓓ
119	Ⓐ Ⓑ Ⓒ Ⓓ	139	Ⓐ Ⓑ Ⓒ Ⓓ	159	Ⓐ Ⓑ Ⓒ Ⓓ	179	Ⓐ Ⓑ Ⓒ Ⓓ	199	Ⓐ Ⓑ Ⓒ Ⓓ
120	Ⓐ Ⓑ Ⓒ Ⓓ	140	Ⓐ Ⓑ Ⓒ Ⓓ	160	Ⓐ Ⓑ Ⓒ Ⓓ	180	Ⓐ Ⓑ Ⓒ Ⓓ	200	Ⓐ Ⓑ Ⓒ Ⓓ

실전 모의고사 4회 解答用紙 (두 번째 시험)

NO	ANSWER	NO	ANSWER	NO	ANSWER	NO	ANSWER
101	Ⓐ Ⓑ Ⓒ Ⓓ	121	Ⓐ Ⓑ Ⓒ Ⓓ	141	Ⓐ Ⓑ Ⓒ Ⓓ	181	Ⓐ Ⓑ Ⓒ Ⓓ
102	Ⓐ Ⓑ Ⓒ Ⓓ	122	Ⓐ Ⓑ Ⓒ Ⓓ	142	Ⓐ Ⓑ Ⓒ Ⓓ	182	Ⓐ Ⓑ Ⓒ Ⓓ
103	Ⓐ Ⓑ Ⓒ Ⓓ	123	Ⓐ Ⓑ Ⓒ Ⓓ	143	Ⓐ Ⓑ Ⓒ Ⓓ	183	Ⓐ Ⓑ Ⓒ Ⓓ
104	Ⓐ Ⓑ Ⓒ Ⓓ	124	Ⓐ Ⓑ Ⓒ Ⓓ	144	Ⓐ Ⓑ Ⓒ Ⓓ	184	Ⓐ Ⓑ Ⓒ Ⓓ
105	Ⓐ Ⓑ Ⓒ Ⓓ	125	Ⓐ Ⓑ Ⓒ Ⓓ	145	Ⓐ Ⓑ Ⓒ Ⓓ	185	Ⓐ Ⓑ Ⓒ Ⓓ
106	Ⓐ Ⓑ Ⓒ Ⓓ	126	Ⓐ Ⓑ Ⓒ Ⓓ	146	Ⓐ Ⓑ Ⓒ Ⓓ	186	Ⓐ Ⓑ Ⓒ Ⓓ
107	Ⓐ Ⓑ Ⓒ Ⓓ	127	Ⓐ Ⓑ Ⓒ Ⓓ	147	Ⓐ Ⓑ Ⓒ Ⓓ	187	Ⓐ Ⓑ Ⓒ Ⓓ
108	Ⓐ Ⓑ Ⓒ Ⓓ	128	Ⓐ Ⓑ Ⓒ Ⓓ	148	Ⓐ Ⓑ Ⓒ Ⓓ	188	Ⓐ Ⓑ Ⓒ Ⓓ
109	Ⓐ Ⓑ Ⓒ Ⓓ	129	Ⓐ Ⓑ Ⓒ Ⓓ	149	Ⓐ Ⓑ Ⓒ Ⓓ	189	Ⓐ Ⓑ Ⓒ Ⓓ
110	Ⓐ Ⓑ Ⓒ Ⓓ	130	Ⓐ Ⓑ Ⓒ Ⓓ	150	Ⓐ Ⓑ Ⓒ Ⓓ	190	Ⓐ Ⓑ Ⓒ Ⓓ
111	Ⓐ Ⓑ Ⓒ Ⓓ	131	Ⓐ Ⓑ Ⓒ Ⓓ	151	Ⓐ Ⓑ Ⓒ Ⓓ	191	Ⓐ Ⓑ Ⓒ Ⓓ
112	Ⓐ Ⓑ Ⓒ Ⓓ	132	Ⓐ Ⓑ Ⓒ Ⓓ	152	Ⓐ Ⓑ Ⓒ Ⓓ	192	Ⓐ Ⓑ Ⓒ Ⓓ
113	Ⓐ Ⓑ Ⓒ Ⓓ	133	Ⓐ Ⓑ Ⓒ Ⓓ	153	Ⓐ Ⓑ Ⓒ Ⓓ	193	Ⓐ Ⓑ Ⓒ Ⓓ
114	Ⓐ Ⓑ Ⓒ Ⓓ	134	Ⓐ Ⓑ Ⓒ Ⓓ	154	Ⓐ Ⓑ Ⓒ Ⓓ	194	Ⓐ Ⓑ Ⓒ Ⓓ
115	Ⓐ Ⓑ Ⓒ Ⓓ	135	Ⓐ Ⓑ Ⓒ Ⓓ	155	Ⓐ Ⓑ Ⓒ Ⓓ	195	Ⓐ Ⓑ Ⓒ Ⓓ
116	Ⓐ Ⓑ Ⓒ Ⓓ	136	Ⓐ Ⓑ Ⓒ Ⓓ	156	Ⓐ Ⓑ Ⓒ Ⓓ	196	Ⓐ Ⓑ Ⓒ Ⓓ
117	Ⓐ Ⓑ Ⓒ Ⓓ	137	Ⓐ Ⓑ Ⓒ Ⓓ	157	Ⓐ Ⓑ Ⓒ Ⓓ	197	Ⓐ Ⓑ Ⓒ Ⓓ
118	Ⓐ Ⓑ Ⓒ Ⓓ	138	Ⓐ Ⓑ Ⓒ Ⓓ	158	Ⓐ Ⓑ Ⓒ Ⓓ	198	Ⓐ Ⓑ Ⓒ Ⓓ
119	Ⓐ Ⓑ Ⓒ Ⓓ	139	Ⓐ Ⓑ Ⓒ Ⓓ	159	Ⓐ Ⓑ Ⓒ Ⓓ	199	Ⓐ Ⓑ Ⓒ Ⓓ
120	Ⓐ Ⓑ Ⓒ Ⓓ	140	Ⓐ Ⓑ Ⓒ Ⓓ	160	Ⓐ Ⓑ Ⓒ Ⓓ	200	Ⓐ Ⓑ Ⓒ Ⓓ

NO	ANSWER
161	Ⓐ Ⓑ Ⓒ Ⓓ
162	Ⓐ Ⓑ Ⓒ Ⓓ
163	Ⓐ Ⓑ Ⓒ Ⓓ
164	Ⓐ Ⓑ Ⓒ Ⓓ
165	Ⓐ Ⓑ Ⓒ Ⓓ
166	Ⓐ Ⓑ Ⓒ Ⓓ
167	Ⓐ Ⓑ Ⓒ Ⓓ
168	Ⓐ Ⓑ Ⓒ Ⓓ
169	Ⓐ Ⓑ Ⓒ Ⓓ
170	Ⓐ Ⓑ Ⓒ Ⓓ
171	Ⓐ Ⓑ Ⓒ Ⓓ
172	Ⓐ Ⓑ Ⓒ Ⓓ
173	Ⓐ Ⓑ Ⓒ Ⓓ
174	Ⓐ Ⓑ Ⓒ Ⓓ
175	Ⓐ Ⓑ Ⓒ Ⓓ
176	Ⓐ Ⓑ Ⓒ Ⓓ
177	Ⓐ Ⓑ Ⓒ Ⓓ
178	Ⓐ Ⓑ Ⓒ Ⓓ
179	Ⓐ Ⓑ Ⓒ Ⓓ
180	Ⓐ Ⓑ Ⓒ Ⓓ

NO	ANSWER	NO	ANSWER	NO	ANSWER	NO	ANSWER	NO	ANSWER
101	Ⓐ Ⓑ Ⓒ Ⓓ	121	Ⓐ Ⓑ Ⓒ Ⓓ	141	Ⓐ Ⓑ Ⓒ Ⓓ	161	Ⓐ Ⓑ Ⓒ Ⓓ	181	Ⓐ Ⓑ Ⓒ Ⓓ
102	Ⓐ Ⓑ Ⓒ Ⓓ	122	Ⓐ Ⓑ Ⓒ Ⓓ	142	Ⓐ Ⓑ Ⓒ Ⓓ	162	Ⓐ Ⓑ Ⓒ Ⓓ	182	Ⓐ Ⓑ Ⓒ Ⓓ
103	Ⓐ Ⓑ Ⓒ Ⓓ	123	Ⓐ Ⓑ Ⓒ Ⓓ	143	Ⓐ Ⓑ Ⓒ Ⓓ	163	Ⓐ Ⓑ Ⓒ Ⓓ	183	Ⓐ Ⓑ Ⓒ Ⓓ
104	Ⓐ Ⓑ Ⓒ Ⓓ	124	Ⓐ Ⓑ Ⓒ Ⓓ	144	Ⓐ Ⓑ Ⓒ Ⓓ	164	Ⓐ Ⓑ Ⓒ Ⓓ	184	Ⓐ Ⓑ Ⓒ Ⓓ
105	Ⓐ Ⓑ Ⓒ Ⓓ	125	Ⓐ Ⓑ Ⓒ Ⓓ	145	Ⓐ Ⓑ Ⓒ Ⓓ	165	Ⓐ Ⓑ Ⓒ Ⓓ	185	Ⓐ Ⓑ Ⓒ Ⓓ
106	Ⓐ Ⓑ Ⓒ Ⓓ	126	Ⓐ Ⓑ Ⓒ Ⓓ	146	Ⓐ Ⓑ Ⓒ Ⓓ	166	Ⓐ Ⓑ Ⓒ Ⓓ	186	Ⓐ Ⓑ Ⓒ Ⓓ
107	Ⓐ Ⓑ Ⓒ Ⓓ	127	Ⓐ Ⓑ Ⓒ Ⓓ	147	Ⓐ Ⓑ Ⓒ Ⓓ	167	Ⓐ Ⓑ Ⓒ Ⓓ	187	Ⓐ Ⓑ Ⓒ Ⓓ
108	Ⓐ Ⓑ Ⓒ Ⓓ	128	Ⓐ Ⓑ Ⓒ Ⓓ	148	Ⓐ Ⓑ Ⓒ Ⓓ	168	Ⓐ Ⓑ Ⓒ Ⓓ	188	Ⓐ Ⓑ Ⓒ Ⓓ
109	Ⓐ Ⓑ Ⓒ Ⓓ	129	Ⓐ Ⓑ Ⓒ Ⓓ	149	Ⓐ Ⓑ Ⓒ Ⓓ	169	Ⓐ Ⓑ Ⓒ Ⓓ	189	Ⓐ Ⓑ Ⓒ Ⓓ
110	Ⓐ Ⓑ Ⓒ Ⓓ	130	Ⓐ Ⓑ Ⓒ Ⓓ	150	Ⓐ Ⓑ Ⓒ Ⓓ	170	Ⓐ Ⓑ Ⓒ Ⓓ	190	Ⓐ Ⓑ Ⓒ Ⓓ
111	Ⓐ Ⓑ Ⓒ Ⓓ	131	Ⓐ Ⓑ Ⓒ Ⓓ	151	Ⓐ Ⓑ Ⓒ Ⓓ	171	Ⓐ Ⓑ Ⓒ Ⓓ	191	Ⓐ Ⓑ Ⓒ Ⓓ
112	Ⓐ Ⓑ Ⓒ Ⓓ	132	Ⓐ Ⓑ Ⓒ Ⓓ	152	Ⓐ Ⓑ Ⓒ Ⓓ	172	Ⓐ Ⓑ Ⓒ Ⓓ	192	Ⓐ Ⓑ Ⓒ Ⓓ
113	Ⓐ Ⓑ Ⓒ Ⓓ	133	Ⓐ Ⓑ Ⓒ Ⓓ	153	Ⓐ Ⓑ Ⓒ Ⓓ	173	Ⓐ Ⓑ Ⓒ Ⓓ	193	Ⓐ Ⓑ Ⓒ Ⓓ
114	Ⓐ Ⓑ Ⓒ Ⓓ	134	Ⓐ Ⓑ Ⓒ Ⓓ	154	Ⓐ Ⓑ Ⓒ Ⓓ	174	Ⓐ Ⓑ Ⓒ Ⓓ	194	Ⓐ Ⓑ Ⓒ Ⓓ
115	Ⓐ Ⓑ Ⓒ Ⓓ	135	Ⓐ Ⓑ Ⓒ Ⓓ	155	Ⓐ Ⓑ Ⓒ Ⓓ	175	Ⓐ Ⓑ Ⓒ Ⓓ	195	Ⓐ Ⓑ Ⓒ Ⓓ
116	Ⓐ Ⓑ Ⓒ Ⓓ	136	Ⓐ Ⓑ Ⓒ Ⓓ	156	Ⓐ Ⓑ Ⓒ Ⓓ	176	Ⓐ Ⓑ Ⓒ Ⓓ	196	Ⓐ Ⓑ Ⓒ Ⓓ
117	Ⓐ Ⓑ Ⓒ Ⓓ	137	Ⓐ Ⓑ Ⓒ Ⓓ	157	Ⓐ Ⓑ Ⓒ Ⓓ	177	Ⓐ Ⓑ Ⓒ Ⓓ	197	Ⓐ Ⓑ Ⓒ Ⓓ
118	Ⓐ Ⓑ Ⓒ Ⓓ	138	Ⓐ Ⓑ Ⓒ Ⓓ	158	Ⓐ Ⓑ Ⓒ Ⓓ	178	Ⓐ Ⓑ Ⓒ Ⓓ	198	Ⓐ Ⓑ Ⓒ Ⓓ
119	Ⓐ Ⓑ Ⓒ Ⓓ	139	Ⓐ Ⓑ Ⓒ Ⓓ	159	Ⓐ Ⓑ Ⓒ Ⓓ	179	Ⓐ Ⓑ Ⓒ Ⓓ	199	Ⓐ Ⓑ Ⓒ Ⓓ
120	Ⓐ Ⓑ Ⓒ Ⓓ	140	Ⓐ Ⓑ Ⓒ Ⓓ	160	Ⓐ Ⓑ Ⓒ Ⓓ	180	Ⓐ Ⓑ Ⓒ Ⓓ	200	Ⓐ Ⓑ Ⓒ Ⓓ

실전모의고사

세 번째 시험

해답용지

실전모의고사를 풀 때는 실제 시험과 마찬가지로 해답용지에 마킹하면서 문제를 푸시기 바랍니다. 그럼으로써 실전 감각이 쌓여 실제 시험에서의 실수를 최대한 줄일 수 있습니다.
또한 해답용지는 모두 세 벌을 준비했습니다. 한 번 풀어 본 문제라 하더라도 시간이 지난 다음에 다시 풀어 보면 또 다른 맛이 날 뿐 아니라, 두번 세번 풀어 봄으로써 복습 효과도 거둘 수 있습니다.

NO	ANSWER	NO	ANSWER	NO	ANSWER	NO	ANSWER	NO	ANSWER
101	Ⓐ Ⓑ Ⓒ Ⓓ	121	Ⓐ Ⓑ Ⓒ Ⓓ	141	Ⓐ Ⓑ Ⓒ Ⓓ	161	Ⓐ Ⓑ Ⓒ Ⓓ	181	Ⓐ Ⓑ Ⓒ Ⓓ
102	Ⓐ Ⓑ Ⓒ Ⓓ	122	Ⓐ Ⓑ Ⓒ Ⓓ	142	Ⓐ Ⓑ Ⓒ Ⓓ	162	Ⓐ Ⓑ Ⓒ Ⓓ	182	Ⓐ Ⓑ Ⓒ Ⓓ
103	Ⓐ Ⓑ Ⓒ Ⓓ	123	Ⓐ Ⓑ Ⓒ Ⓓ	143	Ⓐ Ⓑ Ⓒ Ⓓ	163	Ⓐ Ⓑ Ⓒ Ⓓ	183	Ⓐ Ⓑ Ⓒ Ⓓ
104	Ⓐ Ⓑ Ⓒ Ⓓ	124	Ⓐ Ⓑ Ⓒ Ⓓ	144	Ⓐ Ⓑ Ⓒ Ⓓ	164	Ⓐ Ⓑ Ⓒ Ⓓ	184	Ⓐ Ⓑ Ⓒ Ⓓ
105	Ⓐ Ⓑ Ⓒ Ⓓ	125	Ⓐ Ⓑ Ⓒ Ⓓ	145	Ⓐ Ⓑ Ⓒ Ⓓ	165	Ⓐ Ⓑ Ⓒ Ⓓ	185	Ⓐ Ⓑ Ⓒ Ⓓ
106	Ⓐ Ⓑ Ⓒ Ⓓ	126	Ⓐ Ⓑ Ⓒ Ⓓ	146	Ⓐ Ⓑ Ⓒ Ⓓ	166	Ⓐ Ⓑ Ⓒ Ⓓ	186	Ⓐ Ⓑ Ⓒ Ⓓ
107	Ⓐ Ⓑ Ⓒ Ⓓ	127	Ⓐ Ⓑ Ⓒ Ⓓ	147	Ⓐ Ⓑ Ⓒ Ⓓ	167	Ⓐ Ⓑ Ⓒ Ⓓ	187	Ⓐ Ⓑ Ⓒ Ⓓ
108	Ⓐ Ⓑ Ⓒ Ⓓ	128	Ⓐ Ⓑ Ⓒ Ⓓ	148	Ⓐ Ⓑ Ⓒ Ⓓ	168	Ⓐ Ⓑ Ⓒ Ⓓ	188	Ⓐ Ⓑ Ⓒ Ⓓ
109	Ⓐ Ⓑ Ⓒ Ⓓ	129	Ⓐ Ⓑ Ⓒ Ⓓ	149	Ⓐ Ⓑ Ⓒ Ⓓ	169	Ⓐ Ⓑ Ⓒ Ⓓ	189	Ⓐ Ⓑ Ⓒ Ⓓ
110	Ⓐ Ⓑ Ⓒ Ⓓ	130	Ⓐ Ⓑ Ⓒ Ⓓ	150	Ⓐ Ⓑ Ⓒ Ⓓ	170	Ⓐ Ⓑ Ⓒ Ⓓ	190	Ⓐ Ⓑ Ⓒ Ⓓ
111	Ⓐ Ⓑ Ⓒ Ⓓ	131	Ⓐ Ⓑ Ⓒ Ⓓ	151	Ⓐ Ⓑ Ⓒ Ⓓ	171	Ⓐ Ⓑ Ⓒ Ⓓ	191	Ⓐ Ⓑ Ⓒ Ⓓ
112	Ⓐ Ⓑ Ⓒ Ⓓ	132	Ⓐ Ⓑ Ⓒ Ⓓ	152	Ⓐ Ⓑ Ⓒ Ⓓ	172	Ⓐ Ⓑ Ⓒ Ⓓ	192	Ⓐ Ⓑ Ⓒ Ⓓ
113	Ⓐ Ⓑ Ⓒ Ⓓ	133	Ⓐ Ⓑ Ⓒ Ⓓ	153	Ⓐ Ⓑ Ⓒ Ⓓ	173	Ⓐ Ⓑ Ⓒ Ⓓ	193	Ⓐ Ⓑ Ⓒ Ⓓ
114	Ⓐ Ⓑ Ⓒ Ⓓ	134	Ⓐ Ⓑ Ⓒ Ⓓ	154	Ⓐ Ⓑ Ⓒ Ⓓ	174	Ⓐ Ⓑ Ⓒ Ⓓ	194	Ⓐ Ⓑ Ⓒ Ⓓ
115	Ⓐ Ⓑ Ⓒ Ⓓ	135	Ⓐ Ⓑ Ⓒ Ⓓ	155	Ⓐ Ⓑ Ⓒ Ⓓ	175	Ⓐ Ⓑ Ⓒ Ⓓ	195	Ⓐ Ⓑ Ⓒ Ⓓ
116	Ⓐ Ⓑ Ⓒ Ⓓ	136	Ⓐ Ⓑ Ⓒ Ⓓ	156	Ⓐ Ⓑ Ⓒ Ⓓ	176	Ⓐ Ⓑ Ⓒ Ⓓ	196	Ⓐ Ⓑ Ⓒ Ⓓ
117	Ⓐ Ⓑ Ⓒ Ⓓ	137	Ⓐ Ⓑ Ⓒ Ⓓ	157	Ⓐ Ⓑ Ⓒ Ⓓ	177	Ⓐ Ⓑ Ⓒ Ⓓ	197	Ⓐ Ⓑ Ⓒ Ⓓ
118	Ⓐ Ⓑ Ⓒ Ⓓ	138	Ⓐ Ⓑ Ⓒ Ⓓ	158	Ⓐ Ⓑ Ⓒ Ⓓ	178	Ⓐ Ⓑ Ⓒ Ⓓ	198	Ⓐ Ⓑ Ⓒ Ⓓ
119	Ⓐ Ⓑ Ⓒ Ⓓ	139	Ⓐ Ⓑ Ⓒ Ⓓ	159	Ⓐ Ⓑ Ⓒ Ⓓ	179	Ⓐ Ⓑ Ⓒ Ⓓ	199	Ⓐ Ⓑ Ⓒ Ⓓ
120	Ⓐ Ⓑ Ⓒ Ⓓ	140	Ⓐ Ⓑ Ⓒ Ⓓ	160	Ⓐ Ⓑ Ⓒ Ⓓ	180	Ⓐ Ⓑ Ⓒ Ⓓ	200	Ⓐ Ⓑ Ⓒ Ⓓ

실전 모의고사 2회 解答用紙 (세 번째 시험)

NO	ANSWER				NO	ANSWER				NO	ANSWER				NO	ANSWER			
101	Ⓐ	Ⓑ	Ⓒ	Ⓓ	121	Ⓐ	Ⓑ	Ⓒ	Ⓓ	141	Ⓐ	Ⓑ	Ⓒ	Ⓓ	161	Ⓐ	Ⓑ	Ⓒ	Ⓓ	181	Ⓐ	Ⓑ	Ⓒ	Ⓓ
102	Ⓐ	Ⓑ	Ⓒ	Ⓓ	122	Ⓐ	Ⓑ	Ⓒ	Ⓓ	142	Ⓐ	Ⓑ	Ⓒ	Ⓓ	162	Ⓐ	Ⓑ	Ⓒ	Ⓓ	182	Ⓐ	Ⓑ	Ⓒ	Ⓓ
103	Ⓐ	Ⓑ	Ⓒ	Ⓓ	123	Ⓐ	Ⓑ	Ⓒ	Ⓓ	143	Ⓐ	Ⓑ	Ⓒ	Ⓓ	163	Ⓐ	Ⓑ	Ⓒ	Ⓓ	183	Ⓐ	Ⓑ	Ⓒ	Ⓓ
104	Ⓐ	Ⓑ	Ⓒ	Ⓓ	124	Ⓐ	Ⓑ	Ⓒ	Ⓓ	144	Ⓐ	Ⓑ	Ⓒ	Ⓓ	164	Ⓐ	Ⓑ	Ⓒ	Ⓓ	184	Ⓐ	Ⓑ	Ⓒ	Ⓓ
105	Ⓐ	Ⓑ	Ⓒ	Ⓓ	125	Ⓐ	Ⓑ	Ⓒ	Ⓓ	145	Ⓐ	Ⓑ	Ⓒ	Ⓓ	165	Ⓐ	Ⓑ	Ⓒ	Ⓓ	185	Ⓐ	Ⓑ	Ⓒ	Ⓓ
106	Ⓐ	Ⓑ	Ⓒ	Ⓓ	126	Ⓐ	Ⓑ	Ⓒ	Ⓓ	146	Ⓐ	Ⓑ	Ⓒ	Ⓓ	166	Ⓐ	Ⓑ	Ⓒ	Ⓓ	186	Ⓐ	Ⓑ	Ⓒ	Ⓓ
107	Ⓐ	Ⓑ	Ⓒ	Ⓓ	127	Ⓐ	Ⓑ	Ⓒ	Ⓓ	147	Ⓐ	Ⓑ	Ⓒ	Ⓓ	167	Ⓐ	Ⓑ	Ⓒ	Ⓓ	187	Ⓐ	Ⓑ	Ⓒ	Ⓓ
108	Ⓐ	Ⓑ	Ⓒ	Ⓓ	128	Ⓐ	Ⓑ	Ⓒ	Ⓓ	148	Ⓐ	Ⓑ	Ⓒ	Ⓓ	168	Ⓐ	Ⓑ	Ⓒ	Ⓓ	188	Ⓐ	Ⓑ	Ⓒ	Ⓓ
109	Ⓐ	Ⓑ	Ⓒ	Ⓓ	129	Ⓐ	Ⓑ	Ⓒ	Ⓓ	149	Ⓐ	Ⓑ	Ⓒ	Ⓓ	169	Ⓐ	Ⓑ	Ⓒ	Ⓓ	189	Ⓐ	Ⓑ	Ⓒ	Ⓓ
110	Ⓐ	Ⓑ	Ⓒ	Ⓓ	130	Ⓐ	Ⓑ	Ⓒ	Ⓓ	150	Ⓐ	Ⓑ	Ⓒ	Ⓓ	170	Ⓐ	Ⓑ	Ⓒ	Ⓓ	190	Ⓐ	Ⓑ	Ⓒ	Ⓓ
111	Ⓐ	Ⓑ	Ⓒ	Ⓓ	131	Ⓐ	Ⓑ	Ⓒ	Ⓓ	151	Ⓐ	Ⓑ	Ⓒ	Ⓓ	171	Ⓐ	Ⓑ	Ⓒ	Ⓓ	191	Ⓐ	Ⓑ	Ⓒ	Ⓓ
112	Ⓐ	Ⓑ	Ⓒ	Ⓓ	132	Ⓐ	Ⓑ	Ⓒ	Ⓓ	152	Ⓐ	Ⓑ	Ⓒ	Ⓓ	172	Ⓐ	Ⓑ	Ⓒ	Ⓓ	192	Ⓐ	Ⓑ	Ⓒ	Ⓓ
113	Ⓐ	Ⓑ	Ⓒ	Ⓓ	133	Ⓐ	Ⓑ	Ⓒ	Ⓓ	153	Ⓐ	Ⓑ	Ⓒ	Ⓓ	173	Ⓐ	Ⓑ	Ⓒ	Ⓓ	193	Ⓐ	Ⓑ	Ⓒ	Ⓓ
114	Ⓐ	Ⓑ	Ⓒ	Ⓓ	134	Ⓐ	Ⓑ	Ⓒ	Ⓓ	154	Ⓐ	Ⓑ	Ⓒ	Ⓓ	174	Ⓐ	Ⓑ	Ⓒ	Ⓓ	194	Ⓐ	Ⓑ	Ⓒ	Ⓓ
115	Ⓐ	Ⓑ	Ⓒ	Ⓓ	135	Ⓐ	Ⓑ	Ⓒ	Ⓓ	155	Ⓐ	Ⓑ	Ⓒ	Ⓓ	175	Ⓐ	Ⓑ	Ⓒ	Ⓓ	195	Ⓐ	Ⓑ	Ⓒ	Ⓓ
116	Ⓐ	Ⓑ	Ⓒ	Ⓓ	136	Ⓐ	Ⓑ	Ⓒ	Ⓓ	156	Ⓐ	Ⓑ	Ⓒ	Ⓓ	176	Ⓐ	Ⓑ	Ⓒ	Ⓓ	196	Ⓐ	Ⓑ	Ⓒ	Ⓓ
117	Ⓐ	Ⓑ	Ⓒ	Ⓓ	137	Ⓐ	Ⓑ	Ⓒ	Ⓓ	157	Ⓐ	Ⓑ	Ⓒ	Ⓓ	177	Ⓐ	Ⓑ	Ⓒ	Ⓓ	197	Ⓐ	Ⓑ	Ⓒ	Ⓓ
118	Ⓐ	Ⓑ	Ⓒ	Ⓓ	138	Ⓐ	Ⓑ	Ⓒ	Ⓓ	158	Ⓐ	Ⓑ	Ⓒ	Ⓓ	178	Ⓐ	Ⓑ	Ⓒ	Ⓓ	198	Ⓐ	Ⓑ	Ⓒ	Ⓓ
119	Ⓐ	Ⓑ	Ⓒ	Ⓓ	139	Ⓐ	Ⓑ	Ⓒ	Ⓓ	159	Ⓐ	Ⓑ	Ⓒ	Ⓓ	179	Ⓐ	Ⓑ	Ⓒ	Ⓓ	199	Ⓐ	Ⓑ	Ⓒ	Ⓓ
120	Ⓐ	Ⓑ	Ⓒ	Ⓓ	140	Ⓐ	Ⓑ	Ⓒ	Ⓓ	160	Ⓐ	Ⓑ	Ⓒ	Ⓓ	180	Ⓐ	Ⓑ	Ⓒ	Ⓓ	200	Ⓐ	Ⓑ	Ⓒ	Ⓓ

NO	ANSWER	NO	ANSWER	NO	ANSWER	NO	ANSWER	NO	ANSWER
101	Ⓐ Ⓑ Ⓒ Ⓓ	121	Ⓐ Ⓑ Ⓒ Ⓓ	141	Ⓐ Ⓑ Ⓒ Ⓓ	161	Ⓐ Ⓑ Ⓒ Ⓓ	181	Ⓐ Ⓑ Ⓒ Ⓓ
102	Ⓐ Ⓑ Ⓒ Ⓓ	122	Ⓐ Ⓑ Ⓒ Ⓓ	142	Ⓐ Ⓑ Ⓒ Ⓓ	162	Ⓐ Ⓑ Ⓒ Ⓓ	182	Ⓐ Ⓑ Ⓒ Ⓓ
103	Ⓐ Ⓑ Ⓒ Ⓓ	123	Ⓐ Ⓑ Ⓒ Ⓓ	143	Ⓐ Ⓑ Ⓒ Ⓓ	163	Ⓐ Ⓑ Ⓒ Ⓓ	183	Ⓐ Ⓑ Ⓒ Ⓓ
104	Ⓐ Ⓑ Ⓒ Ⓓ	124	Ⓐ Ⓑ Ⓒ Ⓓ	144	Ⓐ Ⓑ Ⓒ Ⓓ	164	Ⓐ Ⓑ Ⓒ Ⓓ	184	Ⓐ Ⓑ Ⓒ Ⓓ
105	Ⓐ Ⓑ Ⓒ Ⓓ	125	Ⓐ Ⓑ Ⓒ Ⓓ	145	Ⓐ Ⓑ Ⓒ Ⓓ	165	Ⓐ Ⓑ Ⓒ Ⓓ	185	Ⓐ Ⓑ Ⓒ Ⓓ
106	Ⓐ Ⓑ Ⓒ Ⓓ	126	Ⓐ Ⓑ Ⓒ Ⓓ	146	Ⓐ Ⓑ Ⓒ Ⓓ	166	Ⓐ Ⓑ Ⓒ Ⓓ	186	Ⓐ Ⓑ Ⓒ Ⓓ
107	Ⓐ Ⓑ Ⓒ Ⓓ	127	Ⓐ Ⓑ Ⓒ Ⓓ	147	Ⓐ Ⓑ Ⓒ Ⓓ	167	Ⓐ Ⓑ Ⓒ Ⓓ	187	Ⓐ Ⓑ Ⓒ Ⓓ
108	Ⓐ Ⓑ Ⓒ Ⓓ	128	Ⓐ Ⓑ Ⓒ Ⓓ	148	Ⓐ Ⓑ Ⓒ Ⓓ	168	Ⓐ Ⓑ Ⓒ Ⓓ	188	Ⓐ Ⓑ Ⓒ Ⓓ
109	Ⓐ Ⓑ Ⓒ Ⓓ	129	Ⓐ Ⓑ Ⓒ Ⓓ	149	Ⓐ Ⓑ Ⓒ Ⓓ	169	Ⓐ Ⓑ Ⓒ Ⓓ	189	Ⓐ Ⓑ Ⓒ Ⓓ
110	Ⓐ Ⓑ Ⓒ Ⓓ	130	Ⓐ Ⓑ Ⓒ Ⓓ	150	Ⓐ Ⓑ Ⓒ Ⓓ	170	Ⓐ Ⓑ Ⓒ Ⓓ	190	Ⓐ Ⓑ Ⓒ Ⓓ
111	Ⓐ Ⓑ Ⓒ Ⓓ	131	Ⓐ Ⓑ Ⓒ Ⓓ	151	Ⓐ Ⓑ Ⓒ Ⓓ	171	Ⓐ Ⓑ Ⓒ Ⓓ	191	Ⓐ Ⓑ Ⓒ Ⓓ
112	Ⓐ Ⓑ Ⓒ Ⓓ	132	Ⓐ Ⓑ Ⓒ Ⓓ	152	Ⓐ Ⓑ Ⓒ Ⓓ	172	Ⓐ Ⓑ Ⓒ Ⓓ	192	Ⓐ Ⓑ Ⓒ Ⓓ
113	Ⓐ Ⓑ Ⓒ Ⓓ	133	Ⓐ Ⓑ Ⓒ Ⓓ	153	Ⓐ Ⓑ Ⓒ Ⓓ	173	Ⓐ Ⓑ Ⓒ Ⓓ	193	Ⓐ Ⓑ Ⓒ Ⓓ
114	Ⓐ Ⓑ Ⓒ Ⓓ	134	Ⓐ Ⓑ Ⓒ Ⓓ	154	Ⓐ Ⓑ Ⓒ Ⓓ	174	Ⓐ Ⓑ Ⓒ Ⓓ	194	Ⓐ Ⓑ Ⓒ Ⓓ
115	Ⓐ Ⓑ Ⓒ Ⓓ	135	Ⓐ Ⓑ Ⓒ Ⓓ	155	Ⓐ Ⓑ Ⓒ Ⓓ	175	Ⓐ Ⓑ Ⓒ Ⓓ	195	Ⓐ Ⓑ Ⓒ Ⓓ
116	Ⓐ Ⓑ Ⓒ Ⓓ	136	Ⓐ Ⓑ Ⓒ Ⓓ	156	Ⓐ Ⓑ Ⓒ Ⓓ	176	Ⓐ Ⓑ Ⓒ Ⓓ	196	Ⓐ Ⓑ Ⓒ Ⓓ
117	Ⓐ Ⓑ Ⓒ Ⓓ	137	Ⓐ Ⓑ Ⓒ Ⓓ	157	Ⓐ Ⓑ Ⓒ Ⓓ	177	Ⓐ Ⓑ Ⓒ Ⓓ	197	Ⓐ Ⓑ Ⓒ Ⓓ
118	Ⓐ Ⓑ Ⓒ Ⓓ	138	Ⓐ Ⓑ Ⓒ Ⓓ	158	Ⓐ Ⓑ Ⓒ Ⓓ	178	Ⓐ Ⓑ Ⓒ Ⓓ	198	Ⓐ Ⓑ Ⓒ Ⓓ
119	Ⓐ Ⓑ Ⓒ Ⓓ	139	Ⓐ Ⓑ Ⓒ Ⓓ	159	Ⓐ Ⓑ Ⓒ Ⓓ	179	Ⓐ Ⓑ Ⓒ Ⓓ	199	Ⓐ Ⓑ Ⓒ Ⓓ
120	Ⓐ Ⓑ Ⓒ Ⓓ	140	Ⓐ Ⓑ Ⓒ Ⓓ	160	Ⓐ Ⓑ Ⓒ Ⓓ	180	Ⓐ Ⓑ Ⓒ Ⓓ	200	Ⓐ Ⓑ Ⓒ Ⓓ

실전 모의고사 4회 解答用紙 (세 번째 시험)

NO	ANSWER				NO	ANSWER				NO	ANSWER				NO	ANSWER			
101	Ⓐ	Ⓑ	Ⓒ	Ⓓ	121	Ⓐ	Ⓑ	Ⓒ	Ⓓ	141	Ⓐ	Ⓑ	Ⓒ	Ⓓ	161	Ⓐ	Ⓑ	Ⓒ	Ⓓ	181	Ⓐ	Ⓑ	Ⓒ	Ⓓ
102	Ⓐ	Ⓑ	Ⓒ	Ⓓ	122	Ⓐ	Ⓑ	Ⓒ	Ⓓ	142	Ⓐ	Ⓑ	Ⓒ	Ⓓ	162	Ⓐ	Ⓑ	Ⓒ	Ⓓ	182	Ⓐ	Ⓑ	Ⓒ	Ⓓ
103	Ⓐ	Ⓑ	Ⓒ	Ⓓ	123	Ⓐ	Ⓑ	Ⓒ	Ⓓ	143	Ⓐ	Ⓑ	Ⓒ	Ⓓ	163	Ⓐ	Ⓑ	Ⓒ	Ⓓ	183	Ⓐ	Ⓑ	Ⓒ	Ⓓ
104	Ⓐ	Ⓑ	Ⓒ	Ⓓ	124	Ⓐ	Ⓑ	Ⓒ	Ⓓ	144	Ⓐ	Ⓑ	Ⓒ	Ⓓ	164	Ⓐ	Ⓑ	Ⓒ	Ⓓ	184	Ⓐ	Ⓑ	Ⓒ	Ⓓ
105	Ⓐ	Ⓑ	Ⓒ	Ⓓ	125	Ⓐ	Ⓑ	Ⓒ	Ⓓ	145	Ⓐ	Ⓑ	Ⓒ	Ⓓ	165	Ⓐ	Ⓑ	Ⓒ	Ⓓ	185	Ⓐ	Ⓑ	Ⓒ	Ⓓ
106	Ⓐ	Ⓑ	Ⓒ	Ⓓ	126	Ⓐ	Ⓑ	Ⓒ	Ⓓ	146	Ⓐ	Ⓑ	Ⓒ	Ⓓ	166	Ⓐ	Ⓑ	Ⓒ	Ⓓ	186	Ⓐ	Ⓑ	Ⓒ	Ⓓ
107	Ⓐ	Ⓑ	Ⓒ	Ⓓ	127	Ⓐ	Ⓑ	Ⓒ	Ⓓ	147	Ⓐ	Ⓑ	Ⓒ	Ⓓ	167	Ⓐ	Ⓑ	Ⓒ	Ⓓ	187	Ⓐ	Ⓑ	Ⓒ	Ⓓ
108	Ⓐ	Ⓑ	Ⓒ	Ⓓ	128	Ⓐ	Ⓑ	Ⓒ	Ⓓ	148	Ⓐ	Ⓑ	Ⓒ	Ⓓ	168	Ⓐ	Ⓑ	Ⓒ	Ⓓ	188	Ⓐ	Ⓑ	Ⓒ	Ⓓ
109	Ⓐ	Ⓑ	Ⓒ	Ⓓ	129	Ⓐ	Ⓑ	Ⓒ	Ⓓ	149	Ⓐ	Ⓑ	Ⓒ	Ⓓ	169	Ⓐ	Ⓑ	Ⓒ	Ⓓ	189	Ⓐ	Ⓑ	Ⓒ	Ⓓ
110	Ⓐ	Ⓑ	Ⓒ	Ⓓ	130	Ⓐ	Ⓑ	Ⓒ	Ⓓ	150	Ⓐ	Ⓑ	Ⓒ	Ⓓ	170	Ⓐ	Ⓑ	Ⓒ	Ⓓ	190	Ⓐ	Ⓑ	Ⓒ	Ⓓ
111	Ⓐ	Ⓑ	Ⓒ	Ⓓ	131	Ⓐ	Ⓑ	Ⓒ	Ⓓ	151	Ⓐ	Ⓑ	Ⓒ	Ⓓ	171	Ⓐ	Ⓑ	Ⓒ	Ⓓ	191	Ⓐ	Ⓑ	Ⓒ	Ⓓ
112	Ⓐ	Ⓑ	Ⓒ	Ⓓ	132	Ⓐ	Ⓑ	Ⓒ	Ⓓ	152	Ⓐ	Ⓑ	Ⓒ	Ⓓ	172	Ⓐ	Ⓑ	Ⓒ	Ⓓ	192	Ⓐ	Ⓑ	Ⓒ	Ⓓ
113	Ⓐ	Ⓑ	Ⓒ	Ⓓ	133	Ⓐ	Ⓑ	Ⓒ	Ⓓ	153	Ⓐ	Ⓑ	Ⓒ	Ⓓ	173	Ⓐ	Ⓑ	Ⓒ	Ⓓ	193	Ⓐ	Ⓑ	Ⓒ	Ⓓ
114	Ⓐ	Ⓑ	Ⓒ	Ⓓ	134	Ⓐ	Ⓑ	Ⓒ	Ⓓ	154	Ⓐ	Ⓑ	Ⓒ	Ⓓ	174	Ⓐ	Ⓑ	Ⓒ	Ⓓ	194	Ⓐ	Ⓑ	Ⓒ	Ⓓ
115	Ⓐ	Ⓑ	Ⓒ	Ⓓ	135	Ⓐ	Ⓑ	Ⓒ	Ⓓ	155	Ⓐ	Ⓑ	Ⓒ	Ⓓ	175	Ⓐ	Ⓑ	Ⓒ	Ⓓ	195	Ⓐ	Ⓑ	Ⓒ	Ⓓ
116	Ⓐ	Ⓑ	Ⓒ	Ⓓ	136	Ⓐ	Ⓑ	Ⓒ	Ⓓ	156	Ⓐ	Ⓑ	Ⓒ	Ⓓ	176	Ⓐ	Ⓑ	Ⓒ	Ⓓ	196	Ⓐ	Ⓑ	Ⓒ	Ⓓ
117	Ⓐ	Ⓑ	Ⓒ	Ⓓ	137	Ⓐ	Ⓑ	Ⓒ	Ⓓ	157	Ⓐ	Ⓑ	Ⓒ	Ⓓ	177	Ⓐ	Ⓑ	Ⓒ	Ⓓ	197	Ⓐ	Ⓑ	Ⓒ	Ⓓ
118	Ⓐ	Ⓑ	Ⓒ	Ⓓ	138	Ⓐ	Ⓑ	Ⓒ	Ⓓ	158	Ⓐ	Ⓑ	Ⓒ	Ⓓ	178	Ⓐ	Ⓑ	Ⓒ	Ⓓ	198	Ⓐ	Ⓑ	Ⓒ	Ⓓ
119	Ⓐ	Ⓑ	Ⓒ	Ⓓ	139	Ⓐ	Ⓑ	Ⓒ	Ⓓ	159	Ⓐ	Ⓑ	Ⓒ	Ⓓ	179	Ⓐ	Ⓑ	Ⓒ	Ⓓ	199	Ⓐ	Ⓑ	Ⓒ	Ⓓ
120	Ⓐ	Ⓑ	Ⓒ	Ⓓ	140	Ⓐ	Ⓑ	Ⓒ	Ⓓ	160	Ⓐ	Ⓑ	Ⓒ	Ⓓ	180	Ⓐ	Ⓑ	Ⓒ	Ⓓ	200	Ⓐ	Ⓑ	Ⓒ	Ⓓ

NO	ANSWER	NO	ANSWER	NO	ANSWER	NO	ANSWER	NO	ANSWER
101	Ⓐ Ⓑ Ⓒ Ⓓ	121	Ⓐ Ⓑ Ⓒ Ⓓ	141	Ⓐ Ⓑ Ⓒ Ⓓ	161	Ⓐ Ⓑ Ⓒ Ⓓ	181	Ⓐ Ⓑ Ⓒ Ⓓ
102	Ⓐ Ⓑ Ⓒ Ⓓ	122	Ⓐ Ⓑ Ⓒ Ⓓ	142	Ⓐ Ⓑ Ⓒ Ⓓ	162	Ⓐ Ⓑ Ⓒ Ⓓ	182	Ⓐ Ⓑ Ⓒ Ⓓ
103	Ⓐ Ⓑ Ⓒ Ⓓ	123	Ⓐ Ⓑ Ⓒ Ⓓ	143	Ⓐ Ⓑ Ⓒ Ⓓ	163	Ⓐ Ⓑ Ⓒ Ⓓ	183	Ⓐ Ⓑ Ⓒ Ⓓ
104	Ⓐ Ⓑ Ⓒ Ⓓ	124	Ⓐ Ⓑ Ⓒ Ⓓ	144	Ⓐ Ⓑ Ⓒ Ⓓ	164	Ⓐ Ⓑ Ⓒ Ⓓ	184	Ⓐ Ⓑ Ⓒ Ⓓ
105	Ⓐ Ⓑ Ⓒ Ⓓ	125	Ⓐ Ⓑ Ⓒ Ⓓ	145	Ⓐ Ⓑ Ⓒ Ⓓ	165	Ⓐ Ⓑ Ⓒ Ⓓ	185	Ⓐ Ⓑ Ⓒ Ⓓ
106	Ⓐ Ⓑ Ⓒ Ⓓ	126	Ⓐ Ⓑ Ⓒ Ⓓ	146	Ⓐ Ⓑ Ⓒ Ⓓ	166	Ⓐ Ⓑ Ⓒ Ⓓ	186	Ⓐ Ⓑ Ⓒ Ⓓ
107	Ⓐ Ⓑ Ⓒ Ⓓ	127	Ⓐ Ⓑ Ⓒ Ⓓ	147	Ⓐ Ⓑ Ⓒ Ⓓ	167	Ⓐ Ⓑ Ⓒ Ⓓ	187	Ⓐ Ⓑ Ⓒ Ⓓ
108	Ⓐ Ⓑ Ⓒ Ⓓ	128	Ⓐ Ⓑ Ⓒ Ⓓ	148	Ⓐ Ⓑ Ⓒ Ⓓ	168	Ⓐ Ⓑ Ⓒ Ⓓ	188	Ⓐ Ⓑ Ⓒ Ⓓ
109	Ⓐ Ⓑ Ⓒ Ⓓ	129	Ⓐ Ⓑ Ⓒ Ⓓ	149	Ⓐ Ⓑ Ⓒ Ⓓ	169	Ⓐ Ⓑ Ⓒ Ⓓ	189	Ⓐ Ⓑ Ⓒ Ⓓ
110	Ⓐ Ⓑ Ⓒ Ⓓ	130	Ⓐ Ⓑ Ⓒ Ⓓ	150	Ⓐ Ⓑ Ⓒ Ⓓ	170	Ⓐ Ⓑ Ⓒ Ⓓ	190	Ⓐ Ⓑ Ⓒ Ⓓ
111	Ⓐ Ⓑ Ⓒ Ⓓ	131	Ⓐ Ⓑ Ⓒ Ⓓ	151	Ⓐ Ⓑ Ⓒ Ⓓ	171	Ⓐ Ⓑ Ⓒ Ⓓ	191	Ⓐ Ⓑ Ⓒ Ⓓ
112	Ⓐ Ⓑ Ⓒ Ⓓ	132	Ⓐ Ⓑ Ⓒ Ⓓ	152	Ⓐ Ⓑ Ⓒ Ⓓ	172	Ⓐ Ⓑ Ⓒ Ⓓ	192	Ⓐ Ⓑ Ⓒ Ⓓ
113	Ⓐ Ⓑ Ⓒ Ⓓ	133	Ⓐ Ⓑ Ⓒ Ⓓ	153	Ⓐ Ⓑ Ⓒ Ⓓ	173	Ⓐ Ⓑ Ⓒ Ⓓ	193	Ⓐ Ⓑ Ⓒ Ⓓ
114	Ⓐ Ⓑ Ⓒ Ⓓ	134	Ⓐ Ⓑ Ⓒ Ⓓ	154	Ⓐ Ⓑ Ⓒ Ⓓ	174	Ⓐ Ⓑ Ⓒ Ⓓ	194	Ⓐ Ⓑ Ⓒ Ⓓ
115	Ⓐ Ⓑ Ⓒ Ⓓ	135	Ⓐ Ⓑ Ⓒ Ⓓ	155	Ⓐ Ⓑ Ⓒ Ⓓ	175	Ⓐ Ⓑ Ⓒ Ⓓ	195	Ⓐ Ⓑ Ⓒ Ⓓ
116	Ⓐ Ⓑ Ⓒ Ⓓ	136	Ⓐ Ⓑ Ⓒ Ⓓ	156	Ⓐ Ⓑ Ⓒ Ⓓ	176	Ⓐ Ⓑ Ⓒ Ⓓ	196	Ⓐ Ⓑ Ⓒ Ⓓ
117	Ⓐ Ⓑ Ⓒ Ⓓ	137	Ⓐ Ⓑ Ⓒ Ⓓ	157	Ⓐ Ⓑ Ⓒ Ⓓ	177	Ⓐ Ⓑ Ⓒ Ⓓ	197	Ⓐ Ⓑ Ⓒ Ⓓ
118	Ⓐ Ⓑ Ⓒ Ⓓ	138	Ⓐ Ⓑ Ⓒ Ⓓ	158	Ⓐ Ⓑ Ⓒ Ⓓ	178	Ⓐ Ⓑ Ⓒ Ⓓ	198	Ⓐ Ⓑ Ⓒ Ⓓ
119	Ⓐ Ⓑ Ⓒ Ⓓ	139	Ⓐ Ⓑ Ⓒ Ⓓ	159	Ⓐ Ⓑ Ⓒ Ⓓ	179	Ⓐ Ⓑ Ⓒ Ⓓ	199	Ⓐ Ⓑ Ⓒ Ⓓ
120	Ⓐ Ⓑ Ⓒ Ⓓ	140	Ⓐ Ⓑ Ⓒ Ⓓ	160	Ⓐ Ⓑ Ⓒ Ⓓ	180	Ⓐ Ⓑ Ⓒ Ⓓ	200	Ⓐ Ⓑ Ⓒ Ⓓ

" JPT 독해 KING
왜, 이 책인가? "

✓ 네이버 카페 JPT&JLPT에서 가장 많은 지지를 받는 김기범 선생님의 노하우 공개!

✓ JPT 독해에서 나올 수 있는 유형을 완벽하게 수록한 수험 대비서의 진정한 강자!

✓ 더 이상 모의테스트의 질을 논하지 말라! 실제 시험보다 더 완벽한 모의테스트!

✓ 책만 팔고 끝나는 책이 아닌 카페를 통한 저자 선생님의 완벽한 피드백!

값 22,000원

김기범의 일본어능력시험(JPT&JLPT)

NAVER 카페 http://cafe.naver.com/kingjpt

03730

9 788931 579451

ISBN 978-89-315-7945-1

EBS 동영상 특강중

JPT 독해 해설

| 김기범 지음 |

KING

Nihongo Factory

JPT

독해 해설

KING

Nihongo
Factory

실전모의고사 해설

1회

101 今日は朝からいい天気です。 　　　　　　　　　　　오늘은 아침부터 좋은 날씨입니다.

(A) きょ 　　　　　　　　　(B) きよう

(C) きょう 　　　　　　　　(D) ぎよう

파워 해설　今日(きょう) 오늘　昨日(きのう) 어제　明日(あした) 내일

정 답　C

---

102 東の方へ旅行に行こうと考えています。 　　　　동쪽으로 여행을 가려고 생각하고 있습니다.

(A) にし 　　　　　　　　　(B) きた

(C) ひがし 　　　　　　　　(D) みなみ

파워 해설　東(ひがし) 동, 동쪽　西(にし) 서, 서쪽　北(きた) 북, 북쪽　南(みなみ) 남, 남쪽

정 답　C

---

103 高校生の頃、初めて自分で時計を買いました。 　　고등학생 시절, 처음으로 직접 시계를 샀습니다.

(A) とけい 　　　　　　　　(B) どけい

(C) とうけい 　　　　　　　(D) どうけい

파워 해설　時計(とけい) 시계　買(か)う 사다, 구입하다　自分(じぶん)で 자신이, 스스로, 직접

정 답　A

---

104 私は辛い物を食べると眠くなるようになりました。 　　나는 매운 것을 먹으면 졸리게 되었습니다.

(A) つらい 　　　　　　　　(B) あまい

(C) からい 　　　　　　　　(D) にがい

파워 해설　辛(つら)い 괴롭다, 고통스럽다, 가혹하다　辛(から)い 맵다, 얼큰하다, 짜다　甘(あま)い 달다, 싱겁다, 짜지 않다, 엄하지 않다
苦(にが)い 쓰다, 언짢다

정 답　C

105

夕方西の空に見える明るい星は何という星ですか。

저녁때 서쪽 하늘에 보이는 밝은 별은 무엇이라고 하는 별입니까?

(A) せきかた
(B) せきがた
(C) ゆうかた
(D) ゆうがた

파워 해설　夕方(ゆうがた) 해질녘, 저녁때　明(あか)るい 환하다, 밝다, 명랑하다

정답　D

106

仕事中、密かにリフレッシュできる１分間マッサージ。

일하는 중에, 살그머니 기분전환 할 수 있는 1분간 마사지.

(A) ほそかに
(B) ひそかに
(C) かがやくに
(D) すみやかに

파워 해설　密(ひそ)か 몰래 하는 모양, 은밀함　リフレッシュ 리프레시(refresh), 기분전환, 건강을 회복함

정답　B

107

「野外集会」などを行う場合、参加団体の旗が翻っている光景はよく見られます。

'야외집회' 등을 행하는 경우, 참가 단체의 깃발이 나부끼는 광경은 자주 볼 수 있습니다.

(A) ととのって
(B) とどこおって
(C) よみがえって
(D) ひるがえって

파워 해설　整(ととの)う 고르게 되다, 정돈되다, 구비되다, 갖추어지다　滞(とどこお)る 밀리다, 막히다, 정체되다　蘇(よみがえ)る 소생하다, 되살아나다　翻(ひるがえ)る 뒤집히다, 갑자기 바뀌다, 나부끼다

정답　D

108

病院で骨折のちりょうを受けました。

병원에서 골절 치료를 받았습니다.

(A) 治療
(B) 治瞭
(C) 治僚
(D) 治寮

파워 해설

寮(りょう) 벼슬아치료 → 寮(りょう) 기숙사	寮舎(りょうしゃ) 기숙사	寮生(りょうせい) 기숙생
療(りょう) 병 고칠료 → 治療(ちりょう) 치료	診療(しんりょう) 진료	療養(りょうよう) 요양
僚(りょう) 동료료 → 同僚(どうりょう) 동료	官僚(かんりょう) 관료	閣僚(かくりょう) 각료
瞭(りょう) 밝을 료[요] → 明瞭(めいりょう) 명료	一目瞭然(いちもくりょうぜん) 일목요연	

정답　A

109　幼いころは地元の畑で、よくイモをほって食べていました。

어렸을 적에는 본고장의 밭에서, 자주 감자를 캐서 먹었습니다.

(A) 彫って　　　　　　(B) 屈って

(C) 掘って　　　　　　(D) 堀って

파워 해설　掘(ほ)る 캐다, 파다　彫(ほ)る 새기다, 조각하다
정답　C

110　期待ほどの赤いゆうぐれにはならなかった。

기대 만큼의 붉은 황혼이 되지는 않았다.

(A) 夕暮れ　　　　　　(B) 夕幕れ

(C) 夕募れ　　　　　　(D) 夕墓れ

파워 해설　幕(まく·ばく) 막 막 → 開幕(かいまく) 개막　天幕(てんまく) 천막　幕舎(ばくしゃ) 막사

　　　募(ぼ) 모을 모 → 募(つの)る 더해지다, 심해지다, 모집하다

　　　　　募金(ぼきん) 모금　募集(ぼしゅう) 모집　応募(おうぼ) 응모

　　　墓(ぼ) 무덤 묘 → 墓(はか) 묘, 무덤　墓地(ぼち) 묘지　墓碑(ぼひ) 묘비　墓参(はかまい)り 성묘

　　　暮(ぼ) 저물 모 → 暮(く)れる 해가 지다, (계절, 한 해가) 저물다, 끝나다, 지새다, 어찌할 바를 모르다

　　　　　暮(くら)す 생활하다, 살아가다, ~하며 지내다

　　　　　歳暮(せいぼ) 세모　夕暮(ゆうぐ)れ 황혼　朝令暮改(ちょうれいぼかい) 조령모개
정답　A

111　週末には仕事を休みます。

주말에는 일을 쉽니다.

(A) しません　　　　　　(B) しようと思う

(C) しなければならない　　(D) したことがない

파워 해설　休(やす)む 쉬다, 휴식하다, 결석하다, 자다, 중단하다, 놀다
정답　A

112　父は今、出かけています。

아버지는 지금, 외출해 있습니다.

(A) 家にいます　　　　　(B) 会社にいます

(C) 家にいません　　　　(D) 会社にいません

파워 해설　出掛(でか)ける 나가다, 외출하다
정답　C

113

明日は午前中だけ仕事です。　　　　　　　　　　　내일은 오전 중에만 일합니다.

(A) 12時まで　　　　　　　(B) 12時あいだ

(C) 12時までに　　　　　　(D) 12時あいだに

파워 해설 午前中(ごぜんちゅう) 오전 중 ☞ 계속을 나타냄

まで : 최종시점까지 상태가 지속, 계속　　までに : 기한, 마감

정답 A

114

女に生まれた事が悔しくてたまらない。　　　　　여자로 태어난 것이 분해서 참을 수 없다.

(A) とても嬉しい　　　　　　(B) 悔しくて我慢できない

(C) ありがたいことだ　　　　(D) 悔しくてとても残念だ

파워 해설 悔(くや)しい 분하다, 억울하다, 후회스럽다

〜てたまらない 〜해서 참을 수 없다

お腹がすいてたまらない。 배가 고파서 견딜 수 없다.

長男が田舎に帰ってきてうれしくてたまらない。 장남이 고향에 돌아와서 너무나 기쁘다.

あと一分あれば、逆転して勝てたのに、悔しくてたまらない。 앞으로 1분이면, 역전으로 이겼을 텐데, 분해서 참을 수 없다.

정답 B

115

万が一鯖を読んでいるのがばれたりした時はきっと恥ず　　만에 하나 속인 것이 들통나거나 했을 때는 필시 창피할

かしいだろう。　　　　　　　　　　　　　　　　것이다.

(A) 頑張っている　　　　　　(B) ごまかしている

(C) 勉強している　　　　　　(D) 遊んでいる

파워 해설 鯖(さば)を読(よ)む 이익을 얻기 위해 수량을 속이다　ごまかす 속이다, 어물어물 넘기다, 얼버무리다

정답 B

116

それは教育を見くびった考え方だ。　　　　　　　그것은 교육을 업신여긴 사고방식이다.

(A) あなどった　　　　　　　(B) かたよった

(C) 引き起こした　　　　　　(D) 刷り込まれた

파워 해설 見(み)くびる 얕보다, 깔보다, 업신여기다　侮(あなど)る 얕보다, 깔보다, 업신여기다　偏(かたよ)る 한쪽으로 기울다, 치우치다,

불공평하다　引(ひ)き起(お)こす 일으키다, 발생시키다, 야기하다　刷(す)り込(こ)む 지면에 인쇄하다, 지면에 함께 찍어 넣다

정답 A

117 山田さんは田中さんと結婚した。

(A) 反対党と戦う。

(B) 今晩家族と食事をします。

(C) 母と買物に出掛ける。

(D) 昔と違う。

야마다씨는 다나카씨와 결혼했다. 〈상대〉

(A) 반대당과 싸우다. 〈상대〉

(B) 오늘밤 가족과 식사를 합니다. 〈공동의 상대〉

(C) 어머니와 물건 사러 나가다. 〈공동의 상대〉

(D) 옛날과 다르다. 〈비교〉

파워 해설 동작을 공동으로 행하는 상대를 필요로 하는 경우의 「と」 용법

～と結婚する, ～と離婚する, ～と戦う, ～と喧嘩する 등은 「～といっしょに」로 바꿔서 표현할 수 없다.

(A)는 상대를 나타냄. 「～といっしょに」로 바꿔서 표현할 수 없다.

(B), (C)는 공동의 상대를 나타냄. 「～といっしょに」로 바꿔서 표현할 수 있다.

(D)는 비교를 나타냄.

정 답 A

---

118 洗濯物はもう乾いている。

(A) 時計が止まっている。

(B) 道は曲がっている。

(C) 弟は父によく似ている。

(D) 山田さんは毎日散歩をしている。

세탁물은 벌써 말랐다. 〈결과〉

(A) 시계가 멈췄다. 〈결과〉

(B) 길은 굽어져있다. 〈상태〉

(C) 동생은 아버지를 아주 닮았다. 〈상태〉

(D) 야마다씨는 매일 산책하고 있다. 〈습관〉

파워 해설 「～ている」의 용법

① 계속　山本さんは昼ごはんを食べている。야마모토씨는 점심을 먹고 있다.

② 결과　洗濯物はもう乾いている。세탁물은 벌써 말라 있다.
　　　　時計が止まっている。시계가 멈춰 있다.

③ 습관　山田さんは毎日散歩をしている。야마다씨는 매일 산책하고 있다.

④ 경험　北海道にはもう3度行っている。홋카이도에는 벌써 3번 갔다.

⑤ 경력　この橋は3年前に壊れている。이 다리는 3년 전에 망가졌다.

⑥ 상태　道は曲がっている。길이 굽어져 있다.
　　　　弟は父によく似ている。동생은 아버지를 아주 닮았다.

정 답 A

8

119 一度北海道に行ってみたい。

(A) もう一度発音してみた。

(B) こちらのズボンをちょっとはいてみてください。

(C) 電車をやめて、自転車通勤をしてみた。

(D) 話題になっている店へ行ってみた。

한 번 홋카이도에 가 보고 싶다.

(A) 다시 한 번 발음해 봤다.

(B) 이쪽 바지를 좀 입어 봐 주세요.

(C) 전차를 그만두고, 자전거 통근을 해 봤다.

(D) 화제가 되고 있는 가게에 가 봤다.

파워 해설 「~てみる」의 용법

① ~해 보다(시도해 보다, 시험 삼아 ~해 보다)

もう一度発音してみた。다시 한 번 발음해 봤다.

こちらのズボンをちょっとはいてみてください。이쪽 바지를 좀 입어 봐 주세요.

電車をやめて、自転車通勤をしてみた。전차를 그만두고, 자전거 통근을 해 봤다.

② ~해 보다(무엇인가를 하고서 그 결과를 보다)

一度北海道に行ってみたい。한 번 홋카이도에 가 보고 싶다.

話題になっている店へ行ってみた。화제가 되고 있는 가게에 가 봤다.

정답 D

---

120 山田さんに本を貸してもらいました。

(A) 花子にそばにいてもらいたい。

(B) 祖母に教えてもらった歌を歌います。

(C) 君には辞めてもらうよ。

(D) わからないことは友達に教えてもらおう。

야마다씨가 책을 빌려주었습니다.

(A) 하나코가 곁에 있기를 바란다.

(B) 할머니가 가르쳐 준 노래를 부르겠습니다.

(C) 자네가 그만두었으면 해.

(D) 모르는 것은 친구에게 배워야지.

파워 해설 「~てもらう」의 용법

① 은혜를 입는 경우

山田さんに本を貸してもらいました。야마다씨가 책을 빌려주었습니다.

祖母に教えてもらった歌を歌います。할머니가 가르쳐 준 노래를 부르겠습니다.

② 의지적으로 사태를 야기시키는 경우

君には辞めてもらうよ。자네가 그만두었으면 해.

わからないことは友達に教えてもらおう。모르는 것은 친구에게 배워야지.

③ 의뢰와 바람을 나타내는 경우

花子にそばにいてもらいたい。하나코가 곁에 있기를 바란다.

家族においしいものを食べてもらいたい。가족이 맛있는 것을 먹기를 바란다.

정답 B

---

121 疲れ**て**いた**の**で、タクシー**を**乗って帰りました。   피곤했기 때문에 택시를 타고 돌아갔습니다.
    (A)   (B)   (C)   (D)

파워 해설 대상을 나타내는 표현에서 한국어로는 '~을(를)'로 번역되지만, 조사「に」를 사용해야 된다. 일종의 관용구로 외워두는 것이 좋다.

- ~に乗る ~를 타다   ・~に会う ~를 만나다   ・~に似る ~를 닮다   ・~に気づく ~를 깨닫다

정답 (C)「を」→「に」

---

122 風邪**の**ときはおふろ**へ**入らない**ほう**がいいです**よ**。   감기일 때는 목욕을 하지 않는 편이 좋아요.
         (A)   (B)   (C)   (D)

파워 해설 風呂に入る 목욕하다.

정답 (B)「へ」→「に」

---

123 大学2年生のとき、韓国語**と**フランス語**など**を勉強しました。   대학 2학년 때 한국어와 프랑스어 등을 공부
    (A)   (B)   (C)   (D)   했습니다.

파워 해설 ~や~など ~와(과) ~등

とは など와 같이 사용할 수 없다.

- わたしはパンとりんごを食べた。 나는 빵과 사과를 먹었다.(빵과 사과만을 먹었다는 의미)
- わたしはパンやりんごなどを食べた。 나는 빵이며 사과 등을 먹었다.(주된 것으로 빵과 사과를 먹었다는 의미)

정답 (C)「と」→「や」

124

窓が開けているのは空気を入れかえるためだ。
(A)　　　　(B)　(C)　　　　(D)

창문이 열려 있는 것은 공기를 갈아 넣기 위해서다.

파워 해설　〈상태 표현〉

▶「~が + 타동사 + てある」~이(가) ~하여져 있다 (의지가 강하게 작용, 사람의 행위가 가해진 경우)
- 窓が閉めてある。창문이 닫혀져 있다.
- 車が止めてある。차가 세워져 있다.

▶「~が + 자동사 + ている」~이(가) ~하여져 있다 (자연현상, 움직일 수 없는 대상, 사람의 힘이 가해져 있지 않은 경우)
- 窓が閉まっている。창문이 닫혀져 있다
- 車が止まっている。차가 세워져 있다.

정답　(B)「いる」→「ある」

125

明日6時にそちらへ行くとき、果物を買ってきます。
　　　　(A)　　(B)　　　　　(C)　　(D)

내일 6시에 그쪽에 갈 때, 과일을 사가지고 가겠습니다.

파워 해설
- ~ていく : 현재 말하는 사람의 위치에서 멀어져 갈 때
- ~てくる : 현재 말하는 사람의 위치 쪽으로 다가올 때

정답　(D)「買ってきます」→「買っていきます」

126

漢字がわかりません。ひらがなで書いてもいいでしょうか。
　　(A)　　　　　　　　　　(B)　　(C)　　　　(D)

한자는 모릅니다. 히라가나로 써도 괜찮겠습니까?

파워 해설　부정문과 대조하는 문장에는 일반적으로 주격 조사「は」를 사용함.
주격 조사「は/が」의 구분 문제는 자주 출제됨.

정답　(A)「が」→「は」

127

きのうは時間があったので駅から家まで歩く。
　　　　(A)　　　(B)　(C)　　　　(D)

어제는 시간이 있었기 때문에 역에서 집까지 걸었다.

파워 해설　시제의 일치 :「きのう 어제」,「あった 있었다」

정답　(D)「歩く」→「歩いた」

128

今度の週末に社員全員でお花見に行くつもりだ。
　(A)　　　(B)　　　　(C)　　　　　　(D)

이번 주말에 사원 전원이 꽃구경 갈 예정이다.

• つもり : 말하는 사람의 개인적인 마음가짐. 작정
　　　　　 • 予定 : 다른 사람과 상담 후에 정한 것이나 공적인 결정사항. 예정

정답　(D)「つもりだ」→「予定だ」

129

友達は冷たい アイスコーヒーが 飲みたい。
(A)　　(B)　　　　(C)　　　　　(D)

나는 차가운 아이스커피를 마시고 싶다.

• ～を/が～たい　～를/가 ～하고 싶다 (주어가 말하는 사람(1인칭)인 경우에만 사용할 수 있다.)

정답　(A)「友達」→「私」

130

このパーティーではお酒をいくら飲んでいいそうですよ。
(A)　　　　　　(B)　　　　　　(C)　　　(D)

이 파티에서는 술을 아무리 마셔도 괜찮다고 하네요.

• いくら ～ても 아무리 ～해도

정답　(C)「飲んで」→「飲んでも」

131

収入の多い少ないを問わず、買った人全てに同じ額の
　　　(A)　　　　(B)　　　買った人全てに(C)

수입이 많고 적음에 관계없이, 구입한 사람 모두에게 동일한 액수의 세금이 든다.

税金がかかる。
(D)

「～にかかわらず(～와 관계없이)」는 대부분 「～を問わず(～를 불문하고)」와 같이 사용할 수 있지만, 다음과 같은 경우에는 같이 사용할 수 없다.

　① 동사와 형용사의 긍정과 부정 또는 반대어를 병행해 놓은 것에는 「～にかかわらず(～와 관계없이)」만 사용할 수 있다.
　　 • 雨が降る降らない（× を問わず / ○ にかかわらず）運動会を行います。
　　　　비가 오고 안 오고는 관계없이 운동회를 행합니다.

　② 「男女(남녀), 昼夜(주야 · 밤낮)」 등의 반대 개념을 포함한 명사에는 「～を問わず(～를 불문하고)」만 사용할 수 있다.
　　 • 性別（○ を問わず / ○ にかかわらず）参加できます。
　　 • 男女（○ を問わず / × にかかわらず）参加できます。

정답　(B)「を問わず」→「にかかわらず」

132 今は外国人といっしょに結婚した日本人女性も日本国籍を
　　　　　　　　(A)　　　　　　　　　　(B)　　　　　　(C)

保留できるようになった。
(D)

지금은 외국인과 결혼한 일본인 여성도 일본 국적을 보류할 수 있도록 되었다.

파워 해설 結婚する 결혼하다, 離婚する 이혼하다, 戦う 싸우다 등의 동사는 조사 「と」만 사용할 수 있다.
　　　　　　「といっしょに」는 사용할 수 없다.

정답 (A) 「いっしょに」 → 「× 필요 없음」

---

133 今日から連休だ。それで、デパートは込んでいるだろう。
　　　　　(A)　　　　　　　　(B)　　　(C)　　　　(D)

오늘부터 연휴다. 그렇기 때문에, 백화점은 붐비겠지.

파워 해설 「それで」 다음에는 보통 사실이 이어진다. 「だから」에는 사실, 화자의 판단, 명령, 의뢰, 의지 등이 이어질 수 있다.

정답 (B) 「それで」 → 「だから」

---

134 まもなく２番線に電車がまいります。黄色い線の外側まで
　　　　　(A)　　　　　　　　　　　(B)　　　　　　　(C)

お下がり下さい。
(D)

잠시 후 2번 선로에 전철이 들어옵니다. 노란 선의 안쪽으로 물러나 주시기 바랍니다.

파워 해설 우리나라와 일본의 문화 차이를 알아야만 풀 수 있는 문제이다. 우리나라의 경우 전철을 기준으로 한 관점에서 안내 방송을 하지만, 일본의 경우는 기다리는 사람을 기준으로 한 관점에서 안내 방송을 한다.

정답 (C) 「外側(바깥쪽)」 → 「内側(안쪽)」

---

135 お年玉や本当にめったに会わない人からの贈り物などを
　　　(A)　　　　　　　　　　　　　　　　　　　　　(B)

除いて、会うたびに子供を甘えている人は要注意である。
(C)　　　　　　　　　　(D)

세뱃돈이나 정말로 거의 만나지 않는 사람한테서의 선물 등을 제외하고, 만날 때마다 어린이를 응석부리게 하는 사람은 주의를 해야 된다.

파워 해설 자동사, 타동사의 구분에 주의할 것.

정답 (C) 「甘えて」 → 「甘やかして」

136
<u>現在</u>容疑者<u>にとって</u>の取り調べが<u>行われている</u><u>ところです</u>。
(A)　　　　　　(B)　　　　　　　　　(C)　　　　　　(D)

현재 용의자에 대한 심문이 행하여지고 있는 참입니다.

> **파워 해설** • 〜にとって 〜에게 있어서 ⇒ 평가를 나타내는 말이 술어에 이어진다.
>
> • 〜に対して 〜에 대해서 ⇒ 동작, 감정, 태도가 향해지는 대상을 나타낸다.
>
> • このレベルは初級の学習者に(× 対して / ○ とって)難しい。
>   이 레벨은 초급의 학습자에게 있어서 어렵다.
> • 山田先生は生徒に(○ 対して / × とって)厳しい。
>   야마다 선생님은 학생에게 대해 엄하다.

> **정답** (B)「とって」→「対して」

137
箸が<u>なかったので</u>ボールペン<u>によって</u>弁当を<u>食べました</u>。
(A)　　　　　　(B)　　　　　　　(C)　　　　　　(D)

젓가락이 없기 때문에 볼펜으로 도시락을 먹었습니다.

> **파워 해설** 「によって」는 수동의 동작주로서 사용되지만, 「で」보다 딱딱한 표현이기 때문에 명백한 수단과 도구를 나타내는 경우와 개인적인 동작의 수단으로서는 사용되지 않는다.
>
> • 今回の実験結果(× によって / ○ で)、次のことを明らかにしたいと思う。
>   이번 실험 결과로, 다음 사항을 명백하게 하고 싶다.
> • インターネット(× によって / ○ で)、何だって調べられるんだからね。
>   인터넷으로, 무엇이건 조사할 수 있을 테니까.
> • 父は毎日会社へ電車(× によって / ○ で)通っています。
>   아버지는 매일 회사에 전차로 다니고 있습니다.

> **정답** (C)「によって」→「で」

138
<u>夏休みのまえに</u>たくさん本を<u>貸したが</u>、<u>結局読まずじまいで</u>、
　　　(A)　　　　　　　　(B)　　　　　　(C)

先生にしかられた。
　(D)

여름 방학 전에 많은 책을 빌렸지만, 결국 안 읽고 말아서, 선생님께 야단맞았다.

> **파워 해설** 자동사와 타동사의 구별에 주의. 내가 빌리는 것은 借(か)りる이다.
>
> 동사 ない형＋ずじまい : 결국 ～안 하고 맘
> • 行かずじまい。가지 않고 맘
> • 見ずじまい。안 보고 맘
> • 買わずじまい。안 사고 맘

> **정답** (B)「貸した」→「借りた」

14

139

約束の時間になった<u>ので</u>家を<u>出た</u>。<u>それなのに</u>、途中で急に
　　　　(A)　　　　　　　　(B)　　　　　　(C)

腹が<u>痛く</u>なった。
　　(D)

약속한 시간이 되었기 때문에 집을 나섰다. 그런데, 도중에 갑자기 배가 아프게 되었다.

파워 해설　뒷절에 예상 밖의 상황이 이어질 경우에는 「ところが」를 사용해야 된다.

- 「ところが」/「それなのに」: 후건(後件)에 명령 · 의뢰 · 의지 · 질문 · 말하는 사람의 판단 등의 표현을 할 수 없고, 후건(後件)이 예상과 다른 결과가 나타났을 때 사용.
- 出かける前に胃腸薬をのんでおいたのに、(ところが/それなのに)途中で急に腹が痛くなった。
  외출하기 전에 위장약을 먹어두었는데도, (그런데 · 그럼에도 불구하고) 도중에 갑자기 배가 아프게 되었다.

정답　(C) 「それなのに」→「ところが」

140

耳に<u>感じる</u>様々な<u>異和感</u>は、あなたの体が<u>発している</u>
　　(A)　　　　　　(B)　　　　　　　　　　　(C)

<u>赤信号</u>かもしれません。
　　(D)

귀에서 느끼는 다양한 위화감은, 당신의 몸이 발하고 있는 적신호일지도 모릅니다.

파워 해설　違和感(いわかん) 위화감. 한자에 주의!
정답　(B) 「異和感」→「違和感」

141 ボールペン＿＿＿＿＿名前を書いてください。　　　　　볼펜으로 이름을 써 주십시오.

(A) で　　　　　　　　　　(B) に

(C) の　　　　　　　　　　(D) が

파워 해설 **で의 용법** : 수단, 방법, 도구, 재료를 나타내는 용법

- 電車で行く。전차로 가다.
- ペンで書く。펜으로 쓰다.
- ラジオで聞いた話。라디오에서 들은 이야기.
- 紙で人形を作る。종이로 인형을 만들다.

정답 A

---

142 妹は銀行＿＿＿＿＿働いています。　　　　　여동생은 은행에서 일하고 있습니다.

(A) の　　　　　　　　　　(B) へ

(C) に　　　　　　　　　　(D) で

파워 해설 ～で働(はたら)く ～에서 일하다　～に勤(つと)める ～에 근무하다

정답 D

---

143 時間がないから＿＿＿＿＿ください。　　　　　시간이 없으니까 서둘러 주십시오.

(A) 歩いて　　　　　　　　(B) 遊んで

(C) 急いで　　　　　　　　(D) 忘れて

파워 해설 歩(ある)く 걷다　遊(あそ)ぶ 놀다　急(いそ)ぐ 서두르다　忘(わす)れる 잊다

정답 C

144 写真を見るとその時のことを_____。　　사진을 보면 그 때를 생각(회상)합니다.

(A) 思います　　　　　　　(B) 忘れます

(C) 覚えます　　　　　　　(D) 思い出します

파워 해설　思(おも)う 생각하다, 예상하다　思(おも)い出(だ)す 생각해 내다, 상기하다, 회상하다

정답　D

---

145 体に悪いので、甘いものは_____食べないようにして　　몸에 나쁘기 때문에, 단 것은 가능한 한 먹지 않으려고
います。　　합니다.

(A) 少し　　　　　　　　　(B) なるべく

(C) 少しだけ　　　　　　　(D) かならず

파워 해설　少(すこ)し 조금, 좀, 약간　なるべく 가능한 한, 될 수 있는 한　少(すこ)しだけ 조금만, 약간만　必(かなら)ず 반드시, 꼭

정답　B

---

146 熱があるなら_____いいです。　　열이 있으면 쉬어도 좋습니다.

(A) 休む　　　　　　　　　(B) 休むの

(C) 休んで　　　　　　　　(D) 休むも

파워 해설　〜ていいです 〜해도 좋습니다[괜찮습니다].

▶ 허가를 나타내는 표현

정답　C

147 さいふを＿＿＿＿＿＿デパートに行きました。　　　　　　지갑을 갖지 않고 백화점에 갔습니다.

(A) 持たない　　　　　　(B) 持たずに

(C) 持たなく　　　　　　(D) 持たなくて

파워 해설　持たずに ＝ 持たないで

<イ / ナ형용사 : なくて>

・高くなくて、安い。비싸지 않고 싸다(상태).

・高くなくて、もう一つ買った。비싸지 않아서, 하나 더 샀다(원인).

<동사 : ないで / なくて>

1. 行かなくて(원인, 이유)

・行かなくて、しかられた。가지 않아서 혼났다.

2. 行かないで(상태) ⇒ ～ないで는 부정의 소망과 금지의 의미도 갖는 경우가 있다.

・行かないで、やめた。가지 않고 그만두었다.

・一人で行かないで、いっしょに行こう。혼자서 가지 말고 같이 가자(소망).

・行かないで。가지 마.(소망, 금지)

정답　B

---

148 ご飯を＿＿＿＿＿＿すぎてお腹が痛くなりました。　　　　　過식을 해서 배가 아프게 되었습니다.

(A) 食べ　　　　　　(B) 食べて

(C) 食べる　　　　　　(D) 食べた

파워 해설　・동사 ます형 ＋ すぎる 너무 ～하다

정답　A

149 緊急時には、その時の状況に応じて、＿＿＿＿ところへ 避難しましょう。

긴급할 때에는 그때의 상황에 따라 안전한 곳으로 피난합시다.

(A) 安全

(B) 安全な

(C) 安全の

(D) 安全に

파워 해설 〈명사 수식 형태 정리〉

① 「た + 명사」의 형태
- 太った人。살찐 사람
- 年とった鯉。나이 먹은 잉어
- こまごまとした品物。자질구레한 물건

② 「の + 명사」의 형태
- 本当の理由。진짜 이유
- 病気の子供。병 걸린 아이
- ピンクのワイシャツ。핑크색 와이셔츠

③ 「な + 명사」의 형태
- 元気な子供。건강한 아이
- 自由な国。자유로운 나라
- 安全なところ。안전한 곳
- 健康な生活。건강한 생활

정답 B

150 郵便局と銀行では、＿＿＿＿が便利ですか。

우체국과 은행 중에 어느 쪽이 편리합니까?

(A) どう

(B) どの

(C) どれ

(D) どちら

파워 해설
- どれ : 셋 이상 중에서 한 가지를 선택할 때 사용.
- どちら・どっち : 둘 중에서 한 가지를 선택할 때 사용.

정답 D

151 寒いので、窓が＿＿＿＿＿。　　　　　　　　춥기 때문에 창문이 닫혀져 있습니다.

(A) 閉めてあります　　　(B) 閉まっています

(C) 開けてあります　　　(D) 開いています

파워 해설　「寒いので 춥기 때문에」와 같이 명확한 목적과 이유를 나타내는 절이 있는 경우에는 「～が + 타동사 + てある」표현을 사용한다.

〈동작의 진행〉

1. 「～を + 타동사 + ている」～을(를) ～하고 있다
   • 本を読んでいる。 책을 읽고 있다.　　　• 字を書いている。 글자를 쓰고 있다.
2. 「～が + 자동사 + ている」～이(가) ～하고 있다
   • 妹が泣いている。 여동생이 울고 있다.　　　• 水が流れている。 물이 흐르고 있다.

〈현재의 상태〉

1. 「～が + 타동사 + てある」～이(가) ～하여져 있다 ☞ 의지가 강하게 작용, 사람의 행위가 가해진 경우
   • 窓が閉めてある。 창문이 닫혀져 있다.　　　• 車が止めてある。 차가 세워져 있다.
2. 「～が + 자동사 + ている」～이(가) ～하여져 있다 ☞ 자연현상, 움직일 수 없는 대상, 사람의 힘이 가해져 있지 않은 경우
   • 窓が閉まっている。 창문이 닫혀져 있다.　　　• 車が止まっている。 차가 세워져 있다.

정 답　A

---

152 彼女は急に＿＿＿＿＿走り出した。　　　　　　　그녀는 갑자기 일어나자 달려갔다.

(A) 立ち上がると　　　(B) 立ち上がれば

(C) 立ち上がったら　　　(D) 立ち上がるならば

파워 해설　A すると B A하고서[하자] B ▶ A와 B가 연속된 동작을 나타냄

정 답　A

---

153 有名なレストラン＿＿＿＿＿料理がうまい。　　　　유명한 레스토랑인 만큼 요리가 맛있다.

(A) のみに　　　(B) からに

(C) だけに　　　(D) ばかりに

파워 해설　～だけに ～인 만큼

정 답　C

154

廊下が狭すぎてたんすが_____。 복도가 너무 좁아서 장롱이 들어가지 않는다.

(A) 入らない　　　　　　　(B) 入れない

(C) 入られない　　　　　　(D) 入ろうとしない

파워 해설　무생물이 주어인 경우에는, 入(はい)れない, 入(はい)られない는 사용할 수 없다.

정답　A

155

不景気のため、社員をリストラする_____ほかはない。 불경기로 인해, 사원을 정리해고하는 수밖에 없다

(A) のみ　　　　　　　　　(B) より

(C) から　　　　　　　　　(D) まで

파워 해설　～よりほかはない ～밖에 없다

정답　B

156

自分のことは自分で_____べきです。 자신의 일은 자신이 해야만 합니다.

(A) す　　　　　　　　　　(B) し

(C) せ　　　　　　　　　　(D) して

파워 해설　～べき(～해야 할), ～べきだ(～해야 한다), ～べきではない(～해서는 안 된다)

● 연결형태 : 동사 기본형＋べき/～べきだ/～べきではない

する는 するべきだ와 すべきだ가 모두 가능.

정답　A

157

山本さんはお酒を飲む_____で仕事をしないです。 야마모토씨는 술을 마시기만 하고 일을 하지 않습니다.

(A) まで　　　　　　　　　(B) だけ

(C) きり　　　　　　　　　(D) かぎり

파워 해설　AだけでBない A만 하고 B하지 않는다(A 이외에는 B하지 않는다).

정답　B

158 この雑誌は_____内容が古い。　　　　　　　　이 잡지는 새 것인데 내용이 신선하지 않다.

(A) 新しい　　　　　　　　(B) 新しく

(C) 新しくて　　　　　　　(D) 新しいのに

파워 해설　〜のに ～인데　▶ 의외, 불만의 기분을 나타냄

정 답　D

---

159 その古墳からは、30キロ_____金塊が出土した。　　　그 고분에서는 30킬로나 되는 금괴가 출토되었다.

(A) からある　　　　　　　(B) からする

(C) からでる　　　　　　　(D) からなる

파워 해설　• 무게 · 길이 · 크기 + **からある** ～나 되는, ～이상인　• 가격 + **からする** ～나 하는, ～이상인

정 답　A

---

160 困った_____いつでも連絡してください。　　　　　난처한 경우에는 언제든지 연락해 주십시오.

(A) とき　　　　　　　　　(B) ときに

(C) ときへ　　　　　　　　(D) ときには

파워 해설　**〜とき** : 계속되는 사태에 관한 때의 설정을 행한다.

• 子供のとき、私はよく熱を出した。 어렸을 때, 나는 자주 열이 났다.

〜ときに : 일회적인 것에 관계되는 때의 설정에 사용된다.

• 子供のときに、私は日本に移住した。 어렸을 때에, 나는 일본에 이주했다.

〜ときは・ときには : ～가 일어난 경우는 · 경우에는. 일종의 조건 표현으로서 '만약에 ～이 일어나면 ～한다'고 하는 관계를 나타내기도 한다.

정 답　D

---

161 金を_____旅行に行こうと思っています。　　　　돈을 모은 후에 여행 가려고 합니다.

(A) ためるので　　　　　　(B) ためるから

(C) ためてから　　　　　　(D) ためたあとで

파워 해설　• **A てから B** : A하고 나서 B(A에 관심이 있는 표현) ⇒ A의 행위가 일어난 후에 비로소 B가 일어남을 나타냄.

• **A あとで B** : A후에 B ⇒ 단순히 A와 B의 전후관계를 객관적으로 나타냄.

(○ 見てから / ? 見たあとで)買うか買わないかを決める。 보고 나서 살지 말지를 정한다.

정 답　C

162 今日は土曜日だ。_____、デパートは混んでいるだろう。　오늘은 토요일이다. 그러니까, 백화점은 붐비겠지.

(A) それで　　　　　　(B) だから

(C) そして　　　　　　(D) そのために

파워 해설
- だから : 후건(後件)에 사실·말하는 사람의 판단·명령·의뢰·의지 등의 표현 가능.
- それで : 후건(後件)에 사람의 판단·명령·의뢰·의지 등의 표현을 사용할 수 없다.

정답 B

163 友人に山田という人がいるんですが、_____は面白い男なんですよ。　친구 중에 야마다라고 하는 사람이 있습니다만, 그 녀석은 재밌는 남자예요.

(A) こいつ　　　　　　(B) そいつ

(C) あいつ　　　　　　(D) あの人

파워 해설 대화 중의 지시어는 말하는 사람과 듣는 사람이 함께 직접적으로 알고 있는 것은 「あ」로 가리키고, 그렇지 않은 경우에는 「そ」로 가리킨다.

정답 B

164 この詩の作者の気持ちに_____、３０字以内に感想をまとめなさい。　이 시 작가의 심정에 대하여, 30자 이내로 감상을 정리하시오.

(A) とって　　　　　　(B) ついて

(C) 関して　　　　　　(D) めぐって

파워 해설
- ～について : ～에 대하여 ⇒ ～의 범위를 집약시킨 내용으로 상세하고 치밀하게 전개되는 느낌.
- ～に関して : ～에 관해서 ⇒ ～와 관련된 다양한 것이 포함되고 다각적이며 폭넓게 전개되는 느낌.

한정된 A를 직접적인 표적으로 하여 B를 행하는 경우, 「AについてB」만이 사용 가능하다.
- 試験問題の６番に(○ ついて / × 関して)も、説明してほしいのですが。
  시험문제 6번에 대해서도 설명해주었으면 합니다만.
- 今回の決定に(○ ついて / × 関して)は、賛成できない点がある。
  이번 결정에 대해서는 찬성할 수 없는 점이 있다.

정답 B

165　仕事＿＿＿＿＿ヨーロッパ旅行を楽しんできた。　　　　업무를 핑계로 유럽 여행을 즐기고 왔다.

(A) にもなく　　　　　　　(B) にかかわる

(C) にもまして　　　　　　(D) にかこつけて

> **파워 해설**　～にかこつけて ～를 핑계로, ～를 구실로
>
> **정답**　D

166　食事も＿＿＿＿＿に出かける。　　　　식사도 하는 둥 마는 둥 나갔다.

(A) そこそこ　　　　　　　(B) あたふた

(C) うろうろ　　　　　　　(D) まごまご

> **파워 해설**　そこそこ ①(접미어적으로 사용) 될까 말까, 안팎, 정도 ②(부사적으로 사용) ～하는 둥 마는 둥, ～할 겨를도 없이
>
> - 40そこそこの男。40안팎의 남자.
> - 50歳そこそこで死ぬ。50이 될까 말까에 죽다.
> - 5百円そこそこしか無い。5백 엔 정도밖에 없다.
> - 食事もそこそこに出かけた。식사도 하는 둥 마는 둥 나갔다.
> - 挨拶もそこそこに立ち去る。인사도 하는 둥 마는 둥 하고 떠나다.
>
> **あたふた** 허둥지둥　**うろうろ** 어정버정　**まごまご** 우물쭈물
>
> **정답**　A

167　彼は何の連絡もなしに突然訪ねてきて、金の＿＿＿＿＿をした。　　　　그는 아무런 연락도 없이 갑자기 찾아와서, 염치없이 돈을 달라고 했다.

(A) 無心　　　　　　　　　(B) 理屈

(C) 興味　　　　　　　　　(D) 油断

> **파워 해설**　**無心**(むしん) 아무 생각이 없음, 사심이 없음[천진난만함], 염치없이 금품을 요구함.　**理屈**(りくつ) 이치, 도리, 그럴 듯한 논리, 자기 생각을 합리화하려는 억지 이론, 구실　**興味**(きょうみ) 흥미　**油断**(ゆだん) 방심, 부주의
>
> **정답**　A

168 座った_____、椅子が壊れてしまった。

(A) なり   (B) 拍子に

(C) 弾みに   (D) や否や

앉은 순간에, 의자가 망가져 버렸다.

파워 해설 「동사 과거형, 명사 の + 拍子に」 ~한 찰나, ~한 순간에

⇒ 부주의로 인해 발생한 우발적인 사태의 결과를 나타냄. 사람의 행위와 관계가 없는 현상에는 사용할 수 없다.

• 家を出た(○ とたんに / × 拍子に / × 弾みに)、雨が降り出した。 집을 나서자마자, 비가 내리기 시작했다.

• 食べた(○ とたんに / × 拍子に / × 弾みに)、吐き気がした。 먹자마자, 구역질이 났다.

• 立った(○ 拍子に / × 弾みに)、棚に頭をぶつけた。 일어선 찰나에, 선반에 머리를 부딪쳤다.

• 座った(○ 拍子に / × 弾みに)、椅子が壊れてしまった。 앉은 순간에, 의자가 망가져 버렸다.

• 歌い出した(○ 拍子に / × 弾みに)、声が出なくなってしまった。

노래하기 시작한 순간에, 목소리가 나오지 않게 되고 말았다.

정답 B

169 「時間が解決してくれる」とは、本当にその通りだということは、_____も承知だ。

(A) 一   (B) 十

(C) 百   (D) 千

'시간이 해결해 준다'는 것은, 정말로 그대로라고 하는 것은 잘 알고 있다.

파워 해설 百(ひゃく)も承知(しょうち)だ 잘 알고 있다, 알고도 남는다.

정답 C

170 政治を一から立て直す_____が今、国民に求められている。

(A) 端役   (B) 理屈

(C) 気概   (D) 大仰

정치를 처음부터 다시 세우는 기개가 지금, 국민으로부터 요구되고 있다.

파워 해설 端役(はやく) 단역, 하찮은 역할 ↔ 主役(しゅやく) 주역　理屈(りくつ) 도리, 이치, (자기의 주장을 합리화하려는) 이론이나 이유　気概(きがい) 기개[씩씩한 기상과 굳은 절개]　大仰(おおぎょう) 어마어마함, 허풍을 침, 과대

정답 C

PART 8 독해

171~174

学校の運動場、プール、図書館などは学校から切り離し、社会教育施設として、市町村が直接管理し、学校は必要な時だけそれを利用させてもらうという形がいいと以前より考えていた。もちろん、学期中は児童・生徒が優先的に使う。週末や夏休み、夜間などは付近の住民に当然開放される。学校の施設ではないのだから、校長や先生は施設を管理する必要はない。管理者は学校ではなく、市町村である。市町村で管理するのが大変なら、民営化してもいいだろう。また、老人福祉施設や保育所も併設するのがいいだろう。老人福祉施設を作れば、老人と子供の交流が自然と行われ、ボランティア活動もできるし、また、子供は老人からいろいろなことを学ぶことができる。保育所があれば、子供のいる先生は学校に子供を連れてきて、預けることが可能である。

학교의 운동장, 수영장, 도서관 등은 학교에서 분리하여, 사회교육시설로서 시읍면이 직접 관리하고, 학교는 필요할 때만 그것을 이용하게 한다는 형태가 좋다고 이전부터 생각하고 있었다. 물론, 학기 중에는 아동·학생이 우선적으로 사용한다. 주말과 여름방학, 야간 등은 부근 주민에게 당연히 개방된다. 학교의 시설이 아니므로 교장과 선생님은 시설을 관리할 필요는 없다. 관리자는 학교가 아니라, 시읍면이다. 시읍면에서 관리하는 것이 힘들면, 민영화해도 좋을 것이다. 또한, 노인복지시설과 탁아소도 병설하는 것이 좋을 것이다. 노인복지시설을 만들면, 노인과 어린이의 교류가 자연스럽게 이루어져 자원봉사활동도 할 수 있고, 또한 어린이는 노인으로부터 여러 가지를 배울 수 있다. 탁아소가 있으면 아이가 있는 선생님은 학교에 아이를 데리고 와서 맡기는 것이 가능하다.

171 住民は学校の施設をいつ使えますか。

(A) 春休み

(B) 夏休み

(C) 秋休み

(D) 冬休み

주민은 학교 시설을 언제 사용할 수 있습니까?

(A) 봄방학

(B) 여름방학

(C) 가을방학

(D) 겨울방학

172 本文の内容と関係のある四字熟語はどれですか。

(A) 多種多様

(B) 以心伝心

(C) 一石二鳥

(D) 適材適所

본문 내용과 관계가 있는 4자성어는 어느 것입니까?

(A) 다종다양

(B) 이심전심

(C) 일석이조

(D) 적재적소

173 筆者は学校の施設を誰が管理するべきだと言っていますか。

(A) 先生

(B) 校長

(C) 管理人

(D) 市町村

필자는 학교시설을 누가 관리해야 한다고 말하고 있습니까?

(A) 선생님

(B) 교장

(C) 관리인

(D) 시읍면

174 本文の内容と関係ないのはどれですか。

(A) 大学

(B) 中学校

(C) 小学校

(D) 高等学校

본문 내용과 관계 없는 것은 어느 것입니까?

(A) 대학

(B) 중학교

(C) 초등학교

(D) 고등학교

어구 切(き)り離(はな)す 끊어서 갈라놓다, 떼어 놓다, 분리하다 **市町村**(しちょうそん) 한국의 시읍면(市邑面)에 해당하는 일본 행정 구획의 이름 **児童**(じどう) 아동 **生徒**(せいと) (중·고교)학생 **施設**(しせつ) 시설 **連**(つ)れる 데리고 가다[오다], 동반하다 **預**(あず)ける 맡기다, 위임하다 **多種多様**(たしゅたよう) 다종다양(가짓수나 양식, 모양이 여러 가지로 많음) **以心伝心**(いしんでんしん) 이심전심(마음과 마음으로 서로 뜻이 통함) **一石二鳥**(いっせきにちょう) 일석이조(돌 한 개를 던져 새 두 마리를 잡는다는 뜻으로, 동시에 두 가지 이득을 봄을 이르는 말) **適材適所**(てきざいてきしょ) 적재적소(알맞은 인재를 알맞은 자리에 씀)

정답 171-(B), 172-(C), 173-(D), 174-(A)

お出かけ先などでコンタクトレンズを落としてしまったことはありませんか？

コンタクトレンズをしていない人であればこんなことはないかもしれませんが、長くコンタクトを利用している方であれば悩ましい問題です。＿＿①＿＿、落としてしまい踏んづけてしまったら、高価なレンズも台無しです。そんな時のために落としたコンタクトレンズを簡単に見つける方法をお教えします。方法は簡単です。まず野外で陽の出ている場所であれば、まず手鏡を出します。その手鏡で落としてしまったあたりを太陽の光に反射させて照らしてみてください。コンタクトレンズに光が当たると＿＿②＿＿光るはずです。もし手鏡を持っていないような場合は、太陽の位置を確認して、太陽を正面に見た状態で立つ。そうすれば、コンタクトレンズが反射して発見しやすくなります。また室内の場合は太陽が出ていないのでこの方法ですと難しい。そんな時は、掃除機の先にパンストを巻き、落とした周辺を吸い上げてみると、コンタクトレンズが吸い付いてくるはずです。ただほとんどの場合が地面に落ちる前に、自分の洋服や顔についていることが多いのが実状らしいです。

외출한 곳에서 콘택트렌즈를 떨어뜨린 일은 없습니까?
콘택트렌즈를 하고 있지 않은 사람이라면 이런 일은 없을지도 모릅니다만, 오랜 기간 콘택트를 이용하고 있는 분이라면 골치 아픈 문제입니다. ＿＿①＿＿, 떨어뜨리고 짓밟아버리면, 값비싼 렌즈도 쓸모없게 됩니다. 그러한 때를 위해서 떨어뜨린 콘택트렌즈를 간단하게 찾아내는 방법을 가르쳐 드리겠습니다. 방법은 간단합니다. 우선 야외이고 햇빛이 나와 있는 장소이면, 먼저 손거울을 꺼냅니다. 그 손거울로 떨어뜨린 근처를 태양 빛에 반사시켜서 비추어 봐주십시오. 콘택트렌즈에 빛이 닿으면 ＿＿②＿＿ 빛날 것입니다. 만약 손거울을 갖고 있지 않은 경우에는, 태양의 위치를 확인하고, 태양을 정면으로 본 상태로 선다. 그러면, 콘택트렌즈가 반사해 발견하기 쉬워집니다. 또 실내인 경우에는 태양이 나와 있지 않기 때문에 이 방법으로는 어렵다. 그런 때에는 청소기 끝에 팬티스타킹을 감아, 떨어뜨린 주변을 빨아올려 보면, 콘택트렌즈가 달라붙어 올 것입니다. 단, 대부분의 경우가 지면에 떨어지기 전에 자신의 옷이나 얼굴에 붙어 있는 일이 많은 것이 실상인 것 같습니다.

175 ＿＿①＿＿に入る適当な言葉は何ですか。

(A) そして

(B) しかし

(C) それで

(D) 万が一

＿＿①＿＿에 들어갈 적당한 말은 무엇입니까?

(A) 그리고

(B) 그러나

(C) 그래서

(D) 만에 하나

176 ___②___ に入る適当な言葉は何ですか。

(A) ぴかっと

(B) きらきら

(C) ぴかぴか

(D) ぎらぎら

___②___ 에 들어갈 적당한 말은 무엇입니까?

(A) 반짝하고

(B) 반짝반짝(별)

(C) 번쩍번쩍(태양 이외)

(D) 쨍쨍

177 落としたコンタクトレンズは実際にどこで多く見つかりますか。

(A) 室内

(B) 陽の出ている場所

(C) 自分の洋服や顔

(D) 太陽を正面に見た状態で立っている場所

떨어뜨린 콘택트렌즈는 실제로 어디에서 많이 발견됩니까?

(A) 실내

(B) 태양이 나와 있는 장소

(C) 자신의 옷이나 얼굴

(D) 태양을 정면으로 본 상태로 서 있는 장소

178 この文章は何について話していますか。

(A) 落としたコンタクトレンズを見つける方法

(B) 出かけ先などで長くコンタクトを利用する方法

(C) 手鏡で落としてしまったあたりを太陽の光に反射させる方法

(D) 掃除機の先にパンストを巻き、落とした周辺を吸い上げてみる方法

이 문장은 무엇에 대해서 말하고 있습니까?

(A) 떨어뜨린 콘택트렌즈를 찾아내는 방법

(B) 외출한 곳에서 오랫동안 콘택트를 이용하는 방법

(C) 손거울로 떨어뜨린 주변을 태양 빛에 반사시키는 방법

(D) 청소기 끝에 팬티스타킹을 감아, 떨어뜨린 주변을 빨아올려 보는 방법

어구 お出掛(でか)け先(さき) 외출처(외출한 곳) 落(お)とす 떨어뜨리다, 놓치다 悩(なや)ましい 괴롭다, 고통스럽다 踏(ふ)んづける 짓밟다 台無(だいな)し 쓸모없는 모양, 엉망이 된 모양, 아주 망가진 모양 見(み)つける 발견하다, 찾다 野外(やがい) 야외 陽(ひ) 해, 태양 手鏡(てかがみ) 손거울 反射(はんしゃ) 반사 照(て)らす 비추다, 비추어 보다 掃除機(そうじき) 청소기 パンスト 팬티스타킹(팬티스타킹의 준말) 巻(ま)く 말다, 감다 吸(す)い上(あ)げる 빨아올리다 実状(じつじょう) 실상, 실제의 사정

정답 175-(D), 176-(A), 177-(C), 178-(A)

100円均一ショップができてから、よく利用する。100円ショップには「あきらかに100円な物」と「とても100円には見えない物」がある。食器はとても「100円には見えない物」の代表で侮れない。センスがよくて普段使うためだけなら、なかなかいいものがある。①造花は当たり外れがあって、というより店側の仕入れ方針の違いだろうが、店によって葉物が得意な店と花物がいい店がある。＿＿＿＿＿②＿＿＿＿＿どうしても100円のものは貧弱。生け花をするには葉物は欠かせない。造花で生けても同じなのだ。花ばかりでは生けられない。いい葉がないと何となく締まらない。実は造花の葉物はまともに買うととても高いのだ。「葉ばかりで何でこんなに高いんだ？！」という値段がついている店が多い。＿＿＿＿＿②＿＿＿＿＿1000円、2000円しても、100円ショップの葉物にはないよさやボリュームがある。値段は値段なのだ。100円には限界がある。300円均一や500円均一で、もうちょっといい物を売ってくれればな、と思う。

100엔 균일 숍이 생긴 이후 자주 이용한다. 100엔 숍에는 '확실하게 100엔인 물건'과 '도저히 100엔으로는 안 보이는 물건'이 있다. 식기는 도저히 '100엔으로는 안 보이는 물건'의 대표로 경시할 수 없다. 센스가 좋아서 평상시 사용하기 위한 것뿐이라면, 꽤 좋은 것이 있다. ①조화는 예상에 맞지 않는 것이 있어, 라기보다는 가게 측 매입 방침의 차이겠지만, 가게에 따라서 잎을 관상하는 초목이 잘 되어 있는 가게와 꽃을 관상하는 초목이 좋은 가게가 있다. ＿＿＿②＿＿＿ 아무래도 100엔인 것은 빈약. 꽃꽂이를 하려면 잎을 관상으로는 하는 초목은 빠뜨릴 수 없다. 조화로 꽃꽂이를 해도 마찬가지인 것이다. 꽃만으로는 꽃꽂이를 할 수 없다. 좋은 잎이 없으면 왠지 모르게 야무지게 되지 않는다. 실은 조화의 잎을 관상하는 초목은 온전하게 사면 아주 비쌀 것이다. '잎만으로 어째서 이렇게 비싼 것이야！' 하는 높은 가격이 붙어 있는 가게가 많다. ＿＿＿②＿＿＿ 1,000엔, 2,000엔 해도, 100엔 숍의 잎을 관상하는 초목에는 없는 좋은 점과 볼륨이 있다. 가격은 가격인 것이다. 100엔에는 한계가 있다. 300엔 균일과 500엔 균일로, 좀 더 좋은 물건을 팔았으면 하고 생각한다.

179 ①造花は当たり外れがあってとはどんな意味ですか。

(A) 季節によって花の種類が違うということ

(B) 店の得意・不得意によって販売している花に偏りがあること

(C) 花を取っ換え引っ換えして遊ぶこと

(D) 花にはお金をかけてラッピングは最小限にすること

①'조화는 예상에 맞지 않는 것이 있어'는 무슨 의미입니까?

(A) 계절에 따라서 꽃의 종류가 다르다고 하는 것

(B) 가게의 장점・단점에 따라서 판매하고 있는 꽃의 편향이 있는 것

(C) 꽃을 이것저것으로 바꾸어서 노는 것

(D) 꽃에는 돈을 들이고 래핑은 최소한으로 하는 것

180 ____②____ に入る適当な言葉は何ですか。

(A) それで

(B) それにしても

(C) しかし

(D) それにも関わらず

____②____ 에 들어갈 적당한 말은 무엇입니까?

(A) 그래서

(B) 그건 그렇다 하더라도

(C) 그러나

(D) 그럼에도 불구하고

181 内容に合っているものはどれですか。

(A) 100円均一ショップの製品は多様なので、生活を十分に満足させてくれる

(B) 100円均一ショップは安くてたいへん便利だが、値段以上の満足感は得難い

(C) 造花の美しさは生花の美しさに負けず劣らずである

(D) 100円均一ショップは使い勝手がよくないのは周知の事実である

내용에 맞는 것은 어느 것 입니까?

(A) 100엔 균일 숍의 제품은 다양하기 때문에, 생활을 충분히 만족시켜 준다

(B) 100엔 균일 숍은 저렴해서 아주 편리하지만, 가격 이상의 만족감은 얻기 힘들다

(C) 조화의 아름다움은 생화의 아름다움과 막상막하이다

(D) 100엔 균일 숍은 사용하기 편리함이 좋지 않은 것은 주지의 사실이다

어구 均一(きんいつ) 균일 ショップ 숍, 가게, 상점 明(あき)らか 분명함, 명백함, 뚜렷함 侮(あなど)る 깔보다, 얕보다, 업신여기다, 경멸하다 普段(ふだん) 일상, 평소, 평상시 造花(ぞうか) 조화, 종이나 천으로 만든 꽃 当(あ)たり外(はず)れ 예상의 적중과 빗나감, 성공과 실패 葉物(はもの) 주로 잎사귀를 식용으로 하는 채소, 주로 잎을 관상하는 초목 得意(とくい) 득의양양, 가장 숙련되어 있음 花物(はなもの) 주로 꽃을 관상하는 초목 貧弱(ひんじゃく) 빈약 生(い)ける 살리다, 꽃꽂이하다 締(し)まる 단단하게 죄이다, 야무지게 되다 値段(ねだん) 값, 가격 ボリューム 볼륨, 분량 負(ま)けず劣(おと)らず 서로 우열이 없이 겨루는 모양, 막상막하로 使(つか)い勝手(がって) 사용하기 편리한 정도

정답 179-(B), 180-(C), 181-(B)

父が91歳で亡くなって、もう12年たった。父はとても自転車が好きで、亡くなる直前まで乗り回していた。戦後、自動車の製造会社に就職したのも、自転車が好きだったからだろう。あるとき、社内自転車マラソン大会が開かれた。父のホームグラウンドの知多半島を一周するコースだった。ずっと一人旅でゆうゆうゴールイン。当然優勝だと思っていた。ところが、はるか先にゴールした若者がいたのだ。抜かれた覚えはない。最初から飛び出していて、姿が見えなかったのだろう。この話をするとき、父はいつも少し残念そうに見えた。私は父と違って、あまり自転車に乗ることがなかった。＿＿＿①＿＿＿、定年退職をして、心身ともに楽になったのを機に「今からあまり楽をしすぎては」と再就職先の職場に通うのに、自転車を使うことにした。坂の多い道だが、朝夕自転車で走るときのそう快感がこんなにも素晴らしいものだとは。父が自転車大好き人間だった理由が「これだ」とようやく分かった。自転車に乗るたびに、父を思う。

아버지가 91세로 돌아가시고, 이제 12년 지났다. 아버지는 아주 자전거를 좋아해서, 돌아가시기 직전까지 타고 돌아다녔다. 전후, 자동차 제조회사에 취직한 것도 자전거를 좋아했기 때문일 것이다. 어느 날, 사내 자전거 마라톤 대회가 열렸다. 아버지의 홈그라운드인 치타반도(知多半島)를 일주하는 코스였다. 쭉 홀로 여행으로 유유히 골인. 당연히 우승이라고 생각하고 있었다. 그런데 훨씬 앞에서 골인한 젊은이가 있었던 것이다. 뒤쳐진 기억은 없다. 처음부터 뛰쳐나가서 모습을 볼 수 없었던 것이다. 이 이야기를 할 때, 아버지는 언제나 약간 유감스러워 보였다. 나는 아버지와 달리 별로 자전거를 타는 일이 없었다. ＿＿＿①＿＿＿, 정년퇴직을 하고, 심신 모두 편해진 것을 기회로 '이제부터 너무 편해지면(안 되겠다)' 하며 재취직한 곳인 직장 다니는 데에 자전거를 사용하기로 했다. 비탈이 많은 길이지만, 아침저녁 자전거로 달릴 때의 상쾌함이 이토록 멋지다니! 아버지가 자전거를 아주 좋아하는 인간이었던 이유가 '이것이다'라고 겨우 알았다. 자전거를 탈 때마다 아버지를 생각한다.

182 父の話について合っているものはどれですか。

아버지의 이야기에 대하여 맞는 것은 어느 것입니까?

(A) 父の地元は知多半島だ。

(B) 自転車が好きだから、自転車の製造会社に就職した。

(C) 社内自転車マラソン大会で優勝したことがある。

(D) 再就職先の職場に通うのに、自転車を使っていた。

(A) 아버지의 본고장은 치다반도(知多半島)다

(B) 자전거를 좋아하기 때문에, 자전거 제조회사에 취직했다

(C) 사내 자전거 마라톤 대회에서 우승한 적이 있다

(D) 재취직한 곳인 직장에 다니는 데에 자전거를 사용했었다

183 職場に通うのに、自転車を使うことにした理由は何
ですか。

(A) 自転車が好きだから。

(B) 運動にもなると思ったから。

(C) 自転車に乗るたびに、父を思い出すから。

(D) 自転車で走るときのそう快感が素晴らしい
から。

직장에 다니는 데에 자전거를 사용하기로 한 이유는 무엇입니까?

(A) 자전거를 좋아하기 때문에

(B) 운동이 되리라고 생각했기 때문에

(C) 자전거를 탈 때마다, 아버지가 생각나기 때문에

(D) 자전거로 달릴 때의 상쾌함이 훌륭하기 때문에

184 ___①___ に入る適当な言葉は何ですか。

(A) そして

(B) それで

(C) しかし

(D) ところが

___①___ 에 들어갈 적당한 말은 무엇입니까?

(A) 그리고

(B) 그래서

(C) 그러나

(D) 그런데

어구 亡(な)くなる 죽다(死ぬ의 완곡한 표현) 乗(の)り回(まわ)す 타고 돌아다니다 社内(しゃない) 사내 一人旅(ひとりたび) 혼자 여행함 ゆうゆう 느긋한 모양, 충분히 여유가 있는 모양, 끝없이 아득한 모양 ところが 그런데, 그러나 若者(わかもの) 젊은이, 청년 抜(ぬ)く 뽑다, 골라내다, 앞지르다 飛(と)び出(だ)す 뛰어나오다, 뛰어나가다 定年退職(ていねんたいしょく) 정년퇴직 通(かよ)う 다니다, 오가다 坂(さか) 비탈, 경사지, 고개 朝夕(ちょうせき) 아침저녁 そう快感(かいかん) 상쾌감, 상쾌함 素晴(すば)らしい 매우 훌륭하다, 기막히게 좋다, 멋있다, 광장하다

정답 182-(A), 183-(B), 184-(D)

僕はインターネット関連の＿＿①＿＿本を制作している編集プロダクションでバイトしているが、そんな時代の流れからか、iモードの本も手がけることになった。記事を書くために、とりあえずユーザーに聞き込みをした。そこで浮かび上がってきたのが、iモード用のホームページがどうとかよりも、携帯メールだ。とにかく携帯電話の料金は高い。二十歳前後の若者にとっては一万円、二万円にもなる料金はきつい。電話料金のためにバイトしている人も多い。だが、携帯メールを使えば、しゃべるよりもずいぶんと安上がりで、一日数十通とメールを出しても、月数千円で収まるという。携帯文化が浸透し、コミュニケーションの希薄さが盛んに叫ばれたが、携帯電話というツールを手に入れた十代二十代たちにとっては、人とのやりとりをメール中心にしているようですらあった。どこかのＳＦ映画にあったみたいな光景だ。それにしても、いったいどんな言葉をやりとりしているのか。②たわいもないことには違いないのかもしれない。だが、彼ら彼女らのやりとりする言葉をたわいもない、と思った人は、すでに世代がちがう証拠だ。すべての世代の人たちが、たわいもないことをしゃべって日々過ごしているように、携帯メールで日常をやりとりしている人たちがいる。＿＿③＿＿電話したり会って話したりするほどじゃない内容の方が、じつは精神のバランスを取る上では大切なのかもしれない。

나는 인터넷 관련의 ＿＿①＿＿ 책을 제작하고 있는 편집 프로덕션에서 아르바이트를 하고 있는데, 그런 시대의 흐름 때문인지, i모드의 책도 다루게 되었다. 기사를 쓰기 위해 우선 유저에게 탐문을 했다. 거기서 드러난 것이 i모드용의 홈페이지가 어떤지보다도, 휴대폰 메일이다. 어쨌든 휴대전화 요금은 비싸다. 20살 전후의 젊은이에게 있어서는 1만 엔, 2만 엔이나 되는 요금은 버겁다. 전화요금을 위해 아르바이트를 하고 있는 사람도 많다. 하지만 휴대폰 메일을 사용하면, 말하는 것보다도 대단히 싸게 들고, 하루 수십 통과 메일을 보내도, 월 수천 엔으로 수습된다고 한다. 휴대문화가 침투해 커뮤니케이션의 희박함이 활발히 주장되었지만, 휴대전화라고 하는 툴(tool)을 손에 넣은 10대 20대들에게 있어서는 다른 사람과의 소통을 메일 중심으로 하고 있는 것 같기까지 했다. 어딘가의 ＳＦ영화에 있었던 것 같은 광경이다. 그건 그렇다 하더라도, 도대체 어떤 말을 주고받고 있는 것일까. ②하찮은 것에는 틀림이 없을지도 모른다. 하지만, 그들 그녀들이 주고받는 말을 하찮다고 생각한 사람은 이미 세대가 다른 증거다. 모든 세대 사람들이 하찮은 것을 말하며 나날을 보내고 있는 것처럼, 휴대폰 메일로 일상을 주고받고 있는 사람들도 있다. ＿＿③＿＿ 전화하거나 만나서 이야기할 정도가 아닌 내용 쪽이, 실은 정신의 밸런스를 취하는 데에 있어서는 중요할지도 모른다.

185 ＿＿①＿＿に入る適当な言葉は何ですか。

(A) ムック　　　　(B) ペット

(C) インターネット　　(D) iモード用

＿＿①＿＿에 들어갈 적당한 말은 무엇입니까?

(A) 무크　　　　(B) 애완동물

(C) 인터넷　　　(D) i모드용

186 ②たわいもないことと同じ意味をもつのはどれですか。

(A) なさけないこと　　(B) つまらないこと
(C) おもしろいこと　　(D) 面倒(めんどう)くさいこと

②'하찮은 것'와 같은 의미를 갖는 것은 어느 것입니까?
(A) 한심한 것　　　　(B) 시시한 것
(C) 재미있는 것　　　(D) 성가신 것

187 ＿＿＿③＿＿＿に入(はい)る適当(てきとう)な言葉(ことば)は何(なん)ですか。

(A) わざと　　　　(B) わざわざ
(C) むしろ　　　　(D) かえって

＿＿＿③＿＿＿에 들어갈 적당한 말은 무엇입니까?
(A) 고의로　　　　　(B) 일부러(특별히)
(C) 오히려　　　　　(D) 도리어

188 携帯(けいたい)メールの説明(せつめい)として正(ただ)しいのはどれですか。

(A) 携帯(けいたい)メールのためにバイトしている人(ひと)が多(おお)い
(B) ＳＦ映画(えいが)を見(み)ることができる
(C) 精神(せいしん)のバランスを取(と)る為(ため)には欠(か)かせないものだ
(D) 十代(じゅうだい)二十代(にじゅうだい)たちにとっては、人(ひと)とのやりとりをメール中心(ちゅうしん)にしているようだ

휴대폰 메일의 설명으로 알맞은 것은 어느 것입니까?
(A) 휴대폰 메일을 위해 아르바이트를 하고 있는 사람이 많다
(B) ＳＦ영화를 볼 수가 있다
(C) 정신 밸런스를 취하기 위해서는 빠뜨릴 수 없는 것이다
(D) 10대 20대들에게 있어서는 다른 사람과의 교환을 메일 중심으로 하고 있는 것 같다

어구 インターネット 인터넷　編集(へんしゅう) 편집　流(なが)れ 흐름, 물결　手(て)がける 손수 다루다, 직접 하다, 보살피다, 돌보다　とりあえず 곧바로, 우선, 일단　ユーザー 유저, 실제의 사용자, 수요자　聞(き)き込(こ)み 물어서 알아냄, 여기저기 다니며 물어서 알아냄, 탐문　浮(う)かび上(あ)がる 떠오르다, 부상하다, 표면에 드러나다　携帯(けいたい)メール 휴대폰 메일　きつい 심하다, 고되다, 엄하다, 꼭 끼다　しゃべる 지껄이다, 수다 떨다, 말하다, 입 밖에 내다　ずいぶん 보통 정도가 넘는 모양, 몹시, 아주, 대단히　安上(やすあ)がり 싼값으로 할 수 있음, 싸게 치임　収(おさ)まる 알맞게 들어앉다, 보기 좋게 들어가다, 받아들여지다　浸透(しんとう) 침투　希薄(きはく) 희박　盛(さか)ん 번성함, 번창함, 왕성함　叫(さけ)ぶ 외치다, 소리 지르다, 부르짖다, 강력히 주장하다　やりとり 주고받음　光景(こうけい) 광경　たわいもない 하잘것없는, 시시한　違(ちが)いない 틀림없다　証拠(しょうこ) 증거　ムック 편집과 발행의 양식이 시각적인 잡지와 문자 중심인 서적의 중간인 책. 'magazine + book'의 합성어

파워 해설 **むしろ** 두 가지를 비교해서 어느 한 쪽이 더 정도가 높다는 의미. 차라리, 오히려

• 名(な)よりも寧(むし)ろ実(じつ)を選(えら)ぶ。 명분보다 오히려 실리를 택하다.
• 必要(ひつよう)でよりも寧(むし)ろ好(す)きでやっているのです。 필요해서라기보다는 오히려 좋아서 하고 있는 것입니다.
• 生(い)きて恥(はじ)をさらすくらいなら寧(むし)ろ死(し)んだ方(ほう)がましだ。 살아서 수치를 당할 바에야 차라리 죽는 편이 낫다.

かえって 어떤 행위를 하면 당연한 어느 결과가 일어난다고 예상되는 경우에, 의도·예상과는 반대의 결과가 생길 때 사용. 도리어, 오히려, 반대로

• 儲(もう)かるどころかかえって大損(たいそん)だ。 벌기는커녕 도리어 큰 손해다.
• 色々失敗(いろいろしっぱい)したことが、かえっていい勉強(べんきょう)になった。 여러 가지 실패한 것이, 오히려 좋은 공부가 되었다.
• 手伝(てつだ)いに行(い)ったつもりが、かえって邪魔(じゃま)になってしまった。 도와주려 간 것이, 도리어 방해가 되고 말았다.

정답 185-(A), 186-(B), 187-(B), 188-(D)

セブン・イレブンのくじって良く当たるんですよね。700円分の買い物でスピードくじが1枚引けるんだけど、昨日は3枚引いて、3枚とも当たりました。今日は4枚引いて1枚当たりました。当たる物と言ったら、①せいぜいが100円程度のジュースやヨーグルトだったりするんですが、誰も「いらない」、と言う人を見かけないので、評判はいいのかも？くじの入った袋の中には、はずれの場合は2枚、あたりの場合は1枚（1枚は当たりカード）スターウォーズのカードが入っています。紙も上質だし、お金をいかにもかけてます、というのがわかります。景品も②要冷商品にも関わらずカウンターの後ろに入れ物ごと山積みしてあります。毎日何をコンビニで買うのか、と疑問をお持ちの方に言いますと、③タバコ1カートンと、発泡酒6缶パック買うともう5枚引けるんですよ。ですよ。

세븐일레븐의 복권은 잘 맞아요. 700엔 분의 쇼핑으로 스피드 복권을 1장 뽑을 수 있는데, 어제는 3장 뽑아서 3장이나 당첨되었습니다. 오늘은 4장 뽑아서 1장 당첨되었습니다. 당첨 물건으로 말할 것 같으면, ①기껏해야 100엔 정도의 쥬스나 요구르트이거나 합니다만, 아무도 '필요 없다'라고 말하는 사람을 발견할 수 없기 때문에 평판은 좋을지도? 복권이 들어 있는 봉투 안에는 탈락의 경우에는 2장, 당첨의 경우에는 1장(1장은 당첨카드) 스타워즈 카드가 들어 있습니다. 종이도 좋은 질이고, 돈을 제법 들였습니다, 라고 주장하는 것을 알 수 있습니다. 경품도 ②요냉상품임에도 불구하고 카운터 뒤에 용기째 산적되어 있습니다. 매일 무엇을 편의점에서 사나, 하고 의문을 갖고 계신 분에게 말하자면, ③담배 1 보루와 발포주 6 캔들이 팩을 사면 벌써 5장 뽑을 수 있지요.

---

189 スピードくじが当たったのは全部で何枚ですか。

(A) 3枚
(B) 4枚
(C) 5枚
(D) 6枚

스피드 복권이 당첨된 것은 전부 몇 장입니까?

(A) 3장
(B) 4장
(C) 5장
(D) 6장

190 ①せいぜいが100円程度の代わりに入る適当な言葉は何ですか。

(A) たかが100円ぐらい
(B) せめて100円ぐらい
(C) なんと100円ぐらい
(D) 少なくても100円ぐらい

①'기껏해야 100엔 정도' 대신에 들어갈 적당한 말은 무엇입니까?

(A) 겨우 100엔 정도
(B) 적어도 100엔 정도
(C) 놀랍게도 100엔 정도
(D) 적어도 100엔 정도

191 ②要冷商品にも関わらずはどんな意味ですか。

(A) 冷凍してはいけない商品だけど
(B) 冷凍する必要のない商品だけど
(C) 冷凍しなくても構わない商品だけど
(D) 冷凍しなければならない商品だけど

②'요냉상품임에도 불구하고'는 무슨 의미입니까?

(A) 냉동해서는 안 되는 상품이지만
(B) 냉동할 필요가 없는 상품이지만
(C) 냉동하지 않아도 상관이 없는 상품이지만
(D) 냉동하지 않으면 안 되는 상품이지만

192 ③タバコこれ1カートンと、発泡酒6缶パック買うと、合計はいくらになりますか。

(A) 3400円
(B) 4000円
(C) 4200円
(D) 5400円

③'담배 1보루와, 발포주 6캔들이 팩을 사면', 합계는 얼마가 됩니까?

(A) 3400엔
(B) 4000엔
(C) 4200엔
(D) 5400엔

어구 くじ 제비, 추첨　当(あ)たる 맞다, 부딪히다, 적중하다　買(か)い物(もの) 물건사기, 쇼핑　引(ひ)く 끌다, 잡아당기다, 제비를 뽑다　せいぜい 힘껏, 열심히, 기껏해야　袋(ふくろ) 주머니, 자루, 봉지, 돈주머니　はずれ 빗나감, 어긋남, 벗어남, 흉작　景品(けいひん) 경품　要冷(ようれい) 냉장이나 냉동할 필요가 있는 것　ごと ~마다, 째　山積(やまづ)み 산적, 산더미처럼 높게 쌓아 올림　かい 가볍게 의심하거나 확인하는 기분을 나타내는 말, 강한 반대를 나타내는 말　発泡酒(はっぽうしゅ) 발포주(탄산가스를 포함시킨 술)

파워 해설 **せめて** 불충분하지만 최소한 이 정도는 되었으면 좋겠다는 의미로, 의지 · 희망 표현이 이어진다. 하다못해, 적어도

- せめて論語ぐらいは読まねばなるまい。적어도 논어 정도는 읽어야 할 거야.
- 夏はせめて一週間ぐらい休みがほしい。여름에는 적어도 일주일 정도 휴가를 원한다.
- せめてあと3日あれば、もうちょっといい作品が出せるのだが。
  적어도 앞으로 3일 있으면, 좀 더 좋은 작품을 낼 수 있건만.

少なくとも 양이나 질이 최소한 이 정도는 되어야 한다는 의미. 적어도

- 駅まで歩くと、少なくとも15分はかかる。역까지 걸으면, 적어도 15분은 걸린다.
- 少なくとも参加者は千人は越すだろう。적어도 참가자는 천 명은 넘겠지.
- 少なくとも試験の日くらい早く起きよう。적어도 시험 날 정도는 일찍 일어나자.

정답 189-(B), 190-(A), 191-(D), 192-(B)

少年が非行に走る原因の一つに喫煙がある。タバコは一種の魔力を持っていて、一度始めるとやめるのが非常に難しい。成長期の少年がタバコを覚えると、その魔力にとりつかれ、学業がおろそかになり、生活がすさんでくる。また、タバコを求めるために、金が必要となり、その金を得るために、悪いことをする場合も生ずる。だから、昔から「タバコは不良の始まり」というのである。また、タバコは心肺機能を著しく低下させるので、成長期の少年がタバコを吸うと、体力が目に見えて落ちていく。そのようなわけで、少年の喫煙は断固として禁止しなければならない。現在、町には数多くのタバコの自動販売機が設置されている。金さえあれば、小学生だって、タバコを買うことができる。いちおう、「法律により未成年者の喫煙は禁止されている」とか「夜11時から朝5時までは販売しません」と、表示されてはいるが、そんなものはなんの役にも立っていない。だいたい、自動販売機そのものが、少年の喫煙を奨励しているようなものだ。「買ってはいけません」と書いておけば買わないだろう、などと考える人は、相当①おめでたい人である。「買ってはいけません」と書いてあっても、欲しければ人は買うのである。現状では少年の喫煙は野放し状態と言ってもいいだろう。

소년이 비행을 저지르는 원인의 하나로 흡연이 있다. 담배는 일종의 마력을 가지고 있어서, 한 번 시작하면 끊기가 매우 어렵다. 성장기의 소년이 담배를 배우면, 그 마력에 사로잡혀 학업이 소홀해지고, 생활이 무절제해진다. 또한, 담배를 구하기 위해서 돈이 필요해지고, 그 돈을 얻기 위해서 나쁜 짓을 하는 경우도 생긴다. 그렇기 때문에, 옛부터 '담배는 불량의 시작'이라고 하는 것이다. 또한, 담배는 심폐기능을 현저하게 저하시키기 때문에, 성장기의 소년이 담배를 피우면 체력이 현저하게 떨어져 간다. 그러한 연유로 소년의 흡연은 단호히 금지해야 한다. 현재, 마을에는 수많은 담배 자동판매기가 설치되어 있다. 돈만 있으면 초등학생도 담배를 살 수 있다. 일단, '법률에 의해 미성년자의 흡연은 금지되어 있다'거나 '밤 11시부터 아침 5시까지는 판매하지 않습니다'라고, 표시되어 있지만, 그러한 것은 아무런 도움이 되지 않는다. 대체로, 자동판매기 그 자체가 소년의 흡연을 장려하고 있는 것이다. '사서는 안 됩니다'라고 써 두면 사지 않겠지 식으로 생각하는 사람은 상당히 ①어수룩한 사람이다. '사서는 안 됩니다'라고 쓰여 있어도, 갖고 싶으면 사람은 사기 때문이다. 현재 상태로서는 소년의 흡연은 방임 상태라고 해도 좋을 것이다.

193 成長期の少年がタバコを覚えると、どうなりますか。

성장기의 소년이 담배를 배우면 어떻게 됩니까?

(A) タバコを求めるためにアルバイトをする場合もある。

(B) 生活がめちゃくちゃになる。

(C) 体にはよくないがストレス解消になる。

(D) 成績が下がるし、暗記力が悪くなる。

(A) 담배를 구하기 위해서 아르바이트를 하는 경우도 있다

(B) 생활이 엉망진창이 된다

(C) 몸에는 좋지 않지만 스트레스 해소가 된다

(D) 성적이 내려가고, 암기력이 나빠진다

194 ①おめでたい人はどんな人ですか。

(A) めずらしい人

(B) かっこいい人

(C) 頭がいい人

(D) 考えが楽観的すぎる人

①어수룩한 사람은 어떤 사람입니까?

(A) 신기한 사람

(B) 멋있는 사람

(C) 머리가 좋은 사람

(D) 생각이 너무 낙관적인 사람

195 自動販売機の説明として正しいのはどれですか。

(A) タバコは不良の始まりだ。

(B) 法律により未成年者の喫煙は禁止されている。

(C) 夜11時から朝5時までは販売しません。

(D) 小学生は買ってはいけません。

자동판매기의 설명으로서 올바른 것은 어느 것입니까?

(A) 담배는 불량의 시작이다

(B) 법률에 의해 미성년자의 흡연은 금지되어 있다

(C) 밤 11시부터 아침 5시까지는 판매하지 않습니다

(D) 초등학생은 사서는 안 됩니다

196 本文の内容にあてはまることわざはどれですか。

(A) 木を見て森を見ず

(B) 病は気から

(C) 頭を隠して尻を隠さず

(D) 二度あることは三度ある

본문의 내용에 들어맞는 속담은 어느 것입니까?

(A) 나무를 보고 숲을 보지 못한다

(B) 병은 마음먹기에 달렸다

(C) 머리를 감추고 엉덩이를 감추지 못한다(결점의 일부만 감추고 다 감춘 것으로 여기는 어리석음의 비유)

(D) 두 번 있었던 일은 세 번 있게 마련이다(모든 사물은 몇 번이고 되풀이된다는 뜻)

> **어구** 非行(ひこう)に走(はし)る 비행으로 치닫다, 비행을 저지르다 喫煙(きつえん) 끽연, 흡연 魔力(まりょく) 마력 とりつく 매달리다, 의지하다, 착수하다 おろそか 소홀함, 등한함, 변변치 않음 生活(せいかつ)がすさむ 생활이 무절제해지다 著(いちじる)しい 현저하다, 두드러지다, 명백하다 断固(だんこ) 단호히, 단연코 いちおう 일단, 대강, 대충 奨励(しょうれい) 장려 相当(そうとう) 상당히, 꽤, 제법 おめでたい 경사스럽다, 지나치게 사람이 좋다, 어수룩하다, 우둔하다 野放(のばな)し 놓아 기름, 방목, 방임함, 멋대로 하게 버려 둠

> **정답** 193-(B), 194-(D), 195-(C), 196-(C)

メーカー希望小売価格の3分の1強から4分の1強を酒税が占めるビールや発泡酒は、「税金を飲んでいるようなもの」と言われるほど、税負担の大きい商品だ。それだけに酒税の動向で、＿＿＿①＿＿＿が左右される。ビールよりも酒税の税率の低い発泡酒の消費が伸びて税収減となることを懸念した財務省は、今年度の税制改正で発泡酒増税に踏み切った。ビール各社は、昨年春から夏にかけて相次いで実施した発泡酒の10円値下げで経営体力を消耗させていたこともあり、350ミリ・リットル缶換算で10.23円、500ミリ・リットル缶換算で14.63円の増税分を価格転嫁し、それぞれ10円、16円値上げすることを決めた。気になる増税の影響だが、店頭価格も値上がりが大勢だ。希望小売価格での販売が主流のコンビニエンスストアでは、ファミリーマートが当面、価格を据え置くことを発表したが、他の大手チェーンに追随の動きはない。大量仕入れによる値引き販売が常態化し、1缶当たり100円を切る価格で売られることもあるディスカウントストアやスーパーでも、店側の値下げ原資にもなる＿＿＿②＿＿＿の削減にメーカーが本腰を入れているため、「一時的な価格据え置きは可能だが、採算面を考えるとやはり値上げは避けられない」との見方が強い。

메이커 희망소매가격의 3분의 1강부터 4분의 1강을 주세가 차지하는 맥주나 발포주는 '세금을 마시고 있는 것'이라고 말하여질 정도로 조세부담이 큰 상품이다. 그런 만큼 주세의 동향으로, ＿＿①＿＿ 가 좌우된다. 맥주보다도 주세의 세율이 낮은 발포주의 소비가 늘어서 세수입 감소가 되는 것을 염려한 재무성은 금년도의 세제개정으로 발포주 증세를 단행했다. 맥주 각 회사는 작년 봄부터 여름에 걸쳐 연달아 실시한 발포주의 10엔 가격인하로 경영체력을 소모시켰던 적도 있어, 350밀리리터 캔 환산으로 10.23엔, 500밀리리터 캔 환산으로 14.63엔의 증세분을 가격 전가해, 각각 10엔, 16엔 가격 인상할 것을 결정했다. 신경이 쓰이는 증세의 영향이지만, 매장가격도 가격상승이 대세다. 희망소매가격으로의 판매가 주류인 편의점에서는 패밀리 마트가 당분간 가격을 그대로 두는 것을 발표했지만, 다른 대기업 체인에 추종의 움직임은 없다. 대량 매입에 의한 가격인하 판매가 상태화(常態化) 하여, 1캔 당 100엔을 밑도는 가격으로 팔리는 일도 있는 디스카운트 스토어나 슈퍼에서도 가게 측의 가격인하 원자(原資)로도 되는 ＿＿②＿＿ 의 삭감에 메이커가 정신을 쏟고 있기 때문에, '일시적인 가격 보류는 가능하지만, 채산면을 생각하면 역시 가격인상은 피할 수 없다'는 견해가 강하다.

197 ＿＿＿①＿＿＿に入る適当な言葉は何ですか。

(A) 増税や価格

(B) 価格や供給

(C) 価格や需要

(D) 価格や需給

＿＿①＿＿ 에 들어갈 적당한 말은 무엇입니까?

(A) 증세나 가격

(B) 가격이나 공급

(C) 가격이나 수요

(D) 가격이나 수급

198 「コンビニエンスストア」で、発泡酒の販売価格はどうなりますか。

(A) 増税の影響で値上がる見込みだ。

(B) 350mℓと500mℓは、それぞれ10円、16円高くなる。

(C) ファミリーマートではさしあたり販売価格の変動がない。

(D) 一時的な価格据え置きは可能だが、値上げは避けられない。

'편의점'에서 발포주의 판매 가격은 어떻게 됩니까?

(A) 증세의 영향으로 가격이 오를 전망이다

(B) 350mℓ와 500mℓ는 각각 10엔, 16엔 비싸진다

(C) 패밀리마트에서는 당분간 판매가격의 변동이 없다

(D) 일시적인 가격 보류는 가능하지만, 가격인상은 피할 수 없다

199 _____②_____に入る適当な言葉は何ですか。

(A) リベート

(B) コスト

(C) ゴージャス

(D) クレーム

_____②_____에 들어갈 적당한 말은 무엇입니까?

(A) 리베이트(rebate)

(B) 코스트(cost)

(C) 고저스(gorgeous)

(D) 클레임(claim)

200 財務省が発泡酒増税を決めたのはなぜですか。

(A) 不景気のため

(B) 税収を増やすため

(C) ビールと発泡酒の酒税の税率を合わせるため

(D) ビールよりも酒税の税率が低いため

재무성이 발포주 증세를 결정한 것은 왜입니까?

(A) 불경기 때문

(B) 세수를 늘리기 위해

(C) 백주와 발포주 주세의 세율을 맞추기 위해

(D) 맥주보다도 주세 세율이 낮기 때문

어구 希望小売価格(きぼうこうりかかく) 희망소매가격 酒税(しゅぜい) 주세 動向(どうこう) 동향 左右(さゆう)される 좌우되다 伸(の)びる 자라다, 늘다, 성장하다 財務省(ざいむしょう) 재무성(재정·예산·과세·통화·관세 등에 관한 사무를 맡아봄. 2001년 大蔵省(おおくらしょう)에서 바뀜) 踏(ふ)み切(き)る 결단하다, 단행하다, 땅을 힘차게 차고 뛰어오르다 値下(ねさ)げ 가격인하, 요금인하 消耗(しょうもう) 소모 換算(かんさん) 환산 転嫁(てんか) 전가 店頭(てんとう) 가게 앞 値上(ねあ)がり 가격인상, 요금인상 大勢(たいせい) 대세 据(す)え置(お)く 그대로 두다, 보류하다, 설치해 두다 追随(ついずい) 추수, 추종 仕入(しい)れ 구입, 매입 本腰(ほんごし) 본격적으로 무슨 일을 시작하려는 자세, 일을 시작할 때의 진지한 마음가짐 本腰(ほんごし)を入(い)れる 진지해지다, 마음먹고 일하다, 정신을 쏟다 据(す)え置(お)き 그대로 놓아 둠, 변동이 예상되던 것이 기대에 반하여 그대로 있음 避(さ)ける 피하다, 멀리하다, 삼가다, 조심하다 原資(げんし) 원자(재정 투융자의 바탕이 되는 자금) 見方(みかた) 보는 방법, 견해, 관점 さしあたり 당장, 당분간, 우선 リベート 지불 대금 등의 일부를 사례금 등의 형태로 되돌려 줌, 수고료, 수수료, 뇌물 コスト 원가, 생산비, 경비, 비용 ゴージャス 호화로운, 화려한, 멋진 クレーム 클레임, 불만, 이의제기, 손해배상청구

정답 197-(D), 198-(C), 199-(A), 200-(B)

실전모의고사 해설

2회

101 この部屋は暗いです。 이 방은 어둡습니다.

   (A) あおい   (B) あまい

   (C) くろい   (D) くらい

> **파워 해설** 暗(くら)い 어둡다 黒(くろ)い 검다
>
> **정답** D

102 これからは注意してください。 앞으로는 주의해 주십시오.

   (A) ちゅい   (B) ちゅうい

   (C) じゅい   (D) じゅうい

> **파워 해설** 注意(ちゅうい) 주의
>
> **정답** B

103 あれは悪気でしたのではない。 저것은 악의로 한 것은 아니다.

   (A) あっけ   (B) あくき

   (C) わるき   (D) わるぎ

> **파워 해설** 悪気(わるぎ) 악의
>
> **정답** D

104 冬休みに北海道へ行くつもりです。 겨울방학에 홋카이도에 갈 생각입니다.

   (A) ほくかいとう   (B) ほっかいとう

   (C) ほっかいどう   (D) ほくかいどう

> **파워 해설** 北海道(ほっかいどう) 홋카이도 ▶ 촉음화(つ → っ)에 주의할 것
>
> **정답** C

105

<ruby>教育関係者<rt>きょういくかんけいしゃ</rt></ruby>や<ruby>現役<rt>げんえき</rt></ruby><ruby>高校生<rt>こうこうせい</rt></ruby>・<ruby>大学生<rt>だいがくせい</rt></ruby>も<ruby>参加<rt>さんか</rt></ruby>した。

교육관계자와 현역 고등학생·대학생도 참가했다.

(A) けんやく （B) けんやく

(C) げんえき （D) げんやく

파워 해설 現役(げんえき) 현역

정답 C

106

<ruby>英国<rt>えいこく</rt></ruby>においては、<ruby>絹<rt>きぬ</rt></ruby>は<ruby>輸入<rt>ゆにゅう</rt></ruby>に<ruby>頼<rt>たよ</rt></ruby>らざるを<ruby>得<rt>え</rt></ruby>ない<ruby>高価<rt>こうか</rt></ruby>な<ruby>貴<rt>き</rt></ruby>
<ruby>重品<rt>ちょうひん</rt></ruby>である。

영국에서는, 비단은 수입에 의지하지 않을 수 없는 값비싼 귀중품이다.

(A) きぬ （B) かみ

(C) ぬの （D) ころも

파워 해설 絹(きぬ) 비단, 견직물

정답 A

107

<ruby>政府<rt>せいふ</rt></ruby>は、<ruby>日本農業<rt>にほんのうぎょう</rt></ruby>を<ruby>守<rt>まも</rt></ruby>るため<u><ruby>毅然<rt>きぜん</rt></ruby></u>たる<ruby>態度<rt>たいど</rt></ruby>を<ruby>内外<rt>ないがい</rt></ruby>に<ruby>明<rt>あき</rt></ruby>
らかにすべきである。

정부는 일본 농업을 지키기 위해 의연한 태도를 내외에 분명히 해야 한다.

(A) きえん （B) きぜん

(C) こんえん （D) こんぜん

파워 해설 毅然(きぜん) 의연, 꿋꿋하고 단호한 모양

정답 B

108

<ruby>二人<rt>ふたり</rt></ruby>は<u>あつい</u><ruby>友情<rt>ゆうじょう</rt></ruby>で<ruby>結<rt>むす</rt></ruby>ばれていた。

두 사람은 돈독한 우정으로 맺어져 있었다.

(A) 暑い （B) 厚い

(C) 熱い （D) 篤い

파워 해설 暑(あつ)い 덥다　厚(あつ)い 두껍다　熱(あつ)い 뜨겁다　篤(あつ)い 위독하다, 깊다, 두텁다, 돈독하다

정답 D

109

今日の朝はめちゃくちゃねむたくて起きるのが大変でした。 　　오늘 아침은 너무나 졸려서 일어나는 것이 힘들었습니다.

(A) 眠たく　　　　　　　　(B) 眼たく

(C) 睡たく　　　　　　　　(D) 寝たく

파워 해설 めちゃくちゃ 엉망진창, 마구 하는 모양

眠(みん) 잠잘 면 → 眠(ねむ)る 자다, 잠들다, 죽다　眠(ねむ)い 졸리다

睡眠(すいみん) 수면　眠気(ねむけ) 졸음　眠(ねむ)りこける 곤히 잠들다, 정신없이 자다

眼(がん·げん) 눈 안 → 　眼(まなこ) 눈, 눈알　眼科(がんか) 안과　眼球(がんきゅう) 안구　眼鏡(めがね) 안경

정답 A

110

今度の工事はとてもわずらわしい。 　　이번 공사는 아주 고약하다.

(A) 紛らわしい　　　　　　(B) 厭わしい

(C) 険しい　　　　　　　　(D) 煩わしい

파워 해설 紛(まぎ)らわしい 아주 비슷하여 헷갈리기 쉽다, 혼동하기 쉽다　厭(いと)わしい 싫다, 꺼림칙하다, 번거롭다, 귀찮다　険(けわ)しい 험하다, 위태롭다, 위급하다, 험난하다　煩(わずら)わしい 번거롭다, 귀찮다, 까다롭다, 뒤얽혀 복잡하다

정답 D

111

父は出張に行くたびに人形を買ってくれる。 　　아버지는 출장을 갈 때마다 인형을 사 준다.

(A) 行かなければ　　　　　(B) 行くとき、たまに

(C) 行くとき、時々　　　　(D) 行くとき、いつも

(A) 가지 않으면　　　　　(B) 갈 때, 가끔

(C) 갈 때, 때때로　　　　(D) 갈 때, 항상

파워 해설 「명사の/동사 기본형 + ～たび/～たびに」～때 마다

정답 D

112

山田さんは田中さんほど速く走れない。 　　야마다씨는 다나카씨 만큼 빨리 달리지 못한다.

(A) 山田さんも田中さんも遅い。

(B) 田中さんは山田さんより遅い。

(C) 山田さんも田中さんも速く走れる。

(D) 山田さんも田中さんも速く走れない。

(A) 야마다씨도 다나카씨도 느리다.

(B) 다나카씨는 야마다씨보다 느리다.

(C) 야마다씨도 다나카씨도 빨리 달릴 수 있다.

(D) 야마다씨도 다나카씨도 빨리 달리지 못한다.

파워 해설 AはBほど ～ない A는 B만큼 ～하지 않다 → 'A도 B도 일반적인 기준으로 보면 ～하다'라는 의미를 내포함.

정답 C

113 その映画はおととい見ました。

(A) 昨日
(B) 夕べ
(C) あさって
(D) 2日前

그 영화는 그저께 봤습니다.

(A) 어저께
(B) 어젯밤
(C) 모레
(D) 이틀 전

> **파워 해설** 一昨日(おととい) 그저께　明後日(あさって) 모레
> **정답** D

114 山田さんはその本を読みかけていた。

(A) 本を読んだ
(B) まだ本を読まなかった
(C) 本を読んでいるところだ
(D) 本を読んでしまった

야마다씨는 그 책을 읽으려고 하고 있었다.

(A) 책을 읽었다
(B) 아직 책을 읽지 않았다
(C) 책을 읽고 있는 참이었다
(D) 책을 읽어버렸다

> **파워 해설** ます형＋かけていた／ます형＋かけていた＋명사 : ~하기 직전의 상태
> ます형＋かけだ : 일부 ~한 상태
> ます형＋かけの＋명사 : 일부 ~한 상태
> ・本を読みかけていた。책을 읽으려고 하고 있었다.
> ・本を読みかけだった。책을 읽는 도중이었다.
> ・読みかけの本。읽다 만 책.
> **정답** B

115 暑い日はビールに限る。

(A) ビールが流行る　(B) ビールが売れる
(C) ビールが飲みたい　(D) ビールが一番いい

더운 날은 맥주가 제일이다.

(A) 맥주가 유행한다　(B) 맥주가 팔린다
(C) 맥주를 마시고 싶다　(D) 맥주가 제일 좋다

> **파워 해설** ～に限(かぎ)る ~하는 것이 제일이다, ~밖에 없다
> ・花は桜に限る。꽃은 벚꽃이 제일이다.
> ・旅行は秋に限る。여행은 가을이 제일이다.
> ・疲れたら寝るに限る。피로했을 때에는 자는 것이 제일이다.
> **정답** D

116 合格はかたい。

(A) 間違いない

(B) ちょっと難しい

(C) まだわからない

(D) できるかもしれない

합격은 확실하다.

(A) 틀림없다

(B) 조금 어렵다

(C) 아직 모른다

(D) 가능할지도 모른다

파워 해설 固(かた)い·堅(かた)い·硬(かた)い

① 물체 등이 단단하다　固·硬(かた)い鉛筆 단단한 연필 ⇔ やわらかい

② 의지나 의리 등이 굳다　固·堅(かた)い決意 굳은 결의

③ 견실하다　固·堅(かた)い商売 견실한 장사(사업)

④ 틀림없다, 확실하다　合格は固·堅(かた)い 합격은 확실하다

⑤ 생각이 굳다, 융통성이 없다　頭が固·硬(かた)い 생각이 완고하다 ⇔ やわらかい

⑥ 올곧기만 하다, 재미가 없다　固·硬(かた)い話 딱딱한 이야기 ⇔ やわらかい

⑦ 표정 등이 딱딱하다·경직되다　硬(かた)い表情 딱딱한 표정

정답 A

---

117 この世には偶然などない。

(A) われわれに自由はない。

(B) 私には兄弟がない。

(C) 韓国には氷河はない。

(D) 日本には戦争をする意志はない。

이 세상에는 우연 따위 없다.

(A) 우리들에게 자유는 없다.

(B) 나에게는 형제가 없다.

(C) 한국에는 빙하가 없다.

(D) 일본에는 전쟁을 할 의지는 없다.

파워 해설 〈ない의 의미 정리〉

① 부재(不在), 비존재(非存在)

- この世には偶然などない。 이 세상에는 우연 따위 없다.
- 韓国には氷河はない。 한국에는 빙하가 없다.
- 日本には砂漠がない。 일본에는 사막이 없다.

② 비소유(非所有)

- 日本には戦争をする意志はない。 일본에는 전쟁을 할 의지는 없다.
- われわれに自由はない。 우리들에게 자유는 없다.
- 私には兄弟がない。 나에게는 형제가 없다.

정답 C

118 <u>よく</u>世間にある事だ。　　　　　　　　흔히 세상에 있는 일이다.

(A) 最近<u>よく</u>眠れなくて困っている。　　(A) 최근에 잠을 잘 수 없어서 난처하다.

(B) 彼はこの店に<u>よく</u>来る。　　　　　(B) 그는 이 가게에 자주 온다.

(C) 次の文章を<u>よく</u>読んで問題に答えなさい。　(C) 다음 문장을 잘 읽고 답하시오.

(D) 製品の品質が<u>よく</u>なければ商品として失格だ。　(D) 제품의 품질이 좋지 않으면 상품으로서 실격이다.

파워 해설 〈よく의 용법 정리〉

① 형용사 : 형용사의 연용형(좋게, 잘) ↔ 悪く(나쁘게, 좋지 않게) ※연용형 – 용언(동사, 형용사)과 연결되기 위한 활용형.
- 体の状態がよくない。 몸 상태가 좋지 않다.
- 製品の品質がよくなければ商品として失格だ。 제품의 품질이 좋지 않으면 상품으로서 실격이다.

② 부사 : 정도를 나타냄(충분히, 잘)
- 最近よく眠れなくて困っている。 최근에 잘 잘 수 없어서 난처하다.
- 次の文章をよく読んで問題に答えなさい。 다음 문장을 잘 읽고 답하시오.

③ 부사 : 빈도를 나타냄(자주, 곧잘, 흔히)
- よく世間にある事だ。 흔히 세상에 있는 일이다.
- 彼はこの店によく来る。 그는 이 가게에 자주 온다.

정답 B

---

119 あの人はどうやら日本人<u>らしい</u>。　　저 사람은 아무래도 일본사람 같다.

(A) 明日は雨が降る<u>らしい</u>ね。　　　　(A) 내일은 비가 올 것 같아.

(B) 今日は春<u>らしい</u>天気だ。　　　　　(B) 오늘은 봄다운 날씨다.

(C) 男<u>らしい</u>男ってどんな人のことですか。　(C) 남자다운 남자는 어떤 사람입니까?

(D) 弱音を吐くなんて君<u>らしく</u>ないね。　(D) 약한 소리를 하다니 자네답지 않아.

파워 해설 〈명사 + らしい의 용법〉

① 형용사 : 접미어로 사용(~답다)
- 男らしい男ってどんな人のことですか。 남자다운 남자란 어떤 사람입니까?
- 今日は春らしい天気だ。 오늘은 봄다운 날씨다.
- 弱音を吐くなんて君らしくないね。 약한 소리를 하다니 자네답지 않아.

② 조동사 : 객관적인 근거를 토대로 하는 추량 표현(~인 것 같다)
- 明日は雨が降るらしいね。 내일은 비가 올 것 같아.
- あの人はどうやら日本人らしい。 저 사람은 아무래도 일본인 같아.

정답 A

120 手を上げて横断歩道を渡りました。

(A) バイトをして学費を稼ぎました。

(B) 朝ごはん作って、子供を起しました。

(C) 暑かったので、窓を開けて寝ました。

(D) 兄がピアノを弾いて、弟が太鼓をたたいた。

손을 들고 횡단보도를 건넜습니다.

(A) 아르바이트를 해서 학비를 벌었습니다.

(B) 아침밥을 짓고, 아이를 깨웠습니다.

(C) 더웠기 때문에, 창문을 열고 잤습니다.

(D) 형이 피아노를 치고, 동생이 북을 쳤다.

파워 해설 「～て」용법 정리

① 부대상황
- 手を上げて横断歩道を渡りました。 손을 들고 횡단보도를 건넜습니다.
- 暑かったので、窓を開けて寝ました。 더웠기 때문에, 창문을 열고 잤습니다.

② 수단·방법
- バイトをして学費を稼ぎました。 아르바이트를 해서 학비를 벌었습니다.
- 牛乳パックを使っておもちゃを作りました。 우유팩을 사용해서 장난감을 만들었습니다.

③ 일련의 순차적 동작
- 朝ごはん作って、子供を起しました。 아침밥을 짓고, 아이를 깨웠습니다.
- 安全を点検して、それからかぎをかけた。 안전을 점검하고, 그 다음에 자물쇠를 채웠다.

④ 원인·이유
- 風邪を引いて会社を休みました。 감기가 들어서 회사를 쉬었습니다.
- ゆうべはおなかが痛くて、眠れなかった。 어젯밤에는 배가 아파서, 잠들 수가 없었다.

⑤ 병렬·나열
- この図書館は広くて、新しい。 이 도서관은 넓고, 새롭다.
- 兄がピアノを弾いて、弟が太鼓をたたいた。 형이 피아노를 치고, 동생이 북을 쳤다.

정답 C

PART 6 오문 정정

121　明日9時にそちら<u>へ</u>行く時、お菓子とビルを<u>買っていきます</u>。
　　　　　　(A)　(B)　　　　　　　　　　(C)　　　(D)

내일 9시에 그쪽으로 갈 때, 과자와 맥주를 사서 가겠습니다.

> **파워 해설**　ビル 빌딩　ビール 맥주
> **정 답**　(C)「ビル」→「ビール」

122　一番<u>うれしい</u>のは、<u>大勢</u>の<u>アメリカ人</u>と友達になれた<u>こと</u>です。
　　　　　　(A)　　　　　(B)　　(C)　　　　　　　　(D)

가장 기뻤던 것은, 많은 미국인과 친구가 된 것입니다.

> **파워 해설**　시제의 일치에 주의할 것
> **정 답**　(A)「うれしい」→「うれしかった」

123　あの<u>会社</u>は、休みが<u>小さい</u>し、<u>給料</u>も<u>安い</u>し、<u>就職</u>しないほう
　　　　　(A)　　　　　(B)　　　　(C)　　(C)　　(D)

がいいよ。

저 회사는, 휴일도 적고, 급료도 싸고, 취직 안 하는 편이 나아요.

> **파워 해설**　小(ちい)さい (크기 등이) 작다.　少(すく)ない (양 등이) 적다.
> **정 답**　(B)「小さい」→「少ない」

124　<u>今の20代社会人は</u>上司と<u>お寿司が</u>食べたがっている<u>そうだ</u>。
　　　(A)　　(B)　　　　　　(C)　　　　　　　　(D)

지금의 20대 사회인은 상사와 초밥을 먹고 싶어 한다고 한다.

> **파워 해설**　「～を + 형용사 어간 + がる」 제 3자의 희망·바람을 나타내는 표현
> **정 답**　(C)「が」→「を」

125 昨日駅で火事がありましたことを知っていますか。 어제 역에서 화재가 난 것을 알고 있습니까?
　　(A)　(B)　　　　(C)　　　　　　(D)

명사 수식 형태는 공손한 형태가 아니고 보통형이다.

정 답　(C)「ありました」→「あった」

126 薬を飲みたり飲まなかったりしていると、病気が治らないよ。 약을 먹다가 안 먹다가 하면, 병이 낫지 않아요.
　　　(A)　　　　 (B)　　　(C)　　　　 (D)

「～たり～たり」～하기도 하고 ～하기도 하고

발음편(はねる音便)

어미「～ぬ, ～む, ～ぶ」끝나는 1그룹 동사에「～た, ～て, ～たり」가 접속되면, 어미가「～ん」으로 변한다.
死ぬ ＋ ～た, ～て, ～たり → 死んだ(죽었다), 死んで(죽고), 死んだり(죽기도 하고)
読む ＋ ～た, ～て, ～たり → 読んだ(읽었다), 読んで(읽고), 読んだり(읽기도 하고)
飛ぶ ＋ ～た, ～て, ～たり → 飛んだ(날았다), 飛んで(날고), 飛んだり(날기도 하고)

정 답　(A)「飲みたり」→「飲んだり」

127 妹は毎日寒いのでアイスクリームばかり食べています。 여동생은 매일 덥기 때문에 아이스크림만 먹
　　(A)　(B)　　　　　　　　 (C)　　　 (D) 고 있습니다.

내용 파악을 물어보는 문제.

정 답　(B)「寒い」→「暑い」

128 値段を聞いて腰が抜けそうになるくらいに、安いでした。 가격을 듣고 기겁을 할 정도로 저렴했습니다.
　　(A)　　　　(B)　　　　　　　　 (C)　　 (D)

い형용사의 과거 표현

•安いでした。（×）
•安かったです。저렴했습니다.

정 답　(D)「安いでした」→「安かったです」

129 病気の母と元気の子供がいると、家の中はどうなるでしょうか。
      (A)   (B)   (C)   (D)

병인 어머니와 건강한 아이가 있으면, 집 안은 어떻게 될까요?

파워 해설 な형용사의 명사 수식

• 元気 (○ な / × の) 人。 건강한 사람.

정 답 (B) 「元気の」 → 「元気な」

---

130 6ヶ月間ダイエットをしたから、ほとんどやせませんでした。
          (A)   (B)   (C)   (D)

6개월 간 다이어트를 했는데도, 거의 살이 빠지지 않았습니다.

파워 해설 のに : 사실적 역접으로 사용된다. 전건(前件)에서 본래 예상되는 것과 다른 내용이 후건(後件)에 나타남으로써 그것에 대한 놀람이나 불만을 나타냄.

정 답 (B) 「から」 → 「のに」

---

131 時間がなかったので、最寄りの駅へ走った。
      (A)   (B)   (C)   (D)

시간이 없었기 때문에, 가장 가까운 역까지 달렸다.

파워 해설 「歩(ある)く 걷다, 走(はし)る 달리다, 泳(およ)ぐ 헤엄치다」 등의 동작 동사에는 「に・へ」를 사용할 수 없다.

정 답 (D) 「へ」 → 「まで」

---

132 近年では、住宅開発が進み、その自然は失われるつつあります。
     (A)   (B)   (C)   (D)

근래에는, 주택 개발이 진행되고, 그 자연은 사라지고 있습니다.

어 구 • 동사 ます형 + つつある ~하는 중이다, ~하고 있다.

정 답 (D) 「失われる」 → 「失われ」

---

133 たばこのポイ捨てからあたりに充満していたガスが爆発した。
    (A)   (B)   (C)   (D)

담배를 함부로 버려서 주위에 충만해져 있던 가스가 폭발했다.

파워 해설 순간적으로 인한 원인과 결과를 나타낼 경우, 「から」는 사용할 수 없다.

정 답 (B) 「から」 → 「で」

134　授業が終わって帰ろうとしたときも相変わらず、雪が降った。
　　　　(A)　　　　　　(B)　　　　(C)　　　　　　　　(D)

수업이 끝나고 돌아가려고 할 때도 여전히 눈이 내리고 있었다.

> **파워 해설**　「相変わらず 여전히, 변함없이」라는 단어가 있기 때문에 계속적 표현이 이어져야 한다.
>
> **정답**　(D)「降った」→「降っていた」

135　明日こちらへ行くとき、新品のパソコンを買って行きます。
　　　　(A)　　　　　　　　　(B)　　(C)　　(D)

내일 그쪽에 갈 때, 신품인 PC를 사가지고 가겠습니다.

> **어구**　こちら 이쪽 ⇒ 말하는 사람에게 가까운 곳.
>
> 　　　　そちら 그쪽 ⇒ 듣는 사람에게 가까운 곳.
>
> 　　　　あちら 저쪽 ⇒ 말하는 사람과 듣는 사람에게 먼 곳.
>
> **정답**　(A)「こちら」→「そちら」

136　山田さんは弁護士だから法律に詳しいに違いないのに、
　　　　　　　　　　　　　　(A)　　　　　　　　(B)

憲法さえろくに知らない。
　　　(C)　　　(D)

야마다씨는 변호사이기 때문에 법률에 밝을 터인데, 헌법조차 제대로 모른다.

> **어구**　〜はずだ 〜일 것이다 ⇒ 논리적으로 생각한 결과 얻어진 확신을 나타냄.
>
> 　　　　〜に違いない 〜임에 틀림이 없다 ⇒ 직감적인 확신을 나타냄.
>
> **정답**　(B)「に違いない」→「はずな」

137　今年に入ってから大規模な個人情報漏洩が明るみになるなど、
　　　　　　　　　　(A)　　　　　　(B)　　　　　　(C)

情報の安全に対する不安が広がっている。
　　　　　　　　　　　　　(D)

올해에 들어서 대규모의 개인 정보 누설이 밝혀지는 등, 정보의 안전에 대한 불안이 퍼져가고 있다.

> **어구**　明るみに出る 밝혀지다, 표면화되다　明らかになる 명백해지다, 확실해지다
>
> **정답**　(C)「なる」→「出る」

138 大嫌い人とゴルフをすれば、自分がその人のことを悪いように
(A)　　　　　　　(B)　　　　　　　　　　　　　　　　　(B)

勝手に誤解していた過ちに気づくかもしれません。
(C)　　　　　　　　　　(D)

아주 싫어하는 사람과 골프를 하면, 자신이 그 사람을 나쁜 것으로 무작정 오해하고 있던 잘못을 깨달을지도 모릅니다.

> 파워 해설 ｜ い형용사와 な형용사의 구분에 주의할 것
> 정답 ｜ **(A)** 「大嫌い」 → 「大嫌いな」

139 Jリーグの登場は日本社会に大きな衝撃を与え、
(A)　　　　　　　　　　　　　　(B)

日本人のスポーツ観に一石を投げることとなった。
　　　　　　　　　　　　(C)　　　(D)

J리그의 등장은 일본 사회에 큰 충격을 줘, 일본인의 스포츠 관전에 파문을 일으키는 것이 되었다.

> 어구 ｜ 一石(いっせき)を投(とう)じる 일석을 던지다(파문을 일으키다).
> 정답 ｜ **(C)** 「投げる」 → 「投じる」

140 彼の見事さは、それぞれに与えられた人生をどこまで生き
(A)　　　　　　　　　　　　(B)　　　　　(C)

抜いていたところにある。
　　　(D)

그의 훌륭함은 각기 주어진 인생을 끝까지 잘 살았다는 부분에 있다.

> 어구 ｜ とことん 최후, 막다른 곳, 끝, 철저하게
> 정답 ｜ **(C)** 「どこ」 → 「とことん」

PART 7 공란 메우기

---

141 もう少し大きい声_____話してください。   조금 더 큰 소리로 이야기해 주십시오.

(A) で   (B) に   (C) を   (D) の

파워 해설 **で의 용법** : 수단, 방법, 도구, 재료를 나타내는 용법

- 電車で行く。 전차로 가다.   ・ ラジオで聞いた話。 라디오에서 들은 이야기.
- ペンで書く。 펜으로 쓰다.   ・ 紙で人形を作る。 종이로 인형을 만들다.

정답 A

---

142 弟は去年大学_____卒業しました。   남동생은 작년에 대학을 졸업했습니다.

(A) へ   (B) を   (C) で   (D) に

어구 ~を卒業(そつぎょう)する ~을[를] 졸업하다

정답 B

---

143 図書館を_____する時はこのカードを使ってください。   도서관을 이용할 때는 이 카드를 사용해 주십시오.

(A) 勉強   (B) 利用

(C) 連絡   (D) お願い

어구 勉強(べんきょう) 공부 利用(りよう) 이용 連絡(れんらく) 연락 お願(ねが)いする 부탁하다

정답 B

---

144 急に彼女が来られなくなって、_____だ。   갑자기 그녀가 올 수 없게 되어서 유감이다.

(A) 無理   (B) 危険

(C) 残念   (D) 簡単

어구 無理(むり) 무리, 억지 危険(きけん) 위험 残念(ざんねん) 유감스러움, 아쉬움, 분함, 억울함 簡単(かんたん) 간단

정답 C

145 探していた本がやっと_____。　　　　　찾고 있었던 책이 겨우 발견되었습니다.

(A) 見ました　　　　　　(B) 見えました

(C) 見つけました　　　　(D) 見つかりました

> **어구**　見(み)る 보다　見(み)える 보이다　見(み)つける 발견하다, 찾다　見(み)つかる 찾게 되다, 발견되다, 들키다, 발각되다
> **정답**　D

146 ご飯を_____とした時、電話がかかってきました。　밥을 먹으려고 할 때, 전화가 걸려왔습니다.

(A) 食べ　　　　　　(B) 食べて

(C) 食べよう　　　　(D) 食べるよう

> **어구**　～(よ)うとする ～하려고 하다 ▶ 의지[의향]을 나타내는 표현으로, 동사 의지형에 접속
> **정답**　C

147 図書館は_____かもしれません。　　　　도서관은 저쪽일지도 모릅니다.

(A) どこ　　　　　　(B) あの

(C) どっち　　　　　(D) あっち

> **어구**　どこ 어디　あの 저　どっち 어느 쪽　あっち 저쪽
> **정답**　D

148 テレビを見て_____いると、目が悪くなります。　TV를 보고만 있으면, 눈이 나빠집니다.

(A) しか　　　　　　(B) まで

(C) ばかり　　　　　(D) ぐらい

> **어구**　～てばかり ～하기만 함 ▶ 한 가지에 한정되는 의미
> **정답**　C

149 今朝は8時＿＿＿＿＿寝ていました。　　　　　오늘 아침에는 8시까지 잤습니다.

(A) まで　　　　　　　　　　(B) あいだ

(C) までに　　　　　　　　　(D) あいだに

• **まで** 계속되는 동작과 작용의 종점을 나타냄. 　　• **までに** 기한을 나타냄.

정 답　**A**

---

150 ニュースによると、強い風で木が＿＿＿＿＿そうです。　　뉴스에 의하면 강풍으로 나무가 쓰러진다고 합니다.

(A) 倒し　　　　　　　　　　(B) 倒れ

(C) 倒して　　　　　　　　　(D) 倒れる

어 구　• **ます형 + そうです ～일 것 같다** ▶ 양태를 나타내는 표현

　　　• **종지형 + そうです ～라고 한다** ▶ 전문을 나타내는 표현

정 답　**D**

---

151 このデジカメは高価なのに＿＿＿＿＿。　　이 디지털 카메라는 고가인데 잘 안 찍힌다.

(A) 写りが良い　　　　　　　(B) 写るものだ

(C) 写りが悪い　　　　　　　(D) 写るばかりだ

어 구　**～のに** ～ 인데 ▶ 의외와 불만의 기분을 나타냄

정 답　**C**

---

152 赤ちゃんが目を覚まさない＿＿＿＿＿洗濯をしました。　　아기가 깨기 전에 빨래를 했습니다.

(A) のに　　　　　　　　　　(B) うちに

(C) ところに　　　　　　　　(D) あいだに

파워 해설　**～うちに ～동안에(부정형으로 사용 가능)**

• 赤ちゃんが寝ているうちに洗濯をしました。 아기가 자는 동안에 빨래를 했습니다.

⇒ '아기가 자고 있지 않으면 빨래를 할 수 없다'는 뉘앙스

～あいだに ～사이에(부정형으로 사용 불가)

• 赤ちゃんが寝ているあいだに洗濯をしました。 아기가 자는 사이에 빨래를 했습니다.

⇒ 단순히 '아기가 자고 있는 사이에 빨래를 했다'는 뉘앙스

정 답　**B**

153 電車に＿＿＿＿切符を買っておかなければなりません。　전철을 타려면 표를 사 두지 않으면 안 됩니다.

(A) 乗ると　　　　　　　　(B) 乗れば

(C) 乗ったら　　　　　　　(D) 乗るなら

파워 해설　☞ 표를 먼저 사고 전철을 타야 하기 때문에 「なら」가 알맞다.

・旅行にいくのなら、カメラを持っていくといいですよ。
여행에 가는 거라면 카메라를 갖고 가면 좋아요. (카메라 갖고 → 여행)

・大学院に進むなら、この本を読みなさい。 대학원에 진학하려면 이 책을 읽으세요. (책 읽고 → 대학원)

정답　D

---

154 きれいに整理＿＿＿＿きれいだ。　깨끗하게 정리되어 있어서 깨끗하다.

(A) していて　　　　　　　(B) していって

(C) されていて　　　　　　(D) されてあって

파워 해설　상태를 나타내는 경우에는, 「整理されている」 또는 「整理してある」로 나타내야 한다.

정답　C

---

155 複雑な文章も繰り返し読めば＿＿＿＿。　복잡한 문장도 반복해서 읽으면 이해할 수 있습니다.

(A) 知ります　　　　　　　(B) わかります

(C) 知るだろう　　　　　　(D) わかれます

파워 해설　「わかる」는 '이해할 수 있다'는 가능의 의미를 포함한다.

「知る」는 지식을 얻는 의미이고, 내용을 이해하는 의미는 없다.

정답　B

---

156 魚は骨があるから＿＿＿＿です。　생선은 가시가 있기 때문에 먹기 어렵다.

(A) 食べやすい　　　　　　(B) 食べにくい

(C) 食べがたい　　　　　　(D) 食べられにくい

어구　ます형＋にくい ～하는 것이 어렵다, 곤란하다

정답　B

157

50歳になったこと＿＿＿＿、今月の成績も良くなかっ
たことから引退を決意したらしい。

(A) にくわえ　　　　　　(B) にこたえ

(C) にかぎり　　　　　　(D) にいたり

50세가 된 것에 덧붙여, 이번 달 성적도 좋지 않기 때문에 은퇴를 결의한 것 같다.

〜にくわえ(〜にくわえて) 〜에 덧붙여, 〜에 더하여

A

158

仕事が多すぎて疲れ＿＿＿＿。

(A) がちだ　　　　　　(B) ぎみだ

(C) むけだ　　　　　　(D) むきだ

일이 너무 많아서 피곤한 것 같다.

〜ぎみ(気味) 〜경향, 〜기색

〜がち 〜하기 쉬움 → 빈도를 나타내므로, 빈도에 상응하는 어구가 있어야 함.

• 毎日仕事が多すぎて疲れがちだ。매일 일이 너무 많아서 자주 피곤하다.

B

159

希望の会社に就職できる可能性は低い。＿＿＿＿あきら
めずに頑張ろう。

(A) そして　　　　　　(B) けれども

(C) ところが　　　　　　(D) それなのに

희망하는 회사에 취직할 수 있는 가능성은 낮다. 그렇지만 단념하지 말고 힘내자.

ところが / それなのに : 후건(後件)에 명령・의뢰・의지・질문・말하는 사람의 판단 등의 표현을 할 수 없고, 후건(後件)이 예상과 다른 결과가 나타났을 때 사용.

• 出かける前に胃腸薬をのんでおいたのに、(ところが/それなのに)途中で急に腹が痛くなった。
외출하기 전에 위장약을 먹어 두었는데도, (그런데・그럼에도 불구하고) 도중에 갑자기 배가 아파왔다.

B

160

先週仕事で京都に＿＿＿＿。

(A) 参りました　　　　　　(B) 伺いました

(C) 拝見しました　　　　　　(D) おっしゃいました

지난주에 업무로 교토에 갔습니다.

参る : '오다, 가다'의 겸양어. ⇒ 주어를 낮추어 듣는 사람을 높이는 겸양어.

伺う : '묻다, 듣다, 방문하다'의 겸양어. ⇒ 주어를 낮추고 화제의 대상을 높이는 겸양어.

A

161 皆さん、私_____覚えていますか？   여러분들, 저를 기억합니까?

(A) の   (B) を

(C) こと   (D) のことを

파워 해설 考える(생각하다), 思う(생각하다), 思い出す(생각나다), 覚えている(기억하다) 등 사고·기억을 나타내는 동사는 사람과 물건, 장소
를 나타내는 명사를 대상으로 할 경우에 「のこと」를 사용하는 것이 자연스럽다.

정답 D

162 今日は休日_____彼女は家にいるでしょう。   오늘은 휴일이니까 그녀는 집에 있겠지요.

(A) から   (B) だから

(C) からには   (D) ですから

파워 해설 판단의 근거를 나타내는 경우에는 주절이 공손한 형태이면 종속절도 공손한 형태로 하는 것이 자연스럽다.
단, 내용의 이유를 나타내는 경우에는 주절이 공손한 형태라 하더라도 종속절을 보통형으로 사용하는 것이 자연스럽다.
• 休日(○ だから / ? ですから)道が込んでいるのでしょう。

정답 D

163 _____はすぐ参りますので、しばらくお待ち下さい。   아버지는 곧 오니까, 잠시 기다려 주십시오.

(A) 父   (B) 父親

(C) お父さん   (D) お父様

파워 해설 父 : 1인칭 부모를 나타낸다.
父親 : 3인칭 부모를 나타낸다.
일본어는 자기 가족을 상대방에게 이야기할 경우, 존경어(お父さん·お父様)를 사용하지 않는다.

정답 A

164 私はコーヒーが好きだ。_____飲物はいつも疲れを癒   나는 커피를 좋아한다. 이 음료는 언제나 피곤함을 치유
してくれる。   해 준다.

(A) この   (B) その

(C) あの   (D) これ

파워 해설 가리키는 것을 다른 말로 바꿔 말해서 받을 때 「この」만이 사용된다.
'コーヒー'를 '飲物'로 바꿔 말하고 있다.

정답 A

165

いつものように、目覚まし時計が＿＿＿＿起き出し、スウェットスーツに着替えて、ジョギングに出かけた。

언제나처럼 자명종이 울리자마자 일어나서 땀복으로 갈아입고 조깅하러 나섰다.

(A) 鳴るなり
(B) 鳴るや否や
(C) 鳴るそばから
(D) 鳴ったとたん

파워 해설 동사 기본형 ＋ ～や/～や否や : ～하자마자(문어체) ⇒ ～가 끝난 순간에, 바로 ～가 일어나다(예상대로).

• いつものように、目覚まし時計が（○ 鳴るや否や / × 鳴るなり / × 鳴ったとたん）起きだし、スウェットスーツに着替えて、ジョギングに出かけた。〈예정대로의 전개〉

정답 B

166

仕事＿＿＿＿ちっとも子供の相手をしてやらない。

일에 정신이 팔려서 전혀 아이의 상대를 해 주지 않는다.

(A) にいたって
(B) にひきかえ
(C) にかまけて
(D) にもまして

파워 해설 ～にかまけて : ～에 정신이 팔려서, ～에 얽매여서

정답 C

167

弁護士を頼まなかったばかりに＿＿＿＿損をしてしまった。

변호사를 선임하지 않은 바람에 눈 뜨고 손해를 보고 말았다.

(A) ぐずぐず
(B) ぐらぐら
(C) みすみす
(D) めきめき

파워 해설 ぐずぐず 흐물흐물, 헐렁헐렁, 꾸물꾸물, 칭얼칭얼, 투덜투덜　ぐらぐら 흔들흔들, 부글부글　みすみす 빤히 보면서, 빤히 알고 있으면서, 눈을 멀뚱멀뚱 뜨고　めきめき 눈에 띄게, 무럭무럭, 급속도로

정답 C

168 体調が良くないし、やはり無理はしない_____よ。　　컨디션이 좋지 않기도 하고, 역시 무리는 하지 않는 것이 제일이야.

(A) とは限らない　　　　　(B) まで言うことはない

(C) に越したことはない　　(D) にしたらそれまでだ

파워 해설　～に越したことはない ～보다 더 좋은 것은 없다

정답　C

169 5月に入ると、関東地方は_____しないお天気でした。　　5월에 접어들자, 관동지방은 시원치 않은 날씨였습니다.

(A) かっと　　　　　(B) さっと

(C) ぱっと　　　　　(D) ほっと

파워 해설　**かっと** ① 불길이 맹렬한 모양(확확) ② 몹시 내리쬐는 모양(쨍) ③ 갑자기 화를 내는 모양(발끈, 울컥) ④ 눈이나 입을 갑자기 크게 뜨거나 벌리는 모양(딱)

さっと ① 동작 따위를 날렵하게 하는 모양(날렵하게, 휙) ② 비나 바람이 갑자기 불어오는 모양(휙, 쏴)

ぱっと ① 일시에 사방으로 퍼지는 모양(짝, 확) ② 움직임이나 상태가 갑자기 바뀌는 모양(홱, 휙) ③ 눈에 반짝 띄거나 두드러진 모양

ほっと ① 한숨 쉬는 모양(후우) ② 겨우 안심하는 모양(휴우)

정답　C

170 自分だけ得をしようという_____心。　　자기만 이득을 보겠다는 치사한 마음.

(A) さもしい　　　　　(B) うるわしい

(C) いぶかしい　　　　(D) うやうやしい

파워 해설　**さもしい** 야비하다, 치사하다, 비열하다　**麗**(うるわ)**しい** 곱다(아름답다), (기분·날씨가) 좋다, 사랑할 만하다(마음이 따스해지다)　**訝**(いぶか)**しい** 의심스럽다, 수상쩍다　**恭**(うやうや)**しい** 공손하다, 정중하다

정답　A

PART 8 독해

先日街を歩いていたら、ビルの窓からこちらに向かって手を振っている女の人がいた。それも①ビルの3階からである。よく見るが、顔が分からない。上からはまるで鳥の目のように、下にいる人の顔がよく見えるのだろう。こちらも手を振ろうと思ったが、誰か分からなくて手を振っても悪いと思い、立ち止まってよく見てみた。しかし跳ね返った光がその窓に差し込んで、よく分からない。もしかして、ぼくの後ろの人かも知れないと思い振り返ったが、誰もいない。またビルの方を見上げると、さらに大きく手を左右に振っている。こうなれば、手を振らないと失礼になる。こちらも大きく手を振った。すると向こうは、　②　を持ち上げた。そう、それは窓を清掃していたおばさんだったのだ。単にガラスを丹念に全面ふいていたので、道理で大きく手を振っていたわけだ。私はバツが悪そうに、その場を立ち去った。誰でもそんな　③　をしたことはたくさんあるのではないだろうか。

일전에 거리를 걷고 있었더니, 빌딩 창문에서 이쪽을 향해 손을 흔들고 있는 여자가 있었다. 그것도 ①빌딩 3층에서이다. 잘 보지만, 얼굴을 모르겠다. 위에서는 마치 새의 눈처럼 아래에 있는 사람의 얼굴이 잘 보일 것이다. 손을 흔들려고 했지만, 누구인지 몰라서 손을 흔들어도 언짢을 것 같아, 멈춰 서서 잘 보았다. 그러나 튀어서 되돌아 온 빛이 그 창문에 들이비쳐서, 잘 모르겠다. 어쩌면 내 뒤의 사람일지도 모른다고 생각하며 뒤돌아 보았지만 아무도 없다. 다시 빌딩 쪽을 올려다보니 한층 더 크게 손을 좌우로 흔들고 있다. 이렇게 되면, 손을 흔들지 않으면 실례가 된다. 이쪽도 크게 손을 흔들었다. 그러자 상대방은 _____②_____을 들어 올렸다. 그렇다, 그것은 창문을 청소하고 있던 아주머니였던 것이다. 단지 유리를 열심히 전면 닦고 있었으므로, 그 때문에 크게 손을 흔들고 있었던 것이다. 나는 멋쩍은 듯이 그 자리를 떠났다. 누구라도 그러한 _____③_____을 한 적이 많이 있는 것은 아닐까.

171 ①ビルの3階で何をしていましたか。

(A) 掃除をしていた。

(B) おばさんが手を振っていた

(C) 女の人が下にいる人を見ていた

(D) 手を左右に振って誰かを呼んでいた

① '빌딩 3층'에서 무엇을 하고 있었습니까?

(A) 청소를 하고 있었다

(B) 아주머니가 손을 흔들고 있었다

(C) 여자가 아래에 있는 사람을 보고 있었다

(D) 손을 좌우로 흔들며 누군가를 부르고 있었다

172 ___②___ に入る適当な言葉は何ですか。

(A) ブーム

(B) モップ

(C) レバー

(D) ロープウェー

___②___ 에 들어갈 적당한 말은 무엇입니까?

(A) 붐(boom)

(B) 몹(mop)

(C) 레버(lever)

(D) 케이블카(ropeway)

173 ___③___ に入る適当な言葉は何ですか。

(A) 違い

(B) 過ち

(C) 間違い

(D) 勘違い

___③___ 에 들어갈 적당한 말은 무엇입니까?

(A) 틀림

(B) 잘못

(C) 잘못됨

(D) 착각

174 内容に合っているものは何ですか。

(A) 私は決まりが悪かった

(B) 鳥の目は下にいる人がよく見える

(C) おばさんがこちらに向かって手を振っている

(D) ビルの窓からぼくの後ろの人に向かって手を振っている女の人がいた

내용에 맞는 것은 무엇입니까?

(A) 나는 쑥스러웠다

(B) 새의 눈은 아래에 있는 사람이 잘 보인다

(C) 아주머니가 이쪽을 향해서 손을 흔들고 있다

(D) 빌딩 창문에서 내 뒤의 사람을 향해 손을 흔들고 있는 여자가 있었다

어구 先日(せんじつ) 전일, 요전, 일전 手(て)を振(ふ)る 손을 흔들다 立(た)ち止(ど)まる 멈추어 서다 跳(は)ね返(かえ)る 튀어서 되돌아오다, 힘차게 튀다 差(さ)し込(こ)む 햇빛이 들이비치다, 비쳐 들어오다, 찔러 넣다, 옆에서 말참견하다 左右(さゆう) 좌우 持(も)ち上(あ)げる 들어 올리다, 들다 清掃(せいそう) 청소 道理(どうり)で 그 때문에, 그러면 그렇지, 과연, 어쩐지 丹念(たんねん) 정성을 들임, 세심하게 공을 들임 ばつが悪(わる)い 거북하다, 멋쩍다, 체면을 잃다, 겸연쩍다 モップ 몹(mop), 긴 자루가 달린 걸레 決(き)まりが悪(わる)い 쑥스럽다, 겸연쩍다, 부끄럽다

정답 171-(A), 172-(B), 173-(D), 174-(A)

私は今、普通の会社員です。このまま一生会社員では終わりたくないので、昔から情報・人脈・勉強などを意識してきましたが、ここにきて、①急展開となってきました。それは非常に魅力的に感じた商品を発見し、またそれを扱えそうになったからです。それについて昨年の暮れあたりから私のビジネスパートナーと話を進めて参りました。ビジネスパートナーは昔の会社の先輩で、元No.1の営業マンです。今はフリーの営業マンとして家族を養っています。私の方は今の仕事がありますし、平日もかなり忙しいので、土日の時間を割いて頑張るつもりです。正直なところ、人一倍独立志向が強い訳でも、単に副業をして小遣い稼ぎをしたい訳でもありません。しかし、自分で周りがやらない何かにチャレンジしてみたいのです。今まさに出発点で、何もありません(会社も名刺もお金も……)。あるのは商品を扱えるという事とビジネスパートナーがいる事だけです。②「為せば成る」の精神で頑張りたいと思います。

나는 지금 보통 회사원입니다. 이대로 평생 회사원으로는 끝나고 싶지 않기 때문에, 예전부터 정보 · 인맥 · 공부 등을 의식해 왔습니다만, 지금에 와서 ①급전개가 되었습니다. 그것은 아주 매력적으로 느낀 상품을 발견하고, 또 그것을 취급할 수 있게 되었기 때문입니다. 그것에 대하여 작년 연말 쯤부터 나의 비즈니스 파트너와 이야기를 진행시켜 왔습니다. 비즈니스 파트너는 예전 회사 선배로, 과거 No.1의 세일즈맨입니다. 지금은 프리 세일즈맨으로서 가족을 부양하고 있습니다. 제 쪽은 지금의 일이 있고, 평일도 꽤 바쁘기 때문에, 토요일 · 일요일의 시간을 할애해 노력할 생각입니다. 솔직히 말해서, 남들 두 배의 독립 지향이 강한 것도, 단지 부업을 해서 용돈 벌이를 하고 싶은 것도 아닙니다. 그렇지만 스스로 주변에서 하지 않는 무언가에 도전해 보고 싶은 것입니다. 지금은 그야말로 출발점으로, 아무것도 없습니다(회사도 명함도 돈도……). 있는 것은 상품을 취급할 수 있다는 것과 비즈니스 파트너가 있는 것뿐입니다. ②「하면 된다」는 정신으로 열심히 하고 싶습니다.

175 ①急展開とありますが、どういうことですか。

(A) 昔から勉強してきたことが急に出来なくなったこと

(B) 仕事が忙しくなったので土日の時間を割いてでも、仕事をするようになったこと

(C) 家族を養えないので、小遣い稼ぎをすると決心したこと

(D) 周りがやらない何かに挑戦することになったこと

① '급전개'라고 되어 있습니다만, 어떠한 것입니까?

(A) 예전부터 공부해 온 일이 갑자기 할 수 없게 된 것

(B) 일이 바빠졌기 때문에 토요일 · 일요일의 시간을 할애해서라도 일을 하게 된 것

(C) 가족을 부양할 수 없기 때문에, 용돈 벌이를 하고자 결심한 것

(D) 주변이 하지 않는 무언가에 도전하게 된 것

176 ②「為せば成る」と同じ意味はどれですか。

(A) なんでもやろうと意気込みを持ってやれ
ば、出来るはずだ

(B) 人生は生きていけば問題にぶつかっても、
なんとかなるという楽観的考え

(C) 人生はいつか努力が実る時がくるので、待っ
た方がいい

(D) 人生はいつか大きく踏み出さなければなら
ない時がくる

② '하면 된다'와 같은 의미는 어느 것입니까?

(A) 뭐든지 하고자 하는 마음가짐을 가지고 하면 할 수 있을
것이다

(B) 인생은 살아가면 문제에 부딪쳐도 어떻게든 된다고 하는
낙관적인 생각

(C) 인생은 언젠가 노력이 결실을 맺는 때가 오므로, 기다리
는 편이 좋다

(D) 인생은 언젠가 크게 한 걸음을 내딛지 않으면 안 되는 때
가 온다

177 内容に合っているものは何ですか。

(A) 著者は今、会社から独立して新しいビジネ
スを展開しようとしている

(B) なんとか家族を養うため、副業を始めよう
と意気込んでいる。

(C) ただの会社員では終わりたくないと思い、
新しい事に挑戦しようとしている

(D) ビジネスパートナーは忙しいので土日しか
時間を割けない

내용에 맞는 것은 무엇입니까?

(A) 저자는 지금, 회사로부터 독립해 새로운 비즈니스를 전개
하려고 하고 있다

(B) 어떻게든 가족을 부양하기 위해, 부업을 시작하려고 분발
하고 있다

(C) 단순한 회사원으로 끝나고 싶지 않다고 생각해, 새로운
일에 도전하려고 하고 있다

(D) 비즈니스 파트너는 바쁘기 때문에 토요일 · 일요일밖에
시간을 할애할 수 없다

어구 普通(ふつう) 보통 一生(いっしょう) 일생, 평생 人脈(じんみゃく) 인맥 魅力的(みりょくてき) 매력적 暮(く)
れ 해질 무렵, 저녁 무렵, 계절의 끝 무렵 参(まい)る '오다 · 가다'의 겸양어 養(やしな)う 기르다, 양육하다, 부양하다 平
日(へいじつ) 평일 正直(しょうじき) 정직 人一倍(ひといちばい) 남보다 갑절, 남보다 더한층 副業(ふくぎょう)
부업 小遣(こづか)い 용돈 稼(かせ)ぎ 일을 하여 수입을 얻음, 생업, 일자리 名刺(めいし) 명함 意気込(いきご)み
일을 꼭 해내려는 적극적인 마음가짐, 기세, 패기, 의욕 踏(ふ)み出(だ)す 걸음을 내딛다, (비유적으로) 시작하다, 착수하다

「なせばなる」 관련 명언
① 為せば成る 為さねば成らぬ 成る業を 成らぬと捨つる 人のはかなさ(武田信玄)
(하면 할 수 있고, 하지 않으면 할 수 없다. 할 수 있는 것을 할 수 없다고 하며 하지 않는 것은 어리석은 것이다)
② なせばなる なさねば成らぬ 何事も 成らぬは人の なさぬなりけり (上杉鷹山)
(하면 할 수 있고, 하지 않으면 할 수 없다. '할 수 없다'고 하는 것은 '안 하겠다'고 하는 것이다)

정답 175-(D), 176-(A), 177-(C)

調査は日経新聞が5月21日〜24日、全国のインターネット・モニター3000人（20代〜60代、男女各1500人）を対象に電子メールを使って行い、6月3日付紙面で結果を報じた。それによると「3年前に比べて、土曜日、日曜日の買い物を平日に変えた」人が全体の16.7％。この割合は20代、30代の女性でとりわけ高く、20代女性で28.9％、30代女性で24.7に及ぶ。その理由を一言で言えば「せっかくの休日を買い物でつぶしたくない」。土曜・日曜日に買い物の代わりに増やした時間を聞くと、1位が「インターネット・携帯電話」、2位が「休養・くつろぎ」で、以下「趣味・娯楽」「育児」「家事」「睡眠」と続く。ショッピングよりこれらの方が優先順位が上と考える人が増えているのだ。言うまでもなく20代、30代の女性は個人消費のリード役。多くの小売店がこの層を狙った店づくりをしているのも彼女たちが買い物が何より好きな人たちと信じていればこそだが、その中核層でショッピングの優先順位が下がっているのは小売業界にとっては①見過ごすことのできない重大事といえる。

조사는 일본경제신문이 5월 21일~24일, 전국의 인터넷·모니터 3000명(20대~60대, 남녀 각 1500명)을 대상으로 전자 메일을 사용해 실시, 6월 3일자 지면에서 결과를 보도했다. 그것에 따르면 '3년 전과 비교해서, 토요일, 일요일의 쇼핑을 평일로 바꾼' 사람이 전체의 16.7%. 이 비율은 20대, 30대의 여성에서 특히 높고, 20대 여성은 28.9%, 30대 여성은 24.7%에 이른다. 그 이유를 한마디로 말하면 '모처럼의 휴일을 쇼핑으로 망치고 싶지 않다'. 토요일·일요일에 쇼핑 대신에 늘린 시간을 묻자, 1위가 '인터넷·휴대전화', 2위가 '휴양·편안히 쉼'이고, 이하 '취미·오락' '육아' '가사' '수면'으로 이어진다. 쇼핑보다 이러한 것들 쪽의 우선순위가 위라고 생각하는 사람이 증가하고 있는 것이다. 말할 필요도 없이 20대, 30대의 여성은 개인 소비의 리드 역할. 많은 소매점이 이 층을 노린 가게 만들기를 하고 있는 것도 그녀들이 쇼핑을 무엇보다 좋아하는 사람들이라고 믿어서이지만, 그 중핵 층에서 쇼핑의 우선순위가 내려가 있는 것은 소매업계에 있어서는 ①간과할 수 없는 중대사라고 할 수 있다.

178 ①見過ごすことのできない重大事とはどんなことですか。

(A) 多くの店が20代・30代を狙った店づくりをしていること

(B) 20代・30代の女性があまり買い物をしなくなったこと

(C) 20代・30代の女性は個人消費のリード役だということ

(D) 20代・30代で買い物の優先順位が下がっていること

①간과할 수 없는 중대사란 어떤 것입니까?

(A) 많은 가게가 20대·30대를 노린 가게 만들기를 하고 있는 것

(B) 20대·30대의 여성이 별로 쇼핑을 하지 않게 된 것

(C) 20대·30대의 여성은 개인 소비의 리드 역할이라고 하는 것

(D) 20대·30대로 쇼핑의 우선순위가 내려가 있는것

179 ショッピングの優先順位が下がった理由は何ですか

(A) 買い物が何より好きだから

(B) 買い物に行く日を土曜日から平日に変えた
から

(C) 休日には他のことをするから

(D) インターネットでショッピングをするよう
になったから

쇼핑의 우선순위가 내려간 이유는 무엇입니까?

(A) 쇼핑을 무엇보다 좋아하기 때문

(B) 쇼핑하러 가는 날을 토요일에서 평일로 바꿨기 때문

(C) 휴일에는 다른 일을 하기 때문

(D) 인터넷에서 쇼핑을 하게 되었기 때문

180 内容に合っているものは何ですか。

(A) 最近は20代・30代の女性が、週末にショッ
ピングをする傾向がみられる

(B) 多くの小売店は20代・30代をターゲットに
した店づくりをしている

(C) ショッピングの優先順位を上げるために小
売業界は努力している

(D) この調査は女性だけを対象に行われた調査
だった

내용에 맞는 것은 어느 것입니까?

(A) 최근에는 20대・30대의 여성이 주말에 쇼핑을 하는 경향
을 보인다

(B) 많은 소매점은 20대・30대를 타깃으로 한 가게 만들기를
하고 있다

(C) 쇼핑의 우선순위를 올리기 위해 소매업계는 노력하고 있다

(D) 이 조사는 여성만을 대상으로 행하여진 조사였다

어구 日経新聞(にっけいしんぶん) 일본경제신문　男女(だんじょ) 남녀　報(ほう)じる 갚다, 보답하다, 알리다, 보도하다
買(か)い物(もの) 물건사기, 쇼핑　割合(わりあい) 비율　とりわけ 특히, 유난히, 그중에서도　つぶす 찌그러뜨리다,
부수다, 다른 용도에 쓰기 위해 변형하다　代(か)わり 대리, 대신, 대체　くつろぎ 편히 쉼, 느긋이 지냄　趣味(しゅみ) 취
미　娯楽(ごらく) 오락　育児(いくじ) 육아　家事(かじ) 가사　睡眠(すいみん) 수면　続(つづ)く 이어지다, 계속되다,
잇따르다　優先順位(ゆうせんじゅんい) 우선순위　小売店(こうりてん) 소매점　狙(ねら)う 겨누다, 노리다, 엿보다
中核層(ちゅうかくそう) 중핵층, 핵심층　見過(みす)ごす 보고도 그냥 두다, 간과하다, 묵과하다, 보다가 깜빡 빠뜨리다

정답 178-(D), 179-(C), 180-(B)

ガソリンスタンドに寄ったとき、ヘンな物を持って灯油を買いに来ている①お客さんを見た。ストーブの灯油タンクを外して持ってきているのだ。それも2つも3つも。そのときは私は「横着者だなあ」と思った。昨年9リットルタンクのファンヒーターを買って、その理由がわかった。18リットルのポリタンクで買って帰っても、9リットルタンクに2個つげば空。

私はいつも18リットルタンクで2つ買って帰るのだが、買って帰るなり1個空になることがある。そのときなんだか②情けない気持ちになる。「今、買って帰ったのに、また買いにいかなきゃ……。」あの時、私が③横着だなあと思ったお客さんは、灯油タンクの他にポリタンクを持っていたのだろうか。それとも近所なので、灯油が空になればタンクを持って来ているのだろうか。まだ、今年はストーブの灯油タンクを持ったお客さんには会っていない。

주유소에 들렀을 때, 이상한 것을 들고 등유를 사러 온 ①손님을 봤다. 스토브의 등유 탱크를 떼어서 들고 온 것이다. 그것도 2개나 3개나. 그 때는 나는 '게으른(뻔뻔한) 놈이야'라고 생각했다. 작년에 9리터 탱크 팬히터를 사고, 그 이유를 알 수 있었다. 18리터 폴리 탱크로 사서 돌아가도, 9리터 탱크에 2개 따르면 빈다. 나는 언제나 18리터 탱크로 2개 사서 돌아가지만, 사서 돌아가자마자 1개 비게 되는 경우가 있다. 그 때 왠지 ②한심한 기분이 된다. '지금 사서 돌아왔는데, 또 사러 가지 않으면…….' 그 때 내가 ③게으르다(뻔뻔하다)고 생각했던 손님은 등유 탱크 외에 폴리 탱크를 가지고 있었던 것일까. 그렇지 않으면 근처이기 때문에 등유가 비면 탱크를 들고 오는 것일까. 아직 올해는 스토브의 등유 탱크를 들고 온 손님하고는 만나지 않았다.

181 ①お客さんについてどう思いましたか。

(A) 滑稽な人

(B) 可憐な人

(C) 優しい人

(D) 図々しい人

①손님에 대하여 어떻게 생각했습니까?

(A) 익살스러운 사람

(B) 가련한 사람

(C) 친절한 사람

(D) 뻔뻔스러운 사람

182 ②情けない気持ちになるのはどうしてですか。

(A) ２つ買って帰っても、一つがすぐ無くなるから

(B) 昨年９リットルタンクのファンヒーターを買ったから

(C) 灯油タンクの他にポリタンクを持っていたほうがいいから

(D) ストーブの灯油タンクを持っていかなければならないから

②한심한 기분이 된다는 것은 어째서입니까?

(A) 2개 사서 돌아가도, 한 개가 바로 없어지기 때문에

(B) 작년에 9리터 탱크의 팬히터를 샀기 때문에

(C) 등유 탱크 이외에 폴리 탱크를 갖고 있는 편이 좋기 때문에

(D) 스토브의 등유 탱크를 들고 가지 않으면 안 되기 때문에

183 ③横着だなあと思った理由は何ですか。

(A) ９リットルタンクのファンヒーターを買うから

(B) 18リットルのポリタンクで買って帰るから

(C) 今、買って帰ったが、また買いに行くから

(D) ストーブの灯油タンクをいくつも外して持ってきているから

③게으르다(뻔뻔하다)고 생각했던 이유는 무엇입니까?

(A) 9리터 탱크의 팬히터를 사기 때문에

(B) 18리터 폴리 탱크로 사서 돌아가기 때문에

(C) 지금 사서 돌아왔지만, 다시 사러 가기 때문에

(D) 스토브의 등유 탱크를 몇 개나 떼서 들고 왔기 때문에

184 内容に合っているものは何ですか。

(A) ガソリンスタンドに灯油を買いに行ったが、買えなかった

(B) 筆者はいつも18リットルタンクで２つ買って帰る

(C) 今年もヘンな物を持って灯油を買いに来るお客さんに会った

(D) お客さんは近所なので、灯油が空になればタンクを持って来る

내용에 맞는 것은 어느 것입니까?

(A) 주유소에 등유를 사러 갔지만, 살 수 없었다

(B) 필자는 언제나 18리터 탱크로 2개 사서 돌아간다

(C) 올해도 이상한 물건을 들고 등유를 사러 오는 손님을 만났다

(D) 손님은 근처이기 때문에, 등유가 비면 탱크를 들고 온다

> **어구** ガソリンスタンド 주유소 寄(よ)る 다가서다, 접근하다, 모이다, 들르다 灯油(とうゆ) 등유 横着者(おうちゃくもの) 철면피, 교활한 놈, 태만함, 건들거림 情(なさ)けない 한심하다, 딱하다, 몰인정하다 横着(おうちゃく) 뻔뻔스러움, 교활한 空(から) 속이 빔 滑稽(こっけい) 해학, 익살, 우스꽝스러움 可憐(かれん) 가련함, 애처로움 図々(ずうずう)しい 뻔뻔스럽다, 낯 두껍다, 넉살좋다

> **정답** 181-(D), 182-(A), 183-(D), 184-(B)

朝、庭を掃いていたら電話が鳴った。あわてて家に入り、受話器を取ると、女性の声で「電話に出られた方だけに新鮮でおいしい野菜をたっぷりお届けします」とのこと。私は心の中で「それで何を売るのですか」とつぶやいた。どうやら生ごみから有機肥料をとり、その肥料で安全でおいしい野菜を作る、つまり有機肥料を作る道具の販売らしい。このような電話販売の多種多様、何と多いことか。この手のトラブルが多発して新聞でもテレビでもよく問題になっている。私はその都度、相手の方を不愉快にさせぬよう＿＿①＿＿断るように心がけている。今日は、畑に穴を掘り、生ごみを埋めて野菜を作り、食べきれず知人におすそ分けしていると告げた。以前は本当にそうしていたが、数年前に増築して、庭のささやかな畑も無くなり、野菜作りは出来なくなった。私の父は私が小さいころから「人間は正直に生きないといけない。ウソをつくとそのウソに合わせて何度もウソをつくことになる。正直に生きてたら何があっても、どこに行っても怖い物はない」と口癖のように子供達に言っていた。そのせいか、嘘をつくとどうも後味が悪い。庭掃除の続きをしながら空を見上げて亡き父に言った。「今日のウソは＿＿②＿＿の方だからいいよね、お父さん。」

아침에 정원을 쓸고 있었는데 전화가 울렸다. 허둥대며 집에 들어가 수화기를 들자, 여성의 목소리로 "전화를 받으신 분에게만 신선하고 맛있는 야채를 듬뿍 배달해 드립니다"라고 한다. 나는 마음속으로 '그래서 무엇을 팔려고 하는 것입니까?'라고 중얼거렸다. 아무래도 음식물 쓰레기로부터 유기비료를 취해, 그 비료로 안전하고 맛있는 야채를 만든다, 즉 유기비료를 만드는 도구의 판매인 것 같다. 이와 같은 가지각색의 전화판매가 얼마나 많은가. 이 수법의 트러블이 많이 발생해서 신문에서도 TV에서도 자주 문제가 되고 있다. 나는 그때마다 상대방을 불쾌하게 하지 않도록 ＿＿①＿＿ 거절하도록 유의하고 있다. 오늘은 밭에 구멍을 파, 음식물 쓰레기를 묻고 야채를 만들어, 다 먹지 못해서 지인에게 나눠주고 있다고 했다. 이전에는 정말로 그렇게 하고 있었지만, 몇 년 전에 증축을 해서 정원의 자그마한 밭도 없어져, 야채 만들기는 할 수 없게 되었다. 우리 아버지는 내가 어릴 때부터 '인간은 정직하게 살지 않으면 안 된다. 거짓말을 하면 그 거짓말에 맞추어 몇 번이나 거짓말을 하게 된다. 정직하게 살고 있으면 무슨 일이 있어도 어디를 가도 무서울 것이 없다'라고 말버릇처럼 아이들에게 말했다. 그 때문인지 거짓말을 하면 아무래도 뒷맛이 개운치 않다. 정원 청소를 계속하면서 하늘을 쳐다보며 돌아가신 아버지에게 말했다. "오늘의 거짓말은 ＿＿②＿＿ 쪽이니까 괜찮지요, 아버지."

185 電話をかけたのは誰ですか。

(A) 男の人
(B) 大家さん
(C) 販売業者
(D) 八百屋さん

전화를 건 것은 누구입니까?

(A) 남자
(B) 집주인
(C) 판매업자
(D) 채소 장수

186 ___①___ に入る適当な言葉は何ですか。

(A) こっそり

(B) きっぱり

(C) やんわり

(D) 断固として

___①___ 에 들어갈 적당한 말은 무엇입니까?

(A) 살짝

(B) 단호하게

(C) 부드럽게

(D) 단호히

187 野菜を作れないようになった理由は何ですか。

(A) 引っ越ししたから

(B) 家を増築したから

(C) 生ごみが増えるから

(D) トラブルが多発しているから

야채를 만들 수 없게 된 이유는 무엇입니까?

(A) 이사했기 때문에

(B) 집을 증축했기 때문에

(C) 음식물 쓰레기가 늘기 때문에

(D) 트러블이 많이 생기고 있기 때문에

188 ___②___ に入る適当な言葉は何ですか。

(A) 冗談

(B) 方便

(C) 完璧

(D) 正直

___②___ 에 들어갈 적당한 말은 무엇입니까?

(A) 농담

(B) 방편

(C) 완벽

(D) 정직

어구 掃(は)く 쓸다　受話器(じゅわき) 수화기　新鮮(しんせん) 신선　野菜(やさい) 야채　たっぷり 잔뜩, 듬뿍, 충분히, 넉넉히　届(とど)ける 보내다, 신고하다　どうやら 그럭저럭, 겨우, 어쩐지, 아무래도　有機肥料(ゆうきひりょう) 유기비료　道具(どうぐ) 도구　多種多様(たしゅたよう) 다종다양, 가지각색　都度(つど) ~때마다, 매회, 매번　不愉快(ふゆかい) 불쾌　断(ことわ)る 거절하다, 사절하다, 미리 알려서 양해를 구하다　畑(はたけ) 밭, 전문 분야, 영역　掘(ほ)る 캐다, 파내다　おすそ分(わ)け 얻은 물건이나 이익을 다시 남에게 나누어 줌　告(つ)げる 고하다, 알리다　ささやか 자그마함, 조촐함, 사소함, 변변찮음　うそをつく 거짓말하다　怖(こわ)い 무섭다, 두렵다　後味(あとあじ)が悪(わる)い 뒷맛이 나쁘다　嘘(うそ)も方便(ほうべん) 거짓말도 하나의 방편　こっそり 남몰래, 살짝　きっぱり 딱 잘라, 단호하게　やんわり 부드럽게, 살며시, 온화하게, 점잖게　断固(だんこ) 단호히, 단연코

정답 185-(C), 186-(C), 187-(B), 188-(B)

これまでペーパードライバーでしたが、車が必要な地方に転勤になったので、怖い思いをしながら何とか車に乗る練習をし、今では地図などで入念に下調べをしておくことで、なんとかどこへでもいけるようになりました。一方、妻は以前は運転していたにも関わらず、地方に来てから道が分からないことを理由に、一切運転をしなくなりました。そして、旅行で遠出をしたときなどは、旅行で疲れた、ホテルでよく眠れなかった、①夫の私より早く起きて身支度をしたなどの理由で、助手席でいつも居眠りです。以前、ナビもしてくれない妻に対して、少しは私に話しかけるなどして私が居眠りしないようにしてほしいと依頼したのですが、拒絶されました。先日、飛行機で移動してから到着地で＿＿②＿＿を借りるという旅行をしたのですが、その際、飛行機で眠るなと妻から本気で命令されてしまいました。理由は、車で妻に対して寝るなというのなら、飛行機も同じだとのこと。妻は飛行機などで眠るのが苦手。私はどこでも眠れるタイプ。車は絶対起きておかねばならない。飛行機とは違うと思うのですが。

지금까지 장롱면허였지만, 차가 필요한 지방으로 전근이 되었기 때문에, 위험한 생각을 하면서 어떻게든 차를 타는 연습을 해, 지금은 지도 등으로 꼼꼼하게 예비조사를 해 둠으로써, 그럭저럭 어디든지 갈 수 있게 되었습니다. 한편, 아내는 이전에는 운전을 하고 있었음에도 불구하고, 지방에 오고 나서부터 길을 모른다는 것을 이유로 일절 운전을 하지 않게 되었습니다. 그리고 여행으로 멀리 나가거나 했을 때는 여행으로 피곤하다, 호텔에서 잠을 제대로 못 잤다, ①남편인 나보다 일찍 일어나서 몸치장을 했다는 등의 이유로 조수석에서 늘 좁니다. 이전에 네비게이터도 해 주지 않는 아내에게 약간은 나에게 말을 건네거나 해서 내가 졸지 않도록 해 주었으면 한다고 의뢰를 했습니다만, 거절당했습니다. 일전에, 비행기로 이동하고 나서 도착지에서 ＿＿②＿＿를 빌리는 여행을 했습니다만, 그 때 비행기에서 잠자지 말라고 아내에게 진심으로 명령을 받고 말았습니다. 이유는 차에서 아내에게 자지 마라고 말하려면 비행기에서도 마찬가지라고 하는 것. 아내는 비행기 등에서 자는 것이 서투르다. 나는 어디에서든지 잘 수 있는 타입. 차는 절대로 깨어나 있지 않으면 안 된다. 비행기와는 다르다고 생각합니다만.

189　①夫の私について正しいものはどれですか。

(A) 妻より運転がうまい
(B) 飛行機で眠るのが苦手だ
(C) 助手席でいつも居眠りしている
(D) 地方で運転するのはいつも主人だ

①남편인 나에 대해서 올바른 것은 어느 것입니까?

(A) 아내보다 운전을 잘한다
(B) 비행기에서 자는 것이 서툴다
(C) 조수석에서 언제나 졸고 있다
(D) 지방에서 운전하는 것은 항상 남편이다

190 妻が運転をしない理由として正しくないものはどれ
ですか。

(A) 旅行で疲れたから

(B) 道が分からないから

(C) ペーパードライバーだから

(D) ホテルでよく眠れなかったから

아내가 운전을 하지 않는 이유로서 <u>바르지 않은</u> 것은 어느 것입니까?

(A) 여행으로 피곤하기 때문에

(B) 길을 모르기 때문에

(C) 장롱면허이기 때문에

(D) 호텔에서 제대로 못 잤기 때문에

191 妻に対する夫の気持ちはどれですか。

(A) 何もかも断るから不満だ

(B) 屁理屈をこねているから困っている

(C) 妻はペーパードライバーだからしょうがな
いと思っている

(D) 話しかけるなどして私が居眠りしないように
してくれるので、ありがたいと思っている

아내에 대한 남편의 기분은 어느 것입니까?

(A) 이것저것 모두 거절하기 때문에 불만이다

(B) 억지를 부리고 있기 때문에 곤란해 하고 있다

(C) 아내는 장롱면허이기 때문에 어쩔 수 없다고 생각하고 있다

(D) 말을 건네거나 해서 내가 졸지 않게 해 주기 때문에, 고맙
게 생각하고 있다

192 ____②____ に入る適当な言葉は何ですか。

(A) ガレージ

(B) レンタカー

(C) ドライバー

(D) ドライブイン

____②____ 에 들어갈 적당한 말은 무엇입니까?

(A) 차고(garage)

(B) 렌트카(rent-a-car)

(C) 드라이버(driver)

(D) 드라이브인(drive-in)

> **어구** ペーパードライバー 차 없는 운전기사, 장롱면허　**転勤**(てんきん) 전근　**怖**(こわ)い 무섭다, 두렵다, 위험하다, 험악
하다　**入念**(にゅうねん) 공을 들임, 정성들임, 꼼꼼히 함　**下調**(したしら)べ 예비조사, 예습　**～にも関**(かか)わらず
～에도 불구하고　**一切**(いっさい) 일체, 전부, 일절, 전혀　**遠出**(とおで) 멀리 나감, 원행　**身支度**(みじたく) 몸차림, 몸단
장　**居眠**(いねむ)り 않아서 줌, 말뚝잠　**ナビ** 네비게이터, 운전자에게 지시를 하는 운전 보조자　**拒絶**(きょぜつ) 거절　**借**
(か)りる 빌리다　**本気**(ほんき) 본심, 진심, 제정신　**苦手**(にがて) 서투름, 잘하지 못함　**発想**(はっそう) 발상　**屁理**
屈(へりくつ)をこねる 억지를 쓰다, 당치도 않는 이유를 내세우다　**ドライブイン** 차를 탄 채 용무를 볼 수 있는 각종 서비
스 시설(drive-in)

> **정답** 189-(D), 190-(C), 191-(B), 192-(B)

日頃から「何ごとも気配りが肝心」というのが口癖の上司。それだけに、いきなり「辞めたい」と言ったら、何を言われるか分からないと思い、「ちょっと早いかな」と思いつつも、10月の終わり頃に「今年いっぱいで会社を辞めたい」という＿＿①＿＿を伝えたんです。その場では、「分かった」のひと言。でも、「よかった」と安心したのもつかの間、1週間後に呼び出されて、「君もこれまで一生懸命働いてくれたし、有給休暇も残っているから、来月から来なくていいよ。退職日は、11月15日としよう」と。ボーナスをもらって辞めようと思っていたのに、これじゃボーナスどころか給料も1カ月分フイ。再就職先が決まっていたから、「まぁ、いいか」って思えたけど、考えれば考えるほど、悔やまれる。辞めるときは、ヘタな気づかいは無用だということを思い知らされました。あとで聞いたら、事務職のリストラが進んでいるとのこと。上司にとって私は、「＿＿②＿＿」だったってわけです。

평소부터 '무슨 일이든 배려가 중요'라는 것이 입버릇인 상사. 그런 만큼, 갑자기 '그만두고 싶다'고 하면, 무슨 말을 들을지 모르겠다는 생각에, '좀 이르겠다'라고 생각하면서도 10월 끝나갈 무렵에 '올해까지 회사를 그만두고 싶다'라는 ＿＿①＿＿를 전했습니다. 그 자리에서는 "알았다"의 한마디. 그렇지만 '됐다'고 안심했던 것도 한 순간, 1주일 후 불려가서 "자네도 지금까지 열심히 일해 주었고, 유급휴가도 남아 있으니까, 다음 달부터 오지 않아도 괜찮아. 퇴직일은 11월 15일로 하지"라고. 보너스를 받고 그만두려고 생각했는데, 이래서야 보너스는 고사하고 월급도 1개월분 허탕. 재취직한 곳이 정해져 있었기 때문에 '아무튼, 됐어'라고 생각되었지만, 생각하면 생각할수록 후회된다. 그만둘 때는 서투른 배려는 쓸데없다고 하는 것을 절실히 깨닫게 되었습니다. 나중에 물었더니, 사무직의 정리해고가 진행되고 있다는 것. 상사에게 있어서 나는 '＿＿②＿＿' 이었던 셈입니다.

193 ＿＿①＿＿に入る適当な言葉は何ですか

(A) 趣

(B) 旨

(C) 気

(D) 念

＿＿①＿＿ 에 들어갈 적당한 말은 무엇입니까?

(A) 정취

(B) 취지

(C) 기운

(D) 심정

194 筆者はなぜ会社を辞めましたか。

(A) 転職をするから

(B) 上司の口癖がいやだから

(C) ボーナスをもらいたいから

(D) 事務職のリストラで会社を辞めることになったから

필자는 왜 회사를 그만두었습니까?

(A) 전직을 하기 때문

(B) 상사의 입버릇이 싫기 때문

(C) 보너스를 받고 싶기 때문

(D) 사무직의 정리해고로 회사를 그만두게 되었기 때문

195 筆者が悔しがっているのはなぜですか。

(A) 退職日が11月15日になったから

(B) ボーナスと給料の1カ月分がだめになったから

(C) 有給休暇が残っていたから

(D) 事務職のリストラで会社を辞めることになったから

필자가 분해하고 있는 것은 어째서입니까?

(A) 퇴직일이 11월 15일로 되었기 때문

(B) 보너스와 월급의 1개월분을 받을 수 없게 되었기 때문

(C) 유급휴가가 남아 있었기 때문

(D) 사무직의 정리해고로 회사를 그만두게 되었기 때문

196 _____②_____ に入る適当な言葉は何ですか。

(A) 去る者は追わず

(B) 二兎を追う者は一兎をも得ず

(C) 怠け者の節句働き

(D) 飛んで火に入る夏の虫

_____②_____ 에 들어갈 적당한 말은 무엇입니까?

(A) 떠나는 자를 굳이 말리지 말라

(B) 두 마리 토끼를 쫓는 자는 한 마리도 못 잡는다

(C) 게으름뱅이가 명절날에 일하기

(D) 불빛을 보고 불에 날아드는 여름밤의 벌레(스스로 화를 자초함의 비유).

> **어 구** 日頃(ひごろ) 평시, 평소, 요즈음, 근래 気配(きくば)り 배려, 실수가 없도록 이리저리 마음을 씀 肝心(かんじん) 중요, 소중, 요긴함 口癖(くちぐせ) 입버릇 旨(むね)を伝(つた)える 취지를 전하다 一言(ひとこと) 한마디 呼(よ)び出(だ)す 불러내다, 부르기 시작하다 有給休暇(ゆうきゅうきゅうか) 유급휴가 退職日(たいしょくび) 퇴직일 ふい 지금까지 한 일이나 얻은 것이 몽땅 없어짐, 허사가 됨, 허탕, 허사 再就職先(さいしゅうしょくさき) 재취직처, 재취직한 곳 悔(く)やむ 뉘우치다, 후회하다, 애도하다 無用(むよう) 쓸모없음, 쓸데없음 思(おも)い知(し)る 뼈저리게 느끼다, 절감하다, 절실히 깨닫다 リストラ 정리해고, 명예퇴직

> **정 답** 193-(B), 194-(A), 195-(B), 196-(D)

あの日、ぼくは高校受験がうまくいかなくて、繁華街をさまよっていた。そのあげく舗道の縁石にしゃがみこんで、道行く人々をぼんやりながめていた。「ほら、元気の源をあげるよ」。顔を上げると、やきいも屋のおじさんがやきいもを差しだしていた。それが丸さんだった。「お金をもってない……。」「おれのおごりだよ。」丸さんは手を上げると、車道に止めてある軽トラックに戻った。その荷台からは、蒸気が立っている。やきいもを折ると、＿＿①＿＿とした黄色の中身があらわれた。ほおばると、しっとりとした甘さが、口の中いっぱいに広がる。ちょっぴり塩からかったな。それからぼくは丸さんのやきいもにはまった。冬が訪れる度、やきいもを買いにいった。高校、大学を卒業し、就職もし、一人前に恋もした。増えていく悩みの中で、いつもこのやきいもに助けられたっけ。その丸さんから、話があると、呼び出された。近くの公園に行ってみると、「最近、会社へ行っていないみたいだけど」。いきなり、丸さんに切りだされた。「うん。このあいだ、リストラされたんだ。」「おれもなあ、寄る年波で、この商売を今年限りでやめようと思っているんだ。」「そんなあ……。」ぼくの元気の源がなくなると思うと、力が抜けていくようだ。しかし、次の瞬間、ひらめいた。「丸さん、ぼくがやきいも屋を継ぐ。」迷ってばかりのぼくは、そのときばかりは少しも迷いはしなかった。

그 날, 나는 고교 수험이 잘 되지 않아서 번화가를 정처 없이 돌아다니고 있었다. 그런 끝에 포장도로의 연석에 웅크리고 앉아서 길을 가는 사람들을 멍하니 바라보고 있었다. "이봐, 건강의 원천을 줌세." 얼굴을 들자, 군고구마장수 아저씨가 군고구마를 내밀고 있었다. 그것이 마루씨였다. "돈 없는데……" "내가 그냥 주지." 마루씨는 손을 들자, 차도에 세워져 있는 경트럭으로 돌아갔다. 그 짐받이에서는 증기가 나고 있다. 군고구마를 가르자, ＿＿①＿＿한 노란 속살이 드러났다. 베어 물자 촉촉한 달콤함이 입안 가득 퍼진다. 약간 짭짤했었지. 그 뒤 나는 마루씨의 군고구마에 빠졌다. 겨울이 찾아올 때마다 군고구마를 사러 갔다. 고교, 대학을 졸업하고 취직도 하고, 어른으로서의 사랑도 했다. 늘어가는 고민 속에서, 언제나 이 군고구마가 도움을 주었었지. 그 마루씨에게 이야기가 있다고 하여 불려갔다. 근처 공원에 가 보니, "요즘 회사에 가지 않는 것 같던데". 갑자기, 마루씨가 말을 꺼냈다. "응, 요전에 정리해고 당했어요." "나도 말이야, 나이 들어 심신이 쇠약해져서, 이 장사 올해를 마지막으로 그만두려고 생각하네." "그런 ……." 내 건강의 원천이 없어진다고 생각하니, 힘이 빠져 가는 것 같다. 그러나 다음 순간, 머릿속에 번뜩였다. "마루씨, 내가 군고구마가게를 이어받을게요." 망설이기만 했던 나는, 그 때만은 조금도 주저하지 않았다.

197 筆者が会社を辞めたのはなぜですか。

필자가 회사를 그만둔 것은 왜입니까?

(A) お金を稼ぐため

(B) 元気の源がなくなるから

(C) 首になったから

(D) やきいも屋を継ぐため

(A) 돈을 벌기 위해

(B) 건강의 원천이 없어지기 때문

(C) 해고가 되었기 때문

(D) 군고구마 가게를 이어받기 위해

198 元気の源というのは何ですか。

(A) お金

(B) 勇気

(C) 荷台

(D) やきいも

건강의 원천이라는 것은 무엇입니까?

(A) 돈

(B) 용기

(C) 적재함

(D) 군고구마

199 _____①_____ に入る適当な言葉は何ですか。

(A) ふかふか

(B) ふわふわ

(C) ほくほく

(D) ぽそぽそ

_____①_____ 에 들어갈 적당한 말은 무엇입니까?

(A) 폭신폭신

(B) 푹신푹신

(C) 따끈따끈

(D) 퍼석퍼석

200 次の中で正しいものはどれですか。

(A) 筆者は大卒で恋をしたことがある

(B) 丸さんは恩着せがましい人だ

(C) 丸さんと出合ったのは高校三年生のときだ

(D) 丸さんは高校のときから商売をはじめた

다음 중에서 올바른 것은 어느 것입니까?

(A) 필자는 대졸이고 사랑을 한 적이 있다

(B) 마루씨는 생색을 내는 사람이다

(C) 마루씨와 만난 것은 고교 3학년 때이다

(D) 마루씨는 고교 때부터 장사를 시작했다

어구 繁華街(はんかがい) 번화가　さまよう 정처 없이 돌아다니다, 헤매다, 방황하다　舗道(ほどう) 포장도로　縁石(えんせき) 도로의 가장자리나 차도와 보도 사이의 경계에 일렬로 놓은 돌　しゃがみこむ 웅크리고 있다, 털썩 주저앉다　ぼんやり 맥빠진 모양, 우두커니, 희미한 모양　源(みなもと) 근원, 기원　やきいも屋(や) 군고구마 장수　差(さ)し出(だ)す 내밀다, 제출하다　おごり 한턱냄, 사치, 호사　軽(けい)トラック 경트럭　荷台(にだい) 적재함, 짐받이, 짐을 싣는 곳　蒸気(じょうき) 증기　黄色(きいろ) 황색, 노랑　中身(なかみ) 알맹이, 내용물　ほおばる 음식을 볼이 미어지도록 입에 넣다　しっとり 촉촉하게, 조용하고 차분한 모양　ちょっぴり 조금, 약간, 살짝　塩辛(しおから)い 짜다　一人前(いちにんまえ) 한 사람 몫, 제구실을 할 수 있게 됨　切(き)り出(だ)す 베거나 하여 실어 내다, 말을 꺼내다, 시작하다　寄(よ)る　年波(としなみ)で 나이 들어 심신이 쇠약해져서　ふかふか 폭신폭신, 말랑말랑　ふわふわ 가볍게 떠돌거나 흔들리는 모양, 마음이 들뜬 모양, 푹신푹신　ほくほく 기쁨을 감추지 못하는 모양(싱글벙글), 따끈따끈 하고 물기가 적은 모양　ぽそぽそ 작은 소리로 말하는 모양(소곤소곤), 수분이 없어서 맛이 없는 모양(퍼석퍼석)

정답 197-(C), 198-(D), 199-(C), 200-(A)

실전모의고사 해설

3회

PART 5 정답 찾기

101

<u>左手</u>で<u>字</u>を<u>書</u>くことを<u>練習</u>しています。　　　　　　　　　왼손으로 글자를 쓰는 것을 연습하고 있습니다.

(A) みぎ　　　　　　　　　　(B) ふたり

(C) ひだり　　　　　　　　　(D) みどり

파워 해설　左(ひだり) 왼쪽, 좌측　右(みぎ) 오른쪽, 우측

정답　C

102

<u>姉</u>は<u>東京</u>に<u>住</u>んでいます。　　　　　　　　　　　누이는 도쿄에 살고 있습니다.

(A) あね　　　　　　　　　　(B) あに

(C) いもうと　　　　　　　　(D) おとうと

파워 해설　姉(あね) 언니, 누이　妹(いもうと) 여동생　兄(あに) 형, 오빠　弟(おとうと) 남동생

정답　A

103

<u>子供</u>たちが<u>横断歩道</u>を<u>渡</u>っている。　　　　　　　아이들이 횡단보도를 건너고 있다.

(A) ほとう　　　　　　　　　(B) ほどう

(C) ほうとう　　　　　　　　(D) ほうどう

파워 해설　横断歩道(おうだんほどう) 횡단보도

정답　B

---

104 火は台所から発したらしい。　　　　　　불은 부엌에서 일어난 모양이다.

(A) たいところ　　　　　(B) たいどころ

(C) だいところ　　　　　(D) だいどころ

파워 해설 台所(だいどころ) 부엌, 주방

정답 D

---

105 先日3月1日、大幅なデザインの刷新が行われた。　전날 3월 1일, 대폭적인 디자인 쇄신이 행하여졌다.

(A) さいしん　　　　　(B) さっしん

(C) しょしん　　　　　(D) しょうしん

파워 해설 刷新(さっしん) 쇄신, 나쁜 폐단이나 묵은 것을 버리고 새롭게 함

정답 B

---

106 山田さんの初々しい花嫁姿を見ました。　야마다씨의 앳되고 싱그러운 신부 차림의 모습을 봤습니다.

(A) ういういしい　　　　　(B) はつはつしい

(C) なまなましい　　　　　(D) しょしょしい

파워 해설 初々(ういうい)しい 싱싱하고 순진하다, 앳되고 싱그럽다　生々(なまなま)しい 생생하다, 새롭다

정답 A

---

107 息を吹き掛ける程度の微風でも付属のLEDが点灯する。　입김을 내뿜는 정도의 미풍에도 부속의 LED가 점등한다.

(A) みふう　　　　　(B) びぶう

(C) かすかぜ　　　　　(D) そよかぜ

파워 해설 微風(そよかぜ) 미풍, 산들바람, 실바람

정답 D

108　私はちいさい時から本を読むことが好きだった。　　나는 어릴 때부터 책을 읽는 것을 좋아했었다.

(A) 少さい　　　　　　　　(B) 軽さい

(C) 小さい　　　　　　　　(D) 細さい

파워 해설　小(ちい)さい 작다, 어리다　少(すく)ない 적다

정답　C

109　皆さん、しげんのリサイクルに協力してください。　　여러분, 자원 리사이클(재활용)에 협력하여 주십시오.

(A) 資原　　　　　　　　(B) 資源

(C) 貨原　　　　　　　　(D) 貨源

파워 해설　資(し) 재물 자 → 資格(しかく) 자격　資源(しげん) 자원　資(し)する 이바지하다, 도움이 되다

　　　　　　貨(か) 재화 화 → 通貨(つうか) 통화　貨幣(かへい) 화폐　貨物(かもつ) 화물

　　　　　　願(がん) 원할 원 → 願(ねが)う 원하다, 바라다, 기원하다, 빌다, (관청 등에) 청원하다

　　　　　　　　　　　　願書(がんしょ) 원서(입학원서)　志願(しがん) 지원　念願(ねんがん) 염원

　　　　　　源(げん) 근원 원 → 源(みなもと) 수원(水源), 기원, 근원　源流(げんりゅう) 원류　税源(ぜいげん) 세원

정답　B

110　祖母が85歳のだいおうじょうを遂げました。　　할머니가 85세로 편안히 돌아가셨습니다.

(A) 大往生　　　　　　　　(B) 大王生

(C) 大旺生　　　　　　　　(D) 大枉生

파워 해설　大往生(だいおうじょう) 마음의 동요 없이 편안히 죽음, 훌륭한 죽음

정답　A

111　今財布に千円しかありません。　　지금 지갑에 천 엔밖에 없습니다.

(A) 千円もあります　　　　(B) 千円だけあります

(C) 千円くらいあります　　(D) 千円をもらいました

어구　～しかない ~밖에 없다

정답　B

84

112 息子は大学生になりました。　　　　　　　　　아들은 대학생이 되었습니다.

(A) 大学ににゅうがくしました

(B) 中学をそつぎょうしました

(C) 大学をそつぎょうしました

(D) もうすぐ高校をそつぎょうします

파워 해설 　入学(にゅうがく) 입학　卒業(そつぎょう) 졸업

정답　A

113 空港まであなたをむかえにいきます。　　　　공항까지 당신을 마중하러 가겠습니다.

(A) 空港であなたとはなしましょう。

(B) 空港であなたとあいましょう。

(C) 空港まであなたといきましょう。

(D) 空港まであなたをおくりましょう。

파워 해설 　迎(むか)えに行(い)く 마중하러 가다

정답　B

114 無礼な態度を謝ったが、本当に決まりが悪かった。　　무례한 태도를 사죄했지만 정말로 쑥스러웠다.

(A) 恥ずかしかった　　　　(B) よくならなかった

(C) しかられてしまった　　(D) 許してもらえなかった

파워 해설 　決(き)まりが悪(わる)い 쑥스럽다, 겸연쩍다, 부끄럽다　恥(は)ずかしい 부끄럽다, 창피하다, 겸연쩍다　叱(しか)る 꾸짖다,
나무라다　許(ゆる)す 허가하다, 허락하다, 허용하다

정답　A

115
東京支社は支払い余力の基準を満たしており、ご心配には及びません。

東京支社は支払い余力の基準を満たしており、ご心配には及びません。

(A) 心配です

(B) 心配も無駄です

(C) 心配することはない

(D) 心配になる時もあるだろう

도쿄지사는 지불 여력의 기준을 충족하고 있어, 걱정하실 필요는 없습니다.

파워 해설 ～に及(およ)ばない ～할 필요는 없다 無駄(むだ) 쓸모가 없음, 소용 없음

정답 C

116
割り切れないと思っていた仕事でも、なんだか文句を言ったことによりすっきりした。

(A) 煩わしい　　　　(B) ややこしい

(C) 紛らわしい　　　(D) 納得できない

석연치 않다고 여기고 있었던 일도, 웬일인지 불평을 함으로써 개운해졌다.

파워 해설 割(わ)り切(き)れる 잘 이해가 되다, 충분히 납득되다 文句(もんく)を言(い)う 불평을 하다 煩(わずら)わしい 번거롭다, 귀찮다 ややこしい 복잡하다, 까다롭다 紛(まぎ)らわしい 아주 비슷하여 헷갈리기 쉽다, 혼동하기 쉽다 納得(なっとく) 납득

정답 D

117
親が来ないで子供が来た。

(A) 東京には行かないで、北海道と京都に行こう。

(B) 歯を磨かないで寝てはいけません。

(C) 娘は今朝もご飯を食べないで出かけた。

(D) 子供がちっとも勉強しないで困っています。

부모가 오지 않고 아이가 왔다.

(A) 도쿄에는 가지 말고, 홋카이도와 교토에 가자.

(B) 이를 닦지 않고 자면 안 됩니다.

(C) 딸은 오늘 아침도 밥을 먹지 않고 나갔다.

(D) 아이가 전혀 공부를 하지 않아서 난처합니다.

파워 해설 '동사＋ないで'의 용법

① 부대상황＝「～ずに」는 문장체적

• 歯を磨かないで寝てはいけません。 이를 닦지 않고 자면 안 됩니다.

• 娘は今朝もご飯を食べないで出かけた。 딸은 오늘 아침도 밥을 먹지 않고 나갔다.

② 대신에 · 대비적 = 「〜ずに」는 문장체적

- 親が来ないで子供が来た。 부모가 오지 않고 아이가 왔다.
- 東京には行かないで、北海道と京都に行こう。 도쿄에는 가지 말고, 홋카이도와 교토에 가자.

③ 원인 ≒ 〜なくて

- 子供がちっとも勉強しないで困っています。 아이가 전혀 공부를 하지 않아서 난처합니다.
- 大事故にならないでよかった。 대사고가 되지 않아서 다행이다.

정답 A

118

被害者は涙ながらに事件の状況を語った。

(A) 昔ながらの生活をしている。

(B) ゆっくりながらも作業は少しずつ進んでいる。

(C) 残念ながら、結婚式には出席できません。

(D) 学生の身分でありながら、高級車で通学している。

피해자는 울면서 사건의 상황을 말했다. 〈양태〉

(A) 옛날 그대로의 생활을 하고 있다. 〈양태〉

(B) 천천히이지만 작업은 조금씩 진행되고 있다. 〈역접〉

(C) 유감입니다만, 결혼식에는 출석할 수 없습니다. 〈역접〉

(D) 학생의 신분이면서 고급차로 통학하고 있다. 〈역접〉

파워 해설 ~ながら의 용법

① 동시 동작 : ます형 + ながら

⇒ 동시 병행적으로 진행하는 두 가지의 동작을 나타냄.

뒤의 동작이 주된 동작이고, 앞의 동작은 부수적인 동작을 나타냄.

- お茶でも飲みながら話しましょう。 차라도 마시면서 이야기합시다.
- よそ見をしながら運転するのは危険です。 한 눈 팔면서 운전하는 것은 위험합니다.

② 양태 : ます형/명사 + ながら

⇒ 그대로 변화하지 않고 계속되는 상태 · 모양을 나타냄.

- 被害者は涙ながらに事件の状況を語った。 피해자는 울면서 사건의 상황을 말했다.
- 昔ながらの生活をしている。 옛날 그대로의 생활을 하고 있다.
- 生まれながらのすぐれた才能に恵まれている。 타고난 뛰어난 재능을 지녔다.

③ 역접 : ます형 · 명사 · 형용사 · 부사 + ながら

⇒ ながら 앞에 오는 술어는 상태성의 경우가 많음.

- 体は小さいながら、力は強い。 몸은 작지만 힘은 세다.
- 何もかも知っていながら教えてくれない。 모두 알고 있으면서 가르쳐 주지 않는다.
- ゆっくりながらも作業は少しずつ進んでいる。 천천히이지만 작업은 조금씩 진행되고 있다.
- 残念ながら、結婚式には出席できません。 유감입니다만, 결혼식에는 출석할 수 없습니다.
- 学生の身分でありながら、高級車で通学している。 학생의 신분이면서 고급차로 통학하고 있다.

정답 A

119 星が出ているから、明日もきっといい天気だろう。

(A) 昨日は疲れたから、早めに布団に入った。

(B) 雨が降ったから、道が濡れているのです。

(C) 今日は土曜日だから、銀行は休みですよ。

(D) 迎えに行くから、一緒に映画を見に行こう。

별이 나와 있으니까, 내일도 필시 좋은 날씨겠지.

(A) 어제는 피곤했기 때문에 일찍 잠자리에 들었다.

(B) 비가 내렸기 때문에 길이 젖어 있는 것입니다.

(C) 오늘은 토요일이니까, 은행은 쉬죠.

(D) 마중 갈 테니까 함께 영화를 보러 가자.

파워 해설 **から의 용법 → 접속 조사**

① 이유(내용의 원인)

- 昨日は疲れたから、早めに布団に入った。 어제는 피곤했기 때문에 일찍 잠자리에 들었다.
- 雨が降ったから、道が濡れているのです。 비가 내렸기 때문에 길이 젖어 있는 것입니다.

② 이유(말하는 사람의 판단이나 의도의 근거)

- 星が出ているから、明日もきっといい天気だろう。 별이 나와 있으니까, 내일도 필시 좋은 날씨겠지.
- 今日は土曜日だから、銀行は休みですよ。 오늘은 토요일이니까, 은행은 문 안 열어요.

③ 이유가 아닌 명령·의뢰·권유 등 상대방에게 무엇인가의 행위를 요구하는 표현

- 明日返すから、1万円貸してくれ。 내일 돌려 줄 테니까 만 원 빌려 줘.
- 迎えに行くから、一緒に映画を見に行こう。 맞이하러 갈 테니까 함께 영화를 보러 가자.

정답 C

120　雨が降っ**ているのに**出かけていった。

(A) 5月**なのに**真夏のように暑い。

(B) 昨日はいい天気だった**のに**今日は雨だ。

(C) 合格すると思っていた**のに**、不合格だった。

(D) 山田さんには来てほしかった**のに**、来てくれなかった。

비가 오고 있는데도 나갔다.

(A) 5월인데도 한여름처럼 덥다.

(B) 어제는 맑은 날이었는데 오늘은 비다.

(C) 합격이라고 생각하고 있었는데, 불합격이었다.

(D) 야마다씨에게는 오기를 바랐는데, 와 주지 않았다.

파워 해설 **のに의 용법**

① 역접의 원인 ⇒ 일반적으로 인과 관계가 있는 경우인데, 인과 관계가 성립하지 않는 경우의 용법.

- 雨が降っているのに出かけていった。 비가 오고 있는데도 나갔다.
- 5月なのに真夏のように暑い。 5월인데도 한여름처럼 덥다.

② 대비 ⇒ 인과 관계를 갖지 않고 대비적인 관계를 나타내는 경우의 용법.

- 昨日はいい天気だったのに今日は雨だ。 어제는 맑은 날이었는데, 오늘은 비다.
- お兄さんはよく勉強するのに弟は授業をよくサボる。 형은 공부를 잘 하는데, 동생은 수업을 자주 빼먹는다.

③ 예상 외 ⇒ 예상이 어긋나, 예상 밖의 결과가 된 것을 나타냄.

- 合格すると思っていたのに、不合格だった。 합격이라고 생각하고 있었는데, 불합격이었다.
- 山田さんには来てほしかったのに、来てくれなかった。 야마다씨에게는 오기를 바랐는데, 와 주지 않았다.

④ 목적 ⇒ '동사 기본형＋のに'의 꼴로 '~하는 데에'.

- この道具はパイプを切るのに使います。 이 도구는 파이프를 자르는 데에 사용합니다.
- 暖房は冬を快適に過ごすのに不可欠です。 난방은 겨울을 쾌적하게 지내는 데에 불가결입니다.
- 彼を説得するのには時間が必要です。 그를 설득하는 데에는 시간이 필요합니다.

정답 **A**

PART 6 오문 정정

---

121 鼻^{はな}ではにおいを<u>かいたり</u>、息^{いき}をしたりする。　　　코로는 냄새를 맡거나 숨을 쉬거나 한다.
　　　 (A)　　　　　　(B)　 (C)　　　　(D)

> **파워 해설** においを嗅^かぐ 냄새를 맡다.
> **정 답** (B)「かいたり」→「かいだり」

---

122 きのうはかぜを<u>ひいて</u>学校^{がっこう}を休^{やす}みでした。　　　어제는 감기가 들어서 학교를 쉬었습니다.
　　　 (A)　 (B)　　　　　 (C)　　　 (D)

> **파워 해설** '명사 · 형용사' + です ~ㅂ니다
> 　　　　　 '동사 + ます' ~입니다
> **정 답** (D)「でした」→「ました」

---

123 休日^{きゅうじつ}には、部屋^{へや}に子供^{こども}たちがゲームをしている。　　　휴일에는 방에서 어린이들이 게임을 하고 있다.
　　　 (A)　　　　 (B)　 (C)　　 (D)

> **파워 해설** '장소 + で + 동작동사' ~에서
> 　　　　　 '장소 + に + あります / います' ~에 있습니다.
> ● 図書館^{としょかん}で勉強^{べんきょう}をします。도서관에서 공부를 합니다.
> ● 図書館^{としょかん}に本^{ほん}がたくさんあります。도서관에 책이 많이 있습니다.
> **정 답** (B)「に」→「で」

124
私がどんなに頼んでも親は留学させてあげないです。
　　(A)　　　　　　(B) (C)　　　　　　(D)

내가 아무리 부탁을 해도 부모님은 유학을 시켜주지 않습니다.

파워 해설 〜させてくれない 〜해 주지 않는다.

정답 (D)「あげない」→「くれない」

125
新しくオープンしたレストランは値段も安いから味もいいです。
　(A)　　　　　　　　(B)　　　　(C)　　(D)

새롭게 오픈한 레스토랑은 가격도 싸고 맛도 좋습니다.

파워 해설 ⓐもⓑばⓒもⓓ ⓐ도 ⓑ하고 ⓒ도 ⓓ하다

정답 (C)「安いから」→「安ければ」

126
東京より京都まで飛行機で行き、そこから電車で大阪へ行きます。
　(A)　　　　　　　　　(B)　(C)　　　　　　　(D)

도쿄에서 교토까지 비행기로 가서, 거기서부터 전철로 오사카에 갑니다.

파워 해설 〜から〜まで 〜에서(부터) 〜까지.

정답 (A)「より」→「から」

127
中国から帰ってきた僕は、航空からの帰りに本を買い、
　　　(A)　　　　　　　　(B)　　　　(C)

家に引きこもった。
(D)

중국에서 돌아온 나는 공항에서 돌아오는 길에 책을 사서, 집 안에 틀어박혔다.

파워 해설 航空(こうくう) 항공　空港(くうこう) 공항

정답 (B)「航空」→「空港」

128 お風呂（ふろ）に入（はい）っているとき、電話が鳴きました。
(A)　(B)　　　(C)　　　　　　　　(D)

목욕하고 있을 때, 전화가 울렸습니다(전화가 왔습니다).

> **파워 해설** お風呂（ふろ）に入（はい）る 목욕을 하다　電話（でんわ）が鳴（な）る 전화가 울리다(전화가 오다).
> **정답** (D)「鳴きました」→「鳴りました」

129 すみませんが、ここにいらっしゃる方（かた）のうちどれが山田（やまだ）さん
　　　　(A)　　　　　　　(B)　　　　　(C)

ですか。
(D)

실례합니다만, 여기에 계시는 분 중에 누가 야마다씨입니까?

> **파워 해설** どれ 셋 이상의 '물건' 중에서 한 가지를 선택할 때 사용.
> どなた・だれ 셋 이상의 '사람' 중에서 누군가를 가리킬 때 사용.
> **정답** (C)「どれ」→「どなた・だれ」

130 今日（きょう）は時間（じかん）がなかったので、駅（えき）へ走（はし）った。
　　　(A)　(B)　　　　(C)　　(D)

오늘은 시간이 없었기 때문에 역까지 뛰었다.

> **파워 해설** 歩（ある）く（걷다）, 走（はし）る（달리다）, 泳（およ）ぐ（헤엄치다） 등등의 동작 동사는 「に・へ」를 취할 수 없다.
> **정답** (D)「へ」→「まで」

131 参考（さんこう）まであなたの買（か）いたいものを、お聞（き）きしたいのですが。
　　　(A)　　　　　　　　　(B)　　　(C)　　　(D)

참고로 당신이 사고 싶은 것을 듣고 싶습니다만.

> **파워 해설** 参考（さんこう）までに 참고로, 참고적으로
> **정답** (A)「まで」→「までに」

132 その金庫には誰かによってかぎがかけてあります。
　　　(A)　　　(B)　　　　　　(C)　　　　(D)

그 금고에는 누군가에 의해서 자물쇠가 채워져 있습니다.

파워 해설 「〜てある」는 동작주를 「〜に/〜によって」 등으로 나타낼 수 없다.
　　　　⇒ 행위자가 명시되어 있는 경우의 상태 표현은 「자동사 수동형 + ている」
정 답 (D) 「かけてあります」 → 「かけられています」

133 汗だくになって練習してこのまま電車に乗って帰ります。
　　　(A)　　　(B)　　　　(C)　　　　(D)

땀투성이가 되어 연습을 하고 그대로 전철을 타고 돌아갑니다.

파워 해설 汗(あせ)だくになる 땀투성이가 되다.
정 답 (C) 「この」 → 「その」

134 お腹がもういっぱいなので、ごちそうを食べるにも食べられません。
　　　　　　(A)　　　　　　(B)　　(C)　　(D)

배가 이미 꽉 차서, 진수성찬을 먹으려고 해도 먹을 수가 없습니다.

파워 해설 「〜(よ)うにも〜ない」 〜하려 해도 〜할 수 없다.
정 답 (D) 「食べる」 → 「食べよう」

135 同い年の夫とけんかばかりしていて、両方の親まで吸い込む
　　　(A)　　　　　　(B)　　　　　　(C)

동갑인 남편과 싸움만 하고, 양쪽의 부모까지 말려들게 하는 일도 여러 번입니다

こともしばしばです。
　　　(D)

파워 해설 同(おな)い年(どし) 동갑　吸(す)い込(こ)む 빨아들이다, 흡수하다　巻(ま)き込(こ)む 말려들게 하다, 연루되게 하다
정 답 (C) 「吸い込む」 → 「巻き込む」

136

従業員に対する<u>人間的理解</u>の<u>欠如</u>が原因<u>となって</u>、労使関係が
          (A)   (B)   (C)

<u>悪化された</u>。
  (D)

종업원에 대한 인간적인 이해의 결여가 원인이 되어, 노사관계가 악화되었다.

파워 해설 「悪化(あっか) 악화, 安定(あんてい) 안정, 壊滅(かいめつ) 궤멸, 感染(かんせん) 감염, 判明(はんめい) 판명, 矛盾(むじゅん) 모순」 등의 한자어는 「~되다」로 번역되기 때문에 「~される」로 오해하기 쉽다. 틀리기 쉬우므로 주의할 것!!!

정답 (D) 「悪化された」 → 「悪化した」

137

<u>かりに</u>雨が<u>降ってきたら</u>、<u>洗濯物</u>を<u>取り込んでおいてね</u>。
(A)   (B)   (C)   (D)

만약에 비가 오면, 빨래를 거둬 놔.

파워 해설 **かりに** 현실에는 존재하지 않는 것을 상상 속에서 가정적으로 설정하는 경우에 사용한다.

かりに1億円の宝くじに当たったら、何をしますか。가령 1억 엔의 복권이 당첨되면 무엇을 하겠습니까?

정답 (A) 「かりに」 → 「もし」

138

年齢や男女を<u>言わず</u>、幅広い<u>人々</u>の支持を受ける漫画は
           (A)   (B)

<u>娯楽作品以外でも</u>さまざまな領域で<u>活用されて</u>います。
      (C)   (D)

연령과 남녀를 불문하고, 폭넓은 사람들의 지지를 받는 만화는 오락 작품 이외에도 다양한 영역에서 활용되고 있습니다.

파워 해설 **~を問(と)わず** ~을(를) 불문하고.

정답 (A) 「言わず」 → 「問わず」

139 ゴールデンウィークは飛び石連休で、しかも、
                   (A)

新型インフルエンザなんかの影響でなんとなく例年よりも
  (B)   (C)

静かような気がします。
  (D)

올해의 황금주말은 하루 거른 연휴로, 게다가 신종플루 등의 영향으로 웬지 모르게 예년보다도 조용한 것 같은 느낌이 듭니다.

파워 해설 ゴールデンウィーク 황금주말(4월 말부터 5월 초까지의 휴일이 많은 1주일).

飛(と)び石(いし)連休(れんきゅう) 징검다리 연휴.

な형용사의 연결 형태에 주의할 것.

정답 (D) 「静かよな」 → 「静かなような」

140 新人歌手を募集したところ、全国から大勢の女性が集められた。
   (A)   (B)   (C)   (D)

신인 가수를 모집했더니, 전국에서 많은 여성이 모였다.

파워 해설 동작주가 자신의 의지로 한 동작은 자동사로 나타내고, 남이 시켜서 하는 동작은 타동사의 수동태로 나타낸다.

정답 (D) 「集められた」 → 「集まった」

PART 7 공란 메우기

141 海外_____の仕事は大変でした。　　　　　　　해외에서의 일은 힘들었습니다.

(A) で　　　　　　　　　　(B) も

(C) に　　　　　　　　　　(D) を

파워 해설 **で의 용법 :** 동작 · 작용의 장소를 나타내는 용법

- 図書館で勉強する。도서관에서 공부하다.
- あの店でラーメンを食べた。저 가게에서 라면을 먹었다.

정답 A

142 窓から富士山_____見えます。　　　　　　창문으로부터 후지산이 보입니다.

(A) で　　　　　　　　　　(B) を

(C) に　　　　　　　　　　(D) が

파워 해설 ～が見える ～이(가) 보이다

정답 D

143 最近、駅の前においしいレストランが_____。　최근에 역 앞에 맛있는 레스토랑이 생겼습니다.

(A) 起きます　　　　　　　(B) できます

(C) 起きました　　　　　　(D) できました

파워 해설 시제의 일치에 주의

정답 D

144 私は日本の文化に＿＿＿＿＿＿があります。　　　나는 일본 문화에 흥미가 있습니다.

(A) 趣味 　　　　　　　　　(B) 興味

(C) 研究 　　　　　　　　　(D) 見物

> **파워 해설**　趣味(しゅみ) 취미　興味(きょうみ) 흥미　研究(けんきゅう) 연구　見物(けんぶつ) 구경, 구경꾼, 구경할 만한 곳
>
> **정답**　B

145 明日の会議には＿＿＿＿＿＿行けると思います。　　내일 회의에는 꼭 갈 수 있다고 생각합니다(가도록 하겠습니다).

(A) ぜひ 　　　　　　　　　(B) 普通

(C) きっと 　　　　　　　　(D) やっと

> **파워 해설**　ぜひ (희망) 반드시, 꼭　普通(ふつう) 보통　きっと 반드시, 꼭(말하는 사람의 주관적인 추량적 판단)　やっと 겨우, 간신히
>
> **정답**　C

146 この美術館は＿＿＿＿＿＿ことがありません。　　이 미술관은 들어간 적이 없습니다.

(A) 入る 　　　　　　　　　(B) 入った

(C) 入るの 　　　　　　　　(D) 入ったの

> **파워 해설**　〜たことがある 〜한 적이 있다 ☞ 과거의 경험을 나타냄
>
> **정답**　B

147 うるさい。仕事のじゃまを＿＿＿＿＿＿。　　시끄럽다. 일 방해 하지 마라.

(A) する 　　　　　　　　　(B) した

(C) して 　　　　　　　　　(D) するな

> **파워 해설**　동사 기본형 ＋ な : 금지를 나타내는 표현
>
> **정답**　D

148 先生のおかげで、山田さんも料理が＿＿＿＿＿＿＿ようになりました。

선생님 덕분에 야마다씨도 요리를 만들 수 있게 되었습니다.

(A) つくる　　　　　　　(B) つくれる

(C) つくって　　　　　　(D) つくらない

〔파워 해설〕 동사 가능형 ＋ ようになる : ～할 수 있게 되다

〔정답〕 B

---

149 新宿には＿＿＿＿＿＿＿人が住んでいます。

신주쿠에는 많은 사람이 살고 있습니다.

(A) 多い　　　　　　　　(B) 多くな

(C) 多くの　　　　　　　(D) 多いの

〔파워 해설〕 <多くの ＋ 명사> 용법

형용사는 명사를 수식할 경우, 연체형(多い)이 사용되어야 하지만, 연체형 多い가 사용되는 경우는 '～が (の)多い～'인 경우에 한정된다. (近い, 遠い)도 마찬가지이다)

• 誤字が(の)多い本は、なんとなく信用できません。 오자가 많은 책은 왠지 믿을 수가 없습니다.
• 中国は世界でいちばん人口が(の)多い国です。 중국은 세계에서 가장 인구가 많은 나라입니다.

위와 같은 예를 제외하고, 일반적으로 多い가 명사를 수식할 경우, '多くの'의 형태를 취한다.

• 多い学生たちがデモに参加しました。(X)
• 多くの学生たちがデモに参加しました。(O) 많은 학생들이 데모에 참가했습니다.

〔정답〕 C

---

150 これは、こどもに＿＿＿＿＿＿＿わかることです。

이것은 어린이라도 알 수 있는 것입니다.

(A) は　　　　　　　　　(B) を

(C) でも　　　　　　　　(D) まで

〔파워 해설〕 ～でも ～라도 ☞ 극단적인 예를 드는 표현

〔정답〕 C

151 電気が＿＿＿＿＿のに、留守のようです。 전기가 켜져 있는데, 부재인 것 같습니다.

(A) ついてくる   (B) ついている

(C) ついてある   (D) ついておく

파워 해설 〈상태 표현〉

① 「~が＋자동사＋ている」 ~가(이) ~하여져 있다 〈자연적인 상태〉
- 窓が開いている。 창문이 열려 있다.
- パンが残っている。 빵이 남아 있다.
- 花が咲いている。 꽃이 피어 있다.

② 「~が/を＋타동사＋てある」 ~가(이) ~하여져 있다 〈인위적인 상태〉
- 窓が開けてある。 창문이 열려져 있다. 〈누군가에 의해서 열린 상태〉
- パンを残してある。 빵을 남겨 두었다. 〈누군가가 남겨 둔 상태〉
- 本が置いてある。 책이 놓여져 있다. 〈누군가가 놓아 둔 상태〉

정답 B

152 課長の主張はいつも思いつきに＿＿＿＿＿。 과장의 주장은 항상 일시적인 생각에 지나지 않는다.

(A) つかない   (B) 反しない

(C) 満たない   (D) すぎない

파워 해설 ～にすぎない ~에 지나지 않다 思(おも)いつき 문득 생각이 남(착상, 고안), 즉흥적인 착상, 일시적인 생각

정답 D

153 眼鏡を＿＿＿＿＿まま眼鏡を探したことがある。 안경을 쓴 채 안경을 찾은 적이 있다.

(A) かけ   (B) かける

(C) かけて   (D) かけた

파워 해설 ～たまま ~한 채

정답 D

154 弟の机には、書き_____の手紙が置いてあった。　　　남동생의 책상에는 쓰다 만 편지가 놓여 있었다.

(A) かけ　　　　　　　　　(B) すぎ

(C) だけ　　　　　　　　　(D) がち

파워 해설　ます형 + かけ ~하다 만
- 母が読みかけの雑誌を捨ててしまった。어머니가 읽다 만 잡지를 버려 버렸다.
- まだご飯が食べかけだ。아직 밥을 먹기 전이다.
- 彼は何か言いかけてやめた。그는 무엇인가 말을 꺼내다 말았다.

정 답　A

155 いつかヨーロッパに旅行_____ものです。　　　언젠가 유럽에 여행하고 싶은 것입니다.

(A) する　　　　　　　　　(B) したい

(C) しよう　　　　　　　　(D) すべき

파워 해설　~たいものだ ~하고 싶은 것이다.

정 답　B

156 旅行の費用は一人_____8900円です。　　　여행의 비용은 한 사람당 8900엔입니다.

(A) にて　　　　　　　　　(B) にあり

(C) のまま　　　　　　　　(D) につき

파워 해설　〈~につき〉의 의미

① ~에 관하여
- この点につきどのように考えるのか。이 점에 관하여 어떻게 생각하는가?

② ~ 때문에, ~으로 인해
- 今日は雨天につき中止です。오늘은 우천으로 인해 중지입니다.

③ ~에 대하여, ~당
- お子様お一人につき保険料500円でお預かり致します。자녀분 한 분에 대하여 보험료 500엔 받도록 하겠습니다.

정 답　D

157 窓を＿＿＿＿雨が降っていた。　　　　　　　　　　　창문을 열자 비가 오고 있었다.

(A) 開けて

(B) 開ければ

(C) 開けると

(D) 開けるなら

파워 해설 'A → B'의 조건표현에서, B가 과거일 경우에는 ～なら, ～(れ)ば를 사용할 수 없다.

정답 C

158 分からないと言われても、これ以上簡単には説明の　　　　　　모른다고 해도, 이 이상 간단하게는 설명을 할 수가 없어.

＿＿＿＿よ。

(A) したくない

(B) しようがない

(C) せざるをえない

(D) しなくてはならない

파워 해설 ～のしようがない ～할 도리가 없다, ～할 수가 없다

정답 B

159 先生のお宅に＿＿＿＿。　　　　　　　　　　　　　　선생님 댁을 찾아뵈었습니다.

(A) 伺いました。

(B) 申しました。

(C) 申し上げました。

(D) お目にかかりました。

파워 해설 伺(うかが)う : '묻다, 듣다, 방문하다'의 겸양어. ☞ 주어를 낮추고 화제의 대상을 높이는 겸양어.

사람 + お目にかかる : ～를 만나뵙다.

정답 A

160 国会の予算案＿＿＿＿＿与野党が対立している。　　　　국회 예산안을 둘러싸고 여야당이 대립하고 있다.

(A) にとって　　　　　　　(B) について

(C) に関して　　　　　　　(D) をめぐって

파워 해설 「争う 다투다, 対立する 대립하다」 등 말로 하는 것이 아닌 동작에는 '～をめぐって'가 자연스럽다.

말로 하는 동작을 나타나는 동사가 이어지는 경우, 바꿔 표현할 수 있다.

- 国会の予算案(について / に関して / をめぐって)与野党が議論した。

  국회 예산안 (에 대해서 · 에 관해서 · 를 둘러싸고) 여야당이 논의했다.

정답 D

---

161 矢＿＿＿＿＿鉄砲＿＿＿＿＿持って来い。　　　　무슨 수를 쓰든 덤빌 테면 덤벼라.

(A) でも　でも　　　　　　(B) とか　とか

(C) やら　やら　　　　　　(D) につけ　につけ

파워 해설 **～でも～でも** ～든지 ～든지(열거를 나타냄)

- セミナーには日本人学生でも留学生でも参加できる。세미나에는 일본인 학생이라든지 유학생이라든지 참가할 수 있다.

* 관용적 표현

- 矢でも鉄砲でも持って来い。무슨 수를 쓰든 덤빌 테면 덤벼라.
- なんでもかんでも。이것저것 모두, 어떠한 일이 있어도.

～とか～とか ～라든가 ～라든가(대표적인 예를 들거나, 불만·비난의 감정을 나타냄)

- これがいいとかあれがいいとか言って、決まるまで時間がかかる。

  이것이 좋다든가 저것이 좋다든가 하며, 결정되기까지 시간이 걸린다.

～やら～やら ～며 ～며, ～라든가 ～라든가(그 밖의 여러 가지를 강조)

- 本やらノートやらが机の上に散らかっている。책이며 노트며 책상 위에 흩뜨러져 있다.

～につけ～につけ ～일 때도 ～일 때도(주로 두 가지의 대비적인 내용을 열거)

- いいにつけ悪いにつけ私は全然しないつもりです。좋든지 나쁘든지 나는 전혀 안 할 작정입니다.

정답 A

162 事故に遭って歩けなかった佐藤さんが、練習して

＿＿＿＿＿。

사고를 당해서 걸을 수 없었던 사토씨가, 연습해서 걸을 수 있게 되었습니다.

(A) 歩きました

(B) 歩けました

(C) 歩けませんでした

(D) 歩けるようになりました

파워 해설 동사의 가능형은 기본적으로 상태를 나타낸다. 이전 상태와의 변화를 나타내는 경우에는, '～ようになる'를 사용해야만 된다.

정답 D

---

163 患者はもう手の＿＿＿＿＿ようがないほど症状が悪化していた。

환자는 이미 손쓸 도리가 없을 정도로 증상이 악화되어 있었다.

(A) ほどこす　　　　(B) ほどこし

(C) ほどこせ　　　　(D) ほどこして

파워 해설 **ます형 + ようがない** ～할 수가 없다, ～할 도리가 없다

• 高橋さんは今どこにいるのかわからないので、連絡のとりようがない。

다카하시씨는 지금 어디에 있는지 모르기 때문에, 연락을 취할 방법이 없다.

• これ以上やりようがないと思っている人でも、必ず解決策はある。

이 이상 할 수가 없다고 생각하고 있는 사람이라도 반드시 해결책은 있다.

• 視覚障害の方々は、読めないから書きようがない。 시각장애인 분들은 읽을 수 없기 때문에 쓸 수가 없다.

정답 B

---

164 突然の父の死を、遠く海外にいた彼は知る＿＿＿＿＿。

갑작스런 아버지의 죽음을 멀리 해외에 있던 그는 알 수도 없었다.

(A) べきだ　　　　(B) べからず

(C) べきではない　　　(D) べくもなかった

파워 해설 **동사 기본형 + べくもない** ～할 수도 없다, ～할 여지도 없다

• 当分望むべくもない。 당분간 바랄 여지도 없다.

• その実力はならぶべくもない。 그 실력은 견줄 수도 없을 것이다.

정답 D

165 この網は肉を＿＿＿＿＿＿父が毎日使っている。　　　이 망은 고기를 굽기 때문에 아버지가 매일 사용하고 있다.

(A) 焼くのに　　　　　　　　　(B) 焼くには

(C) 焼くために　　　　　　　　(D) 焼くからには

AのにB : A와 B는 밀접하게 연결된 하나의 연결 동작처럼 취급하기 때문에, A와 B 사이에 다른 요소(父が毎日)가 들어가면 부자연스러워진다. 따라서, 다음 문장에서는 'AのにB'와 'AためにB' 양쪽 모두 사용할 수 있다.

- この網は魚を(焼くために/焼くのに)使っている。이 망은 고기를 (굽기 위해·굽는 데에) 사용하고 있다.

정답　**C**

---

166 権利は国＿＿＿＿＿＿与えられるものでなく獲得するものだ。　　　권리는 나라로부터 주어지는 것이 아니라 획득하는 것이다.

(A) が　　　　　　　　　　　　(B) に

(C) から　　　　　　　　　　　(D) より

「渡す 건네다」, 「送る 보내다」, 「与える 주다, 제공하다」 등이 쓰인 수동태 문장에서, 받는 사람에게도 に가 붙고, 주는 사람에게도 に가 붙으면 혼란이 생기기 때문에 주는 사람에게는 반드시 から를 붙여야 한다.

정답　**C**

---

167 すみません、明日は色々予定が＿＿＿＿＿＿おります。　　　죄송합니다, 내일은 여러 가지로 예정이 꽉 차 있습니다.

(A) 積んで　　　　　　　　　　(B) 占めて

(C) 満ちて　　　　　　　　　　(D) 詰まって

積(つ)む ① 쌓다 ② (배, 차 따위에) 싣다

占(し)める ① 자리 잡다, 점유하다 ② 얻다 ③ (전체 속에서) 중요한 위치를 가지다

満(み)ちる ① 그득 차다 ② (달이) 둥글어지다 ③ (기한이) 다 되다, (기한에) 달하다 ④ 완전해지다, 충족되다 ⑤ 만조가 되다

詰(つ)まる ① 가득 차다, 잔뜩 쌓이다 ② 막히다 ③ 막다르다 ④ 짧아지다, 줄어들다, 임박하다

정답　**D**

168

世界の科学者が集まる中で、討論の＿＿＿＿＿のは、アインシュタインだった。

세계 과학자가 모인 가운데, 토론의 개시를 한 것은 아인슈타인이었다.

(A) 口走った　　　　　　(B) 口に乗った

(C) 口火を切った　　　　(D) 口をつぐんだ

파워 해설　口走(くちばし)る 무의식중에 입 밖에 내다, 엉겁결에 말하다　口(くち)に乗(の)る 입에 오르다, 감언이설에 넘어가다(속다)
口火(くちび)を切(き)る 도화선에 불을 당기다, 시작하다, 개시하다　口(くち)を噤(つぐ)む 입을 다물다

정답　C

169

水たまりが大好きなので、雨降りの道を＿＿＿＿＿歩いた。

물웅덩이를 아주 좋아해서, 비가 오늘 길을 철벅철벅 걸었다.

(A) ざぶざぶ　　　　　　(B) しょぼしょぼ

(C) ぴちゃぴちゃ　　　　(D) ぽたぽた

파워 해설　ざぶざぶ 물을 헤치거나 휘저을 때 나는 소리(첨벙첨벙, 점벙점벙)　しょぼしょぼ ① 가랑비가 오는 모양(보슬보슬, 부슬부슬)
② 가랑비를 맞는 모양(촉촉이) ③ 맥이 빠져 기운이 없는 모양, 노쇠하여 쓸쓸한 모양 ④눈이 가물거리며 슴벅거리는 모양　ぴちゃぴちゃ ① 물이 있는 곳을 걷는 소리(철벅철벅) ② 물이 물건에, 물건이 물에 부딪치는 소리(철썩철썩) ③ 손바닥으로 계속해서 치는 소리(찰싹찰싹) ④ 소리를 내며 마시거나 먹거나 하는 소리(홀짝홀짝, 할짝할짝)　ぽたぽた 물방울이 이어 떨어지는 모양(똑똑, 방울방울)

정답　C

170

息子への＿＿＿＿＿クリスマスプレゼントはお風呂のおもちゃです。

아들에게 주는 아담한 크리스마스 선물은 목욕탕 장난감입니다.

(A) ささやかな　　　　　(B) さわやかな

(C) しとやかな　　　　　(D) きよらかな

파워 해설　細(ささ)やか 자그마함, 조촐함, 아담함, 사소함(변변치 못함)　爽(さわ)やか 시원한 모양, 상쾌한 모양, 산뜻한 모양　淑(しと)やか 정숙함, 단아함　清(きよ)らか 맑은 모양, 깨끗한 모양

정답　A

171~174

午前11時ちょっと過ぎたばかりなのにすでに数人並んでる。「①ここのラーメン屋って、口コミでとても人気があって一度食べてみたかったの！」と彼女が目を輝かせている。「でも、さすがにこれじゃ、店に入れないだろう？」と私は荷物を指差して言った。私の自転車のカゴの中には、さっき家内が買った日替わり特価の5食パックラーメンが、ビニールの買物袋に4パックもあふれそうにつまっていた。「自転車に置いておくわけにはいかないし、かといってこんなの抱えてラーメン屋に入ったら、頑固な禿頭のこだわりの店主（これはイメージです）に「＿＿＿②＿＿＿」と塩をまかれてしまいそうだ。結局、近くで見かけた小さなサンドイッチ屋でとても美味しそうな手作りのサンドイッチを買って帰った。

오전 11시 약간 지났을 뿐인데도 벌써 몇 사람 줄서 있다. "①여기 라면 가게, 입소문으로 상당한 인기가 있어서 한 번 먹어 보고 싶었어！" 하며 그녀가 눈을 반짝이고 있다. "하지만, 역시나 이래서는 가게에 들어갈 수 없잖아?"라며 나는 짐을 가리키면서 말했다. 내 자전거 바구니 안에는 조금 전 아내가 산 일일특가 5식(食) 팩 라면이 비닐 쇼핑주머니에 4팩이나 넘칠 듯이 잔뜩 쌓여 있었다. 자전거에 놓아둘 수는 없고, 그렇다고 해서 이런 것을 안고 라면 가게에 들어가면, 완고한 대머리 가게 주인(이것은 이미지입니다)이 "＿＿＿②＿＿＿"라며 소금을 뿌릴 것 같다. 결국 근처에서 찾아낸 작은 샌드위치 가게에서 아주 맛있어 보이는 수제 샌드위치를 사서 돌아갔다.

171 何時ごろにラーメン屋に着きましたか。

(A) 正午

(B) 11時11分

(C) 10時55分

(D) ちょうど11時

몇 시쯤에 라면 가게에 도착했습니까?

(A) 정오

(B) 11시 11분

(C) 10시 55분

(D) 정각 11시

172 ①<u>ここのラーメン屋</u>について正しいものはどれです
か。

(A) 一度食べたことがある
(B) 開店前なので、入れなかった
(C) 周りの人が美味しいと教えてくれた
(D) 店主は頑固でこわそうな印象があった

①여기 라면 가게에 대해서 올바른 것은 어느 것입니까?

(A) 한 번 먹은 적이 있다
(B) 개점 전이므로, 들어갈 수 없었다
(C) 주변 사람이 맛있다고 가르쳐 주었다
(D) 가게 주인은 완고하고 고집스런 인상이 있었다

173 _____②_____ に入る適当な言葉は何ですか。

(A) いらっしゃい！
(B) お帰りなさい！
(C) どうぞ、どうぞ！
(D) さっさと帰りな！

_____②_____ 에 들어갈 적당한 말은 무엇입니까?

(A) 어서 옵쇼！
(B) 어서 와요！
(C) 어서, 안으로！
(D) 당장 돌아가！

174 昼食はどうしますか。

(A) 弁当を食べる
(B) 待ってラーメンを食べる
(C) 家に帰って手作りのサンドイッチを食べる
(D) 小さなサンドイッチ屋でサンドイッチを食べる

점심은 어떻게 합니까?

(A) 도시락을 먹는다
(B) 기다려서 라면을 먹는다
(C) 집에 돌아가서 수제 샌드위치를 먹는다
(D) 작은 샌드위치 가게에서 샌드위치를 먹는다

어구 過(す)ぎる 지나가다, 통과하다, 지나다, 경과하다 すでに 이미, 벌써, 때를 놓친 모양(이제) 並(なら)ぶ 줄을 서다, 늘어서다, 필적하다, 비견하다 口(くち)コミ 입에서 입으로 전해지는 소식(입소문) 輝(かがや)く 빛나다, 반짝이다 指差(ゆびさ)す 가리키다, 뒤에서 손가락질하다 自転車(じてんしゃ)のカゴ 자전거 짐칸 家内(かない) 집안, 식구, 자기의 아내, 안사람 日替(ひが)わり 매일 바뀜 買物袋(かいものぶくろ) 쇼핑백, 장바구니 抱(かか)える 안다, 껴안다, 맡다, 처리해야 할 부담을 지다 頑固(がんこ) 완고함, 끈질김 禿頭(とくとう) 독두, 대머리 こだわり 구애됨, 구애되는 일 店主(てんしゅ) 점주, 가게 주인 塩(しお)をまく 소금을 뿌리다

정답 171-(B), 172-(C), 173-(D), 174-(C)

友人知人達との会話に必ず人の噂話が出てきます。あんまり良い事ではないし、噂なので尾ひれが付いて大きくなってると思うのですが、良くも悪くも人の噂も＿＿①＿＿って。何となく意味は分かるのですが、噂話を真に受けてイメージ悪くなったり、誤解を招いたり、何か悲しいですね。噂話で人を判断したり先入観を持つ人が周りに沢山います。自分の事も何かしら噂のネタになっているかもしれないと思うと怖いです。噂は聞き流し、ネタにされてる人と会って話しても好感が持てれば全然気にしませんが、噂って怖いですね。誰がどういうつもりで噂を流すのでしょうか。些細な事で仕返しのつもりで噂を流すのかしら。嫌いだから嫌な噂を流すのでしょうか。私も噂話のネタにされて、遠まわしに真相を聞かれた事がありましたが、人を悪く言いたい人って何が＿＿②＿＿のでしょうか。

친구 지인들과의 대화에 꼭 남의 소문이 나옵니다. 별로 좋은 일이 아니기도 하고, 소문이라서 이야기가 과장되어 커진다고 생각합니다만, 좋든 나쁘든 사람의 소문도 ＿＿①＿＿ 라지요. 왠지 모르게 의미는 압니다만, 소문을 곧이들어서 이미지가 나빠지거나 오해를 초래하는 등 왠지 슬프네요. 소문으로 남을 판단하거나 선입관을 가진 사람이 주변에 많이 있습니다. 나 자신 또한 뭔가 소문의 이야깃거리가 되어 있을지도 모른다고 생각하면 무섭습니다. 소문은 한 귀로 듣고 한 귀로 흘러버리고, 이야깃거리가 된 사람과 만나서 이야기를 해도 호감을 가질 수 있으면 전혀 신경을 쓰지 않습니다만, 소문은 무섭지요. 누가 무슨 생각으로 소문을 퍼뜨리는 것일까. 사소한 일 때문에 보복할 생각으로 소문을 퍼뜨리는 것일까. 싫어하기 때문에 나쁜 소문을 퍼뜨리는 것일까. 나도 소문의 화제거리가 되어서, 돌고돌아 진상을 듣게 된 일이 있었습니다만, 남을 나쁘게 말하고 싶은 사람은 무엇이 ＿＿②＿＿ 것일까요.

175 人の噂話はどうなりますか。

남의 소문은 어떻게 됩니까?

(A) 好感を持つようになる

(A) 호감을 갖게 된다

(B) 話を誇張して誤解を招くことになる

(B) 이야기를 과장해서 오해를 초래하게 된다

(C) つまらないことで喧嘩になることもある

(C) 하찮은 일로 싸움을 하게 되는 경우도 있다

(D) 好感が持てれば全然気にしないようになる

(D) 호감을 가질 수 있으면 전혀 신경을 쓰지 않게 된다

176 ___①___ に入る適当な言葉は何ですか。

(A) 7日
(B) 75日
(C) 1ヶ月
(D) 100日

___①___ 에 들어갈 적당한 말은 무엇입니까?

(A) 7일
(B) 75일
(C) 1개월
(D) 100일

177 ___②___ に入る適当な言葉は何ですか。

(A) 楽しい
(B) 嬉しい
(C) 悲しい
(D) 苦しい

___②___ 에 들어갈 적당한 말은 무엇입니까?

(A) 즐겁다
(B) 기쁘다
(C) 슬프다
(D) 괴롭다

어구 噂話(うわさばなし) 남의 이야기, 소문, 세상 돌아가는 이야기　尾(お)ひれが付(つ)く 이야기가 실제 이상으로 과장되다　真(ま)に受(う)ける 곧이듣다, 그대로 받아들이다　誤解(ごかい)を招(まね)く 오해를 사다　先入観(せんにゅうかん) 선입관　沢山(たくさん) 많음, 충분함, 더 필요 없음, 질색임　ネタ 재료, 원료, 증거　些細(ささい) 사소함　仕返(しかえ)し 다시 함, 고쳐 함, 보복, 복수　噂(うわさ)を流(なが)す 소문을 퍼뜨리다　真相(しんそう) 진상　遠回(とおまわ)し 에둘러 말함, 간접적임　誇張(こちょう) 과장　喧嘩(けんか) 싸움　人(ひと)の噂(うわさ)も七十五日(しちじゅうごにち) 세상 소문도 75일, 세상 소문이란 그리 오래가지 않는다, 남의 말도 석 달

정답 175-(B), 176-(B), 177-(A)

なんだかわけが分からないけれど、①急に何か祈りたくなった。教会の中で、祈りをささげる神父のように、心から願いを伝えたいと思った。テレビの中の暴力的な映像に、または日常の些細な口論に、またはエスカレーターにどうしてもうまく乗れなくて母親を探して泣いている女の子や、理由は何かわからないけれど夕日を背にひとりずっと、泣いている男の子や……。そんないろんな哀しみを目にするたび、私は無性に祈りたくなる。「大丈夫、きっと大丈夫だから」と。別にいい人を、今更演じたいわけじゃないけれど、哀しい場面に遭遇すると、___②___、自分の無力さに気付いて心は熟れたバナナのように、小さな力を加えるだけでいとも簡単に痛んでしまう。いわばそれは、ただ、自分のためと言えるのかもしれない。本当に人は哀しみに無力な存在で、それだけで何も出来なくなる。たとえ泣きながら、憎い人を拳で殴ろうと思っても決してうまくいくことはない。泣きながら、誰かを傷つけようとしても涙で前は何も見えやしない。___②___、その場所に泣き崩れるだけだ。だから今、私は無性に何かに祈りを捧げたい。

왜 그런지 이유를 모르겠지만, ①갑자기 무엇인가 빌고 싶어졌다. 교회 안에서 기도를 올리는 신부처럼, 진심으로 소원을 전하고 싶었다. TV 속의 폭력적인 영상에, 또는 일상의 사소한 말다툼에, 또는 에스컬레이터에 아무리해도 잘 탈 수 없어서 엄마를 찾아 울고 있는 여자 아이나, 이유는 무엇인지 모르지만 석양을 등지고 계속 울고 있는 사내아이나……. 그런 여러 가지 슬픔을 볼 때마다, 나는 공연히 기도하고 싶어진다. "괜찮아, 분명 괜찮다니까"라고. 특별히 좋은 사람을 이제 와서 연기하고 싶은 것은 아니지만, 슬픈 장면과 맞닥뜨리면, ___②___, 자신의 무력함을 깨닫고 마음은 잘 익은 바나나처럼, 작은 힘을 가하는 것만으로 아주 간단하게 상처를 입고 만다. 말하자면 그것은 단지 자신을 위해서라고 말할 수 있을지도 모르겠다. 정말로 사람은 슬픔에 무력한 존재로, 그것만으로 아무것도 할 수 없게 된다. 가령 울면서 미운 사람을 주먹으로 때리려고 해도 결코 잘 되는 경우는 없다. 울면서 누군가를 다치게 하려고 해도 눈물로 앞은 아무것도 보이지 않는다. ___②___, 그 장소에 쓰러져 울 뿐이다. 그렇기 때문에 지금, 나는 공연히 무엇인가에 기도를 올리고 싶다.

178 ①急に何か祈りたくなったとあるが、いつですか。

(A) エスカレーターにうまく乗れない時

(B) 憎い人を拳で殴ろうとしたとき

(C) テレビで暴力的な映像が流れたとき

(D) 悲しい場面に遭遇し、自分の無力さに気が付いた時

①갑자기 무엇인가 빌고 싶어졌다고 했는데, 언제입니까?

(A) 에스컬레이터를 잘 탈 수 없을 때

(B) 미운 사람을 주먹으로 때리고자 할 때

(C) TV에서 폭력적인 영상이 나왔을 때

(D) 슬픈 장면과 맞닥뜨려, 자신의 무력함을 깨달았을 때

179 ___②___ に入る適当な言葉は何ですか。

(A) それで

(B) べつに

(C) だからこそ

(D) ただ

___②___ 에 들어갈 적당한 말은 무엇입니까?

(A) 그래서

(B) 별로

(C) 그렇기 때문에

(D) 단지

180 内容に合っているものは何ですか。

(A) 教会の神父になって、もっといのりを捧げたい

(B) 今は自分のため、いつかは他人のためにも祈りを捧げたい

(C) 祈りは誰かのためだと見え透いた嘘をついてしまった

(D) 今は祈りを捧げたいが、これからどうするか迷っている

내용에 맞는 것은 무엇입니까?

(A) 교회 신부가 되어서, 좀 더 기도를 올리고 싶다

(B) 지금은 자신을 위해, 언젠가는 타인을 위해서도 기도를 올리고 싶다

(C) 기도는 누군가를 위해서라고 속 보이는 거짓말을 하고 말았다

(D) 지금은 기도를 올리고 싶지만, 앞으로는 어떻게 할지 망설이고 있다

어구 祈(いの)る 빌다, 기도하다, 기원하다 捧(ささ)げる 양손으로 높이 받들다, 바치다 口論(こうろん) 언쟁, 말다툼 夕日(ゆうひ) 석양 無性(むしょう)に 무턱대고, 공연히, 한없이 遭遇(そうぐう) 조우, 뜻하지 않게 만남 熟(う)れる 잘 익다, 맛 들다, 낡아지다 加(くわ)える 보내다, 더하다, 가하다 いとも 매우, 아주, 대단히, 지극히 痛(いた)む 아프다, 괴롭다, 고통스럽다, (음식이) 상하다 憎(にく)い 밉다, 얄밉다 拳(こぶし) 주먹 殴(なぐ)る 때리다, 치다 泣(な)き崩(くず)れる 쓰러져 울다, 정신없이 울다

정답 178-(D), 179-(D), 180-(B)

会社が不要な人員を整理するのは当たり前、不況でなくともやるべきこと。リストラされて運が悪いというより、それまで能力に見合わぬ高給をもらえたことこそ運がよかったというべきだろう。リストラされてかわいそう？ 本当にかわいそうなのは無能な上司の下で安月給で働く有能な若い部下たちだろう。会社を取ったら何も残らないのが日本のサラリーマン。＿＿＿①＿＿＿会社をクビになったくらいで、まるで人生の終わりかのように大騒ぎする。会社を辞めると陸に上がった魚のように死んでしまうらしい。ボクは15年ほどフリーターをやっているが、最近は不況による減産でしょっちゅうクビになる。が、どうってことはない。仕事なんて他にいくらでもあるさと割り切りが早いし、職探しも早い。身軽でなければ生きていけないのである。アルバイトは安い人材だから、不況の最中でも結構仕事はある。中高年リストラ組の再就職はむずかしい。もともと給料と能力のバランスが悪いからリストラされたのに、収入レベルを落とさずに仕事を探そうとするから無理がある。前職の経歴や過去の栄光なんか捨ててアルバイトでも探せばいいと思うのだが、②やせても枯れても企業戦士。

회사가 불필요한 인원을 정리하는 것은 당연하며, 불황이 아니더라도 해야 할 일이다. 정리해고 당해서 운이 나쁘다고 하기보다, 지금까지 능력에 맞지 않게 높은 급여를 받은 것이야 말로 운이 좋았다고 해야 할 것이다. 정리해고 당해서 불쌍해? 정말로 불쌍한 것은 무능한 상사 밑에서 싼 월급으로 일하는 유능한 젊은 부하들일 것이다. 회사를 빼면 아무것도 남지 않는 것이 일본의 샐러리맨. ＿＿＿①＿＿＿ 회사 잘린 것 정도에 마치 인생의 마지막인 듯이나 소란을 피운다. 회사를 그만두면 육지에 오른 물고기와 같이 죽어버리는 것 같다. 나는 15년 정도 프리터를 하고 있는데, 최근에는 불황으로 인한 감산으로 끊임없이 해고된다. 하지만 특별할 것도 없다. 일은 그 밖에 얼마든지 있다며 딱 잘라서 결론짓는 것이 빠르기도 하고, 직장 구하기도 빠르다. 홀가분하지 않으면 살아갈 수 없는 것이다. 아르바이트는 싼 인재이기 때문에, 한창 불황 속에서도 제법 일은 있다. 중년, 노년 정리해고 그룹의 재취직은 어렵다. 원래 급여와 능력의 밸런스가 나쁘기 때문에 정리해고 되었는데, 수입 레벨을 낮추지 않고 일을 찾으려고 하기 때문에 무리가 있다. 전직의 경력이나 과거의 영광 따위는 버리고 아르바이트라도 찾으면 괜찮다고 생각하지만, ②아무리 몰락해도 기업전사.

181 本当にかわいそうなのはどれですか。

(A) 不況でリストラされた人

(B) リストラされてアルバイトもできない人

(C) リストラされてもアルバイトを探さない人

(D) 無能な上司の下で安月給で働く有能な若い部下

정말로 불쌍한 것은 어느 것입니까?

(A) 불황으로 정리해고 당한 사람

(B) 정리해고 당해서 아르바이트도 할 수 없는 사람

(C) 정리해고 당해도 아르바이트를 구하지 않는 사람

(D) 무능한 상사 밑에서 싼 월급으로 일하는 유능한 젊은 부하

182 ____①____ に入る適当な言葉は何ですか。

(A) やっと　　　(B) たかが

(C) せめて　　　(D) 少なくとも

____①____ 에 들어갈 적당한 말은 무엇입니까?

(A) 간신히　　　(B) 겨우(기껏)

(C) 적어도　　　(D) 적어도

---

183 リストラされる理由は何ですか。

(A) 不況で仕事が無いから

(B) 会社員の退職金を減らすため

(C) よく働いているわりに給料が少ないから

(D) ろくに働いていないくせに給料が高いから

정리해고 당하는 이유는 무엇입니까?

(A) 불황으로 일이 없기 때문

(B) 회사원의 퇴직금을 줄이기 위해

(C) 잘 일하는 것에 비해서 급여가 적기 때문

(D) 제대로 일하지 않으면서도 급여가 높기 때문

---

184 ②やせても枯れてもとは、どんな意味ですか。

(A) 最悪の場合

(B) いくら頑張っても

(C) どんなにおちぶれても

(D) すごく悲しくて辛いときも

②아무리 몰락해도는, 무슨 의미입니까?

(A) 최악의 경우

(B) 아무리 열심히 해도

(C) 아무리 몰락해도

(D) 몹시 슬프고 괴로울 때도

어구 　不要(ふよう) 불필요　整理(せいり) 정리　当(あ)たり前(まえ) 당연함, 마땅함, 예사, 보통　不況(ふきょう) 불황　リストラ 정리해고, 명예퇴직　無能(むのう) 무능　大騒(おおさわ)ぎ 대소동, 큰 소동　フリーター 프리터(구속을 싫어해, 정규직으로 일하지 않고 아르바이트로 생활해 가는 사람), 신조어(free+Arbeiter)　不況(ふきょう) 불황　割(わ)り切(き)る 어떤 원칙에 따라 단순·명쾌하게 결론을 내다, 끝수 없이 나누다　身軽(みがる) 경쾌함, 가뿐한 모양, 간편한 모양　栄光(えいこう) 광영, 영광　捨(す)てる 버리다, 내다버리다, 돌보지 아니하다　痩(や)せても枯(か)れても 아무리 영락해도, 아무리 못살아도　たかが 기껏, 겨우, 고작　おちぶれる 사람·살림·세력 등이 보잘것없이 찌부러지다, 영락하다, 몰락하다

파워 해설　**せめて와 少なくとも**

せめて 불충분하지만 최소한 이 정도는 되었으면 좋겠다는 의미로 의지·희망 표현이 이어진다. 하다못해, 적어도

せめて論語ぐらいは読まねばなるまい。 적어도 논어 정도는 읽어야 할 거야.

夏はせめて一週間ぐらい休みがほしい。 여름에는 적어도 일주일 정도 휴가를 원한다.

せめてあと3日あれば、もうちょっといい作品が出せるのだが。

적어도 앞으로 3일 있으면, 좀 더 좋은 작품을 낼 수 있건만.

少なくとも 양이나 질이 최소한이라도 이 정도가 된다는 의미. 적어도

駅まで歩くと、少なくとも15分はかかる。 역까지 걸으면, 적어도 15분은 걸린다.

少なくとも参加者は千人は越すだろう。 적어도 참가자는 천 명은 넘을 것이다.

少なくとも試験の日くらい早く起きよう。 적어도 시험 날 정도는 일찍 일어나자.

정답　181-(D), 182-(B), 183-(D), 184-(C)

久しぶりの映画だ。コンテストのため、練習また練習の日々だったから。物語は無名のピアニストの半生を描いていた。彼はコンテストに入選したものの、戦時下のため①ピアノを弾くこともままならなかった。戦後は細々とピアノを続けていた。その彼を病魔が襲う。ピアノを弾くことができなくなっても、彼は心の中でピアノを弾き続けていた。そんな彼の姿に神々しささえ感じた。途中から、慎吾は泣きながら、映画を見た。すると、ピアノを弾きたくなった。さっきまでは、ピアノなんかと思っていたのに。家に帰ると、慎吾はピアノにむかった。鍵盤の上を指が勝手にすべりだした。さっきの映画のＢＧＭに使われたショパンの曲を次々と弾く。映画の主人公がピアノに寄せる思いと、慎吾のピアノに対する思いが重なる。それは旋律となって、昇華していく。どれくらい時間がたったのだろう。すっかり夜が明け、朝になっていた。慎吾は再び映画館に向かった。もう一度、あの映画を見ようと思った。初心に戻って、ピアノをやり直すことを彼に告げたかった。しかし、映画館の看板が違っている。窓口で聞くと、あの映画は一カ月前に終わったと。「そんなばかな……。」昨夜、慎吾は確かに映画を見た。まるで　②　にでも出合ったような気分だ。

오랜만의 영화다. 콘테스트 때문에 연습 또 연습의 날들이었으니까. 이야기는 무명의 피아니스트의 반생을 그리고 있었다. 그는 콘테스트에 입선했지만, 전시 하이기 때문에 ①피아노를 연주하는 것도 마음대로 되지 않았다. 전쟁 후에는 근근하게 피아노를 계속하고 있었다. 그런 그를 병마가 덮친다. 피아노를 연주할 수 없게 되어도 그는 마음속에서 피아노를 계속 연주하고 있었다. 그러한 그의 모습에 거룩하고 성스러움까지 느꼈다. 도중부터 신고는 울면서 영화를 봤다. 그러자 피아노를 연주하고 싶어졌다. 조금 전까지는 '피아노 따위야!'하고 생각했었는데. 집에 돌아오자 신고는 피아노를 마주했다. 건반 위를 손가락이 저절로 움직였다. 조금 전 영화의 ＢＧＭ에 사용된 쇼팽의 곡을 차례차례로 연주한다. 영화 주인공이 피아노에 기울이는 생각과 신고가 피아노를 대하는 생각이 겹쳐진다. 그것은 선율이 되어 승화해 간다. 얼마나 시간이 흘렀을까. 완전히 날이 새고 아침이 되어 있었다. 신고는 다시 영화관으로 향했다. 한 번 더 그 영화를 보려고 했다. 초심으로 돌아가서 피아노를 다시 연주하는 것을 그에게 알리고 싶었다. 그러나 영화관의 간판이 달라져 있다. 창구에서 묻자, 그 영화는 1개월 전에 끝났다고. '그런 어처구니없는……' 어젯밤 신고는 확실히 영화를 봤다. 마치　②　라도 만난 것 같은 기분이다.

185　①ピアノを弾くこともままならなかったと同じ意味をもつのはどれですか。

(A) ピアノを弾くことを忘れていた
(B) ピアノを弾くことが禁止されていた
(C) ピアノを弾くことが思い通りにならなかった
(D) ピアノを弾くことすらできなかった

①피아노를 연주하는 것도 마음대로 되지 않았다와 같은 의미를 갖는 것은 어느 것입니까?

(A) 피아노를 연주하는 것을 잊고 있었다
(B) 피아노를 연주하는 것이 금지되어 있었다
(C) 피아노를 연주하는 것이 생각대로 되지 않았다
(D) 피아노를 연주하는 것조차 할 수 없었다

186 _____②_____ に入る適当な言葉は何ですか。

(A) 神様

(B) ピアニスト

(C) ショパン

(D) 病魔

_____②_____ 에 들어갈 적당한 말은 무엇입니까?

(A) 신

(B) 피아니스트

(C) 쇼팽

(D) 병마

187 慎吾はなぜ再び映画館に行きましたか。

(A) もう一度、ショパンの曲を聴くため

(B) もう一度、泣きながら映画を見たいから

(C) ピアノをやり直すことを主人公に知らせるため

(D) もうすぐ映画が終わってしまうから

신고는 왜 다시 영화관에 갔습니까?

(A) 다시 한 번, 쇼팽의 곡을 듣기 위해

(B) 다시 한 번, 울면서 영화를 보고 싶기 때문에

(C) 피아노를 다시 연주하는 것을 주인공에게 알리기 위해

(D) 이제 곧 영화가 끝나버리기 때문에

188 映画の内容について正しくないのはどれですか。

(A) 主人公は無名のピアニストだ

(B) 主人公は戦後もなんとかピアノを続けていた

(C) 主人公は病魔のためピアノを弾くことができなくなった

(D) 主人公はショパンの曲を弾いたことがある

영화 내용에 대하여 올바르지 않은 것은 어느 것입니까?

(A) 주인공은 무명의 피아니스트다

(B) 주인공은 전쟁 후에도 그럭저럭 피아노를 계속하고 있었다

(C) 주인공은 병마 때문에 피아노를 연주할 수가 없게 되었다

(D) 주인공은 쇼팽의 곡을 연주한 적이 있다

어구 物語(ものがたり) 이야기함, 전설, 설화 無名(むめい) 무명 半生(はんせい) 반생 描(えが)く 그리다, 표현하다, 묘사하다 ままならぬ 뜻대로 되지 않다 細々(ほそぼそ) 아주 가느다란 모양, 근근이 계속되는 모양 病魔(びょうま) 병마 襲(おそ)う 습격하다, 덮치다, 예고 없이 남의 집을 방문하다 神々(こうごう)しい 숭고하다, 거룩하고 성스럽다 鍵盤(けんばん) 건반 勝手(かって) 제멋대로 굶, 자기 좋을 대로 함 すべりだす 미끄러지기 시작하다, 활동을 시작하다 BGM 백그라운드 뮤직(background music), 배경음악 寄(よ)せる 밀려오다, 접근하다, 가까이 대다, 마음을 기울이다 旋律(せんりつ) 선율 昇華(しょうか) 승화 夜(よ)が明(あ)ける 날이 새다 窓口(まどぐち) 창구

정답 185-(C), 186-(A), 187-(C), 188-(D)

わたしはコーヒーが大好きで毎日毎日飲まずにはいられないのですけれど、紅茶も嫌いではありません。(紅茶飲むなら緑茶・ウーロン茶に目が行くんですが。)けれど外でたとえば「コーヒーと紅茶どちらになさいますか？」なんて、ランチなんかで聞かれたりすると迷わずコーヒーにしてしまいます。その理由はじつはとてもアホらしいのですが。「コーヒーを」というと「___①___」と言って店員は去ってくれます。しかし「紅茶を」なんて答えるとその後には確実に「アイスですかホットですか」、その後には「レモンですかミルクですか」という新たな会話を店員さんとし、新たな選択肢を目前にかかげられるのです。それが嫌で、知らない人とは最小限のコンタクトで会話を終了したい性分と、どっちか瞬時に決められないからなるべく選択肢はかかげられたくないっていう優柔不断な性格の両方が、こう、邪魔をしてきて一瞬のうちに「『___②___』と答えろ」という指令が脳から出されるのです。

나는 커피를 아주 좋아해서 매일 매일 마시지 않고서는 견딜 수 없습니다만, 홍차도 싫지는 않습니다. (홍차 마신다면 녹차・우롱차에 눈길이 갑니다만.) 그렇지만 밖에서 예를 들어 "커피와 홍차 어느 쪽으로 하시겠습니까?" 식으로 런치 등에서 묻거나 하면 망설이지 않고 커피로 해 버립니다. 그 이유는 실은 아주 바보스럽습니다만. "커피!"라고 하면 "___①___"라며 점원은 떠나 줍니다. 그러나 "홍차!"라고 대답하면 그 후에는 확실하게 "아이스입니까? 핫입니까?" 그 후에는 "레몬입니까? 밀크입니까?"라는 새로운 회화를 점원과 하여, 새로운 선택사항을 눈앞에 내걸게 되는 것입니다. 그것이 싫어서 모르는 사람과는 최소한의 접촉으로 회화를 종료하고 싶은 성품과 어느 쪽인지 순간에 결정할 수 없기 때문에 가능한 한 선택사항은 내걸게 하고 싶지 않은 우유부단한 성격의 양쪽이 이렇게 방해를 해 와서 일순간에 "'___②___"라고 대답해' 라는 지령이 뇌로부터 나오는 것입니다.

---

189 店で紅茶を飲まないのはなぜですか。

(A) 嫌いだから

(B) 選択肢に悩むから

(C) 店員さんが優しくないから

(D) コーヒーが大好きで毎日毎日飲まずにはいられないから

가게에서 홍차를 마시지 않는 것을 왜입니까?

(A) 싫어하기 때문에

(B) 선택사항에 고민하기 때문에

(C) 점원이 친절하지 않기 때문에

(D) 커피를 아주 좋아해서 매일 매일 마시지 않고서는 견딜 수 없기 때문에

190 ___①___ に入る適当な言葉は何ですか。

(A) ありがとうございました
(B) お待たせ致しました
(C) かしこまりました
(D) いつもお世話になりました

___①___ 에 들어갈 적당한 말은 무엇입니까?

(A) 고맙습니다
(B) 오래 기다리셨습니다
(C) 알겠습니다
(D) 늘 신세를 졌습니다

191 ___②___ に入る適当な言葉は何ですか。

(A) 紅茶
(B) 緑茶
(C) コーヒー
(D) ウーロン茶

___②___ 에 들어갈 적당한 말은 무엇입니까?

(A) 홍차
(B) 녹차
(C) 커피
(D) 우롱차

192 筆者の性格はどうですか。

(A) せっかちな人
(B) 几帳面な人
(C) 神経質な人
(D) ずぼらな人

필자의 성격은 어떻습니까?

(A) 성급한 사람
(B) 꼼꼼한 사람
(C) 신경질적인 사람
(D) 흐리터분한 사람

어구 ～ずにはいられない ～하지 않을 수 없다　ランチ 런치, 점심　迷(まよ)わず 주저하지 않고, 망설이지 말고, 헤매지 않고　アホ 바보, 천치, 멍텅구리　一緒(いっしょ) 같이, 함께　新(あら)た 새로움, 생생함　選択肢(せんたくし) 선택지, 선택사항　コンタクト 접촉, 교섭　目前(もくぜん) 목전, 눈앞　性分(しょうぶん) 천성, 타고난 성질, 성미　優柔不断(ゆうじゅうふだん) 우유부단　邪魔(じゃま) 방해, 장애, 훼방　指令(しれい) 지령　せっかち 성급함, 조급함　几帳面(きちょうめん) 성격이 규칙적이고 꼼꼼함　神経質(しんけいしつ) 신경질　ずぼら 야무지지 못함, 칠칠치 못함, 흐리터분함

정답 189-(B), 190-(C), 191-(C), 192-(A)

「ダイエットといえば ① 」という考えは過去のもの。香取慎吾さんのダイエット体験をまとめた本をはじめ、男性のダイエットを扱った書籍・雑誌の売り上げは好調。化粧品会社の調査では、ダイエットをしたことがある、または関心があると答えた男性は3人に2人に上る。背景にあるのは肥満の激増。厚生労働省によると、20代から50代の女性がやせる傾向にあるのに対し、男性は肥満の割合が増え続けていて、20年前に比べ、30代以上の肥満者の割合は約1.5倍にもなっている。男性の肥満のタイプはお腹がでる内蔵脂肪型の肥満が多く、内蔵脂肪が心筋梗塞や狭心症、糖尿病などの危険性を著しく上げるメカニズムが分かってきた。 ② 内蔵脂肪は容易に落とすことができるため、ダイエットの効果は女性よりも顕著に表れる。病気の可能性を減らし、体調を整え、仕事にも前向きになれるとして、男性だけを対象にしたダイエット教室を開く自治体も出てきた。注目を浴びる男性のダイエットを、最新の医学研究と共に伝える。

'다이어트라고 하면 ① '라는 생각은 옛날 이야기. 카토리 신고씨의 다이어트 체험을 정리한 책을 비롯하여, 남성의 다이어트를 다룬 서적·잡지의 매상은 호조. 화장품 회사의 조사에서는, 다이어트를 한 적이 있다, 또는 관심이 있다고 대답한 남성은 3명에 2명에 달한다. 배경에 있는 것은 비만의 증가. 후생 노동성에 의하면, 20대부터 50대의 여성이 마르는 경향이 있는 것에 대해, 남성은 비만의 비율이 계속 늘고 있고, 20년 전과 비교해서, 30대 이상의 비만자 비율은 약 1.5배나 되고 있다. 남성의 비만 타입은 배가 나오는 내장 지방형 비만이 많은데, 내장 지방이 심근경색이나 협심증, 당뇨병 등의 위험성을 현저하게 올리는 메커니즘을 알게 되었다. ② 내장 지방은 쉽게 떨어뜨릴 수 있기 때문에, 다이어트 효과는 여성보다도 현저하게 나타난다. 병의 가능성을 줄이고, 컨디션을 조절해, 일에도 적극적으로 임하게 됨으로써, 남성만을 대상으로 한 다이어트 교실을 여는 자치단체도 나왔다. 주목을 받는 남성의 다이어트를 최신의 의학 연구와 함께 전한다.

193 ___①___ に入る適当な言葉は何ですか。

(A) 女性

(B) 男性

(C) 主婦

(D) OL

___①___ 에 들어갈 적당한 말은 무엇입니까?.

(A) 여성

(B) 남성

(C) 주부

(D) 여자 사무원

194 ダイエットの効果<ruby>効果<rt>こうか</rt></ruby>はどれですか。

(A) <ruby>化粧品会社<rt>けしょうひんがいしゃ</rt></ruby>の<ruby>売<rt>う</rt></ruby>り<ruby>上<rt>あ</rt></ruby>げがあがる

(B) <ruby>長生<rt>ながい</rt></ruby>きするようになる

(C) <ruby>心筋梗塞<rt>しんきんこうそく</rt></ruby>や<ruby>狭心症<rt>きょうしんしょう</rt></ruby>、<ruby>糖尿病<rt>とうにょうびょう</rt></ruby>などの<ruby>治療<rt>ちりょう</rt></ruby>ができる

(D) <ruby>仕事<rt>しごと</rt></ruby>を<ruby>積極的<rt>せっきょくてき</rt></ruby>・<ruby>発展的<rt>はってんてき</rt></ruby>にするようになる

다이어트의 효과는 어느 것입니까?

(A) 화장품 회사의 매상이 오른다

(B) 장수하게 된다

(C) 심근경색이나 협심증, 당뇨병 등의 치료를 할 수 있다

(D) 일을 적극적 · 발전적으로 하게 된다

195 ＿＿② に<ruby>入<rt>はい</rt></ruby>る<ruby>適当<rt>てきとう</rt></ruby>な<ruby>言葉<rt>ことば</rt></ruby>は何ですか。

(A) そして

(B) ところで

(C) しかし

(D) それから

＿＿② 에 들어갈 적당한 말은 무엇입니까?

(A) 그리고

(B) 그런데

(C) 그러나

(D) 그 다음에

196 <ruby>正<rt>ただ</rt></ruby>しくないのはどれですか。

(A) <ruby>香取慎吾<rt>かとりしんご</rt></ruby>さんは<ruby>男性<rt>だんせい</rt></ruby>だ

(B) <ruby>男性<rt>だんせい</rt></ruby>の<ruby>内蔵脂肪<rt>ないぞうしぼう</rt></ruby>は<ruby>簡単<rt>かんたん</rt></ruby>に<ruby>落<rt>お</rt></ruby>とすことができる

(C) <ruby>化粧品会社<rt>けしょうひんがいしゃ</rt></ruby>の<ruby>調査<rt>ちょうさ</rt></ruby>では、<ruby>男性<rt>だんせい</rt></ruby>は３<ruby>人<rt>にん</rt></ruby>に２<ruby>人<rt>ふたり</rt></ruby>がダイエットをしたことがあると<ruby>答<rt>こた</rt></ruby>えた

(D) <ruby>男性<rt>だんせい</rt></ruby>の<ruby>肥満<rt>ひまん</rt></ruby>は<ruby>心筋梗塞<rt>しんきんこうそく</rt></ruby>や<ruby>狭心症<rt>きょうしんしょう</rt></ruby>、<ruby>糖尿病<rt>とうにょうびょう</rt></ruby>などの<ruby>危険性<rt>きけんせい</rt></ruby>がある

올바르지 않은 것은 어느 것입니까?

(A) 카토리 신고씨는 남성이다

(B) 남성의 내장 지방은 간단하게 떨어뜨릴 수 있다

(C) 화장품 회사의 조사에서는, 남성은 3명에 2명이 다이어트를 한 적이 있다고 대답했다

(D) 남성의 비만은 심근경색이나 협심증, 당뇨병 등의 위험성이 있다

어구 扱(あつか)う 다루다, 조작하다, 일을 맡다, 처리하다 書籍(しょせき) 서적, 책 売(う)り上(あ)げ 매상, 매출 化粧品(けしょうひん) 화장품 肥満(ひまん) 비만 激増(げきぞう) 격증, 급증 厚生労働省(こうせいろうどうしょう) 후생 노동성(2001년 厚生省와 労働省를 통합하여 신설함. 사회복지 · 사회보장 · 공중위생 · 노동문제 · 노동자 보호 · 고용 대책 등에 관한 업무를 맡아 봄) 割合(わりあい) 비율 増(ふ)え続(つづ)ける 계속해서 늘다 心筋梗塞(しんきんこうそく) 심근경색 狭心症(きょうしんしょう) 협심증 糖尿病(とうにょうびょう) 당뇨병 著(いちじる)しい 현저하다, 두드러지다, 명백하다 顕著(けんちょ) 현저 前向(まえむ)き 적극적이고 긍정적인 생각이나 태도 注目(ちゅうもく)を浴(あ)びる 주목을 받다

정답 193-(A), 194-(D), 195-(C), 196-(C)

ディーゼル車から排出される大気汚染物質は都民の生命と健康を直接脅かしているため、早急に対策を行い、これ以上の大気汚染を阻止していかなければなりません。東京都ではディーゼル車排出ガス対策を緊急で最優先の課題と位置付けて、平成11年8月から「ディーゼル車ＮＯ作戦」を展開、都民や事業者、国に対して、ディーゼル車の使用を規制し、利用のあり方を改めるよう働きかけてきました。都は排出ガス浄化装置の技術開発支援や低公害車導入の促進、低硫黄軽油の早期供給要請などに積極的に取り組み、平成12年12月には、これらディーゼル車対策をより実効性のあるものとするため、「都民の健康と安全を確保する環境に関する条例」を制定しました。この条例にはいくつかの柱がありますが、中心は粒子状物質に関する都独自の規制値を設けて、①これを満たさないディーゼル車の都内運行を禁止したことです。この規制は、平成15年10月から開始され、新車登録から7年を経過したトラック、バス等に適用されます。この結果、規制値を満たさないディーゼル車には、より低公害な車への買い換えか、都が指定する粒子状物質減少装置の装着が必要となりました。これら規制導入の動きに隣接の埼玉、千葉、神奈川県も続き、平成15年10月からは首都圏全域において、規制値を満たさないディーゼル車の運行が禁止されることとなりました。

디젤차에서 배출되는 대기오염 물질은 도민의 생명과 건강을 직접 위협하고 있기 때문에, 시급하게 대책을 행하여 더 이상의 대기오염을 저지해 나가지 않으면 안 됩니다. 도쿄도에서는 디젤차 배출가스 대책을 긴급히 최우선의 과제로 자리매김하고, 1999년 8월부터 '디젤차 ＮＯ작전'을 전개, 도민과 사업자, 나라에 대해서 디젤차 사용을 규제해, 이용의 실태를 개정하도록 손을 써 왔습니다. 도는 배출가스 정화 장치의 기술개발 지원이나 저공해차 도입의 촉진, 저유황 경유의 조기 공급 요청 등에 적극적으로 대처, 2000년 12월에는 이들 디젤차 대책을 보다 실효성이 있는 것으로 하기 위해, '도민의 건강과 안전을 확보하는 환경에 관한 조례'를 제정했습니다. 이 조례에는 몇 개의 핵심이 있습니다만, 중심은 입자상태 물질에 관한 도의 독자적인 규제치를 마련해서, ①이것을 충족시키지 못한 디젤차의 도내 운행을 금지한 것입니다. 2003년 10월부터 개시되어 신차 등록으로부터 7년을 경과한 트럭 , 버스 등에 적용됩니다. 그 결과, 규제치를 충족시키지 못한 디젤차에는 보다 저공해 차로의 교체나 도가 지정한 입자상태 물질 감소 장치의 장착이 필요하게 되었습니다. 이들 규제 도입의 움직임에 인접 사이타마, 치바, 카나가와현도 연달아 2003년 10월부터는 수도권 전역에서 규제치를 충족시키지 못한 디젤차의 운행이 금지되게 되었습니다.

197 環境確保条例を制定したのはいつですか。

(A) 平成11年8月

(B) 平成12年12月

(C) 平成15年10月

(D) これから制定される予定だ

환경 확보 조례를 제정한 것은 언제입니까?

(A) 1999년 8월

(B) 2000년 12월

(C) 2003년 10월

(D) 앞으로 제정될 예정이다

198 ディーゼル車の説明として<u>正しくない</u>のはどれですか。

(A) 東京の暮らしを支える重要な役割を果たしてきた

(B) 平成１１年８月からディーゼル車の使用を規制した

(C) ディーゼル車から排出される大気汚染物質は都民の生命と健康を直接脅かしている

(D) 平成１５年１０月からは首都圏全域において、ディーゼル車の運行が禁止される

디젤차의 설명으로서 올바르지 <u>않은</u> 것은 어느 것입니까?

(A) 도쿄의 생활을 지탱하는 중요한 역할을 이루어 왔다

(B) 1999년 8월부터 디젤차의 사용을 규제했다

(C) 디젤차에서 배출되는 대기오염 물질은 도민의 생명과 건강을 직접 위협하고 있다

(D) 2003년 10월부터는 수도권 전역에서 디젤차의 운행이 금지된다.

199 規制値を満たさないディーゼル車の運行が禁止されるのはどこですか。

(A) 横浜

(B) 大阪

(C) 京都

(D) 北海道

규제치를 충족시키지 못한 디젤차의 운행이 금지되는 것은 어디입니까?

(A) 요코하마

(B) 오사카

(C) 교토

(D) 홋카이도

200. ①これはどれですか。

(A) 条例

(B) 規制値

(C) 排出ガス

(D) いくつかの柱

①이것은 어떤 것입니까?

(A) 조례

(B) 규제치

(C) 배출가스

(D) 몇 개의 기둥(행심)

排出(はいしゅつ) 배출 大気汚染(たいきおせん) 대기오염 都民(とみん) 東京都의 주민 脅(おびや)かす 위협하다, 협박하다, 위태롭게 하다 早急(さっきゅう・そうきゅう) 매우 급함 阻止(そし) 저지 位置付(いちづ)ける 자리매김하다, 어떤 위치에 놓다, 평가하다 平成(へいせい) 일본의 현재의 연호(1989년 1월 8일 개원) 改(あらた)める 고치다, 바꾸다, 개선하다 働(はたら)き掛(か)ける 적극적으로 작용하다, 손을 쓰다 浄化(じょうか) 정화, 깨끗이 함, 악폐·악습 등을 없앰 硫黄(いおう) 유황 取(と)り組(く)み 맞붙음, 대처 条例(じょうれい) 조례, 지방 자치 단체가 제정한 법규 粒子(りゅうし) 입자 設(もう)ける 마련하다, 준비하다, 설치하다 満(み)たす 채우다, 충족시키다, 만족시키다 公害(こうがい) 공해 装着(そうちゃく) 장착 首都圏(しゅとけん) 수도권

197-(B), 198-(D), 199-(A), 200-(B)

실전모의고사 해설

4회

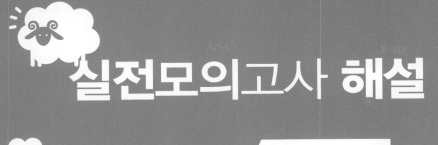

101 田中さんの髪は長いです。　　　　　다나카씨의 머리카락은 깁니다.

(A) ながい　　　　　　(B) なかい

(C) ふとい　　　　　　(D) みじかい

파워 해설　長(なが)い 길다, 오래다　太(ふと)い 굵다　短(みじか)い 짧다

정답　A

102 鳥のように空を飛んでいる。　　　　　새처럼 하늘을 날고 있다.

(A) かぜ　　　　　　(B) そら

(C) まど　　　　　　(D) くも

파워 해설　空(そら) 하늘　風(かぜ) 바람　窓(まど) 창문　雲(くも) 구름

정답　B

103 駅までは自転車を使います。　　　　　역까지는 자전거를 이용합니다.

(A) じとうしゃ　　　　(B) じどうしゃ

(C) じてんしゃ　　　　(D) じでんしゃ

파워 해설　自転車(じてんしゃ) 자전거　自動車(じどうしゃ) 자동차

정답　C

104 行列が続いたのは予想以上だった。　　　행렬이 이어진 것은 예상 이상이었다.

(A) こうれつ　　　　　(B) ごうれつ

(C) きょうれつ　　　　(D) ぎょうれつ

파워 해설 行(こう·ぎょう·あん) 다닐 행, 항렬 항　行(おこな)う 행하다, 행동하다, 실시하다
行列(ぎょうれつ) 행렬, 行事(ぎょうじ) 행사, 行政(ぎょうせい) 행정, 行儀(ぎょうぎ) 예의범절,
行政(ぎょうせい) 행정, 行商(ぎょうしょう) 행상, 行為(こうい) 행위, 行動(こうどう) 행동,
孝行(こうこう) 효행, 효도 行為(こうい) 행위, 進行(しんこう) 진행, 同行(どうこう) 동행

정 답　D

105
夢をよく見るので眠りが浅いです。　　　　　　　　꿈을 자주 꾸기 때문에 잠이 옅습니다.

(A) あさい　　　　　　　　　(B) うすい

(C) かるい　　　　　　　　　(D) おもい

파워 해설 浅(あさ)い 옅다, 깊지 않다　薄(うす)い 얇다, 연하다, 싱겁다　軽(かる)い 가볍다　重(おも)い 무겁다

정 답　A

106
日本大学大学院芸術学研究科の一般入学試験要項頒布　　일본 대학 대학원 예술학 연구과의 일반 입학시험 요강
のご案内です。　　　　　　　　　　　　　　　　　반포의 안내입니다.

(A) ふんぷ　　　　　　　　　(B) ぶんぷ

(C) はんぷ　　　　　　　　　(D) ばんぷ

파워 해설 頒布(はんぷ) 반포(널리 나누어 줌), 배포

정 답　C

107
それを考えただけでも厭わしい。　　　　　　　　그것을 생각만 해도 지겹다.

(A) いたわしい　　　　　　　(B) いとわしい

(C) いまわしい　　　　　　　(D) うとましい

파워 해설 労(いたわ)しい 측은하다, 애처롭다, 딱하다, 가엾다　厭(いと)わしい 싫다, 꺼림칙하다, 번거롭다　忌(い)まわしい 꺼림칙하
다, 불쾌하다, 싫다, 불길하다　疎(うと)ましい 싫다, 멀리하고 싶다, 역겹다

정 답　B

108

もう一つ<ruby>一<rt>ひと</rt></ruby>つ<ruby>伺<rt></rt></ruby>うかがいたい<ruby>事<rt>こと</rt></ruby>があります。

또 한 가지 여쭤 볼 일이 있습니다.

(A) 司い　　　　　　　　(B) 寺い

(C) 伺い　　　　　　　　(D) 侍い

〔파워 해설〕 **司**(つかさど)**る** 관리하다, 지배하다, 감독하다　**寺**(てら) 절　**伺**(うかが)**う** '듣다·묻다·방문하다'의 겸양어　**侍**(さむらい) 무사

〔정답〕 **C**

109

24<ruby>時間<rt>じかん</rt></ruby><ruby>繰<rt>く</rt></ruby>り<ruby>返<rt>かえ</rt></ruby>し<ruby>報道<rt>ほうどう</rt></ruby>されるテロ<ruby>発生瞬間<rt>はっせいしゅんかん</rt></ruby>と<ruby>目<rt>め</rt></ruby>をおおう<ruby>惨状<rt>さんじょう</rt></ruby>の<ruby>映像<rt>えいぞう</rt></ruby>。

24시간 반복해서 보도되는 테러 발생 순간과 눈뜨고 차마 볼 수 없는 참상의 영상.

(A) 伏う　　　　　　　　(B) 覆う

(C) 腹う　　　　　　　　(D) 復う

〔파워 해설〕 **伏**(ふ)**す** 엎드리다　**覆**(おお)**う** 덮다, 씌우다, 가리다　**腹**(はら) 배, 복부

復(ふく) 회복할복, 다시 부　**回復**(かいふく) 회복, **往復**(おうふく) 왕복, **復習**(ふくしゅう) 복습

〔정답〕 **B**

110

<ruby>怠<rt></rt></ruby>たいだな<ruby>生活習慣<rt>せいかつしゅうかん</rt></ruby>が、その<ruby>発症<rt>はっしょう</rt></ruby>・<ruby>進行<rt>しんこう</rt></ruby>に<ruby>関与<rt>かんよ</rt></ruby>すると<ruby>考<rt>かんが</rt></ruby>えられる<ruby>生活習慣病<rt>せいかつしゅうかんびょう</rt></ruby>。

나태한 생활습관이, 그 발증·진행에 관여한다고 여겨지는 생활 습관병.

(A) 怠惰　　　　　　　　(B) 怠随

(C) 殆惰　　　　　　　　(D) 殆随

〔파워 해설〕 **怠**(たい) 게으를 태　**怠惰**(たいだ) 태타, 나태　**怠慢**(たいまん) 태만

怠(おこた)**る** 게을리 하다, 태만히 하다, 소홀히 하다(주의, 준비, 대책, 배려, 경계, 경비, 노력, 의무 등)

怠(なま)**ける** 게으름 피우다　☞ 일, 공부, 청소당번, 가사 등

殆(たい) 거의 태 → **殆**(ほと)**んど** 대부분, 거의

隋(ずい) 따를 수 → **随筆**(ずいひつ) 수필

惰(だ) 게으를 타 → **怠惰**(たいだ) 태타, 나태

〔정답〕 **A**

111 **私は山田さんにあやまりました。**　　　　　　　나는 야마다씨에게 사과했습니다.

(A) 私は山田さんに「さようなら」と言った。

(B) 私は山田さんに「ごめんなさい」と言った。

(C) 私は山田さんに「どういたしまして」と言った。

(D) 私は山田さんに「それはいけませんね」と言った。

파워 해설 　謝(あやま)る 용서를 빌다, 사과하다, 사죄하다, 항복하다, (질려서) 사양하다

정답　 B

112 **しばらくお待ちください。**　　　　　　　　　잠시 기다려 주십시오.

(A) 少し待ってください。

(B) また待ってください。

(C) ずっと待ってください。

(D) もう一度来てください。

파워 해설　しばらく 잠깐, 잠시, 당분간

정답　 A

113 **私は学生のとき、げしゅくをしていました。**　　　나는 학생 때, 하숙을 했었습니다.

(A) 部屋をかしていました

(B) 部屋をかりていました

(C) アルバイトをしていました

(D) 両親といっしょに住んでいました

파워 해설　下宿(げしゅく) 하숙　貸(か)す 빌려주다　借(か)りる 빌리다

정답　 B

114 一人で暮らしている父のことが気になってならない。　혼자서 살고 있는 아버지가 너무나 걱정이다.

(A) 思い出す

(B) しのばれる

(C) とても心配になる

(D) 心配する必要はない

파워 해설　気(き)になる 마음에 걸리다, 걱정이다　〜てならない 〜가 아닐 수 없다, 매우 〜하다
- 父が死んで悲しくてならない。아버님이 돌아가셔서 매우 슬프다.
- 生きていれば、歴史を変えるほどの発明をしていたかもしれないのに、残念でならない。
　　살아 있으면, 역사를 바꿀 정도의 발명을 했을지도 모르는데, 매우 유감이다.

정답　C

115 すみませんが、これはご利用できません。　죄송합니다만, 이것은 이용하실 수 없습니다.

(A) 使えません

(B) 使いません

(C) 使ってはいけません

(D) 使ったことがありません

파워 해설　お/ご 〜する '〜하다'의 겸양어　お/ご 〜できる '〜할 수 있다'의 겸양어

정답　A

116 連絡先はメールのみ、消費者をないがしろにするIT企業。　연락처는 메일로만, 소비자를 소홀히 하는 IT기업.

(A) 消費者を敬う

(B) 消費者を軽んじる

(C) 消費者を大事にする

(D) 消費者を守ってくれる

(A) 소비자를 공경하다

(B) 소비자를 경시하다

(C) 소비자를 소중히 하다

(D) 소비자를 지켜 주다

파워 해설　蔑(ないがし)ろ 업신여김, 소홀히 함　軽(かろ)んじる 경시하다, 깔보다, 얕보다, 업신여기다, 가볍게 여기다

정답　B

117 気温が急に下がると霧が発生する。　　　기온이 갑자기 내려가면 안개가 발생한다.

(A) 彼は給料が入ると飲みに行く。　　　(A) 그는 월급이 들어오면 마시러 간다.

(B) 妹は、冬になると毎年スキーに行く。　　　(B) 여동생은, 겨울이 되면 매년 스키 타러 간다.

(C) 真面目に勉強しないと卒業できないよ。　　　(C) 착실하게 공부하지 않으면 졸업 못해요.

(D) 誰でも年を取ると昔が懐かしくなるものだ。　　　(D) 누구든지 나이가 들면 옛날이 그리워지기 마련이다.

파워 해설　と의 용법

① 일반조건 : 'A가 성립하면 반드시 B가 성립 한다'고 하는 조건 관계를 나타냄

- 春が来ると花が咲く。봄이 오면 꽃이 핀다.
- 気温が急に下がると霧が発生する。기온이 갑자기 내려가면 안개가 발생한다.
- 誰でも年を取ると昔が懐かしくなるものだ。누구든지 나이가 들면 옛날이 그리워지기 마련이다.

② 반복, 습관

- 妹は、冬になると毎年スキーに行く。여동생은 겨울이 되면 매년 스키 타러 간다.
- お酒を飲むと、いつも頭がいたくなる。술을 마시면, 늘 머리가 아파진다.
- 彼は給料が入ると飲みに行く。그는 월급이 들어오면 마시러 간다.

③ 가정조건 : 'A가 성립할 경우에 B가 성립 한다'고 하는 조건 관계를 나타냄

- 真面目に勉強しないと卒業できないよ。착실하게 공부하지 않으면 졸업 못해요.
- このボタンを押すとドアは開きます。이 버튼을 누르면 문은 열립니다.

④ 확정조건 : 전후 모두 이미 실현되어 있는 특정한 내용을 나타냄.

- 駅に着くと、友達が迎えに来ていた。역에 도착하자, 친구가 마중하러 와 있었다.
- 午後になるとだいぶ暖かくなった。오후가 되자 상당히 따뜻해졌다.

⑤ 서두

- 実用的な点からみると、あまり使いやすい部屋ではない。실용적인 점에서 보면, 별로 사용하기 편한 방은 아니다.
- 正直に言うと、そのことについてはあまりよく分からないのです。

  솔직하게 말하면, 그 일에 대해서는 그다지 잘 알지 못합니다.

정답　D

118 たとえ両親に反対されても彼との結婚はあきらめない。

(A) どんなにつらくても頑張ろう。

(B) スポーツをしても映画を見ても気が晴れない。

(C) 今すぐできなくても、がっかりする必要はない。

(D) たとえ、努力しても合格できなかっただろう。

설령 부모가 반대해도 그와의 결혼은 단념하지 않겠다.

(A) 아무리 괴롭더라도 힘내자.

(B) 스포츠를 해도 영화를 봐도 마음이 개운치 않다.

(C) 지금 바로 할 수 없어도, 실망할 필요는 없다.

(D) 가령, 노력해도 합격할 수 없었겠지.

파워 해설 **ても의 용법**

① 역접 조건 : 'A라면 B'의 순접적인 조건 관계를 부정하는 역접 조건을 나타냄.

- 風が冷たくても平気だ。 바람이 차가워도 아무렇지도 않다.
- たとえ両親に反対されても彼との結婚はあきらめない。 설령 부모가 반대해도 그와의 결혼은 단념하지 않겠다.
- 今すぐできなくても、がっかりする必要はない。 지금 바로 할 수 없어도, 실망할 필요는 없다.

② 병렬 · 나열 조건 : 2개 또는 그 이상의 조건을 나열하여, 어느 조건이 성립되더라도 동일한 결과가 된다는 것을 나타냄.

- 道を歩いてもデパートへ入っても人でいっぱいだ。 길을 걸어도 백화점에 들어가도 사람으로 가득하다.
- スポーツをしても映画を見ても気が晴れない。 스포츠를 해도 영화를 봐도 마음이 개운치 않다.
- 宿題が多すぎて、やってもやっても終わらない。 숙제가 너무 많아서, 해도 해도 끝나지 않는다.

③ 의문사＋ても : 「何, どこ, だれ, どれ, いつ, どう」 등의 의문사와 함께 사용되어 어떠한 조건이어도 반드시 귀결의 사태가 성립된다(부정형이면 그것이 성립되지 않는다)는 것을 나타냄.

- どんなにつらくても頑張ろう。 아무리 괴롭더라도 힘내자.
- 車は、どこで買っても同じ値段だ。 차는 어디서 사도 같은 가격이다.
- たとえ、努力しても合格できなかっただろう。 가령, 노력해도 합격할 수 없었겠지.

정답 **C**

---

119 山田は覚えやすい名前だ。

(A) 引きやすい曲を教えてください。

(B) ここからは脱線しやすい区間です。

(C) 給水管が折れやすくなっている。

(D) 私は病気になりやすい体質なんです。

야마다는 기억하기 쉬운 이름이다.

(A) 연주하기 쉬운 곡을 가르쳐 주십시오.

(B) 여기부터는 탈선하기 쉬운 구간입니다.

(C) 급수관이 꺾이기 쉽게 되어 있다.

(D) 나는 병 걸리기 쉬운 체질입니다.

파워 해설 **ます형 ＋ やすい의 용법**

① ~하기 쉽다, ~하는 데 용이하다 ⇒ 주로 플러스 평가를 나타냄.

- 山田は覚えやすい名前だ。 야마다는 기억하기 쉬운 이름이다.
- この本は読みやすい。 이 책은 읽기 쉽다.

• 引きやすい曲を教えてください。 연주하기 쉬운 곡을 가르쳐 주십시오.

② ~하기 쉽다. 자주 ~하다「~がちだ」로 바꿀 수 있는 경우가 많다. ⇒ 주로 마이너스 평가를 나타냄.

• ここからは脱線しやすい区間です。 여기부터는 탈선하기 쉬운 구간입니다.
• 給水管が折れやすくなっている。 급수관이 꺾이기 쉽게 되어 있다.
• 私は病気になりやすい体質なんです。 나는 병 걸리기 쉬운 체질입니다.

정답 A

---

120 海抜三千メートルを越えるとかなり苦しい。

(A) 幼稚園生にしては、かなり大きい子だ。

(B) かなりスピードが出るんじゃないか。

(C) さすが北海道の冬だけあって、かなりの冷え込みだね。

(D) 勉強しなかったわりには、かなりいい点がとれた。

해발 3천 미터를 넘으면 상당히 고통스럽다.

(A) 유치원 치고는 꽤 큰 아이다.

(B) 제법 스피드가 나잖아.

(C) 역시나 훗카이도의 겨울인 만큼 상당한 추위네.

(D) 공부를 하지 않은 것에 비해서는 꽤 좋은 점수를 얻었다.

파워 해설 **かなり의 용법**

① 조건에 반대되는 결과를 평가

• 幼稚園生にしては、かなり大きい子だ。 유치원 치고는 꽤 큰 아이다.
• 三十代にしては、かなり白髪が目立つ。 30대 치고는 꽤 백발이 눈에 띈다.
• 勉強しなかったわりには、かなりいい点がとれた。 공부를 하지 않은 것에 비해서는 꽤 좋은 점수를 얻었다.

② 조건에 순응되는 결과를 평가

• 海抜三千メートルを越えるとかなり苦しい。 해발 3천 미터를 넘으면 상당히 고통스럽다.
• 年一度の集まりだから、かなりの人数になるんじゃないかな。
일 년에 한 번의 모임이기 때문에, 상당한 인원수가 되지 않을까.
• さすが北海道の冬だけあって、かなりの冷え込みだね。 역시나 홋카이도의 겨울인 만큼, 상당한 추위네.

③ 조건을 동반하지 않음

• 見通しはかなり暗い。 전망은 아주 어둡다.
• かなりいい線まで行ってるね。 아주 좋은 선까지 가 있군.
• かなりスピードが出るんじゃないか。 제법 스피드가 나잖아.

정답 C

PART 6 오문 정정

121 今週の土曜日に今年はじめての花火を見て行きます。
　　　　(A)　　　　　(B)　　　(C)　　　　　(D)

이번 주 토요일에 올해 첫 불꽃놀이를 보러 갑니다.

> **파워 해설**　見(み)に行(い)く 보러 가다.
> **정 답**　(D)「見て」→「見に」

122 図書館で買った本を紛失した場合、どうすればいいんでしょうか。
　　　　(A)　　　　(B)　　　(C)　　　　　(D)

도서관에서 빌린 책을 분실했을 경우, 어떻게 하면 좋겠습니까?

> **파워 해설**　내용 파악에 주의할 것
> **정 답**　(A)「買った」→「借りた」

123 昨日、営業部の鈴木さんはどうして会社をやめましたか。
　　　　(A)　　(B)　　(C)　　　　　　(D)

어제, 영업부의 스즈키씨는 왜 회사를 그만둔 것입니까?

> **파워 해설**　「どうして」와 같이 이유를 나타내는 말이나 종속절을 포함한 경우의 의문문에는 항상 「のだ」가 필요하다.
> 　　　　建築を学ぶために、日本に(○ 行ったのですか / × 行きましたか)。 건축을 배우기 위해, 일본에 간 것입니까?
> 　　　　お腹が痛かったから、学校を(○ 休んだのですか / × 休みましたか)。 배가 아팠기 때문에, 학교를 쉰 것입니까?
> **정 답**　(D)「やめましたか」→「やめたのですか」

124 健康な人と病気な人を比べても、健康な人は、手から気が
　　　　　　　　(A)　　　(B)　　　　　　　　　　　(C)
大量に出ています。
　(D)

건강한 사람과 병든 사람을 비교해도, 건강한 사람은 손에서 기가 다량으로 나오고 있습니다.

> **파워 해설**　「病気(びょうき) 병」은 명사이므로 ナ형용사 활용을 하지 않는다.
> 　　　　참고로, 「自由(じゆう) 자유, 安全(あんぜん) 안전, 正確(せいかく) 정확」 등은 명사를 수식할 때 「な」가 붙는다.
> **정 답**　(A)「病気な」→「病気の」

125 先週彼女が日本へ来るとき、私はいっしょに観光しました。
　　　(A)　　　(B)　　　　(C)　　　　(D)

지난주에 그녀가 일본에 왔을 때, 나는 함께 관광을 했습니다.

파워 해설　시제의 일치에 주의할 것

정답　(C) 「来る」 → 「来た」

126 弟は勉強もしなくてテレビばかり見ているから、いつも母に
　　　　　　　(A)　　　　　　　(B)　　　　　　(C)

남동생은 공부도 하지 않고 TV만 보고 있기 때문에, 늘 어머니에게 혼나고 있습니다.

おこられています。
　　(D)

파워 해설　**< イ / ナ형용사 + なくて >**

• 高くなくて、安い。 비싸지 않고 싸다.(상태)

• 高くなくて、もう一つ買った。 비싸지 않아서, 하나 더 샀다.(원인)

< 동사 + ないで / なくて >

1. 行かなくて : 원인, 이유

　• 行かなくて、しかられた。 가지 않아서 혼났다.

2. 行かないで : 상태 ⇒ ～ないで는 부정의 소망과 금지의 의미도 갖는 경우가 있다.

　• 行かないで、やめた。 가지 않고 그만두었다.

　• 一人で行かないで、いっしょに行こう。 혼자서 가지 말고 같이 가자.(소망)

　• 行かないで。 가지 마.(소망, 금지)

정답　(A) 「なくて」 → 「ないで」

127 山の低さは２０階建てのマンションと同じくらいです。
　　　(A)　　　　　(B)　　　(C)　　　　(D)

산의 높이는 20층 건물의 맨션과 같은 정도입니다.

파워 해설　척도를 나타내는 명사는 보통 큰 쪽의 형용사로부터 만든다.

예를 들어, 「長(なが)さ 길이, 広(ひろ)さ 넓이, 高(たか)さ 높이, 深(ふか)さ 깊이」

정답　(A) 「低さ」 → 「高さ」

128

商品名、ご住所、ご氏名、お電話番号、ご希望のお支払方法を
(A)　　　 (B)　　　 (C)

ご記入して下さい。
(D)

상품명, 주소, 성명, 전화번호, 희망하시는 지불방법을 기입하여 주십시오.

파워 해설 ご記入してください는 잘못된 경어 표현으로, 다음 두 가지 표현 중 하나를 써야 한다.

- ご記入ください。기입하여 주십시오.
- 記入してください。기입해 주세요.

정답 (D) 「ご」→「×, 필요 없음」

129

北海道は道も広く走りやすいので、ついついスピードを
(A)　　　　 (B)　　　 (C)

出がちになってしまいます。
(D)

홋카이도는 길도 넓고 달리기 쉽기 때문에, 무심결에 스피드를 내게 되고 맙니다.

파워 해설 スピードを出(だ)す 스피드를 내다　スピードが出(で)る 스피드가 나다

〜がちだ / 〜がちの 〜하기 쉽다 / 〜하기 쉬운

- この国の天気は曇りがちの天氣だ。이 나라의 날씨는 자주 흐린다.
- 冬は風邪をひきがちだ。겨울은 감기 걸리기 쉽다.

정답 (D) 「出がち」→「出しがち」

130

相手の背が大きいと必然的に相手を見上げる姿勢になります。
(A)　　 (B)　　　　 (C)　　　 (D)

상대방의 키가 크면 필연적으로 상대를 올려다보는 자세가 됩니다.

파워 해설 背(せ)が高(たか)い。키가 크다.　背(せ)が低(ひく)い。키가 작다.

정답 (A) 「大きい」→「高い」

131

私のお父さんが皆様によろしくと申しておりました。
(A)　　 (B)　　　　 (C)　　　 (D)

저의 아버지가 안부 전해 달라고 말했습니다.

파워 해설 자기 가족에게는 존경어를 사용해서는 안 된다.

정답 (A) 「お父さん」→「父」

132 組合は会社について、強い不満と不信の念がある。
(A) (B) (C) (D)

조합은 회사에 대해서 강한 불만과 불신의 마음이 있다.

파워 해설 ～について ～에 대하여(내용이나 주제) ～に対(たい)して ～에 대하여(대조, 대상이나 상대)

정답 (B)「ついて」→「対して」

133 パン屋に立ち寄ってみると、見たからにおいしそうなパンが
(A) (B) (C)

並んでいる。
(D)

빵 가게에 들러보니, 보기만 해도 맛있어 보이는 빵이 진열되어 있다.

파워 해설 동사 기본형 + からに ～만 해도.

정답 (C)「見た」→「見る」

134 日本は米や野菜にとどまらず、家賃も光熱費も高くて
(A) (B) (C)

暮らしにくい。
(D)

일본은 쌀과 야채에 한하지 않고, 집세도 광열비도 비싸서 생활하기 어렵다.

파워 해설 ～に限らず ～에 한하지 않고, ～뿐만 아니라(～의 범위를 정하거나 한정하는 경우에 사용.)

～にとどまらず ～에 그치지 않고(～의 범위를 초과해 버려 의외인 기분임을 나타내는 경우에 사용.)

• 彼は、国内市場に(○ とどまらず / ○ 限らず)、遠く海外にも市場を求めた。
그는 국내시장에 (그치지 않고/한하지 않고), 멀리 해외에도 시장을 구했다.

• 英語に(× とどまらず / ○ 限らず)、中国語も、ちょっとした通訳ならできるらしい。
영어뿐 아니라 중국어도 간단한 통역이라면 가능한 것 같다.

정답 (B)「とどまらず」→「限らず」

135 車を禁止して、歩行者が楽に歩くようにした道路のことを
(A) (B) (C)

歩行者天国という。
(D)

차를 금지해서, 보행자가 편하게 걸을 수 있도록 한 도로를 보행자 천국이라고 한다.

파워 해설 가능형 +ように ～할 수 있도록

정답 (B)「歩く」→「歩ける」

136

水着は１枚しか持ってませんが、水着はすぐ乾かすので、
 (A)   (B) (C)

大丈夫です。
 (D)

> **파워 해설** 乾(かわ)かす 말리다 乾(かわ)く 마르다

> **정답** (C)「乾かす」→「乾く」

수영복은 한 벌밖에 없습니다만, 수영복은 금방 마르기 때문에 괜찮습니다.

137

戦争、終わったところだという気がするのに、
    (A)   (B)

もうそんなになるか。
 (C)   (D)

전쟁, 막 끝났다고 하는 기분이 드는데, 벌써 그렇게 되나?

> **파워 해설** 〜た + ところだ 〜한 지 얼마 안 된다, 막 〜하다(기준 시점 직전에 동작과 변화가 실현된 직후의 객관적인 상태.)
>
> 〜た + ばかりだ 〜한 지 얼마 안 된다, 막 〜하다(기준 시점 이전에 동작과 변화가 실현된 직후의 주관적인 상태.)
>
> 둘의 사전적인 의미는 같지만, 뉘앙스에 차이가 있다. 〜たところだ는 실제로 동작이 끝난 직후라는 뜻이고, 〜たばかりだ는 동작이 끝난 이후의 시간이 실질적인 시간이 아니라 심정적인(주관적인) 시간을 의미한다. 따라서 어떤 상황이 종료되고 1년이 지났더라도 실질적으로 짧은 시간이라고 느낀다면 〜たばかりだ를 쓸 수 있다. 물론 이 경우 〜たところだ는 쓸 수 없다.
>
> • 入社した(○ ばかり / × ところ)で、何もわかりません。よろしくおねがいします。
> 입사한 지 얼마 안 되어서, 아무것도 모릅니다. 잘 부탁합니다.
>
> • 数年前、奥さんを亡くした(○ ばかり / × ところ)ですから、寂しいんでしょうね。
> 수년 전, 부인을 여의고 얼마 되지 않기 때문에 쓸쓸하겠지요.
>
> • 日本に来た(○ ばかり / × ところ)だった。友達もなく、毎日、本当に大変だった。
> 일본에 온 지 얼마 되지 않았다. 친구도 없고, 매일 정말로 힘들었다.
>
> • お昼？ あ、今、食べた(ばかり / ところ)。ごめん。また今度、誘ってくれる？
> 점심? 아, 방금 막 먹었어. 미안. 다음에 같이 먹을래?
>
> • 食べたところです。(단순히) 막 먹었습니다.
>
> • 食べたばかりです。＝ 食べたところなんです。(같이 먹으면 좋았을 것) 막 먹었습니다.

> **정답** (A)「ところ」→「ばかり」

138 咳をしただけで骨に線が入るほど痛く、「痛い痛い」というこ
(A) (B) (C)

とから「イタイイタイ」という名前がついた。
(D)

기침을 하기만 해도 뼈에 금이 갈 정도로 아프고, "아프다 아프다"고 하는 것에서 "이따이 이따이"라는 이름이 붙었다.

> **파워 해설** 骨(ほね)にひびが入(はい)る 뼈에 금이 가다.
> **정답** (B) → ひび

139 大学の先生でもあろうものが、このような非合法の会合を
(A) (B)

持つのは不穏当である。即時解散しなさい。
(C) (D)

명색이 대학 선생님이라는 자가 이와 같은 비합법의 회합을 갖는 것은 온당치 못하다. 즉시 해산하시오.

> **파워 해설** ～ともあろう 명색이 ～인
> **정답** (A) 「でも」 → 「とも」

140 不正を働くお店は淘汰していくべきだと私は思います。
(A) (B) (C) (D)

부정한 짓을 한 가게는 도태되어 가야만 한다고 저는 생각합니다.

> **파워 해설** 不正(ふせい)を働(はたら)く 부정한 짓을 하다, 부정을 저지르다. 淘汰(とうた)される 도태되다.
> **정답** (B) 「して」 → 「されて」

PART 7 공란 메우기

141 駅＿＿＿＿着いた時、雨が降っていました。　　　　역에 도착했을 때, 비가 오고 있었습니다.

(A) が　　　　　　　　　　　(B) に

(C) を　　　　　　　　　　　(D) と

파워 해설　～に着(つ)く ～에 도착하다

정답　B

142 ニュースに＿＿＿＿＿、ゆうべ地震があったそうです。　　뉴스에 의하면, 어젯밤에 지진이 있었다고 합니다.

(A) 見ると　　　　　　　　　(B) 聞くと

(C) 話すと　　　　　　　　　(D) よると

파워 해설　～によると ～에 의하면

정답　D

143 自分の国について＿＿＿＿＿説明してください。　　　　자신의 나라에 대해서 간단하게 설명해 주십시오.

(A) 簡単に　　　　　　　　　(B) 大切に

(C) きれいに　　　　　　　　(D) いろいろに

파워 해설　簡単(かんたん) 간단　大切(たいせつ) 중요함, 귀중함, 소중함　きれい 예쁨, 아름다움, 깨끗함　色々(いろいろ) 여러 가지, 갖가지, 가지각색

정답　A

144 父は＿＿＿＿＿人ですが、時々怒ります。   아버지는 온화한 사람입니다만, 때때로 화를 냅니다.

(A) やすい   (B) かなしい

(C) やさしい   (D) うれしい

安(やす)い 값이 싸다 悲(かな)しい 슬프다 優(やさ)しい 우아하다, 온화하다, 상냥하다 易(やさ)しい 쉽다, 용이하다

嬉(うれ)しい 기쁘다

정답 **C**

---

145 デパートで友達＿＿＿＿＿のプレゼントを買いました。   백화점에서 친구에게 줄 선물을 샀습니다.

(A) を   (B) で

(C) へ   (D) に

파워 해설 **へ의 용법**

상대·대상으로의 방향을 나타내는 용법

• 母へ手紙を出す。어머니에게 편지를 보내다.

• 医者へ行く。의사에게 가다.

정답 **C**

---

146 ラジオはテレビ＿＿＿＿＿おもしろくありません。   라디오는 TV 만큼 재미있지 않습니다.

(A) しか   (B) ほど

(C) だけ   (D) ため

파워 해설 **～ほど～ない** ～만큼 ～않다

정답 **B**

147 かべに写真が_____。

벽에 사진이 붙어 있습니다.

(A) はっています (B) はってあります

(C) はっておきます (D) はっていきます

〈상태를 나타내는 표현〉

① ～が＋자동사＋ている : ～가(이) ～하여져 있다 〈자연적인 상태〉
- 窓が開いている。 창문이 열려 있다.
- パンが残っている。 빵이 남아 있다.
- 花が咲いている。 꽃이 피어 있다.

② ～が/を＋타동사＋てある : ～가(이) ～하여져 있다 〈인위적인 상태〉
- 窓が開けてある。 창문이 열려져 있다. 〈누군가가 열어 둔 상태〉
- パンを残してある。 빵을 남겨 두었다. 〈누군가가 남겨 둔 상태〉
- 本がおいてある。 책이 놓여져 있다. 〈누군가가 놓아 둔 상태〉

따라서 はってあります 또는 はられています로 표현되어야 한다.

정답 **B**

148 この漢字の_____方が分かりません。

이 한자의 읽는 법을 모르겠습니다.

(A) 読み (B) 読む

(C) 読め (D) 読むの

파워 해설 **ます형 ＋ 方** ～하는 법, ～하는 방법

정답 **A**

149 これから仕事に_____ところです。

지금부터 일하러 가려는 참입니다.

(A) 行く (B) 行って

(C) 行った (D) 行っている

파워 해설 **기본형 ＋ ところ** ～하려는 참이다

정답 **A**

150 先生(せんせい)に注意(ちゅうい)_____、とてもはずかしかったです。　　선생님한테 주의를 받아서, 아주 창피했습니다.

(A) して　　　　　　　　　(B) されて

(C) させて　　　　　　　　(D) すれば

파워 해설　수동형에 주의할 것.

정 답　B

151 今(いま)説明(せつめい)した内容(ないよう)_____質問(しつもん)はありませんか。　　지금 설명한 내용에 대해서 질문은 없습니까?

(A) につれて　　　　　　　(B) によって

(C) にとって　　　　　　　(D) について

파워 해설　〜について 〜에 대하여 ▶ 범위를 한정해서 나타내는 표현

정 답　D

152 雨(あめ)でも降(ふ)った_____濡(ぬ)れました。　　비라도 온 듯이 젖었습니다.

(A) かというと　　　　　　(B) かのように

(C) かもしれない　　　　　(D) からというもの

파워 해설　〜かのように 〜인 듯이
　　　　　▶ 실제로는 '〜은[는] 아니지만, 〜라고 여겨지는 상태'를 나타냄

정 답　B

153 誰(だれ)でも、ひとつぐらいは悪(わる)いことをする_____だ。　　누구나 한 가지 정도는 나쁜 짓을 하기 마련이다.

(A) など　　　　　　　　　(B) こと

(C) もの　　　　　　　　　(D) ほど

파워 해설　동사 기본형 · 형용사 기본형 + 〜ものだ 〜법이다, 〜하기 마련이다
　　　　　• 人(ひと)の運命(うんめい)はわからないものだ。사람의 운명은 모르는 것이다.
　　　　　• 子供(こども)はよく風邪(かぜ)をひくものだ。아이는 자주 감기 걸리기 마련이다.

정 답　C

154 来週から試験だ。＿＿＿＿＿っけ。　　　　　　　　다음 주부터 시험이다. 말했던가.

(A) 言い　　　　　　　　(B) 言う

(C) 言って　　　　　　　(D) 言った

> **파워 해설** 동사 た형 + っけ ~던가, ~였지
> • 今日は何曜日だっけ。 오늘 무슨 요일인가?
> • あの人、林さんと言ったっけ。저 사람, 하야시씨라고 했던가?

> **정 답** D

155 もう少し＿＿＿＿＿良かったものを。　　　　　　　조금만 더 참았으면 좋았을 것을.

(A) 我慢するなり　　　　(B) 我慢しながら

(C) 我慢してから　　　　(D) 我慢すれば

> **파워 해설** (ば/ても) ~ものを ＝ (ば/ても) ~のに ~하면 ~인 것을 ▶ 불만, 불평, 후회, 유감, 원망 등의 기분을 나타냄

> **정 답** D

156 説明どおりにやったのに＿＿＿＿＿。納得がいきません。　　설명한 대로 했는데 실패했습니다. 납득이 가지 않습니다.

(A) 成功します　　　　　(B) 成功しました

(C) 失敗しません　　　　(D) 失敗しました

> **파워 해설** ~のに ~인데 ▶ 의외와 불만의 기분을 나타냄

> **정 답** D

157 二日酔いで会議に遅刻し、＿＿＿＿＿課長にしかられました。　　숙취로 회의에 지각을 해, 그 일로 과장한테 야단맞았습니다.

(A) このことで　　　　　(B) そのことで

(C) あのことで　　　　　(D) どのことで

> **파워 해설** 여기에서는 문장 속의「二日酔いで授業に遅刻した」를 가리킨다.
> 이야기 중에서 말하는 사람밖에 모르는 것을 가리킬 때에는 その를 사용한다.

> **정 답** B

158

この道をもう少し＿＿＿＿行ったところにおいしいレス
トラントがあります。

이 길을 조그만 더 앞에 간 지점에 맛있는 레스토랑이 있습니다.

(A) 先に   (B) 前に
(C) 先を   (D) 前を

파워 해설   先に 앞에 ▶ 동작의 방향을 나타냄
정답   A

159

5時にドア＿＿＿＿来てください。

5시에 문으로 와 주십시오.

(A) に   (B) で
(C) まで   (D) のところに

파워 해설   〈장소 명사〉

「行く(가다), 来る(오다)」와 같은 이동에 관계되는 동사는 다음과 같이 사용한다.

「장소 명사＋に/へ 行く・来る」

* 장소 명사 : 장소를 나타내는 고유 명사, 건물(학교, 역 등), 방, 교실 등

• 6時に駅(○ に / × のところに)来てください。 6시에 역으로 와 주십시오.

「장소 성질을 갖지 않는 명사＋のところ＋に/へ 行く・来る」

* 장소 성질을 갖지 않는 명사 : 물건, 생물, 사람 등

• 6時に私(× に / ○ のところに)来てください。 6시에 나에게 와 주십시오.

정답   D

160

夜中に子供が耳を＿＿＿＿がったらどうしたらいいでし
ょうか。

한밤중에 아이가 귀를 아파하면 어찌 하면 좋을까요?

(A) いた   (B) いたい
(C) いたく   (D) いたくて

파워 해설   형용사 어간＋がる : ～하는 경향이 있다, ～하게 느끼다(여기다)

嬉しい(기쁘다) → 嬉しがる(기뻐하다)   悲しい(슬프다) → 悲しがる(슬퍼하다)

ほしい(원하다) → ほしがる(갖고 싶어하다)   寂しい(외롭다) → 寂しがる(외로워하다)

痛い(아프다) → 痛がる(아파하다)   寒い(춥다) → 寒がる(추워하다)

懐かしい(그립다) → 懐かしがる(그리워하다)

정답   A

161 人はいつか＿＿＿＿＿＿。　　　　　　　사람은 언젠가 죽지않으면 안 된다.

(A) 死ぬべきだ　　　　　　(B) 死ぬべきではない

(C) 死ななければいけない　(D) 死ななければならない

「〜なければならない」 〜하지 않으면 안 된다. 딱딱한 느낌의 표현.

⇒ 사회상식과 내용의 성질로 봐서 그와 같은 의무·필요성이 있음을 나타냄. 누구에게나 그렇게 해야 할 의무·필요성이 있다는 일반적인 판단을 진술함. 필연적인 귀결을 나타냄.

• 教師は、生徒に対して公平でなければならない。 교사는 학생에 대해서 공평하지 않으면 안 된다.
• 強い薬は注意して使わなければならない。 센 약은 주의해서 사용하지 않으면 안 된다.

「〜なければいけない」 〜하지 않으면 안 된다. 회화적인 표현

⇒ 개별적인 사정으로 의무·필요성이 생겨난 경우에 사용.

• そろそろ、帰らなければいけません。 슬슬 돌아가지 않으면 안 됩니다.
• 私は今日午後病院へ行かなければいけない。 나는 오늘 오후에 병원에 가지 않으면 안 된다.
• 人はいつか(○死ななければならない／?死ななければいけない)。 사람은 언젠가 죽지 않으면 안 된다.

「〜べきだ」 〜해야만 한다(당위성). 문장체적인 표현

⇒ 당위성을 나타내며. 상대방의 행위에 대해서 이용할 경우에는, 충고·추천·금지·명령 등이 된다.

• あれはあなたがやるべきだ。 저것은 당신이 해야만 한다.
• 学生なら、当然、勉強すべきだ(勉強するべきだ)。 학생이라면 당연히 공부를 해야만 된다.

정답 D

---

162 暗くならないうちに、＿＿＿＿＿＿ほうがいいですよ。　어두워지기 전에, 돌아가는 편이 좋아요.

(A) 帰り　　　　　　(B) 帰る

(C) 帰った　　　　　(D) 帰って

기본형 + ほうがいい 〜하는 편이 좋다

▶ 단순히 비교를 나타내는 표현이고, 조언·충고의 의미는 약해짐

A : 今休むのとあとで休むのとどちらがいいですか。 지금 쉬는 것과 나중에 쉬는 것과 어느 쪽이 좋습니까?
B : 今休むほうがいいです。 지금 쉬는 편이 좋습니다.

た형 + ほうがいい 〜하는 편이 좋다

▶ 긍정적인 조언·충고를 나타냄

• 顔色が悪いですね。少し休んだほうがいいですよ。 안색이 안 좋네요. 잠시 쉬는 편이 좋겠어요.
• あの人とはあまり付き合わないほうがいい。 저 사람하고는 별로 교제하지 않는 편이 좋아.

정답 C

163 山田さんは家に＿＿＿＿、会社に電話をかけた。 　　　야마다씨는 집에 돌아오자마자, 회사에 전화를 걸었다.

(A) 着くそばから　　　　(B) 着いたとたん

(C) 着くやいなや　　　　(D) 着いたが早いか

파워 해설　놀라움이나 의외성을 나타내지 않고, 단순하게 A와 B가 거의 동시에 일어난 것을 나타낼 때의 표현으로 'A＋たとたん＋B'는 부자연스럽다.

동사 기본형 ＋ ～や/～や否や ～하자마자(문어체) ⇒ ～가 끝난 순간에, 바로 ～가 일어나다(예상대로).
회화체에서는 주로 「～が早いか」를 사용.

• 彼は横になるや否や、漫画のようにいびきをかきなめた。 그는 눕자마자, 만화처럼 코를 골기 시작했다.
• 玄関のドアが開くや、犬が飛び出してきた。 현관의 문이 열리자마자, 개가 뛰쳐나왔다.
• バスに(○ 乗るや否や / × 乗ったとたん)、財布を探したが、今朝は新しいスーツに着替えたせいで、忘れてきたのに気づいた。 버스를 타자마자 지갑을 찾았는데, 오늘 아침에는 새 양복으로 갈아입은 탓으로, 잊고 온 것을 깨달았다.
• 昨夜は、くたくたに疲れていたので、お酒を飲んで、枕に頭を(○ のせるや否や / × のせたとたん)、眠ってしまったようだ。 어젯밤에는 녹초가 되어 피곤했기 때문에, 술을 마시고 베개에 머리를 얹자마자 잠들어 버린 것 같다.
• のどが渇いて死にそうだったので、風呂から(○ あがるや否や / × あがったとたん)、冷蔵庫からビールを出して飲みほした。 목이 말라서 죽을 것 같았기 때문에, 목욕이 끝나자마자, 냉장고에서 맥주를 꺼내 들이켰다.

정답　C

164 課長、昨日社長にプロジェクトの話を＿＿＿＿。 　　　과장님, 어제 사장님께 프로젝트 이야기를 말씀드렸습니다.

(A) 申しました　　　　(B) 申し上げました

(C) いらっやいました　　(D) おっしゃいました

파워 해설
• **겸양어A** : 보어를 높임으로써 주어를 보어보다도 상대적으로 낮게 하는 표현방식. ⇒ 화제의 대상(인물)에 대한 경어
　伺う, 申し上げる, 存じ上げる, 差し上げる 등
• **겸양어B** : 주어를 낮추고 듣는 사람에게 정중하게 하는 표현 방식. ⇒ 듣는 사람에 대한 경어
　いたす, 参る, 申す, 存じる, おる 등

정답　B

165 _____のことを言っては後悔する。　　　　　　　　　말하지 않는 것이 좋은 것을 말하고는 후회하다.

(A) 言うべき　　　　　　　　(B) 言わずとも

(C) 言うべからず　　　　　　(D) 言わずもがな

파워 해설 **言わずもがな** ① 말하지 않는 것이 좋을 것으로 생각됨. ② 물론이고, 말할 나위도 없고

• 言わずもがなのことを言う。 말하지 않는 것이 좋은 것을 말하다.
• 子供は言わずもがな、大人まで。 아이들은 말할 것도 없고 어른까지.

정 답 **D**

166 _____歩いて転ぶと泣いちゃう赤ちゃん。　　　　　아장아장 걷다가 넘어지면 울어버리는 아기.

(A) ぽんぽん　　　　　　　　(B) もたもた

(C) よちよち　　　　　　　　(D) よぼよぼ

파워 해설 **ぽんぽん** ① 서슴없이 말하는 모양, 또는 무슨 일을 거침없이 연달아 하는 모양

　　　　　② 북 같은 것을 연달아 치는 소리, 또는 연달아 터지는 소리

もたもた ① 행동 · 태도가 확실하지 않은 모양(어물어물, 우물쭈물)

　　　　　② 사물이 막혀서 순조롭게 진행되지 않는 모양

よちよち 어린애, 쇠약한 사람 등이 걷는 모양(아장아장, 비실비실)

よぼよぼ 늙어서 쇠약해진 모양(비칠비칠)

정 답 **C**

167 総理という社会的立場にあればなおさら、_____べき　　총리라는 사회적인 입장에 있으면 더욱 더 말을 삼가야
である。　　　　　　　　　　　　　　　　　　　　　　　만 한다.

(A) 口をつぐむ　　　　　　　(B) 口をぬらす

(C) 口をつつしむ　　　　　　(D) 口をとがらせる

파워 해설 口(くち)を噤(つぐ)む。 입을 다물다.

　　　　　口(くち)を濡(ぬ)らす。 음식을 조금 먹다, 입에 풀칠이나 하다(겨우 살아가다)

　　　　　口(くち)を慎(つつし)む。 말을 삼가다, 음식에 주의하다

　　　　　口(くち)を尖(とが)らせる。 불만으로 입을 삐쭉 내밀다, 성난 투로 말하다

정 답 **C**

168 野村さんは伝統生活の素晴らしさを＿＿＿＿＿ボランティア活動をしています。

노무라씨는 전통생활의 훌륭함을 전하기 위해 자원봉사 활동을 하고 있습니다.

(A) 伝えるべく   (B) 伝えるどころか

(C) 伝えるものなら   (D) 伝えないまでも

파워 해설 기본형 **＋ べく** ~하기 위해
- 家を買うべく貯金している。집을 사기 위해 저금하고 있다.

정답 A

---

169 簡単な手術ですので、ご心配には＿＿＿＿＿。

간단한 수술이기 때문에, 걱정하실 필요는 없습니다.

(A) 限りません   (B) 及びません

(C) 余りません   (D) 極めません

파워 해설 **～には及ばない** ~할 필요는 없다
- わざわざ来るには及ばない。일부러 올 필요는 없다.

정답 B

---

170 管理者としての権威を守るということは、すなわち「襟を＿＿＿＿＿」ということでもあります。

관리자로서의 권위를 지킨다는 것은, 즉 '자세를 바로 하다'라는 것이기도 합니다.

(A) 正す   (B) 直す

(C) 治す   (D) 整える

파워 해설 襟(えり)を正(ただ)す。옷깃을 여미다, 자세를 바로 하다.

정답 A

PART 8 독해

171~174

 MP3 Track 4-171~174

自転車で出掛けてみると、今まで気付かなかったのだけど、車で走りなれた道は緩やかな坂道になっていて、とても楽で風が心地よいのだった。そこにはいろんな発見があった。こんなところにちっちゃなかわいいケーキ屋があったり、ちょっと折れた道の先に感じのいい喫茶点があったりして、少しスピードを緩めては眺めて、時には立ち止まって、ふたりで共感して、というような小さな驚きの連続だった。車では決して気付かなかったような穏やかな時間が、そこにあったのだった。「自転車で正解だったね」と思わず私はつぶやいた。「でしょ」と家内もとても満足そう。たまたま見つけたスーパーで、家内が狂ったように激安の日替わりの食品をたくさん買って、___①___、どこで外食しようか？ということになって、「ここにしましょ」と家内が言ったのは、小さな古いラーメン屋だった。はじめてなのにどこか懐かしい。そんな想いが漂うような店だった。

자전거로 외출해 보면, 지금까지 깨닫지 못했던 것이지만, 차로 달려서 익숙한 길은 완만한 비탈길로 되어 있고, 아주 편하고 바람이 상쾌한 것이었다. 거기에는 여러 가지 발견이 있었다. 이런 곳에 자그마한 귀여운 케이크가게가 있으며, 약간 꺾어진 길 끝에 느낌이 좋은 찻집이 있기도 하고, 약간 스피드를 느슨하게 하고는 바라보고 때로는 멈춰 서서 둘이서 공감하고……, 하는 식으로 작은 놀라움의 연속이었다. 차에서는 결코 느끼지 못했을 것 같은 온화한 시간이 거기에 있었던 것이었다. "자전거가 정답이었네"라고 무심코 나는 중얼거렸다. "그러게요!"라며 아내도 매우 만족한 듯. 우연히 발견한 슈퍼에서 아내가 미친 듯이 염가의 일일 식품을 잔뜩 사고, ___①___, 어디서 외식할까? 하는 상황이 되어, "여기서 해요"라며 아내가 말한 것은, 작은 오래된 라면 가게였다. 처음인데 어딘가 정겹다. 그런 생각이 감도는 가게였다.

171 自転車で出掛けて見たものとして正しくないものはどれですか。

(A) 本屋

(B) 喫茶店

(C) ケーキ屋

(D) ラーメン屋

자전거로 외출해서 본 것으로서 올바르지 않은 것은 어느 것입니까?

(A) 책방

(B) 찻집

(C) 케이크 상점

(D) 라면가게

172 誰と自転車で出掛けましたか。

(A) 夫婦

(B) 友達

(C) 知人

(D) 奥さん

누구와 자전거로 외출했습니까?

(A) 부부

(B) 친구

(C) 지인

(D) 부인

173 スーパーで、何を買いましたか。

(A) 洗剤

(B) せっけん

(C) カップラーメン

(D) トイレットペーパー

슈퍼에서 무엇을 샀습니까?

(A) 세제

(B) 비누

(C) 컵라면

(D) 화장지

174 _____①_____ に入る適当な言葉は何ですか。

(A) でも

(B) それで

(C) しかし

(D) それから

_____①_____ 에 들어갈 적당한 말은 무엇입니까?

(A) 하지만

(B) 그래서

(C) 그러나

(D) 그 다음에(그리고)

어구 出掛(でか)ける 나가다, 나서다 気付(きづ)く 눈치 채다, 알아차리다, 의식을 회복하다, 정신이 들다 緩(ゆる)やか 완만함, 느릿함, 느슨함 坂道(さかみち) 고갯길, 비탈길 心地(ここち)よい 기분 좋다, 상쾌하다 緩(ゆる)める 완화하다, 늦추다, 느슨하게 하다 眺(なが)める 지그시 보다, 눈여겨보다, 응시하다, 멀리 건너다보다 立(た)ち止(ど)まる 멈추어 서다 激安(げきやす) 상품이나 서비스의 가격이 상대적으로 매우 쌈 日替(ひが)わり 매일 바뀜 懐(なつ)かしい 그립다, 정겹다, 정답다 漂(ただよ)う 떠다니다, 헤매다, 감돌다

정답 171-(A), 172-(D), 173-(C), 174-(D)

私たちが各家庭から出すゴミには、燃やせるゴミ、燃やせないゴミ、資源ゴミ、粗大ゴミと大きく分けると４種類があります。ゴミにはそれぞれ、収集日や出し方などが決まっているのですが、なかには燃やせるゴミの中に燃やせないゴミを入れていたり、缶やびんなどの資源ゴミがきちんと分別されていながらも燃やせないゴミの日にいっしょに出されているなど「自分さえよければ」というような、あるまじき行為がまだまだかなりあるようです。こうした＿＿①＿＿の低下が、社会問題になっているオゾン層の破壊、ダイオキシンによる環境汚染、埋め立て処分地の短命化などの一つの原因ともなっています。ゴミは、私たちの暮らしと大きく関わり合ってます。私たちの行いひとつで減らすことも、よみがえらせることもできるわけです。

우리들이 각 가정에서 내는 쓰레기에는 태울 수 있는 쓰레기, 태울 수 없는 쓰레기, 자원 쓰레기, 대형 쓰레기로 크게 나누면 4종류가 있습니다. 쓰레기에는 각각 수집일이나 내놓는 방법 등이 정해져 있습니다만, 개중에는 태울 수 있는 쓰레기 속에 태울 수 없는 쓰레기를 넣었거나 캔이나 병 등의 자원(재활용) 쓰레기가 제대로 분별되어 있으면서도 태울 수 없는 쓰레기 날에 함께 나와 있는 등 '나만 좋으면 되지'라는 식의 해서는 안 되는 행위가 아직도 있는 것 같습니다. 이러한 ＿＿①＿＿ 의 저하가 사회 문제가 되고 있는 오존층의 파괴, 다이옥신에 의한 환경오염, 매립 처분지의 단명화 등의 한 원인으로도 되고 있습니다. 쓰레기는 우리들의 생활과 크게 관련되어 있습니다. 우리들의 행동 하나로 줄일 수도 소생시킬 수도 있는 것도 할 수 있는 것입니다.

---

175 コーラは何のゴミになりますか。

  (A) 資源ゴミ

  (B) 粗大ゴミ

  (C) 燃やせるゴミ

  (D) 燃やせないゴミ

콜라는 무슨 쓰레기가 됩니까?

  (A) 자원 쓰레기

  (B) 대형 쓰레기

  (C) 태울 수 있는 쓰레기

  (D) 태울 수 없는 쓰레기

176 ＿＿①＿＿に入る適当な言葉は何ですか。

  (A) ベスト

  (B) ルール

  (C) モラル

  (D) ビジネス

＿＿①＿＿ 에 들어갈 적당한 말은 무엇입니까?

  (A) 베스트(best)

  (B) 룰(rule)

  (C) 모럴(morale)

  (D) 비즈니스(business)

177 私たちの役割として正しいものはどれですか。

(A) なるべく生ゴミを減らす

(B) ゴミの収集日、出し方などをきちんと守る

(C) ゴミを4種類に分けてゴミの日にいっしょに出す

(D) 缶やびんなどを燃やせないゴミの日にいっしょに出す

우리들의 역할로서 올바른 것은 어느 것입니까?

(A) 가능한 한 음식물 쓰레기를 줄인다

(B) 쓰레기 수집일, 내는 방법 등을 제대로 지킨다

(C) 쓰레기를 4종류로 나눠서 쓰레기 날에 함께 낸다

(D) 캔이나 병 등을 태울 수 없는 쓰레기 날에 함께 낸다

어구 燃(も)やす 태우다, 어떤 의욕·감정을 고조시키다　粗大(そだい)ゴミ 대형 쓰레기(세탁기·냉장고 등 부피가 큰, 처치 곤란한 폐물)　収集日(しゅうしゅうび) 수집일　分別(ぶんべつ) 분별　破壊(はかい) 파괴　環境汚染(かんきょうおせん) 환경오염　埋(う)め立(た)て 매립, 매립지　暮(く)らし 살림, 생활, 생계, 생활비　よみがえる 소생하다, 되살아나다　モラル 모럴(morale), 도덕, 윤리, 도의

정답 175-(A), 176-(C), 177-(B)

学生が仕事の内容や職場環境を知ろうと企業で働いている大学の先輩などを訪ねる①「ＯＢ訪問」は、希望する会社に先輩がいなかったり、遠隔地の場合には難しいのが現状です。そこで、損害保険大手の「東京海上火災」は、幅広い人材の発掘につなげるため、来年春に卒業する学生を対象にインターネットのテレビ会議システムを使ったＯＢ訪問を始めることにしました。事前に申し込んだ学生が、自宅などから専用のホームページに接続しますと、本社に集まった社員と画面を通じて１時間程度、質問や対話が出来ます。学生の側もパソコンにつけるカメラなどを用意する必要がありますが、会社側では今年３月までに500人程度の学生の参加を見込んでいます。この保険会社の採用担当者は、「インターネットで簡単に情報が集められる時代だが、そうした文字情報だけで学生が満足してしまうことには危機感がある。＿＿②＿＿申し込める利点を生かし直接社員と話して会社への理解を深めてほしい」と話しています。

학생이 일의 내용과 직장 환경을 알려고 기업에서 일하고 있는 대학 선배 등을 방문하는 ①'ＯＢ방문'은 희망하는 회사에 선배가 없거나 원격지인 경우에는 어려운 것이 현재 상태입니다. 그래서 손해 보험 대기업인 '도쿄해상화재'는 폭넓은 인재 발굴로 연결하기 위해, 내년 봄에 졸업하는 학생을 대상으로 인터넷 TV 회의 시스템을 사용한 ＯＢ방문을 시작하기로 했습니다. 사전에 신청한 학생이 자택 등에서 전용 홈페이지에 접속을 하면, 본사에 모인 사원과 화면을 통해서 1시간 정도 질문이나 대화를 할 수 있습니다. 학생 측도 PC에 장착하는 카메라 등을 준비할 필요가 있습니다만, 회사 측에서는 금년 3월까지 500명 정도의 학생 참가를 전망하고 있습니다. 이 보험 회사의 채용 담당자는 "인터넷으로 간단하게 정보를 모을 수 있는 시대지만, 그러한 문자 정보만으로 학생이 만족해 버리는 것에는 위기감이 있다. ＿＿②＿＿ 신청할 수 있는 이점을 살려 직접 사원과 이야기해서 회사에 대한 이해가 깊어지면 좋겠다"라고 이야기하고 있습니다.

178 ①「ＯＢ訪問」の説明で正しいものはどれですか。

(A) 企業で働いている高校の先輩を訪ねる

(B) 希望する会社に先輩がいないとできない

(C) 会社が遠いところに離れていると難しくなる

(D) 学生なら誰でも希望する会社に行くことができる

① 'ＯＢ방문'의 설명으로 올바른 것은 어느 것입니까?

(A) 기업에서 일하고 있는 고등학교 선배를 방문한다

(B) 희망하는 회사에 선배가 없으면 할 수 없다

(C) 회사가 먼 곳에 떨어져 있으면 어려워진다

(D) 학생이라며 누구든지 희망하는 회사에 갈 수가 있다

179 インターネットのテレビ会議システムを使ったOB訪問の特徴は何ですか。

(A) 今年、卒業した学生を対象にしている

(B) 当日申し込めば誰でも参加できる

(C) 学生の側のパソコンにつけるカメラなどを用意してくれる

(D) パソコンの画面を通じて1時間程度、質問や対話ができる

인터넷 TV 회의 시스템을 사용한 OB방문의 특징은 무엇입니까?

(A) 올해 졸업한 학생을 대상으로 하고 있다

(B) 당일 신청하면 누구든지 참가할 수 있다

(C) 학생 측의 PC에 장착하는 카메라 등을 준비해 준다

(D) PC 화면을 통해서 1시간 정도 질문이나 대화를 할 수 있다

180 「東京海上火災」について合っているものはどれですか。

(A) 今まで500人程度の学生が参加を希望している

(B) 幅広い人材の発掘につなげるため、新しいOB訪問を始めることにした

(C) 保険だけでなく様々な事業を行っている大企業である

(D) インターネットを使って、採用担当者と1時間程度、質問や対話ができる

'도쿄해상화재'에 대해서 맞는 것은 어느 것 입니까?

(A) 지금까지 500명 정도의 학생이 참가를 희망하고 있다

(B) 폭넓은 인재 발굴로 연결하기 위해, 새로운 OB방문을 시작하기로 했다

(C) 보험뿐만이 아니라 여러 가지 사업을 실시하고 있는 대기업이다

(D) 인터넷을 사용해서 채용 담당자와 1시간 정도 질문이나 대화를 할 수 있다

181 _____② に入る適当な言葉は何ですか。

(A) 手軽に

(B) 気軽に

(C) 迷わずに

(D) 思いきって

_____② 에 들어갈 적당한 말은 무엇입니까?

(A) 간편하게

(B) 부담없이

(C) 주저없이

(D) 과감하게

어구 働(はたら)く 일하다, 움직이다, 작용하다, 효과를 내다　訪(たず)ねる 찾다, 방문하다　遠隔地(えんかくち) 원격지　幅広(はばひろ)い 폭이 넓다, 광범위하다　人材(じんざい) 인재　発掘(はっくつ) 발굴　集(あつ)まる 모이다, 모여들다, 집합하다　用意(ようい) 준비, 채비, 조심, 주의　危機感(ききかん) 위기감　深(ふか)める 깊게 하다　手軽(てがる) 간편함, 간단함, 손쉬움　気軽(きがる) 깊이 생각하지 않음, 가볍게 행동함

정답 178.(C) 179.(D) 180.(B) 181.(A)

①朝から随分と嫌な気分にさせられる。理由もよくわからないままに、怒っている人のそばにいると、私はとても疲れてしまう。私は思うのだけれども、＿②＿怒っている人は、ひとりで怒ってくれないんだろうか？＿②＿「自分はこんなに怒っているんだ」と周りの人に見せつけたいんだろうか？＿②＿あんなに嫌な思いを、あたりかまわず撒き散らしながら平気で誰かを道連れにしてゆくのだろうか？怒ることはサルでも出来る。犬でも出来る。生まれたばかりの赤ちゃんだって出来る。お願いだから大声を出さないで欲しい。暴言を吐かないで欲しい。一つ覚えのゴリラのように、自分の強さを誇示しないで欲しい。強さとは、本当はとても優しいものだ。ただ、黙って語られる言葉というものがある。泣きながらその言葉に、誰かが信じたのだとしたらそれは本当に強い言葉だ。怒鳴って相手を従えるのは、安っぽくて意味のない戦争のようなものだ。人が人ではなくなる戦争のようなものだ。身勝手なままに、怒りを大声で誇示しないで欲しい。人が人であるうちは、③怒りが優しさであるうちは。

①아침부터 상당히 언짢은 기분이 되게 한다. 이유도 잘 모르는 채로, 화가 난 사람 곁에 있으면, 나는 몹시 지치고 만다. 나는 생각하는데, ＿②＿화를 내는 사람은 혼자서 화를 내지 않는 것일까? ＿②＿'내가 이렇게 화를 내고 있다'라며 주위 사람에게 과시하고 싶은 것일까? ＿②＿그렇게 언짢은 생각을 주위에 아랑곳하지 않고 뿌리면서 태연하게 누군가를 길동무로 해 가는 것일까(똑같이 화 나게 만드는 것일까)? 화내는 것은 원숭이도 할 수 있다. 개라도 할 수 있다. 갓 태어난 아기도 할 수 있다. 제발 부탁이니 큰 소리를 내지 말기를 바란다. 폭언을 내뱉지 말기를 바란다. 하나만 아는 고릴라처럼, 자신의 힘을 과시하지 말기를 바란다. 강하다는 것은, 사실은 아주 상냥한 것이다. 단지, 소리 없이 하는 것이 있다. 울면서 그 말을 누군가가 믿었다라고 한다면 그것은 정말로 강한 말이다. 호통을 쳐서 상대방을 따르게 하는 것은 천하고 의미 없는 전쟁과 같은 것이다. 사람이 사람 아니게 되는 전쟁과 같은 것이다. 제멋대로인 채로, 분노를 큰 소리로 과시하지 말기를 바란다. 사람이 사람일 때는, ③분노가 상냥함일 때는.

182 ①朝から随分と嫌な気分にさせられるとあるがどうしてですか。

(A) 人が黙って、怒った理由を話さないから
(B) 怒るときに大声を出したり、暴言を吐く人がいるから
(C) 理由もわからないのに怒られるから
(D) 泣きながら何かを訴える人がいるから

①'아침부터 상당히 언짢은 기분을 들게 한다'라고 되어 있는데, 어째서입니까?

(A) 남이 입 다물고, 화낸 이유를 말하지 않기 때문에
(B) 화낼 때 큰 소리를 내거나 폭언을 내뱉는 사람이 있기 때문에
(C) 이유도 모르는데 혼나기 때문에
(D) 울면서 무엇인가를 호소하는 사람이 있기 때문에

183 ＿＿②＿＿に入る適当な言葉は何ですか。

(A) ついには

(B) それにもかかわらず

(C) どうして

(D) どうやって

＿＿②＿＿에 들어갈 적당한 말은 무엇입니까?

(A) 마침내

(B) 그럼에도 불구하고

(C) 어째서

(D) 어떻게

184 ③怒りが優しさであるとはどういう意味ですか。

(A) 安っぽい戦争であるということ

(B) 怒鳴って相手を従わせる優しさ

(C) 怒っても、黙って語ることができる優しさ

(D) 泣きながら語る言葉を信じること

③'분노가 상냥함이다'란 어떤 의미입니까?

(A) 천한 전쟁이라고 하는 것

(B) 호통을 쳐서 상대방을 따르게 하는 상냥함

(C) 화가 나도 소리 없이 말할 수 있는 상냥함.

(D) 울면서 말하는 말을 믿는 것

어구 随分(ずいぶん) 보통 정도가 넘는 모양, 몹시, 아주, 대단히　怒(おこ)る 화내다, 성내다, 노하다, 나무라다, 꾸짖다　あたり かまわず 주위에 아랑곳하지 않고　撒(ま)き散(ち)らす 뿌려서 흩어지게 하다, 흩뿌리다　平気(へいき) 태연함, 예사로움, 끄떡없음　道連(みちづ)れ 동행, 동반, 길동무　大声(おおごえ) 대성, 큰 목소리　暴言(ぼうげん)を吐(は)く 폭언을 내뱉다　誇示(こじ) 과시　黙(だま)る 입을 다물다, 침묵하다, 가만히 있다, 말없이 있다　語(かた)る 말하다, 이야기하다　従(したが)う 따르다, 복종하다　安(やす)っぽい 값싸다, 싸구려로 보이다, 천하다, 품위가 없다, 하찮다, 시시하다　身勝手(みがって) 제멋대로임, 염치없음

정답 182-(B), 183-(C), 184-(C)

始めは、遊びのつもりで吸い始めたたばこだけど、２週間〜３週間でたばこをやめられなくなってしまうこともあるんだ。何故かというと、たばこにはニコチンといって脳に刺激を与える物質がある。そのニコチンが肺から血液にのって脳までいくと、いい＿＿＿①＿＿＿の刺激を脳に与えるので、もっともっと欲しいと脳が要求するようになるんだ。この状態のことを「ニコチン依存」という。そうなるとこれは、脳の病気。この「ニコチン依存」は、子供の方が大人より短い期間でなってしまい、たばこをやめたくてもやめられなくなってしまうんだよ。さらに、たばこの煙の中にはタールといった身体に悪い物質が含まれていて肺の働きを悪くするだけでなく、心臓や脳の血管の病気になったりする。他にガンを引き起こす物質が４０種類以上もあって、長い間たばこを吸い続けると肺ガンなどになる可能性も出てくるんだ。そこで、禁煙外来のある病院では、「ニコチンパッチ」という貼り薬を出してくれる。これは、皮膚から少しずつ身体にニコチンを入れていき、徐々にニコチンの量を減らすことで、たばこを吸いたいという＿＿＿②＿＿＿を抑えてくれるんだ。やがて脳がニコチンを欲しいと思わなくなり、たばこをやめられる。

처음에는 장난 삼아 들이마시기 시작한 담배지만, 2주간~3주간에 담배를 그만둘 수 없게 되어 버리는 일도 있다. 왜냐하면, 담배에는 니코틴이라고 해서 뇌에 자극을 주는 물질이 있다. 그 니코틴이 폐로부터 혈액을 타고 뇌까지 가면, 좋은 ＿＿①＿＿의 자극을 뇌에 주기 때문에, 더 더 달라고 뇌가 요구하게 되는 것이다. 이 상태를 '니코틴 의존'이라고 한다. 그렇게 되면 이것은 뇌의 병. 이 '니코틴 의존'은, 아이 쪽이 어른보다 짧은 기간이 되어 버리고, 담배를 그만둘 수 없게 되어 버리는 것이다. 게다가, 담배 연기 속에는 타르라고 하는 신체에 나쁜 물질이 포함되어 있어서 폐의 기능을 나쁘게 할 뿐만 아니라, 심장이나 뇌혈관의 병이 되거나 한다. 그 밖에 암을 일으키는 물질이 40종류 이상이나 있어서, 오랫동안 담배를 계속해서 피우면 폐암 등이 될 가능성도 나오는 것이다. 그래서 금연 외래가 있는 병원에서는 '니코틴 패치'라는 붙이는 약을 내 준다. 이것은 피부로부터 조금씩 신체에 니코틴을 넣어가며, 서서히 니코틴의 양을 줄이는 것으로, 담배를 피우고 싶다는 ＿＿②＿＿를 억제해 주는 것이다. 이윽고 뇌가 니코틴을 원한다고 생각하지 않게 되어, 담배를 끊을 수 있다.

185 子供はたばこをやめたくてもやめられなくなるのはどうしてですか。

(A) 親が吸っているから

(B) 短い期間でニコチン依存になってしまうから

(C) 自動販売機がたくさんあって、子供たちが簡単にたばこを吸うことができるから

(D) 身近にいる周囲の人の影響を受けてることが多いから

아이는 담배를 끊고 싶어도 끊을 수 없게 되는 것은 왜 그렇습니까?

(A) 부모가 피우고 있기 때문에

(B) 짧은 기간에 니코틴 의존이 되어 버리기 때문에

(C) 자동판매기가 많이 있어서, 아이들이 간단히 담배를 피울 수 있기 때문에

(D) 가까이에 있는 사람의 영향을 받을 일이 많기 때문에

186 ニコチンの説明として正しくないものはどれですか。

(A) 脳の血管の病気になる

(B) 習慣性となって中毒症状を起す

(C) 脳に刺激を与える物質がある

(D) 子供は短い期間でやめたくてもやめられなくなってしまう

니코틴의 설명으로서 올바르지 않은 것은 어느 것입니까?

(A) 뇌혈관의 병이 된다

(B) 습관성이 되고 중독증상을 일으킨다

(C) 뇌에 자극을 주는 물질이 있다

(D) 아이는 짧은 기간에 그만두고 싶어도 그만둘 수 없게 되어 버린다

187 ___①___、___②___に入る適当な言葉は何ですか。

(A) 欲望

(B) 機嫌

(C) 心地

(D) 気持ち

___①___, ___②___에 들어갈 적당한 말은 무엇입니까?

(A) 욕망

(B) 심기

(C) 마음

(D) 기분

188 タールの説明として正しいものはどれですか。

(A) 肺の働きを悪くする

(B) 脳に刺激を与える物質がある

(C) 2週間～3週間でたばこをやめられなくなってしまうこともある

(D) 長い間たばこを吸い続けると肺ガンなどになる可能性がある

타르의 설명으로서 올바른 것은 어떤 것입니까?

(A) 폐의 기능을 나쁘게 한다

(B) 뇌에 자극을 주는 물질이 있다

(C) 2주간~3주간에 담배를 그만둘 수 없게 되어 버리는 일도 있다

(D) 오랫동안 담배를 계속해서 피우면 폐암 등이 될 가능성이 있다

어구 吸(す)い始(はじ)める 피우기 시작하다　刺激(しげき)を与(あた)える 자극을 주다　依存(いぞん) 의존　含(ふく)まれる 포함되다　血管(けっかん) 혈관　引(ひ)き起(お)こす 일으키다, 발생시키다, 일으켜 세우다　外来(がいらい) 외래　ニコチンパッチ 니코틴 패치(피부에 붙여서 니코틴을 담배 대신 혈액 속에 보급토록 하여 금연하게 하는 패치)　貼(は)り薬(ぐすり) 붙이는 약　皮膚(ひふ) 피부　減(へ)らす 줄이다, 덜다, 감하다　抑(おさ)える 누르다, 억제하다, 진정시키다, 참다　機嫌(きげん) 기분, 심기, 비위　心地(ここち) 기분, 마음, 느낌　気持(きも)ち 기분, 마음, 몸의 상태, 느낌

정답 185-(B), 186-(A), 187-(D), 188-(A)

今朝、予定通りあの子に会えた。そして、その瞬間に①今日言いたいことを言ってみると決意した。どこで声を掛けるか迷いに迷った末、ホームの階段で声を掛けた。というより最初は左肩に指で触れたのだが、予想以上に相手が驚いた。「この顔に見覚えがある？」と切り出した。それには「はい」と答えてくれた。その後は「チャゲ＆飛鳥とか聴く？」と尋ねると、また動揺した様子で「え、は、はい」と答えられたので、続けて「コンサート行かん？」と言ったが、「え、いえ、いいです」と答えられたので、「はい」と言うことしかできなかった。その間、一分もなかったと思うが、最後に一言「ごめんね」と言いたかったと今更ながら思う。②もう二度と会いたくないと思うが、声を掛けてみて、思ったよりもいい子だということが分かった。今回こういうことをしたおかげで、余計な力が抜けた。しかし、一日中その瞬間のことを考えていたので疲れた。またバスで会うようなことがあるだろうが、余計な意識は捨てて、素直に会えたらと思う。突然声をかけただけでも失礼な上、コンサートにまで誘った無礼を許してもらいたい。しかしおかげで明日から仕事へ行く決意ができた。

오늘 아침, 예정대로 그 아이를 만날 수 있었다. 그리고 그 순간에 ①오늘 말하고 싶은 것을 말해 보자고 결심했다. 어디서 말을 걸까 망설이고 망설인 끝에, 플랫폼 계단에서 말을 걸었다. 라기보다 처음에는 왼쪽 어깨를 손가락으로 건들었는데, 예상 이상으로 상대방이 놀랐다. "이 얼굴 본 기억이 있니?"라고 말을 꺼냈다. 거기에는 "예"라고 대답해 주었다. 그 다음에는 "차게&아스카 같은 것 듣니?"라고 묻자, 또 동요한 모습으로 "어, 에, 예"라고 대답을 해서, 계속해서 "콘서트 안 갈래?"라고 말했지만, "어, 아니오, 됐어요"라고 대답을 했기 때문에, "예"라고 말할 수밖에 없었다. 그 사이 1분도 안 넘었다고 생각하지만, 마지막에 한마디 "미안해"라고 말하고 싶었다고 새삼스러운 것 같지만 생각한다. ②이제 두 번 다시 만나고 싶지 않을 거라고 생각하지만, 말을 걸어보고, 생각했던 것보다도 더 착한 아이라는 것을 알았다. 이번에 이런 짓을 한 덕분에 불필요한 힘이 빠졌다. 그러나 하루 종일 그 순간을 생각하고 있었기 때문에 피곤했다. 다시 버스에서 만나는 경우가 있겠지만, 쓸데없는 의식은 버리고 순수하게 만날 수 있으면 좋겠다고 생각한다. 돌연 말을 건 것만으로도 실례인데, 콘서트까지 권한 무례를 용서받고 싶다. 그러나 덕분에 내일부터 일하러 갈 결심을 할 수 있었다.

189 どこで彼女に会いましたか。

(A) 駅

(B) デパート

(C) コンサート

(D) バス

어디에서 그녀를 만났습니까?

(A) 역

(B) 백화점

(C) 콘서트

(D) 버스

190 ①今日言いたいことの中で最も良い言葉はどれで
すか。

(A) この顔に見覚えがある？

(B) チャゲ&飛鳥とか聴く？

(C) コンサート行かん？

(D) ごめんね

①오늘 말하고 싶은 것 중에서 가장 좋은 말은 어느 것입니까?

(A) 이 얼굴 본 기억이 있니?

(B) 차게&아스카 같은 것 듣니?

(C) 콘서트 안 갈래?

(D) 미안해

191 正しくないのはどれですか。

(A) 彼女は筆者の顔に見覚えがある。

(B) コンサートに誘ったが、断られた。

(C) 彼女は、またバスで会うかも知れない。

(D) 約束した通りあの子に会えた。

올바르지 않은 것은 어느 것 입니까?

(A) 그녀는 필자 얼굴을 본 기억이 있다

(B) 콘서트를 권했지만, 거절당했다

(C) 그녀는, 다시 버스에서 만날지도 모른다

(D) 약속한대로 그 아이를 만날 수 있었다

192 ②もう二度と会いたくないと思うが、これはなぜです
か。

(A) 素直に会えないから

(B) 思ったよりもいい子だから

(C) 明日から仕事へ行く決意をしたから

(D) 身分不相応な行動をしたから

②이제 두 번 다시 만나고 싶지 않다고 생각하는데 이것은 왜입
니까?

(A) 순수하게 만날 수 없기 때문에

(B) 생각했던 것보다도 착한 아이이기 때문에

(C) 내일부터 일하러 갈 결의를 했기 때문에

(D) 분수에 맞지 않는 행동을 했기 때문에

━ 어구 ━ **今朝**(けさ) 오늘 아침 **予定通**(よていどおり) 예정대로 **迷**(まよ)いに迷(まよ)った末(すえ) 망설이고 망설인 끝에 **触**(ふ)れる 닿다, 언급하다, 접촉하다, 건드리다 **驚**(おどろ)く 놀라다, 경악하다 **見覚**(みおぼ)え 전에 본 기억이 있음 **切**(き)り出(だ)す 베어내다, 말을 꺼내다 **動揺**(どうよう) 동요 **尋**(たず)ねる 묻다, 찾다, 사물의 근원을 캐다 **余計**(よけい) 여분, 쓸데없음, 부질없음 **素直**(すなお) 순진함, 순박함, 순수함, 솔직함 **誘**(さそ)う 권하다, 꾀다, 불러내다, 자아내다 **無礼**(ぶれい) 무례, 실례 **許**(ゆる)す 허가하다, 허락하다, 허용하다 **身分不相応**(みぶんふそうおう) 신분(분수)에 맞지 않음

━ 정답 ━ 189-(A), 190-(C), 191-(D), 192-(A)

妻は服を買うのは大抵通販を使います。私から見ると、割高で生地も良くないと思うのですが、妻の主張はデパートで買うより安くてほどほど流行にあってて良いとのこと。大手流通会社で買えば安くて品質の良いものが沢山あると思うのですが、モデルが着てプロのカメラマンが撮影したら、どんなものも素敵に見えてしまうと思います。服の値段は生地と仕立てで決まるというのが私の考えですが、妻が買う通販服は、＿＿①＿＿が張る割には生地も良くないです。流通、カタログコスト、返品自由な条件で売るコストを考えるだけで割高な商品だと思います。それをいつもこちらが言ってもけんかになるばかりで取り合ってくれません。3歳と5歳の子供がいて探す手間もあるのでしょうが、専業なので平日に買い物へ行き気分転換にもなると思うのですが、実際は＿＿②＿＿あとカタログとにらめっこしています。この前は入園式に着るというスーツを通販で買ったのにはあきれました。

아내는 옷을 사는 것은 대체로 통신판매를 이용합니다. 내 입장에서 보면 비교적 비싸고 천도 좋지 않다고 생각합니다만, 아내의 주장은 백화점에서 사는 것보다 싸고 적당히 유행에 맞아서 좋다는 것. 대기업 유통회사에서 사면 싸고 품질이 좋은 것이 많이 있다고 생각합니다만. 모델이 입고 프로 카메라맨이 촬영을 하면, 어떠한 것도 멋지게 보일 것이라고 생각합니다. 옷의 가격은 천과 재봉으로 결정된다는 것이 저의 생각입니다만, 아내가 사는 통신판매 옷은 ＿＿①＿＿이 비싼 것 치고는 천도 좋지 않습니다. 유통, 카탈로그 코스트, 반품이 자유로운 조건으로 파는 비용을 생각하는 것만으로도 비교적 비싼 상품이라고 생각합니다. 그것을 언제나 내가 말해도 싸움만 될 뿐이고 상대해 주지 않습니다. 3, 5세의 아이가 있어서 찾는 수고도 있겠지만, 전업주부이니까 평일에 쇼핑하러 가 기분전환도 될 것이라고 생각합니다만, 실제는 ＿＿②＿＿ 후 카탈로그에 몰두하고 있습니다. 얼마 전에는 유치원 입학식에 입는다고 슈트를 통신판매에서 사는 것에는 어처구니없었습니다.

193 妻が通販を使う理由はどれですか。

(A) デパートで買うより経済的だから
(B) 返品自由な条件で売っているから
(C) 安くて品質の良いものが沢山あるから
(D) 専業なので平日に買い物へ行けないから

아내가 통신판매를 사용하는 이유는 어느 것입니까?

(A) 백화점에서 사는 것보다 경제적이니까
(B) 반품이 자유로운 조건으로 팔고 있기 때문에
(C) 싸고 품질이 좋은 것이 많이 있기 때문에
(D) 전업주부이므로 평일에 쇼핑하러 갈 수 없기 때문에

194 ____①____ に入る適当な言葉は何ですか。

(A) 桁(けた)

(B) 格(かく)

(C) 値(ね)

(D) 質(しつ)

____①____ 에 들어갈 적당한 말은 무엇입니까?

(A) 자릿수

(B) 격

(C) 값

(D) 질

195 ____②____ に入る適当な言葉は何ですか。

(A) 子供(こども)が寝(ね)た

(B) 子供(こども)に寝(ね)られた

(C) 子供(こども)を寝(ね)かせた

(D) 子供(こども)に寝(ね)かされた

____②____ 에 들어갈 적당한 말은 무엇입니까?

(A) 아이가 잤다

(B) 아이에게 잠들게 되었다

(C) 아이를 재웠다

(D) 아이에게 어쩔 수 없이 잠들게 되었다

196 内容(ないよう)に合(あ)っているものは何(なん)ですか。

(A) 専業(せんぎょう)なので平日(へいじつ)に買(か)い物(もの)へ行(い)けない

(B) 妻(つま)は服(ふく)を買(か)う時(とき)、いつも通販(つうはん)を使(つか)っている

(C) 子供用(こどもよう)のスーツを通販(つうはん)で買(か)ったのにはあきれた

(D) 夫(おっと)が言(い)ってもけんかになるばかりで取(と)り合(あ)ってくれない

내용에 맞는 것은 어느 것 입니까?

(A) 전업주부이므로 평일에 쇼핑하러 갈 수 없다

(B) 아내는 옷을 살 때, 언제나 통신판매를 이용하고 있다

(C) 어린이용 슈트를 통신판매에서 산 것에는 어처구니없었다

(D) 남편이 말해도 싸움만 될 뿐이고 상대해 주지 않는다

어구 大抵(たいてい) 대강, 대개, 대부분 通販(つうはん) 통신판매의 준말 割高(わりだか) 품질·분량 등에 비해 값이 비쌈, 상대적으로 비쌈 生地(きじ) 본성, 본바탕, 직물의 바탕 流行(りゅうこう) 유행 素敵(すてき) 매우 근사함, 매우 훌륭함, 아주 멋짐 仕立(した)て 만듦, 옷을 지음, 어떤 목적을 위해 미리 마련함, 준비해서 보냄 値(ね)が張(は)る 값이 비싸다, 시세가 높다 返品(へんぴん) 반품 取(と)り合(あ)う 손을 맞잡다, 서로 차지하려고 다투다, 쟁탈하다, 상대하다 探(さが)す 찾다(손에 넣고 싶은 것, 보고 싶은 것을 찾는 경우에 씀·捜(さが)す 찾다(안 보이게 된 것을 찾는 경우)) 手間(てま) 시간, 수고, 노력, 일손 専業(せんぎょう) 전업('전업주부'의 준말) 平日(へいじつ) 평일 気分転換(きぶんてんかん) 기분전환 にらめっこ 눈싸움놀이(두 사람이 마주 보고 우스운 표정을 지어 보이며, 먼저 웃는 쪽이 지는 것으로 하는 놀이) 入園式(にゅうえんしき) 입원식(보육원이나 유치원의 입학식) スーツ 슈트(suit), 여성복의 투피스로 상하 같은 것으로 된 것, 최근에는 남성의 신사복 상하의 것도 가리킴 選(えら)ぶ 고르다, 뽑다, 택하다

정답 193-(A), 194-(C), 195-(C), 196-(D)

新型肺炎が世界に広がって、大問題になっています。一体どういうものなのでしょうか。まず、この新型肺炎は、英語で「SARS」といいます。日本語では「重症急性呼吸器症候群」です。急に肺などの呼吸器が重い病気になる、というものです。でも、なぜ「症候群」という名前がついているのでしょうか。それは、最初に原因がはっきりしていなかったからです。この病気は、熱が出てセキが出るなど、風邪の症状に似ています。でも、風邪やインフルエンザなどは、どんなウイルスで病気になるかわかっています。しかし、この病気は、最初のうち、どんなウイルスが原因なのかわかりませんでした。そこで、普通の風邪やインフルエンザではないけれど、呼吸器が急に重い病気になる症状をまとめて、「症候群」と呼んでいたのです。専門家が調べた結果、この病気は、「コロナウイルス」という種類のウイルスが原因であることがわかりました。コロナウイルスには、人間にうつるものや動物にうつるものなど4種類があります。人間に感染するコロナウイルスは、「鼻かぜ」のような軽い風邪を引き起こすものです。ところが、今回の肺炎の原因のコロナウイルスは、重い病気を引き起こします。そこで、これまでのコロナウイルスではない新しいコロナウイルスだと見られています。WHO（世界保健機関）という世界の人々の健康を守る活動をしている団体は、このウイルスに「SARSウイルス」という名前をつけました。どうしてこんなウイルスが生まれたのかは、まだわかっていません。このウイルスは、感染した人がくしゃみをしたりセキをしたりしたときに飛び出して、ほかの人にうつるのではないかと見られています。この病気は、感染してから発病するまで2日から7日程度かかります。発病するまで感染したことがわからないため、ウイルスに感染した人が海外旅行をすることで、世界各地に次々に広がっていったのです。国際化時代の現代は、1日で世界各地に行けるため、あっという間に広がる恐れがあるのです。

신형 폐렴이 세계에 확대되어 큰 문제가 되고 있습니다. 도대체 어떤 것일까요? 우선 이 신형 폐렴은 영어로 'SARS'라고 합니다. 일본어로는 '중증 급성 호흡기 증후군'입니다. 갑자기 폐 등의 호흡기가 중한 병이 된다는 것입니다. 그런데 왜 '증후군'이라는 이름이 붙어 있는 것일까요? 그것은 처음에 원인이 확실하지 않았기 때문입니다. 이 병은 열이 나고 기침이 나오는 등, 감기 증세를 닮았습니다. 그렇지만 감기나 인플루엔자 등은 어떤 바이러스로 병이 되는지 알고 있습니다. 그러나 이 병은 처음에는 어떤 바이러스가 원인인지 알 수가 없었습니다. 그래서 보통 감기나 인플루엔자는 아니지만, 호흡기가 갑자기 중한 병이 되는 증상을 정리해서 '증후군'이라고 부른 것입니다. 전문가가 조사한 결과 이 병은 '코로나 바이러스'라는 종류의 바이러스가 원인인 것을 알 수 있었습니다. 코로나 바이러스에는 인간에게 옮기는 것이나 동물에게 옮기는 것 등 4종류가 있습니다. 인간에게 감염되는 코로나 바이러스는 '코감기'처럼 가벼운 감기를 일으키는 것입니다. 그런데 이번 폐렴의 원인인 코로나 바이러스는 중한 병을 일으킵니다. 그래서 지금까지의 코로나 바이러스가 아닌 새로운 코로나 바이러스라고 보여지고 있습니다. WHO(세계보건기구)라는 세계 사람들의 건강을 지키는 활동을 하는 단체는 이 바이러스에 'SARS 바이러스'라는 이름을 붙였습니다. 어째서 이런 바이러스가 생겨난 것인지는 아직 모릅니다. 이 바이러스는 감염된 사람이 재채기를 하거나 기침을 하거나 할 때 튀어나와서 다른 사람에게 옮기는 것이 아닌가 하고 여겨지고 있습니다. 이 병은 감염되고 나서 발병하기까지 2일에서 7일 정도 걸립니다. 발병하기까지 감염된 사실을 모르기 때문에, 바이러스에 감염된 사람이 해외여행을 함으로써 세계 각지에 차례차례로 퍼져가고 있었던 것입니다. 국제화시대인 현대에는 하루면 세계 각지에 갈 수 있으므로, 눈 깜짝할 순간에 퍼질 우려가 있는 것입니다.

197 「SARS」の説明として合っていないものはどれですか。

(A) 新型肺炎が世界に広がって、大問題になっている

(B) いまだにどんなウイルスが原因なのかわからない

(C) 新しいコロナウイルスだと見られて、「SARS ウイルス」という名前をつけた

(D) ウイルスに感染した人が海外旅行をすることで、世界各地に次々に広がっていった

'SARS'의 설명으로서 맞지 않은 것은 어느 것입니까?

(A) 신형 폐렴이 세계로 확대되어, 큰 문제가 되고 있다

(B) 아직까지 어떤 바이러스가 원인인지 모른다

(C) 새로운 코로나 바이러스라고 여겨져서, 'SARS 바이러스'라는 이름을 붙였다

(D) 바이러스에 감염된 사람이 해외여행을 함으로써 세계 각지에 차례차례로 퍼져갔다

198 日本語では、なぜ「症候群」という名前がついているのですか。

(A) 熱が出てセキが出るなど、風邪の症状に似ているから

(B) 急に肺などの呼吸器が重い病気になるから

(C) 感染してから発病するまで2日から7日程度かかるから

(D) 最初に原因がはっきりしていなかったから

일본어는 왜 '증후군'이라고 하는 이름이 붙여져 있는 것입니까?

(A) 열이 나고 기침이 나오는 등, 감기 증상을 닮았기 때문에

(B) 갑자기 폐 등의 호흡기가 중한 병이 되기 때문에

(C) 감염되고 나서 발병하기까지 2일에서 7일 정도 걸리기 때문에

(D) 처음에 원인이 확실하지 않기 때문에

199　「SARSウイルス」による問題点は何だと言っていますか。

(A) 重い病気を引き起こす恐れがある

(B) このウイルスはほかの人にうつりやすいから心配だ

(C) ウイルスに感染した人が海外旅行をすることで、あっという間に広がる恐れがある

(D) 「コロナウイルス」という種類のウイルスが原因であることがわかったからだ

'SARS 바이러스'에 의한 문제점은 무엇이라고 말하고 있습니까?

(A) 중한 병을 일으킬 우려가 있다

(B) 이 바이러스는 다른 사람에게 옮기기 쉽기 때문에 걱정이다

(C) 바이러스에 감염된 사람이 해외여행을 함으로써 눈 깜짝할 사이에 퍼질 우려가 있다

(D) '코로나 바이러스'라는 종류의 바이러스가 원인이라는 것을 알았기 때문이다

200　次の中で正しいものはどれですか。

(A) 「SARSウイルス」の発生したところのメカニズムは謎だ

(B) 「SARSウイルス」は普通の風邪やインフルエンザによるものと区別ができない

(C) 人間に感染するコロナウイルスは4種類がある

(D) 「SARSウイルス」に感染してから発病するまで十日ぐらいかかる

다음 중에서 올바른 것은 어느 것입니까?

(A) 'SARS 바이러스'가 발생한 것의 메커니즘은 수수께끼다

(B) 'SARS 바이러스'는 보통 감기나 인플루엔자에 의한 것과 구별을 할 수 없다

(C) 인간에 감염되는 코로나 바이러스는 4종류가 있다

(D) 'SARS 바이러스'에 감염되고 나서 발병하기까지 10일 정도 걸린다

어구　肺炎(はいえん) 폐렴　広(ひろ)がる 넓어지다, 퍼지다, 규모가 커지다, 펼쳐지다　症候群(しょうこうぐん) 증후군　風邪(かぜ) 감기　鼻風邪(はなかぜ) 코감기　引(ひ)き起(お)こす 일으켜 세우다, 발생시키다, 야기하다　守(まも)る 지키다, 막다, 소중히 지키다, 주의해서 살펴보다　感染(かんせん) 감염　くしゃみをする 재채기를 하다　飛(と)び出(だ)す 뛰어나오다, 뛰쳐나오다, 튀어나오다, 날기[달리기] 시작하다　あっという間(ま) 순식간, 눈 깜짝할 사이　恐(おそ)れ 두려움, 무서움, 공포, 우려

정답　197.(B) 198.(D) 199.(C) 200.(A)

실전모의고사 해설

회

PART 5 정답 찾기

---

101 わたしの誕生日は３月8日です。　　　　　내 생일은 3월 8일입니다.

(A) むいか　　　　　　　　(B) よっか

(C) ようか　　　　　　　　(D) ここのか

> 파워 해설　8日(ようか) 8일　6日(むいか) 6일　4日(よっか) 4일　9日(ここのか) 9일
>
> 정답　C

---

102 やはり結婚するなら次男ですね。　　　　　역시 결혼한다면 차남이네요.

(A) しなん　　　　　　　　(B) じなん

(C) しだん　　　　　　　　(D) じだん

> 파워 해설　次男(じなん) 차남
>
> 정답　B

---

103 今日は道が空いているので、早く会社に着きました。　　오늘은 길이 비어 있어서, 일찍 회사에 도착했습니다.

(A) あいて　　　　　　　　(B) ひろいて

(C) すいて　　　　　　　　(D) からいて

> 파워 해설　空(す)く 듬성듬성해지다, 공복이 되다, 손이 비다, 짬이 나다
> * 道路が空く。도로가 텅텅 비다.
> * お腹が空く。배가 고프다.
> * 手が空いたら見てあげよう。짬이 나면 보아 주마.
>
> 空(あ)く 들어 있지 않다, 결원이 나다, 한가해지다, 짬이 나다, 쓰이지 않다(다 ～하다)
> * 空いた席がない。빈자리가 없다.
> * 空いている部屋。비어 있는 방.

- 課長のポストが一つ空く。 과장 자리가 하나 비다.
- 手が空く。 손이 비다.
- 本が空いたら貸してくれ。 책을 다 보면 빌려 줘.

정답 C

---

104 目をぶつけたわけでもないのに、眼球が痛いです。　　　눈을 부딪친 것도 아닌데, 안구가 아픕니다.

(A) かんきゅ　　　　　　(B) かんきゅう

(C) がんきゅ　　　　　　(D) がんきゅう

파워 해설 ぶつける 부딪치다, 냅다 던지다, 불만 등을 마구 터뜨리다　眼球(がんきゅう) 안구

정답 D

---

105 私の小さい頃、髪が長い時は、母が結ってくれました。　제가 어렸을 적, 머리가 길 때는 어머니가 땋아 주었습니다.

(A) ゆって　　　　　　(B) おって

(C) のって　　　　　　(D) つまって

파워 해설 髪(かみ)が長(なが)い 머리카락이 길다　結(ゆ)う 매다, 묶다, 엮다

정답 A

---

106 「冬のソナタ」が、日韓合作でアニメーションとして制作されることになりました。　'겨울연가'가, 한일 합작으로 애니메이션으로서 제작되게 되었습니다.

(A) ごうさく　　　　　　(B) がっさく

(C) ごうさ　　　　　　(D) あいづくり

파워 해설 合作(がっさく) 합작　〜ことになる 〜하게 되다

정답 B

107

稟議書(あんけん)(りつあん)は案件を立案したとき、起案者(きあんしゃ)が専決権限者(せんけつけんげんしゃ)に対(たい)し決裁(けっさい)・承認(しょうにん)を得(え)るための文書です。

품의서는 기안을 입안했을 때, 기안자가 전결권한자에 대해 결재·승인을 얻기 위한 문서입니다.

(A) りんぎしょ　　　　　(B) しんぎしょ

(C) ひんぎしょ　　　　　(D) ほんぎしょ

파워 해설 稟議書(りんぎしょ) 품의서, 웃어른이나 상사에게 여쭈어 의논하는 글

정답 A

108

緊張(きんちょう)していたのだろうか、彼(かれ)はかたい表情(ひょうじょう)をして法廷(ほうてい)に入(はい)ってきた。

긴장하고 있었는지, 그는 딱딱한 표정을 하고 법정에 들어왔다.

(A) 固い　　　　　　　　(B) 堅い

(C) 硬い　　　　　　　　(D) 難い

파워 해설 固(かた)い 굳다
- 固(かた)い信念(しんねん) 굳은 신념 ⇔ ゆるい 느슨하다, 헐겁다

堅(かた)い 견고하다
- 口(くち)が堅(かた)い 입이 무겁다 ⇔ もろい 부서지기 쉽다

硬(かた)い 딱딱하다
- 硬(かた)い文章(ぶんしょう) 딱딱한 문장 ⇔ やわらかい : 연하다

ます형 + 難(がた)い ~하기 어렵다, 좀처럼 ~할 수 없다
- 動(うご)かしがたい事実(じじつ)。움직일 수 없는 사실.

정답 C

109

ディズニーのはんがはオークションなどで驚(おどろ)くような値(ね)段(だん)で取引(とりひき)されています。

디즈니의 판화는 옥션 등에서 놀랄만한 가격으로 거래되고 있습니다.

(A) 版画　　　　　　　　(B) 板画

(C) 阪画　　　　　　　　(D) 坂画

파워 해설 版(はん) 판목 판　出版(しゅっぱん) 출판　版画(はんが) 판화　海賊版(かいぞくばん) 해적판

板(はん・ばん) 널빤지 판　板(いた) 판자, 널(빤지), 무대　掲示板(けいじばん) 게시판　黒板(こくばん) 흑판, 칠판
合板(ごうはん) 합판

阪(はん) 언덕 판　大阪(おおさか) 오사카,　京阪(けいはん) 교토와 오사카　阪神(はんしん) 오사카와 고베

坂(はん) 고개 판　坂(さか) 비탈길, 고개, 인생의 한 고비　登坂(とうはん) 등판,　急坂(きゅうはん) 가파른 언덕,
坂道(さかみち) 언덕길, 비탈길

정답 A

110 多彩なオーケストレーションもせいちに書き込まれた。　다채로운 관현악 편곡도 정교하고 치밀하게 씌어졌다.

(A) 精置　　　　　　　　(B) 静置

(C) 精緻　　　　　　　　(D) 静緻

파워 해설　**オーケストレーション** 오케스트레이션(orchestration), 관현악 편곡(작곡)

精(せい・しょう) 정할 정

精算(せいさん) 정산　**精度**(せいど) 정도, 정밀도　**精緻**(せいち) 정치, 정교하고 치밀함　**精進**(しょうじん) 정진

静(せい・じょう) 고요할 정

静(しず)**か** 고용함, 잠잠함　**静寂**(せいじゃく) 정적　**静電気**(せいでんき) 정전기

정답　C

111 友達と行くのはむりです。　친구와 가는 것은 무리입니다.

(A) 行けません　　　　(B) 行くことにします

(C) 行くようにします　　(D) 行かなければなりません

파워 해설　**無理**(むり) 무리

정답　A

112 ここではスポーツがさかんです。　여기에서는 스포츠가 한창 유행입니다.

(A) スポーツがべんりです　　(A) 스포츠가 편리합니다.

(B) スポーツをしてもいいです　　(B) 스포츠를 해도 됩니다.

(C) スポーツがにぎやかです　　(C) 스포츠가 활기찹니다.

(D) スポーツをしてはいけません　　(D) 스포츠를 해서는 안 됩니다.

파워 해설　**盛**(さか)**ん** 번성함, 번창함, 성함, 유행함　**賑**(にぎ)**やか** 번화함, 활기참, 떠들썩함, 왁자지껄함

정답　C

113

今度お宅におじゃましてもよろしいですか。

(A) 今度あなたと会ってもいいですか。

(B) 今度いっしょに行ってもいいですか。

(C) 今度私のうちに来てくださいませんか。

(D) 今度あなたのうちへ行ってもいいですか。

이번에 댁을 방문해도 괜찮겠습니까?

(A) 이번에 당신을 만나도 됩니까?

(B) 이번에 함께 가도 됩니까?

(C) 이번에 저의 집에 와 주시지 않겠습니까?

(D) 이번에 당신 집에 가도 됩니까?

파워 해설 お邪魔(じゃま)する '방문하다'의 겸양어

정답 D

114

台風がこの地方に来る恐れがある。

(A) 来るらしい

(B) 来るだろう

(C) 来るはずがない

(D) 来るかもしれない

태풍이 이 지방에 올 우려가 있다.

(A) 올 것 같다 (또는) 온다고 한다

(B) 오겠지

(C) 올 리가 없다

(D) 올지도 모른다

파워 해설 명사の · 동사형 · 형용사형 + ～おそれがある ～할 우려가 있다

- インターネットは個人情報が流出される恐れがある。 인터넷은 개인정보가 유출될 우려가 있다.
- 台風が上陸するおそれがある。 태풍이 상륙할 우려가 있다.
- 地震の影響で津波の恐れがありますから、緊急に避難してください。
  지진의 영향으로 해일의 염려가 있으니, 긴급히 피난해 주십시오.

정답 D

115

のっぴきならない立場におかれる。

(A) 交渉できない

(B) どうすることもできない

(C) 競争しなければならない

(D) 抗議をすることができない

(피하려고 해도) 피할 수 없는 입장에 놓이다.

(A) 교섭할 수 없다

(B) 어떻게 할 수도 없다

(C) 경쟁하지 않으면 안 된다

(D) 항의를 할 수가 없다

파워 해설 退(の)っ引(ぴ)きならない 어찌할 도리가 없는, 피할 도리가 없는 交渉(こうしょう) 교섭 競争(きょうそう) 경쟁
抗議(こうぎ) 항의

정답 B

116

どちらかに偏（かたよ）るということは、どちらかにひいでている
ということだ。

(A) つぼにはまっている

(B) どちらかにたけている

(C) どちらかにとどこおっている

(D) 取（と）り付（つ）く島（しま）もない

어딘가에 치우친다고 하는 것은 어딘가에 출중해 있다고
하는 것이다.

(A) 생각대로 되고 있다

(B) 어딘가에 뛰어나 있다

(C) 어딘가에 정체되고 있다

(D) 의지할 데도 없다

파워 해설 偏（かたよ）る (한쪽으로) 기울다, 치우치다　秀（ひい）でる 뛰어나다, 빼어나다, 탁월하다, 준수하다, 두드러지다, 수려하다　壷（つ
ぼ）に嵌（は）まる 생각대로 되다, 뜻대로 되다　長（た）ける (어떤 면에) 뛰어나다, 원숙하다　滞（とどこお）る 정체되다, 막히다,
밀리다　取（と）り付（つ）く島（しま）もない 의지할 데도 없다, 어찌할 수가 없다, 말붙일 염두도 못내다

정답 B

117

これは友達（ともだち）の辞書（じしょ）です。

(A) 数学（すうがく）の本（ほん）を買（か）いました。

(B) あの車（くるま）は会社（かいしゃ）の車（くるま）です。

(C) こちらは部長（ぶちょう）の山田（やまだ）さんです。

(D) これは野菜（やさい）のスープです。

이것은 친구의 사전입니다

(A) 수학 책을 샀습니다.

(B) 저 차는 회사의 차입니다.

(C) 이쪽은 부장인 야마다씨입니다.

(D) 이것은 야채 스프입니다.

파워 해설 명사와 명사를 이어주는 「の」 용법

① 소유
友達（ともだち）の辞書（じしょ）친구의 사전, 会社（かいしゃ）の車（くるま）회사의 차

② 내용설명
数学（すうがく）の本（ほん）수학 책, 野菜（やさい）のスープ 야채 스프

③ 위치기준
図書館（としょかん）のとなり 도서관 옆, 駅（えき）の前（まえ）역 앞

④ 작성자
山田（やまだ）さんの論文（ろんぶん）야마다씨의 논문, 先生（せんせい）の作品（さくひん）선생님의 작품

⑤ 동격
部長（ぶちょう）の山田（やまだ）さん 부장인 야마다씨, 友人（ゆうじん）の田中（たなか）친구인 다나카

정답 B

118

私は毎日野菜をとる<u>ようにして</u>います。

(A) 油ものは食べない<u>ようにしている</u>。

(B) 油をさして、ドアがスムーズに開く<u>ようにした</u>。

(C) 洗濯機を修理して、使える<u>ようにしてください</u>。

(D) これからは先生に何でも相談する<u>ようにします</u>。

나는 매일 야채를 섭취하도록 하고 있습니다.

(A) 기름진 것은 먹지 않도록 하고 있다.

(B) 기름칠을 해서, 문이 부드럽게 열리도록 했다.

(C) 세탁기를 수리해서, 사용할 수 있도록 해 주십시오.

(D) 앞으로는 선생님께 무엇이든지 상담하도록 하겠습니다.

> **파워 해설** **~ようにする의 용법**
>
> ① 어떤 일이 일어나도록 하는 용법 : 「무의지 동사+ようにする」
> * 洗濯機を修理して、使えるようにしてください。 세탁기를 수리해서, 사용할 수 있도록 해 주십시오.
> * 油をさして、ドアがスムーズに開くようにした。 기름칠을 해서 문이 부드럽게 열리도록 했다.
>
> ② 습관적으로 어떤 행동을 하는 것을 나타내는 용법 : 의지 동사+ようにする
> * 私は毎日野菜をとるようにしています。 나는 매일 야채를 섭취하도록 하고 있습니다.
> * 油ものは食べないようにしている。 기름진 것은 먹지 않도록 하고 있다.
>
> ③ 어떤 일이 실현되도록 노력한다는 의미의 용법 : 의지 동사+ようにする
> * これからは先生に何でも相談するようにします。 앞으로는 선생님께 무엇이든지 상담하도록 하겠습니다.
> * 今度会議にはできるだけ出るようにするよ。 이번 회의에는 될 수 있는 한 나가도록 할게.

> **정답** **A**

119

山田さんは学生で<u>ない</u>。

(A) 財布にはお金が<u>ない</u>。

(B) 雨は降ら<u>ない</u>。

(C) 日本に<u>ない</u>果物。

(D) 田中さんといっしょに食べたく<u>ない</u>。

야마다씨는 학생이 아니다.

(A) 지갑에는 돈이 없다.

(B) 비는 내리지 않는다.

(C) 일본에 없는 과일.

(D) 다나카씨와 함께 먹고 싶지 않다.

> **파워 해설** **ない의 용법**
>
> ① 형용사 : 순수 형용사로 '없다(無)' ↔ 있다(有) 「ある」
> * 財布にはお金がない。 지갑에는 돈이 없다.
> * 日本にない果物。 일본에 없는 과일.
>
> ② 보조 형용사 : 형용사(い형용사, な형용사)를 부정, '명사＋で'의 부정형
> * このりんごは高くない。 이 사과는 비싸지 않다.
> * この教室は静かでない。 이 교실은 조용하지 않다.
> * 山田さんは学生でない。 야마다씨는 학생이 아니다.
> * 田中さんといっしょに食べたくない。 다나카씨와 함께 먹고 싶지 않다.

③ 조동사 : 동사를 부정

- 雨は降らない。비는 내리지 않는다.
- 僕は行かない。나는 가지 않는다.

정답 D

120

飲めないのなら無理に飲まなくてもいい。

(A) 君、今日はもう帰ってもいいよ。

(B) ワインのかわりに、しょうゆで味をつけてもいい。

(C) この部署には若くてもいいから、しっかりした人を入れたい。

(D) タクシーで行ってもよかったのだが、乗せてもらった。

마실 수 없다면 억지로 마시지 않아도 돼.

(A) 자네, 오늘은 이제 돌아가도 괜찮아.

(B) 와인 대신에, 간장으로 맛을 내도 된다.

(C) 이 부서에는 젊어도 괜찮으니까, 견실한 사람을 넣고 싶다.

(D) 택시로 가도 괜찮았지만, 차를 태워주었다.

파워 해설 ～てもいい의 용법

① 허가·허용 ＝「～ていい」

- 君、今日はもう帰ってもいいよ。자네, 오늘은 이제 돌아가도 괜찮아.
- 課長、窓を開けてもいいでしょうか。과장님, 창문을 열어도 괜찮겠습니까?
- 飲めないのなら無理に飲まなくてもいい。마실 수 없다면 억지로 마시지 않아도 돼.

② 가능성 ≠「～ていい」

⇒ 그 밖의 여지와 가능성이 있음을 나타냄.

- ワインのかわりに、しょうゆで味をつけてもいい。와인 대신에 간장으로 맛을 내도 된다.
- タクシーで行ってもよかったのだが、車で送ってくれるというので、乗せてもらった。
  택시로 가도 괜찮았지만, 차로 배웅해 준다고 해서 그렇게 했다.

③ 의사 표시

⇒ 말하는 사람이 자발적으로 의견이나 희망 등을 상대방에게 말함.

- A : 彼がいないので、この仕事がすすまないんだ。그가 없어서 이 일이 진행이 안 돼.
- B : 僕が引き受けてもいいいよ。내가 떠맡아도 괜찮아.

④ 양보

⇒ 최상이라고는 할 수 없지만, 타협해서 이것으로 괜찮다는 의미를 나타냄.

- 印鑑がなければ、サインでもいいですよ。인감이 없으면, 사인이어도 괜찮습니다.
- この部署には若くてもいいから、しっかりした人を入れたい。
  이 부서에는 젊어도 괜찮으니까, 견실한 사람을 넣고 싶다.

정답 A

121 きのうは宿題をしなかったので、先生におこりました。
(A)　(B)　　　(C)　　　(D)

어제는 숙제를 안 했기 때문에, 선생님한테 혼났습니다.

> **파워 해설** 「~に~(ら)れる」 ~에게 ~당하다(하게 되다) 怒(おこ)る 화내다　怒(おこ)られる 혼나다
> **정답** (D) 「おこりました」 → 「おこられました」

122 彼は来月、音楽の勉強に、ドイツへ出発しようと思います。
(A)　　　　(B)　　　(C)　　　　(D)

그는 다음달, 음악 공부하러 독일로 출발하려고 생각하고 있습니다.

> **파워 해설** 〜(よ)うと思(おも)っている　〜하려고 생각하고 있다 ⇒ 계획·예정·목표를 실행하는 의지를 나타냄.
> 〜(よ)うと思(おも)う　〜하려고 생각하다 ⇒ 계획·예정·목표를 실행하는 1인칭(나)의 의지를 나타냄.
>
> ・私は海外旅行に行こうと思う。 (○) 나는 해외여행 가려고 생각한다.
> ・彼は海外旅行に行こうと思う。 (×)
> ・私は海外旅行に行こうと思っている。 (○) 나는 해외여행 가려고 생각하고 있다.
> ・彼は海外旅行に行こうと思っている。 (○) 그는 해외여행 가려고 생각하고 있다.
>
> **정답** (D) 「思います」 → 「思っています」

123 山田君と田中さんとではだれが早起きですか。
(A)　　(B)　(C)　(D)

야마다 군과 다나카씨하고는 누가 일찍 일어납니까?

> **파워 해설** だれ 세 사람 이상 중에서 한 가지를 선택할 때 사용.　どちら・どっち 둘 중에서 한 가지를 선택할 때 사용.
> **정답** (C) 「だれ」 → 「どちら・どっち」

124 夏休みが終わるまでこの本を読んでしまいたい。
(A)　　(B)　　　(C)　　(D)

여름 방학이 끝날 때까지 이 책을 읽어버리고 싶다.

> **파워 해설** まで : 동작이나 어떤 일이 미완결된 것을 나타냄. ⇒ 동작과 상태의 계속된 표현이 이어진다.
> ・昨日までレポートを書き続けた。 어제까지 리포트를 계속해서 썼다.

まで**に** : 동작이나 어떤 일이 완결된 것을 나타냄. ⇒ 동작의 기한이나 마감을 나타내는 표현이 이어진다.

● 昨日までにレポートを書き終わった。어제까지 리포트를 다 썼다.

정답 (B) 「まで」 → 「までに」

---

125 先日駅で偶然山田先生とお会いしました。
　　　(A)　(B)　　　　　　(C)　　　　　(D)

요전에 역에서 우연히 야마다 선생님을 만났습니다(만나 뵈었습니다).

파워 해설 **と** 상호적인 동작, 양방향성

に 일방적인 동작, 일방적 방향성 ⇒ 만날 약속이 없었는데 우연히 선생님(일방적 방향성)을 만났다.

정답 (C) 「と」 → 「に」

---

126 雪が降りそうではないから、そんなに残念そうな声なの?
　　　(A)　　　(B)　　　　　　　(C)　　　　　　(D)

눈이 내릴 것 같지 않으니까, 그렇게 유감스러워하는 목소리인 거야?

파워 해설 **そうだ의 부정형**

「동사 ます형 + そうにない/そうもない/そうにもない」 ~할 것 같지(도) 않다.

정답 (B) 「そうでは」 → 「そうにない/そうもない/そうにも」

---

127 アメリカで道に迷ったとき、親切な人が私に話しかけました。
　　　(A)　　　(B)　　　　　(C)　　　　　　　(D)

미국에서 길을 잃었을 때 친절한 사람이 나에게 말을 걸어주었습니다.

파워 해설 일본어는 '이동'을 나타내는 동사의 문장에서, 말하는 사람이 주어가 되는 경향이 강하다. 말하는 사람 이외를 주어로 하면 부자연스럽게 되는 경우가 있다. 이러한 경우, 말하는 사람을 주어 이외의 위치에 둔 채로 「~てくれる」를 사용하면 자연스런 문장이 된다.

정답 (D) 「話しかけました」 → 「話しかけてくれました」

---

128 北海道は寒くかもしれないからあつい服をよけいに持って
　　　　　(A)　　　　　　　(B)　　　　　(C)

홋카이도는 추울지도 모르니까 두꺼운 옷을 여분으로 갖고 가는 편이 좋다.

行ったほうがいい。
　(D)

파워 해설 「동사 보통형 / 형용사 보통형 + かもしれない」 ~일지도 모른다.

정답 (A) 「寒く」 → 「寒い」

129 駅<u>へ</u>自転車で行って、<u>そこ</u>から<u>電車</u>で東京<u>へ</u>行きました。
(A)　　　(B)　　　　　(C)　　　　　　　(D)

역까지 자전거로 가서, 거기에서 전차로 도쿄에 갔습니다.

<u>파워 해설</u>　도중에 갈아타는 지점을 나타낼 때는 「まで」가 자연스럽다.

<u>정 답</u>　(A)「へ」→「まで」

---

130 彼女<u>から</u>借りる約束を<u>していた</u>CDを<u>図書館</u>で<u>もらった</u>。
(A)　　　(B)　　　　　　(C)　　　　　(D)

그녀에게 빌리기로 약속한 CD를 도서관에서 건네받았다.

<u>파워 해설</u>　「もらう」는 소유권의 이동을 뜻하므로 사용할 수 없다.

<u>정 답</u>　(D)「もらった」→「渡された / 受け取った」

---

131 こうした<u>噂</u>はパソコン<u>通信</u>を<u>通じて</u>、一日<u>で</u>全国に
(A)　　　　　　　　(B)　　　　　(C)

<u>広くなった</u>。
(D)

이러한 소문은 PC통신을 통해서, 하루에 전국으로 퍼졌다.

<u>파워 해설</u>　「～まる」는 추상적인 의미로 사용된다.

家具を移動して部屋が(× ひろまった / ○ ひろくなった) 가구를 이동시켜서 방이 넓어졌다.

<u>정 답</u>　(D)「広くなった」→「広まった」

---

132 年齢や<u>経験年数</u>や性別<u>にも</u>かかわらず、実力<u>さえ</u>あれば、
(A)　　　　　　　(B)　　　　　　　(C)

昇進が<u>できる</u>。
(D)

연령과 경험연수와 성별에 상관없이, 실력만 있으면 승진이 가능하다.

<u>파워 해설</u>　～にかかわらず ～에 상관없이.

　　　　～にもかかわらず ～에도 불구하고.

<u>정 답</u>　(B)「にも」→「に」

---

133 兄が<u>北海道</u>を旅行する<u>のにひきかえ</u>、僕は<u>沖縄</u>へ旅行する
(A)　　　　　　　(B)　　　　　(C)

<u>予定だ</u>。
(D)

형이 홋카이도를 여행하는 것에 대해, 나는 오키나와로 여행할 예정이다.

파워 해설 〜にひきかえ 〜와는 반대로 ⇒ 대조적인 두 가지 내용에 속하는 것이 명시되어 있는 경우에 사용할 수 있다.

• 勉強家の兄にひきかえ、弟は怠け者だ。 열심히 노력하는 형과는 반대로, 동생은 게으름뱅이다.
• 姉は社交的なタイプなのにひきかえ、妹は人前に出るのも嫌うタイプだ。
사교적인 타입의 누나와는 반대로, 여동생은 남 앞에 나서는 것도 싫어하는 타입이다.

〜に対(たい)して 〜에 대해서

• 目上の人に對して敬語を使う。 손윗사람에 대해서 경어를 사용한다.
• 上司に対して悪口を言ってはいけない。 상사에 대해서 욕을 해서는 안 된다.

정답 (B)「にひきかえ」→「に対して」

---

134 新幹線は込んでいて、東京から京都までずっと立ちままだった。 신칸센은 붐비고 있어서 도쿄부터 교토까지
　　　(A)　　　　(B)　　　　　　　(C)　　　　(D) 계속 선 채로였다.

파워 해설 동사 과거형 + まま 〜한 채로, 〜대로　명사の + まま 〜대로
※관용적 표현

• 足の向くまま 발길이 닫는 대로　　• 気の向くまま 마음이 내키는 대로

정답 (D)「立ち」→「立った」

---

135 昨日は夕方一度家に帰って、そして家族で食事に出かけました。 어제는 저녁때 한 번 집에 돌아가서, 그 뒤 가
　　　(A)　　　(B)　　　　　　(C)　　　(D) 족과 식사하러 나갔습니다.

파워 해설 「それから」는 전건(前件)이 일어난 때를 기점으로 하여 "그 뒤, 그 이래"의미로 사용할 수 있지만, 「そして」는 사용할 수 없다.
단, 시간적으로 연속해서 두 가지 일을 전건(前件)과 후건(後件)으로 연결시키는 용법으로, 「それから」와 「そして」에는 의미 차이가 거의 없다.

• 担当は田中さん、(それから/そして)山田さん、この二人です。 담당은 다나카씨, 그리고 야마다씨, 이 두 사람입니다.

정답 (C)「そして」→「それから」

---

136 親切のつもりで言ったのだが、むしろ迷惑だったようだ。 친절을 베풀려고 말한 것이 도리어 폐가 된 것
　　　(A)　　(B)　　　　　(C)　　　(D) 같다.

파워 해설 (A)(より)むしろ(B) (A)(보다) 오히려 (B)다 ☞ 두 가지를 비교해서 (A)/(B)의 쪽이 〜이다.
かえって 도리어, 반대로 ☞ 〜라고 생각하고 있었는데 반대가 되었다.

• 名よりもむしろ実を選ぶ。 명분보다 오히려 실리를 택하다.
• もうかるどころかかえって大損だ。 벌기는커녕 도리어 큰 손해다.

정답 (C)「むしろ」→「かえって」

137 わからない<u>つつも</u>、お茶を一杯飲むのにも、<u>そこ</u>に<u>心</u>が
        (A)   (B)   (C)

<u>必要</u>である。
    (D)

이해할 수 없지만, 차를 한 잔 마시는 것에도 거기에 마음이 필요하다.

파워 해설 ～つつも(하면서도) 앞에 「ない」형태는 오지 않는다.

- <u>複雑</u>な<u>使い方</u>はわからない（ ○ ながらも / ✕ つつも）、<u>簡単</u>な<u>使い方</u>はわかった。
  복잡한 사용법은 모르면서도, 간단한 사용법은 알았다.

동사 ます형 + ～つつ/～つつも ～하면서, ～하면서도

- <u>父</u>はご<u>飯</u>を<u>食</u>べつつ、<u>新聞</u>を<u>読</u>むくせがある。 아버지는 밥을 먹으면서 신문을 읽는 버릇이 있다.
- <u>山</u>を<u>登</u>りつつ、これまでのこと、これからのことをいろいろ<u>考</u>えた。
  산을 오르면서 여태까지의 일, 앞으로의 일을 여러 가지 생각했다.

명사 또는 동사 ます형 + ～ながら ～하면서, ～하면서도

- <u>彼</u>はいつもお<u>酒</u>を<u>飲</u>みながらタバコを<u>吸</u>う。 그는 항상 술을 마시면서 담배를 피운다.
- <u>知</u>っていながら<u>知</u>らないふりをする。 알고 있으면서 모르는 체하다.
- <u>残念</u>ながら、その<u>質問</u>には<u>答</u>えられません。 유감이지만, 그 질문에는 대답할 수 없습니다.

정답 (A)「つつも」→「ながらも」

---

138 1915<u>年</u>に<u>日本初</u>の<u>国産品</u>を<u>完成</u>させた<u>以来</u>、<u>超小型機</u>から
    (A)   (B)

<u>大型機</u>まで<u>を</u>シリーズ<u>化</u>し、<u>多様</u>な<u>業種</u>のニーズに
               (C)

お<u>応</u>えしてまいりました。
    (D)

1915년에 일본 최초의 국산품을 완성시킨 이래, 초 소형기부터 대형기까지를 시리즈화해, 다양한 업종의 수요에 부응해 왔습니다.

파워 해설 ～て<u>以来</u>(いらい) ～한 이래.

정답 (B)「<u>完成</u>させた」→「<u>完成</u>させて」

---

139 チンパンジーの<u>子供</u>の<u>記憶力</u>が<u>人間</u>の<u>大人</u>より<u>も</u> <u>優</u>れることが
    (A)   (B)   (C)

<u>証明</u>されました。
    (D)

침팬지 아기의 기억력이 인간인 어른보다도 뛰어난 것이 증명되었습니다.

파워 해설 「似る 닮다」,「そびえる 우뚝 솟다」,「優れる 뛰어나다」,「尖る 뾰족해지다」,「曲がる 구부러지다」,「長い 髪をする 긴 머리를 하다」등은 언제나「~ている」와 함께 사용해야 된다.

- 母と娘はよく似ている。 어머니와 딸은 아주 닮았다.
- 南の方に高い山がそびえている。 남쪽에 높은 산이 우뚝 솟아 있다.
- 先が尖っている。 끝이 뾰족해져 있다.
- ここから道はくねくね曲がっている。 여기부터 길은 구불구불 구부러져 있다.
- 山田さんは長い髪をしている。 야마다씨는 긴 머리를 하고 있다.

정답 (C)「優れる」→「優れている」

140

「女性が働きやすい会社」につき、女性管理職が多くの企業を
　　　　　　　　　　(A)　　　　　　　　　　(B)

調べたところ、上位には女性社員比率の高い企業が名を連ねた。
　　　　(C)　　　　　　　　　　　　　　　　　　　(D)

'여성이 일하기 쉬운 회사'에 관하여, 여성 관리직이 많은 기업을 조사했더니, 상위에는 여성 사원 비율이 높은 기업이 이름을 나열했다.

파워 해설 「~から近い·遠い·多い」,「~に近い·遠い·多い」,「~が近い·遠い·多い」등 명사구와 조사를 동반하여 명사 수식절로 되어 있는 경우에는「近い·遠い·多い」를 사용하는 편이 자연스럽다.

- 駅から(× 遠くの / ○ 遠い)マンションの購入を検討している。 역에서 먼 맨션 구입을 검토하고 있다.
- 駅から(× 近くの / ○ 近い)ホテルは高い。 역에서 가까운 호텔은 비싸다.
- 残業が(× 多くの / ○ 多い)会社は良くない。 잔업이 많은 회사는 안 좋다.

단, 현재 지점을 기준으로 한 거리를 나타내는 경우에는 近くの 또는 遠くの를 사용.

- (○近くの/×近い)デパートまで買い物に行った。 가까운 백화점까지 쇼핑하러 갔다.
- (○遠くの/×遠い)方から僕らを呼んでいる声。 먼 쪽에서 우리들을 부르는 소리.

~につき

① ~에 관하여

- この点につきどのように考えるのか。 이 점에 관하여 어떻게 생각하는가?

② ~ 때문에, ~으로 인해

- 今日は雨天につき中止です。 오늘은 우천으로 인해 중지입니다.

③ ~에 대하여, ~당

- お子様お一人につき保険料500円でお預かり致します。 자녀분 한 분에 대하여 보험료 500엔 받도록 하겠습니다.

정답 (B)「多くの」→「多い」

PART 7 공란 메우기

141　妹は今年大学＿＿＿＿＿合格しました。　　　　여동생은 올해 대학에 합격했습니다.
(いもうと こ としだいがく ごうかく)

(A) が　　　　　　　　　　　(B) を

(C) で　　　　　　　　　　　(D) に

> **파워 해설**　〜に合格(ごうかく)する 〜에 합격하다
> **정답**　D

142　音楽を＿＿＿＿＿ながら料理をしています。　　　음악을 들으면서 요리를 하고 있습니다.
(おんがく)　　　　　　(りょう り)

(A) 聞き(き)　　　　　　　　　(B) 言い(い)

(C) 話し(はな)　　　　　　　　(D) 歌い(うた)

> **파워 해설**　ます형 + ながら 〜하면서 ☞ 동시동작을 나타냄
> **정답**　A

143　日本では＿＿＿＿＿以上の人は、たばこを吸うことができ　　일본에서는 20세 이상인 사람은 담배를 피울 수가 있습
(に ほん)　　　　(い じょう ひと)　　　(す)　　　니다.
ます。

(A) ようか　　　　　　　　　(B) はつか

(C) はたち　　　　　　　　　(D) ついたち

> **파워 해설**　8日(ようか) 8일　20日(はつか) 20일　20歳(はたち) 20세　一日(ついたち) 초하루
> **정답**　C

144 体の＿＿＿＿が悪いので病院に行きました。　　　　몸 상태가 좋지 않아서 병원에 갔습니다.

(A) 元気　　　　　　　　(B) 具合

(C) 意味　　　　　　　　(D) 医者

파워 해설　具合(ぐあい)が悪(わる)い 상태가 좋지 않다

정 답　B

145 これは5千円＿＿＿＿ございます。　　　　이것은 5천 엔입니다.

(A) に　　　　　　　　　(B) で

(C) を　　　　　　　　　(D) も

파워 해설　～でございます ～입니다 ☞「です・であります」보다 더 공손한 표현

정 답　B

146 あと＿＿＿＿行きます。　　　　나중에 가겠습니다.

(A) が　　　　　　　　　(B) を

(C) で　　　　　　　　　(D) に

파워 해설　※ あとに & あとで

後に 나중에　시간의 어느 한 점에 주목, 일반적으로 상태 표현이 이어짐. 지금 하던 일을 나중으로 미루는 의미.

後で 나중에　어느 한 점의 시간 후에 일어나는 동사까지 영향을 미치고, 일반적으로 동작 표현이 이어짐. 순서적으로 "나중에" 라고 하는 의미.

• 食事のあとに、コーヒーを飲みます。☞「食事のあと」에 중점이 있음.

• 食事のあとで、コーヒーを飲みます。☞「コーヒーを飲む」에 중점이 있음

• (× あとに / ○ あとで) 行きます。

☞「あとに」는 두 가지 생긴 일의 전후관계를 나타냄.
「あとで」는 얘기하는 시점과 그 이후의 시점과의 관계를 나타냄.

• 食事を済ませたあとに一時間ほど昼寝をした。 식사를 끝낸 후에 한 시간 정도 낮잠을 잤다.

• 今忙しいから、あとでお電話ください。 지금 바쁘니까 나중에 전화해 주십시오.

• 映画を見たあとでイタリア料理を食べに行きましょう。 영화를 본 후에 이탈리아 요리를 먹으러 갑시다.

정 답　C

147 先生にお手紙を_____。

先생님께 편지를 받았습니다.

(A) くれました　　　　　(B) あげました

(C) くださいました　　　(D) いただきました

파워 해설 いただく (윗사람에게) 받다 ☞ 선생님은 윗사람이기 때문에 겸양어를 사용

정답 D

148 ハワイに_____なら、たくさんお金を持って行った方がいいです。

하와이에 가는 거라면, 많은 돈을 갖고 가는 편이 좋습니다.

(A) 行く　　　　　(B) 行こう

(C) 行って　　　　(D) 行った

파워 해설 미래의 일을 나타내기 때문에 「行(い)く 가다」가 적당

정답 A

149 難しいので、誰_____分からない。

어렵기 때문에 아무도 모른다.

(A) は　　　　　(B) に

(C) でも　　　　(D) にも

파워 해설 でも는 극단적인 예를 들어서 다른 경우를 유추시키는 표현이기 때문에, 여기에서는 부적당.
「先生でもわからない 선생님이라도 모른다」「だれでもできる 누구든지 할 수 있다」 등은 올바른 표현이다

정답 D

150 会議室に斎藤さんという人がいますから、_____人にこれを渡してください。

회의실에 사이토씨라고 하는 사람이 있으니까, 그 사람에게 이것을 건네 주십시오.

(A) この　　　　　(B) その

(C) あの　　　　　(D) どの

파워 해설 その ユ ☞ 듣는 사람이 모르는 경우에 사용하는 지시어

정답 B

151 テーブルの上^{うえ}には、いちご_____ぶどう_____いろいろな果物^{くだもの}があります。

テ이블 위에는 딸기라든가 포도라든가 여러 가지 과일이 있습니다.

(A) とか

(B) まで

(C) だけ

(D) ばかり

파워 해설　〜とか〜とか 〜든가 〜든가　☞ 예를 들어서 설명하는 표현

정답　A

---

152 床^{ゆか}に落^おちた花瓶^{かびん}が_____。

마루에 떨어진 꽃병이 깨졌다.

(A) 割^わった

(B) 割^われた

(C) 割^わります

(D) 割^わられた

파워 해설　割^わる 쪼개다, 깨다　割^われる 쪼개지다, 깨지다

정답　B

---

153 悪^{わる}いことをしたときは素直^{すなお}に謝^{あやま}る_____だ。

나쁜 짓을 했을 때는 솔직하게 사과해야 한다.

(A) とき

(B) ほど

(C) わけ

(D) べき

파워 해설　동사 기본형 + べきだ ~해야 한다(「する」는 「するべきだ／すべきだ」 두 가지 형태가 있음)

- あれはあなたがやるべきだ。저것은 당신이 해야만 한다.
- どんな場合^{ばあい}でも約束^{やくそく}は守^{まも}るべきだ。어떠한 경우에도 약속은 지켜야 한다.
- 書^かく前^{まえ}に注意^{ちゅうい}すべき点^{てん}を説明^{せつめい}します。쓰기 전에 주의해야 할 점을 설명하겠습니다.

정답　D

---

154 この茶碗^{ちゃわん}は_____とても風格^{ふうかく}がある。

이 밥공기는 오래되어서 아주 품격이 있다.

(A) 古^{ふる}い

(B) 古^{ふる}って

(C) 古^{ふる}くて

(D) 古^{ふる}いで

파워 해설　형용사 + て 연결 형태에 주의

정답　C

155 雪と風が強く、これでは釣りに＿＿＿＿＿にも行けない。

(A) 行ける　　　　　　　　(B) 行こう

(C) 行くの　　　　　　　　(D) 行った

눈과 바람이 세고, 이래서는 낚시가려고 해도 갈 수가 없다.

파워 해설 의지형 ＋ にも ＋ 가능형 ＋ ない ～하려고 해도 ～할 수 없다

정답 B

---

156 仕事は忙しいが、無理をすれば参加＿＿＿＿＿ものでもない。

(A) しうる　　　　　　　　(B) できる

(C) しかねる　　　　　　　(D) できない

일은 바쁘지만, 무리를 하면 참가 할 수 없는 것도 아니다.

파워 해설 ～ないものでもない ～아닌 것도 아니다[～할 수도 있다]

정답 D

---

157 図書館で＿＿＿＿＿手紙をポストに入れた。

(A) 書く　　　　　　　　　(B) 書いた

(C) 書くと　　　　　　　　(D) 書いたら

도서관에서 쓴 편지를 우체통에 넣었다.

파워 해설 명사 수식 표현에서 생겨난 일(편지를 쓴 일)이 주절보다 앞서는 경우에는 「た형(과거형)」으로 표현해야 된다.

단, 명사 수식 표현의 술어가 속성을 나타내는 경우에는 「る형」으로 나타내고 「た형」은 사용할 수 없다.

• 山田さんがフランス語を(○ 話せる ／ × 話せた)人を探していた。
야마다씨는 프랑스어를 말할 수 있는 사람을 찾고 있었다.

• (○ 激しい ／ × 激しかった)雨が降った。 세찬 비가 내렸다.

정답 B

158 私がテストに落ちてがっかりしていたとき、友達が

내가 시험에 떨어져서 풀이 죽어 있을 때, 친구가 격려해 주었다.

_____。

(A) 励ましました。   (B) 励ましてくれた。

(C) 励ましてもらった。   (D) 励ましていただいた。

파워 해설 '나' 또는 말하는 사람 측의 인물이 동작 등의 수혜자로 되어 있고 은혜적으로 생긴 일은, 수수(授受) 보조동사를 사용해서 표현해야만 된다.

~が~てくれる ~가 ~해 주다   ~に・から~てもらう ~에게 ~해 받다

정답 B

---

159 交通事故は誰にだって_____。

교통사고는 누구에게나 일어날 수 있다.

(A) 起これる   (B) 起こりうる

(C) 起こらない   (D) 起こることができる

파워 해설 무생물 주어로 어떤 일이 생기는 가능성을 나타내는 경우에 「ます형＋うる・える(~할 수 있다)」를 사용. 가능형과 「~ことができる」는 사용할 수 없다.

정답 B

---

160 _____は来年帰国しようと思います。

나는 내년에 귀국하려고 합니다(생각합니다).

(A) 私   (B) 妹

(C) 姉   (D) 友達

파워 해설 ~(よ)うと思う ~하려고 생각하다 ⇒ 계획・예정・목표를 실행하는 1인칭(나)의 의지를 나타냄.

• 私は海外旅行に行こうと思う。(○) 나는 해외여행 가려고 생각한다.

• 彼は海外旅行に行こうと思う。(×)

정답 A

161 私がせっかくカレーを作った＿＿＿＿＿、彼女は食べてくれなかった。

내가 모처럼 카레를 만들었는데, 그녀는 먹어 주지 않았다.

(A) けど　　　　　　　　(B) から

(C) のに　　　　　　　　(D) ため

파워 해설 けど 객관적으로 정보를 전달하고자 할 때 사용.　のに 예상이 어긋났다는 말하는 사람의 기분을 나타냄.

정답 C

162 お風呂＿＿＿＿＿、浴槽、洗っておいてね。

목욕하는 김에, 욕조, 씻어 둬.

(A) がてら　　　　　　　(B) かたがた

(C) かたわら　　　　　　(D) のついでに

파워 해설 「〜のついでに」는 동작성의 명사가 아닌 경우에도 사용할 수 있다.

• 同窓会のついでに、デパートに行く。동창회 하는 김에 백화점에 갔다.

명사の 또는 동사 기본형, 과거형 + 〜ついでに 〜하는 김에

⇒ 일상생활을 나타내는 동작성 명사의 경우, 회화체에서 「の」를 생략할 수 있다.

• 買い物(ついで・のついで)に、図書館へ行って本を借りて来た。쇼핑하는 김에 도서관에 가서 책을 빌려 왔다.
• スーパに行くついでにタバコを買ってきた。슈퍼에 간 김에 담배를 사 왔다.
• 仕事で東京に行ったついでに、ひさしぶりにおじさんの家を訪ねてみた。
업무차 도쿄에 간 김에 오랜만에 아저씨 집을 방문해 보았다.
• 郵便局へ行ったついでに切手を買ってきた。우체국에 간 김에 우표를 사 왔다.

정답 D

163 もうすぐ中元だ。＿＿＿＿＿デパートはこんでいるいるだろう。

곧 백중날이다. 그러니까 백화점은 붐비겠지.

(A) そこで　　　　　　　(B) だから

(C) それで　　　　　　　(D) そのために

어구 だから 그러므로, 그러니까, 그래서 ⇒ 뒤에는 사실 또는 말하는 사람의 판단·명령·의뢰·의지 등 여러 가지 표현이 가능하다.
それで 그런 까닭에, 그래서　そのために 그 때문에 ⇒ 통상적으로 뒤에 오는 것은 사실이고, 판단이나 명령·의뢰·의지 등은 사용 불가.

정답 B

164 当店(とうてん)では、以下(いか)のお支払(しはら)い方法(ほうほう)が＿＿＿＿＿＿。　　　당점에서는 이하의 지불 방법을 이용하실 수 있습니다.

(A) ご利用(りよう)します　　　　(B) ご利用(りよう)できます

(C) ご利用(りよう)にされます　　(D) ご利用(りよう)になれます

（파워 해설） ご利用(りよう)する 이용하다(겸양어)　ご利用(りよう)できる 이용할 수 있다(겸양어의 가능표현)　ご利用(りよう)になる 이용하시다(존경어)　ご利用(りよう)になれる 이용하실 수 있다(존경어의 가능표현)

（정답） D

---

165 彼(かれ)を一目見(ひとめみ)て親切(しんせつ)な人(ひと)＿＿＿＿＿＿と思(おも)った。　　그를 한눈에 보고 친절한 사람이 틀림없다고 생각했다.

(A) のようだ　　　　　　(B) のはずだ

(C) にちがいない　　　　(D) かもしれません

（파워 해설） はずだ 논리적으로 생각한 결과 얻어진 확신을 나타냄.　にちがいない 직감적인 확신을 나타냄.

（정답） C

---

166 弟(おとうと)も欲張(よくば)りだが、妹(いもうと)は＿＿＿＿＿＿欲張(よくば)りだ。　　남동생도 욕심꾸러기지만, 여동생은 훨씬 욕심꾸러기다.

(A) ずっと　　　　　　(B) もっと

(C) 少(すこ)し　　　　(D) ちょっと

（파워 해설） ずっと 훨씬, 아주, 줄곧　☞ A와 B를 비교해서, 어느 한 쪽이 훨씬 ～한 경우에 사용.

もっと 더, 더욱, 좀더, 한층　☞ A도 B도 ～하지만, 그 둘을 비교하면 어느 한 쪽이 훨씬 ～한 경우에 사용.

（정답） B

---

167 その可能性(かのうせい)は、なきにしも＿＿＿＿＿＿だな。　　그 가능성은, 전혀 없는 것도 아니구나.

(A) なし　　　　　　(B) あらず

(C) あるまい　　　　(D) あるべき

（파워 해설） 無(な)きにしもあらず 전혀 없는 것도 아니다, 없지도 않다

・望(のぞ)み無(な)きにしもあらず。 희망이 전혀 없는 것도 아니다.

（정답） B

168 野村会長は、周囲の批判で辞任を＿＿＿＿＿。

노무라 회장은 주위의 비판으로 어쩔 수 없이 사임을 하게 되었다.

(A) 余儀なくされた   (B) 余儀なくなった

(C) 余儀なくさせた   (D) 余儀なくさせられた

_{파워 해설} 명사 + を余儀(よぎ)なくされる 어쩔 수 없이 ~하게 되다 명사 + を余儀(よぎ)なくさせる 어쩔 수 없이 ~시키다

_{정 답} A

---

169 日本でも、社会的に喫煙者へ＿＿＿＿＿が強くなってきている。

일본에서도 사회적으로 흡연자에게 비난이 거세지고 있다.

(A) 横槍   (B) 歯切れ

(C) 鼻っ柱   (D) 風当たり

_{파워 해설} 横槍(よこやり)を入(い)れる 곁에서 말참견하다, 관계없는 일에 간섭하다

歯切(はぎ)れ 이로 물어 끊을 때의 느낌. 말이나 일을 처리하는 태도가 분명함
- 歯切れがいい 씹히는 맛이 좋다.
- 歯切れの悪い返事 모호한 대답.
- 歯切れのよいことば 분명한 말씨

鼻(はな)っ柱(ばしら) 콧대, 콧등
- 鼻っ柱が強い 콧대가 세다.

風当(かぜあ)たり 바람받이, 비난, 공격
- 世間の風当たりが強い 세상의 비난이 세다

_{정 답} D

---

170 社長を＿＿＿＿＿先輩たちがバックアップしてくれる環境で働いている。

사장님을 비롯하여 선배님들이 백업(back up)해 주는 환경에서 일하고 있다.

(A) ともかく   (B) はじめ

(C) ところが   (D) もとしして

_{파워 해설} ～はともかく／～はともかくとして ~은 어찌 되었든, ~은 그렇다 치고, ~은 고사하고
- あの人は性格はともかく、仕事はできる。 저 사람은 성격은 어찌 되었든, 일은 잘한다.
- 結婚する、しないはともかく、まず先に、自分の生活を考えなさい。
  결혼한다 안 한다는 그렇다 치고, 우선 먼저 자신의 생활을 생각해라.

- 将来のことはともかく、明日の試験は大丈夫なの。 장래의 일은 어쨌든 간에, 내일 시험은 괜찮은 거야.

～をはじめ/～をはじめとする ～을 비롯하여, ～을 시작으로 하는

- 今年の忘年会は社長をはじめ、皆参加した。 올해의 망년회는 시장을 비롯해서 모두 참석했다.

- お母さんをはじめ、皆様によろしく。 어머니를 비롯하여, 모두에게 안부 부탁해.

- 山田教授をはじめとする研究チーム。 야마다교수를 시작으로 하는 연구팀.

～どころか ～은커녕

- 走るどころか歩くこともできない。 달리기는커녕 걷는 것도 불가능하다.

- 漢字どころかひらがなも書けない。 한자는커녕 히라가나도 못 쓴다.

～をもとに/～をもとにして ～을 근거로, ～을 토대로 하여

- 本当にあったことをもとにして書かれた話。 정말로 있었던 것을 근거로 해서 쓰여진 이야기.

- たくさんの事例をもとにノート形式でやさしく解説します。 많은 사례를 근거로 노트형식으로 쉽게 해설합니다.

정답 B

171~174

今日はとても良いお天気だったのに、なんだか急に薄暗くなってきました。雨でも降ってくるのでしょうか。これから仕事だというのに、出かけるのが億劫になってきます。6月中旬から新聞を取り始めました。ニュースを満足に見る時間もなくて、このままでは世間からかけ離されてしまうのではないかと心配して、せめて新聞を読まなくてはと思ったからなのですが……。本当は一番分かりやすい山形新聞で良いと思っていたのに、なぜか朝日新聞に。日刊スポーツを無料お試ししたのが悪かったようです。それと5000円分の商品券と洗剤2個のオマケにも目がくらんでしまって。あっ、それと6月の配達はタダと言うのも効きました。7月に入ってやっと有料になったわけですが、なんか朝日新聞ってかなり難しいような、じっくり読むのも時間がかかるし、広告も多いから1部の量も厚いし、もしかして失敗した？ でも今更やめられないし、しばらくは_____①_____して読むしかないですね。

오늘은 아주 좋은 날씨였는데, 왠지 모르게 갑자기 어슴푸레해졌습니다. 비라도 내리는 것일까요. 지금부터 일을 나가야 하는데, 외출하는 것이 귀찮아집니다. 6월 중순부터 신문을 구독하기 시작했습니다. 뉴스를 만족하게 볼 시간도 없어서, 이대로는 세상에서 멀리 떨어져 버리는 것은 아닌지 걱정되어, 적어도 신문을 보아야겠다고 생각했기 때문입니다만……. 사실은 가장 알기 쉬운 야마가타(山形) 신문이면 된다고 생각했는데, 왠지 아사히(朝日) 신문으로. 일간 스포츠를 무료로 시험 삼아 본 것이 안 좋았던 것 같습니다. 그것과 5000엔 분의 상품권과 세제 2개의 덤에도 눈이 멀어 버려서. 아! 그것과 6월의 배달은 공짜라고 하는 것도 효과가 있었습니다. 7월에 들어서 겨우 유료가 되었습니다만, 왠지 아사히(朝日) 신문은 꽤 어려운 것 같고, 차분히 읽는 것도 시간이 걸리고, 광고도 많아서 1부의 양도 두껍고, 혹시 실수했나? 하지만 이제 와서 그만둘 수 없고, 당분간은_____①_____며 볼 수밖에 없겠네요.

171 今日の天気はどうですか。

(A) 晴れている
(B) 急に曇ってきた
(C) 雨が降っている
(D) 雪が降りそうだ

오늘의 날씨는 어떻습니까?

(A) 개여 있다
(B) 갑자기 흐려졌다
(C) 비가 오고 있다
(D) 눈이 내릴 것 같다

172 朝日新聞を購読した理由は何ですか。

(A) ニュースを満足に見る時間がないから

(B) せめて新聞を読まなくてはと思ったから

(C) 商品券と洗剤に目がくらんでしまったから

(D) このままでは世間からかけ離なされてしまうのではないかと心配したから

아사히(朝日) 신문을 구독한 이유는 무엇입니까?

(A) 뉴스를 만족하게 볼 시간이 없기 때문에

(B) 적어도 신문을 보지 않으면 하고 생각했기 때문에

(C) 상품권과 세제에 눈이 멀어 버렸기 때문에

(D) 이대로는 세상에서 멀리 떨어져 버리는 것은 아닌지 걱정을 했기 때문에

173 朝日新聞について合っているのはどれですか。

(A) 1ヶ月間は無料

(B) 分かりやすい新聞

(C) 6月の配達は無料

(D) 洗剤を割引してくれる

아사히(朝日) 신문에 대하여 알맞은 것은 어느 것입니까?

(A) 1개월 간은 무료

(B) 알기 쉬운 신문

(C) 6월의 배달은 무료

(D) 세제를 할인해 준다

174 _____①_____に入る適当な言葉は何ですか。

(A) 我慢

(B) 心配

(C) 苦労

(D) 配達

_____①_____에 들어갈 적당한 말은 무엇입니까?

(A) 참음

(B) 걱정

(C) 고생

(D) 배달

어구   薄暗(うすぐら)い 조금 어둡다, 어둑하다, 침침하다   億劫(おっくう) 마음이 내키지 않고 귀찮음   世間(せけん) 세상, 사회, 세상 사람들, 교제나 활동의 범위   かけ離(はな)される 멀리 떨어지다, 차이가 크다, 관계가 멀어지다   商品券(しょうひんけん) 상품권   洗剤(せんざい) 세제   配達(はいたつ) 배달   ただ 공짜, 무료   効(き)く 듣다, 효과가 있다   広告(こうこく) 광고   今更(いまさら) 새삼스럽게, 지금에 와서, 이제 와서

정답   171-(B), 172-(C), 173-(C), 174-(A)

岩にルリ色をしたカワセミが、バランスを崩しながら、降り立とうとしています。私は夢中でシャッターを切りました。ルリ色とオレンジ色の見事なコントラストのカワセミから目がはなせません。フィルム交換ももどかしく、カメラを構えました。すると、ファインダー越しに見る池の前に、上等そうな着物姿の少年がおりました。「カワセミが……カワセミが……」少年は唇をぎゅっと結んで、カワセミをのせた手をさし出しました。彼の手のひらの上で、カワセミもおとなしくしています。「あっ、ケガをしているのね」少年はこくりとうなずきました。私はバッグから小さなキズバンとハサミを取り出し、カワセミの足の＿＿①＿＿をしました。「これで大丈夫」私の言葉よりも早く、カワセミはその見事な羽をみせ、少年の手から飛び立ったのです。具合を確かめるかのように。カワセミは少年の肩に戻ると、彼の頭の上にのりました。「ありがとう」少年の笑顔が輝いています。想わず私は、カメラを向けました。少年の姿がゆらめき、陽炎の中に消えても、シャッターを切りつづけました。家に帰って、フィルムを現像してみると、そこにはあのカワセミが飛び立つ瞬間しか、写っていませんでした。それからです。私が＿＿②＿＿を写しつづけているのは。

바위에 자색을 띤 남색을 한 물총새가 밸런스를 무너뜨리면서 내려서려 하고 있습니다. 나는 정신없이 셔터를 눌렀습니다. 자색을 띤 남색과 오렌지색의 훌륭한 콘트라스트의 물총새로부터 눈을 뗄 수가 없습니다. 필름 교환도 하는 둥 마는 둥 카메라를 잡았습니다. 그러자 파인더 너머로 보는 연못 앞에 고급스런 기모노 차림의 소년이 있었습니다. "물총새가…… 물총새가……" 소년은 입술을 꽉 다물고 물총새를 얹은 손을 내밀었습니다. 그의 손바닥 위에서 물총새도 얌전하게 하고 있습니다. "아, 부상을 당했구나" 소년은 끄떡하고 끄떡였습니다. 나는 백에서 작은 상처 치료용 밴드와 가위를 꺼내 물총새 다리의 ＿＿①＿＿를 했습니다. "이젠 됐다!" 내 말보다도 빠르게 물총새는 그 멋진 날개를 보이며 소년의 손에서 날아올랐습니다. 상태를 확인하려는 것처럼. 물총새는 소년의 어깨에 돌아오자, 그의 머리 위로 올라갔습니다. "고마워요" 소년의 웃는 얼굴이 빛나고 있습니다. 무심코 나는 카메라를 갖다댔습니다. 소년의 모습이 어른거리며 아지랑이 속으로 사라져도 셔터를 계속 눌렀습니다. 집에 돌아와서 필름을 현상해 보니, 거기에는 그 물총새가 날아오르는 순간밖에 찍혀 있지 않습니다. 그 뒤부터입니다. 제가 ＿＿②＿＿를 계속해서 찍고 있는 것은.

175 「ありがとう」は、誰にお礼を言っていますか。

(A) 私
(B) 少年
(C) カワセミ
(D) カメラ

"고마워요"는 누구에게 감사의 말을 하고 있습니까?

(A) 나
(B) 소년
(C) 물총새
(D) 카메라

176 _____①_____ に入る適当な言葉は何ですか。

(A) 手術

(B) 世話

(C) 面倒

(D) 手当て

_____①_____ 에 들어갈 적당한 말은 무엇입니까?

(A) 수술

(B) 신세

(C) 성가심

(D) 치료

177 _____②_____ に入る適当な言葉は何ですか。

(A) 鳥

(B) 動物

(C) 笑顔

(D) 自然

_____②_____ 에 들어갈 적당한 말은 무엇입니까?

(A) 새

(B) 동물

(C) 웃는 얼굴

(D) 자연

어구 岩(いわ) 바위　ルリ色(いろ) 자색을 띤 짙은 청색(남색)　カワセミ 물총새　降(お)り立(た)つ 내려서다, 내려가다　夢中(むちゅう) 꿈속, 열중함, 몰두함, 정신이 없음　シャッターを切(き)る 셔터를 누르다　見事(みごと) 훌륭함, 멋짐, 완전함, 완벽함　コントラスト 콘트라스트(contrast), 대조, 대비　もどかしい 안타깝다, 애가 타다, 굼뜨다　構(かま)える 차리다, 꾸미다, 자세를 취하다, 대비하다　ファインダー 파인더(finder), 피사체의 범위나 초점을 맞추기 위해 들여다보는 카메라의 창　着物(きもの) 옷, 일본 옷　唇(くちびる)をぎゅっと結(むす)ぶ 입술을 꽉 다물다　差(さ)し出(だ)す 내밀다, 제출하다　怪我(けが)をする 다치다, 상처를 입다　こくりと頷(うなず)く 끄떡하고 끄덕이다[수긍하다]　飛(と)び立(た)つ 날아가다, 날아오르다, 뛰어오르다　具合(ぐあい) 형편, 상태　陽炎(かげろう) 아지랑이　消(き)える 사라지다, 없어지다, 꺼지다　面倒(めんどう) 번거로움, 성가심, 돌봄, 보살핌　手当(てあ)て 미리 대비함, 급여(수당), 처치, 치료

정답 175-(A), 176-(D), 177-(A)

オフィスの引越しがあって、その後片付けでたいへんだ。しかも同僚がすぐバケーションに入るので、一人で電話番その他の対応となる。同じビルの新オフィスに引越ししたが、電灯のスイッチが、センサーで人の動きを検知するというハイテクスイッチである。しかし、2メートルぐらい前を横切らないと、タイマーが更新されないようで、30分もすると消えてしまう。昼間は、電灯が消えてもそれほど困らないが、夜にいきなり真っ暗になると_____①_____。席を立って、スイッチの近くまで歩いていき、そこで一人ダンスをすると、_____②_____。なんともばかばかしい。べつにダンスじゃなくても動きがあればなんでもいいんだが。とりあえず修理を頼んだが、午後には行くと言ってたのに今日も現れなかった。

오피스(사무실)의 이사가 있어서, 그 뒷정리로 힘들다. 게다가 동료가 곧 휴가에 들어가기 때문에, 혼자서 전화 당번과 기타 대응을 하게 된다. 같은 빌딩의 새로운 오피스로 이사했는데, 전등 스위치가 센서로 사람의 움직임을 검지하는 하이테크 스위치이다. 그러나 2미터 가량 앞을 가로지르지 않으면 타이머가 갱신되지 않는 것 같고, 30분이 지나면 꺼져버린다. 낮에는 전등이 꺼져도 그다지 곤란하지 않지만, 밤에 갑자기 캄캄해지면 _____①_____. 자리에서 일어나 스위치 근처까지 걸어가서, 거기서 홀로 춤을 추면, _____②_____. 정말 바보 같다. 특별히 춤이 아니어도 움직임이 있으면 뭐든지 괜찮은 것인데. 우선 수리를 부탁했지만, 오후에는 간다고 했는데 오늘도 나타나지 않았다.

178 引越し先はどこですか。

(A) 新ビル

(B) 新しい建物

(C) 前と同じビル

(D) 修理をしているビル

이사한 곳은 어디입니까?

(A) 새로운 빌딩

(B) 새로운 건물

(C) 전과 같은 빌딩

(D) 수리를 하고 있는 빌딩

179 _____①_____ に入る適当な言葉は何ですか。

(A) 気が移る

(B) 気が向く

(C) 気がもめる

(D) 気が滅入る

_____①_____ 에 들어갈 적당한 말은 무엇입니까?

(A) 마음이 변하다

(B) 기분이 내키다

(C) 안타까워 안절부절 못하다

(D) 우울해지다

180 _____②_____ に入る適当な言葉は何ですか。

(A) またつく
(B) また消える
(C) 静かになる
(D) 真っ暗になる

_____②_____ 에 들어갈 적당한 말은 무엇입니까?

(A) 다시 켜진다
(B) 다시 꺼진다
(C) 조용해진다
(D) 깜깜해진다

181 内容に合っているものは何ですか。

(A) 電灯のスイッチを修理しなければならない
(B) 引越しの片付けを一人でやらなければならない
(C) どこでダンスをしてもセンサーで人の動きを検知する
(D) 電灯のスイッチはハイテクスイッチだから、とても便利だ

내용에 알맞은 것은 무엇입니까?

(A) 전등 스위치를 수리하지 않으면 안 된다
(B) 이사 뒷정리를 혼자서 하지 않으면 안 된다
(C) 어디에서 춤을 춰도 센서로 사람의 움직임을 검지한다
(D) 전등 스위치는 하이테크 스위치이기 때문에, 매우 편리하다

어구 引越(ひっこ)し 이사　片付(かたづ)ける 정돈하다, 정리하다, 처리하다, 끝내다　電話番(でんわばん) 전화 당번(전화 오는 것을 받는 일)　電灯(でんとう) 전등　検知(けんち) 검지, 검사하여 알아냄　更新(こうしん) 갱신　横切(よこぎ)る 가로지르다, 횡단하다, 스치다　真(ま)っ暗(くら) 아주 컴컴함, 장래에 희망이 전혀 없음　アホ 바보, 멍텅구리, 천치　頼(たの)む 부탁하다, 의뢰하다, 주문하다, 의지하다　現(あらわ)れる 나타나다, 출현하다　気(き)が移(うつ)る 마음이 변하다　気(き)が向(む)く 할 마음이 들다, 기분이 내키다　気(き)がもめる 안타까워 안절부절 못하다, 애가 타다　気(き)が滅入(めい)る 우울해지다, 풀이 죽다

정답 178-(C), 179-(D), 180-(A), 181-(A)

企業が望ましいとする物価上昇率は「1～2%」、物価上昇を選好する理由としては「保有債券の価格、つまり株価、地価が上昇」するためと回答する企業が62%を占める。内閣府経済社会総合研究所の「平成14年度企業行動に関するアンケート調査」の結果だ。はたして、多くの企業が期待するように、インフレにすれば資産価格は上昇するのか。両者を結び付けるには、相当の前提が必要だ。少なくとも、実体経済が悪いなかで、原油価格が上昇したり、円安でコストが上昇するような形の「インフレ率1%」では、株価も地価も上がらないだろう。厳密に言えば、これはインフレというより、①スタグフレーションに近い。昭和57年当時を思い出すまでもなく、インフレと不況が同時進行するスタグフレーションでは、収益の裏付けがないから株価は下落しやすい。同様に考えれば地価も上がらない。＿＿②＿＿、インフレと資産価格の間には直接的な因果関係はない。むしろ経済が活性化して、企業が価格交渉力を回復するような経済においてはじめて収益力の回復から株価も上がり、これが持続すれば地価も上昇するようになる。物価目標を設定して何がなんでもインフレにすればよい、ということでなく、実体経済をいち早く活性化せよ、ということだ。

기업이 바람직하다고 하는 물가 상승률은 '1~2%', 물가 상승을 선호하는 이유로서는 '보유 채권의 가격, 즉 주가, 지가가 상승'하기 때문이라고 회답하는 기업이 62%를 차지한다. 내각부 경제사회 종합 연구소의 '2002년도 기업 행동에 관한 앙케트 조사'의 결과다. 과연 많은 기업이 기대하듯이, 인플레로 하면 자산 가격은 상승할 것인가. 양자를 연결시키려면 상당한 전제가 필요하다. 적어도 실물 경제가 어려운 가운데에서 원유 가격이 상승하거나 엔화의 하락으로 코스트가 상승하는 형태의 '인플레율 1%' 에서는 주가도 지가도 오르지 않을 것이다. 엄밀하게 말하면, 이것은 인플레라고 하는 것보다, ①스태그플레이션에 가깝다. 1982년 당시를 생각해 낼 것도 없이, 인플레와 불황이 동시 진행되는 스태그플레이션에서는 수익의 뒷받침이 없기 때문에 주가는 하락하기 쉽다. 이와 같이 생각하면 지가도 오르지 않는다. ＿＿②＿＿, 인플레와 자산 가격의 사이에는 직접적인 인과관계는 없다. 오히려 경제가 활성화되고, 기업이 가격 교섭력을 회복하는 경제에서 비로소 수익능력의 회복으로부터 주가가 올라, 이것이 지속되면 지가도 상승하게 된다. 물가 목표를 설정해서 무슨 일이 있어도 인플레로 하면 좋다는 것이 아니라, 실물 경제를 재빨리 활성화시키자는 것이다.

182 ①スタグフレーションではどのような事が起きていますか。

(A) 株価も地価も上がる。
(B) 株価も地価も上がらない。
(C) 株価は上がるが、地価は上がらない。
(D) 株価は上がらないが、地価は上がる。

①스태그플레이션에서는 어떠한 일이 일어납니까?

(A) 주가도 지가도 오른다
(B) 주가도 지가도 오르지 않는다
(C) 주가는 오르지만 지가는 오르지 않는다
(D) 주가는 오르지 않지만 지가는 오른다

183 経済において一番良いのはどれですか。

(A) 実体経済を活性化させる。

(B) インフレと資産価格の両者を結び付ける。

(C) 物価上昇率を「1～2%」に押さえる。

(D) 物価目標を設定してインフレにする。

경제에 있어서 가장 좋은 것은 어느 것입니까?

(A) 실물 경제를 활성화시킨다

(B) 인플레와 자산 가격의 양자를 연결시킨다

(C) 물가 상승률을 '1~2%'로 억제한다

(D) 물가 목표를 설정해서 인플레로 한다

184 ＿＿＿②＿＿＿に入る適当な言葉は何すか。

(A) ところで

(B) ところが

(C) つまり

(D) しかし

＿＿＿②＿＿＿에 들어갈 적당한 말은 무엇입니까?

(A) 그런데

(B) 그렇지만

(C) 결국(요컨대)

(D) 그러나

어구 望(のぞ)ましい 바람직하다　物価(ぶっか) 물가　選好(せんこう) 선호　円安(えんやす) 시세가 외국 통화에 대하여 쌈, 엔화 약세　厳密(げんみつ) 엄밀　スタグフレーション 스태그플레이션(stagflation), 불황과 물가 상승의 병존 상황　思(おも)い出(だ)す 생각하기 시작하다, 생각해 내다, 생각나다　収益(しゅうえき) 수익　裏付(うらづ)け 뒷받침, 확실한 증거　株価(かぶか) 주가　下落(げらく) 하락　価格(かかく) 가격　因果関係(いんがかんけい) 인과관계　むしろ 오히려, 차라리

정답 182-(B), 183-(A), 184-(C)

通勤電車の中で、私はよく本を読んでいる。私が通勤で使っているローカル線は、それほど人も混雑しておらず、とても快適でゆったりとした空間だ。窓も少し曇るような、ほどよく暖房の効いた座席でゆっくりと読書ができる環境は、本当に幸せなことだと思う。それは私のちょっとした贅沢な時間だ。通勤でよく読んでいる本は、短いエッセイまたは短編小説が多い。いつだったか、長編小説を読んでいた時期もあったけれど長編小説だと、話のキリも悪いままに、中途半端な気持ちで駅を降りてしまうので、たちまち欲求不満になる。①贅沢な時間が、そんなことではもったいない。というわけで、今ではすっかり短編小説か、エッセイに落ち着いたという次第だ。今朝のこと、いつものごとく私個人の贅沢な時間を満喫していたときのこと。私はいつも、②ひとつ前の駅で、本を閉じるように癖付けている。それで、困った事態が起きたのだった。いつも使っている「しおり」が、どこを探しても見つからない。カバンの底やページの間を、 ③ と探したがどこにもない。さっきまであったのに、どこかに落としてしまったか？さて、どうしよう？とりあえず何か「しおり」に出来るものはないかと ④ と探していたらカバンの内ポケットに、タバコのサイズのちょうどいい大きさのちょっとした厚紙が見つかった。

통근 전차 안에서 나는 자주 책을 읽는다. 내가 통근으로 사용하고 있는 지선은 그다지 사람도 혼잡하지 않으며, 아주 쾌적하고 느긋한 공간이다. 창문도 약간 흐린 듯하고 알맞게 난방이 된 좌석에서 느긋하게 독서를 할 수 있는 환경은 정말로 행복한 일이라고 생각한다. 그것은 나의 약간의 풍요로운 시간이다. 통근할 때 자주 읽는 책은 짧은 에세이 또는 단편소설이 많다. 언제였던가, 장편소설을 읽고 있었던 시기도 있었지만, 장편소설이면 이야기의 끊김도 마땅치 않은 채로, 어중간한 기분으로 역을 내려 버리기 때문에, 금세 욕구 불만이 된다. ①풍요로운 시간이 그렇게 되어서는 아깝다. 그래서 지금은 완전히 단편소설이나 에세이로 정착하게 된 것이다. 오늘 아침의 일, 언제나처럼 내 개인의 풍요로운 시간을 만끽하고 있었을 때. 나는 언제나 ②한 정거장 전인 역에서 책을 덮도록 습관을 들이고 있다. 그런데, 곤란한 사태가 일어난 것이었다. 늘 사용하고 있던 '책갈피'가 어디를 찾아봐도 발견되지 않는다. 가방 바닥이랑 페이지 사이를 ③ 찾았지만 어디에도 없다. 조금 전까지 있었는데, 어딘가에 떨어뜨려버렸나? 이제 어떻게 하지? 우선 무엇인가 '책갈피'로 할 수 있는 것은 없을까 하고 ④ 찾았더니 가방 안주머니에, 담배 크기의 딱 좋은 크기의 평범한 판지가 발견되었다.

185 私について正しいものはどれですか。

(A) 通勤電車の中で、たまに本を読んでいる
(B) 通勤でよく読んでいる本は長編小説が多い
(C) 通勤電車の中で、気持ち良く読書ができる
(D) 通勤で使っているローカル線は、いつも人で混雑している

나에 대하여 올바른 것은 어느 것입니까?

(A) 통근 전차 안에서 가끔 책을 읽는다
(B) 통근할 때 자주 읽는 책은 장편소설이 많다
(C) 통근 전차 안에서 기분 좋게 독서를 할 수 있다
(D) 통근으로 사용하고 있는 지선은 언제나 사람들도 혼잡하다

186 ①贅沢(ぜいたく)な時間(じかん)とはいつですか。

(A) 長編小説(ちょうへんしょうせつ)を読(よ)んでいるとき

(B) 短(みじか)いエッセイを読(よ)んでいるとき

(C) いつも「しおり」を使(つか)っているとき

(D) 暖房(だんぼう)の効(き)いた座席(ざせき)でゆっくりと新聞(しんぶん)を読(よ)むとき

①풍요로운 시간은 언제입니까?

(A) 장편소설을 읽고 있을 때

(B) 짧은 에세이를 읽고 있을 때

(C) 언제나 '책갈피'를 사용하고 있을 때

(D) 난방이 잘 된 좌석에서 느긋하게 신문을 읽을 때

187 ②ひとつ前(まえ)の駅(えき)で、本(ほん)を閉(と)じるように癖付(くせづ)けているのはどうしてですか。

(A) つい、乗(の)り越(こ)さないために

(B) 人(ひと)で混雑(こんざつ)しているから

(C) 「しおり」に出来(でき)るものを探(さが)すために

(D) いつも使(つか)っている「しおり」が、どこを探(さが)しても見(み)つからないから

②한 정거장 전 역에서 책을 덮도록 습관을 들이고 있는 것은 왜 그렇습니까?

(A) 무심코 지나치지 않기 위해

(B) 사람들로 혼잡하기 때문에

(C) '책갈피'로 할 수 있는 것을 찾기 위해

(D) 늘 사용하는 '책갈피'가 어디를 찾아도 발견되지 않기 때문

188 _____③_____ 、 _____④_____ に入(はい)る適当(てきとう)な言葉(ことば)は何(なん)ですか。

(A) はらはら　こそこそ

(B) ぱらぱら　こそこそ

(C) はらはら　ごそごそ

(D) ぱらぱら　ごそごそ

_____③_____ , _____④_____ 에 들어갈 적당한 말은 무엇입니까?

(A) 조마조마　소곤소곤

(B) 훌훌　소곤소곤

(C) 조마조마　부스럭부스럭

(D) 훌훌　부스럭부스럭

어구 　通勤(つうきん) 통근　ローカル線(せん) 지선(특정 지역을 달리는 노선)　混雑(こんざつ) 혼잡　快適(かいてき) 쾌적　曇(くも)る 흐리다, 혼탁해지다, 마음·표정·목소리 등이 어두워지다　ほどよい 알맞다, 꼭 적당하다　暖房(だんぼう) 난방　贅沢(ぜいたく) 사치, 사치스러움, 분에 넘침　小説(しょうせつ) 소설　落(お)ち着(つ)く 안정되다, 진정되다, 정착하다, 차분하다, 결말나다　次第(しだい) 순서, 경과, 하는 대로, ~하는 즉시, ~하자마자　満喫(まんきつ) 만끽　癖(くせ) 버릇, 습관, 보통과는 다른 성질·경향·특징　しおり 책갈피, 안내서, 길잡이　とりあえず 곧바로, 우선, 일단　内(うち)　ポケット 안주머니　厚紙(あつがみ) 두꺼운 종이, 판지　はらはら 나뭇잎·눈물·물방울 등이 잇따라 떨어지는 모양(우수수, 뚝뚝), 머리카락 등이 부드럽게 흩어지는 모양(하늘하늘), 몹시 걱정되어 조바심하는 모양(조마조마)　こそこそ 남몰래 하는 모양(살금살금, 소곤소곤)　ぱらぱら 비·우박 등이 드문드문 떨어지는 모양(후드득후드득), 많은 것이 흩어져 나오는 모양, 듬성듬성 있는 모양, 책장 등을 빠르게 넘기는 모양(훌훌)　ごそごそ 마른 물건이 맞닿아서 나는 소리(부스럭부스럭)

정답　185-(C), 186-(B), 187-(A), 188-(D)

土曜日だというのにお客さんは少ないし……、今のまま何も変わらなければ、たぶん①この店の存在価値はなくなるのでしょう。それは1年後かもしれないし、3ヶ月後かもしれない。考えたくもないことだけど、閉鎖なんて ___②___ だ。もう二度と経験したくない。そう思っても私の力なんてとても小さい。いや、ないに等しいでしょう。最近仕事をしていて、何をどうすればいいのかが分からなくなってきています。どう努力しても売上げはよくならない。この販売の仕事は、③結果が悪ければ、すべてダメになる。いくらそれまでに努力しても結果が悪ければ何も意味を持たないのだ。努力が結果に結びつく事のないこの仕事……。この頃、この仕事のやりがいを見出せなくなってきています。まだまだ努力が足りないのだろうか？なんて……、時々そう思う。でも、そう思うととてもうんざりしてしまう。もうこれ以上がんばれそうにありませんから。努力が報われない社会は、やはりどこかが間違っているとしか思えない。それは努力の足りない者の言い訳にしか聞こえないかもしれないけど。

토요일인데도 손님은 적고……, 이대로 아무것도 변하지 않으면 아마도 ①이 가게의 존재 가치는 없어지겠지요. 그것은 1년 후일지도 모르고 3개월 후일지도 모른다. 생각하고 싶지도 않은 일이지만, 폐쇄 따위는 ___②___ 이다. 이제 두 번 다시 경험하고 싶지 않다. 그렇게 생각해도 나의 힘은 너무나 작다. 아니, 없는 것과 마찬가지겠지요. 최근에 일을 하고서, 무엇을 하면 좋은 것인지를 알 수 없게 되었습니다. 아무리 노력을 해도 매상은 좋아지지 않는다. 이 판매 일은 ③결과가 나쁘면 모두가 허사가 된다. 아무리 그때까지 노력해도 결과가 나쁘면 아무것도 의미를 가지지 않는 것이다. 노력이 결과에 이어지지 않는 이 일……. 요즘 이 일의 보람을 찾아낼 수 없게 되었습니다. 아직도 노력이 부족한 것일까?라며……, 때때로 그렇게 생각한다. 그렇지만 그렇게 생각하면 아주 진절머리가 나 버린다. 이제 더 이상 열심히 할 수 없을 것 같기 때문에. 노력이 보답 받지 못하는 사회는 역시 어딘가가 잘못되어 있다고밖에 생각되지 않는다. 그것은 노력이 부족한 자의 변명으로밖에 들리지 않을지도 모르지만.

189 ①この店について正しいものはどれですか。

(A) 通信販売の仕事

(B) 週末にはお客さんが多い

(C) 大変だけど頑張れば売上げはよくなると思っている

(D) 閉鎖の為の閉店セールをしなければならないかもしれない

①이 가게에 대하여 올바른 것은 어느 것입니까?

(A) 통신 판매의 일

(B) 주말에는 손님이 많다

(C) 힘들지만 열심히 하면 매상은 좋아질 것이라고 생각하고 있다

(D) 폐쇄를 위한 폐점 세일을 하지 않으면 안 되게 될지 모른다

190 ＿＿②＿＿に入る適当な言葉は何ですか。

(A) 御免
(B) 閉口
(C) 降参
(D) 面倒

＿＿②＿＿에 들어갈 적당한 말은 무엇입니까?

(A) 질색
(B) 난처함
(C) 항복
(D) 성가심

191 ③結果の意味として合っているのは何ですか。

(A) 販売
(B) 努力
(C) 売上げ
(D) やりがい

③결과의 의미로서 알맞은 것은 무엇입니까?.

(A) 판매
(B) 노력
(C) 매상
(D) 보람

192 内容に合っているものは何ですか。

(A) 努力が報われない社会はおかしい
(B) 3ヶ月後、店を閉鎖する事になった
(C) 努力をすれば、努力が結果に結びつく
(D) 努力の足りない者の言い訳は切りがない

내용에 알맞은 것은 어느 것입니까?

(A) 노력이 보답 받지 못하는 사회는 이상하다
(B) 3개월 후 가게를 폐쇄하기로 되었다
(C) 노력을 하면, 노력이 결과에 이어진다
(D) 노력이 부족한 자의 변명은 끝이 없다

어구 閉鎖(へいさ) 폐쇄 努力(どりょく) 노력 売上(うりあ)げ 매상, 매출 見出(みいだ)す 찾아내다, 발견하다 足(た)りない 부족하다, 모자라다 結(むす)び付(つ)く 맺어지다, 결합되다, 결부되다 報(むく)う 보답하다, 갚다 間違(まちが)う 틀리다, 잘못되다, 실수하다 言(い)い訳(わけ) 변명, 해명 閉店(へいてん) 폐점 御免(ごめん) '용서'의 높임말, 싫어서 거부하는 심정을 나타내는 말 閉口(へいこう) 난처함, 손듦, 항복함. 입을 다물고 말을 하지 않음 降参(こうさん) 항복, 굴복 面倒(めんどう) 번거로움, 귀찮음, 성가심, 돌봄, 보살핌

정답 189-(D), 190-(A), 191-(C), 192-(A)

30日に発表された昨年12月の経済指標は軒並み記録的な悪化となり、「急降下」を続ける日本経済の姿が浮き彫りになった。鉱工業生産指数の下げ幅は過去最大で、企業の生産活動の鈍化が、雇用環境の悪化につながっている。先行きへの不安から消費も冷え込ませ、世帯当たりの消費支出減などに表れた。懸念されていた「___①___の連鎖」が浮き彫りになる「悪夢の12月」となった。経済産業省が発表した国全体の製造業の活動状況を示す12月の鉱工業生産指数速報は前月比9.6％の低下で、比較可能な昭和28年以降で最大の下げ幅を2カ月連続で更新した。与謝野馨経済財政担当相は「これほど___②___な落ち込みは経験したことがない」と懸念を示す。農林中金総合研究所の南武志主任研究員は「大恐慌時の米国に迫る勢いだ」と指摘する。一方、総務省によると、12月の完全失業率の前月比の悪化幅が昭和42年3月と並び、過去最大を記録したうえ、厚生労働省が発表した求職者1人に対する求人数を示す有効求人倍率も5年1カ月ぶりの低水準となった。

30일에 발표된 작년 12월의 경제지표는 일제히 기록적인 악화가 되어, '급강하'를 계속하는 일본 경제의 모습이 부각되었다. 광공업 생산 지수의 하락폭은 과거 최대로, 기업 생산 활동의 둔화가 고용 환경 악화로 연결되고 있다. 장래에의 불안으로부터 소비도 차가워지게 하여, 세대별로 소비 지출 감소 등으로 나타났다. 염려되었던 '___①___의 연쇄'가 부각되는 '악몽의 12월'이 되었다. 경제 산업성이 발표한 나라 전체 제조업의 활동 상황을 나타내는 12월의 광공업 생산 지수 속보는 전월대비 9.6％의 저하로, 비교 가능한 1953년 이후에 최대의 하락폭을 2개월 연속으로 갱신했다. 요사노 카오루 경제 재정 담당 장관은 "이 정도 ___②___인 침체는 경험한 적이 없다"라고 우려를 나타낸다. 농림중금(農林中金)종합 연구소의 미나미 다케시(南武志) 주임 연구원은 "대공황 때의 미국에 육박하는 기세다"라고 지적한다. 한편, 총무성(総務省)에 의하면, 12월의 완전 실업률의 전월대비 악화 폭이 1967년 3월에 견주어 과거 최대를 기록한 데다가, 후생노동성(厚生労働省)이 발표한 구직자 1명에 대한 구인 인원수를 나타내는 유효 구인 배율도 5년 1개월만의 저수준이 되었다.

193 この文章のタイトルとして適当なものはどれですか。

(A) 景気回復

(B) 日本経済の姿

(C) 悪夢の不況ドミノ

(D) 雇用環境の悪化

이 문장의 제목으로서 적당한 것은 어느 것입니까?

(A) 경기회복

(B) 일본 경제의 모습

(C) 악몽의 불황 도미노

(D) 고용 환경의 악화

194 ____①____ に入る適当な言葉は何ですか。

(A) 負 (ふ)

(B) 悪 (あく)

(C) 失 (しっ)

(D) 減 (げん)

____①____ 에 들어갈 적당한 말은 무엇입니까?

(A) 부(마이너스)

(B) 악

(C) 실

(D) 감소

195 ____②____ に入る適当な言葉は何ですか。

(A) 一般的 (いっぱんてき)

(B) 根本的 (こんぽんてき)

(C) 鋭角的 (えいかくてき)

(D) 比較的 (ひかくてき)

____②____ 에 들어갈 적당한 말은 무엇입니까?

(A) 일반적

(B) 근본적

(C) 예각적

(D) 비교적

196 内容に合っているものは何ですか。

(A) 12月の完全失業率は過去最大を記録した

(B) 求職者1人に対する求人数を示す有効求人倍率は過去最大の低水準となった

(C) まだ企業の生産活動の鈍化が、雇用環境の悪化につながっていない

(D) 与謝野馨経済財政担当相は「大恐慌時の米国に迫る勢いだ」と指摘する

내용에 알맞은 것은 무엇입니까?

(A) 12월의 완전 실업률은 과거 최대를 기록했다

(B) 구직자 1명에 대한 구인 인원수를 나타내는 유효 구인 배율은 과거 최대의 저수준이 되었다

(C) 아직 기업의 생산 활동의 둔화가 고용 환경의 악화로 연결되지 않았다

(D) 요사노 카오루(与謝野馨) 경제 재정 담당 장관은 "대공황 때의 미국에 육박하는 기세다"라고 지적한다

어구 軒並(のきな)み 처마가 잇달아 늘어서 있음, 집집마다, 모두, 다같이 浮(う)き彫(ぼ)り 사물이 뚜렷이 보이게 되는 일 鈍化(どんか) 둔화 雇用(こよう) 고용 先行(さきゆ)き 선행, 먼저 감, 전도, 전망, 장래 冷(ひ)え込(こ)む 기온이 몹시 내리다, 추위가 매서워지다, 추위가 몸속까지 스며들다 懸念(けねん) 걱정, 염려 連鎖(れんさ) 연쇄 落(お)ち込(こ)む 빠지다, 움푹 들어가다, 침울해지다 大恐慌(だいきょうこう) 대공황 迫(せま)る 다가오다, 육박하다, 직면하다, 좁아지다, 여유가 없어지다, 다급해지다, 재촉하다 指摘(してき) 지적 総務省(そうむしょう) 총무성(행정의 기본적인 제도의 관리·운영, 지방자치에 관한 업무, 우정 사업, 전파·통신 분야 등의 사무를 맡아 봄) 幅(はば) 폭, 너비 厚生労働省(こうせいろうどうしょう) 후생 노동성(2001년 厚生省와 労働省을 통합하여 신설함. 사회복지·사회보장·공중위생·노동문제·노동자 보호·고용 대책 등에 관한 업무를 맡아 봄) 鋭角的(えいかくてき) 예각적(날카롭고 뾰족한 인상을 느끼게 하는 모양)

정답 193-(C), 194-(A), 195-(C), 196-(A)

最近自転車の事故が増えている。去年自転車が歩行者にケガをさせた事故は1941件。10年前のおよそ4倍にもなるんだって。今年3月、5歳の女の子が自転車にはねられて大ケガをする事故があった。道ばたに止まっていた車にかくれて、お互いに近づいていることに気づかなかったんだ。このように自転車による事故は、安全確認をきちんとしなかった場合や、「歩行者がいてもうまくよけられる」とか「相手がよけてくれるだろう」といった勝手な思い込みが原因になっている場合が多い。自転車は道路交通法という法律で、自動車と同じ「車両」として扱われていて、交通ルールを守らなければならない。もちろん「歩行者優先」。歩行者に気をつけて走らなきゃね。自転車は数がとても多いので実際に捕まることは少ないけど、違反をしたら車と同じように罰があるんだ。

2人乗りは2万円以下の罰金。子どもを2人乗せた場合は2万円以下の罰金（6歳未満の幼児は1人だけ乗せてよい）。2台以上で並んで走るのは2万円以下の罰金。信号無視は3か月以下の懲役または5万円以下の罰金。歩道を走るのは3ヶ月以下の懲役または5万円以下の罰金（「自転車通行可」の標識がある歩道は走ってもよい）。右側走行は3ヶ月以下の懲役または5万円以下の罰金。携帯電話を使いながらの運転は5万円以下の罰金。酒酔い運転は3年以下の懲役または50万円以下の罰金。東京都荒川区では交通ルールを知らないのが事故の原因だと考えて、去年から自転車の運転免許制度を始めた。

최근 자전거 사고가 증가하고 있다. 작년 자전거가 보행자에게 부상을 입힌 사고는 1941건. 10년 전의 약 4배나 된다고 한다. 금년 3월, 5세 여자 아이가 자전거에 치여 큰 부상을 입는 사고가 있었다. 길가에 세워져 있던 차에 가려져서, 서로 가까워지고 있는 것을 눈치채지 못했던 것이다. 이와 같이 자전거에 의한 사고는 안전 확인을 제대로 하지 않았던 경우나, '보행자가 있어도 잘 피할 수 있다'든가 '상대방이 피해 주겠지'라는 제멋대로의 믿음이 원인이 된 경우가 많다. 자전거는 도로 교통법이라는 법률로 자동차와 동일한 '차량'으로서 다루어지고 있고, 교통 법규를 지키지 않으면 안 된다. 물론 '보행자 우선'. 보행자에 주의하면서 달려야 한다. 자전거는 수가 매우 많기 때문에 실제로 잡히는 경우는 적지만, 위반을 하면 차와 마찬가지로 벌이 있는 것이다.

2인승은 2만 엔 이하의 벌금. 어린이를 2명 태운 경우는 2만 엔 이하의 벌금(6세 미만의 유아는 1명만 태워도 좋음). 2대 이상으로 나란히 달리는 것은 2만 엔 이하의 벌금. 신호무시는 3개월 이하의 징역 또는 5만 엔 이하의 벌금. 보도를 달리는 것은 3개월 이하의 징역 또는 5만 엔 이하의 벌금('자전거 통행 가능' 표지가 있는 보도는 달려도 좋음) 우측 주행은 3개월 이하의 징역 또는 5만 엔 이하의 벌금. 휴대폰을 사용하면서 운전하는 것은 5만 엔 이하의 벌금. 음주운전은 3년 이하의 징역 또는 50만 엔 이하의 벌금. 도쿄도 아라카와구에서는 교통 법규를 모르는 것이 사고의 원인이라고 생각해서, 작년부터 자전거 운전면허제도를 시작했다.

197 自転車による事故の原因として最も多いのはどれですか。

(A) 信号を無視した場合
(B) 携帯電話を使いながらの運転をした場合
(C) 交通ルールを知らなかった場合
(D) 安全確認をきちんとしなかった場合

자전거에 의한 사고의 원인으로서 가장 많은 것은 어느 것입니까?
(A) 신호를 무시한 경우
(B) 휴대폰을 사용하면서 운전한 경우
(C) 교통 법규를 몰랐을 경우
(D) 안전 확인을 제대로 하지 않았을 경우

198 自転車の交通違反にならないのはどれですか。

(A) 児童を二人だけ乗せて運転する
(B) 友だちと一緒に並んで運転する
(C) メールを打ちながら運転する
(D) ５０kgからある荷物を乗せて運転する

자전거의 교통위반이 되지 않는 것은 어느 것입니까?
(A) 아동을 두 명만 태우고 운전한다
(B) 친구와 함께 나란히 운전한다
(C) 메일을 보내면서 운전한다
(D) 50kg이나 되는 짐을 싣고 운전한다

199 次の中で誰が一番高い罰金を払いますか。

(A) 子供をおんぶして運転する人
(B) 友だちと一緒に並んでしゃべりながら運転する人
(C) 携帯電話を使いながらの運転をする人
(D) 酒酔い人を乗せて運転する人

다음 중에서 누가 가장 비싼 벌금을 지불합니까?
(A) 아이를 업고서 운전하는 사람
(B) 친구와 나란히 얘기하면서 운전하는 사람
(C) 휴대폰을 사용하면서 운전하는 사람
(D) 술에 취한 사람을 태우고 운전하는 사람

200 次の中で正しいものはどれですか。

(A) 最近自転車の事故が増えているのは歩行者の不注意のためだ
(B) 10年前自転車が歩行者にケガをさせた事故は約485件だ
(C) 自転車の交通違反で実際に捕まることはない
(D) 日本では去年から自転車の運転免許制度を始めた

다음 중에서 올바른 것은 어느 것입니까?
(A) 최근 자전거 사고가 증가하고 있는 것은 보행자의 부주의 때문이다
(B) 10년 전 자전거가 보행자에게 부상을 입힌 사고는 약 485건이다
(C) 자전거의 교통위반으로 실제로 잡히는 경우는 없다
(D) 일본에서는 작년부터 자전거의 운전면허제도를 시작했다

어구 歩行者(ほこうしゃ) 보행자 道端(みちばた) 길가, 도로변 길 よける 비키다, 피하다 思(おも)い込(こ)む 굳게 믿는, 깊이 마음먹다 扱(あつか)う 다루다, 조작하다, 일을 맡다, 처리하다 優先(ゆうせん) 우선 気(き)をつける 조심하다, 주의하다, 정신 차리다 捕(つか)まる 잡히다, 붙잡히다 違反(いはん) 위반 罰(ばつ) 벌 罰金(ばっきん) 벌금 酒酔(さけよ)い運転(うんてん) 음주운전

정답 197-(D), 198-(D), 199-(C), 200-(B)

실전 모의고사 정답

실전 모의고사 1회

PART V. 정답 찾기

101	102	103	104	105	106	107	108	109	110
C	C	A	C	D	B	D	A	C	A
111	112	113	114	115	116	117	118	119	120
A	C	A	B	B	B	A	A	D	B

PART VI. 오문정정

121	122	123	124	125	126	127	128	129	130
C	B	C	B	D	A	D	D	A	C
131	132	133	134	135	136	137	138	139	140
B	A	B	C	C	B	C	B	C	B

PART VII. 공란 메우기

141	142	143	144	145	146	147	148	149	150
A	D	C	D	B	C	B	A	B	D
151	152	153	154	155	156	157	158	159	160
A	A	C	A	B	A	B	D	A	D
161	162	163	164	165	166	167	168	169	170
C	B	B	B	D	A	A	B	C	C

PART VIII. 장문 독해

171	172	173	174	175	176	177	178	179	180
B	C	D	A	D	A	C	A	B	C
181	182	183	184	185	186	187	188	189	190
B	A	B	D	A	B	B	D	B	A
191	192	193	194	195	196	197	198	199	200
D	B	B	D	C	C	D	C	A	B

실전 모의고사 2회

PART V. 정답 찾기

101	102	103	104	105	106	107	108	109	110
D	B	D	C	C	A	B	D	A	D
111	112	113	114	115	116	117	118	119	120
D	C	D	B	D	A	C	B	A	C

PART VI. 오문정정

121	122	123	124	125	126	127	128	129	130
C	A	B	C	C	A	B	D	B	B
131	132	133	134	135	136	137	138	139	140
D	D	B	D	A	B	C	A	C	C

PART VII. 공란 메우기

141	142	143	144	145	146	147	148	149	150
A	B	B	C	D	C	D	C	A	D
151	152	153	154	155	156	157	158	159	160
C	B	D	C	B	B	A	B	B	A
161	162	163	164	165	166	167	168	169	170
D	D	A	A	B	C	C	C	C	A

PART VIII. 장문 독해

171	172	173	174	175	176	177	178	179	180
A	B	D	A	D	A	C	D	C	B
181	182	183	184	185	186	187	188	189	190
D	A	D	B	C	C	B	B	D	C
191	192	193	194	195	196	197	198	199	200
B	B	B	A	B	D	C	D	C	A

실전 모의고사 3회

PART V. 정답 찾기

101	102	103	104	105	106	107	108	109	110
C	A	B	D	B	A	D	C	B	A
111	112	113	114	115	116	117	118	119	120
B	A	B	A	C	D	A	A	C	A

PART VI. 오문정정

121	122	123	124	125	126	127	128	129	130
B	D	B	D	C	A	B	D	C	D
131	132	133	134	135	136	137	138	139	140
A	D	C	D	C	D	A	A	D	D

PART VII. 공란 메우기

141	142	143	144	145	146	147	148	149	150
A	D	D	B	C	B	D	B	C	C
151	152	153	154	155	156	157	158	159	160
B	D	D	A	B	D	C	B	A	D
161	162	163	164	165	166	167	168	169	170
A	D	B	D	C	C	D	C	C	A

PART VIII. 장문 독해

171	172	173	174	175	176	177	178	179	180
B	C	D	C	B	B	A	D	D	B
181	182	183	184	185	186	187	188	189	190
D	B	D	C	C	A	C	D	B	C
191	192	193	194	195	196	197	198	199	200
C	A	A	D	C	C	B	D	A	B

실전 모의고사 4회

PART V. 정답 찾기

101	102	103	104	105	106	107	108	109	110
A	B	C	D	A	C	B	C	B	A
111	112	113	114	115	116	117	118	119	120
B	A	B	C	A	B	D	C	A	C

PART VI. 오문정정

121	122	123	124	125	126	127	128	129	130
D	A	D	A	C	A	A	D	C	A
131	132	133	134	135	136	137	138	139	140
A	B	C	B	B	C	A	B	A	B

PART VII. 공란 메우기

141	142	143	144	145	146	147	148	149	150
B	D	A	C	C	B	B	A	A	B
151	152	153	154	155	156	157	158	159	160
D	B	C	D	D	D	B	A	D	A
161	162	163	164	165	166	167	168	169	170
D	C	C	B	D	C	C	A	B	A

PART VIII. 장문 독해

171	172	173	174	175	176	177	178	179	180
A	D	C	D	A	C	B	C	D	B
181	182	183	184	185	186	187	188	189	190
A	B	C	C	B	A	D	A	A	C
191	192	193	194	195	196	197	198	199	200
D	A	A	C	C	D	B	D	C	A

실전 모의고사 5회

PART V. 정답 찾기

101	102	103	104	105	106	107	108	109	110
C	B	C	D	A	B	A	C	A	C
111	112	113	114	115	116	117	118	119	120
A	C	D	D	B	B	B	A	D	A

PART VI. 오문정정

121	122	123	124	125	126	127	128	129	130
D	D	C	B	C	B	D	A	A	D
131	132	133	134	135	136	137	138	139	140
C	B	B	D	C	C	A	B	C	B

PART VII. 공란 메우기

141	142	143	144	145	146	147	148	149	150
D	A	C	B	B	C	D	A	D	B
151	152	153	154	155	156	157	158	159	160
A	B	D	C	B	D	B	B	B	A
161	162	163	164	165	166	167	168	169	170
C	D	B	D	C	B	B	A	D	B

PART VIII. 장문 독해

171	172	173	174	175	176	177	178	179	180
B	C	C	A	A	D	A	C	D	A
181	182	183	184	185	186	187	188	189	190
A	B	A	C	C	B	A	D	D	A
191	192	193	194	195	196	197	198	199	200
C	A	C	A	C	A	D	D	C	B